# 청소년상담 <sup>2판</sup>

| 김춘경 · 이수연 · 최웅용 · 강영배 공저 |

학지사

**2판 머리말**

『청소년상담』초판을 세상에 내놓은 지 벌써 15년이라는 시간이 흘렀다. 이 책을 처음 집필할 당시에는 심리상담 및 심리치료에 관한 책들은 많았지만 청소년상담을 특정한 책이 없었기에, 그 필요성을 절감하여 평소 함께 연구해 오던 저자들이 뜻을 모아 공동 집필하였다. 너무나 감사하게도 『청소년상담』초판이 청소년상담에 입문하는 전공생들과 관련 자격증을 준비하는 독자들에게 많은 관심과 사랑을 받았다. 하지만 그동안 심리상담 분야의 저변 확대와 함께 청소년 관련 법안이 새롭게 마련되고 개정되었으며, 이에 따라 우리나라의 청소년상담 환경에 많은 변화가 있었다. 이 변화는 지금도 계속되고 있어서 이 책의 내용 역시 수정 · 보완될 필요가 있었다.

최근 우리 사회의 급격한 변화는 청소년들에게 정보의 빠른 습득과 교환, 학습방법의 다양화, 세계와의 손쉬운 소통 등 긍정적으로 작용하는 부분도 많지만, 정보의 홍수 속에서 부정확한 정보의 습득, 유익한 정보를 구별하기 어려운 상황, 부정적 정보의 빠른 확산으로 인한 적대 감정 증가, 개인정보 유출 피해 등과 같은 부정적인 영향도 적지 않다. 또한 출산율 급감으로 인한 청소년 인구의 감소로 국가 중요 정책에서 청소년 관련 정책의 우선권이 줄어든 것도 사실이다.

청소년들은 과거와 비교해 물질적으로 풍요로운 사회에 살고 있지만, 정서적으로는 더 많은 대처 능력을 갖춰야 하는 현실을 경험하게 된다. 이는 곧바로 청소년들의 부적응 행동으로 나타나거나 다양한 정신적 고통의 원인이 되기도 한다. 물론 빠르게 변화하는 환경에서 청소년들만 적응력이 필요한 것은 아니지만, 변화에 가장 민감하게 반응하고 이에 적응하라는 사회적 요구에 가장 많이 노출된 이들은 역시 청소년이다.

그동안 우리 사회는 청소년들이 이러한 다양한 변화에 잘 적응하고 효율적으로 대처하는 능력을 키우도록 노력해 왔으며, 좀 더 나은 환경과 미래를 펼쳐 나가기 위해 다양한 청소년 지원체계를 구축하고 있다. 이러한 노력의 목적으로 지역사회에 기반을 둔 청소년 관계 기관들이 자리를 잡아 가고 있으며, 각 지방자치단체와 시·군 교육청, 청소년상담복지센터, 정신건강복지센터, 해바라기센터, 아동보호전문기관, 그 외 각종 지역사회 청소년 관련 기관들이 CYS-Net 등을 통해 긴밀하게 협조하고 있다. 이러한 다양한 청소년 지원체계는 우리 사회에서 더는 낯선 모습이 아니며, 이제는 우리의 일상에 매우 가까이 있음을 느끼게 한다. 청소년상담 분야에 오랫동안 관여하면서 이러한 다양한 지원체계가 나날이 발전하고 있고 더욱 가까워졌다는 사실은 매우 고무적이다.

과거와 비교해 청소년상담 분야가 양적으로 비약적인 발전을 했다면, 이제부터는 질적인 부분에도 관심을 더 기울일 필요가 있어 보인다. 다양한 정부 부처에 혼재된 청소년상담 관련 사업과 관계 기관들이 필요에 따라 통합적 협력체계로 빠르게 전환될 수 있도록 좀 더 효율적인 시스템 구축이 필요하며, 청소년상담 관련 각 사업에 대한 양적 평가와 함께 질적 평가가 도입될 필요가 있어 보인다. 아울러 청소년상담에 대한 끊임없는 평가와 함께 새로운 실험적 접근과 시도들도 지속되어야 한다. 각종 SNS를 통한 변화의 볼륨과 속도는 지금까지 아무도 경험해 보지 못한 놀라운 우연적 결과들을 경험하게 하며, 사이버 공간을 통해 긴밀해진 글로벌 사회는 청소년들에게 무한한 가능성을 줌과 동시에 불확실성 속에서 높은 불안과 마주하게 한다.

여기서 주목할 점은 엄청난 속도의 변화에 비교적 잘 적응하는 청소년과 적응력이 부족한 청소년 사이의 상대적 경험 차이가 날로 벌어지고 있다는 사실이다. 추운 겨울이 지나고 만물이 생동하는 4월과 5월에 상대적 우울감이 커지듯이, 세계 곳곳에서 동시다발적으로 들려오는 생생한 청소년 활동과 문화들이 자신과는 동떨어진 이야기로 다가올 때, 이로 인한 상대적 박탈감은 분명 더 크게 다가올 것이다. 지금 진행되고 있는 변화의 방향과 속도가 청소년들의 심리적 적응에 부익부 빈익빈 현상을 가속할 수 있다는 점에 주목할 필요가 있다. 이런 관점에서 우리는 청소년상담을 시간성과 변화의 측면에서 바라보는 동시에, 개인 내적, 그리고 개인과 환경과의 관계 속에서 발생하는 복잡한 현상들을 체계론적 사고를 확장시켜서 이해할 필요가 있다. 청소년상담에서 창의성과 다양성이 필수 불가결한 요소임은 너무나 명확하다.

이 개정판에서는 초판의 기본 틀은 그대로 유지하면서 변화된 내용을 반영·수정하고, 몇몇 내용은 추가하였으며, 각 장 끝에 토론주제를 제시하였다. 특히 초판 저자 3인 외에 추가로 강영배 교수님이 이 개정판 집필에 합류해서 내용이 더 전문적이고 풍성해졌다고 생각한다. 이 책은 전체 15장으로 구성되었다. 제1장 청소년상담의 이해, 제4장 청소년상담의 실제, 제5장 심리검사, 제7장 청소년 성상담은 이수연 교수가 집필하였고, 제2장 청소년 발달과 청소년상담, 제3장 청소년상담의 이론적 모델, 제12장 청소년 위기상담, 제14장 청소년 가족상담은 김춘경 교수가, 제6장 청소년 진로상담, 제9장 청소년 대인관계상담, 제10장 청소년 학업상담, 제13장 청소년 집단상담은 최웅용 교수가, 그리고 제8장 청소년 비행상담, 제11장 청소년 중독상담, 제15장 청소년 보호 관련 법과 정책은 강영배 교수가 각각 집필하였다.

이 책이 나오기까지 격려해 주신 학지사 김진환 사장님과 편집에 정성을 다해 주신 편집부 선생님들께 깊은 감사를 전한다.

2022. 2.
저자 일동

1판 머리말

근래에 와서 청소년 문제가 우리 사회에서 큰 반향을 불러일으키고 있다.학교폭력 문제는 그 심각성을 더해 가고 있으며, 집단따돌림, 청소년 우울 및 자살, 성폭력, 게임중독, 가출 및 탈선 등은 우리에게 이미 낯선 개념이 아닌 일상적인 용어가 되어 버렸다. 일진회의 학교폭력과 일탈적 놀이문화, 성적 비관으로 인한 자살, 학생들의 내신등급제 반대 시위, 두발 제한에 대한 인권 침해 논란 등 청소년 관련 문제의 해결점을 찾기란 쉽지 않은 것이 현실이다. 특히 우리나라의 청소년 문제의 경우 청소년의 교육에 관한 정책은 교육인적자원부가 담당하고, 청소년의 노동에 관한 정책은 노동부가 담당하는 등 그 정책의 일관성이 결여되어 있다. 이는 청소년 문제가 얼마나 복합적인가를 단적으로 말해 주는 것이기도 하다.

최근 청소년 정책 분야를 통합적으로 담당하는 '청소년위원회'가 출범하였으며, 각 시·군·구에 '청소년상담지원센터'가 발족되었다. 그동안 청소년 정책은 각 부처에 산재된 업무 외에도 주요 정책 담당부서가 문화관광부의 청소년국과 국무총리실의 청소년보호위원회로 이원화되어 있어 청소년 정책을 추진함에 있어 혼란이 적지 않았다. 이제 청소년 정책 주무부서가 국무총리실 청소년위원회로 통합됨으로써 일원화된 행정체계를 갖추게 된 것이다.

세계 여러 나라는 경제적인 면에서의 발전과 산업구조의 고도화, 해외 시장의 다변화, 사회적인 면에서 교육 기회의 확대, 여가활동의 증대, 가족구조의 변화, 대중매체의 발달, 컴퓨터 시대의 도래 등 급격한 변화를 맞이하고 있다. 이러한 변화에 발맞추어 세계화되어야 하는 압력 속에서도 IMF 구제금융시대의 후유증과 함께 경제발전은 1970년대로 회귀하고 있는 실정이다. 특히 고용 불안정, 정리해고, 가족 단위 실업, 노동시장의 급속한 변화, 그리고 이에 따른 빈번한 교육정책의 변화 등의 문제에 가장 힘겨워 하는 이들은 단연 청소년이라 할 수 있다. 이에 최근 우리나라에서도 「청소년 기본법」과 「청소년활동 진흥법」「청소년복지 지원법」「청소년 보호법」「청소년의 성보호에 관한 법률」을 갖추고 있고, 이제 청소년위원회라는 단일의 청소년 정책 담당기구까지 발족하게 되었다. 그러나 하드웨어 못지않게 중요한 것은 소프트웨어와 콘텐츠다.

새롭게 출범한 청소년위원회가 청소년을 대상으로 하는 각종 지원체계에 중점을 두고 있다면, 그 지원체계의 핵심 내용은 단연 청소년상담이 되어야 한다. 상담은 노인상담, 청소년상담, 장애인상담, 아동상담, 실직자상담 등과 같이 어떤 특정 대상을 위한 것이 아닌 전반적인 기능으로 이해하여야 한다. 이는 청소년을 대상으로 하는 상담이 따로 존재하는 것이 아니라, 일반적인 심리상담을 청소년을 위해 적극적으로 활용해야 함을 의미한다. 청소년들이 겪고 있는 개별적인 문제를 상담이라는 기능을 통해 종합적이고 체계적으로 이해하여 그 해결책을 함께 모색해 나가야 한다.

현재 시중에는 상담 또는 심리치료와 관련된 기본서가 많이 소개되어 있으나 청소년을 위한 상담을 활성화할 수 있는 안내서는 거의 없는 실정이다. 이에 저자들은 청소년이 그들의 발달특성상 자주 접하게 되는 문제를 중심으로 제반 상담 주제를 선정하여 이를 소개하는 청소년상담을 집필하려는 의견을 모으고 3년에 걸쳐 이 책을 집필하였다.

책의 구성은 전체 14장으로 제1장 청소년상담의 이해와 제4장 청소년상담의 실제, 제5장 심리검사, 제7장 청소년 성상담, 제3장 청소년상담의 이론적 모델, 제11장 청소년 인터넷 중독 상담, 제12장 청소년 위기상담, 제14장 청소년 가족상담은 김춘경이, 제6장 청소년 진로상담, 제9장 청소년 대인관계상담, 제10장 청소년 학업상담, 제13장 청소년 집단상담은 최웅용이 각각 집필하였다.

나름대로 필요성을 인식하여 집필하였으나 막상 세상에 내놓으려고 하니 두려운 마음이 앞선다. 여러 명의 저자가 쓴 책이라 전체적으로 통일성이 부족할 수 있겠고, 용어에 있어서나 내용 전개에 있어서 일관성이 부족할 수 있다. 이 점을 염두에 두고 통일성을 기하려고 노력하였으나 미처 검토되지 못한 부분도 있을 것이다. 이러한 부분은 독자의 반응과 충고를 통해 개선해 나가고자 한다.

아무쪼록 이 책이 청소년 문제에 관심이 있거나 이를 전공하려고 하는 학도, 그리고 청소년상담 관련 분야의 종사자들에게 좋은 상담자가 되는 데 미약하나마 도움이 될 수 있기를 바란다. 끝으로 이 책을 교정하는 데 있어서 도움을 준 대학원생들에게 감사의 마음을 전하며, 좋은 책이 나오도록 편집에 여러모로 애써 주신 학지사의 김진환 사장님과 김순호 과장님을 비롯한 편집부 선생님들께 특별한 감사를 전한다.

2006. 8.
저자 일동

차례

# 청소년상담의
# 이해

제1장

오늘날 청소년을 대상으로 하는 심리상담 개입은 다양한 분야에서 이루어지고 있다. 학교 장면에서는 학생청소년들이 학업, 진로, 교우관계, 정체감 발달 등에 관련된 고민을 해결하고 건강한 성인으로 성장해 나갈 수 있도록 생활지도라는 영역 내에서 상담이 이루어지고 있다. 한편, 지역사회 장면에서는 여성가족부, 보건복지부, 법무부, 고용노동부 등 각 정부부처가 담당하는 청소년 정책에 근간을 두고 다양한 상담지원 서비스가 제공되고 있다. 우울, 자살, 가출, 중독 등의 문제로 어려움을 겪고 있는 위기 청소년들을 대상으로 청소년통합지원체계, 학교밖청소년지원, 아웃리치상담, 보호관찰 프로그램, 청소년전화 1388과 같은 구체적인 개입 프로그램이 운영되고 있다. 이 장에서는 청소년상담의 의미와 특징을 기술하고, 국내 청소년상담이 태동하게 된 배경과 발달과정을 살펴보기로 한다. 나아가 청소년상담의 구체적인 범위와 영역을 제시하고, 청소년상담자로서 갖추어야 할 자질과 역할을 다루고자 한다.

## 1. 청소년상담의 의미와 특징

### 1) 상담의 정의

상담(counseling)의 어원은 라틴어의 'consulere'에서 유래되었으며, '고려하다' '반성하다' '조언을 구하다' 등과 같은 의미를 지닌다. 상담(相談)의 의미를 한자에서 찾아보면, 나무 목(木)과 눈 목(目)으로 이루어진 '서로 상(相)'은 두 그루의 나무가 눈을 맞대고 마주한다는 뜻으로 쓰이는 낱말이다. 또한 말씀 언(言)과 불꽃 염(炎)이란 두 글자로 조합된 '이야기 담(談)'은 마치 활활 타오르는 불과 같이 서로 말을 주고받는다는 의미를 지닌 낱말이다. 따라서 글자 그대로 풀이하면, 상담이란 두 사람이 마주 보고 열심히 대화를 나누는 행위를 의미한다. 이것을 심리상담 개입적인 측면에서 풀이하면, 마주 보고 앉아 대화를 나누는 두 사람 중에 한 사람은 도움을 받기 위해, 또 다른 한 사람은 도움을 주기 위해 조력적 면담을 하고 있다는 것을 의미한다.

도심의 간판이나 광고에서 볼 수 있듯이 법률상담, 병무상담, 융자상담, 세무상담, 유학상담, 심지어 애견상담, 투자상담, 피부미용상담 등과 같이 상담이라는 낱말이 일상 속에서 다양하게 사용되고 있다. 심리상담도 일종의 의논이나 대화라고 할 수 있지만 일상적·상업적·직무적 의논이나 충고와는 구분되는 조력행위라고 할 수 있다. 일정한 요건과 자격을 갖춘 사람이 특정 내용에 대해 전문적인 방법으로 하는 대화 또는 면담을 상담이라고 한다. 소정의 교육 또는 훈련을 받고 자격증을 취득한 의사가 환자를 진단·처방·치료했을 때 비로소 진료라 하고 교사자격증을 취득한 교사가 학생을 대상으로 교과지도를 하는 것을 수업이라고 하는 것처럼, 상담도 전문기관에서 일정 기간 교육과 훈련을 받은 상담자가 조력하는 활동을 의미한다.

Morrill, Oetting과 Hurst(1974)는 상담의 대상, 목적, 방법 등 여러 차원을 고려하여 상담을 매우 포괄적으로 정의하고 있는데, "상담은 개인뿐만 아니라 가족 등 일차적 집단, 형식·비형식 집단, 학교·교회·관공서 등의 기관 혹은 지역사회를 대상으로 치료, 예방, 발달 및 성장의 목적을 달성하기 위해 직접 봉사, 자문 및 훈련, 매체 등의 방법을 이용하는 제반 활동"이라고 하였다. Shertzer와 Stone(1980)은 "상담은 자기와 환경에 대한 의미 있는 이해를 촉진하고, 장래 행동의 목표나 가치관을 확립해서 명료화하도록 하는 상호작용 과정"이라고 정의하였다.

국내에서는 이장호(1998)가 상담의 전문성을 더 강조하기 위해 "상담이란 도움을 필요로 하는 사람이 전문적 훈련을 받은 사람과의 대면관계에서 생활과제의 해결과 사고, 행동 및 감정 측면의 인간적 성장을 위해 노력하는 학습과정"이라고 정의하였다. 또한 박성수(1998)는 "상담이란 내담자와 상담자 간에 수용적이고 구조화된 관계를 형성하고 이 관계 속에서 내담자가 자기 자신과 환경에 대해 의미 있는 이해를 증진하도록 하여, 내담자 스스로가 효율적으로 의사결정을 하고 여러 심리적인 특성을 긍정적인 방향으로 변화시키도록 원조하여 결과적으로 내담자의 성장과 발전을 촉진하는 심리적인 조력과정"이라고 정의하였다. 한편, 상담을 문제해결이나 치료의 관점에서 탈피하여 보다 통합적이고 발달적인 관점에서 접근하려는 경향을 반영한 이형득(1993)은 "상담이란 개인의 발달과업 성취와 개인의 적응력 신장에 도움이 되는 활동이나 프로그램을 개발하여 실시함으로써 문제 발생의 사전 예방과 동시에 성장과 발달을 촉진하기 위해 도움을 주는 활동"이라고 정의하고 있다.

이렇듯이 상담에 대한 정의는 인간에 대한 관점에 따라 학자마다 견해의 차이가 있다. 그러나 여러 학자의 정의를 종합해 볼 때 상담의 개념은 다음과 같이 포괄적으로 정리될 수 있다(한국청소년개발원, 2004).

- 상담은 도움을 필요로 하는 내담자와 도움을 주는 상담자가 있어야 한다. 상담은 내담자나 상담자 중 어느 한 사람만 있어서는 성립되지 않는다. 상담자와 내담자가 개인 혹은 집단의 형태를 유지하며 양측 모두 존재할 때 상담이 성립될 수 있다.
- 상담은 전문적인 교육과 훈련을 받은 상담자에 의해 제공되는 전문적 활동이다. 상담관계는 일상적인 대인관계와 달리 상담자가 내담자를 긍정적인 방향으로 변화시킬 책임을 가지고 수행하는 전문적 관계다. 따라서 상담자는 이에 요구되는 전문적 지식과 기술을 갖추어야 한다.
- 상담은 상담자와 내담자 간의 상호 협력관계에 기초하고 있다. 바람직한 상담관계는 상담자와 내담자가 대등한 위치에서 상담에 임하고, 서로 합의에 의해 상담목표를 설정하고 그것을 구체화한다.
- 상담은 의사결정과 문제해결에 관여한다. 상담에서 다루는 문제는 다양하지만 상담은 내담자의 의사결정과 문제해결에 직·간접적으로 관여한다. 내담자가 이러한 의사결정과 문제해결 기술을 습득하도록 조력하는 것은 상담의 주요한 기능 중의 하나다.
- 상담은 내담자가 새로운 행동을 학습하거나 새로운 태도를 형성하도록 돕는다. 내담자의 행동 변화는 상담의 효과를 측정하는 척도가 될 수 있다.
- 상담은 내담자의 문제를 예방하고 성장과 발전을 조력한다.

## 2) 청소년상담의 정의와 목표

상담에 대한 일반적인 정의를 토대로 청소년상담의 의미를 구체화할 수 있다. 이성진(1996)은 "청소년상담이란 성장기에 있는 청소년이 사회에 잘 적응하고 자신의 잠재 가능성을 최대한 실현할 수 있도록 도와주기 위한 전문적인 활동"이라고 정의하였다. 한편, 박재황, 남상인, 김창대와 김택호(1993)는 청소년상담의 영역을 보다 포괄적으로 설정하여 "청소년상담은 청소년 및 청소년 관련인과 청소년 관련 기관을 대상으로 하여 직접 봉사, 자문활동, 그리고 매체를 통하여 청소년의 바람직한 발달 및 성장을 추구하는 활동"으로 정의하였다.

먼저, 청소년상담활동의 대상은 청소년, 청소년 관련인(부모, 교사, 청소년 지도자)과 청소년 관련 기관(가정, 학교, 청소년 고용업체, 청소년 수용기관, 청소년 봉사기관)을 포함한다. 상담의 대상이 문제를 가진 혹은 발달을 원하는 개인에 국한되지 않고 그 개인이 속해 있는 관련 환경까지도 포함한다(이형득, 1993). 특히 청소년상담활동에서는 청소년 자신뿐만 아니라 부모나 교사 등 주변 관련인을 포함시키는 것이 매우 중요하다. 청소년 문제는 청소년 자신의 발달과업상의 특징으로 말미암아 유발되는 경우도 있지만 환경과의 관계에서 비롯되는 경우가 많다. 청소년은 주변 환경의 영향을 쉽게 받기 때문에 청소년 자신이 문제의 원인을 찾고 그것을 극복하려고 해도 환경이 변하지 않는 한 문제가 재발할 가능성이 높다. 따라서 청소년상담의 1차적 대상은 청소년이지만 청소년 관련인 및 청소년 관련 기관 역시 청소년상담의 대상이 될 수 있다.

나아가 청소년상담은 청소년의 심리적 역기능 상태의 치료 및 문제해결뿐만 아니라 그러한 문제의 예방 및 발달과 성장을 목적으로 한다. 청소년상담은 청소년이 겪고 있는 정서적 불안, 부적절한 행동, 정신질환 등을 치료하는 한편, 청소년이 발달과업을 충실히 달성할 수 있도록 적절한 프로그램을 개발하고 실시하여 청소년이 보다 적응적이고 창조적인 사회인으로 성장하도록 돕는다. 청소년이 경험하는 문제는 주로 발달과정상에서 겪게 되는 과도기적 문제라고 할 수 있다. 성 발달과정에서의 혼란, 정체감 형성과정에서의 혼란, 교우관계에서의 대인관계 기술 부족 등이 발달적 문제에 해당된다. 이러한 문제에 직면했을 때 적절한 정보를 적합한 방식으로 제공하는 것만으로도 상담 효과를 거둘 수 있다. 청소년상담에서는 문제 발생 후 그 문제를 치료하는 것보다는 그 발생을 예견하여 적절하게 사전 조치를 취하는 예방적 접근이 보다 효과적이고 경제적이라고 할 수 있다. 이러한 측면을 고려하여 청소년상담에서는 문제 발생 상황에 대처할 수 있는 지혜와 힘을 길러 가는 성장 혹은 발달 지향적 접근을 많이 활용한다. 예를 들어, 학습방법을 가르쳐 학업 스트레스에 적절히 대처할 수 있도록 한다든지, 대인관계 기술훈련을 통해 교우 및 교사와의 인간관계에서 발생하는 스트레스를 적극적으로 극복할 수 있도록 한다든지, 자기성장 프로그램을 통해 자신의 가치와 잠재력을 발견하고 위기 상황에 유연하게 대처할 수 있도록 하는 등 성장 지향적인 접근을 취할 수 있다(박재황, 남상인, 김창대, 김택호, 1993).

또한 청소년상담은 방법적인 면에서도 일대일 개인면접뿐만 아니라 소규모 혹은 대규모 집단 형태의 교육과 훈련 프로그램을 제공하거나 매체를 이용하는 등 다양한 방법을 활용한다. 경우에 따라서는 일대일 개인면접이 청소년의 개인적인 문제를 해결하는 데 적절하기도 하지만, 청소년상담활동은 문제의 해결뿐만 아니라 문제의 예방과 건전한 성장 및 발달을 지향한다는 측면을 고려할 때 다양한 상담방법이 활용되어야 한다.

이러한 청소년상담에 대한 정의를 토대로 박성수 등(1997)은 청소년상담의 목표를 다음 다섯 가지로 제시하고 있다.

- 문제를 해결한다. 청소년기에 공통적으로 직면하는 문제를 해결하고 그것이 성장과 성숙에 도움이 되도록 조력한다. 또한 시대적 변화나 환경적 여건에 따라 청소년에게 발생하는 독특한 문제들을 다루고 해결하도록 한다.
- 이상심리를 치료한다. 노이로제나 정신질환을 치료하는 것은 물론 성격장애나 발달과정상에 나타나는 다양한 심리적 장애를 치료하는 것에 목표를 둔다.
- 문제 발생을 예방한다. 예를 들어, 학생청소년의 경우 가출이나 중도탈락은 각종 부적응 행동, 일탈행동, 범죄, 정신질환 등에 노출되는 경로로 작용할 수 있기 때문에 이러한 문제를 사전에 예방하는 것은 청소년상담의 중요한 목표가 된다.
- 발달을 촉진한다. 청소년기 발달과업을 성취하여 성인기를 준비하는 기초를 확립하고 나아가 환경적 변화를 주도할 수 있는 능력을 신장시킨다.
- 탁월성을 성취하도록 한다. 청소년이 각자의 잠재능력을 계발하여 과학, 스포츠, 예술, 정치, 문화, 경제, 종교 등 광범위한 영역에서 탁월성을 추구할 수 있게끔 새로운 전략을 마련하고 활동을 시도하도록 조력한다.

## 3) 청소년상담의 특징

급변하는 현대사회 속에서 발생한 개인주의와 인간소외 현상은 성장하는 청소년들에게도 발달적 도전으로 인식되고 있다. 성적 위주의 학교교육과 가정 해체의 위기 속에서 청소년의 정신건강은 크게 위협받고 있는 실정이다. 최근 들어 약물남용, 가출, 학교 중도탈락, 성매매, 자살, 교내폭력, 집단따돌림 등 청소년 문제의 심각성은 사회적 관심을 증폭시키고 있다. 이러한 사회적 우려를 반영하듯이, 이제 청소년 문제를 새로운 시각에서 조명하고 적절한 해결 방안을 모색해야 한다는 주장이 설득력 있게 받아들여지고 있다. 청소년기의 문제행동은 그 시기에만 국한되는 것이 아니라 후일 성인기의 사회적응과 성격발달에도 부정적 영향을 미칠 수 있다. 따라서 청소년 문제의 예방과 해결뿐만 아니라 이들의 건전한 성장과 발달을 도모하기 위해서는 조기에 적절한 상담을 통한 개입이 이루어져야 한다.

청소년 문제에 대한 심리적 접근은 교육학, 심리학, 사회사업학, 정신의학 등 여러 전문 분야에서 광범위하게 연구되어 왔다. 비록 청소년상담의 이론적 배경이 성인상담 이론에 근거하고 있다 하더라도 청소년이 나타내는 독특한 문제 양상은 상담자에게 새로운 도전으로 인식된다. 청소년은 단순히 '작은 성인(little adult)'이 아니다. 따라서 상담자는 청소년이 처한 발달 조건에 대한 폭넓은 지식과 상담에 대한 관점을 유지하면서 청소년의 발달단계, 환경, 상담 의뢰 사유 등에 따라 차별화된 접근을 적용해야 한다. 청소년상담은 단지 성인상담의 이론과 방법을 축소한 차원이 아닌 독특한 접근이 요구된다는 점에서 다음과 같은 특징을 지닌다(이미리, 김춘경, 여종일, 2019).

- 청소년상담의 영역은 매우 포괄적이다. 상담 대상으로 청소년뿐만 아니라 청소년 관련인과 청소년 관련 기관까지 포함한다. 또한 상담에서 다루는 문제 영역도 청소년 개인의 성격 변화뿐만 아니라 청소년 범죄나 정신질환에 이르기까지 다양하다.
- 청소년은 성인에 비해 회복탄력성과 변화가능성이 크다. 청소년기는 자기정체성을 형성하고 발달시키는 과정이므로 그 특성이 고정되어 있지 않으며 지속적으로 변화될 수 있다. 비록 현재 부적응 문제로 고민하고 위기 상황에 처해

있다고 하더라도 미래 변화가능성에 대한 희망을 유지할 수 있다.

- 청소년의 개인적 특성을 고려한 상담기법이나 개입전략이 적용되어야 한다. 특히 의뢰된 청소년 내담자들의 경우에는 상담에 저항적일 수 있으므로 이들과의 신뢰로운 상담관계 형성에 도움이 될 수 있는 상담기법과 상담기술이 필요하다. 전통적인 면담상담뿐만 아니라 인터넷 매체나 스마트폰 등을 활용한 온라인상담을 활용할 수 있으며, 그림, 음악, 게임, 놀이 등 다양한 매체를 이용하여 상담에 대한 흥미와 참여 동기를 촉진시킬 수 있다.
- 청소년상담은 사회환경적 맥락을 고려해야 한다. 청소년은 부모나 가족, 또래 친구, 교사, 지역사회문화 등 주변 환경의 영향을 많이 받기 때문에 이러한 환경적 맥락을 고려하여 부모 상담 및 교육, 또래상담, 교사상담, 지역사회상담 등을 포함시켜야 한다.

노성덕(2018)은 성인상담과의 차이점을 강조하면서 청소년상담은 다음과 같은 측면을 고려해야 한다고 강조한다.

- 치료모형뿐만 아니라 예방모형을 적용한다.
- 교육모형 적용을 통한 성장 지향적 개입전략을 마련한다.
- 청소년 당사자뿐만 아니라 청소년 주변에 대한 개입도 전제되어야 하며, 주변의 지원 자원을 적극 활용한다.
- 청소년이 처한 정보 부족 문제를 해결해 주고, 환경적인 제약을 완화시킨다.
- 청소년문화에 따라 발생하는 문제들에 대한 시의적절한 개입전략을 마련한다.

## 2. 청소년상담의 발전과정

### 1) 국내 청소년상담의 초기 발전과정

국내 청소년상담은 학생청소년을 대상으로 학교 생활지도 차원에서 먼저 시작되었다. 광복 직후 미국식 교육제도가 도입되면서 기존의 훈육 위주의 생활지도 방식을 대체할 수 있는 보다 합리적인 학생지도 방법이 요구되었다. 이에 서울특별시 교육위원회에서는 1958년 학교카운슬러 연수과정을 신설하여 일선 교사를 대상으로 상담의 기본적인 내용과 기법을 교육하게 되었다. 그 후 1960년대에 접어들어 중등학교 장면뿐만 아니라 서울대학교 학생지도연구소를 비롯하여 전국 각 대학에 부속 상담기관이 설립되었다. 또한 시·도 교육위원회의 연수과정을 이수하고 일선 중등학교에서 상담을 담당하는 교사의 수가 증가하면서 이들이 주축이 되어 1963년 한국카운슬러협회가 결성되었다.

1970년대에는 외국에서 상담에 관한 전문적 교육과 훈련을 받은 상담자들이 귀국하면서 상담 이론과 기법을 보다 체계적으로 보급하였다. 이러한 노력은 상담 대중화에 크게 기여하였으며, 다양한 사회구성원으로부터 상담에 대한 수요가 증가하는 계기가 되었다. 사회구성원의 정신건강을 도모하는 정책 수립과 지원은 국가의 주요 과제로 인식되기에 이르렀으며, 특히 청소년상담의 필요성이 강하게 제기되었다. 급격한 사회 변화와 지식 위주의 교육환경은 청소년 자살, 가출, 약물남용, 성매매, 범죄 등을 증가시키는 요인으로 작용하며 청소년의 정신건강을 위협하고 있다. 이러한 청소년 문제가 크게 증가함에 따라 문제해결적 혹은 문제예방적 상담의 필요성이 제기되었다. 나아가 개인 차원이나 국가 경쟁력 차원에서 청소년의 잠재력을 실현할 수 있도록 조력하는 상담활동의 필요성 또한 강하게 부각되었다.

1980년대에 접어들면서 그동안 학교 장면을 중심으로 전개되던 청소년상담이 지역사회의 근로청소년, 비행청소년, 무의탁청소년 등 다양한 대상으로 그 범위가 확대되었다. 1990년대에「청소년 기본법」이 제정되면서 청소년상담은 정부의 주요 정책에 반영될 수 있는 기초를 마련하였다.「청소년 기본법」은 시·군·구 단위의 청소년상담실 설치 및 운영에 관한 법적 근거가 되었으며 청소년상담의 대중화를 도모할 수 있는 정책적 시발점이 되었다(한국청소년개발원, 2004).

## 2) 국내 청소년상담의 최근 발전과정

2000년대에 접어들어 일선 상담현장에서 지역사회 기반의 청소년상담 개입체계의 필요성이 강조되면서 '지역사회청소년통합지원체계(CYS-Net)'라는 정책 사업이 추진되었고, 이후 사업 명칭이 '청소년안전망'으로 변경되어 지속적으로 운영되고 있다. 전화상담과 사이버상담을 통해 위기청소년을 발굴하며, 청소년동반자 프로그램을 활용하여 고위험군 청소년에게 찾아가는 심층상담을 제공하고 지역자원을 활용한 연계 지원을 모색한다. 또한 지역별로 '학교밖청소년지원센터'가 설치되어 학업중단을 고민 중이거나 이미 중단한 청소년을 대상으로 학업중단 숙려상담, 학업복귀 프로그램, 자립지원 프로그램, 건강검진 프로그램 등 다양한 서비스를 제공한다. 그 외에도 학습·정서·행동상의 장애를 지닌 청소년을 대상으로 치료·교육 및 재활을 종합적으로 지원하는 청소년치료재활센터, 청소년유해환경으로 인한 피해청소년을 보호·상담 및 치료·재활을 지원하는 청소년보호재활센터 등이 설치·운영되고 있다.

이와 더불어 교육부 차원에서는 학교안전망구축의 일환으로 Wee프로젝트 사업을 운영하고 있다. 정서불안, 폭력, 학교부적응, 경제적 빈곤 등을 겪고 있는 위기학생뿐만 아니라 모든 학생을 대상으로 하는 학교상담 및 생활지도 프로그램이 활성화되었다. Wee프로젝트는 학교, 교육청, 지역사회가 연계한 다중 안전망 체계로서 Wee클래스, Wee센터, Wee스쿨, 가정형 Wee센터, 병원형 Wee센터 체계로 구성되어 있다. 'Wee클래스'는 단위학교 내 설치·운영되는 상담실로 개인상담, 집단상담, 심리검사 실시 등 다양한 프로그램을 통해 학교부적응 학생을 조기에 발견하고 문제 예방 및 학교적응력 향상을 지원한다. 'Wee센터'는 시·도교육청과 지역교육지원청 단위에 설치되어 전문가의 지속적인 지원이 필요한 학생을 대상으로 심층적인 심리 진단·평가 및 상담 서비스를 제공한다. 지역사회 내 유관기관과의 연계를 통해 학교 내에서 해결되지 않는 문제를 해결할 수 있도록 조력하고, 개별 학생들에게 적합한 지역연계 통합 서비스를 제공한다. 한편, 'Wee스쿨'은 장기위탁교육기관에 해당하며 고위기 학생의 교육과 치유를 지원하기 위해 다양한 프로그램을 운영한다. 학년 및 학급이 구분되지 않는 통합교육과정을 통해 학업을 지속할 수 있도록 조력하며, 심리상담, 인성교육, 진로교육, 사회적응 프로그램 등을 운영한다. 최근에는 '가정형 Wee센터'라고 하는 특화형 센터가 추가 설치되어 학업중단 위기학생을 대상으로 돌봄 서비스와 대안교육을 제공하여 사회적응을 지원하고 있다. 가정과 같은 안정적인 주거 환경과 돌봄 서비스를 토대로 진로 및 적성을 고려한 교과 운영, 가족 개입 프로그램, 사회적응력 증진 프로그램 등 통합적인 서비스를 제공한다. '병원형 Wee센터'는 위탁치료형 대안교육기관으로, 심리적·정서적 어려움을 겪고 있는 위기학생들에게 상담 · 교육 · 치료와 의료자문뿐만 아니라 필요한 경우 전문의의 병원 치료까지 지원한다(김춘경 외, 2016a; 한국교육개발원, 2021).

## 3. 청소년상담의 범위와 영역

### 1) 청소년상담의 범위

상담이 '도움을 필요로 하는 사람'을 대상으로 한다고 하였을 때, 도움을 필요로 하는 대상 범위를 통해 상담의 범위를 가늠해 볼 수 있다. 내담자가 도움을 필요로 하는 문제는 단순한 정보 제공에서부터 내담자의 태도상 문제, 심리적 갈등 문제, 나아가 심각한 정신질환에 이르기까지 매우 다양하다.

문제의 범위와 관련하여 상담(counseling)과 함께 사용되는 용어로 '생활지도(guidance)'와 '심리치료(psychotherapy)'가 있다. 이들 용어는 상담의 범주 내에서 혼용되거나 각각 구별되어 사용되기도 한다. 이장호(1998)는 생활지도를 주로 교육 장면에서 대다수의 학생을 대상으로 제공되는 교육활동의 일환으로, 상담을 적응 문제를 지닌 소수의 개인을 대상으로 구체적인 생활과제 해결과 적응을 돕는 활동으로, 그리고 심리치료를 신경증이나 정신장애 등과 같은 심각한 문제를 다루는 활동으로 구분하고 있다. 또한 대상을 기준으로 구분하여 정상인을 상대로 이루어지는 활동은 상담으로, 비정상인을 상대로 이루어지는 활동은 심리치료로 각각 구분하기도 한다. 한편, 상담은 내담자가 현실적으로 직면하고 있는 의식적인 수준의 문제를 주로 다루고, 심리치료는 성격적인 문제나 무의식적인 문제를 다루는 것이라는 관점도 있다. 그러나 인간의 문제는 복합적이고 상호 관련성이 높기 때문에 비록 일시적이고 의식적인 문제라 할지라도 무의식적인 갈등이나 성격적 특성과 관련되어 있는 경우가 많다.

최근에는 상담의 방향이 보다 예방적이고 성장 지향적인 차원으로 나아감에 따라 심리치료와 차별화되는 추세다. 즉, 의학적 모형에 근거하여 인간의 심리적인 문제를 질병으로 파악하는 심리치료적 접근과 달리, 상담은 병리적인 측면보다는 건강한 측면을 강조하면서 인간의 삶과 행동, 그리고 사회에 대한 철학적 · 교육학적 원칙을 중심 원리로 수용하고 있다. 홍경자(2001)도 이러한 관점에 따라 심리치료의 목적은 정신건강의 회복에 있는 반면, 상담은 개인의 능력 배양을 목적으로 환경에의 적응 능력과 잠재 능력의 최대화를 목적으로 한다고 보았다. 또한 심리치료가 질병 요소의 제거에 치중하여 심층적인 원인 제거에 초점을 두는 것에 비해, 상담은 관계 형성과 의사소통을 통해 내담자의 힘을 북돋는 방법에 주로 초점을 둔다는 차이를 들어 설명하고 있다. 한편, 김계현(2002)은 생활지도, 상담, 심리치료는 성격과 정도가 조금씩 다른 다양한 문제 내에서 서로 중첩되어 있지만 다소 구별되는 활동으로 보아야 한다고 주장한다.

## 2) 청소년상담의 문제 영역

다른 발달단계보다 특히 청소년기에 중요한 문제로 부각되는 것은 학업, 진로, 대인관계, 성격, 행동습관 등이다. 대부분의 청소년은 학생청소년에 해당되기 때문에 이들은 청소년기 내내 학업 문제를 지니고 있다고 볼 수 있다. 학업 문제에는 학습방법, 성적 저하, 집중력 부족, 시험불안, 학업에 대한 무관심 등이 포함된다. 또한 청소년은 미래에 대한 다양한 가능성 속에서 성인기 생활을 계획하고 준비해야 하는 시점에 있기 때문에 진로 문제 역시 중요한 관심사가 된다. 진로 문제에는 진학 결정, 취업, 적성 문제, 학과 선택 문제 등이 포함된다.

청소년기는 심리적으로 부모에게서 독립하여 자유롭게 자신을 추구하고자 하는 경향성이 있다. 이러한 경향은 또래집단을 형성하고 상호작용을 강화하는 형태로 나타난다. 아동기에 보여 주었던 가족과의 상호작용보다는 또래와의 상호작용이 증가하고 대인관계는 더욱 복잡해진다. 따라서 대인관계 문제는 친구와의 갈등, 불량 교우, 집단따돌림, 교사와의 관계, 형제간의 갈등, 부모-자녀 간의 의사소통 문제 등으로 나타난다. 한편, 청소년은 자아정체감 형성과정에서 자신에게 몰두하게 되고, 자신의 성격이나 행동습관, 신체적 외모에 대해 과도한 관심을 가지며 때때로 부적절감에 빠져들 수 있다. 성격 문제는 소심한 성격, 내성적 성격, 과격한 성격, 충동적 성격, 변덕스러운 성격 등의 문제를 포함한다. 행동습관과 관련된 문제로는 늦은 귀가, 거짓말, 잦은 싸움, 등교 문제, 컴퓨터 중독, 약물남용, 연예인에 대한 지나친 관심 등을 들 수 있다.

청소년기에 나타날 수 있는 다양한 발달적 문제를 중심으로 청소년상담에서 주로 다루는 문제 영역을 분류하면 다음과 같다(이미리, 김춘경, 여종일, 2019).

- 심리·사회발달 문제: 청소년은 자아정체감 형성과정에서 자기 자신에게 깊이 몰두하게 되는데, 자신의 성격이나 행동습관, 신체적 외모에 대해 과도한 관심을 갖고 때로는 부적절감을 느낀다. 소심한 성격, 충동적 성격, 내성적 성격, 변덕스러운 성격 등과 같은 자신의 성격에 대한 고민을 호소하기도 한다. 또한 늦은 귀가, 거짓말, 싸움, 등교 문제, 게임중독, 약물남용 등 행동습관에 관련된 문제로 상담을 받기도 한다.
- 대인관계 문제: 청소년기에는 부모로부터 심리적으로 독립하여 자유롭게 자신을 추구하고자 하는 경향성이 나타나는데, 이러한 경향은 또래들과의 집단 형성 및 상호작용을 강화하는 형태로 표현된다. 아동기에 보여 주었던 가족과의 상호작용은 감소하는 반면, 또래와의 상호작용은 증가한다. 대인관계 양상이 복잡해지면서 친구와의 갈등, 불량 또래집단 형성, 집단따돌림, 교사와의 관계, 형제간의 갈등, 부모와의 의사소통 문제 등이 표출된다.
- 학교생활 문제: 대부분의 청소년은 학생청소년에 해당되므로 학습방법, 성적 저하, 집중력 부족, 시험불안, 학업태만 등 다양한 학업 문제를 호소한다. 또한 성인기를 준비하는 시점에 있기 때문에 진학, 취업, 학과 선택, 적성과 흥미 등 진로 문제를 고민하게 된다.
- 사회적응 문제: 청소년은 주변 환경 내에서의 건강한 적응을 위해 성공적인 학교생활에 관한 정보나 직업교육에 관한 정보를 필요로 한다. 따라서 효율적인 학습방법, 자기주장 행동, 경청기술이나 친구 사귀는 방법 등과 같은 구체적인 사회적응 기술을 습득하기 위해 노력할 필요가 있다.

## 3) 청소년상담의 활동 영역

청소년상담의 활동 영역은 청소년 이해활동, 상담활동, 정보제공활동, 정치활동, 추수지도활동을 포함한다. 이들 각 활동 영역은 청소년에 대한 지원 내용을 중심으로 구분한 것으로 구체적으로 살펴보면 다음과 같다(박성수, 박재황, 황순길, 오익수, 1993).

- 이해활동: 청소년에 관한 자료를 수집하여 이를 기록·조직·해석하는 활동이다. 효과적인 청소년상담활동을 계획하고 추진하기 위해 청소년에 관한 정보를 정확히 파악할 필요가 있다.
- 상담활동: 전문적인 상담활동을 통해 청소년 개개인이 가지고 있는 적응상의 문제를 해결하도록 도와줄 뿐만 아니라 미래의 인생 설계를 자율적으로 수립하고 정립할 수 있는 능력을 신장시켜 준다.
- 정보제공활동: 청소년이 문제에 직면하여 미래에 대한 계획이나 의사결정을 할 때 자신과 자신을 둘러싼 환경을 이해하는 데 필요한 여러 가지 사실과 자료를 제공해 주는 활동이다.
- 정치활동: 청소년이 자신의 보다 나은 적응과 성장 또는 문제해결을 위해 다음 단계에서 무엇을 어떻게 할 것인가를 선택하고 결정하도록 돕고 그 결정에 따라 잘 적응하도록 도와주는 활동이다.
- 추수지도활동: 이미 상담에 참여하였던 청소년들의 계속적인 성장·발달을 도우려는 활동이다.

이와 함께 지역사회 청소년을 지원하는 청소년상담자의 활동 영역을 크게 국가정책 차원, 민간 차원, 교육 차원으로 구분할 수 있는데, 이들 세 가지 영역은 다음과 같다(김동일 외, 2020).

- 국가정책 차원: 여성가족부 산하의 한국청소년상담복지개발원을 비롯하여 각 지역의 청소년상담복지센터, 경찰청이나 법무부, 노동부, 국방부, 보건복지부 등 정부기관 산하에 설치된 청소년 관련 기관에서 청소년상담을 담당한다.
- 민간 차원: 개인상담소나 사회복지기관, 기타 아동·청소년 대상 시설 등에서 청소년상담을 수행한다.
- 교육 차원: 초·중·고등학교에 배치된 전문상담교사와 학교청소년상담사, 대학 내 학생상담센터 소속의 상담자 등이 학생청소년을 대상으로 상담을 실시한다.

## 4. 청소년상담자의 자질

### 1) 인간적 자질과 역할

인간적 자질이란 상담자로서 갖추어야 할 사람됨의 특징을 의미한다. 상담자의 인성은 상담 효과에 영향을 미치는 결정적 요인 중 하나다. Rogers(1961)는 상담자의 인간성은 그가 지닌 상담기술보다 더 중요하다고 하였다. 그런데 상담자로서 진로를 결정한 지원자들 가운데에는 오히려 자기치료가 필요한 사람이 가끔 발견된다. Guy(1987)는 상담자가 되고자 하는 역기능적인 동기를 다음과 같이 열거하고 있다.

- 정서적 스트레스: 미해결된 개인적 외상을 지니고 있다.
- 대리적 대처: 자기 자신의 의미 있는 삶을 추구하기보다는 내담자를 통해 대리 만족을 얻고자 한다.
- 외로움과 고독감: 주변에 친구가 없는 경우 내담자를 통해 친구관계를 느끼고자 한다.
- 힘의 욕구: 자신의 삶에서 두려움과 무력감을 느끼는 경우 상담을 통해 내담자를 통제하고자 한다.
- 사랑의 욕구: 자기도취적이고 과장되며 사랑과 친밀감을 표현함으로써 모든 문제가 해결된다고 믿는다.
- 대리적 반항: 미해결된 분노를 지니고 있는 경우 내담자의 반항적인 행동을 통해 자신의 생각과 감정을 간접적으로 표출한다.

그러나 대부분의 상담자는 건전한 이유로 상담활동에 참여하는 경우가 많다. 특정한 기능적 요소를 지닌 사람은 그러한 기능을 토대로 상담전문직을 선택하고, 그 결과 자신의 능력을 잘 발휘한다.

상담자에게 요구되는 인간적인 자질은 일반적으로 자기에 대한 이해, 타인에 대한 이해, 상담에 대한 태도로 구분될 수 있다. 상담자는 자신의 심리적 갈등, 가치관, 삶의 목적 등을 이해하고, 이러한 요소들이 내담자와의 상담활동에 영향을 미칠 수 있는 가능성과 이를 적절하게 통제할 수 있는 방법을 알고 있어야 한다. 또한 상담자는 타인에 대한 신뢰, 존중, 공감, 수용 등의 기본적인 태도를 지녀야 하며, 지속적인 자기성찰을 통해 상담전문직에 대한 사명감과 윤리 의식을 갖추어야 한다 (한국청소년개발원, 2004). Guy(1987)는 상담자에게 요구되는 인간적 자질을 다음과 같이 제시하고 있다.

- 호기심과 탐구심: 인간에 대해 자연스러운 관심을 갖는다.
- 경청 능력: 적극적으로 경청한다.
- 대화 능력: 언어적 대화를 즐긴다.
- 공감과 이해심: 상대방의 입장이 되어 그의 처지를 이해하고 성별이나 문화권이 다른 사람을 이해한다.
- 정서적 통찰력: 분노와 같은 부정적 감정에서부터 기쁨과 같은 긍정적 감정에 이르기까지 다양한 감정을 인식할 수 있다.
- 내성: 내면세계를 성찰하고 인식할 수 있다.
- 자기부정의 능력: 자신의 개인적 욕구보다 다른 사람의 욕구를 더 우선적으로 다룬다.
- 친밀감에 대한 인내: 정서적 친밀 상태를 유지할 수 있다.
- 힘의 능력: 상대방과 어느 정도의 거리를 유지하면서도 동시에 힘을 느낄 수 있다.
- 유머 감각: 삶의 역설적인 면에 대한 통찰과 유머 감각을 지닌다.

## 2) 전문가적 자질과 역할

전문가적 자질이란 상담활동을 수행하는 데 요구되는 전문적 지식과 기술을 갖추었는지 여부를 뜻한다. 효과적인 상담 업무를 수행하기 위해서는 인간적 자질과 더불어 상담 실무에 대한 전문적인 교육과 훈련을 받아야 한다. 조력 분야에 종사하는 활동은 교육수준과 전문성에 따라 비전문적 활동, 준전문적 활동, 전문적 활동으로 분류될 수 있다. 비전문적 조력자(nonprofessional helper)는 어려운 처지에 놓인 주변 사람을 도와주고자 하는 마음을 갖고 있는 자로서, 삶에 대한 지혜와 기술을 갖추고 있는 친구, 동료, 자원봉사자, 직장 상사 등이 이에 해당한다. 준전문적 조력자(paraprofessional helper)는 대인관계 기술에 관해 약간의 형식적 훈련을 받고 조력팀의 일원으로 대인 서비스 활동에 종사하는 이들을 일컫는다. 예를 들어, 기숙사 사감이나 아동보육사가 조력활동에 관한 적절한 훈련을 받았을 경우에는 기숙사 내에서 혹은 복지기관 내에서 심리적으로 건강한 공동체 환경을 조성하는 데 중요한 역할을 할 수 있다. 전문적 조력자(professional helper)는 상담이나 조력활동에 관한 구체적인 교육과 슈퍼비전을 받은 후 예방적이고 치료적인 수준에서 사람을 도와줄 수 있는 전문가로서, 상담사, 심리치료사, 사회사업가, 정신치료 간호사, 가족상담사 등이 해당된다.

상담자의 전문적 자질은 상담이론에 대한 지식, 실습경험과 훈련, 자격을 갖춘 슈퍼바이저의 지도 등을 통해 습득된다. 전문적 조력자에 해당되는 상담자는 인간발달, 사회문화, 상담이론 및 기법, 상담자 윤리, 심리검사, 진단 및 평가체제 등에 관한 지식과 이해를 갖추어야 한다. 또한 개인상담, 집단상담, 가족상담 등 대상별로 효과적인 상담을 수행할 수 있는 상담기술 능력을 갖추어야 한다(한국청소년개발원, 2004).

## 3) 청소년상담자의 자질과 역할

유능한 상담자는 과학적 지식과 기술, 자신의 인간성을 성공적으로 통합할 수 있는 사람이라고 볼 수 있는데, 이러한 측면에서 Cormier와 Cormier(1985)는 상담자의 자질을 다음과 같이 포괄적으로 제시한다.

- 지적 능력: 상담자는 다양한 조력이론에 대한 지식을 갖추고 이러한 것을 배우고자 하는 의욕과 학습 능력을 갖추어야 한다. 또한 현실적으로 빠른 이해력을 갖추어야 한다.
- 에너지: 상담은 정서적으로나 신체적으로 많은 에너지가 요구되는 활동이다. 상담자는 적극적인 자세로 상담 회기에 임해야 하며, 많은 내담자를 연속적으로 면접할 수 있는 활동성을 유지해야 한다.

- 융통성: 유능한 상담자는 특정한 반응양식에 사로잡히지 않는다. 자신의 상담 스타일을 내담자의 요구에 적응시킬 수 있어야 한다.
- 지지: 상담자는 내담자가 스스로 결정할 수 있도록 지지적인 역할을 수행해야 한다. 맹목적인 구원자의 역할을 지양하고, 내담자의 내면에 희망과 힘을 북돋 워 주어야 한다.
- 온정: 상담자는 내담자의 독립심을 신장시키며 내담자의 이익을 추구해야 한다.
- 자기인식: 상담자는 자신의 태도, 가치관, 감정을 인식하고, 이러한 자신의 내적 특성에 영향을 미치는 요인들을 이해해야 한다.
- 문화적 경험에 대한 인식: 다양한 문화적 배경을 지닌 사람들에 대한 이해가 요 구된다.

　이러한 일반적인 자질 이외에도 청소년상담자는 청소년들의 고민과 어려움에 관심을 기울이고 청소년에게 모범적인 역할모델이 될 수 있는 품성을 갖추어야 한다. 청소년에 대한 애정과 관심, 청소년 문제에 대한 이해, 청소년과의 의사소통 능력, 안정되고 원만한 성품 등이 요구된다. 상담자는 인간발달 특징에 대한 지식을 갖추어야 하는데, 특히 청소년상담자는 청소년기의 인지적 · 정서적 · 행동적 발달특징을 잘 이해해야 한다. 몇몇 심각한 정신병리적 질환이나 극단적인 일탈행동을 제외하고 청소년이 보이는 일반적인 문제행동은 단순히 정상적인 발달과정상의 변이(deviation)에 불과할 수도 있다. 성인에게는 병리적 행동이라고 진단되는 것이 청소년에게는 정상 범주에 속하는 것일 수도 있다. 한 개인의 문제가 일탈행동인가 단순한 발달 위기상의 행동인가를 잘 판단하기 위해서는 각 연령집단의 발달특성 및 정상 행동 범위에 대한 이해가 선행되어야 한다. 발달적 관점에서 보면, 특정 시기에 특정 과업을 완수할 것으로 기대되는 것이 일반적이지만 이러한 양상은 개인차가 있다. 성인기와 달리 청소년기의 성격발달은 매우 불안정하다. 부모가 자녀의 문제행동이라고 지적한 것 가운데 상당수가 특정 연령층에서는 정상 범주에 속하는 것으로 확인되었으며(Macfarlane, Allen, & Honzik, 1954), 정상 행동과 비정상 행동을 구분하는 중요한 척도로 연령 요인이 강조되기도 한다(Sroufe, 1991). 따라서 청소년상담자는 청소년의 발달특성을 고려하여 그들의 행동을 이해하고 진단해야 한다.

　청소년상담자의 활동은 상담활동과 상담지원활동으로 구분된다. 상담활동이란 청소년의 문제해결과 예방, 발달 및 성장을 촉진하는 활동을 뜻하며, 청소년에 대한 직접적인 개입과 관련인에 대한 자문이 포함된다. 한편, 상담지원활동은 상담활동을 효과적으로 수행하기 위한 제반활동을 일컫는데, 상담자 교육, 상담연구, 상담행정 및 정책 제안 등이 이에 해당된다. 이렇게 볼 때, 청소년상담자는 상담자, 교육자, 컨설턴트, 연구자 및 프로그램 개발자, 정책제안자, 환경개선지킴이 등의 다양한 역할을 수행한다(박재황, 남상인, 김창대, 김택호, 1993).

또한 청소년의 문제 유형에 따라 청소년상담자는 위기적 개입, 교정적 개입, 예방적 개입, 발달적 개입 등 다양한 방식으로 접근할 수 있는데, 이때 상담자로서뿐만 아니라 교육자, 자문가, 조정자 등의 역할을 수행하게 된다. 이미리, 김춘경과 여종일(2019)은 청소년상담자의 역할을 다음과 같이 제시한다.

- 상담활동: 개인상담, 집단상담, 상담 프로그램 개발 및 운영, 심리측정 및 평가 등의 활동을 담당한다.
- 교육활동: 성교육, 진로교육, 시간관리 능력, 대인관계 능력 향상, 의사소통훈련, 자기주장훈련 등 청소년의 주요 관심사를 주제로 교육 프로그램을 개발하고 운영한다. 청소년뿐만 아니라 부모와 교사를 대상으로 교육 프로그램을 실시하기도 한다.
- 자문활동: 부모, 학교행정가, 지역사회 청소년 관련 기관 담당자 등을 대상으로 청소년 복지 및 문제해결 방안에 관해 자문을 제공한다.
- 조정활동: 청소년 관련 문제가 발생할 경우 청소년들 간, 청소년과 성인 간, 혹은 청소년과 관련 기관 간의 갈등을 조정하는 역할을 수행한다.

## 토론주제

1. 성인상담과 비교하여 청소년상담이 지니는 특징을 논의하시오.
2. 오늘날 청소년들이 직면하고 있는 문제들을 제시하고, 이에 대한 국가정책 차원, 민간 차원 및 교육 차원의 상담지원 정책과 활동을 토의하시오.
3. 청소년상담자로서 현재 자신이 갖추고 있는 자질을 탐색하고, 나아가 어떤 자질을 더 갖추어야 할지 생각해 보시오.

# 청소년 발달과
# 청소년상담

제2장

발달은 청소년에 대한 논의에서 빠질 수 없는 주제이며, 청소년을 이해하기 위해서는 청소년 발달에 대한 이해가 선행되어야 한다. 청소년기는 발달 속도가 빠르며 이러한 빠른 발달 속도는 빠른 변화를 초래한다. 이에 청소년상담자는 청소년이 지속적으로 발달하며 발달에 따라 특별한 욕구와 행동이 수반되고 변화한다는 것을 기억해야 할 것이다. 다시 말해, 상담자는 청소년에 관한 자신의 관점에 융통성을 가져야 하며, 청소년과의 현실적이고 진실된 관계를 유지하기 위해 청소년의 발달과업에 맞게 청소년에게 접근해야 한다. 상담자가 청소년에 맞는 현실적인 치료목표를 세우기 위해서는 청소년들의 발달적 · 사회적 · 정서적 학습 양상에 대해 철저한 지식과 이해를 지니고 있어야 한다.

청소년의 전체 발달수준은 청소년의 생물학적 · 심리적 · 문화적 · 외부적 결정요인들의 탐색을 통해 평가되며, 이는 청소년의 행동, 인지, 정서, 언어, 행동수준, 행동 유형, 욕구에 대한 기대에 중대한 영향을 미친다. 그러므로 청소년의 발달단계와 발달과업에 대한 지식은 특정 청소년이 건강한 발달궤도로 되돌아가도록 돕는데 유용하다. 또한 청소년의 행동, 감정, 인지, 언어, 자기발달이 발달적으로 예상되었는지 퇴행이나 고착되었는지를 평가하도록 돕는다. 다시 말해, 연령에 따라 청소년은 행동이나 감정을 다르게 나타내는데, 같은 행동이라도 어떤 연령에서는 정신병리로 고려되고 다른 연령에서는 매우 정상적인 것으로 생각된다. 청소년에게 기대되는 것이 무엇인가를 아는 것은 청소년상담자가 청소년을 정상 위치로 되돌리고, 만족스러운 상담의 과정과 상담을 지속할 필요성을 평가하는 데 도움이 된다.

청소년의 발달적 이해에 관한 Freud와 Erikson, Piaget, Bronfenbrenner 등의 이론은 청소년상담자에게 정상적인 발달 및 성장 형태와 관련하여 청소년이 가진 문제들을 개념화하고 진단하게 해 주고, 개입(intervention)하기 위한 기본적인 가설을 세우게 해 주며, 치료전략을 개발하는 데 도움을 준다. 이 장에서는 Sigmund Freud, Anna Freud, Blos 등의 정신역동적 발달 접근, Erikson과 Marcia의 심리사회적 발달 접근, Piaget, Kohlberg와 Elkind로 대표되는 인지적 발달 접근, Mead, Bronfenbrenner와 Lerner로 대표되는 맥락중심적 발달 접근에 대해 살펴보고자 한다.

# 1. 정신역동적 발달 접근

## 1) Freud의 심리성적 발달이론

Freud는 인간이 이성적이고 논리적이며 지적인 존재가 아니라 비이성적이고 때로는 자신도 알지 못하게 숨어 있는 무의식적 동기에 의해 영향을 받는 존재라고 밝혔다. 개인의 발달과정에서 특히 성욕을 중요시한 Freud는 성적 에너지인 리비도가 집중적으로 표출되고, 만족을 얻는 신체 부위의 변화에 따른 심리성적(psychosexual) 발달단계를 구분하였다.

Freud에 따르면, 리비도의 총량은 한정되어 있어 그것이 신체의 어느 한 부위에 집중되면 다른 부위로 분산되는 것은 불가능하다. 그 결과, 성욕을 자극하는 부위가 아동의 발달단계와 함께 변한다고 주장하였다. 각 단계에서 리비도가 추구하는 욕구가 적절히 충족될 때 청소년은 정상적인 성격발달을 이룬다. 반대로 리비도가 심하게 억압되거나 좌절되면 그 신체 부위의 욕구에 고착된다고 하였다. 특정 단계에 고착된 청소년은 나이가 드는 것과 관계없이 그 단계에서 충족되지 못한 욕구에 집착하게 되므로 성격발달의 퇴행이 일어나게 된다(송명자, 1995).

남근기와 사춘기 사이의 초기 청소년은 잠복기(latency stage)에 들어가는데, 이 단계에서는 심리성적 발달이 이루어지지 않는다. 이 시기에 청소년의 모든 리비도는 학교과업, 운동 등 사회적으로 용납되고 인정되는 활동을 통해 강력한 에너지로 발산되다가 사춘기의 성적 변화와 더불어 끝나게 된다. 후기 Freud 학파는 이 시기에 일어나는 중요한 사회적 발달에 많은 관심을 기울인다.

생식기(genital stage)는 사춘기에서 시작하여 성인기 동안 지속되는 단계다. 이 시기의 청소년은 성호르몬의 분비로 말미암아 잠복되어 있던 성적 욕구가 급격히 증가하며, 성적 쾌락을 추구하기 위해 강화된 원초아와 초자아 사이에서 자아의 균형이 깨져 다시 그 균형을 잡으려는 노력이 불가피해진다. 이런 이유로 성적 욕구의 표출과 억압으로 성격을 설명한 Freud에게는 청소년기의 심리적 갈등과 혼란이 당연한 것이다. 리비도가 다시 생식기 영역에 집중되지만 자위에서 성적 쾌락을 느끼려고 하는 것이 아니라 이제 이성과의 접촉을 통해 쾌락을 느끼려고 하는 것이다.

Freud는 인생의 초기 5~6년 동안을 성격발달에서 가장 중요한 시기라고 가정하였기 때문에 청소년기에 대해서는 관심을 갖지 않았다. 그러나 장휘숙(2004)은 Freud의 이론에서 청소년기를 규정하는 두 가지 중요한 사건을 발견할 수 있다고 하였다.

- Freud는 청소년기에 일어나는 중요한 사건으로 오이디푸스 갈등과 엘렉트라 갈등의 재인식을 지적하였다. 남근기 동안 나타나는 이러한 갈등은 남아가 아버지를 동일시하고, 여아가 어머니를 동일시함으로써 해결되며 이후 잠복기 동안 무의식 속에 억압된다. 사춘기의 시작과 함께 이성의 부모에 대한 성적 애착은 되살아나지만 근친상간에 대한 금기가 내면화되어 있는 청소년은 그것을 의식하지 못한다. 대신 청소년은 아버지나 어머니를 생각나게 하는 연상의 이성에게 매력을 느끼고 첫사랑을 경험한다.
- Freud는 오이디푸스 갈등의 재출현과 함께 청소년이 부모나 권위 있는 인물에 대해 반항하는 것을 불가피하고 필연적인 사건이라고 가정하였다. Freud에 따르면, 청소년은 자율성을 확립하고 정서적 독립을 획득하기 위하여 부모에 대해 적대적이고 거부적인 태도를 취한다. 부모에 대한 애착의 약화나 탈애착은 동년배 집단이나 이성에 대한 애착을 증가시킨다. 대부분의 청소년은 부모와 탈애착을 경험한 후에 부모와의 유대를 재형성할 수 있다.

그러나 Freud는 엘렉트라 갈등의 해결이 오이디푸스 갈등의 해결보다 더 용이하기 때문에 어떤 소녀는 결혼 후에도 부모에 대한 애착에서 벗어나지 못한다고 가정하였다. 갈등의 해결이 어려울수록 더 독립적이고 더 도덕적이라고 가정한 Freud는 여아보다 남아가 더 쉽게 부모에 대한 애착에서 벗어날 수 있다고 주장하였다.

〈표 2-1〉 Freud의 심리성적 발달단계

| 심리성적 단계 | 나이 | 기술 |
| --- | --- | --- |
| 구강기 | 출생~1세 | 성본능이 입에 집중되어 있다. 영아는 빨기, 씹기, 물기와 같은 구강활동으로부터 쾌락을 얻는다. 먹기 활동은 특히 중요하다. 예를 들면, 너무 일찍 또는 갑작스레 젖을 뗀 영아는 이후에 친밀한 접촉을 갈망하며 배우자에게 지나치게 의존적이 될 수 있다. |
| 항문기 | 1~3세 | 자발적인 배뇨와 배변은 성본능을 만족시키는 주된 방법이 된다. 배변 훈련은 자녀와 부모 사이에 큰 갈등을 만든다. 부모가 만드는 정서적 분위기는 지속적인 효과를 가질 수 있다. 예를 들면, 배변 '사고'에 대해 처벌받은 아동은 억제되고, 지저분하며, 낭비적일 수 있다. |
| 남근기 | 3~6세 | 쾌감은 생식기 자극으로부터 얻어진다. 아동은 이성 부모를 향한 근친상간적 욕구(소년의 경우 오이디푸스 콤플렉스, 소녀의 경우 엘렉트라 콤플렉스라 부름)를 발달시킨다. 이 갈등으로 인한 불안은 아동들이 동성 부모의 성역할 특성과 도덕기준을 내면화하도록 만든다. |
| 잠복기 | 6~11세 | 남근기 외상이 성적 갈등을 억압하고 성적 충동을 학업과 원기 왕성한 놀이로 바꾸어 준다. 아동이 학교에서 더 많은 문제해결 능력을 획득하고 사회적 가치를 내면화함에 따라 자아와 초자아는 계속 발달한다. |
| 생식기 | 12세 이후 | 사춘기는 성적 충동을 다시 깨우게 된다. 청소년은 이런 충동들을 어떻게 사회적으로 수용될 수 있는 방식으로 표현하는가를 배워야 한다. 발달이 건강하게 이루어지면, 성숙한 성적 본능은 결혼과 자녀 양육에 의해 충족된다. |

출처: 송길연, 장유경, 이지연, 정윤경(2012).

## 2) Anna Freud의 방어이론

Anna Freud는 아버지 Sigmund Freud의 정신분석학을 아동상담과 아동교육에 적용하여 확장시켰고, 청소년 발달특징에 관해서도 중요한 이론을 발달시켰다. Anna Freud는 청소년들의 호르몬 변화와 생리적 변화가 잠복기 동안 억압되었던 리비도 에너지를 더 강한 성적 충동으로 재출현시켜서 청소년에게 그들의 성격구조 속에 성욕을 통합해야 하는 어려움을 가져다준다고 보았다. 또한 사춘기의 시작과 함께 본능적 욕구와 자아방어기제 사이의 평형 상태가 일시적으로 무너져 질풍노도의 시기가 도래한다고 주장하였다.

Anna Freud는 청소년이 증가하는 성적 긴장에 적응하기 위해서 주로 사용하는 방어기제로 금욕주의(asceticism)와 주지화(intellectualization)를 제시하였다. 금욕주의는 성적 욕구와 같이 개인의 본능적 욕구와 무의식적으로 연합된 활동에 참여하는 것을 거절하는 자기부정 행동이다. 이는 사춘기의 급격한 성욕에 대한 두려움과 이를 통제하려는 자아의 방어기제에서 비롯된다. 주지화는 스트레스를 부정하는 고차원적 수단으로 감정적인 혼란 상태에서 자신을 분리하는 자아방어기제다. 이는 청소년기 성적 갈등을 철학적·도덕적·정치적 문제 등에 관한 지적 토론이나, 고차원적인 수단을 사용하거나, 많은 시간을 소비하면서 문제의 원인을 분석하는 등의 방법을 통하여 개인적 갈등에서 벗어나려는 시도다. 청소년의 금욕주의는 성욕을 넘어서서 먹고, 잠자고, 옷 입는 것 등 일상의 모든 신체적인 것에 대한 거부와 혐오로 확대되기도 한다. 그리고 청소년기의 주지화는 관념적인 서적에 몰두하거나 추상적인 용어의 사용을 즐기며 미술, 음악 등 예술적 관심이 증가하는 것으로 설명할 수 있다.

〈표 2-2〉 Anna Freud의 방어기제

| 종류 | 내용 | 예시 |
| --- | --- | --- |
| 억압 | 사건이 의식으로 가져와 보기에는 너무 고통스럽고 충격적이어서 심리적 상처를 무의식 속으로 눌러 버리는 것 | 죄책감, 수치심, 자존심에 상처를 입었던 상처를 눌러 버리는 것 |
| 투사 | 자신이 인정하고 싶지 않은 성격특성, 태도, 동기, 욕구를 다른 사람에게서 찾으려 하거나 다른 사람의 탓으로 돌리는 것 | 자신이 기분 나빠 있을 때 다른 사람이 자신을 보고 웃는 것을 보고 자신을 비웃는다고 생각하는 것 |
| 전위 | 자신이 충족하지 못한 욕구를 다른 대상으로 옮겨 충족시키고자 하는 것 | 엄마에게 혼나고 동생에게 화풀이하는 것, 상사에게 지적을 받고 부하 직원에게 화풀이하는 것 |
| 합리화 | 욕구 충족이 어려운 상황에서 참된 이유를 받아들이기보다는 그럴듯한 이유를 찾아 자신의 행동을 정당화하는 것 | 신포도 기제, 레몬 기제 |
| 부정 | 가장 원초적인 방어기제. 의식화하면 감당할 수 없는 내면의 욕구나 외부 현실을 부인하고 무의식적으로 받아들이지 않으려고 하는 것 | 희귀병에 걸린 것을 받아들이지 않는 것 |

| 승화 | 가장 성숙하고 건전한 방어기제. 용납하기 어려운 욕구를 사회적으로 인정되는 형태로 표현하는 것 | 성적 충동을 운동으로 해소하는 것, 공격적인 본능을 복싱, 격투기 같은 운동으로 해소하는 것 |
|---|---|---|
| 보상 | 자신의 약점이나 열등한 점을 보충하기 위해 자신의 장점이라 생각하는 부분을 과장하거나 무언가 내세울 수 있는 점을 개발하는 것 | 키가 작지만 농구선수를 꿈꾸는 사람이 센터 포지션보다 가드 포지션으로 성공하는 것 |
| 동일시 | 자신보다 강하거나 우월하다고 생각하는 사람을 가까이 함으로써 자신의 성격에 흡수하는 것 | 자신이 좋아하는 연예인을 모방하는 것 |
| 퇴행 | 현재가 만족스럽지 못하거나 욕구를 충족시키지 못해 심리적 어려움이나 좌절을 겪게 될 때 이전 단계로 되돌아가려고 하는 것 | 동생처럼 행동한다거나 배변훈련이 끝났는데도 갑자기 이불에 소변을 보는 것 |
| 반동형성 | 내면의 욕구와는 상반되는 행동과 태도를 드러냄으로써 자신의 욕구나 동기를 은폐하려는 것 | 좋아하는 여학생을 괴롭히는 것 |
| 금욕주의 | 사춘기의 급격한 성욕에 대한 두려움에서 모든 욕망에 대해 자기부정을 하는 것 | 식욕, 생리적 욕구 등에 대한 부정, 거부 |
| 주지화 | 문학, 철학, 종교 등의 지적인 활동에 몰입함으로써 성적 욕구나 갈등에서 벗어나고자 하는 것 | 난해한 관념적 문학 서적을 읽는 것, 추상적인 언어를 사용하는 것 |

출처: 이신동, 최병연, 고영남(2011).

## 3) Blos의 적응체계이론

Blos(1979)는 청소년기를 생물학적 변화에 대한 보다 적극적이고 성숙한 자아의 적응체계가 이루어지는 시기로 간주한다. 청소년들은 자아의 적응과정을 통해 부모에 대한 오이디푸스 콤플렉스적 집착과 의존에서 벗어나 부모에게서 독립하는 중요한 청소년기 발달을 이루게 된다. Blos는 청소년기의 발달기제를 2차 개체화 과정(second individuation process)이라 부른다. 2차 개체화는 흔히 '심리적 이유(離乳)'라고도 할 수 있듯이 청소년의 자아가 부모에게서 이탈하는 과정을 뜻한다. 이탈과정에는 부모의 통제에서 벗어나는 것과 더불어 부모에 대한 현실적이고 합리적인 평가가 포함된다.

Blos는 청소년기 2차 개체화는 부모에 대한 오이디푸스적인 집착에서 벗어나는 것을 의미하므로 개인의 성적 정체성의 확립에 도움이 된다고 생각한다. 2차 개체화를 거쳐 독립된 청소년의 자아는 스스로 신체적 및 성적 변화에서 오는 갈등을 극복하고 안정된 자아의 적응체계를 확립해 가기 시작한다. Blos는 청소년기의 자아 발달과정을 다음과 같이 여섯 가지 하위 단계로 나누었다(장휘숙, 2004).

- 제1단계—잠복기: Freud의 설명을 통해 이미 알고 있듯이, 잠복기는 리비도의 충동이 약화되는 반면에 자아가 강력하게 발달하는 시기다. Blos는 잠복기를 사춘기에 나타나는 성적 충동의 증가에 대처할 수 있는 자아의 적응체계가 발달하는 중요한 청소년기 발달의 제1단계로 보고 있다.

- 제2단계—청소년 전기(preadolescence): 이 시기는 급격하게 증가된 성적 욕구와 공격적 욕구가 산만하고 방향성이 없는 상태로 표출되는 단계다. 이 시기에 자아는 상대적으로 약화되기 때문에 청소년은 성적 자극에 대한 놀라움, 두려움, 흥분, 관심 등의 산만한 감정을 나타내며, 전반적으로 안정감이 없고 우울하고 공격적이 된다. 부모의 통제를 거부하면서 청소년기 비행이 나타나기 시작하는 것도 이 단계다.

- 제3단계—청소년 초기(early adolescence): 이 시기에 들어서면서 청소년기 자아는 자신의 성적 욕구를 표출할 수 있는 구체적인 대상을 찾는 목표 지향적 행동을 보이게 된다. 친구, 운동선수, TV 스타 또는 자신보다 나이가 많은 대상에 열광하는 것은 이 시기 독특한 자아 적응체계의 특징을 잘 보여 주는 행동이다. Blos는 이러한 행동을 이성에 대해 표출되어야 할 성적 욕구가 변형되어 나타나는 것으로 보고 있다.

- 제4단계—청소년 중기(middle adolescence): 이 시기는 성적 혼돈과 갈등이 심리적으로 구조화된다. 이 단계의 청소년은 이성에 대한 관심을 보다 솔직하게 표현한다. 청소년은 여전히 불안정하고 우울하며 혼돈과 위기도 지속되지만 이를 통합하려는 자아의 기능 또한 크게 강화된다. 따라서 이 시기의 청소년은 보다 성숙한 모습을 보이며 성인의 지시를 따르게 된다.

- 제5단계—청소년 후기(late adolescence): 이 시기에 이르면 청소년 중기까지의 성적 혼돈과 갈등을 극복하려는 노력을 통해 강화된 자아가 보다 안정되고 지

속적인 통합력을 발휘하게 된다. 따라서 이전 단계까지 지속되던 내적 위기와 갈등은 사라지며 사회적 역할과 개인적 정체성에 대한 강한 인식이 나타난다. 이러한 점에서 Blos는 청소년 후기를 성격 공고화(personality consolidation) 단계라 부른다. 그러나 이 단계의 자아는 성취되기 힘든 완벽한 목표를 지향하는 내재적 자아 이상과 보다 현실적이고 합리적인 외재적 자아 이상 간의 균형을 이루어야 하는 새로운 과업에 직면하게 된다.

- 제6단계-청소년 이후기(postadolescence): 이 시기는 청소년기에서 성인기로 이행하는 과도기다. 이 시기에는 매우 안정된 자아가 형성되며, 외부에서 실패와 비판에 직면하더라도 방어기제에 의존하지 않고 이를 통합해 갈 수 있는 성숙한 대처 능력과 적응체계를 가지게 된다. 이러한 성공적인 갈등해결 과정을 통해 인격이 형성되며, 자아존중감이 길러진다. 청소년기에서 성인기로 이행하는 이 기간 동안에도 자아의 적응적이고 통합적인 기능은 계속해서 발달한다.

## 2. 심리사회적 발달 접근

### 1) Erikson의 심리사회적 발달이론

Erikson은 정신분석학파에 속하나 그의 관심은 무의식적 욕구나 충동이 아닌 자아, 즉 의식적 자아에 있다. Erikson은 Freud보다 인간 본성에 대해 긍정적인 관점을 가졌다. Freud가 인간 성격 형성에서 인생 초기 6년 동안의 경험을 강조한 데에 반해, Erikson은 전 생애에 걸쳐 인간의 성격이 계속 발달한다고 주장하였다.

Erikson의 주요 개념은 자아정체성의 발달이다. Erikson은 변화하는 욕구를 충족시키고자 환경과 접촉하는 과정에서 청소년의 자아양식이 경험하는 위기(crisis)와 극복과정을 성격발달의 주 요인으로 생각하였다. 긍정적 경험 비율이 부정적 경험 비율보다 많으면 위기를 긍정적으로 극복하게 되고 긍정적 성격으로 발달하게 된다. 하지만 반대의 경우 부정적 성격을 낳게 된다. Erikson은 확고한 자아정체성을 확립하기 위해서는 일생을 통해 여덟 가지 위기를 성공적으로 해결해야 한다고 하였다. 각 발달단계마다 나름대로의 갈등이 있으며, 그 갈등은 양극의 결과를 초래할

수 있다. 이들 갈등의 성공적인 해결은 반드시 긍정적인 측면만을 의미하는 것은 아
니다. 최상의 해결책은 긍정적인 측면과 부정적인 측면이 균형을 이루는 것이다.

〈표 2-3〉 **Erikson의 심리사회적 발달단계와 각 단계의 발달과업**

| 발달단계 | 발달과업 |
|---|---|
| 유아기 | 신뢰 대 불신: 보호자의 양육의 질(친밀, 일관적)이 중요 |
| 아동 초기 | 자율성 대 수치감, 의심: 자기의 새로운 능력에 대해 긍지 |
| 아동 후기 | 솔선성 대 죄의식: 솔선적으로 자기 행동을 계획, 달성 노력 |
| 학령기 | 근면성 대 열등감: 자기 문화에 대한 기술을 배우고 익힘 |
| 청소년기 | 정체감 대 역할혼미: 정체감을 확고하게 형성 못하면 혼란 |
| 성인 초기 | 친밀성 대 소외: 다른 사람과의 성적·사회적 친밀감 추구 |
| 중년기 | 생산성 대 정체: 다음 세대의 복지 등에 관심 |
| 노년기 | 자아통합 대 절망: 자기의 노력과 성취에 대해 반성하는 시기 |

출처: 임영식, 한상철(2000).

　Erikson에 따르면, 청소년기의 주요 위기는 정체성 위기다. 이 정체성 위기는 '나
는 누구인가?'라는 의문에서 출발한다. 청소년기에 자기 존재에 대한 의문이 강하
게 부각되는 것은 생물학적 변화 때문에 원욕의 욕구가 강화되면서 초자아도 동시
에 강화되며, 양자 간에 새로운 균형을 취하기 위해 자아가 자신의 내면을 새로이
정립하려는 욕구에서 비롯된다. 또한 성인으로서 자신이 감당해야 할 사회적 역할
에 직면할 자신의 잠재력에 대한 회의와 성인으로서의 역할 전망에 대한 두려움에
서 기인한다. 따라서 정체성의 탐색은 일종의 자아붕괴에 직면하고 이를 극복하기
위한 노력의 시작으로 볼 수 있다. 청소년은 수많은 영역에서 자신의 가능성을 탐색
하고 발견하면서 서서히 자아정체성을 형성해 나간다.

　청소년기 정체성의 탐색과정에는 자신의 가능성 발견과 함께 가능성의 포기와
체념의 과정도 잇따른다. 청소년 초기의 이상적 자기상에 담았던 많은 자아 기대를
포기해 가는 과정에서 청소년은 자신의 한계를 인정하고 수용함으로써 객관적인
자아정체감을 확립하게 된다. 이러한 정체성 탐색과정 중에 청소년은 때로 스스로
에게 절망하고 방황과 동요를 경험하게 된다. Erikson이 청소년기를 심리적 유예기
라 부르는 것은 이러한 이유에서다.

Erikson(1968)은 청소년기에 정체성 위기를 경험하고 극복해야 할 일곱 가지 주요 과업을 제시하였다.

- 시간 조망 대 혼돈: 정체성의 확립을 위해 균형 있는 시간 조망은 필수적인 과제다. 시간 조망은 과거와 현재의 자기를 인정하고 이를 바탕으로 미래의 시간을 설계할 수 있는 능력을 뜻한다. 균형 있는 시간 조망이 시작되면 하루의 체계적인 시간 계획이 가능해지며, 시간 조망이 확장되면서 점차 안정된 생애 설계가 가능해진다. 반대로 시간 조망의 혼돈에 빠져들면 과거의 회상에 몰입하거나 미래에 펼쳐질 시간을 어떻게 설계하고 보내야 할 것인가를 생각하며 당혹감을 갖게 된다. 따라서 계획을 미루고 행동하지 못하게 되는 상황이 야기된다.

- 자아 확신 대 무감각: 청소년기 정체성의 확립을 위해 자신의 외모를 비롯하여 자신이 지닌 여러 특성을 철저히 점검하여 자신의 가치를 믿는 자아 확신에 도달할 필요가 있다. 이러한 자기점검 과정 속에는 자신에 대한 회의와 혼돈을 수반하는 고통스러운 자의식이 따른다. 청소년은 흔히 자신이 긍정적으로 생각하는 하나의 특성에만 매달려 나머지 특성은 아무런 관계가 없는 듯이 행동하는 허세를 보이기도 하고, 무감각 상태로 도피하여 자아의식에 직면하지 않으려는 경향을 보이기도 한다.

- 역할실험 대 부정적 정체성: 성인기에 대비하기 위해 청소년은 많은 영역에서 역할실험을 통해 자신의 가능성을 탐색해 볼 필요가 있다. 역할실험은 특히 직업적 정체성의 탐색에 필수적인 과정이다. 흔히 청소년기에는 이상적 자기상에 매몰되어 지나치게 높고 비현실적인 역할실험에 뛰어들게 되고, 이 때문에 역할실험에 실패할 가능성이 있다. 이러한 실패로 말미암아 부정적 정체성을 갖게 되면 자신의 가능성과 잠재력을 충분히 탐색하지 못한 채 역할 고착에 빠져들게 된다.

- 성취기대 대 과업 마비: 성취기대는 자신이 시도하는 과업의 성취에 대한 긍정적인 기대를 가지고 지속적이고 꾸준하게 과업에 몰두할 수 있는 역량을 기르는 정체성 탐색을 뜻한다. 성취기대는 아동기 근면성이 자아정체성의 구조 내에 재통합되는 양상으로 볼 수도 있다. 자신에게 적절한 기대수준을 설정하는 지속적인 노력을 통해 과업을 완수하고 성취하는 일은 성인기의 생애 설계 및 직

업 선택과 관련되는 정체성 확립에 필수적이다. 적절한 성취기대를 확립하지 못할 때 일의 시작을 미루거나 완수하지 못하는 과업 마비에 빠져들게 된다.

- 성 정체성 대 양성적 혼미: 청소년기 동안에는 동성 및 이성과의 만남을 통해 자신의 성역할 특성을 확인하고, 남성과 여성의 성역할 구분에 대한 태도를 결정하며, 자신의 성역할에 동일시하고, 성역할에 확신을 갖게 되면서 성 정체성을 확립하게 된다. 성 정체성은 청소년기 이성과의 원만한 관계를 정립하기 위한 기초가 될 뿐 아니라 성인기에 자신이 속한 문화권의 요구에 적합한 성역할을 가정이나 사회에서 수행할 수 있게 하는 기초가 된다. 성 정체성 확립에 실패하면 자신의 성에 적합한 행위양식을 상실하는 양성적 혼돈에 빠져들게 된다.
- 지도성의 극대화 대 권위 혼미: 자신이 속한 사회의 권위구조 내에서 지도력을 발휘하거나 지도자를 적절히 따르는 청소년의 능력은 정체성 형성의 주요 요인이다. 합리적이면서 정당하고, 명료하게 권위를 평가할 줄 알며, 자신에게 지도자의 역할이 부여될 때 수행할 수 있는 능력을 최대한 준비하는 일은 청소년기에 중요한 발달과업이 된다. 이러한 지도성의 극대화에 실패할 때 자신의 역할에 수반되는 권위를 제대로 행사하지 못하며 지도력의 수행에 어려움을 느끼는 권위 혼미를 경험하게 된다.
- 관념의 극대화 대 이상의 혼미: 청소년기는 전 생애에 걸친 개인적 삶과 사회생활의 뿌리가 될 신념을 갖게 해 줄 기본적인 철학, 관념, 종교 등을 선택하고 확립해 가는 시기다. 그러나 이러한 관념의 극대화가 청소년기 동안에 쉽게 이루어지는 것은 아니다. 흔히 청소년은 편견에 물들기 쉽고, 자기 집단의 신념에 지나치게 충실하여 배타적이 되기 쉽다. 또한 극단적인 이상과 관념에 몰입하여 현실과의 괴리가 일어나기도 한다. 청소년기 이상의 혼미는 극대화에 실패함으로써 빠져드는 관념과 이상의 혼돈 상태를 뜻한다.

## 2) Marcia의 정체성 지위이론

Marcia는 Erikson의 청소년기 정체성 발달수준을 4개의 정체성 지위(status)로 구분하여 청소년기 자아정체성에 관한 연구에 많은 공헌을 하였다. Marcia가 말하는 정체성 지위는 개인의 정체성 형성과정뿐 아니라 정체성 형성수준의 개인차를 함께 진단하고자 하는 개념이다. 정체성 지위는 〈표 2-4〉와 같이 정체성 탐색의 위기를 경험하였는가 여부와 주어진 과업에 관여하였는가 여부의 배합에 의해 결정된다. 여기서 위기란 자신의 현재 상태와 역할에 대해 의문을 제기하고 여러 대안적 가능성을 탐색해 보는 과정을 뜻한다. 그리고 관여는 자신에게 주어진 역할과 과업에 신념을 가지고 몰입하는 상태를 의미한다.

- 정체성 혼미: 정체성 혼미 상태에 있는 청소년은 삶의 목표와 가치를 탐색하려는 시도를 보이지 않으며, 자신의 생애를 계획하고 설계하려는 욕구가 부족하고 관념에 대한 관심이 낮다. 이러한 청소년은 부모와의 애착관계가 없거나 부모에게서 거부당한 것으로 느끼는 경우가 많고, 자아존중감이 낮으며, 흔히 혼돈과 공허감에 빠져 있다. 정체성 혼미는 청소년 초기에 가장 보편적이지만, 일정한 직업을 갖지 못하거나 지속적으로 일하지 못하는 성인에게서도 찾아볼 수 있다. 정체성 혼미는 정체성 탐색과정의 가장 낮은 단계에 속하며, 그대로 방치해 두면 부정적 정체성으로 빠져들 위험이 있다.
- 정체성 유실: 충분한 자아정체성의 탐색 없이 지나치게 빨리 정체성 결정을 내린 상태를 말한다. 이 지위의 청소년은 정체성 위기를 경험하지 않고 부모가 기대하거나 선택한 생애과업을 대안적 가능성의 검토 없이 수용하여 자신의 삶의 목표를 확립하고 몰입한다. 이들은 다른 지위에 비해 사회적 인정의 욕구가 강하고, 자신이 지향하는 가치에 따라 생애의 방향을 결정하며, 부모와 긴밀한 관계를 유지한다. 부모의 과업을 물려받거나 일찍 결혼하여 안정된 가정을 꾸려 나가는 청소년에게서 가장 흔히 발견된다. 이들의 청소년기는 매우 안정적으로 지나가나 뒤늦게 성인기에 가서 정체성 위기를 경험하는 경우도 흔히 있다.
- 정체성 유예: 삶의 목표와 가치에 대해 회의하고 대안을 탐색하나 여전히 불확실한 상태에 머물러 구체적인 과업에 관여하지 못하는 상태를 뜻한다. 이 지위에 속하는 청소년은 가장 적극적으로 정체성을 탐색한다. 유예기에 있는 청소년은 안정감이 없지만 많은 경우 시간이 흐르면서 정체성을 확립하게 된다. 흔히 부모와 또래관계에서 애증이 교차하며, 자신의 몸담고 있는 상황에서 긍정적인 요소보다는 부정적인 요소에 민감하다. Erikson과 Marcia에 따르면, 정체

성 유예는 정체성 성취에 도달하기 위해 필요한 과도기적 단계이므로 혼미나 유실보다는 앞선 단계다.

• 정체성 성취: 4개의 정체성 지위 중 가장 앞선 단계다. Erikson의 이론에서 설명한 바와 같이 정체성을 성취한 청소년은 삶의 목표, 가치, 직업, 인간관계 등에서 위기를 경험하고 대안을 탐색하였기에 확고한 개인적 정체성을 갖게 된다. 따라서 부모를 포함한 인간관계에서 현실적이고 안정되어 있으며, 자아존중감이 높고 스트레스에 대한 저항력도 높다.

〈표 2-4〉 Marcia의 정체성 지위

| | | 위기 | |
|---|---|---|---|
| | | 예 | 아니요 |
| 관여 | 예 | 정체성 성취 | 정체성 유실 |
| | 아니요 | 정체성 유예 | 정체성 혼미 |

# 3. 인지적 발달 접근

인지적 발달 접근에서는 청소년기에 이루어지는 인지발달적 변화에 의해 청소년기 특유의 사고양식과 행동을 이해하고자 한다. 정신분석이론가가 성격발달에 1차적인 관심을 둔 것과 달리, 인지이론가는 인간의 사고과정의 구조와 발달과정을 이해하고 예측하는 것과 인간의 사고과정에 대한 이해가 인간의 행동에 어떻게 작용하는가에 관심을 가졌다. 청소년기 인지적 발달 접근을 대표하는 이론으로는 Piaget의 청소년기 인지발달이론, Kohlberg와 Gilligan의 청소년기 도덕성 발달이론, Elkind의 청소년기 자아중심성 이론 등이 있다.

## 1) Piaget의 인지발달이론

Piaget는 인간의 인지를 복잡한 유기체가 환경에 대해 생물학적으로 적응해 가는 과정의 특수한 형태로 보았다. 그리하여 인간의 지각, 학습, 경험 등 인식의 근본 문제를 과학적으로 연구하였다. 그는 자신의 세 자녀가 성장하는 과정을 지켜보면서 청소년의 사고는 성인의 사고와 매우 다르다는 것을 발견하였다.

Piaget 이론에 따르면, 인간의 지적 능력은 개인이 주어진 환경에 효과적으로 적응할 수 있는 능력을 의미한다. 따라서 인지발달을 이해하는 것은 곧 인간의 지적 능력이 환경과 상호작용을 통해 어떻게 변화되는가의 과정과 그 변화 양상을 아는 것이다. Piaget는 인간이 태어날 때는 다른 동물과 마찬가지로 몇 개의 반사 기능만을 가지고 있다고 하였다. 이 반사 기능을 바탕으로 생물체가 환경에 순응하기 위하여 자신의 신체구조를 바꾸어 가듯이 인간도 환경과의 적극적인 상호작용을 통해 끊임없이 자신의 인지구조를 재구성해 나간다.

그에 따르면, 인지구조가 발달하는 데는 생득적 요인인 성숙과 더불어 환경적 요인이 크게 작용한다. 환경적 요인은 사물을 대상으로 하는 지적 활동인 물리적 경험과 사람과의 상호작용인 사회적 요인으로 구성된다. 이처럼 성숙, 물리적 경험, 사회적 요인이 발달을 결정하는 주요 요인이기는 하지만, Piaget는 이들 요인을 적합한 방식으로 통합하고 조정하는 개인의 내재적 능력이 필요하다고 보고 이를 평형화(equilibration)라고 불렀다. 이 평형화는 개인이 스스로 자신의 인지구조를 형성하고 재구성하는 능력으로, 인지발달의 핵심 기능이다.

Piaget는 인지발달이 보편적인 패턴을 따르는 과정이라 보고 인지발달의 4단계를 주장하였다. 이는 연속적이며, 각 단계는 서로 관련되어 있고 이전 단계에서 비롯된 것이다. 즉, 다음 단계가 전 단계에 영향을 주기 때문에 어떤 단계도 그냥 뛰어넘을 수 없다는 것이다.

Piaget는 청소년기를 그의 인지발달이론의 마지막 단계인 형식적 조작기로 규정하고 있다. 청소년기 형식적 조작사고의 가장 우선되는 일반적 특징은 가설설정 능력이다. 전 단계의 구체적 조작사고에서는 현실 대상물의 조작이 주가 되고, 가능성에 대한 사고는 나타나지 않았다. 형식적 조작사고의 발달과 더불어 가설설정 능력이 시작되면 구체적이고 실재론적인 청소년기 사고의 한계에서 벗어나 가능성(possibility)에 대해 생각할 수 있게 된다. 이 가능성은 전면에 표출되어 청소년기 사고를 지배한다. 청소년기의 가능성에 대한 가설설정 능력은 물리적 사태에 대한 과학적 사고에 국한되는 것이 아니며, 사회, 정치, 종교, 철학 등 전 영역에 걸친 이상주의로 확장된다(Piaget, 1969). 이러한 청소년기 이상주의는 자신의 관념에 대한 집착과 이를 달성하기 위한 추구, 그리고 자신의 관념과 일치하지 않는 모든 것에 대한 비판으로 나타난다.

두 번째 특징으로 가능한 모든 변인을 탐색할 수 있는 청소년기 형식적 조작사고는 여러 명제 간의 논리적 추론을 다루는 명제적 사고를 가능하게 한다. 명제적 사고란 'A인 동시에 B' 'A이지만 B는 아님' 'A도 아니고 B도 아님'과 같은 세 가지 명제를 바탕으로 가설을 설정하고 논리적으로 추론해 가는 능력을 의미한다.

세 번째 특징으로 청소년기 가설-연역적 사고의 발달은 추상적이며 융통성 있는 사고를 가능하게 한다.

Piaget의 인지발달이론은 상담자가 청소년이 어떻게 학습하고 재학습하는지를 생각할 때 청소년의 사고 및 행동을 평가하는 데 도움을 주는 중요한 지침서 역할을 할 것이다.

〈표 2-5〉 Piaget의 인지발달 단계와 주요 특징

| 감각운동기 | 유아는 주로 감각기관을 통해 반응한다. |
|---|---|
| 전 조작기 | 세상을 직관적으로 이해하고, 자아중심적이며, 상징적 사고를 하지만 아직 논리적이지 못하다. |
| 구체적 조작기 | 논리적인 사고가 가능하지만 현재 존재하는 것에 국한된다. 어떤 대상을 분류하고 위계를 설정할 수 있다. |
| 형식적 조작기 | 청소년들은 추상적이고 가상적인 상황에 대해서도 논리적으로 사고할 수 있으며 상대적·다차원적 사고도 가능하다. |

출처: 임영식, 한상철(2000).

## 2) Kohlberg의 도덕성 발달이론

도덕성이란 선악을 구별하고 옳고 그름을 바르게 판단하며, 인간관계에서 지켜야 할 규범을 준수하는 능력을 말한다. 도덕성 발달은 자신이 속한 사회의 문화규범에 따라 행동하도록 배우고 그것을 자신의 것으로 받아들이는 과정을 통해 이루어진다. Kohlberg의 이론은 도덕성 발달을 대표하는 이론으로 널리 인정받고 있다.

Kohlberg(1981)는 도덕적 행위를 도덕적 판단능력으로 보았으며, 이런 도덕적 판단의 원리를 정의(justice)에서 찾았다. 정의란 보편적인 원리로서 도덕적 관점을 구성해 나가는 기준을 의미한다. 이 정의의 관점에서는 개인의 권리나 평등, 공정성, 의무 등을 강조한다(이미식, 2000).

Kohlberg는 도덕성 발달을 모든 문화권에 보편적인 합리적 사고능력과 정의 판단 능력으로 고려하고 있다. Kohlberg 이론에서 청소년기는 전반적으로 인습적 수준의 도덕적 사고를 가지는 시기에 속한다. 전인습적 수준의 구체적이며 자기중심적이던 생각에서 집단의 가치, 집단의 실제, 집단에 대한 인지적 인식으로 바뀌게 된다. 또한 행동도 자신에 대한 결과에 상관없이 집단의 기대를 어느 정도 충족시켰는가에 따라 평가되는 것으로 바뀌는데, 여기서 진정한 사회화가 나타난다. 인습적 수준은 다시 3단계와 4단계로 나뉜다.

3단계는 대인 간 조화 또는 착한 소년·소녀를 지향하는(the interpersonal concordance or 'good boy-nice girl' orientation) 단계다. 이 단계의 청소년은 다른 사람의 비난이나 싫어하는 것을 방지하기 위해 도덕적 행위를 한다. 선한 행동은 다른 사람에게 즐거움이나 도움을 주거나 그들에게 칭찬받는 행동으로 '좋은 의도로 했다'는 말이 처음으로 중요성을 띤다. 자신의 욕구나 도덕성을 구별할 수 있으나 사회적 인정을 받는 것과 옳고 그름은 아직까지 혼동되고 있다. 자기희생은 선악의 결정 요인이라는 사고에 집중되며, 집단을 성공시키는 요인이 된다. 인지와 감정적 측면에서 집단은 필요한 존재로 간주되기 때문에 자기희생 또한 필요하다.

4단계는 법과 질서를 지향하는(the 'law and order' orientation) 단계다. 4단계에서는 정당한 권위나 결과론적인 죄 때문에 생겨날 힐책 또는 불명예를 피하기 위한 것, 죄책감에서 벗어나기 위한 것이 도덕적 행위의 동기가 될 수 있다. 4단계의 도덕성은 법과 질서 존중으로 특징지을 수 있으며, 법과 질서가 주된 가치가 된다. 의무를 이행하고, 권위를 존중하고, 기존 체계를 유지하는 것이 4단계 최고의 도덕 목적이 된다.

3단계에서 문제가 되었던 것은 모든 공동체에 공유되고 수용되는, 그 공동체를 구성하고 있는 역할과 규칙의 사회적 질서인 제도를 가지고 정의를 규정함으로써 문제를 해결한다는 것이다. 생명에 대해서는 범주적 도덕 또는 권리와 의무에 관한 종교적 명령의 의미가 담겨 있는 성스러움이 있다고 본다. 정의는 개인과 조직의 관계에 관한 문제로 개인적 도덕 선택을 위해서라기보다는 오히려 사회를 위한 원리를 중요하게 다룬다. 4단계에서는 긍정적 상호성이 수고 또는 공헌에 대한 교환이나 보답을 의미하는 것이지, 인간 사이에 나타나는 선함이나 봉사의 교환이 아니다.

청소년기 도덕성 발달에서 많은 논쟁의 대상이 되고 있는 문제는 도덕적 사고의 퇴행(regression)이다. Kohlberg는 이를 4단계라고 불렀으며 자율을 이루기 위해 반드시 거쳐야 할 필요가 있는 단계라고 보았다. 이 단계의 특징은 회의, 이기주의, 그리고 상대주의다.

　4단계에서의 선택은 인격적이며 주관적이다. 이것은 감정에 근거를 두고 있으며, 양심은 '의무' 및 '도덕적으로 옳은 것' 같은 개념과 마찬가지로 임의적이고 상대적인 것으로 간주한다. 사회적 관점은 그 자신이 속한 사회 밖에 서서 자신을 일반화된 헌신이나 사회와의 계약에 관계없이 개인적인 의사결정을 내릴 수 있는 존재로 간주하는 개인의 관점이다. 4단계에서는 법 지향성이 나타났지만 이 단계의 법은 단순히 지켜야 하는 목록과 지켜서는 안 될 사항들 배후에 존재하는 어떤 지배원리라고 본다. 여기서 지금까지 수용되어 온 전통과 사회 전체 기준의 문제에 대한 갈등이 일어날 수 있다. 이 갈등은 이성에 의해서 판단되는데, 이성이 제공하는 원리가 윤리이론의 기초가 된다. 그리고 원리적 수준의 사람은 스스로 생각하며, 자신이 속한 집단과 대립하게 될 때는 다른 사람의 권위에 의존하지 않고 혼자 맞서게 된다. 그는 양심이 허락하는 범위에서만 그 집단을 받아들여야 한다고 생각하여 집단 전체의 의견도 자신의 의견을 대신할 수 없게 된다.

〈표 2-6〉 Kohlberg의 도덕성 발달단계

| 수준 1: 전인습적 수준(preconventional level) | |
| --- | --- |
| 행동의 결과가 가져다주는 보상과 처벌을 통해서 도덕적 판단을 하는 구체적 조작수준의 도덕적 판단이다. | |
| 단계 1: 처벌과 복종 지향의 단계<br>행동의 결과에 의해 옳고 그름을 판단한다. | 단계 2: 도구적 상대주의 지향의 단계<br>자신이나 타인에게 이익이 되는 행동이 옳다고 판단한다. |
| 수준 2: 인습적 수준(conventional level) | |
| 사회규범을 이해하고 옳고 그름을 객관적인 기준으로 사회질서를 유지하고 타인의 기대에 부응하는 행동이 도덕적이라고 판단하는 형식적 조작수준의 도덕적 판단이다. | |
| 단계 3: 대인 간 조화 또는 착한 소년·소녀 지향의 단계<br>행동의 결과보다는 의도와 동기에 의해서 옳고 그름을 판단하기 시작한다. | 단계 4: 법과 질서 지향의 단계<br>사회가 정한 법률과 규칙을 준수하는 것이 옳은 행동이라고 판단한다. |

| 수준 3: 후인습적 수준(postconventional level) | |
|---|---|
| 단순히 사회질서를 유지하기 위한 도덕성이 아니라 자신이 옳다고 생각하는 도덕적 가치와 원리에 따른 도덕적 판단을 한다. 형식적 조작수준의 사고 능력을 가진 사람이 도달하는 수준으로 실제 이 수준에 도달하는 사람은 드물다. | |
| 단계 5: 사회계약 지향의 단계 | 단계 6: 보편적인 윤리적 지향의 단계 |
| 사회적 규범이나 법은 절대적인 것이 아니며 대다수 구성원의 보다 나은 이익을 위해서 항상 바뀔 수 있다고 판단하는 도덕적 융통성이 생긴다. | 구체적인 규율에 의해서 옳고 그름을 판단하는 것이 아니라 자신이 스스로 규정한 보편적인 윤리적 원리를 토대로 도덕성 여부를 판단한다. |

출처: 이미리, 김춘경, 여종일(2019).

Kohlberg의 도덕성 발달이론이 주로 남성을 대상으로 하여 정의, 이성, 평등, 존엄성, 자율성 등과 같이 남성적 특성과 도덕성의 합리적 측면만을 다룬 제한된 이론이라고 비판하면서, Gilligan은 여성의 도덕성을 이해할 수 있는 새로운 기준을 제시하였다. Gilligan은 여성들에게서 보다 강하게 나타나는 도덕성의 한 측면으로, 인간관계 속에서 타인을 배려하고 타인의 요구에 민감하게 반응하며, 다른 사람과의 관계를 고려하는 도덕적 사고를 중시하는 배려 지향 이론을 제시하였다. 이러한 도덕성은 추상적인 도덕적 원리보다는 인간에 대한 책임을 강조한다. 이에 다른 사람에게 해를 끼치거나 폭력을 행사하는 것을 피하고, 자신을 희생하더라도 인간관계를 유지하고자 하는 강한 대인 간 배려 지향성(caring)을 갖는다.

최근에 와서는 정의와 배려의 도덕성이 통합적인 관점에서 자연스럽게 접근되어 가고 있다. 통합적 접근은 정의와 배려가 지니고 있는 특성을 인정하면서도 개별적인 요소를 유기적으로 통합할 수 있으며, 정의와 배려가 통합된 성숙한 인격적 모델을 제시할 수 있다. 예를 들어, 도덕적으로 성숙하다는 것은 도덕적 상황을 공정하고 평화롭게 해결하며, 다른 사람에게 따뜻한 배려와 공정한 태도를 갖는 것을 의미한다(이미식, 2000).

## 3) Elkind의 자아중심성 이론

형식적 조작사고의 발달과 더불어 다양한 가능성을 생각할 때 청소년은 자신의 생각과 관념 속에 사로잡히게 된다. 청소년은 자신이 중요하고 가치 있다고 생각하는 관념의 세계와 다른 사람의 관념을 구분하지 못하며, 자신에게만 독특한 세계와 다른 사람의 보편적인 세계를 구분하지 못한다. 따라서 청소년은 자신이 특별한 존재라는 청소년기 특유의 독특성에 대한 착각에 빠져들게 되며, 자신이 우주의 중심이 된다고 믿을 만큼 강한 자의식을 보이게 된다. Elkind는 이러한 청소년기 특유의 사회인지적 특성을 청소년기 자아중심성(adolescent egocentrism)이라 부른다. 청소년기 자아중심성은 형식적 조작사고가 발달하는 11~12세경에 시작되어 15~16세경에 정점을 이루다가 청소년이 다양한 대인관계의 경험을 통해 자신과 타인에 대한 객관적인 이해가 이루어지면 서서히 사라지게 된다. 이는 청소년 특유의 행동 특성을 잘 설명해 준다(Lapsley, 1991).

Elkind(1967)는 11세경에 형식적 조작사고의 발달과 더불어 가설설정 능력이 획득되면 매우 독특한 청소년기 자아중심성이 나타난다고 보았다. 그에 의해 처음 명명된 청소년기 자아중심성은 '상상적 청중(imaginary audience)'과 '개인적 우화(personal fable)'의 두 가지 왜곡된 신념으로 구성되어 있다. '상상적 청중'은 청소년기 인지구조의 변화인 추상적 사고의 출현에 의해 생겨난 타인에 대한 지각의 왜곡 현상(Elkind, 1967)이다. 이는 청소년이 실제적이거나 가상적인 상황에서 자신에 대해 다른 사람이 어떤 반응을 할 것인지를 예측해 보려는 경향(Lapsley, 1991)을 말한다. 즉, 항상 누군가가 자신을 지켜보고 있으며 관심을 가지고 있다고 믿는 경향을 뜻한다. 청소년은 '상상적 청중'을 만들어 내고 자신에 대한 타인의 반응을 예측하려고 노력한다. 다른 사람이 자신을 관심의 초점으로 생각하기 때문에 그들은 청중이고, 실제적 상황에서는 자신이 관심의 초점이 아니라는 의미에서 상상적이라는 것이다(Elkind & Bowen, 1979). 그러므로 청소년의 가치 기준이 행위자 중심의 가치관인 '죄의식'이라기보다는 관찰자 중심의 가치 기준인 '수치심'을 중심으로 형성되어 있는 이유도 이 상상적 청중이라는 개념으로 설명할 수 있다(Elkind, 1978). 이러한 상상적 청중은 청소년에게 자신의 관점과 타인의 관점 간의 차이를 구분하지 못하게 하여 타인이 자신과 다른 관점을 가질 수 있다는 것을 이해할 수 없게 한다.

'개인적 우화'는 청소년이 자신에게 하는 허구적 이야기라는 의미를 지닌 것으로, 자신의 감정과 사고가 너무나 독특한 것이어서 다른 사람이 이해할 수 없다고 생각한다. 10대는 타인이 그들을 관찰하고 있다고 확신하기 때문에 자신의 중요성에 대해서 과장된 생각을 발달시킨다. 즉, 그들은 자신이 많은 사람에게 너무나 중요한 인물이라는 믿음 때문에 특별하고 독특하다고 생각한다. 이러한 '개인적 우화'는 청소년을 위험에 처하게 하기도 한다. 다른 소녀는 다 임신을 해도 자신은 임신하지 않을 거라는 생각에 피임을 하지 않고 성관계를 하거나, 다른 사람은 다 죽어도 자신은 영원히 죽지 않으리라는 '불멸(immortality)'의 신념으로 위험한 행동을 하다가 크게 다치거나 죽음에까지 이르는 경우가 있다. 이러한 것은 적어도 그 순간만큼은 그들의 독특성과 비취약성을 확신하기 때문이다(Elkind, 1967).

청소년기의 이러한 인지적 왜곡현상은 사회적 경험과 형식적 조작의 고정화(consolidation)를 통해 극복할 수 있다. '상상적 청중'은 사회적 상호작용을 통해 상상적 청중이 아닌 실제 청중의 반응 쪽으로 사고의 방향을 수정하면서 점차 자신의 관심사와 다른 사람의 관심사가 다르다는 것을 인식하게 된다. 그리고 '개인적 우화'는 Erikson이 말하는 '친밀감'을 형성함으로써 점차 극복된다. 즉, 상호 신뢰관계를 경험하면서 자신의 감정과 사고가 그들만의 독특한 경험이라기보다는 다른 사람도 자신과 유사한 경험을 한다는 사실을 깨닫게 된다. 이와 같이 자신에 대한 비합리적인 신념이 현실적으로 바뀌게 되면서 '개인적 우화'도 점차 사라진다.

## 4. 맥락중심적 발달 접근

청소년기의 심리적 발달을 청소년이 몸담고 있는 환경의 특성과 청소년 간의 상호작용에 의해 설명하려는 이론적 입장을 맥락중심적 접근(contextual approach)이라 한다. 이 접근은 청소년기 심리발달의 뿌리를 신체적 및 성적 성숙에서 찾는 Freud, Blos, Erikson 등의 생물학적 결정론의 반대쪽에 서 있는 이론적 입장이다. 맥락중심적 접근의 대표적인 학자는 Mead, Bronfenbrenner, Lerner 등이다.

### 1) Mead의 문화인류학적 모형

Mead는 남태평양의 사모아섬 청소년에 대한 연구를 통해 문화적 상대론을 경험적으로 입증하였다. 청소년 심리학의 문화인류학적 접근은 Mead의 스승인 Boas(1950)에 의해 제기된 것이다. Boas는 인간의 발달적 특성을 형성하는 것은 생물학적 문제가 아니라 순수하게 문화적 조건이라고 보면서 문화적 결정론(cultural determinism)을 주장하였다. 그는 청소년기의 혼돈과 위기를 성호르몬 분비에 기인하는 것이 아니라 고도로 경쟁적인 서구사회가 만들어 낸 문화적 부산물로 생각하였다.

Mead는 서구의 청소년과 달리 사모아섬의 청소년은 평화롭고 즐거우며 행복한 청소년기를 보낸다는 사실을 관찰하였다. 그는 청소년기가 긴장과 갈등, 성적 혼돈을 겪는 시기가 될 것인지 조화롭고 행복한 시기가 될 것인지는 전적으로 문화적 맥락에 의존하는 것으로 판단하였다. 같은 뉴기니 종족이면서도 척박한 산속에 살면서 서로 협력하여 먹을 것을 거두어 들여야 하는 아라페시(Arapesh)족 청소년은 협조적이고 따뜻하며, 평화롭고 유순하다. 이에 반해 정글에 있는 물살이 거센 강에서 혼자 고기를 잡아 생계를 유지하는 문두구머(Mundugumor)족 젊은이는 잔인하고 공격적이며, 자기주장적이고 경쟁적인 성격을 갖게 된다. 이러한 관찰 결과는 문화적 상대론을 입증하는 것이다(Mead, 1935, 1950: 장휘숙, 2004에서 재인용).

## 2) Bronfenbrenner의 생태학적 모형

Bronfenbrenner(1977)는 청소년기 발달에 영향을 미치는 맥락적 요인을 거시적이며 종합적으로 이해할 수 있는 생태학적 모형을 제안하였다. 그가 제시한 생태학적 맥락은 미시체계, 중간체계, 외체계, 거시체계의 네 가지 체계로 구분할 수 있다.

- 미시체계(microsystem): 청소년이 직접 얼굴을 마주 보며 경험하는 대인관계, 역할 혹은 행동의 형태를 의미한다. 가족관계, 친구 간의 관계, 교사와의 관계 등 청소년이 그들 사이에서 겪게 되는 긴장감이나 불화 등은 미시적 체계를 통해서 경험하는 현상이다.
- 중간체계(mesosystem): 미시체계를 통해서 경험하는 대인관계를 의미한다. 예를 들면, 청소년의 학교생활의 경험이 가족생활에 영향을 미치고, 청소년의 가족생활의 경험이 학교생활에 영향을 미치는 경우가 중간체계로 이해될 수 있는 부분이다.
- 외체계(exosystem): 직접 경험하지는 않지만 한 사람의 경험에 영향을 미치는

사회적 구조를 말한다. 청소년을 둘러싸고 있는 외적 체계는 청소년이 직접적으로 경험하는 사람에게 영향을 주어서 청소년이 간접적으로 영향을 받게 한다. 예를 들면, 청소년에게 아버지의 직장은 외적 체계로 존재한다. 아버지가 직장에서 불쾌한 일을 경험하면 그 경험은 청소년에게 영향을 미치게 된다.

- 거시체계(macrosystem): 사회문화적 규범과 같은 신념으로 전체 국민이 공유하고 있는 신념이나 생각을 의미한다. 청소년에게 이러한 규범에 따라서 살아야 한다고 압력을 가하는 체계다. 청소년을 둘러싸고 있는 거시체계는 사람의 내면에 깊이 자리하고 있는 동시에 다른 사람과 공유되고 있으므로 청소년에게 강력한 영향력을 행사한다. 청소년이 이러한 문화적 규범과 다르게 행동하는 것은 쉽지 않다. 만일 청소년이 이러한 문화적 규범에 도전하는 경우에는 심각한 사태로 받아들이게 된다.

이러한 네 가지 차원의 체계는 각기 따로 존재하는 것이 아니라 상호작용을 하여 서로에게 영향을 미친다. 상호작용은 평형 상태를 유지하려는 체계적인 특징을 지닌다.

청소년을 둘러싸고 있는 생태학적 체계는 청소년에게 상호작용을 통해서 영향을 미친다. 청소년의 부모는 사회적 구조 속에서 생활하며 문화적 규범을 내면화하고 산다. 또한 부모와 청소년의 경험은 청소년이 경험하는 학교생활에 동시에 영향을 미친다. 즉, 청소년이 부모와 하는 경험은 미시적 수준에서만 이루어지는 것이 아니다. 부모가 가지고 있는 외체계와 거시체계에 의해 신념까지도 부모와의 관계 속에서 동시에 경험하게 되어 청소년의 문제는 단지 청소년이 직접적으로 경험하는 미시적 수준의 상호작용을 훨씬 뛰어넘는 관계적 형태를 고려해야 한다는 결론에 이른다. 따라서 청소년의 문제는 각각의 생태학적 수준과 그 상호작용이 어떤 방식으로 영향을 미치는가를 동시에 고려해야 한다.

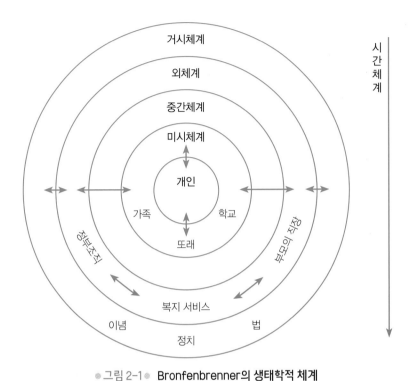

●그림 2-1● **Bronfenbrenner의 생태학적 체계**

## 3) Lerner의 발달적 맥락주의 모형

Lerner(1991)는 청소년을 둘러싼 환경적 맥락 내의 여러 요구와 청소년의 기질적 특성 간의 상호작용에 의해 청소년의 발달을 이해하려는 맥락적 입장을 가지고 있다. Lerner가 제안한 발달적 맥락주의는 성장하는 개인과 그 개인이 살고 있는 생태학적 맥락 사이의 상호작용에 초점을 맞추는 포괄적이고 종합적인 발달이론이다. 맥락주의적 관점에 따르면, 청소년은 환경의 영향을 수동적으로 받아들임으로써 특정 환경의 특성에 의해 발달이 결정되는 수동적 존재가 아니다. 대신 자신의 고유한 특성으로 환경에 영향을 미치며, 여러 환경적 특성을 능동적으로 받아들이고 처리하는 적극적인 발달의 생성자다. 이러한 관점에서 볼 때 청소년기는 많은 발달적 가소성(plasticity)을 갖는 시기다. 발달적 맥락주의는 인간발달에 미치는 본성이나 유전의 영향을 옹호하지도 않고 그렇다고 양육의 영향을 강조하지도 않는다. 단지 유기체와 맥락 사이의 역동적 상호작용만을 중요하게 여긴다. 그러므로 발달적 맥락주의 모형에서 일반적 발달 규칙, 특정한 발달단계나 발달과업 또는 발달의 이

정표는 무의미하다. 여기서는 '모든 것은 맥락에 의존한다.'라는 맥락적 상대주의를 따르기 때문에 발달의 결과는 본질적으로 확률적이 된다. 구체적인 청소년기의 문제도 보편적인 발달이론으로 설명할 수 있는 것이 아니고, 단지 맥락적 변인에 의해서만 설명되고 해석할 수 있다고 본다.

Lerner의 발달적 맥락주의 모형의 핵심 개념은 순환적 기능(circular function)과 확률적 생성(probabilistic epigenesis)이다(윤진, 김정민, 1991). 순환적 기능이란 개인이 지닌 기질적 특성이 그가 몸담고 있는 환경적 맥락의 성격에 영향을 미치고, 이는 다시 개인의 경험을 형성함으로써 발달에 영향을 미치는 과정을 의미한다. 청소년의 특성과 환경적 맥락 특성 간의 순환적 기능은 환경의 요구에 대한 청소년의 반응에서도 마찬가지로 작용한다. 특정 환경은 그 환경 특유의 물리적 특성에서 오는 요구와 부모, 교사, 또래 등 주변 사람의 고유한 성격, 가치, 기대에서 오는 요구가 있게 마련이다. 이러한 환경적 요구에 청소년의 기질적 특성이 조화롭게 반응한다면 환경과의 긍정적인 순환을 이루게 되며, 이는 나아가 청소년의 건전한 발달을 가져온다. 특히 개인의 고유한 내적 특성과 환경적 맥락 간의 순환적 기능을 거래적 상호작용이라 부른다.

확률적 생성은 환경적 맥락의 특성 및 개인과 환경 간 상호작용의 가변성과 특이성을 강조하는 개념이다. 동일한 환경적 맥락이라도 이를 받아들이는 개인에 따라 그 상호작용은 달라질 수 있다. 같은 불우한 환경에서도 그 불우함 때문에 오히려 뛰어난 발달적 성취를 보이는 경우가 있는가 하면 불우한 환경 때문에 비행청소년으로 추락하는 경우도 있다. 이렇게 극단적으로 다른 발달 양상을 목격하게 되는 것은 확률적 생성의 실례가 된다. 청소년기 발달의 가소성이 인정되는 것은 바로 확률적 생성에 대한 기대 때문이다.

[그림 2-2]는 청소년 발달에 대한 Lerner의 역동적 상호작용 모델의 예다. 외곽의 3개의 원은 더 큰 사회문화적 환경을 의미한다. Bronfenbrenner의 거시체계와 유사한 이 원은 인위적으로 설계된 환경이나 자연환경, 문화, 사회, 그리고 지역사회의 내림차순으로 구성되어 있다. 또한 왼편에서 오른편으로 움직이는 화살표는 시간에 따른 변화를 상징한다.

큰 원 속의 작은 원 중에서 왼편에 위치하는 원은 청소년을 나타내고 오른편에 위치한 원은 부모를 나타낸다. 2개의 원의 안쪽 부분에는 다양한 개인적 특성이 포함되어 있다. 청소년과 부모가 갖는 특성의 상호작용을 바탕으로 적합이나 부적합이 생성될 것이고, 장기적으로 상이한 발달적 결과가 초래될 것이다. Lerner는 이 특성의 상호작용적 본질을 고려해야만 청소년 개인을 이해할 수 있다고 강조하였다. 한편, 그림의 중앙에 있는 더 작은 원은 부모와 청소년이 상호작용하는 중요한 연결망이다. Bronfenbrenner의 중간체계에 해당하는 이 연결망은 학교망, 사회적 망, 결혼망, 부모의 직업망을 포함한다. 이 그림 속의 모든 화살표는 2개의 화살촉을 가지고 있어 영향이 상호적이고 양방향적임을 나타낸다. 또한 원 안에 있는 다양한 화살

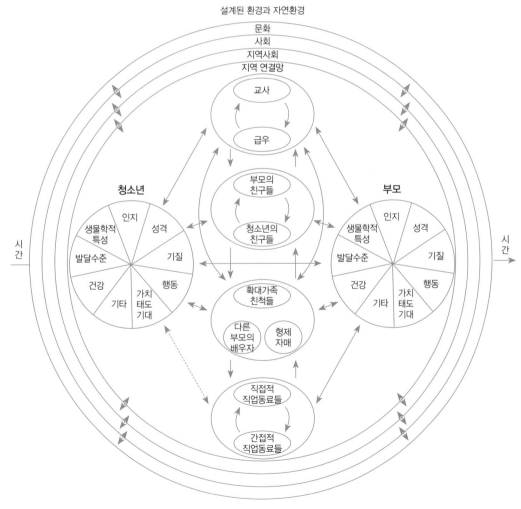

●그림 2-2● **청년기 발달에 관한 Lerner의 역동적 상호작용 모형**
출처: Lerner (1995): 장휘숙(2004)에서 재인용.

표는 시간 경과와 함께 변화하는 맥락주의 모형의 역동적 상호작용의 특성을 나타
내 준다.

이 밖에도 청소년기를 보다 거시적이며 미래 지향적인 시각에서 이해할 수 있도
록 관점의 폭을 넓혀 주는 생애발달적 접근(life-span developmental approach)이 있
다. 이 생애발달적 접근은 특정 시기의 발달적 특성을 수정에서 죽음에 이르기까지
의 전 생애발달과 관련지어 고려하는 입장이다(Baltes & Resse, 1984). 생애발달적 접
근에서 청소년기를 이해하고자 하는 학자는 태내기부터 청소년기에 이르기까지 청
소년기 이전의 경험이 어떻게 누적되어 청소년기 발달에 영향을 미쳐 왔는가를 검
토하는 동시에, 앞으로 맞게 될 성인기 생애 설계의 전망에 비추어 볼 때 청소년기
가 어떠한 의미를 갖는가를 함께 고려한다. 생애발달적 접근에서는 발달을 전 생애
적·맥락적·다차원적 입장에서 고려한다. 특히 청소년기의 갈등과 혼돈을 성인기
생애 설계의 준비라는 긍정적인 시각에서 이해할 수 있게 하는 것은 생애발달적 접
근의 기여라 할 수 있다.

## 토론주제

1. 이 장에서 다룬 발달단계 이론 중 하나의 이론을 선택하여 나의 청소년 시기의 경험을 그
   이론에 맞추어 분석해 보고, 그 결과를 조원들과 함께 이야기해 보시오.
2. 청소년상담 장면에서 청소년 발달이론에 대한 이해가 필요한 경우를 실제적인 사례를 들
   어서 함께 토론해 보시오.
3. 이상행동을 보이는 청소년 문제의 사례를 한두 가지 선정하고, 그 청소년의 문제를 이해
   하는 데 도움이 되는 발달이론을 선정해 보고, 선정의 이유 및 사례에 대한 적용 결과 등
   에 대해 조원들과 함께 토론해 보고 전체 집단에서 그 결과에 대해 함께 이야기해 보시오.

# 청소년상담의
# 이론적 모델

제**3**장

상담자의 인간에 대한 이해, 삶의 문제와 이를 보는 관점, 병리관, 역사관, 세계관에 따라 내담자의 문제해결을 위한 상담목표와 상담과정, 상담전략 등이 달라진다. 상담이론은 내담자의 어떤 측면에 초점을 맞추느냐에 따라 개인의 정서와 감정에 초점을 맞추는 정서적 접근, 개인의 사고와 신념에 초점을 맞추는 인지적 접근, 관찰 가능한 행동에 초점을 맞추는 행동적 접근으로 분류한다. 어떤 상담자는 내담자의 감정에 초점을 맞추고, 반면에 어떤 상담자는 사고나 행동을 강조한다. 어느 정도 중첩되는 부분이 있으나 상담이론을 정서적 · 인지적 · 행동적 측면으로 분류하면 다음과 같다(Thompson & Rudolph, 1992).

- 정서(감정): 인간중심 상담, 게슈탈트 치료
- 인지(사고): 합리정서행동치료(REBT), 인지행동치료, 정신분석상담, 교류분석
- 행동(행동): 행동상담, 현실치료, 단기상담, 개인심리학

상담이론은 특정한 시대적 · 문화적 산물이라고 할 수 있다. 상담이론을 정서적 · 인지적 · 행동적 측면으로 분류하던 것에 더하여 최근에는 새로운 상담이론들이 지속적으로 개발되고 있다. 이에 이 장에서는 시대적 · 문화적 배경을 지니고 있는 상담이론의 특성을 고려하여 정신역동적 접근, 인본주의적 접근, 인지행동적 접근, 구성주의적 접근, 마음챙김 기반 접근, 통합적 접근으로 분류해 보고자 한다.

각 접근법들은 그 나름대로의 독특한 방식으로 내담자의 문제를 이해하고 그들의 문제를 해결하려는 관점과 방법들을 가지고 있다. 각 접근방식들 간에는 핵심적인 차이가 있고 같은 접근방식을 따르는 상담이론들 간에는 서로 공통된 요소가 있다. 다양한 이론의 세부적인 내용을 다루기 전에 접근방식을 먼저 살펴보면 구체적인 상담이론의 내용을 이해하는 데 도움이 될 것이다. 같은 접근법 안에 있는 여러 개의 다양한 상담이론은 그 이론들마다 서로 다른 기본 가정과 원칙, 주요 개념, 상담목표와 상담기법들을 가지고 있다.

각 접근마다 나름대로 유용한 측면이 있기 때문에 한 이론을 따른다고 다른 이론을 배척할 필요는 없다. 최근에는 1~2개의 차원보다는 사고, 감정 및 행동을 모두 아우르는 통합적 모델을 시도한다(Corey, 2013; Thompson & Rudolph, 1992). 상담자

는 내담자의 사고, 감정, 행동 모두에 관심을 가지며 통합적 접근을 시도할 필요가 있다. 인간이 분리될 수 없는 존재인 한, 인간의 사고, 감정, 행동 중 어느 하나에 치우친 치료 접근은 불완전한 접근이 되기 때문이다. 통합적 접근을 시도할지라도 각 치료 접근의 기본 이론을 이해하는 것은 매우 중요하다.

## 1. 정신역동적 상담모델

정신역동은 19세기 말 정신과 의사 Sigmund Freud가 창안한 정신분석학에서 유래되었다. 정신역동적 접근은 정신의 무의식적 영역의 존재와 무의식이 삶에 미치는 막강한 영향력을 강조한다. 정신역동이론가들은 사람들 대부분이 자신이 행동하는 동기를 알아차리지 못하며, 그 무의식적 동기를 알아차리게 되면 심리적 문제를 더 잘 해결할 수 있다고 주장한다. 그러나 유감스럽게도 사람들은 문제해결의 열쇠가 되는 무의식 속에 숨겨진 동기를 인식하는 것에 저항하거나 방어한다. 그래서 사람들은 변화하지 못하고 강박적으로 과거의 행동을 반복하며 산다. 강박적 반복 행동은 어릴 적에 괴로운 감정들을 무시하거나 억압하는 방법으로 성공적으로 대처할 수 있었던 초기 경험들 때문에 지속되는 것이다. 정신역동이론가들은 초기 아동기의 발달을 중요하게 보았고, 그때의 경험이 무의식적으로 지속적으로 한 사람의 인생에 큰 영향을 미친다고 하였다.

정신역동상담은 Freud의 동시대 인물이자 심층심리학의 대부로 불리는 Jung과 Adler, 그리고 Freud의 제자들인 Sandor Ferenczi, Wilhelm Stekel, Otto Rank 등에 의해 계승되었다.

### 1) Freud의 정신분석

정신역동적 상담의 창시자는 Sigmund Freud로 최초로 포괄적인 성격이론 및 심리치료의 체계를 확립하였다. 정신역동적 상담의 주된 개념은 정신분석이며, 인간의 무의식, 초기 경험, 성(性), 공격성 등을 강조하면서 인간을 비합리적이고 결정론적인 존재로 보았다. 그리고 인간의 행동은 비합리적인 힘, 무의식적 동기, 생물학적 및 본능적 충동, 생의 초기 6년 동안의 심리성적 욕구에 의해 결정된다고 보았다. 또한 인간의 무의식 속에 잠재해 있는 어린 시절의 심리성적인 사건이 인간의 성격을 형성한다고 보았다.

Sigmund Freud

정신역동적 상담에서는 인간의 본능을 강조하는데, 본능을 고통을 피하고 쾌락을 추구하는 삶의 본능인 에로스와 공격적인 욕구를 추구하는 죽음의 본능인 타나토스로 구성되어 있다고 보고 있다. 인간의 성격은 원초아, 자아, 초자아로 구성되어 있으며, 원초아를 성격의 생물학적 구성요소, 자아를 심리적 구성요소, 초자아를 사회적 구성요소로 보았다. 하지만 원초아, 자아, 초자아 사이의 갈등이 인간의 통제를 넘어설 때 인간은 불안을 느낀다. 이러한 불안에는 현실적 불안, 신경증적 불안, 그리고 도덕적 불안이 있다.

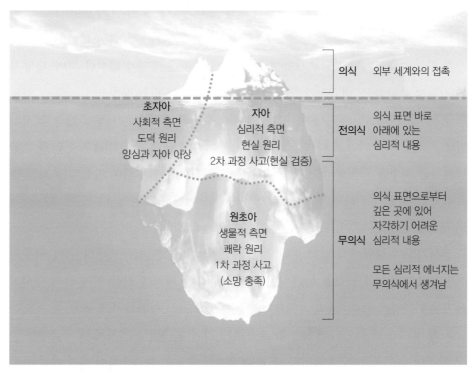

● 그림 3-1 ● **성격의 삼원구조 모델**

출처: 권석만(2017).

정신역동이론에서는 개인이 불안을 극복하고 불안에 압도되지 않도록 자아를 보호하는 일을 자아방어기제로 본다. 자아방어기제는 개인의 발달수준과 불안의 정도에 따라 다르지만, 그 공통점은 현실을 부정하거나 왜곡시키며 무의식 수준에서 일어난다는 것이다. 이러한 자아방어기제에는 억압, 부정, 반동형성, 투사, 전치, 합리화, 승화, 퇴행, 내사, 동일시, 보상, 주지화, 그리고 무효화가 있다. Freud에 따르면, 인간 문제는 인생 초기의 경험에서 비롯되기 때문에 이를 해결하기 위해서는 과거에 자신이 억압해서 무의식의 심연에 숨긴 갈등의 경험을 이해하는 것이 필요하다. 정신역동적 상담은 우리의 의도, 욕망, 신념에서 스스로 어떻게 속이는지, 또 그 속임이 우리의 표출된 목적과 행동 속에서 어떻게 싸움, 투쟁으로 생성되는지에 관한 것이다.

정신역동적 상담의 목표는 무의식을 의식화하여 개인의 성격구조를 수정하고, 자아를 강화시켜 행동이 본능의 요구보다는 현실에 바탕을 두도록 하는 것이다. 치료자의 궁극적인 목표는 과거의 경험과 갈등에 대처하는 방법 간의 연관에 대해 정서적으로 의미 깊은 종합적인 이해를 내담자에게 제공하는 것이다. 이에 비해 상담자의 역할은 내담자와 상담관계를 형성하고, 주의 깊은 경청과 해석을 하며, 내담자의 저항에 주목하고, 내담자가 문제를 통찰하고 변화를 위한 방법을 인식할 수 있도록 돕는 것이다. 상담과정에서 내담자는 집중적이고 장기적인 치료를 받을 의지가 있음을 상담자와 언어로 약속하고 과거와 무의식에 대해 통찰하며 자신의 통찰을 방해하는 저항을 경험한다. 또한 상담자와 전이관계를 형성하여 자신의 문제를 명료화하고, 이를 수용하며, 문제의 역사적 원인을 이해하고 현재의 대인관계와 과거의 문제를 통합한다.

정신역동적 상담에서 상담자와 내담자 관계의 핵심은 전이관계다. 정신역동적 상담기법은 자신의 인식을 증가시키고 행동에 대한 지적 통찰을 얻게 하여 증상의 의미를 이해하게 한다. 여기서 치료의 진전은 내담자가 언어화하고 정화, 통찰을 하도록 하여 자신의 무의식적 자료를 훈습하는 것이다. 정신분석학에서 치료자는 증상 이면에 숨어 있는 수수께끼를 풀고 내담자의 갈등이 완화되도록 수수께끼를 설명하는 '해석자'다. 이때 사용할 수 있는 치료기법에는 꿈의 분석, 자유연상, 해석, 저항의 분석과 해석, 전이의 분석과 해석 등이 있다.

## 2) Adler의 개인심리학

Adler는 인간을 전체적으로 보아야 한다는 입장에서 in-divide 라는 어원을 가진 individual, 즉 나눌 수 없는 전인이라는 의미를 지닌 라틴어의 individum을 선택하여 자신의 이론을 '개인심리학 (Individual psychology)'이라고 명명하였다. 후에 이것이 사회적인 것 과 반대되는 개념으로 오해되기도 하여 명칭에 관해 문제가 제기되 기도 하였으나 그는 Freud의 정신분석과의 차별화를 위해 개인심리 학을 고수하였다. Freud는 인간 정신의 장을 둘 또는 셋으로 나누었 고, 이것이 서로 배타적이고 적대적인 관계를 가지고 있다고 보았다.

Alfred Adler

반면, Adler는 의식과 무의식, 마음과 육체, 접근과 회피, 양가감정과 갈등의 양극성 의 개념이 개인의 주관적인 경험으로서만 의미가 있다고 보고, 개인의 성격은 통일 성과 자기 일관성을 전제로 한 자아가 일치된 통합된 성격구조를 이루고 있다고 보 았다.

Adler는 정신건강을 위해 치료보다는 예방이 중요함을 강조하였고, 예방을 위해 서나 치료를 위해서 교육적 치료에 많은 관심을 가졌다. 그는 제1차 세계대전 이후 오스트리아의 교육개혁 프로그램을 주관하였고, 비엔나 학교체계와 연계하여 최초 의 청소년 상담소를 설립하였다. 또한 (심리치료적) 실험학교도 세워 치료교육적·교육치료적 틀을 체계화하였으며, 부모교육, 부모상담 프로그램, 교사교육, 집단상 담의 새로운 장을 개척하였다.

Adler에 따르면, 인간의 문제는 인생 초기에 형성된 생활양식에 의해 큰 영향을 받지만 자신이 가진 긍정적 자질을 개발하고 뚜렷한 목적의식과 노력을 통해 새로 운 방향으로 자신을 변화시킴으로써 해결될 수 있다. Adler의 기본 개념으로는 열 등감과 보상, 우월성 추구, 생활양식, 사회적 관심, 창조적 자아, 출생 순위, 가상적 목표 등이 있다.

Adler는 열등감이 인생 전반에 걸쳐 커다란 영향을 미치고 있음을 통찰하고 열등 감의 기원을 밝히고 있다. 이 열등감이라는 개념 없이 Adler의 정신병리학을 이해 한다는 것은 불가능하다. Adler(1973a: 121)는 이에 대해 다음과 같이 말한다. "열등 감에 관한 연구는 모든 심리학자, 심리치료자, 그리고 교육학자에게 학습장애아, 신경쇠약자, 범죄자, 자살자, 알코올 중독자, 성도착증자를 이해하는 데 없어서는 안 되고 또 없어질 수 없는 열쇠임을 증명해 준다."

인간은 기본적으로 자신의 약점 때문에 생기는 긴장과 불안정감, 그리고 남보다 열등하고 하위에 있다는 사실을 참기 힘들어한다. 그래서 열등 감정을 극복하거나 보상하여 우월해지고 위로 상승하고자 하는 목표를 달성하고자 노력한다. Adler에 따르면, 인간이 느끼는 열등감은 성취를 위한 초석이 된다. 보상(compensation)은 인간에게 있는 열등감을 조정하는 효과가 있다. 인간은 자신의 열등감을 보상하는 방향으로 행동하는 것이다. 그렇다면 이 보상은 어디까지 이르는가? 보상의 궁극적인 목적을 Adler는 우월에의 추구라고 하였다. 우월에의 추구는 삶의 기초적 사실로서 모든 인간이 문제에 직면하였을 때 부족한 것은 보충하고, 낮은 것은 높이고, 미완성의 것은 완성하고, 무능한 것은 유능하게 만드는 경향성을 말한다. Freud가 인간행동의 동기를 긴장을 감소하고 쾌락을 얻는 것으로 본 데 반해, Adler는 긴장의 감소를 목표로 보지 않고 완전에의 추구라는 더 많은 에너지와 노력을 요구하며, 긴장을 증가시키는 것으로 보았다.

개인심리학에서는 과거의 경험이 현재 청소년의 행동에 영향을 주는 것이 아니라 행동 이면에서 청소년이 기대하는 목적이 행동에 주요 동기 또는 충동이 된다고 한다. 이를 개인심리학에서는 가상적 목표라고 부른다. 따라서 이러한 가상적 목표를 이해해야만 청소년의 행동을 이해할 수 있게 되고, 교육 및 치료의 맥락을 잡을 수 있다(Adler, 1973b). 많은 경우 어른은 청소년의 행동목표에는 무관심하고 행동 자체에만 관심을 갖고 평가하고 비난하기 때문에 그들의 잘못된 행동을 감소시키기보다는 잘못된 가상의 목표를 정당화하게 되어 잘못된 행동을 도리어 강화하는 결과를 낳게 된다. 개인심리학에서는 청소년이 나타내는 다양한 장애를 청소년이 스스로 선택한 길이라고 해석한다. 따라서 장애의 원인 규명보다는 청소년이 선택한 장애행동을 통해 추구하려는 목적을 규명하는 것이 매우 중요하고 우선되는 치료자의 과제라고 생각한다(Ansbacher & Ansbacher, 1972).

생활양식은 한 인간의 삶의 목적, 자아개념, 가치, 태도 등 인간의 독특성을 설명하는 Adler의 독자적 원리로서 그의 이론의 핵심이 된다. 생활양식은 인생 초기에 한 개인의 경험을 조직하고 이해하고 그것을 예언하고 통제하기 위해서 발달시켜온 개인의 인지조직도 또는 신화집이다. 이는 어릴 때 자신의 우월 또는 완전의 목표를 이루기 위해 스스로 창조한 삶의 계획이다. 또한 사람이 왜 그런 식으로 행동하고 사고하고 느끼는지에 대한 이유를 설명해 주기 때문에 치료의 첫 단계에서 파악되어야 할 매우 중요한 개념이다. 즉, 비뚤어지고 잘못된 생활양식을 수정하거나 재교육하는 것이 심리치료라고 할 때 치료를 위해서는 생활양식의 파악이 필수적이다.

Adler의 개인심리학에서 가장 특수한 위치를 차지하는 부분은 '공동체감(Gemeinschaftsgefühl)' 또는 '사회적 관심(social interest)'이다. 개인심리학에서 인간은 사회적 존재고 인간의 존재 형태는 공동생활이라고 보아 삶의 정상화 기준을 공동체감(또는 사회적 관심)의 유무에 두고 있다. 성장하기까지 다른 어떤 동물보다 더 의존적이고 연약한 인간은 생존하고 성장하기 위해서 반드시 공동체감을 지닌 주변인의 도움이 필요하게 된다. 사회적 존재인 인간은 자연적으로 다른 사람에 대해 수용되고 인정받고 그들에게서 가치 있는 존재로 인식되고 있다고 믿는 한 안전하다고 느낀다. 강한 열등의식을 지닌 인간은 사회적 승인이 배제됨에 따라 계속해서 고립될지 모른다는 불안 속에서 살게 된다.

개인심리학에서는 내담자를 병든 존재나 치료받아야 할 존재로 보지 않기 때문에 증상 제거보다는 사회에서 다른 사람과 상호작용할 수 있는 사람이 되도록 재교육하는 것을 가장 큰 목표로 본다. 개인심리학적 상담목표는 내담자의 열등감 극복, 사회적 관심 증진, 그리고 잘못된 생활양식의 수정이다. 상담과정에서 상담자는 내담자의 기능에 대한 종합적인 진단을 내리는데, 이때 가족구성원에 대한 정보를 수집하고 초기 회상을 분석한다. 내담자는 자신의 생활양식에 초점을 맞추어 작업을 하면서, 자신의 사적 논리를 탐색하고 자신의 기본적인 실수를 밝히며 잘못된 가정이나 결론을 교정하는 방법을 탐색한다. 상담자와 내담자의 관계는 협력, 상호 신뢰, 존중, 확신, 목표의 동의를 바탕으로 한 대등한 관계다.

개인심리학적 상담의 치료과정은 치료관계 수립 단계, 내담자의 역동탐색 단계, 통찰 단계, 재교육 단계의 네 단계로 살펴볼 수 있다.

- 치료관계 수립 단계: 상담자와 내담자 사이의 적절한 치료관계를 수립하기 위해 관심 기울이기, 경청, 목표를 규정하거나 명료화하기, 공감하기 등의 치료기법을 사용한다.

- 내담자의 역동탐색 단계: 내담자를 분석하고 평가하는 단계로 내담자가 자신의 생활양식을 이해하고 그것이 현재의 기능에 미치는 영향을 이해할 수 있도록 한다. 이 단계에서는 가족 내의 심리적 위치, 출생 순위, 부모-자녀 관계 등을 살펴보면서 가족의 구성을 탐색하고 초기 회상, 꿈 분석, 우선적 과제, 통합과 요약, 격려의 과정을 다룬다.
- 통찰 단계: 내담자의 자기이해를 독려하는 단계로 내담자가 자신의 잘못된 목표나 자기패배적인 행동에 대해 통찰하도록 독려한다. 이때 상담자의 해석은 통찰을 촉진시키는 기법이 된다. 해석은 주로 삶의 방향, 목표나 목적, 사적인 논리와 그 영향, 현재의 행동을 인식하도록 하기 위한 것, 행동의 원인이 아닌 현재 행동의 결과에 초점을 둔다.
- 재교육 단계: 내담자가 새로운 선택을 하도록 하며 내담자 자신이 새롭고 더 효과적인 방법을 시도해 보도록 도움을 주고 자신이 결정하고 용기를 가지고 행동하도록 격려한다. 이 단계에서 사용할 수 있는 주요 기법으로는 즉시성, 역설적 의도, 마치 ~인 것처럼 행동하기, 수프에 침 뱉기, 자기간파, 버튼 누르기, 악동의 함정 피하기, 과제 설정과 열중 등이 있다.

## 3) Jung의 분석심리학

Carl Gustav Jung

Freud와 더불어 무의식 이론을 이끌었던 대표적인 학자 Jung은 처음에는 Freud의 정신분석학에 관심을 가지고 함께 활동하였다. 하지만 리비도를 생물학적·종교적·심리학적·도덕적·영적 형태의 다양한 욕구를 지니고 있는 전반적인 삶의 에너지로 보았던 Jung은 Freud가 리비도를 성적 본능에 근거하여 설명한 것에 대해 동의할 수 없어서 Freud와 결별하고, 자신만의 이론인 '분석심리학(analytical psychology)'을 발전시켰다.

Jung은 인간의 정신구조가 의식과 개인무의식, 집단무의식으로 구성되어 있다고 하였다. 의식은 인간이 경험하고 기억하는 것, 느낌, 이념, 생각, 감정 등 자아를 통해 인지되는 내용으로, 무의식과 대립되면서도 상호 보완적인 관계에 있다. Jung은 무의식을 개인무의식과 집단무의식으로 구분하였는데, 개인무의식은 자아에 의해 억압되거나 억제된 기억과 경험, 사고, 감정 등의 저장소다. 개인무의식에는 이전에 의식되었던 것이지만 중요하지 않거나 현재의 삶과 관련이 없다고 여겨져 의식 영역에 도달할 수 없는 무가치한 기억이나 의식하기에 너무 위협적인 것들로 채워져 있다. 또한 분석심리학의 주요 개념인 콤플렉스(complex)가 개인무의식에 존재하는데, 콤플렉스는 하나의 공통된 주제를 중심으로 고통스러운 감정이나 생각, 기억들이 연합되어 있는 심리적인 복합체로서, 어떤 것에 강하게 집착하는 특성을 가진다.

　Jung은 Freud의 무의식 개념을 확장시켜 집단무의식이라는 개념을 제시하였는데, 집단무의식은 정신분석학에서 제시한 무의식의 내용과 기능에서 다른 견해를 가지고 있다. 집단무의식은 개인무의식과 달리 인류의 오랜 역사와 문화를 통해 공유되어 온 보편적인 경향성으로, 인류공동체의 집단적 경험과 종교적·신화적·심령적 상징들이 저장되어 있다. 집단무의식을 구성하는 주요 요소는 원형(archetypes)으로서, 원형에는 페르소나, 아니마/아니무스, 그림자, 자기 등이 있다. 페르소나는 외적 인격으로서 외부세계와 관계를 맺기 위해 필요한 여러 가지 행동양식을 익히면서 갖게 된다. 자신에게 주어진 역할을 보여 주기 위해 배우가 가면을 쓰는 것처럼 우리도 사회적으로 주어진 역할을 하기 위해서 또는 자신을 숨기기 위해 페르소나를 사용한다. 사회적으로 적응하기 위한 외적 인격이 페르소나였다면, 내면세계의 무의식과 의식을 연결하는 내적 인격으로는 아니마와 아니무스가 있다(박종수, 2019). Jung에 따르면, 인간은 생물학적으로나 심리학적으로 양성의 특징과 성격을 지니고 있는데, 자신과 반대되는 성의 특성을 아니마와 아니무스라고 한다. 아니마는 남성의 내부에 있는 여성적 요소를, 아니무스는 여성의 내부에 있는 남성적 요소를 의미한다. Jung은 조화로운 성격을 가질 수 있도록 자신의 무의식 속에 있는 반대되는 성의 특성을 자신의 인격에 통합시켜야 한다고 하였다. 그림자는 자아에 알려져 있지 않은 무의식의 열등한 인격으로, 인정하고 싶지 않아 회피하고 숨기고 싶어 의식되지 않은 자신의 어두운 부분이다. 자기는 의식과 무의식을 포함하는 정신의 중심에 위치해 있는 원형으로, 정신의 모든 부분을 통합시켜 전체로서의 균형을 유지하도록 하는 역할을 한다. 전체를 이루는 과정을 자기실현 또는 개성화라고 하는데, 개성화는 다른 사람과 구별할 수 있는 자신만의 고유한 존재가 되는 것으로 가능한 한 완전하게 자신의 정체성을 인식하는 것이라 할 수 있다.

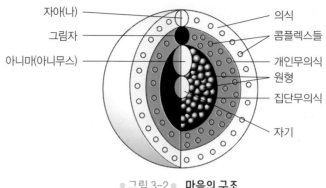

●그림 3-2● **마음의 구조**

출처: 이부영(2021).

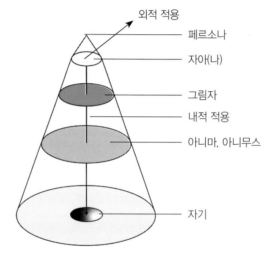

●그림 3-3● **자기실현-무의식의 의식화 과정**

출처: 이부영(2021).

분석심리학의 궁극적인 목표는 개성화를 이루는 것으로, Jung은 인생을 전반기
와 후반기로 구분하여 각각의 목표가 다르다고 하였다. 인생의 전반기는 아동기와
청년기, 성인기 초기에 해당하는 것으로, 자아 형성 및 강화와 정체성 확립에 초점
을 두고 있다. 반면, 인생의 후반기는 중년기와 노년기에 해당하는 것으로, 자신의
내면을 이해하고 성격을 통합하여 개성화를 이룸으로써 진정한 자신을 찾는 것을
목표로 한다.

이러한 목표에 도달하기 위한 분석심리학의 상담과정은 4단계로 구분된다
(Douglas, 2008). 첫 번째는 고백(confession) 단계로, 내담자가 억제해 왔던 감정이

나 숨겨 왔던 비밀을 털어놓음으로써 상담자와 치료적 동맹을 형성한다. 두 번째는 명료화(elucidation) 단계로, 내담자의 꿈과 억압된 소망, 환상 등의 무의식적 의미를 파악함으로써 자신이 문제에 대해 통찰을 얻게 된다. 세 번째는 교육(education) 단계로, 내담자의 사회적 적응과 발달과정에서 나타난 문제에 초점을 둔다. 이전 단계들에서는 개인무의식을 다루었다면, 이 단계에서는 내담자의 페르소나와 자아에 중점을 두고 현실적으로 사회적응을 할 수 있도록 돕는다. 네 번째는 변형(transformation) 단계로, 인생의 후반기에 해당하는 내담자를 대상으로 진행되는 경우가 많은데, 상담자와 내담자 간의 깊은 인격적 교류를 통해 단순히 사회에 적응하는 것을 넘어 자기실현을 이루기 위한 과정이다(김춘경 외, 2018).

분석심리학에서 활용하는 상담기법으로는 단어연상검사, 꿈 분석, 증상분석, 그림치료, 모래놀이치료 등이 있다. 단어연상검사(word-association test)는 정서적 반응을 이끌어 낼 수 있는 명사와 형용사로 된 100개의 단어를 선정하여 내담자가 각 자극단어에 어떻게 반응하는지를 살펴보는 기법으로, 내담자의 저항이나 갈등 혹은 콤플렉스를 드러내기 위해 사용한다. 또 다른 기법으로는 꿈 분석(dream analysis)이 있는데, Jung은 Freud와 마찬가지로 꿈을 '무의식에 이르는 왕도'로 보았다. 꿈 분석에 대한 Jung의 접근은 Freud와 달리 꿈의 인과적인 요소들 외에 다른 많은 것에 관심을 두었으며, 각각의 꿈을 개별적으로 해석하기보다는 일정한 기간에 걸쳐 내담자가 보고하는 꿈들을 분석하는 것을 선호하였다(김춘경 외, 2016a). 증상분석(symptom analysis)은 내담자가 보고하는 증상에 초점을 두는 것으로, 증상에 대한 내담자의 자유연상과 이에 대한 상담자의 해석을 통해 증상이 감소하거나 사라지게 된다. 그림치료(painting therapy)는 내담자의 내면 가장 깊숙한 곳에 있는 무의식적 감정이나 사고를 표현하기 위한 하나의 수단으로 그림을 활용하는 기법이다. 모래놀이치료(sand play therapy)는 Lowenfeld가 고안하고 Kalff가 Jung의 분석심리학을 도입하여 발전시킨 기법으로, 안전하고 자유로운 공간인 모래상자에 다양한 모형을 활용하여 무의식 속에 있는 심상을 구성하면서 개성화 과정이 실현된다고 보았다. 최근에는 이러한 모래놀이치료가 아동만을 대상으로 적용되는 것이 아니라 청소년과 성인 등을 대상으로도 폭넓게 활용되고 있다.

## 2. 인본주의적 상담모델

인본주의 접근은 인간에 대한 무한한 신뢰와 긍정적 측면에 대한 믿음을 가진 접근이다. 인본주의 상담자들은 개인의 자율적인 선택과 결정을 긍정적으로 받아들이고 존중한다. 상담과정에서도 과거보다는 현재와 미래에, 제한된 합리적 사고와 전통과학보다는 신뢰하는 감정과 그들의 표현에, 행동 변화를 위해 내담자의 문제나 증상에 초점을 두기보다는 내담자가 지닌 잠재성과 희망에 초점을 둔다. 이 접근에서는 성장과 변화에 있어서 외부의 개입보다는 사람이 타고난 능력의 중요성을 강조한다. Rogers의 인간중심 상담과 Perls의 게슈탈트 치료가 이에 속한다.

### 1) Rogers의 인간중심 상담

Carl Rogers

인간중심 상담은 계속 발전하고 변화해 가는 이론체제다. 창시자인 Carl Rogers는 1940년대부터 지금까지 핵심적인 위치에서 활동하고 있다. 이 이론은 여러 발달단계 또는 기간을 거쳐 변화되어 오는 동안 비지시적 · 내담자 중심적 · 경험적 · 인간중심적 상담 등으로 불렸다. 지금은 더욱 절충적인 체제로 발전해 나가는 과정에 있지만 기본적인 전제는 계속 고수되고 있다. 기본 전제 중에는 다음과 같은 가설이 포함되어 있다. 즉, 내담자의 성장을 촉진하는 세 가지 필요충분조건이 있는데, 이것은 '순수성' '수용' 및 '공감적 이해'다.

인간중심 상담에서 인간은 존경과 신뢰의 분위기 속에서 긍정적이고 건설적인 방향으로 발달하려는 경향을 가지고 있다. 잠재력을 실현하게 하는 성장 촉진적인 분위기 속에서 상담자는 인간이 본질적으로 믿을 만하고 사회적이며 창조적이라는 기본적인 믿음에 기초하여 내담자에 대해 무조건적 존중과 정확한 공감적 이해를 해야 한다고 믿고 있다. 또한 인간은 부적응에서 심리적 건강 상태로 변화하는 천부적인 능력을 가지고 있기 때문에 상담의 1차적인 책임은 내담자에게 있다고 생각한다. 최근에는 이론을 적용할 때 이전보다 더욱 능동적인 상담자의 참여를 강조하고 있다.

Rogers는 타인에게 인정받고자 하는 긍정적인 자기존중의 욕구와 자신이 경험하는 타인의 평가 간의 불일치가 커지면 결과적으로 불안을 경험하고, 이것이 심리적 문제를 일으키게 된다고 본다. 따라서 그의 상담 목적은 내담자의 자아개념과 유기체적 경험 간의 불일치를 제거하고, 내담자가 느끼는 자아에 대한 위협과 그것을 방어하려는 방어기제를 없애 줌으로써 충분히 기능을 하는 사람이 되도록 돕는 것이다. 기본 개념으로는 긍정적 인간관, 유기체와 현상, 자아와 자아개념, 자아실현 경향성 등이 있다.

인간중심 상담자는 특별한 문제에 초점을 두지 않는다. 대신 그들은 내담자와의 관계 형성에 중심을 두며 긍정적인 관계 형성을 위해 무조건적이고 온정적인 태도로 반응하기, 문제를 해결하는 내담자의 능력 존중하기, 감정이입으로 내담자의 입장 이해하기를 강조한다. 인간중심 상담기법은 내담자와 긍정적인 관계를 형성하고 내담자가 그들 자신과 세계를 탐색하고 그들의 감정을 표현하도록 용기를 불어넣어 주는 데 효과적이다.

인간중심 청소년상담은 뚜렷한 절차상의 차이에도 불구하고 성인치료와 마찬가지로 동일한 중재방법이 필요하다. 여기서 감정의 공감적 반영은 하나의 방법이 된다. 나이에 상관없이 내담자의 내적 영역에 들어가는 것은 공감을 이해하는 방법이다. 감정에 대한 공감적 반영은 내담자 중심 치료자가 행하는 유일한 중재방법이다. 이 방법은 비록 단순해 보일지라도 많은 주의를 필요로 하며 치료자의 역할이 중요하다.

상담과정에서 상담자는 내담자가 성장하도록 도울 수 있는 상담 분위기를 형성하고 진실한 보살핌, 존중, 수용, 이해의 태도를 취한다. 내담자는 자신이 진실하지 않은 상태, 즉 자기지각과 현실경험 간의 괴리 상태에서 상담을 시작하며 자신의 감정을 경험하고 탐색한다. 내담자는 자신이 누군가의 평가나 판단 없이 진실되게 경청받는 기회를 가지게 된다. Rogers(1957)가 언급한 상담자와 내담자 간의 관계가 지니는 조건은 다음과 같다.

- 두 사람은 심리적 접촉을 한다.
- 상처를 받았거나 통합되지 않은 불안한 상태에 있는 사람을 내담자라 부른다.
- 상담자라 부르는 사람은 관계에서 일치적이거나 통합적이다.

- 상담자는 내담자에 대한 무조건적인 긍정적 존중을 경험한다.
- 상담자는 내담자의 참조체계에 대한 공감적 이해를 경험하고, 이 경험을 내담자에게 전달하기 위해 노력한다.
- 상담자의 공감적 이해와 무조건적인 긍정적 조건이 어느 정도는 전달되어야 한다.

오늘날 많은 인간중심 상담자는 내담자의 성장과 긍정적 활동을 촉진하기 위하여 '직면' '자기노출' '즉시성'을 사용한다. 과거에는 상담자가 내담자에 의해 표현된 태도, 감정 및 행동 요소를 반영하는 데까지만 진행할 수 있었다.

이 이론은 실천가의 잘못된 해석과 남용으로 오랫동안 손상을 받아 왔다. 이에 아직도 상담자는 내담자의 세계에 영향을 주거나 참여해서는 안 되며 가치중립적이어야 한다는 '비지시적' 시대의 관점을 고수하고 있는 사람 때문에 고민하고 있다. 이것은 조력을 수동적 관점으로 보는 잘못된 관점이다. 상담자는 계속적이고 생명력 있는 관계 속에서 내담자에게 충분히, 그리고 능동적으로 관여할 수 있는 진지하고, 사려 깊고, 공감적인 사람이 되어야 한다는 것이 현대 인간중심 상담의 입장이다.

## 2) Perls의 게슈탈트 치료

Friedrich Saloman Perls

게슈탈트 치료(Gestalt Therapy)는 정신분석학과 인지치료에 대한 거부감을 가진 Perls에 의해 개발된 이론이다. Perls는 Freud의 공격본능 이론을 비판하는 새로운 이론으로서 형태주의적 심리치료를 발전시켰으며, 게슈탈트 치료는 전체주의적 입장에서 '인간은 통합된 부분들로 이루어진 하나의 전체로서의 존재'라는 인간관을 가진다(Passons, 1975). 이러한 게슈탈트 치료는 내담자가 직접적으로 지각하고 경험한 것에 중점을 둘 것을 요구하였으며, 내담자가 그것을 왜하고 있는가에 집중하기보다는 무엇을 어떻게 하고 있는지를 자각하게 한다. 내담자는 직접적인 경험에 중점을 둔 치료과정 속에서 자신을 가치 있게 여기고 수용하는 방법을 배우며, 자신의 경험을 신뢰할 수 있게 된다(김춘경 외, 2021). 게슈탈트 치료는 내담자가 지금-여기에서 경험하는 환경과의 관계적 맥락

내에서의 이해가 필요하다는 기본 전제를 토대로 발전된 실존적 · 현상학적 · 과정지향적 접근 상담이라고도 한다.

　게슈탈트는 전체, 형태 등의 뜻을 지닌 독일어로, 어떤 자극에 노출되었을 때 자신의 감정과 욕구를 의미 있는 전체 또는 형태로 조직화하여 지각하는 것을 의미한다. 게슈탈트의 형성은 전경과 배경이라는 개념으로 설명할 수 있는데, 전경은 관심의 초점이 되는 부분이며, 배경은 관심 밖으로 물러나는 부분이다. 내담자가 대상을 인식할 때 관심을 어디에 두는지에 따라 어떤 부분은 지각으로 떠오르지만, 그 외의 다른 부분들은 배경으로 밀려난다. 즉, 어느 순간 가장 중요한 감정이나 욕구를 전경으로 떠올린다는 것은 게슈탈트를 형성한 것이라고 할 수 있다. 건강한 사람은 순간순간 자신의 감정이나 욕구를 전경으로 강하고 선명하게 떠올릴 수 있지만, 그렇지 못한 사람은 특정한 감정과 욕구를 강하게 지각하지 못하여 전경과 배경을 명확히 구분하지 못한다(Zinker, 1997). 이러한 전경과 배경의 교체를 통해 게슈탈트의 형성과 해소의 과정을 반복하게 된다(노안영, 2013). 인간의 삶은 게슈탈트의 형성과 해소가 끊임없이 반복되는 과정으로, 자연스러운 순환과정을 위해서는 지금-여기에 집중할 수 있어야 한다. 인간이 지각한 감정과 욕구를 게슈탈트로 형성하여 전경으로 떠올리는 것을 '알아차림'이라고 하며, 알아차림은 지금-여기에서 일어나고 있는 중요한 현상들을 분석하거나 통제하지 않고 있는 그대로 자각하고 체험하는 행위를 의미한다(김정규, 1995). 알아차림을 통해 전경으로 떠오른 게슈탈트를 해소하기 위해 실제 환경과 상호작용하는 것은 '접촉'이라고 하는데, Polster(1987)는 접촉을 "인간의 긍정적인 성장을 위한 생명수"라고 표현할 만큼 게슈탈트 상담에서 접촉의 중요성을 강조하였다. 접촉은 인간의 경험 속에서 자기 자신과 환경, 대인관계를 통해 이루어지게 된다. 알아차림과 접촉은 먼저 배경에서 신체 감각의 형태로 감정과 욕구가 나타나고, 전경으로 떠올린 후 이를 해소하기 위해 에너지를 동원하여 행동으로 옮기며 환경과의 접촉을 통해 게슈탈트를 해소하게 되는 6단계의 주기로 나뉜다. 이러한 알아차림과 접촉을 통해 게슈탈트의 형성과 해소가 이루어지게 되는데, 어떤 사람은 게슈탈트를 형성하지 못하거나 형성된 게슈탈트를 해소하는 과정에서 방해를 받아 배경으로 사라지지 못하고 계속 전경으로 떠오르려고 한다. Perls는 이에 대해 '미해결 과제'라고 하였다. 미해결 과제는 과제를 해결하기 위해 계속해서 전경으로 떠오르려고 하여 전경과 배경의 자연스러운 교체를 방해하게 되고, 이러한 문제가 지속되면 자신의 욕구나 감정을 효과적으로 해소하지 못하게 되어 결국 심리적·신체적·정서적 장애를 일으키게 된다(Perls, 1976). 이뿐만 아니라 게슈탈트 상담에서는 알아차림과 접촉의 자연스러운 과정을 방해받아 내담자와 환경 간의 경계에 문제가 발생하는 것을 '접촉경계 혼란(contact boundary disturbance)'이라는 개념으로 설명하였으며, 여기에는 내사(introjection), 투사(projection), 반전(retroflection), 편향(deflection), 합류(confluence)를 포함하고 있다.

게슈탈트 상담에서는 내담자가 자신의 감정과 욕구를 명확하게 알아차리고 이를 환경과의 접촉을 통해 해소하는 것을 중요하게 여겼으며, 외부와의 지속적인 관계 속에서 스스로 성장할 수 있도록 타인에게 의존하지 않고 자립할 수 있는 존재이며, 스스로 선택하고 책임질 수 있도록 도와주어 있는 그대로의 자기 자신이 되고 실존적인 삶을 살아가는 것을 목표로 한다.

게슈탈트 상담과정은 따로 형식이 있지는 않으며, 내담자의 전경에 떠오르는 내용이 무엇인지에 따라 상담이 진행된다. 여기서 중요한 것은 알아차림과 접촉을 증진시키는 과정이 어떻게 진행되는지 살펴보는 것인데, Perls는 상담이 진행되면서

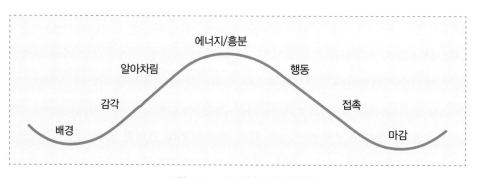

●그림 3-4● **알아차림-접촉 주기**

●그림 3-5● **성격 변화의 5단계**

변화되는 내담자의 성격 변화 단계를 5단계로 나누어 설명하였다. 각 단계는 피상층과 공포층, 난국층, 내파층, 폭발층이며, 5개 단계의 신경증 상태를 통과해야 접촉경계 혼란을 극복하고 심리적 성숙에 이르게 된다고 하였다. 이를 알아차림과 접촉의 주기와 관련해서 보면 피상층과 공포층은 게슈탈트 형성 전 단계이며, 난국층은 게슈탈트는 형성되었지만, 에너지가 동원되지 않은 단계다. 또한 내파층은 난국층보다 한 단계 변화된 상태로, 에너지는 동원되었으나 행동으로 옮기지 못하는 단계이며, 마지막으로 폭발층은 게슈탈트가 완전히 해소되는 단계다.

게슈탈트 상담기법으로는 알아차리기 기법, 빈 의자 기법, 머물러 있기, 과장하기 등이 있다(김춘경 외, 2016a). 알아차리기 기법에는 내담자가 지금-여기에서 경험하는 감정과 욕구를 알아차리는 능력을 증진시키는 것으로, 내담자의 감정과 욕구, 언어, 신체, 환경, 책임의 다섯 가지 영역에서 활성화할 것을 제안한다. 빈 의자 기법은 빈 의자에 있는 가상의 인물과 내담자의 대화를 통해 이루어지는 것으로, 내담자의 미해결 과제를 다루거나 상담 장면에 함께 하지 못하는 사람과 관련된 갈등을 다룰 때 효과적으로 사용된다. 머물러 있기는 내담자가 회피하는 문제에 대해 직면하도록 하여 미해결된 감정을 해소하고, 자신에 대한 신뢰감과 자율성을 갖도록 돕는 치료기법이다. 과장하기는 내담자의 행동과 말을 과장해서 표현하도록 함으로써 자신의 감정과 욕구를 알아차리게 하는 기법이다. 이 외에도 게슈탈트 상담기법에는 꿈 작업, 자기 부분과의 대화 기법, 험담 금지, 실험 등이 있다.

## 3. 인지행동주의적 상담모델

행동치료나 인지치료 모두 정신역동적 접근에 반기를 들고 발전한 이론이다. 역사적으로 행동치료는 인지치료보다 앞서 발달하였다. 행동치료와 인지치료는 각각이 초점을 두는 것부터 아주 다른 별개의 것으로 분류할 수 있다. 그러나 최근 들어 인지치료적 접근에서 행동치료적 접근을 포함하면서 서로 관점을 달리하는 이 두 접근법이 결합하여 함께 사용되고 있다.

## 1) 행동주의적 상담

Ivan Pavlov

B. F. Skinner

행동주의는 20세기 초 우세했던 정신역동이론에 반기를 들고 형성된 학습이론의 한 분야로서 교육과 상담 분야 등 여러 분야에 널리 이용되었고 지지되어 왔다. 행동주의는 인간의 문제를 잘못된 학습에서 비롯된 습관으로 본다. 즉, 행동주의적 개입은 대부분의 행동과 정서나 공포가 학습된다는 개념적 전제에 기초한다. 행동주의에서는 특정한 행동을 이끌어 내고, 유지시키고, 제거하는 환경적 반응이나 사건 사이의 상호작용과 관계를 강조한다. 이와 같이 모든 인간은 그들의 반응과 미래 행동을 형성하고 결정하는 환경에 의해 직접적으로 영향을 받는다.

행동주의에서 인간은 중립적인 존재로 내적 충동이나 욕구를 부여받은 것이 아니고 기질이나 성격을 통해 특정 반응을 하는 것도 아니라, 환경과의 상호작용을 통해 행동을 배우고 사는 데 필요한 기술과 능력을 학습해 나간다. 즉, 행동주의에서 인간은 반응자이지 형태를 만드는 자(shaper)는 아니다. 다시 말해, 인간은 조건화의 산물이지 환경을 변화시키는 행위자는 아니다.

현재 상담에서 주로 사용되는 행동주의적 상담모델은 고전적 조건형성, 조작적 조건형성, 인지적 치료의 세 영역에서 발달하였다. 고전적 조건형성은 Ivan Pavlov(1927)와 Joseph Wolpe(1958)의 연구에 기초하였고, 조작적 조건형성은 B. F. Skinner(1976)의 연구에 근거하였으며, 인지적 치료는 Albert Bandura(1977)의 연구에 근거한 사회학습이론이다. 앞의 두 가지는 전통적인 행동주의 학파와 관계 있는 반면, 후자는 인지행동적 전통과 관계가 있다.

반응적 조건형성 모델(Respondent Conditioning Model)은 우연에 의해서든 계획적이든 두 개의 사건이 아주 유사한 시기에 발생할 때, 그것은 유사한 의미를 가지게 되고, 그 결과 유사한 반응이 발생하게 된다는 것이다. 예방주사를 맞으러 병원에 간 아이가 나중에 의사만 봐도 무서워서 우는 경우를 예로 들 수 있다. 예방주사가 유발한 아픔과 고통의 반응이 의사만 봐도 주사 맞을 때와 같은 반응을 나타내는 것이다. 이것이 조건형성의 과정이다. 놀람, 회피, 두려움, 메스꺼움과 같은 반사적 행동은 조건형성 과정을 통해서 의미 있는 환경 자극과 연결될 수 있다. 고전적 반응적 조건형성은 일생을 통해 일어나는 많은 연합학습을 설명해 준다. 특정한 상징이 심상이나 정서적 반응 혹은 대상과 짝지어질 때 그 상징은 새로운 의미를 지니게 된다. 다양한 청소년의 행동이나 반응은 영유아기를 통해 지속적으로 조건형성에 의해 학습된 결과라고 할 수 있다. 공포와 불안 증세도 이런 고전적 조건형성의 결과로 설명할 수 있다. 반응적 조건형성 모델은 문제행동의 조건형성 과정을 탐색하고, 새로운 조건형성 과정을 형성하여 문제행동을 치료하는 데 도움을 주는 이론이다.

행동분석치료는 학습이론, 특히 Skinner의 조작적 조건형성에 근거를 두고 있다. 행동분석의 주요 국면은 관심 있는 행동을 직접 측정하고, 그 행동과 관련 있는 전제조건과 후속 결과를 명료히 하고, 행동을 변화시키기 위해 전제조건과 후속 결과를 조작하는 것이다. 여기서 중요한 것은 조작적 조건형성에서 기인하는 모든 행동이 아니라 행동분석 절차다. Ross(1976)는 행동의 원인을 개념화하면서 인간의 행동은 오랜 기간의 유전적 · 기질적 요인, 과거의 학습 역사, 현재의 생리적 상태, 현재의 환경적 요인에 의해 결정된다고 하였다. 행동 변화를 위하여 앞의 세 가지는 조작하기 어렵지만, 현재 개인의 환경은 조작적 조건형성의 원리에 입각하여 변화시킬 수 있다는 것이다.

조작적 조건형성에서 행동은 두 가지 사상, 즉 선행 자극과 후속 결과 사이에서 일어나는 것처럼 보인다. 행동에 뒤따르는 결과는 다음에 일어날 가능성이 있는 행동에 영향을 주기 때문에 중요하다. 행동이 다시 일어날 가능성을 증가시키는 것을 강화라고 하고, 다시 일어날 가능성을 감소시키는 것을 처벌이라고 한다.

강화에는 두 가지가 있다. 하나는 개인의 행동에 대한 자극이 주어지는 과정으로 정적 강화라 하고, 이때의 자극을 정적 강화물이라고 한다. 다른 하나는 개인의 행동에 대해 불쾌한 자극이 제거되는 과정으로 부적 강화라 하고, 이때의 자극을 부적 강화물이라고 한다. 예를 들면, 자녀가 행동을 잘했을 때 용돈을 주는 것은 정적 강화이고, 집안 허드렛일을 빼 주는 것은 부적 강화다. 벌에도 두 가지가 있다. 행동의 결과로 부적 강화물을 제공하는 제1유형의 벌과 정적 강화물을 빼앗는 제2유형의 벌이다. 예를 들면, 자녀가 공부를 안 해서 꾸중을 들으면 제1유형의 벌이고, 컴퓨터를 없애면 제2유형의 벌이다. 어떤 행동이 나타날 가능성이 바뀔 수 있는 또 다른 방식은 행동의 후속 결과를 제거하는 것이다. 이것은 행동의 출현 빈도를 줄이는데,

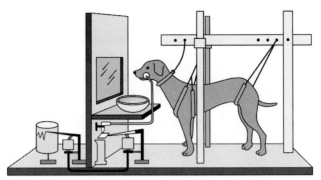

●그림 3-6●  Pavlov가 고전적 조건형성을 연구하면서 사용한 실험장치
출처: 권석만(2017).

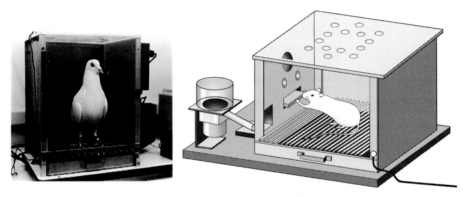

●그림 3-7●  Skinner의 상자실험
출처: 권석만(2018).

이 과정을 소거라고 한다.

요약하면, 행동의 출현 빈도는 행동의 후속 결과를 조작하므로 증가시킬 수 있다는 것이다. 정적이든 부적이든 강화에 뒤따르는 행동은 출현 빈도가 높고, 처벌이나 소거가 뒤따르는 행동은 출현 빈도가 낮아질 것이다.

행동주의적 상담의 기본적 특징과 가정은 다음과 같다.

- 부적응 행동을 변화시키기 위해 실험에서 유추한 학습원리를 사용한다.
- 행동에 대한 현재의 영향을 강조한다.
- 외현적 행동 변화를 치료평가의 가장 중요한 준거로 삼는다.
- 치료목표 설정에서 구체적이고 객관적인 용어를 사용한다.
- 구체성과 측정을 엄수한다.

- 효과적인 치료를 제공하기 위해 연구가 필수적이라 본다.
- 교육적이고 행동적인 절차는 각 내담자의 독특한 필요에 적합하도록 한다.

　행동주의적 상담과정에서 상담자는 내담자의 구체적인 행동에 초점을 두고 체계적으로 문제행동이 일어나는 상황을 파악하며, 문제행동의 결과에 관한 정보를 얻으려 한다. 이때 상담자는 내담자에게 본보기가 되어야 하며, 내담자는 자신의 인식과 참여, 적응행동 목록을 확장시키기 위해 실험을 하도록 격려받는다.
　상담자의 역할은 강화를 주거나 처벌하기, 모델로서 역할하기, 긴장완화나 둔감 프로그램을 실행하기 등이다. 상담의 목표는 청소년의 행동을 유지하고 형성하거나 제거하고 바꾸는 것으로 정의하여 그것을 통해 통제를 얻게 하는 것이다. 행동주의적 상담에서 사용되는 치료기법에는 이완훈련, 체계적 둔감법, 모방, 자기표현 훈련, 자기조절 프로그램과 자기지시적 행동, 중다양식치료(BASIC ID) 등이 있다.

## 2) 인지행동적 상담

　상담 및 심리치료에서 인지행동 접근은 주로 두 가지 움직임을 나타내고 있다. 행동주의 심리학자는 인지적 절차로 방향을 옮겼고, 인지주의 치료자는 행동적 기법을 채택하였다. 인지행동적 상담모델은 인간을 합리적이고 올바른 사고와 비합리적이고 올바르지 못한 사고 모두를 할 수 있는 존재로 보고, 인간의 문제행동은 비합리적 사고에 의해 형성된다고 본다. 인지행동적 상담모델에서는 사고, 판단, 결정, 분석, 행동을 강조하며 인간의 인지, 감정, 행동이 상호작용한다고 강조한다. 또한 인지행동적 상담모델은 지시적이고 교시적인 성격을 띠고 있으며 정서장애의 핵심을 자신과 타인에 대한 비난으로 보고 있다. 즉, 정서장애의 올바른 치료를 위해서는 자신과 타인에 대한 비난을 멈추어야 한다는 것이다.
　인지행동적 상담목표는 환경에 대한 내담자의 부적응적인 정서, 인지, 그리고 행동 반응을 수정하거나 향상시키는 것이다. 이것은 분명하게 구조화되고 시간 제한적이다. 상담의 한 부분으로서 상담자는 사고와 감정이 행동에 영향을 미치고 행동을 조정하는 메커니즘

Albert Ellis

Aron T. Beck

을 더 많이 이해하기 위해 내담자를 돕는다. 상담자는 상담과정을 통해 내담자에게 '자기비난'이 정서장애의 근원이며, 자신의 행동으로 스스로를 '평가'하지 않을 수 없으며, 행동적인 숙제를 열심히 이행함으로써 정서장애와 행동장애를 만드는 비합리적 신념을 제거할 수 있음을 가르친다. 아울러 내담자는 상담과정에서 자신을 통찰한다. 인지행동적 상담에서 상담자와 내담자의 관계는 친밀함을 극소화하고, 상담자는 주로 인지적 측면을 강조하는 매우 지시적이고 설득력 있는 방법을 채택한다. 인지행동적 상담에서 상담자는 자문가, 진단자, 그리고 교육자의 역할을 한다(Kendall, 1991). 자문가로서 상담자는 내담자가 해결책에 도달하고 가장 적절한 선택을 결정하도록 돕는다. 내담자의 문제에 대한 해답을 제공하는 대신, 상담자는 문제해결 과정에서 해결책을 명확하게 고르고 선택하도록 내담자를 돕는다. 치료적인 관계는 상담자가 코치 역할을 하고, 내담자는 자신의 해결책에 도달하여 칭찬을 받는 협조적인 관계다. 치료기법에는 인지적 방법, 행동적 방법, 정서적 방법이 있다.

인지행동치료를 하는 동안 내담 청소년은 자신의 결핍되거나 왜곡된 사고의 요소를 확인하는 것을 배우고 사고하는 새로운 방법을 연습한다. 예를 들어, 다른 친구를 때리기 전에 그 결과를 고려하지 않는 내담자는 사회적 단서를 읽는 것을 배우고 자신의 주먹을 들기 전에 가능한 결과를 검토하는 시간을 가지도록 할 수 있다. 왜곡된 과정은 변화를 필요로 한다. 한 예로, 우울한 내담자는 아마도 내현적이고, 전체적이고, 안정된 원인으로 부정적인 사건을 잘못 귀인할 것이다(Hilsman & Garber, 1995). 그리고 이러한 내담자는 부적응적인 귀인(attribution)을 확인할 필요가 있고 대안을 고려하는 것을 배워야 한다. 이 과정 동안 내담자는 문제해결을 격려받고 치료자의 지도를 받으며 새로운 해결책에 도달한다.

인지적 중재는 자기대화와 인지평가를 명료화하는 것과 더 적응적인 사고방법에 대한 학습을 포함한다. 내담자의 인지치료를 향한 첫 번째 단계는 어려운 상황에서 자신의 사고와 감정에 대한 인식을 발달시키는 것이다.

행동기법에는 모델링, 역할극, 표출경험, 이완훈련, 조건 강화 등이 포함된다. 각각은 부적응적인 사고와 감정을 명확하게, 그리고 원하는 방향으로 변하도록 한다. 예를 들어, 불안 유발 상황에 대처하기 위해 치료자는 내담자에게 이완하는 방법을 가르치고, 내담자는 근육의 각 부위를 동시에 이완시키는 방법을 배운다(King, Hamilton, & Ollendick, 1988). 이 기법은 단독으로 사용되지 않는다. 오히려 이완은 다른 정서와 인지대처 기술과 결합하여 사용된다.

인지행동치료의 마지막 단계에서 다루는 내용은 주로 스트레스 유발 상황에 대한 내담자의 표출이다. 표출과제는 실제의 생활 상황에서 내담자가 새로운 기술을 사용하도록 하고 치료자의 지지가 함께 이루어지도록 한다. 표출과제는 주로 점점 높은 단계로 나아간다. 내담자는 보통의 힘든 상황을 표현하다가 더 많은 스트레스를 주는 상황을 표현한다. 여기서 회피행동은 인정되지 않는다.

## 4. 구성주의적 상담모델

구성주의적 관점을 기반으로 한 상담모델에는 해결중심상담과 이야기치료가 있다. 구성주의 상담은 현실이란 개인에 의해 사회적 · 심리적으로 구성된 것이라 주장하는 사회구성주의(social constructionism) 철학과 포스트모더니즘(postmodernism)의 확산으로 발전된 상담모델이다. 객관적인 사실과 실재만을 믿는 과학적 낙관주의와는 다르게 사회구성주의자들은 객관적 진실은 인식될 수 없는 것이기에 객관적 진실을 추구하는 자체가 헛된 노력이라고 한다. 그들은 진리가 개인과 독립하여 존재하는 것이 아니고 환경과의 상호작용을 통해 구성되는 것이라는 점을 강조한다. 진실을 알기 위해서 경험의 일부 요소들을 선택하고 조직화하는 것 자체가 이미 주관적 목적과 필요에 의해서 행해지는 것이기에 객관적 인식이란 불가능하다는 것이다(김춘경 외, 2016a).

### 1) 해결중심상담

해결중심상담은 드 쉐이저(Steve de Shazer)와 그의 부인 김인수(Insoo Kim Berg), 그리고 그의 동료들에 의해 개발되었다. 인간에 대한 긍정적인 철학을 지닌 해결중심상담은 근본적으로 인간은 건강하고 능력이 있고, 누구나 자신의 문제를 해결할 수 있는 능력을 가지고

Steve de Shazer

김인수

있다는 신념을 갖고 있다. 그들은 상담자가 문제를 해결하는 것이 아니라, 문제를 해결할 수 있는 능력을 지닌 내담자가 자신의 강점, 자원, 특성들을 규명하고 이것들을 수용하도록 하여서 내담자가 스스로 해결책을 찾아 나가도록 돕는다. 일반적으로 심리상담이 내담자의 문제의 근원이나 원인을 탐색하는 데 집중하는 데 반해, 해결중심 상담은 문제의 해결에 집중한다. 상담의 초점을 문제의 원인에 두지 않고, 내담자가 원하는 변화, 문제해결 방안과 새로운 행동 유형에 둔다. 해결중심상담에 대해서는 이 책의 제14장 '청소년 가족상담'에서 상세히 다루고자 한다.

## 2) 이야기치료

Michael White

David Epston

이야기치료는 Michael White와 문화인류학자인 David Epston이 개발한 상담모델이다. 이야기치료에서는 인간이 자신의 삶을 이야기하는 존재이며 자신의 이야기에 따라 인생을 살아가는 존재라는 사실을 강조한다. 사람들은 자신이 경험한 여러 가지 다양한 사건에 대해 자신만의 새로운 의미를 부여하고, 해석한 것을 새롭게 구성하고 창조해 나가는 과정을 이야기를 통해서 한다(Wallis, Burns, & Capdevila, 2011).

이야기한다는 것은 단순히 과거와 현재의 삶을 반영하는 것뿐만 아니라 현재와 앞으로 일어날 미래의 삶을 구조화(structuring)하는 작업을 하는 것이다. 그래서 문제로 가득 찬 이야기를 가지고 온 내담자가 건강하고 긍정적인 새로운 대안적 이야기를 만들어 가는 과정이 이야기치료 과정이다.

이야기치료 과정을 설명하면서 이야기치료의 주요 개념을 함께 설명하는 것이 이해하는 데 도움이 될 것 같다. 이야기치료에서는 문제를 가지고 있는 내담자가 문제가 아니라, 문제 바로 그 자체가 문제라는 주장을 한다. 문제를 의도와 전략을 가진 독립적이고 객관적인 실체로 부각시켜서 문제가 문제이지 사람은 문제가 아니라는 것이다. 이야기치료의 과정은 다음과 같이 진행된다.

먼저, 현재 청소년들을 지배하고 있는 문제로 가득한 지배적 이야기를 탐색하여 그들만의 사회문화적 담론을 이끌어 낸다.

둘째, 담론에 의해서 형성된 지배적 이야기 속 문제를 외재화 과정을 통해서 그들과 해체한다. 외재화(externalizing)란 문제와 사람을 분리시키는 과정을 의미하는 것으로, 현재 자신을 지배하고 있는 문제를 자신 내부에서 밖으로 끄집어내어 바라보게 하는 것이다(O'Conner et al., 2004). 사람과 문제 사이에 공간(space)을 만들어 자신과 문제 사이의 관계를 재조명하고 수정하게 하는데, 이러한 작업을 통해 문제와 자신이 동일시됨으로써 나타났던 무기력감에서 해방되고, 자신에게 부정적 의미를 부여하던 문제와 분리될 수 있게 된다.

셋째, 청소년들의 스토리를 철저히 탐색하여 문제를 이겨 낸 자신만의 독특한 결과를 탐색하고, 자신만의 새로운 대안적 이야기를 만들어 가도록 한다. 독특한 결과(unique outcomes)란 문제가 좋아하지 않는 것, 지배적 이야기와 일치하지 않는 특별한 것을 의미한다. 자신의 삶 속에서 존재하였지만 그동안 주목받지 못하여 시간이 흐름에 따라 사라진 것이므로 지배적 이야기의 영향에서 벗어나 있기 때문에 다양한 의미로 해석이 가능하다. 따라서 구조화된 지배적 이야기에 의해 더 적게 영향을 받은 새로운 사건, 즉 자신만의 독특한 결과를 발견할 수 있는 작업이 필요하다. 지배적 이야기의 영향력에 지배되지 않으면서 보다 만족스러운 미래를 기대하게 하는 이야기, 지배적 이야기에 새로운 해석을 부여한 이야기를 대안적 이야기(alternative story)라고 한다.

마지막으로, 새롭게 구성된 대안적 이야기는 정체성 구축 작업을 통하여 지속성을 가지게 되며, 지속성을 가진 대안적 이야기는 청소년들의 새로운 긍정적인 지배적 이야기로 순환되는 과정을 거치게 된다.

이야기치료에서는 내담자가 자기 자신의 이야기를 편안한 마음으로 충분히 표현하는 스토리텔링 과정을 통해 자신이 가진 담론을 규명, 해체할 수 있도록 돕는 데 목적을 두고 있다. 이러한 과정에서 상담자는 직접적으로 나서서 문제를 해결하지 않는다. 내담자의 이야기에 대한 편견이나 사전 지식을 버린 상태에서 내담자가 이해하고 해석하는 방식을 그대로 이해하는 접근방식이 필요한데 이를 모르는 자의 태도(not knowing position)라고 부른다.

이야기치료의 기법으로는 재저작 대화, 입장 진술 지도, 거푸집 짓기 대화 등이 있다. 재저작 대화(re-authoring conversation)는 자신을 지배하는 이야기 줄거리에서 벗어나 현재 간과되어 있으나 중요한 사건, 경험을 자기 이야기에 새롭게 포함시킬 수 있도록 돕는 기법이다. 이 기법을 통해 자신이 한 행동에 대한 정의를 내리고, 그러한 행동에 대한 의도를 파악하는 작업을 통해 자신들만의 정체성을 만들 수 있게 된다. 입장 진술 지도(statement of position map)는 청소년들이 가진 문제에 대해 자신이 어떤 입장을 가지고 있는지 확인할 수 있게 하여 자신의 삶에서 문제가 주는 영향력(입장 진술 지도 1)과 더불어 이를 대처하기 위한 방안(입장 진술 지도 2)을 준비하게 하는 기법이다. 이 기법을 통해 청소년들이 특정 상황에서 문제를 어떻게 경험하는지 파악해 볼 수 있으며, 청소년기 삶의 문제에 영향을 받지 않는 상황을 탐색할 수 있도록 도와줌으로써 대안적 이야기를 열어 갈 수 있도록 한다. 거푸집 짓기 대화(scaffolding conversation)는 청소년들로 하여금 잘 알고 익숙한 것에서 시작하여 점진적으로 거리를 두도록 하면서 삶의 사건이나 사물 사이 유대관계를 수립하는 연결고리를 만들어 가게 돕는 기법이다. 이 기법을 통해 청소년들은 복합적 사고가 발달하게 되는데, 이러한 사고는 그들의 삶과 정체성에 대한 개념을 발달시키는 토대가 된다.

## 5. 마음챙김 기반 상담모델

상담이론의 대부분은 서양문화에서 서양인들이 개발한 것이다. 서양인과 동양인이 인간으로서의 심리적 구조에서 공통점이 있다는 측면에서 서양의 상담이론을 동양인을 대상으로 한 상담에서 활용해도 무리는 없을 것이다. 그러나 세계관, 인간관, 가치관, 철학 등에 있어서 동양과 서양의 차이는 크다. 동양에서는 심리치료 및 상담을 학문적으로 체계화해 발전시키지 않았다. 그러나 동양에서도 개인의 심리적 고통을 극복하고 평화로운 삶을 영위하기 위한 체계적인 수행방법이 오래전부터 개발되어 왔고, 그 노력이 불교, 유교, 도교, 힌두교 등의 종교적 신념이나 행위를 통해서 발달되어 왔다. 최근에 서구의 심리치료자들은 동양 종교에서 수행의 방법으로 사용해 오던 명상을 받아들여 심리치료의 영역과 방법을 확대하고 있다. 그

중 가장 큰 관심을 받고 있는 심리치료법이 마음챙김(mindfulness)에 근거한 심리상
담법이다(권석만, 2012).

마음챙김은 불교 명상에 뿌리를 둔 팔리(Pali)어 'sati'의 번역어로 '매 순간의 알아
차림'의 의미를 지니고 있다. Kabat-Zinn은 마음챙김을 현재 순간에 비판단적으로
주의를 기울이는 것으로 정의했고, Marlatt과 Kristeller는 매 순간의 경험에 완전한
주의를 기울이는 것이라고 하였다(장문선, 2014). 마음챙김을 기반으로 한 상담으로
는 마음챙김에 근거한 스트레스 감소법(MBSR), 수용전념치료(ACT), 마음챙김에 근
거한 인지치료(MBCT), 변증법적 행동치료(DBT) 등이 있다.

MBCT와 DBT, 그리고 ACT는 인지행동적 전통 내에서 제3의 흐름 또는 제3세대
로 새롭게 출현한 이론들임과 동시에 이들의 치료법이 정서나 인지의 직접적인 변
화보다는 사적 경험(private experience)의 수용이라는 맥락의 변화를 도모하는 공통
점을 가지고 있어서 수용중심치료법(acceptance-based treatment)이라고도 일컫는
다. 즉, 이들 이론은 인지행동적 접근에 포함시켜도 무방하다. 그러나 이들 이론이
기존의 인지행동치료가 가진 한계를 극복하기 위해서 마음챙김 명상을 적극적으로
활용하고 있기에 마음챙김 기반 접근에 넣어서 간단히 소개하고자 한다.

## 1) 마음챙김에 근거한 스트레스 감소법

마음챙김에 근거한 스트레스 감소법(Mindfulness Based Stress
Reduction: MBSR)은 Kabat-Zinn(1982)이 만성 통증과 스트레스 관
련 질병이 있는 환자를 위한 행동학 프로그램으로 개발한 것으로, 이
후 40여 년 동안 다양한 임상적 연구를 통해 개인의 심리적 갈등과
스트레스를 완화시키는 데 효과적임을 발견하였다. 이러한 MBSR의
목표는 내담자의 마음챙김 능력을 증진시켜 감정과 사고를 분리하
고 지금-여기에서의 알아차림을 유지하도록 하는 것이다(Ludwig &
Kabat-Zinn, 2008). 이 프로그램은 마음챙김 명상을 기반으로 하여 8

John Kabat-Zinn

주 동안 매주 한 회기(2.5~3시간)씩 진행되는데, 초반에는 마음챙김 훈련이 중점적
으로 이루어지고, 중반에는 마음챙김 능력을 기반으로 스트레스 교육과 연계시키
며, 후반에는 일상생활에서의 의사소통 등에 초점을 맞추고 있다.

Kabat-Zinn은 MBSR 수련 시 내담자가 가져야 할 기본적인 태도 일곱 가지를 설명하였는데, 첫째, '판단하려 하지 마라', 둘째, '인내심을 가지라', 셋째, '처음 시작할 때의 마음을 간직하라', 넷째, '믿음을 가지라', 다섯째, '지나치게 애쓰지 말라', 여섯째, '수용하라', 일곱째, '내려놓으라'다(장현갑, 김교헌, 장주영, 2005). 이러한 내담자의 기본적인 태도를 토대로 진행되는 8회기의 프로그램에서 각 회기별 주제를 살펴보면, 1회기는 자신에게 내재되어 있는 자원에 대해 재인식하기이며, 2회기는 지각과 창조적 대응하기, 3회기는 현재 이 순간의 기쁨 알아차리기, 4회기는 빠져 있는 것 알아차리기와 빠져나오기, 5회기는 스트레스 자동 반응과 마음챙김 자율 반응 알아차리기, 6회기는 대인관계 어려움에 대한 마음챙김이다. 6회기가 끝나면 집중 수련(all day intensive) 회기를 추가하여 6주 동안 배웠던 것들을 복습하고 산 명상(mountain meditation)이나 자애 명상(lovingkindness meditation), 쾌속 보행(crazy walking) 등을 실시하는데, 이때 침묵 속에서 하루 동안 마음챙김훈련을 하게 된다. 이후 7회기는 자신과 다른 사람에 대한 공감적 이해와 대인관계 능력 향상시키기, 마지막 8회기는 8주 동안 진행된 수업이 일상생활 속에서 적용되고 지속할 수 있는 힘을 기르기를 주제로 진행된다(안희영, 2010).

8회기의 프로그램이 진행되면서 매 회기별로 명상이 진행되는데, 명상의 종류에는 먹기 명상, 바디스캔, 정좌 명상, 호흡 명상, 걷기 명상 등이 있다. 마음챙김 명상은 먼저 자신의 호흡, 생각, 소리, 신체 등으로 현재의 순간을 관찰하고, 다른 생각이나 기억 등으로 집중하지 못하는 때에는 이를 판단하거나 평가하지 않고 자신의 있는 그대로의 모습을 관찰하도록 훈련한다. 이 프로그램에 참여함으로써 내담자가 배울 수 있는 것은, 첫째, 스트레스 대처방법, 둘째, 몸과 마음의 통증 관리방법, 셋째, 건강과 질병의 심신 상관관계의 이해, 넷째, 웰빙을 위한 건강 증진, 다섯째, 자신의 삶에서 일어나고 있는 변화와 어려움에 대한 능동적인 대처 능력, 여섯째, 자신의 통제와 균형, 마음의 평화를 찾는 능력이다(Stahl & Goldstein, 2010). 이러한 MBSR은 내담자의 스트레스 및 긴장 감소 이외에도 우울장애, 불안장애, 섭식장애, 공황장애, 부정적 신체상 등의 증상을 감소시키는 데 효과가 있음을 보여 준다(Davidson & Kabat-Zinn, 2004).

## 2) 수용전념치료

수용전념치료(Acceptance and Commitment Therapy: ACT)는 Steven Hayes, Kirk Strosahl, Kelly G. Wilson 등에 의해 개발되었다. Hayes 는 인지, 정서, 감각 등을 다룰 때 그 내용을 직접적으로 변화시키려고 시도하기보다는, 변화의 맥락을 수용의 맥락으로 바꿈으로써 생각과 감정이 일어나는 과정을 있는 그대로 수용하도록 촉진하고, 동시에 그것이 인지구조 틀 속에서의 생각이나 감정일 뿐임을 알게 하는 인지적 탈융합(cognitive defusion)을 시도하고, 나아가 마음챙김을 통해 심리적 건강과 삶의 질을 향상시키는 작업을 할 것을 강조하였

Steven C. Hayes

다. ACT의 목표는 심리적 유연성의 증진에 있다(Hayes, Strosahl, & Wilson, 1999).

심리적 유연성은 ACT에서 이루고자 하는 궁극적인 목적이다. 심리적 유연성은 의식이 있는 존재로서 지금-여기의 경험에 완전히 접촉하며, 개인이 가지고 있는 가치와 일치되는 방향으로 행동하는 능력을 의미한다(Hayes, Follette, & Linehan, 2004). 심리적 유연성의 증진은 심리적 고통을 경험하는 내담자가 그 고통을 제거하기 위해 노력하기보다는 심리적 고통과 투쟁하는 것에서 자유로워짐으로써 심리적 고통과 함께 의미 있는 삶을 향해 자신의 행동을 선택할 수 있는 힘을 길러 준다. 심리적 유연성은 여섯 가지의 핵심적 상담 요소로 구성이 되는데, 거기에는 심리적 수용, 인지적 탈융합, 현재에 머무르기, 맥락으로서의 자기, 가치 있는 방향 정의하기, 전념행동이 있다. Hayes는 인지, 정서, 감각 등을 다룰 때 그 내용을 직접적으로 변화시키려고 시도하기보다는, 변화의 맥락을 수용의 맥락으로 바꿈으로써 생각과 감정이 일어나는 과정을 있는 그대로 수용하도록 촉진하고, 동시에 그것이 인지구조 틀 속에서의 생각이나 감정일 뿐임을 알게 하는 인지적 탈융합을 시도하며, 나아가 마음챙김을 통해 심리적 건강과 삶의 질을 향상시키는 작업을 할 것을 강조하였다.

ACT의 상담과정은 심리적 유연성 증진을 위한 여섯 가지 상담 요소를 토대로 진행된다. 여섯 가지의 상담 요소는 분리되어 단계별로 이루어지는 것이 아니라 각각의 요소들이 상호작용하면서 유동적으로 이루어지게 된다(김동구, 송향주, 2014). 이러한 상담과정은 마음챙김에 의한 수용과정과 전념행동에 의한 변화과정이라는 두 가지 과정으로 다시 나뉠 수 있다. 마음챙김에 의한 수용과정에는 현재에 머무르기

와 맥락으로서의 자기, 심리적 수용과 인지적 탈융합이 포함되어 있으며, 다음으로 전념행동에 의한 변화과정에는 가치 있는 방향 정의하기와 전념행동, 현재에 머무르기, 맥락으로서의 자기를 포함하고 있다.

ACT에서는 심리적 유연성을 기르기 위해 심리적 경험을 방해하는 언어와의 융합을 깨뜨림으로써 인지적 탈융합을 이룰 수 있는 마음챙김 명상훈련, 역설법, 은유 등의 다양한 기법을 사용한다.

## 6. 통합적 상담모델

상담자는 다양한 문제를 호소하는 여러 유형의 내담자를 만나게 된다. 다양한 내담자의 다양한 문제를 도와주기 위해서는 다양한 이론적 개념과 치료 절차를 포함하는 통합적 상담모델을 마련할 필요가 있다. Preston(1998)이 주장하였듯이, 어떠한 이론적 모델도 내담자가 직면하고 있는 다양한 문제를 적절하게 설명하지 못하고 있다. 지금까지 상담 및 심리치료에 관한 다양한 이론이 개발되었다면 앞으로는 새로운 상담모델의 개발보다는 지금까지 개발된 다양한 치료모델을 자유자재로 통합하여 활용하려는 통합적 상담모델이 개발되어야 할 것이다.

효과적인 상담을 위해서는 인지, 정서, 그리고 행동기술을 능숙하게 결합하여 사용해야 한다. 내담자가 자신의 신념이나 가정에 대하여 생각하고, 자신이 갈등하고 투쟁하고 있는 감정수준을 경험하며, 자신이 획득한 통찰을 실생활에 적용하면서 일상생활에서 새로운 방식으로 행동하게 하려면 이러한 기술을 결합할 필요가 있다(Corey, 2012). 사고와 감정은 상담과정에서 매우 중요한 요인이지만 내담자는 자신을 행동 차원으로 표현해야 한다. 내담자가 통찰을 얻고 억압된 감정을 발산하는데는 많은 시간이 걸리지만, 어떤 시점에 이르러서는 행동의 변화로 나타나야만 한다. 상담을 통해 재구성된 그들의 사고와 감정을 실제 생활에서 검증하고 적용해야한다. 상담이 사람의 행동에 초점을 맞추고 있다면 내담자는 자신의 사고와 감정의 변화를 행동으로 자연스럽게 변화시킬 수 있는 기회를 갖게 될 것이다. 통합적 상담기법이란 상담의 전 과정에서 이러한 세 가지 차원의 상호작용을 고려하는 상담양식을 말한다. 통합적 상담의 목표는 내담자가 학습한 새로운 행동을 다양한 일상 상황에 능숙하게 적용할 수 있도록 하는 것이다(Corey, 2012).

통합적 접근을 하기 위해서는 다양한 이론을 평가할 능력을 갖추어야 한다. 한 이론만 알고 그 이론에서 유래한 몇몇 기법을 내담자에게 기계적으로 적용하는 것은 문제가 크다. 내담자에게 치료기법을 맞추어야지 치료기법에 내담자를 맞추어서는 곤란하다. 그러나 각 학파의 이론적 개념을 잘 알지 못하면 이 기법을 효율적으로 통합할 수 없다. 더 직설적으로, 통합이라는 명분 아래 자기도 모르는 이것저것을 섞는 행위는 위험하다(Norcross & Newman, 1992: Corey, 2012에서 재인용). Corey(2012)는 이러한 통합적 기법을 구성하는 절차는 오랜 상담경험을 거치며 점점 세련되어지는 장기적인 과정이라고 하였다. 그는 이 과정을 "상담 및 심리치료자에게는 일종의 과업이자 도전"이라고 하였다.

한 가지 이론에 얽매이지 않고 통합적 모델을 발전시킨다 해도 사실 절충주의라는 명목하에 비체계적이고 비합리적으로 무성의하게 상담을 하는 치료자가 있을 가능성이 있다. 통합은 상담의 진전 상황에 따라 내담자의 민감한 요구를 충분히 고려하되 궁극적인 치료목표를 항상 염두에 두고 이루어져야 한다(Corey, 2012).

통합적 상담모델은 상담이론과 상담기법 및 기술적 측면뿐만 아니라 문제 영역의 하위체계 간의 통합적 접근도 이루어지고 있다. 대표적인 통합적 모델은 Henggeler와 그의 동료들(Henggeler & Borduin, 1990; Henggeler, Melton, & Smith, 1992; Henggeler, Schoenwald, & Pickrel, 1995)에 의해 시행된 다체계적인 치료(Multisystemic Therapy: MST)를 들 수 있다. 이 MST는 반사회적인 내담자를 위한 대체치료법으로 발달되었고, 특정한 장애의 다양한 해결책과 복합적인 우연한 요인의 상호작용을 인정하는 사회생태학적 행동모델에 기초하고 있다. 따라서 MST는 범위가 넓고 다양한 시스템, 학교, 동료집단, 이웃 내에서 문제청소년과 가정 문제를 담고 있다. 게다가 청소년과 그들의 가족이 가족치료, 부모교육, 문제해결치료, 또래중심 중재 역할을 포함한 다양한 형태의 치료를 받을 수 있다. 치료는 개인, 가정, 학교, 또래 환경을 포함한 다양한 시스템이 지닌 위험과 힘에 기초하여 개별적으로 적합하게 이루어진다.

MST의 임상적 연구 결과에 따르면, MST는 개별적인 치료보다 가정과 관련된 반사회적 행동을 개선하는 데 더 효과적이었을 뿐만 아니라 미래 범죄행동을 예방하는 데도 더 효과적이었다. 임상실험에서 가족과 또래관계가 일반적인 지역 서비스를 받았던 청소년보다 MST를 받은 청소년이 훨씬 더 많이 개선되었다. 게다가 최종적인 결과를 통해 MST가 일반적인 지역 서비스를 받은 청소년보다 재구류된 청소년의 비율이 상당히 감소된 것으로 나타났다. 이와 같은 결론은 성격상 통합되고 범위가 넓으며 개인에게 적합하게 만들어진 치료가 의미 있는 긍정적인 결과를 낳을 수 있다는 것을 증명해 준다. 아직 청소년을 대상으로 한 MST의 사례연구 결과는 없으나, 청소년상담에서도 같은 이론적 맥락에서 청소년의 가족, 학교, 또래집단, 이웃과의 다체계적 접근이 시도되고 있다. 상담 이론과 기법 측면에서 통합적 시도는 물론이고, 청소년을 둘러싼 다양한 사회체계 간의 통합상담 시스템도 더욱 활성화되어야 할 것이다.

## 토론주제

1. 상담이론의 필요성과 가치에 대해서 논의해 보시오.
2. 당신은 개인적으로 어떠한 접근법이 청소년들의 문제와 위기에 가장 효과가 있을 것이라고 생각하는가? 그 이유는 무엇인가? 조원들끼리 자신이 선호하는 접근법에 대해 돌아가면서 발표해 보시오.
3. 본인이 선택한 접근법이 다른 접근법에 비해 뛰어나다는 객관적인 증거를 제시해 보시오.

# 청소년상담의
# 실제

제**4**장

상담은 상담 접수로 시작되어 내담자와 상담자 간의 첫 면담부터 종결에 이르기까지 일련의 과정을 거쳐 진행된다. 긍정적이고 효과적인 상담 성과를 얻기 위해서는 구체적인 상담개입 전략을 수립하고, 이에 따라 체계적인 상담이 이루어져야 한다. 상담자 요인, 내담자 요인, 내담자의 호소 문제, 이론모형, 환경 여건 등에 따라 다양한 개입방식이 모색될 수 있지만, 상담자는 청소년 내담자와의 면담이 효율적으로 진행될 수 있도록 적절한 상담기술과 상담매체를 활용할 수 있어야 한다. 이 장에서는 청소년상담 실제에 관련하여 상담 진행과정을 일반적인 단계로 나누어 각 단계별 주요 내용을 기술하고, 촉진적인 상담이 이루어지기 위한 주요 면담기술을 제시한 뒤, 나아가 청소년상담 장면에서 효과적으로 활용될 수 있는 상담매체에 대해 살펴보고자 한다.


# 1. 청소년상담의 과정

## 1) 접수 단계

내담자가 상담실을 방문하면 가장 먼저 이루어지는 것이 접수면접(intake interview)이다. 접수면접을 통해 내담자의 현재의 문제, 일반적인 삶의 상황, 대인관계상의 기능에 대한 정보를 수집하고, 이를 토대로 내담자 문제에 대한 잠정적인 진단과 가설을 설정한다. 구체적으로 내담자의 외모, 행동·심리동작 활동, 접수면접자에 대한 태도, 정서와 기분, 언어와 사고, 지각장애, 현실에 대한 방향성과 의식, 기억과 지능, 신뢰성과 판단력 등을 평가하는 작업이 이루어진다. 접수면접 시 탐색해야 할 주요 정보는 다음과 같다(김계현, 2002; Sommers-Flanagan & Sommers-Flanagan, 1993).

- 내담자에 대한 기본 정보: 성별, 생년월일, 주소 또는 연락처, 종교, 신체적·정신적 질병 내력, 현재 투약 중인 약물, 신체적 장애, 상담경험, 상담 신청 경로 등을 파악한다.

- 외모 및 행동: 내담자의 복장, 두발 상태, 표정, 말할 때의 특징, 시선의 적절성, 접수면접자와 대화할 때의 태도, 예의 등에 관해 관찰한 내용을 기록한다.

- 호소 문제: 상담을 받으러 온 이유, 목적, 배경 등을 파악한다. 호소 문제가 발생한 시기, 상황적 혹은 생물학적 배경, 문제가 발전된 경로, 현재의 상태와 심각성 등을 구체적으로 탐색하다. 또한 그 문제와 관련된 대인관계적·직업적 혹은 학업상의 고충이나 변화에 대한 설명도 요구한다. 호소 문제와 관련한 내담자의 심정, 상황적인 사정, 도움을 청하는 절박함 등이 보다 더 생생하게 드러날 수 있도록 내담자가 표현한 말과 용어를 그대로 기록하는 것이 바람직하다.

- 현재 및 최근의 주요 기능 상태: 내담자의 호소 문제가 내담자의 환경적·심리적·생리적 기능을 급격히 저하시키는 요인으로 작용하였을 수도 있기 때문에 이러한 기능에 대한 정보를 수집할 필요가 있다. 예를 들어, 내담자가 학생인 경우에는 학업상의 기능, 직장인이라면 업무수행 기능 및 직장동료와의 대인관계 기능, 부모인 경우에는 자녀양육 기능 등이 탐색되어야 한다.

- 스트레스원: 내담자에게 스트레스를 주는 원인을 파악한다. 내담자에게 스트레스가 될 만한 요인으로는 대인관계 갈등, 의사결정 고민, 선택적인 상황, 공부, 성적, 시험이나 논문, 재정적 곤란, 신체 질병, 가족구성원의 문제, 외로움, 권태 등 다양하다. 어떤 사람은 일반적인 상식에서 벗어나는 매우 특이한 것에 의해 스트레스를 받는 경우도 있으므로 접수면접자는 내담자의 입장에서 그것이 내담자에게는 스트레스원이 될 수 있음을 인식하고 간과하지 않도록 유의해야 한다.

- 사회적 지원체계: 사회적 지원체계가 없거나 극히 빈약한 사람은 대인관계 기술이 부족한 사람이거나 위기를 극복할 능력이 저하되어 있을 가능성이 높다. 적당한 지원체계가 있는 사람은 문제가 생겼을 때 도와줄 수 있는 자원이 풍부하므로 그만큼 예후가 좋다. 내담자 주변에 지원을 제공할 수 있는 지원체계로는 가족, 친구, 친척, 교사, 선후배, 이웃 등 다양할 수 있다.

- 호소 문제와 관련된 개인사 및 가족관계: 내담자에게 "전에 비슷한 문제로 고민해 본 적이 있으세요?" "전에는 같은 문제가 생겼을 때 어떻게 대처했나요?"와 같은 질문을 함으로써 호소 문제와 관련된 개인사를 파악한다. 또한 "아버지께서 내담자를 야단칠 때 어머니는 어떻게 하시나요?"와 같은 질문은 내담자의 호소

문제와 관련하여 그 가족의 행동이나 태도를 탐색하는 데 효과적이다. 가족관계에 대해 단순히 정보를 많이 수집하는 것보다는 호소 문제와 관련된 정보를 수집하는 것이 바람직하다.

한편, 접수면접자와 내담자 간의 신뢰관계가 미처 형성될 겨를도 없이 민감하고 고통스러운 정보를 나누어야 한다는 점에서 접수면접은 한계를 지닌다. 내담자는 추후 정기적으로 만날 상담자가 정해지면 자신의 문제를 다시 반복 진술해야 한다는 것 때문에 불편해할 수도 있다. 따라서 접수면접자는 적극적 경청기술을 활용하고 내담자의 감정과 비언어적 행동에 주의를 기울임으로써 내담자를 편안하게 해주어야 한다. 또한 접수면접에서 수집된 자료는 정확하지 않을 수 있으므로 잠정적인 정보로 받아들여야 한다. 접수면접 이후 본격적인 상담이 시작되고 신뢰로운 상담관계가 확립되면 접수면접에서 파악된 내용들을 재확인할 필요가 있다.

## 2) 초기 단계

일반적으로 초기 단계란 상담자와 내담자 간의 첫 만남부터 상담목표 및 상담전략 수립 시점까지 해당된다. 초기 단계에서는 먼저, 상담자와 내담자 간에 상호 신뢰할 수 있고 안정된 상담관계를 형성하는 것이 중요하다. 상담관계 형성은 이후 진행될 상담의 성과를 결정할 수 있는데, 내담자가 상담자를 신뢰하면 자신의 개인적인 고충을 털어놓을 수 있지만 그렇지 못할 경우에는 자신의 비밀스러운 고민을 편하게 이야기할 수 없게 되어 상담의 효과를 기대하기 어렵다. 둘째, 상담자는 내담자의 문제, 문제의 발생 시점, 상담실 방문 계기 등에 관련된 질문을 통해 내담자의 문제를 구체적으로 파악한다. 내담자가 호소하는 어려움에 대한 체계적 이해와 평가가 필요하다. 셋째, 문제를 파악하고 내담자에게 상담에 대해 안내한다. 상담이 어떻게 진행되는지, 상담에서 어떤 도움을 받을 수 있고 그것을 위해 내담자 자신은 무엇을 어떻게 해야 하는지, 상담을 얼마나 자주 하고 오래 할 것인지 등에 관해 자세히 안내한다. 넷째, 상담을 통해 도움을 받고자 하는 것이 무엇인지 구체적인 상담목표를 설정하고 상담목표에 효과적으로 도달할 수 있는 상담전략을 수립한다. 이때 내담자와 함께 협의하여 내담자가 상담에 적극적으로 참여하도록 촉진한다

(김춘경 외 2016a; 이장호, 정남운, 조성호, 2005; 천성문 외, 2009).

### (1) 촉진적 상담관계 형성

상담 시작 단계에서는 내담자의 불안과 저항을 감소시키고 촉진적인 상담관계를 형성하는 것이 중요하다. 대부분의 상담자는 내담자가 상담에 임하는 태도가 매우 협조적일 것이라고 기대한다. 물론 자신의 문제나 주변 사람들과의 인간관계에 대한 갈등을 해결하기 위해 자발적으로 상담실을 찾아온 내담자는 상담 회기 동안에도 적극적으로 참여한다(Patterson & Eisenberg, 1983). 그러나 일부 내담자, 특히 상담에 의뢰된 비자발적인 내담자는 상담에 소극적인 태도를 보이기도 한다. 상담자는 변화에의 동기와 자발성이 부족한 내담자를 어떻게 대해야 할지 당황하게 되고, 그 결과 상담을 포기하는 경우도 있다(Doyle, 1992). 상담이 성공적이지 못할 때 상담자는 흔히 자기 자신이나 내담자를 비난하는 경향이 있다. 그러나 비자발적인 내담자의 내면세계를 탐색하고 심리적 역동을 이해하게 된다면 촉진적인 상담과정을 이끌어 갈 수 있다.

비자발적인 내담자는 소극적인 내담자와 저항적인 내담자의 두 가지 유형으로 구분된다(Paradise & Wilder, 1979).

- 소극적인 내담자(reluctant client): 제3자에 의해 상담실로 의뢰되어 상담동기가 결여된 내담자를 의미한다. 흔히 학교 상담실로 의뢰된 아동·청소년 내담자들이나 법정에 의해 상담에 의뢰된 내담자들이 이에 해당된다. 그들은 상담실로 오고 싶지 않았으며 자신에 대해 말하고 싶지도 않았을 것이다. 소극적인 내담자는 대부분 상담을 조기 종결하며, 종결 이후에도 상담과정에 대해 만족스럽지 않다고 보고하는 경향이 있다.
- 저항적인 내담자(resistant client): 변화를 원하지 않는 내담자를 의미한다. 이러한 유형의 내담자는 상담에 참여하기는 하지만 변화에 수반되는 고통을 감내하려 하지 않는다. 비록 현재의 행동이 역기능적일지라도 그것이 주는 확실성에 집착한다. 내담자는 결정을 미루며, 문제를 피상적으로 다루고, 행동과제를 하는 척만 한다. 저항의 가장 전형적인 양태는 '잘 모르겠어요.'라는 반응이다. 내담자의 이러한 반응은 상담자가 다음 단계로 진전하기 어렵게 만든다.

Otani(1989)는 내담자가 상담 회기 중에 보이는 저항적인 행동 양태를 다음의 네 가지 범주로 제시하였다.

- 범주 A: 반응의 양
  - 개념: 상담자에게 의사소통하는 정보의 양을 제한한다.
  - 양태: 침묵, 최소한의 대화, 장황한 설명
- 범주 B: 반응 내용
  - 개념: 의사소통하는 정보의 종류를 제한한다.
  - 양태: 인지적 대화, 증상에 집중, 잡담, 정서적 분출, 과거와 미래에 초점, 수사적 질문
- 범주 C: 반응 유형
  - 개념: 상담자에게 정보나 의사소통하는 방식을 조작한다.
  - 양태: 에누리, 사고 검열, 2차적 사고, 유혹적인 태도, 마지막 순간에 말하기, 제한하기, 외현화, 상담자에게 초점 맞추기, 망각, 거짓 약속하기
- 범주 D: 기호논리학적 반응
  - 개념: 상담의 기본 규칙을 준수하지 않는다.
  - 양태: 상담 회기 지키지 않기, 상담료 지급 지연/거부, 개인적인 질문

비자발적인 내담자를 상담에 참여시키기 위해 상담자가 취할 수 있는 방법은 다음과 같다(Doyle, 1992; Ritchie, 1986; Roloff & Miller, 1980; Sack, 1988; Young, 1992).

- 내담자가 표현하는 분노, 좌절, 방어 등을 예견한다. 만약 상담자가 내담자 중에는 소극적이고 저항적인 내담자가 일부 있다는 것을 깨닫는다면, 비자발적인 내담자의 반응에 대해 당황하지 않고 적절하게 대처할 수 있다.
- 판단하지 않고 수용, 인내, 이해 등의 태도를 보여 준다. 상담자의 이러한 태도는 내담자에게 신뢰감을 주며, 내담자의 생각과 감정을 이해하는 데 도움이 된다.
- 내담자를 설득한다. 상담자는 내담자에게 어느 정도 영향력을 미칠 수 있다. 내담자에게 사소한 요구를 하고 점차 요구의 강도를 높여 나가거나, 혹은 처음

에는 부담스러워 하는 요구를 한 다음, 점차 합리적인 요구를 해 나가는 설득방식을 취할 수 있다.

- 직면을 통해 내담자의 자발성을 회복시킨다. 내담자의 행동 가운데 불일치가 발견되는 부분을 지적해 준다. 내담자는 거부, 전체나 일부 수용, 혹은 거부와 수용을 절충하는 식으로 반응할 것이다. 직면을 통해 내담자로 하여금 다른 행동방식을 발달시키거나 문제에 대한 새로운 인식을 얻게 한다.
- 내담자의 저항에 대처하는 실용적인 기법으로 침묵, 반영, 질문, 설명, 진단, 상담자의 관점 공유하기 등을 활용한다. 이러한 기법은 '잘 모르겠어요.'라고 반응하는 내담자에게 효과적이다.

### (2) 상담 구조화

상담 구조화(structure)는 "상담의 특성, 조건, 절차 등에 대해 내담자와 상담자 간에 합의된 이해"를 뜻한다(Day & Sparacio, 1980). 일반적으로 상담 구조화란 상담과정이 시작될 수 있도록 일종의 틀을 제공하는 것이다. 내담자와 상담자는 상담의 목표와 본질에 대해 서로 상이한 인식을 가질 수 있다. 내담자는 상담과정을 통해 어떤 도움을 받을 수 있을지, 자신이 어떻게 행동해야 하는지에 대해 미처 모르고 있는 경우가 많다. 일부 내담자는 상담실을 찾아오기 전에 이미 친구, 가족, 성직자, 교사 등과 같은 주위 사람에게 도움을 청했지만 막상 원하는 도움을 받지 못했고, 그러한 경험으로 인해 상담에 대한 확신이 부족할 수도 있다. 따라서 상담 초기에 적절한 상담 구조화가 이루어지지 않는다면, 내담자가 느끼는 이러한 불확실성은 이후의 상담과정에 방해 요인으로 작용하게 된다.

구조화는 상담자와 내담자 간의 상담관계를 명료화하고 방향성을 설정하는 데 도움을 주며, 상담자와 내담자의 권리, 역할, 책무 등을 보호하도록 해 주며, 궁극적으로는 상담을 성공적으로 이끄는 데 도움을 준다. 구조화는 상담의 모든 단계에 걸쳐 이루어지지만, 특히 상담의 초기 단계에서는 매우 중요한 기능을 한다. 대부분의 내담자는 고정된 행동 상태 때문에 상담실을 찾게 되는데, 이때 어떤 상태에 고착되어 행동 변화에 대한 통제력을 상실하였다고 느낀다. 내담자가 삶의 새로운 방향성을 모색하도록 돕기 위해 상담자는 건설적인 지침을 제공한다. 상담자의 이론적 배경, 내담자의 성격, 상담자와 내담자가 함께 다루게 될 주요 문제에 따라 구조화의 형식과 내용이 달라진다. 지나친 구조화는 빈약한 구조화만큼이나 상담에 방해가 될 수 있으므로, 상담자는 융통성 있게 대처하며 구조화 내용에 대해 내담자와 함께 지속적으로 협상할 필요가 있다(Patterson & Eisenberg, 1983).

구조화를 위해서는 실질적인 지침이 필요하다. 예를 들어, 각 회기를 50분으로 운영하는 시간 제한, 면담 중 과격한 행동을 방지하기 위한 행동 제한, 내담자와 상담자에게 각각 요구되는 역할 제한, 내담자가 상담의 구체적인 목표와 욕구 충족에 도달하기 위해 책임감을 갖고 적극적으로 참여해야 하는 절차 제한 등에 관한 방침을 설정한다(Brammer, 1993; Kelly & Stone, 1982). 이 외에도 상담료 지급 일정이나 내담자의 중요한 관심사 등에 관한 내용을 설정하는 것이 포함될 수 있다.

### (3) 상담계약서 작성

내담자가 비현실적인 기대를 가지고 상담에 참여하는 경우 상담계약서를 작성하면서 상담을 구조화하는 것이 효과적이다. 상담계약서에 진술된 내용은 상담의 목적, 기대, 책임, 방법, 윤리에 관련된 사항을 포함하여 상담과정에 관한 포괄적인 정보를 담고 있으므로 내담자로 하여금 상담에 대한 합리적인 인식을 갖게 하는 데 도움이 된다.

---

### 〈상담계약서 예시〉

■ 자격 및 경력

저를 당신의 상담자로 선택해 주셔서 감사합니다. 이 양식은 당신에게 저의 전문가적 배경을 설명하고 우리의 전문적 관계에 대한 이해를 도모하기 위한 것입니다. 저는 ○○ 주정부로부터 전문상담사 자격을 부여받았으며, NBCC 공인상담사이기도 합니다. 저의 상담 영역은 청소년, 진로, 부부 상담에 해당됩니다.

■ 상담의 본질

저는 ○○대학에서 ○○ 분야의 석·박사학위를 취득했으며, ○○년 이후 상담 실무에 종사하고 있습니다. 저는 저의 도움을 받으면서 궁극적으로 자신의 문제를 스스로 해결하고자 하는 내담자를 상담합니다. 저는 사람들이 자신을 수용할 수 있을 때 비로소 삶의 행복과 충만함을 느낄 수 있다고 믿습니다. 그러나 자기인식과 자기수용에 이르기 위해서는 때때로 오랜 시간이 필요하기도 합니다. 어떤 내담자는 이러한 목표에 도달하기 위해 몇 개월에서 몇 년이 걸리기도 하지만, 어떤 내담자는 단 몇 회기만으로도 이러한 결과에 도달할 수 있습니다. 저는 내담자의 이러한 자기결정을 전폭적으로 지원할 것입니다. 상담이 성공하기 위해서는 당신이 장차 저의 도움과 개입 없이도 혼자서 미래의 삶의 도전에 직면할 수 있다고 느껴야 합니다.

앞으로의 상담 회기가 정서적으로나 심리적으로 친밀한 관계 속에서 진행되겠지만, 우리의 관계는 개인적인 관계이기보다는 전문적인 관계라는 점을 기억해 주시기 바랍니다. 우리의 만남은 상담료가 지불된 회기에 한정될 것입니다. 사교모임에 저를 초대한다든지, 저에게 별도의 선물을 제공한다든지, 상담 회기와 같은 전문적인 접촉 이외의 상황에 저를 관여시킨다든지 하는 일은 자제해 주시기 바랍니다. 우리의 관계가 전문적 관계를 유지하고 또 상담 회기 동안 당신이 호소하는 문제의 해결에만 전념할 수 있는 분위기가 유지될 때 당신에게 최대의 서비스를 제공할 수 있습니다. 우리가 함께 작업하는 상담 회기 동안 당신은 저에 대해 많은 부분을 파악하게 될 것입니다. 그러나 당신이 보게 될 저의 모습은 단지 전문적 역할에 따른 모습이라는 점을 이해하기 바랍니다.

### ■ 의뢰

당신이 저의 상담 서비스에 대해 만족스럽지 않다고 느끼게 되면 언제든지 저에게 말씀해 주시기 바랍니다. 제가 당신의 불편함을 해소해 드리지 못할 경우에는, 당신이 속해 있는 주정부의 전문상담자협회(Board for Professional Counselors)나 NBCC에 불만을 접수하면 됩니다.

### ■ 상담료, 회기 취소, 보험금 청구

회기당 개인상담료 ○○원, 가족상담료 ○○원, 집단상담료 ○○원을 지급하도록 규정되어 있습니다. 회기별 상담료는 각 회기 종료 시 즉시 지급되어야 하며, 현금이나 개인수표도 가능합니다. 약속된 상담 시간을 지킬 수 없을 경우에는 24시간 전에 미리 저에게 연락하셔야 합니다. 만약 사전 취소 연락 없이 상담실에 나타나지 않을 경우에는 해당 회기에 대한 상담료를 지급해야 합니다.

보험가입자의 상담료에 대해 보험처리를 해 주는 보험회사도 있지만 그렇지 않은 보험회사도 있습니다. 보험회사는 보상금 지급 전에 저에게 당신의 정신건강 상태에 대한 진단서와 당신이 '질병'에 걸렸다는 사실을 확인해 줄 것을 요구할 겁니다. 그런 경우, 진단 내용을 보험회사에 제출하기 전에 먼저 당신에게 통보하겠습니다. 진단 내용은 모두 당신의 보험기록에 영구적으로 기록될 것입니다.

당신이 상담료에 대한 보험처리를 위해 저에게 필요한 서류를 요청하신다면 기꺼이 도와드리겠습니다. 당신이 각 회기마다 상담료를 즉시 지불하기 때문에 후일 보험회사에서 지급하는 보상금은 당신이 직접 수령할 수 있도록 조치하시기 바랍니다. 보상금이 제게로 입금되지 않도록 주의하십시오.

대부분의 보험회사는 보상금 지급 절차를 시작하기 전에 당신에게 일정 금액을 공제할 겁니다. 당신이 가입되어 있는 보험회사 담당자에게 연락하여 당신의 상담료에 대해 보상금을 지급해 주는지 확인하고, 만약 그렇다면 어떤 절차를 거쳐 청구해야 하는지를 미리 확인하기 바랍니다.

■기록 및 비밀보장

우리의 모든 대화 내용은 임상기록에 남게 되며, 당신이 요청할 경우 보여 드릴 수 있습니다. 저에게 말씀하시는 모든 내용은 비밀이 보장됩니다. 단, ① 당신이 저에게 상담 내용을 누설하라고 직접 요구하는 경우, ② 당신이 당신 자신이나 제3자를 위험에 처하게 할 수 있다고 판단되는 경우, ③ 법정에 의해 정보를 유출하라는 요구를 받는 경우에는 예외가 됩니다.

위의 계약 내용을 모두 이해하시고 동의하신다면 아래에 서명하시기 바랍니다.

(상담계약서를 2부 준비하여 모두 서명한 후 한 부는 상담자가, 다른 한 부는 내담자가 보관하도록 한다.)

서명: ＿＿＿＿＿＿＿＿＿　　서명: ＿＿＿＿＿＿＿＿＿
　　　(상담자의 서명)　　　　　　　(내담자의 서명)

날짜: ＿＿＿＿＿＿＿＿＿　　날짜: ＿＿＿＿＿＿＿＿＿

출처: Wittmer & Remley (1994).

### (4) 내담자 문제에 대한 탐색

상담은 내담자가 주도하거나 혹은 상담자가 주도하는 형태로 시작된다. 내담자가 자발적으로 상담을 신청했지만 접수면접이 미처 이루어지지 않은 경우 상담자는 상담을 신청한 이유를 알지 못한 채 내담자를 대면한다. 이때 상담자는 내담자의 문제를 예단하지 않도록 주의해야 한다. 어떤 내담자는 부적응 문제를 해결하고자 온 것이 아니라 단지 정보를 얻으러 왔을 수도 있기 때문이다. 한편, 내담자의 의지와 무관하게 상담자가 주도하여 상담을 시작할 경우 상담자는 내담자에게 그 이유를 설명해 주어야 한다. 예를 들어, 학교 상담실로 비자발적으로 의뢰되어 온 학생에게 상담자 자신을 먼저 소개하고 상담이 진행되어야 하는 정황을 설명해 줌으로써 상담에 대한 불필요한 저항을 감소시킨다(Benjamin, 1987).

상담 초기 단계에서 내담자 문제를 파악하고 그에 관련된 정보를 탐색하는 데 초점을 두는 경우 상담자가 주도적으로 회기를 진행하기도 한다. 내담자에게 특정 주제에 관해 이야기하도록 요구하면서 탐색, 강조, 폐쇄적 질문, 명료화 요구 등을 통해 사실과 정보를 수집한다(Galvin & Ivey, 1981; Patterson & Eisenberg, 1983).

- 탐색(probe): '누구, 무엇, 어디에, 어떻게' 등으로 시작되는 개방적 질문을 통해 다양한 정보를 얻는다. 한두 단어 이상의 답변을 요구하는 질문으로, 내담자에 관한 풍부한 정보를 수집하는 데 효과적이다. 예를 들어, "직장을 구하기 위해 어떤 계획을 갖고 있습니까?" "그 일이 당신에게 어떤 영향을 미쳤나요?"와 같은 형태다. 한편, '왜'로 시작하는 질문은 내담자의 방어와 저항을 유발할 수 있으므로 유의한다.
- 강조(accent): 내담자가 진술한 내용 중에서 마지막 몇 단어를 강조하여 되풀이한다.

  내담자: 제가 지금 처해 있는 상황 때문에 미칠 것만 같아요!

  상담자: 미칠 것 같다고요?
- 폐쇄적 질문(closed question): '예/아니요' 같이 구체적이고 제한적인 응답을 요구하는 질문이다. 폐쇄적 질문은 정교한 응답을 유도해 내지 못하는 한계가 있지만, 짧은 시간 내에 의도한 정보를 수집하는 데에는 효과적이다.

  상담자: 사람을 만나는 것을 좋아합니까?

  내담자: 예.
- 명료화 요구(request for clarification): 내담자의 말을 상담자 자신이 잘 이해했는지를 스스로 확인하기 위해 내담자에게 조금 전에 한 말을 반복하라고 요구하거나 보충설명을 요구할 수 있다. 예를 들어, "조금 전에 말한 내용과 이 문제의

관련성을 좀 더 설명해 주시겠습니까?" 혹은 "그 두 문제 간의 관련성을 찾을 수가 없군요." 하는 형태다.

한편, Hackney와 Cormier(1994)는 접수면접 단계 혹은 상담 초기 단계에서 내담자에 관해 수집해야 할 정보를 다음과 같이 제시하였다.

---

① 자료 확인
- 내담자의 성명, 주소, 전화번호 및 연락처: 내담자와 접촉이 필요한 경우 활용된다. 또한 대단지 아파트 지역, 학생 기숙사, 부모님 집 등이 포함된 주소는 내담자의 거주 환경에 대한 정보를 제공한다.
- 연령, 성별, 결혼 유무, 직업 혹은 학년: 내담자가 미성년자인지의 여부를 포함해서 이후 상담 회기를 통해 밝혀질 정보를 이해하는 데 활용될 수 있는 기초 자료다.

② 제시된 문제
- 만약 문제가 행동적 요소를 포함하는 것이라면 반드시 기록되어야 한다.
- 문제가 내담자의 일상생활 기능에 어느 정도 영향을 미치고 있는가?
- 문제가 어떻게 표면화되었는가? 문제와 관련된 내담자의 생각, 감정, 외현적 행동은 어떠한가?
- 문제의 발생 빈도는?
- 문제의 지속 기간은?
- 내담자는 문제 발생을 둘러싼 주변 상황을 설명할 수 있는가? 즉, 언제 발생하였는가? 누구와 함께 있을 때 발생하였는가? 문제 발생의 전후 정황은 어떠하였는가?
- 지금 이 시점에서 상담을 받고자 결심하게 된 계기는 무엇인가?

③ 현재 생활
- 전형적인 하루 일과 혹은 한 주 생활은 어떠한가?
- 사회적 활동, 종교적 활동, 여가활동은 어떻게 이루어지는가?
- 직업적ㆍ교육적 상황은 어떠한가?

④ 가족사
- 부모의 연령, 직업, 성격, 부모 간의 관계, 부모와 내담자 간의 관계, 부모와 다른 자녀 간의 관계
- 형제자매의 성명, 연령, 출생 순위
- 내담자와 형제자매 간의 관계
- 가족 내 정신질환 내력

- 가족구성원의 취업 정도, 이사 횟수 등 가족의 안정성에 관련된 내용
⑤ 개인사
  - 병력: 태아 때부터 현재에 이르기까지 특이한 질병
  - 교육: 초등학교부터 현재까지의 학력, 교과 외 흥미 분야나 또래관계에 대한 정보
  - 군복무 경력
  - 직업: 직장 위치, 직무 내용, 근무 기간, 직장동료와의 관계
  - 과거 상담경험 유무와 과거 상담자에 대한 내담자의 반응
  - 개인적인 삶의 목표
⑥ 면접 태도
  - 복장, 자세, 표정, 목소리, 긴장 정도 등을 포함한 외모
  - 상담 회기 동안 상담자를 대하는 태도
  - 반응 준비도, 동기, 친절, 거리감, 수동성 등
  - 인식이나 감각기관의 기능장애 유무
  - 내담자가 제공하는 정보의 수준, 어휘력, 판단력, 추상적 사고 능력
  - 사고 전개 능력, 규칙성, 대화 빈도
  - 진술의 논리성
⑦ 요약 및 권고 사항
  - 내담자가 제시한 문제와 수집된 정보 간의 관련성을 파악하는 데 초점을 둔다.
  - 이 내담자에게 가장 적합한 상담자 유형은?
  - 만약 당신이 이 내담자의 상담자가 된다면 당신의 어떤 특성이 내담자에게 도움이 되고, 어떤 특성이 방해가 되겠는가?
  - 내담자가 원하는 변화는 현실성이 있는가?
  - 상담 기간은 어느 정도로 예상되는가?

## (5) 상담목표 설정 및 상담전략 수립

상담자는 내담자의 자기탐색을 촉진하고 내담자가 도달하고자 하는 목표를 규명하도록 조력한다. 지나치게 포괄적이고, 위계가 없으며, 명료하지 않은 목표는 상담의 방향성을 설정하는 데 도움이 되지 않는다. 내담자와 함께 상담목표를 명확하게 설정하고, 실천 가능한 용어로 진술하며, 어느 목표를 우선적으로 성취할 것인지를 논의하는 것은 성공적인 상담을 위해 매우 중요하다(이장호, 정남운, 조성호, 2005; Hill, 1975).

Dyer와 Vriend(1977)는 효과적인 상담목표의 일곱 가지 준거를 다음과 같이 제시하고 있다.

- 내담자와 상담자가 모두 동의해야 한다: 상호성이 전제되지 않는다면 내담자와 상담자 모두 상담목표에 도달하는 데 전념하지 못한다.
- 구체적이어야 한다: 목표가 너무 포괄적이고 일반적일 경우 도달하기 어렵다.
- 부적응적인 행동에 관련된 것이어야 한다: 내담자가 자신의 삶에서 추구할 목표는 매우 다양할 수 있다. 그러나 상담에서는 내담자의 부적응 행동을 변화시키는 것에 초점을 맞추어 목표를 설정하는 것이 바람직하다.
- 성취 지향적이어야 한다: 상담목표는 실제적이어야 하며, 내담자에게 내면적으로나 외현적으로 보상적인 결과를 가져다주는 것이어야 한다.
- 측정 가능해야 한다: 내담자와 상담자가 목표 도달점을 확인하는 것은 중요하다. 목표가 양적인 용어로 진술될 때 그 도달 여부를 쉽게 확인할 수 있다.
- 행동적이고 관찰 가능해야 한다: 효과적인 상담목표는 그것에 도달했을 때 가시적으로 확인할 수 있는 것이어야 한다.
- 내담자와 상담자에게 모두 명료하게 이해되어야 한다: 내담자와 상담자가 목표를 분명하게 인지하고 있는지를 확인하는 것이 필요하다. 설정된 상담목표를 내담자와 상담자가 각각 자신의 말로 재진술해 본다.

상담자와 내담자 간에 합의된 상담목표를 토대로 이를 실현할 수 있는 상담전략을 수립한다. 내담자에 대한 정보와 이해, 내담자 문제의 특성, 문화적 맥락 등을 고려하여 가장 효과적일 수 있는 전략을 모색한다. 상담목표를 수립할 때와 마찬가지로 상담전략을 계획할 때에도 내담자의 참여가 이루어지는 것이 바람직하다. 내담자에게 적용 가능한 접근방법과 그것의 이론적 근거, 상담과정에서 예상되는 상황, 상담 경과 시간 및 활동 등을 설명해 준다. 만약 내담자가 특정 접근방법에 대해 부담스러워하고 불편해할 경우 그 부분에 대해 충분히 대화하고 접근 방법이나 전략을 수정하거나 보완할 수 있는 방법을 모색한다(Okun & Kantrowitz, 2015).

### (6) 상담실 환경

상담실의 물리적 조건은 상담 과정 및 결과에 영향을 미칠 수 있다. 상담실 환경에 관해서는 보편적인 기준이 설정되어 있지 않지만, 일반적으로 주의를 분산시키지 않을 만큼 조용한 곳을 선택해야 한다. 또한 편안한 조명, 차분한 색상, 정돈된 공간, 안락한 가구 등이 마련되어 내담자에게 심리적인 안정감을 줄 수 있어야 한다.

상담자와 내담자 간의 물리적 근접성은 상담관계에 영향을 미칠 수 있다. 편안함을 느끼게 되는 상호작용의 수준과 형태는 주관적이며 다양한 요인이 작용하는데, 특히 문화적 배경, 성별, 상담관계의 성격에 따라 내담자가 느끼는 편안함은 달라진다. 책상을 가운데에 두고 내담자와 마주 보고 앉는 형태도 있지만, 책상은 친밀한 관계로 발전하는 데 있어서의 상징적 장벽이 된다고 생각하여 의자만을 배치하기도 한다. 개인상담 장면인 경우에는 휴지를 준비해 놓을 수 있는 낮은 탁자 1개와 의자 2개 정도가 적당한 배치라고 볼 수 있다. 이때 의자를 90도 각도로 배치하면 내담자가 원할 경우 상담자를 쳐다볼 수도 있고 간혹 정면으로 쳐다볼 수도 있기 때문에 내담자가 편안하게 느낀다.

그러나 상담실의 물리적 환경이 어떠하든지 상담이 방해받는 조건은 피해야 한다. 상담 회기 도중에 걸려 오는 전화벨 소리는 특히 주의해야 한다. 필요하다면 상담실 문 밖에 "상담 중입니다. 방해하지 마십시오."라는 팻말을 걸어 두어 방문객의 접근을 막아야 한다. 방음이나 시각적 노출에 주의하여 내담자가 편안한 상태에서 상담에 참여할 수 있도록 최대한 배려한다.

## 3) 중기 단계

중기 단계는 '작업 혹은 문제해결 단계'라고 일컬어지는데, 이 단계에서는 내담자를 변화시키고 문제를 해결하기 위한 구체적인 시도들이 행해진다. 문제해결을 위해 적용되는 방법은 내담자 문제의 유형이나 특성, 그리고 상담자의 이론적 접근에 따라 달라진다. 내담자의 문제, 내담자의 기대와 자원, 상담목표, 환경적 요인, 상담자의 이론과 경험, 상담자의 전문성 등 다양한 요인을 고려하여 내담자의 문제를 해결해 나가기 위한 구체적 방법, 즉 상담계획을 수립한다.

상담이 진행되는 과정에서 종종 내담자의 저항에 부딪히거나 내담자에게 긍정적인 변화가 나타나지 않는 경우가 있다. 이때 상담자는 그 이유를 정확히 이해하고 적절한 대책을 세워야 한다. 또한 상담자와 내담자는 모두 내담자가 변화하고 있는 가에 대해 관심을 기울여야 한다. 변화가 눈에 띄게 나타나는 경우도 있지만 아주 서서히 나타나는 경우도 있다. 내담자는 자신의 변화를 스스로 자각하기도 하고 주위 사람들로부터 달라졌다는 이야기를 듣고 자신의 변화를 알아차리기도 한다. 상담자는 이러한 변화에 주목하면서 상담과정에 대한 평가를 계속하며 상담의 효율성을 검증해 나간다(김춘경 외, 2016a; 이장호, 정남운, 조성호, 2005; 천성문 외, 2009).

## 4) 종결 단계

상담 초기에 합의한 목표를 달성하면 상담을 마무리하는 단계에 접어들게 된다. 내담자가 상담관계를 마칠 준비가 되어 있는지를 평가하고, 종료 시기를 정하고, 미래 계획을 이야기하며, 상담기간이 더 필요한지에 대해 논의한다. 내담자는 상담 종결 후에 자신의 문제가 재발하지 않을지 혹은 상담자 없이도 자신이 문제를 잘 해결해 나갈 수 있을지에 대해 두려움을 갖기도 한다. 상담자는 내담자의 그러한 감정을 충분히 이해하고 수용하면서 내담자에게 용기를 심어 주고 격려해 준다(김춘경 외, 2016a; 이장호, 정남운, 조성호, 2005; 천성문 외, 2009).

### (1) 종결의 기능

기존에는 상담 종결에 대해 직접적으로 언급하는 것을 조심스러워하는 입장이 있었다. 비록 Hayes(1993)가 상실은 재창조, 전환, 자기이해 증진, 새로운 발견 등과 연결된다고 하였지만, Ward(1984)는 종결이 상실을 연상시킨다고 하였다. 또한 종결은 상담관계를 촉진시키는 기술과 직접적으로 관련되지 않는다고(Ivey, 1988) 여겨졌기 때문에 그동안 상담자 교육과정에서 강조되지 못하였다. 그러나 고령화 사회, 생애발달 단계 개념에 대한 이해, 죽음을 생애주기의 일부분으로 수용하고자 하는 경향 등으로 최근에는 종결 작업의 중요성이 강조되고 있다(Hodgkinson, 1992; Kübler-Ross, 1969; Sheehy, 1976).

종결에 관한 문제가 적절한 시기에 거론된다면 남은 회기 동안의 시간을 효율적으로 활용하는 데 도움이 된다. 의미 있는 인간관계를 마무리하는 데에는 흔히 시간이 필요하다. 이와 마찬가지로 내담자와 상담자는 언제 상담을 종결하는 것이 적절할 것인지를 함께 논의해야 한다(Young, 1992). 일반적으로 내담자와 상담자는 종결에 대한 준비 여부를 언어적 메시지를 통해 교환한다. 예를 들어, 내담자가 "지난 몇 달 동안 내 생활에서 많은 긍정적인 변화가 있었습니다."라고 말하든지, 상담자가 "당신은 나름대로 많이 향상되어 더 이상 나의 도움이 필요하지 않은 것 같습니다."라는 메시지를 통해 종결이 임박하였음을 파악할 수 있다. 이 외에도 상담 작업의 강도가 감소하거나 유머가 증가하는 징후를 통해, 혹은 거부, 철회, 분노, 의존성 등이 감소하는 현상을 통해 상담이 종결되어야 할 시점이 다가왔음을 인식할 수 있다(Corey et al., 1992).

내담자와 함께 상담 종결을 다루는 것은 다음과 같은 치료적 기능을 지닌다.

- 종결은 무엇인가가 끝났다는 것을 의미한다. 새로운 것을 시작하기 위해서는 먼저 과거의 경험을 완성하고 해결해야 한다(Perls, 1969). 종결은 개인적 차원이든 전문적 차원이든 이제까지의 학습경험을 적절하게 마무리하는 기회다(Hulse-Killacky, 1993). 상담에서 종결이란 "치료의 끝을 의미하는 행위 그 이상"이다(Yalom, 1985). 내담자와 상담자가 상담과정이 시간적 제약이 있는 상태에서 진행된다는 사실을 알고 있을 때 동기유발이 보다 잘 이루어진다. 의도적으로 상담 회기의 횟수를 제한하게 되면 시간적 제약을 더 의식하게 되고, 그 결과 각 회기 성과를 최대한 도출하고자 노력하게 된다(Gladding, 1995; Young, 1992).
- 종결은 상담을 통해 이미 획득한 변화를 유지하고 문제해결 기술을 일반화하는 수단이 된다(Dixon & Glover, 1984; Doyle, 1992). 성공적인 상담은 내담자의 사고, 감정, 행동에 중요한 변화를 가져온다. 이러한 변화는 상담실 안에서 연습하는 데 그치지 않고 내담자의 실제 생활 속에서 실행되어야 한다. 종결은 그러한 실행의 기회를 제공한다. 내담자는 추수상담이 필요한 경우 언제든지 상담자를 찾아올 수 있지만, 종결은 내담자가 상담자의 도움 없이 독립적인 생활을 시작하는 분기점이 된다. 내담자 입장에서는 종결 시점에서야 비로소 '통찰을 행동으로' 옮기는 작업이 시작된다고 볼 수 있다(Gladding, 1990).
- 종결은 내담자가 성숙되었음을 시사한다(Vickio, 1990). 적절하게 종결된 상담은 단지 내담자에게 새로운 기술을 제공하거나 자기이해의 새로운 방식을 제

공하는 차원을 넘어, 내담자가 더 이상 자신의 문제에 얽매이지 않고 주변 환경과 원만하게 소통할 수 있는 능력이 있음을 깨닫게 해 준다. 문제를 성공적으로 해결한 내담자는 새롭게 획득한 통찰과 능력을 자신의 기억 속에 저장하고 앞으로의 생활 속에서 종종 회상하고 활용하게 될 것이다.

## (2) 종결 시기

언제 상담관계를 종결하는가에 대해서는 정해진 규정이 없다. 너무 일찍 종결하게 될 경우 내담자는 상담을 통해 획득한 안정감을 상실하게 되고 오히려 초기의 역기능적인 행동으로 회귀하게 된다. 그러나 종결이 지연될 경우 내담자는 상담자에게 의존하게 되고 자신의 문제를 적절하게 해결하지 못한 채 한 개인으로서 독립적으로 성장하지 못할 수도 있다.

종결 시기를 결정하는 데 있어서 고려해야 할 사항은 다음과 같다(Hackney & Cormier, 1994; Young, 1992).

- 내담자가 상담계약서에 명시했던 인지적·정서적·행동적 목표에 도달하였는가? 내담자와 상담자가 특정 상담목표에 도달하였는지 여부에 대해 명확하게 인식하고 있을 경우에는 상담 종결 시기를 결정하는 것이 용이해진다.
- 내담자는 자신이 원했던 영역에서 긍정적인 발전이 있었는지를 확신할 수 있는가? 이러한 상황에서는 구체적인 진전이 있었는지 여부를 확인하는 것이 상담 종결 시점을 결정하는 데 도움이 된다.
- 상담관계가 도움이 되었는가? 내담자나 상담자가 현재 진행되는 상담 회기가 별로 도움이 되지 않는다고 판단하면 상담을 종결한다.
- 상담 초기에 설정되었던 상황이 변화되었는가? 내담자가 이사하였거나 만성적 질병의 증상이 나타날 때는 상담을 종결하거나 다른 상담자에게 의뢰하는 문제를 고려해야 한다.

한편, Hackney와 Cormier(1994)는 3개월 이상 지속된 상담관계에서는 마지막 3~4주 동안은 상담 종결의 영향에 대해 서로 논의하는 시간이 필요하다고 하였다. Shulman(1979) 또한 전체 상담 기간의 1/6 정도는 상담 종결 부분에 해당된다고 하였다. Maholick과 Turner(1979)는 상담 종결 여부를 결정할 때 고려해야 할 사항을 다음과 같이 제시하였다.

- 내담자의 초기 문제와 증상이 감소되었거나 제거되었는지를 확인한다.
- 상담 원인이 되었던 스트레스 유발 감정이 제거되었는지를 확인한다.
- 내담자의 대처 능력과 자기 및 타인 이해 능력 정도를 평가한다.
- 내담자의 대인관계 능력을 확인한다.
- 내담자의 생활계획 수립 능력과 생산적인 활동 능력을 평가한다.
- 내담자의 여가생활 활동 능력을 평가한다.

모든 내담자에게 이러한 고려 사항을 모두 동일하게 적용해야 하는 것은 아니다. 내담자가 상담자의 도움 없이도 자신의 삶을 효과적으로 유지할 수 있다는 자신감을 갖고 있는가 하는 점이 보다 중요한 고려 사항이 되어야 한다.

### (3) 종결방법

상담을 종결하는 방법은 다양하다. 먼저, 페이딩(fading) 방법을 적용하는 경우다. Dixon과 Glover(1984)는 페이딩을 "바람직한 변화를 이끌어 내기 위해 구축해 놓았던 인위적 구조를 점차적으로 감소시키는 것"이라고 정의하였다. 내담자는 특정한 행동을 수행한 후에 주어지던 강화를 점차 덜 받게 된다. 상담의 궁극적인 목표는 내담자가 상담자와 상담 회기에 덜 의존하게 하고, 나아가 자기 자신에게 의존하고 주위 사람과 상호 의존할 수 있도록 조력하는 데 있다. 페이딩을 형성하기 위해 상담 회기 간의 간격을 증가시킨다거나 상담 회기 시간을 짧게 할 수도 있다 (Cormier & Cormier, 1991).

종결을 촉진하는 또 다른 방법은 내담자가 성공적인 문제해결 기술을 발달시키도록 하여 상담경험을 실제 생활에 일반화시킬 수 있도록 돕는 것이다(Dixon & Glover, 1984). 내담자는 앞으로도 많은 문제에 직면하게 될 것이다. 만약 내담자가 이러한 문제에 보다 효과적으로 대처하는 법을 배우게 된다면 더 이상 상담관계가 필요하지 않을 것이다.

## (4) 종결에 대한 저항

상실에 따른 고통, 외로움, 미해결된 슬픔, 요구 충족, 거부당하는 두려움, 자기의 존재에 대한 두려움 등이 저항을 불러일으키는 요인이 된다. 또한 종결에 대한 저항은 내담자뿐만 아니라 상담자에게서도 나타날 수 있다. 상담관계가 오랫동안 지속되었거나 내담자와 상담자 간에 깊은 수준의 친밀감이 형성되어 있을 경우 상담 종결에 대한 저항이 종종 나타난다(Patterson & Eisenberg, 1983).

내담자의 저항은 다양한 형태로 나타난다. 가장 대표적인 형태는 상담 회기 종결 시에 더 많은 시간을 요구하고, 상담목표가 도달되었음에도 불구하고 더 많은 상담 회기를 원하고, 상담 초기에 호소하던 문제가 아닌 새로운 문제와 증상을 발달시키기도 한다. 이러한 증상의 표출은 상담 종결을 어렵게 만든다. 상담자는 개인적 혹은 윤리적 이유로 상담관계를 지속해야 한다는 책임감을 느끼게 된다. Vickio(1990)는 상실과 종결을 효과적으로 다루기 위해 내담자에게 권유할 수 있는 구체적인 전략을 다음과 같이 제시하였다.

- 상실을 다루는 효과적인 방법
  - 당신의 전환을 점진적인 과정으로 만들 수 있는 방법을 모색하기
  - 다른 활동이 당신 삶에 부여하는 중요성을 발견하기
  - 이러한 중요성을 다른 사람에게 이야기하기
  - 당신이 현재 얻은 것과 앞으로 얻게 될 것에 만족하기
  - 당신 삶의 연속성을 규정하기

- 상실을 다루는 비효과적인 방법
  - 상실을 거부하기
  - 당신의 경험을 지나치게 과장하여 오히려 그것을 파괴하기
  - 당신의 활동과 인간관계를 평가 절하하기
  - 떠나는 것에 대한 생각을 회피하기
  - 당신의 활동과 인간관계를 갑자기 중단해 버리기

어떤 상담자는 적절한 시기에 내담자와 작별하는 것을 어려워한다. 독특하고 특

이한 요구를 가지고 있거나 매우 협조적인 내담자는 상담자에게 매우 매력적인 내담자라고 할 수 있다. Goodyear(1981)는 상담자가 종결을 힘들어하는 경우를 다음과 같이 제시하였다.

- 종결이 중요한 관계의 단절을 의미한다고 생각할 때
- 내담자가 독립적으로 기능할 능력이 있는지에 대해 불안할 때
- 내담자에게 보다 효과적인 상담을 제공하지 못했다는 죄책감이 들 때
- 내담자가 갑자기 분노하며 떠나려고 하여 상담자의 전문가적 자아개념이 위협받는다고 느껴질 때
- 내담자의 증상이나 역동을 통해 더 많은 것을 배울 수 있었던 학습경험이 사라진다고 생각할 때
- 더 이상 내담자의 모험을 통해 대리적인 삶을 경험할 수 없다고 느껴질 때
- 상담자 자신의 삶에서 다른 이별을 상징적으로 회상시킬 때
- 상담자 자신의 개별성에 관한 갈등을 유발시킬 때

상담자 스스로 저항을 인식하게 될 경우 다른 동료 상담자를 찾아 이러한 문제와 관련하여 자문을 구하거나 상담을 받아야 한다. 특히 상담자 자신이 이별, 고립, 친밀감에 대한 두려움 등과 관련된 개인적 경험이 있는 경우에는 직접 상담을 받는 것이 도움이 된다.

### (5) 회기 종결

상담 초기 단계에 회기별 시간을 명확하게 설정하는 것이 필요하다. 이때 내담자의 연령 등을 고려해야 하지만, 일반적으로 개인상담 장면에서 아동의 경우에는 대략 30분 내외, 청소년의 경우에는 50분 내외를 한 회기로 간주한다. 전체 상담의 종결과 마찬가지로 각 회기별 종결을 언제 하는가 하는 문제는 상담의 효과에 영향을 미친다. Benjamin(1987)은 회기 종결과 관련하여 두 가지 중요한 요소를 언급하였다.

- 내담자와 상담자 모두 해당 회기가 끝났음을 분명하게 인식할 수 있어야 한다.
- 회기 종결 부분에서 새로운 주제가 언급되거나 논의되지 않도록 해야 한다. 만

약 내담자가 새로운 주제를 제시할 경우에는 그 문제를 다음 회기에서 다룰 수 있음을 이해시킨 후 해당 회기를 종결한다. 그러나 내담자가 제시한 새로운 주제가 위기에 해당하는 내용일 경우, 이를 다룬 후에 해당 회기를 종결해야 하는 경우도 있다. 일반적으로 종결 부분에서는 내담자나 상담자가 해당 회기 동안 진행된 내용을 간략하게 요약하고 다음 회기 일정을 확인한 후 마무리한다.

## 2. 청소년상담을 위한 면담기술

내담자로 하여금 상담과정에 적극적으로 참여하도록 촉진하기 위해 상담자는 다양한 면담기술을 활용한다. 상담자가 내담자의 생각, 감정, 행동을 이해하고 긍정적인 상담 효과를 도모하기 위해 사용하는 일반적인 면담기술은 다음과 같다(김춘경 외, 2016a; 박성희, 2014; 이장호, 정남운, 조성호, 2005; 천성문 외, 2009).

### 1) 관심 기울이기

상담관계 형성을 위해 상담자는 내담자에게 관심을 기울이고 있다는 것이 전달될 수 있도록 해야 한다. 내담자에 대한 관심을 가시적으로 드러내기 위해 상담자가 사용할 수 있는 비언어적 기술은 각 단어의 첫 글자를 따서 SOLER로 요약된다 (Eagan, 2010).

- S: 상담자는 내담자를 바로(Squarely) 바라본다. 내담자를 바로 쳐다보며 그에게 관여하고 있다는 자세를 취하는 것은 '나는 당신과 함께 있다. 당신에게 도움이 되고 싶다.'라는 뜻을 전달한다. 내담자를 정면으로 쳐다보는 것이 오히려 부담을 준다고 염려될 경우에는 약간 비스듬히 바라보는 것이 적절할 수 있다.
- O: 상담자는 개방적인(Open) 자세를 취한다. 개방적인 자세는 내담자와 내담자가 하는 말에 마음을 열고 있다는 신호가 될 수 있다. 여기서 '개방'이라는 말은 문자 그대로 받아들여도 좋고 은유적으로 받아들여도 좋다. 중요한 것은 '지금 내가 취하고 있는 자세는 내가 마음을 열고 있고 또 도움을 줄 태세를 갖추

고 있다는 사실을 내담자에게 얼마나 잘 전달하고 있는가?' 하고 자문해 볼 필요가 있다는 점이다.

- L: 상담자는 이따금 내담자 쪽으로 몸을 기울인다(Lean). 상담자는 내담자에게 관여하고 있다는 자연스러운 표시로 그를 향해 몸을 앞으로 기울인다. 내담자를 향해 약간 기울이는 것은 '나는 당신과 함께 있다. 당신과 당신이 하는 말에 관심이 있다.'는 뜻을 전달한다. 내담자를 향해 몸을 기울이는 것은 그와의 의사소통을 촉진시키는 일종의 신체적 유연성이나 반응성, 그리고 정신적 유연성을 반영한다.
- E: 상담자는 내담자와 적절한 시선 접촉(Eye contact)을 유지한다. 내담자와 좋은 시선 접촉을 유지한다는 것은 '당신과 함께 있다. 당신에게 관심이 있고, 당신의 이야기를 듣고 싶다.'는 메시지를 전달해 준다.
- R: 상담자는 편안하고 이완된(Relaxed) 자세를 취한다. 편안한 자세는 두 가지 양태로 드러날 수 있다. 첫째, 조바심을 내거나 주의를 흩뜨리는 표정을 짓지 않는다. 그렇게 하면 내담자는 무엇이 상담자를 불편하게 만드는지 의아하게 생각할 것이다. 둘째, 개인적 접촉과 표현의 도구인 몸짓을 편안하고 자연스럽게 한다. 이러한 기술을 자연스럽게 사용하면 내담자를 편안하게 해 줄 수 있다.

## 2) 경청

경청(listening)은 내담자의 이야기를 주의 깊게 귀담아듣는 태도로 말의 내용뿐만 아니라 말하려는 의도와 심정을 주의 깊게 정성 들여 듣는 것이다. 경청은 내담자로 하여금 자신의 생각이나 감정을 자유롭게 표현할 수 있도록 북돋아 주며, 자신의 방식으로 문제를 탐색하도록 하며, 상담에 대한 책임감을 느끼도록 촉진한다. 적극적 경청은 내담자가 하는 이야기의 내용을 파악하는 것은 물론 그의 몸짓, 표정, 음성 등에서 나타나는 미묘한 변화를 알아차리고 그 저변에 깔려 있는 심층적인 의미와 감정을 감지하여 그것을 표현하는 과정까지 포함한다. 상담자가 경청을 할 때는 내담자의 말을 적극적으로 듣는 것뿐만 아니라 자신이 그의 말을 주목하여 듣고 있음을 전달할 필요가 있다. 예를 들어, 내담자가 말할 때 진지한 관심이 있음을 나타내는 눈길을 보내고, 자연스럽게 이완된 자세를 취하며, 내담자의 말을 가로막거나 내담자의 발언 중에 질문을 던지거나 새로운 문제를 제기하지 않도록 하는 것 등이 필요하다.

### 3) 재진술

재진술(paraphrasing)은 내담자의 메시지에 표현된 핵심 인지 내용을 되돌려 주는 기법으로서 내담자가 표현한 바를 상담자의 언어로 뒤바꾸어 표현하는 것이다. 내담자의 메시지 내용에는 정보를 표현하거나 상황 또는 사건을 기술하는 인지적 측면과 그것에 대해 내담자가 느끼는 정서적 측면이 포함된다(Cormier et al., 2009). 인지적 측면은 관계된 사람들, 대상, 상황, 사건, 생각, 의견, 판단, 행동, 경험 등을 포함하고, 정서적 측면은 기쁨, 즐거움, 행복감, 슬픔, 분노, 역겨움 등 감정 혹은 정서를 나타내는 것을 포함한다. 이때 재진술은 대화의 인지적 측면에 초점을 두는 면담기술이다. 재진술은 내담자에게 자신의 말이 제대로 이해되고 있는지 판단할 수 있는 정보를 제공한다. 내담자가 의도한 내용과 일치되면 안심하고 이야기를 계속 전개시키고, 의도한 내용이 잘못 전달된 경우에는 상담자의 이해 내용을 교정함으로써 면담의 방향을 잡아 나갈 수 있다.

### 4) 명료화

명료화(clarification)는 내담자의 반응에서 나타난 감정이나 생각 속에 암시되었거나 내포된 의미를 내담자에게 보다 분명하게 설명해 주거나 혹은 상담자가 내담자의 반응을 이해할 수 없을 때 분명하게 다시 말해 줄 것을 요청하는 면담기술이다.

내담자 진술의 의미가 모호하거나 혼란스러울 때에는 "이해가 잘 안 됩니다. 당신이 말하고자 하는 바를 좀 더 분명하게 말해 주십시오." "예를 들어서 다시 말해 주시겠습니까?" "나는 당신이 직업에 대해서 느끼는 감정이 어떤지 정확히 모르겠습니다." 등과 같이 말할 수 있다. 내담자 자신이 미처 충분히 자각하지 못하는 의미나 관계에 관련된 내용이 명료화의 자료가 될 수 있다. 내담자가 애매하게 느끼던 내용이나 불충분하게 이해한 자료를 상담자가 말로 정리해 준다는 점에서 내담자는 자기가 이해받고 있으며 상담이 잘 진행되고 있다는 느낌을 갖게 된다.

## 5) 반영

반영(reflection)이란 내담자의 메시지 속에 담겨 있는 감정 혹은 정서를 되돌려 주는 것으로 내담자가 말한 내용 자체보다는 그 이면에 숨겨져 있는 감정을 파악하고 그것을 다시 내담자에게 전달하는 기술이다. 내담자의 말이나 행동에는 한 가지 감정이 아니라 동일한 대상에 대한 모호하고 양가적인 감정이 담겨 있는 경우가 있다. 이때 상담자는 서로 일치하지 않거나 불분명한 감정 상태를 발견하여 내담자에게 반영해 주어야 한다. 또한 상담자는 내담자가 말로 표현하는 것뿐만 아니라 자세, 몸짓, 억양, 눈빛 등으로 표현한 정서에 대해서도 반영해 줄 필요가 있다. 반영은 내담자에게 자신이 표현하고 싶은 깊은 속내를 이해받고 있다는 느낌을 주어서 상담자에 대한 친밀감과 내담자의 자기개방 수준을 심화시킨다. 또한 반영은 내담자가 느끼는 감정을 정확하게 변별해 주는 데도 도움이 된다. 내담자가 추상적이고 모호하게 표현하는 정서에 구체적인 이름을 붙여 준다거나 내담자가 숨기려는 정서를 드러내 밝혀 줌으로써 내담자 자신의 정서에 대한 인식을 새롭게 할 수 있는 계기가 된다.

## 6) 요약

요약(summarization)은 내담자가 표현했던 주요한 주제를 상담자가 정리해서 되돌려 주는 것이다. 요약은 내담자가 상담에 적극 참여하도록 준비시키고, 산발적으로 드러낸 생각과 감정에 초점을 맞추게 하고, 특정 주제를 마무리 짓도록 하며, 특정 주제를 보다 철저하게 탐색하도록 자극할 수 있다(Brammer & MacDonald, 2003). 특히 상담을 시작하는 도입 부분에서나 대화가 잘 진행되지 않을 때, 내담자에게 새로운 시각이 필요할 때 유용한 면담기술이다. 상담을 시작할 때, 특히 내담자가 무슨 말로 시작해야 할지 모를 때, 상담자가 지난 회기에서 나누었던 상담 내용을 요약해 주면 내담자가 자신이 했던 말을 반복하는 것을 방지할 수 있다. 또한 요약은 상담이 어디로 가고 있는지 잘 모를 때 상담의 초점을 찾을 수 있게 해 준다. 내담자에게 새로운 시각이 필요할 때에도 산발적으로 흩어져 있던 것들을 한데 모아서 요약해 주면 내담자가 좀 더 큰 그림을 보다 더 명확하게 보게 된다.

상담자가 항상 요약해 주기보다는 때로는 내담자에게 주요 문제에 대해 요약해 보도록 요구할 수 있다. 이렇게 할 때 내담자는 상담과정에 좀 더 주도적으로 참여하게 되고, 핵심적인 내용들을 종합하게 되며, 또 앞으로 나아갈 수 있다. 내담자에게 요약해 보도록 요구하는 것은 내담자를 시험해 보는 것이 아니기 때문에 필요하다면 상담자가 내담자를 거들어 요약을 함께 짜 맞춰 나갈 수 있다(Eagan, 2010).

## 7) 질문

상담자가 질문(question)기술을 사용하는 경우는 다양하다. 내담자의 말을 잘못 들었거나 이해할 수 없을 때, 내담자가 자신의 말을 이해했는지 확인하고자 할 때, 내담자가 생각이나 감정을 보다 명확하게 탐색하도록 촉진할 때, 내담자에 관한 추가 정보가 필요할 때, 면담에 소극적으로 참여하는 내담자를 격려할 때 등 다양한 장면에서 질문하게 된다. 신중하고 적절한 질문은 유용한 수단이 되지만, 불투명하거나 지나치게 많은 질문은 오히려 상담 진행을 방해할 수 있다. 일반적으로 내담자가 '예'나 '아니요'로 대답하도록 하는 폐쇄형 질문보다는 내담자 자신의 생각과 느낌을 표현하게 하는 개방형 질문이 더 바람직하다. 또한 한꺼번에 이중삼중으로 너무 많은 것을 묻지 않도록 유의한다. 질문은 간결하고 명확하여 알아듣기 쉬워야 하며, 일단 질문을 한 다음에는 잠시 멈추고 기다리면서 내담자의 반응에 귀 기울여야 한다(Brammer & MacDonald, 2003).

## 8) 자기개방

자기개방(self-disclosure)은 상담자가 자신의 생각, 감정, 경험, 가치, 판단, 정보, 생활철학 등을 내담자에게 드러내는 것이다. 상담자는 자신의 경험이나 생각을 드러내는 것이 내담자 문제를 해결하는 데 도움이 될 것이라고 판단할 때가 있다. 자기개방은 상담자와 내담자 간 대화의 상호성을 허용함으로써 촉진적 상담관계를 형성하는 데 도움이 된다. 상담자의 자기개방은 두 가지 중요한 기능, 즉 모델링과 새로운 관점 발달을 촉진시키는 기능을 한다(Eagan, 2010). 내담자는 자기개방을 하는 상담자를 관찰함으로써 자신을 더 많이 개방하는 법을 배우게 되고, 상담자도 다른 사람처럼 문제와 감정을 가지고 있다는 사실을 알게 된다. 상담자의 개인적 삶에 관해 듣는 가운데 내담자는 자기 자신의 삶에서 문제가 되는 영역을 재조명하고 나아가 삶의 고통과 경험은 보편적인 것이며 극복해 나갈 수 있다는 사실을 깨닫게 된다.

## 9) 즉시성

즉시성(immediacy)이란 상담자와 내담자 간에 지금 현재 일어나고 있는 것, 즉 상담자의 목적뿐만 아니라 내담자의 감정, 인식, 기대에 관해 상담자가 이해하고 의사소통하는 것을 의미한다. Eagan(1990)은 즉시성을 관계 즉시성과 지금-여기 즉시성의 두 가지 유형으로 구분한다. 관계 즉시성(relationship immediacy)은 상담관계가 긴장되었는지, 지루한지, 혹은 생산적인지에 관해 내담자와 논의하는 것이다. 지금-여기 즉시성(here-and-now immediacy)은 상담 장면에서 발생한 현상 자체에 관해 논의하는 것이다. 내담자가 지금 이 순간 어떤 것을 경험하며, 어떤 생각과 감정을 갖고 있는지 탐색하고 함께 나눈다.

## 10) 직면

직면(confrontation)은 내담자의 사고, 감정, 행동에 담겨 있는 어떤 불일치나 모순에 도전하는 것이다. 직면을 통해 내담자의 문제해결과 성장에 방해가 되는 모순, 불일치, 왜곡, 회피, 게임, 변명, 속임수, 연막 치기, 각종 방어기제에 초점을 맞춘다. 직면은 내담자가 지금 어떤 일이 일어나고 그 결과는 무엇이며, 자신의 삶을 보다 성공적으로 이끌기 위해 어떤 책임 있는 행동을 취해야 하는지를 보다 명료하게 볼 수 있도록 도와준다(Tamminen & Smaby, 1981). 직면기술을 적용할 때, 상담자는 내담자가 직면을 수용할 만큼 상담관계가 굳건한지를 확인하고 직면을 왜 해야 하는지에 대한 분명한 의도를 갖고 적절한 타이밍을 고려해야 한다. 내담자의 모순된 언행을 지적하는 것과 직면에 대한 내담자의 반응을 분석하는 것은 모두 내담자를 새로운 통찰로 이끌어 바람직한 변화를 유도하는 수단으로 활용되어야 한다. 상담자의 분노를 표출하거나 뚜렷한 목적 없이 직면기술을 사용하지 않도록 해야 한다.

## 11) 정보제공

정보제공(information-giving)은 상담자가 내담자에게 사실이나 자료, 의견 자원의 형태로 정보를 제공하는 것이다. 인간이 경험하는 갈등과 문제는 정확한 정보와 사실 확인만으로도 해결의 실마리를 찾을 수 있는 경우가 많다. 간혹 무지와 정보 부족이 내담자 문제의 원인으로 드러나는 경우가 있다. 일부 사례를 토대로 다른 사람에게는 아무 문제가 없는데도 자신에게만 매사 일이 꼬인다고 생각하는, 이른바 머피의 법칙, 직장 상사의 가벼운 핀잔을 확대 해석하여 그가 자신을 미워한다고 생각하는 과잉일반화 등은 정확한 정보와 자료를 제공해 줌으로써 해결될 수 있다. 주어진 상황에 어떻게 대처할 수 있는지에 관한 대안적 목록을 갖고 있지 못하는 내담자의 경우에도 정보제공이 문제해결의 단서가 될 수 있다.

## 12) 해석

해석(interpretation)은 내담자가 명확하게 의식하지 못하는 것에 대한 여러 가지 형태의 교육적 설명이다. 해석은 겉으로 보기에 따로따로 분리되어 있는 말이나 사건들의 관계를 연결 짓거나 방어, 감정, 저항 또는 전이를 설명해 주는 형태로 이루어질 수도 있고, 주제, 흐름, 사고방식 또는 내담자의 행동이나 성격 간의 인과관계를 설명해 주는 형태로 이루어질 수 있다(천성문 외, 2009). 내담자가 어렴풋이 인식하고는 있지만 확실하게 개념화하지 못하고 있을 때 해석을 제공하는 것이 효과적이다. 해석이 내담자에게 위협을 주지 않도록 유의해야 한다. 내담자가 미처 받아들일 준비가 되어 있지 않을 때 해석을 하게 되면 내담자의 심리적인 균형이 무너져 불안해할 수 있다. 내담자가 새로운 지각과 이해를 수용하지 않을 때에는 저항이 일어나 내담자의 자기탐색을 감소시키는 결과를 가져올 수 있다. 또한 내담자가 자기의 내면적 감정을 드러내지 않도록 하는 방어수단으로 이용되지 않도록 너무 지적인 측면에 치우친 해석을 하지 않도록 해야 한다.

## 3. 청소년상담 매체

성인 상담자와 일대일 대면상담 장면에 부담감을 느끼거나 자신의 생각이나 감정을 언어로 표현하는 데 어려움을 느끼는 청소년 내담자에게는 다양한 접촉 매체나 표현 매체를 활용한 상담이 효과적일 수 있다. 전화나 컴퓨터 외에 음악이나 미술 등 매체를 이용할 경우 청소년 내담자의 의사소통과 자기표현을 이끌어 내고, 상담에의 참여도를 높이며, 문제해결을 촉진하는 이점이 있다.

### 1) 전화상담

청소년상담은 상담자와 내담자가 어떻게 접촉하는가에 따라 크게 대면상담과 매체상담으로 구분된다. 대면상담이란 상담자와 내담자가 같은 물리적 공간에서 만나 얼굴을 맞대고 내담자의 성장과 발달을 조력하는 과정이다. 매체상담은 상담자와 내담자가 전화, 컴퓨터, 서신 등의 매체를 통해 내담자의 문제해결과 성장·발달을 도모하는 과정이다. 최근 정보통신 매체의 발달로 전화뿐만 아니라 컴퓨터와 스마트폰이 널리 보급되면서 상담 장면에서도 이러한 매체가 적용되고 있다. 특히 청소년 내담자의 발달특성상 직접적인 대면상담에 비해 매체를 활용한 상담이 적극 활용되고 있다(한국청소년개발원, 2004).

전화상담(telephone counseling)은 상담자와 내담자가 서로 전화로 대화를 나누면서 상담을 진행하는 형태로 자살예방 및 위기상담 장면에서 많이 활용되고 있다. 대면상담과 비교할 때 전화상담의 특징은, 첫째, 필요한 경우 언제든지 상담이 가능하다는 점에서 접근성이 높다. 직접 상담실을 방문하지 않아도 도움을 요청할 수 있기 때문에 위기 상황에 처한 내담자에게 즉각적인 도움을 줄 수 있다. 특히 24시간 운영되는 전화상담 서비스의 경우 즉시성과 접근성 측면의 이점이 있다. 둘째, 익명성이 보장된다. 내담자가 자신의 신상에 관한 정보를 노출하지 않고 도움을 받고자 할 경우 전화상담이 유용하다. 흔히 청소년의 경우 성에 대한 호기심과 고민, 이성 친구에 대한 관심과 고민, 부모님과의 갈등 등의 상담내용을 대면상담이나 자신의 개인정보를 밝히고 신청해야 하는 상담에 대해 부담스러워하는 경우가 많다. 따라서 전화 매체를 이용한 상담은 이러한 부담감을 감소시켜 망설임 없이 상담 서비스를 이용하게 만드는 요인이 된다. 한편, 전화상담이 지니는 한계도 있다. 내담자가 먼저 자발적으로 전화를 걸어 올 때에만 상담이 시작될 수 있기 때문에 내담자의 적극성과 동기가 요구된다. 도움이 필요한 내담자이지만 스스로 전화를 걸어 오지 않는 한 조력을 받지 못하고 방치될 수 있다. 또한 대면상담에 비해 지속성이 보장되기 어렵기 때문에 일회성 상담으로 그치는 경우가 많다(정순례, 양미진, 손재환, 2015; 한국청소년개발원, 2004).

## 2) 사이버상담

사이버 공간에서는 시간과 물리적 공간의 제약을 뛰어넘어 컴퓨터를 매개로 의사소통이 이루어진다. 사이버상담(cyber counseling)은 컴퓨터를 활용하여 인터넷이라는 공간에서 상담자와 내담자 간의 의사소통이 이루어지는 상담 형태다. 내담자가 컴퓨터와 문자를 활용할 수 있는 인지 능력, 기본적인 의사소통이 가능한 타이핑 속도, 정확한 문장 구사 능력 등이 갖추어져 있을 때 사이버상담이 효과적으로 이루어질 수 있다. 또한 상담자의 경우, 상담 프로그램 시스템 사용방법에 대한 정보제공 능력이나 웹 시스템의 안정성을 유지하는 기술 능력을 갖추고 있어야 한다(정순례, 양미진, 손재환, 2015).

사이버상담은 컴퓨터를 매개로 한 상담, 접근의 용이성, 경제성, 문자 중심의 의사소통, 익명성, 내담자의 자발적 참여, 풍부하고 용이한 정보획득 등의 특징을 지닌다. 사이버상담도 대면상담과 마찬가지로 일반적인 상담의 과정과 절차를 따른다. 이메일이나 채팅 혹은 게시판 등 어떠한 형태로 이루어지든 일반적으로 사이버상담은 상담자가 내담자에게 인사하기, 호소 문제 명료화하기, 공감해 주기, 구체적인 상담목표 설정하기, 필요한 정보 제공하기, 추가 정보 탐색이 필요한 경우 안내하기, 결론 혹은 마무리하기, 끝인사하기의 절차로 진행된다(김동일 외, 2020; 임은미, 2006; 한국청소년개발원, 2004).

사이버상담의 유형은 이메일, 채팅, 게시판, 데이터베이스, 영상 등 다양한 방식으로 진행된다. 채팅상담과 영상상담은 컴퓨터를 매개로 상담자와 내담자 간에 실시간 대화가 이루어지는 형태이다. 반면, 이메일상담, 게시판상담, 데이터베이스상담은 상담자와 내담자가 각자 시간이 허용될 때 자유롭게 이용할 수 있는 형태다(이미리, 김춘경, 여종일, 2019; 이영선, 박정민, 최한나, 2001; 한국청소년개발원, 2004).

- 채팅상담(chat-room counseling): 통신망으로 연결된 컴퓨터에서 문자메시지를 교환하면서 대화를 나누는 형태다. 상담자와 내담자가 컴퓨터 앞에 앉아 서로 문자로 실시간 대화를 주고받는다.
- 영상상담(video counseling): 상담자와 내담자가 컴퓨터 영상으로 서로의 얼굴을 보면서 대화를 나누는 방식으로 사이버상담과 대면상담의 장점이 효과적으로 합치된 형태다.
- 이메일상담(e-mail counseling): 내담자가 자신의 고민을 적어 상담자에게 메일을 발송하면 상담자가 메일 내용을 읽고 답신을 보내는 방식으로 진행된다. 편지를 주고받는다는 점에서는 기존의 서신상담과 유사하지만, 메시지 전달 속도가 더 빠르고 편리하다는 장점이 있다.
- 게시판상담(bulletin counseling): 공개상담 형태로 내담자가 사이버상담실 홈페이지 게시판에 자신의 고민을 올리면 그 게시판을 보는 많은 사람들이 도움이 되는 답글을 올리는 형식이다. 이메일상담과 형식이 유사하지만, 이메일상담의 내용은 특정 내담자와 상담자 간에 주고받는 비밀상담 형식인 반면, 게시판상담의 내용은 다수에게 공개된다는 점에서 차이가 있다. 상담자뿐만 아니라 다른 많은 사람의 관심과 공감을 받을 수 있고 유사한 문제를 지닌 사람도 게시판 내용을 보면서 자신의 문제에 대한 해결책을 찾기도 한다.
- 데이터베이스상담(database counseling): 정보를 제공하는 상담이라고 볼 수 있는데, 내담자들의 문제에 도움이 될 만한 자료를 사이버상담실 자료실에 탑재해 놓고 필요로 하는 내담자들이 누구나 열람하고 활용할 수 있도록 운영하는 형태다. 문자자료이든 영상자료이든 상담 관련 정보를 서버에 저장해 놓고 이용자들이 필요할 때 언제든지 접속해서 볼 수 있다.

## 3) 모바일상담

컴퓨터 사이버상담은 내담자가 컴퓨터 앞에 앉아서 유선으로 온라인에 연결되어야만 상담에 참여할 수 있다는 단점이 있다. 그러나 컴퓨터와 달리 스마트폰과 같이 휴대가 편리한 모바일 기반 환경 기술이 발달하면서 언제, 어디서나, 디바이스에 상관없이 의사소통이 가능한 환경이 만들어지고 있다. 이러한 커뮤니케이션 방식의 변화는 상담 장면에도 도입되어 모바일상담(mobile counseling) 혹은 스마트폰상담(smart phone counseling)이라는 형태로 접목되고 있다. 진로상담 등의 분야에서 모바일 웹 기반 상담 애플리케이션들이 개발되고 있으며 학교상담 장면에서도 활용되고 있다(이재현, 신용갑, 오장용, 2008; 조남옥, 조규락, 2017).

## 4) 미술치료

미술치료(art therapy)에서는 내담자의 내면에서 일어나는 욕망이나 꿈, 환상 등을 미술활동을 통해 간접적으로 파악하고 치료 도구로 활용한다. 내담자가 의식적인 언어로 표현할 수 없는 것, 즉 무의식의 내용이 그림에 투사되어 나타나는데, 미술활동은 내담자가 자기 내면과 대화하도록 촉진하고 표현된 작품을 통해 무의식에 담겨 있던 문제나 기억을 의식화할 수 있게 돕는다. 상담 장면에서의 미술활동의 기능은 다음과 같다(김춘경, 2004).

- 표현: 부정적인 감정을 안전하고 사회적으로 수용될 수 있는 방식으로 표현하도록 돕는다.
- 정화: 자신의 감정과 생각을 미술로 표현하는 활동을 통해 긴장을 이완시키고 감소시킨다.
- 성장: 미술활동을 하는 것 자체가 정신과 감각, 신체를 사용하는 것이기 때문에 인지 능력 향상, 자신감 고양, 개인적 만족감과 성취감 고취 등을 촉진한다.
- 평가: 개인 내적 문제나 대인관계 갈등을 개념화하고 진단하는 데 활용된다.

## 5) 음악치료

고대부터 음악은 인간의 인지적 · 정서적 · 신체적 · 사회적 기능을 긍정적으로 변화시키고 치료하는 데 활용되어 왔다. 일상생활에서 음악을 듣는 것 자체가 개인

의 정서적 욕구를 충족시키고 긴장을 해소시키는 측면도 있지만, 내담자의 문제해
결과 성장을 도모하는 음악치료(music therapy) 장면에서도 효과적으로 활용될 수
있다. 음악의 치료적 기능은 다음과 같다(이미리, 김춘경, 여종일, 2019).

- 신체적 활동 야기: 음악은 혈압, 호흡, 심장박동, 근육이완 등 신체 건강을 촉진
  하는 데 효과가 있다. 노래 부르기와 악기연주를 통해 신체기관의 운동 기능을
  활성화시키고, 좌뇌와 우뇌를 동시에 사용하게 함으로써 인지 기능을 향상시
  키는 데에도 도움이 된다. 또한 음악은 우울, 불안, 비애 등 부정적인 감정을 완
  화시키는 데에도 효과가 있다.
- 자기표현 촉진: 내담자가 과거를 회상하거나 감정을 표현하는 것을 돕기 위해
  배경음악을 활용한다. 음악은 사회적 기능을 지니고 있는데, 다른 사람들과 함
  께 노래 부르고 연주하는 활동을 통해 인간관계를 개선하고, 사회성을 향상시
  키며, 언어표현 능력이 증대되고, 또한 다른 사람에 대한 상호 신뢰감을 증진시
  키게 된다.
- 행동 변화 촉진: 음악은 인간행동의 한 형태로 기존의 문제적인 행동을 교정하
  는 데에 도움이 된다. 장애인이나 환자로 하여금 바람직한 행동을 획득하도록
  돕는 재활과정에서도 음악이 활용된다.

## 6) 영화치료

영화치료(cinema therapy)는 영화나 영상자료를 활용하여 치료를 촉진하고 내담
자의 자기이해와 문제해결을 돕는 상담활동이다. 영화 매체를 상담에 활용하는 데
에는 몇 가지 이점이 있다. 먼저, 영화는 대표적인 대중매체이므로 내담자의 유형
이나 연령에 상관없이 누구나 쉽고 편하게 접근할 수 있는 상담 도구다. 비자발적인
청소년 내담자의 경우 영화 필름을 활용하여 상담 참여에 대한 동기를 유발시키고
상담과정에의 몰입도를 높일 수 있다. 둘째, 영화는 감정 억압을 중화하고 정서적
정화를 촉진하여 내담자의 정서경험을 풍부하게 하고 치유를 가능하게 한다. 셋째,
영화 내용은 실제 가능한 이야기로 받아들여져서 내담자의 생각과 관점을 확장하
고 재구성하는 인지적 통찰을 얻게 한다. 넷째, 내담자에게 심리적 위로와 지지체계

를 제공한다. 영화 주인공이 역경을 극복하는 장면을 통해 자신에게 내재되어 있는 심리적 자원을 재확인하게 되고 문제해결과 미래에 대한 희망을 갖게 된다(Dermer & Hutchings, 2000; Hesley & Hesley, 1998; Wolz, 2005).

## 7) 독서치료

독서치료(bibliotherapy)에서는 내담자에게 독서를 권장함으로써 자신의 문제를 더 잘 이해하고 구체적인 문제해결 방법을 발견할 수 있도록 돕는다. 내담자는 독서를 통해 자신의 고통에서 벗어나 보다 객관적으로 문제를 바라볼 수 있게 되며, 또한 다른 사람들도 유사한 문제를 지니고 살아가며 또 극복해 나가고 있다는 점에서 안도감을 느끼고 문제해결에의 가능성과 의지를 회복하게 된다(변학수, 2005). 독서치료의 핵심적 치료 요소는 동일시, 정화, 통찰이다. 내담자는 문학작품의 등장인물이 자신과 유사할수록 강하게 동일시하는 경향이 있다. 내담자는 자신의 문제와 관련된 불안, 두려움, 죄책감 등의 감정을 경험하게 되며 그 과정에서 일종의 정화를 경험하게 된다. 또한 자신이 언어로 표현할 수 없었던 내면세계에 더 깊게 다가갈 수 있게 되며 이러한 과정을 통해 자기와 타인, 나아가 세상에 대한 새로운 통찰을 획득하게 된다(이미리, 김춘경, 여종일, 2019; Gumaer, 1984).

## 8) 심리극

심리극(psychodrama)은 내담자의 갈등 상황을 언어로 설명하는 대신, 그 상황을 드라마로 표현함으로써 내담자가 고민하고 있는 문제의 심리적 차원을 탐색하는 활동이다. 심리극은 주인공 중심으로 전개되는데, 주인공의 삶을 중심으로 주인공의 과거, 현재, 미래를 조망하면서 삶의 여러 측면을 탐색한다. 내담자는 자신이 처해 있는 현실, 좌절을 겪었던 상황, 기대와 소망 등 직면하고 있는 문제를 연기로 표현하는 과정을 통해 자신의 내재된 감정과 무의식적인 욕구를 인식하고 현재 문제와 관련된 환상이나 기억을 밝혀낸다. 이를 통해 대안을 모색하고 현재 문제를 해결할 수 있게 된다. 심리극의 기본 구성요소는 주인공(protagonist), 보조자아(auxiliary ego), 연출자(director), 관객, 무대이며, 심리극은 준비(warm-up) 단계, 본극(actingout) 단계, 종결(sharing) 단계의 순서로 진행된다(최윤미, 1999; Karp, Holmes, & Kauvon, 1998).

**토 론 주 제**

1. 비자발적인 청소년 내담자와의 촉진적인 상담관계를 형성하기 위해 상담자가 활용할 수 있는 개입 전략 혹은 활동에 대해 토의하시오.

2. 3명이 한 조를 이루어 각자 상담자, 내담자 및 관찰자 역할을 맡고, 면담기술을 적용하여 상담을 실시한 후 관찰자의 피드백을 토대로 상담 진행과정을 분석하시오.

3. 청소년을 대상으로 하는 사이버상담의 장단점을 분석하고, 사이버상담의 한계를 보완할 수 있는 방안을 논의하시오.

4. 어떠한 상담매체가 청소년들을 상담하는 데 가장 효과적이라고 생각하는가? 그 이유는? 자신이 선호하는 상담매체의 특징을 발표해 보시오.

# 심리검사

제**5**장

오늘날 심리검사는 학교, 병원, 산업체, 군대 등 다양한 장면에서 진단, 분류, 선발, 평가 등의 목적으로 활용되고 있다. 상담 장면에서 활용되는 심리검사는 상담자와 내담자 모두에게 유용한 정보를 제공한다. 심리검사는 내담자의 문제에 관련된 인지적ㆍ정의적 특성을 파악하고, 이상행동을 진단 및 평가하기 위한 목적으로 사용된다. 상담자의 입장에서는 내담자의 호소 문제를 해결하기 위한 상담개입 전략을 수립하는 데 정보가 필요하다. 내담자 입장에서는 자신을 더 잘 이해하고 생활변화 계획을 수립하는 데 심리검사 결과를 적극적으로 활용할 수 있다. 따라서 이 장에서는 심리검사의 개념과 발전과정을 기술하고, 청소년상담 영역에서 심리검사의 필요성을 살펴본다. 또한 심리검사의 여러 유형과 심리측정에 관련된 기본 통계적 개념들을 살펴보기로 한다.

# 1. 심리검사의 개념과 역사

## 1) 심리검사의 정의

심리검사의 정의는 다양하다. 심리검사는 비교적 연속적으로 나타나는 심리적 속성의 기능을 토대로 개인과 집단의 행동에 대한 평가(Guilford, 1954), 표준화된 조건에서 특수한 심리적 기능과 행동을 측정하는 객관적이고 조직적이고 통계적인 도구 또는 방법(Eysenck, 1967), 숫자 척도를 사용하여 행동을 관찰하고 기술하는 체계적인 절차(Cronbach, 1990), 인간행동 표본의 객관적이고 표준화된 측정(Anastasi & Urbina, 1997) 등으로 정의된다. 한편, 보다 더 구체적으로 기술하면, 심리검사란 인간의 지각, 성격, 능력, 흥미, 동기, 태도 등 심리적 특성의 내용과 그 정도를 파악하기 위해 일정한 조건하에 이미 마련된 자극문항이나 수행과제를 제시한 다음, 피검자의 행동 또는 결과를 어떤 표준적 관점에 근거하여 질적 혹은 양적으로 기술하는 조직적 절차(강봉규, 2014; 김영환, 문수백, 홍상황, 2008)라고 정의될 수 있다.

심리검사와 유사한 개념으로 측정, 평가, 사정, 진단 등의 용어가 있는데, 이들 용어는 비슷한 의미를 담고 있지만 또한 장면에 따라 구별되어 사용되기도 한다(김영환, 문수백, 홍상황, 2008; 윤명희, 서희정, 김경희, 구경희, 2019).

- 측정(measurement): 일정한 규칙에 따라 대상의 속성에 수치를 부여하는 것을 의미한다. 예를 들어, 지능이 130이라고 하거나 내향성이 85라고 하는 것과 같이 인간의 심리적 특성을 수치로 표현함으로써 의사소통의 객관성을 유지할 수 있다. 검사에는 수량화하는 검사뿐만 아니라 질적으로 분석하는 검사도 있기 때문에 측정은 심리검사의 수단이자 일종의 하위 개념이라고 볼 수 있다. 측정은 그 수치가 무엇을 의미하는지에 대한 가치판단을 내리지는 않는다.

- 평가(evaluation): 대상의 속성에 대해 가치판단을 내리는 것을 뜻하는데, 판단의 준거 또는 표준을 적용하여 측정된 수치에 의미를 부여한다. 예를 들어, 평균이 100인 지능검사에서 IQ가 130 이상인 경우에는 지적 능력이 우수하고, 평균이 50인 우울검사에서 85 이상은 매우 우울하다고 하는 것과 같이 측정된 수치에 의미를 부여하고 그 수치의 가치를 판단하는 것이다.

- 사정(assessment): 풍부한 자료를 토대로 개인이 지닌 특성의 양적·질적 수준을 다면적으로 파악하는 것을 뜻한다. 개인에 대한 정보를 수집하여 신체적·심리적·사회적 특성을 추론하고 예측하기 위해 사용하는 과정을 총칭하는 보다 포괄적인 개념이다. 면담, 관찰, 조사 등을 통해 수집한 자료와 함께 다른 누가적 기록과 심리검사 결과 등을 토대로 피검자의 특성을 다각도로 이해한다. 사정은 상담자의 실제적 활동을 보다 기술적으로 표현한 용어로 인간행동에 관련된 정보를 수집하는 절차와 과정뿐만 아니라 특정 문제를 해결하기 위한 행동 전략을 제안하는 과정까지 포함한다(Anastasi, 1993; Loesch, 1977; Pate, 1983; Shertzer & Linden, 1982).

- 진단(diagnosis): 흔히 병원에서 환자를 진찰하여 질병의 증상이나 원인 등을 파악하는 것을 의미하는 용어로 사용된다. 마치 병원에서 의사가 환자를 진단하듯이 상담 장면에서도 내담자를 대상으로 면접, 조사, 심리검사 등을 실시하여 내담자가 지닌 심리적 장애와 그 원인을 밝히고 심리적 특성의 구조와 기능을 판단하는 것을 진단이라고 한다.

심리검사는 학교, 병원, 산업체, 군대 등 다양한 장면에서 이해, 선발, 분류, 배치,

검증 등의 목적으로 활용되고 있다(김영환, 문수백, 홍상황, 2008; 윤명희, 서희정, 김경희, 구경희, 2019).

- 이해(understanding): 심리검사는 전통적으로 집단 내에서 개인차를 이해하기 위한 목적으로 사용되었다. 의사나 교사가 환자와 학생의 문제나 특성을 이해하기 위해 정보를 수집하는 차원에서 심리검사를 사용하였다. 그러나 오늘날 자기이해와 자기지식의 목적으로 심리검사를 사용하는 경우가 늘어나고 있다. 피검자가 자신을 더 잘 이해하고 자신의 미래 삶을 계획하는 데 심리검사 정보를 활용하고자 한다. 심리검사를 통해 자기 자신을 보다 정확하게 이해하고, 이러한 객관적인 자기이해를 토대로 보다 효율적인 자기성장과 자아실현을 도모한다.
- 선발(selection): 다수의 사람 중에서 특정인을 선발하고자 할 때 활용되는데, 여러 사람 중에서 일부를 탈락시키고 필요한 사람만 뽑는 데 사용된다. 예를 들어, 대학에서 지원자의 입학 여부를 결정할 때에나 기업체에서 신입사원을 채용할 때 선발 준거 중의 하나로 심리검사를 활용한다. 선발 이후 그 개인의 성공 수행 가능성을 가장 잘 예측해 줄 수 있는 특성을 파악하기 위해 심리검사가 사용된다.
- 분류(classification): 다수의 사람을 체계화된 특성 구분에 따라 유목별로 분리하고 구분하는 데 활용된다. 예를 들어, 수강생들의 진단검사 수행 결과를 토대로 기초반이나 심화반으로 분류할 수 있다.
- 배치(placement): 심리검사를 통해 개인의 특성을 평가하고, 이를 토대로 그 개인을 가장 적절한 곳에 배치 혹은 정리한다. 심리검사를 사용하여 적재적소에 개인을 배치하는 것은 심리검사의 주요 기능 중 하나다. 예를 들어, 기업체에서 신입사원을 선발한 후 적성검사나 흥미검사 결과를 토대로 영업직, 생산직, 홍보직 등 적절한 부서에 배치할 수 있다. 일반적으로 선발과 분류 이후에 뒤따르는 절차다.
- 검증(verification): 학문 분야에서 연구 가설을 검증하기 위한 자료를 수집하기 위해 심리검사가 실시된다. 조사연구나 실험연구 장면에서 연구 문제와 연구 가설을 설정한 후 가설의 진위를 통계적으로 검증하기 위해 검사도구를 사용

하여 데이터를 수집하고 분석한다.

## 2) 심리검사의 역사와 발전과정

심리검사의 역사는 고대 시대까지 거슬러 간다. 그리스에서는 약 2,500년 전 심리검사를 이미 실시했다는 문헌이 있으며, 중국에서도 2,000년 전 관료를 선발하기 위해 심리검사를 실시하고 검사와 관련된 사회계층, 피검자 편향, 부정행위 등에 관한 내용들이 논의되었다는 기록을 찾아볼 수 있다(Bowman, 1989).

그러나 오늘날과 같은 형태의 심리검사는 19세기경부터 등장하였다. Wundt는 독일의 라이프치히 대학교에서 심리학 실험실을 설치하고 인간의 정신과정을 측정하기 위해 사고측정기(thought meter)를 개발하였다. 사고측정기는 주어진 자극에 대한 사고 반응의 신속성을 측정하기 위한 도구다. 영국의 생물학자 Galton은 유전과 진화에 관한 연구를 진행하는 과정에서 개체 간의 유사성과 차이성을 측정할 수 있는 방법을 고안하고자 하였고, 그 결과 심리검사 발전에 큰 공헌을 하였다. 그는 길이에 대한 시각적 변별력을 측정하는 갈톤 막대, 피검자가 지각할 수 있는 음정의 높이를 측정하는 갈톤 호루라기, 운동감각의 변별력을 측정하는 추 세트 등 다양한 측정도구를 개발하였다(윤명희, 서희정, 김경희, 구경희, 2019).

비슷한 시기에 미국의 심리학자 Cattell은 Wundt의 제자로서 인간이 지닌 심리적 특성의 공통 요인을 규명하는 데 관심을 가졌다. Galton과 Wundt의 영향을 받은 Cattell은 기억을 비롯하여 정신과정을 객관적으로 측정하는 데 초점을 두었으며, 1890년에 발표한 「정신검사와 측정(Mental Tests and Measurement)」이라는 논문에서 '정신검사(mental test)'라는 용어를 최초로 사용하였다(Anastasi, 1993). Cattell은 자연과학 분야에서 금속정련기를 사용하여 광물의 성분을 측정하고 분석하는 것과 마찬가지로 인간의 심리적 속성도 객관적으로 측정할 수 있다고 주장하였다.

고차원적인 정신과정인 지능을 측정하기 위한 최초의 지능검사는 1905년 Binet와 그 동료에 의해 개발된 비네-시몽 척도(Binet-Simon Scale)다. 단순한 감각이나 지각 능력을 측정하는 문항뿐만 아니라 이해력, 판단력, 추리력 등의 복잡한 언어적 추상작용을 측정할 수 있는 문항도 포함되었다. 이후 미국 스탠퍼드 대학교의 Terman에 의해 스탠포드-비네 지능검사(Standford-Binet Intelligence Scales)가 개발되면서 정신연령과 생활연령 간의 비율을 의미하는 지능지수(intelligence quotient: IQ)라는 개념이 처음 사용되었다.

집단 장면에서 심리검사가 본격적으로 활용되기 시작한 것은 제1차 세계대전 시기다. 당시 미국 육군은 병사를 선발하고 배치할 목적으로 심리학자에게 지필용 지능검사 제작을 의뢰하였다(Aiken, 1985). Otis와 Yerkes는 Binet, Spearman, Galton, Cattell 등의 연구 성과에 기초하여 최초의 집단용 지능검사인 군대검사(Army Test)를 개발하였다. 이 검사는 영어를 사용할 수 있는 피검자에게 실시하는 언어성 지능검사인 'Army Alpha Test'와 영어 사용이 불가능한 피검자에게 실시하는 비언어성 지능검사인 'Army Beta Test'가 있다.

이후 전개된 심리검사 운동은 상담자의 역할과 책무성에 대해 새로운 관점을 제공하였다. 상담자는 심리학의 심리측정 영역과 밀접하게 관련되기 시작하였으며, 학교 장면에 진출할 수 있는 이론적 근거를 확보할 수 있게 되었다. 1930년대는 미국의 대공황으로 인해 직업 및 진로 분야에서 심리검사에 대한 관심이 높아졌으며, 미네소타 대학교 내에 설치된 고용안정연구소(Employment Stabilization Research Institute)가 중심이 되어 실업자를 대상으로 실시할 수 있는 배터리 형태의 심리검사가 개발되었다. 1957년 소련의 스푸트니크호 발사를 계기로 미국은 과학과 심리검사에 관심을 기울이기 시작하였다. 미국 의회는 「국가방위교육법(National Defense Education Act)」을 통과시켜 성적이 우수하고 과학에 재능을 나타내는 학생을 선별하기 위한 심리검사를 개발하고자 재정을 확보하였다. 1960년대에 접어들어 심리검사는 학교뿐만 아니라 기업체, 군대 등 다양한 장면에서 활용되어 대중화되기에 이르렀다.

한편, 1970년대와 1980년대에 접어들어 심리검사의 역할을 재조명하고 문제점을 보완하고자 하는 노력이 이루어졌다. 심리검사의 대중화와 동시에 심리검사 사용에 의문을 제기하는 주장과 심리검사 오용의 문제점을 논의하였다. 심리검사도구의 인종적 편향, 공정성, 정확성 등이 거론되면서 미국에서는 학교에서 표준화 지능검사, 적성검사, 성취도검사의 사용을 유예하고 특정 심리검사 사용을 금지하는 법안이 제안되기도 하였다(Engen, Lamb, & Prediger, 1982; Whiston, 2005). 이러한 사회적 분위기는 심리검사 선정과 해석에 있어서 전문성을 강화하는 계기가 되었다.

## 2. 상담과 심리검사

상담이 진행되는 각 단계마다 심리검사와 평가가 관련된다. 상담 초기에 내담자 문제를 사정하고 개념화할 때, 중기 단계에 적용될 수 있는 효과적인 치료 절차를 선정하고 치료 계획을 수립할 때, 종결 단계에서 상담의 효과를 평가할 때 각각 심리검사가 활용될 수 있다. 상담 초기 단계에서는 내담자의 문제를 파악하고 관련된 요소를 평가해야 한다. 만약 심리검사 결과에 근거한 문제 진단이나 사례개념화 과정이 불완전하거나 부정확할 경우에는 앞으로 전개될 전체 상담과정에 부정적인 영향을 미치게 된다. 적절한 치료 절차를 선정하고 효과적인 상담이 이루어지기 위해서는 심리검사와 평가에 근거하여 내담자가 호소하는 문제가 단순한 문제인지 복합적인 문제인지를 규명하는 것이 중요하다(Mohr, 1995). 또한 상담이 진행되어 종결되는 시점까지 상담 서비스의 효율성이 지속적으로 평가되어야 한다(Whiston, 2005). 상담자는 자신이 내담자의 상황을 충분하게 이해하고 있는지를 모니터링하여 상담에 진전이 있는지를 판단하고, 내담자가 상담목표에 근접하고 있지 못하다고 판단될 때는 상담전략을 재조정할 필요가 있다.

### 1) 상담에서 심리검사의 필요성

#### (1) 전문성 확보 요구

비록 상담과 사정이 동일한 영역이 아니라 하여도 상담자는 효과적인 사정을 할 수 있어야 한다. 미국상담학회(American Counseling Association)의 윤리지침 section E에는 평가, 사정, 해석에 관한 내용이 제시되어 있다. 더욱이 상담 관련 프로그램을 인준하는 미국의 Council for Accreditation of Counseling and Related Educational Programs(CACREP)는 인준 프로그램 안에 학생에게 요구되는 8개의 핵심 영역을 명시해 두었는데, 그 가운데 하나가 사정에 관한 것이다. 따라서 모든 상담자는 심리검사도구 및 기술을 적절하게 활용하고 정확하게 사정할 수 있는 지식과 훈련을 갖춘 전문성을 확보해야 한다.

또한 상담자는 사정을 잘 이해하고 사정 결과를 적절하게 해석할 수 있어야 한다.

예를 들어, 상담자가 학생 내담자의 학업성취도 결과를 해석할 수 없을 경우에는 학부모의 신뢰를 잃게 된다. 더욱이 정신건강 상담자와 학교상담자는 심리학자 등과 함께 팀워크 형태의 업무를 수행하는 경우가 많은데, 이때 상담자가 심리측정에 관한 기본 개념과 기술을 갖추고 있지 못할 경우 다른 동료의 신뢰를 잃게 된다.

### (2) 문제 규명

적절한 심리검사를 활용할 경우 상담자는 면담에만 의존하는 경우보다 내담자에 관한 통찰을 더 빨리 얻을 수 있다(Duckworth, 1990). 그리고 효율적인 방식에 따라 내담자의 문제가 도출된다면 치료 개입을 빨리 진행할 수 있다. 마치 의사가 치료 과정에서 의학적 검사를 실시하는 것처럼 심리검사는 다양한 측면에서 상담과정을 촉진한다. 상담자와 내담자 사이에 문제의 본질에 관한 합의가 이루어질 경우 내담자가 상담을 지속할 가능성은 훨씬 높아진다(Epperson, Bushway, & Warman, 1983).

내담자 문제를 인식하고 분석하는 데 상담자가 객관성을 유지하는 것은 쉬운 일이 아니다. 상담자는 자신의 가설에 부합하는 증거만을 수집하고자 하는 확증적 편향(confirmatory bias)을 나타내기 때문이다(Spengler, Strohmer, Dixon, & Shivy, 1995). 예를 들어, 상담자가 우리 사회에 약물중독 문제가 만연해 있다고 믿는다면 그가 만나는 모든 내담자의 문제를 약물중독이라는 주제와 연결 지어 이해하고자 할 것이다. 상담자의 주관성이 지니는 한계를 극복하는 데 객관적으로 잘 실시된 심리검사와 사정은 도움이 된다.

### (3) 내담자에 관한 다양한 정보 수집

형식적인 사정은 내담자를 이해하는 또 다른 방법이 될 수 있다는 측면에서 내담자에게 실질적인 도움이 된다. Fredman과 Sherman(1987)은 상담자가 내담자에게 청각적 경험을 제공하는 데 그치지 않고 가끔씩 시각적·운동적·촉각적 영역의 경험을 제공할 것을 제안하였다. 일반적인 면담 형태의 언어로 표현된 것보다 심리검사는 정보에 대한 확신을 강화하는 시각적 경험이라고 할 수 있다. 더욱이 이러한 시각적 경험은 내담자에게 갈등과 문제를 해결하기 위한 행동을 취하도록 동기를 유발시킨다.

상담자가 내담자의 학습과 통찰을 격려하기 위해 심리검사는 사정 결과를 활용할 수 있도록 새로운 정보를 제공한다(Campbell, 2000). 내담자가 상담과정 중에 말하기 힘들어하는 주제는 사정 결과를 통해 드러난다. 어떤 내담자는 면담과정보다는 심리검사도구를 통해 자신의 자살 충동을 더 잘 표현하는 경우도 있다.

### (4) 내담자의 의사결정 조력

내담자는 의사결정에 도움을 받기 위해 상담실을 찾는 경우가 많다. 예를 들어, 내담자는 상담자에게 "학교를 중퇴해야 할까요?" 혹은 "진로를 바꾸어야 할까요?"와 같은 질문을 던진다. 의사결정에 활용할 수 있는 정보의 양이 많을수록 내담자의 의사결정 과정은 촉진된다. 직업 선택, 진로 적성, 가족 역동 등에 관한 정보를 수집할 수 있는 심리검사도구를 선정한다면 내담자의 의사결정을 도울 수 있다. 그러나 사정 정보를 수집하기 위해 항상 심리검사를 실시해야만 하는 것은 아니다. 상담자는 내담자가 과거 교육기간 동안이나 다른 곳에서 실시하였던 사정 도구를 재활용할 수도 있다(Whiston, 2005).

### (5) 내담자의 강점과 약점 확인

상담의 궁극적인 목표는 치료가 필요한 병리적 증상에 초점을 두는 것이 아니라 발달을 촉진하는 데 있다. 변화될 수 없는 성격 요인을 진단하기 위해 심리검사를 사용하기보다는 가족 역동, 성격의 변화 가능한 측면, 환경적 스트레스, 대처 전략, 학습 양태 등과 같이 수정할 수 있는 요인을 규명하는 데 심리검사를 활용한다. 또한 내담자의 단점이나 취약점은 물론 변화과정을 촉진시킬 수 있는 강점을 파악하기 위해서 심리검사를 활용한다. 이렇듯이 상담자는 내담자의 강점과 약점을 사정하는 데 조화를 유지하는 것이 필요하다(Lopez, Snyder, & Rasmussen, 2003). 상담자는 긍정적인 심리 사정을 위해 내담자의 취약한 특성, 내담자의 강점과 장점, 내담자 환경의 역기능적 측면, 그리고 내담자 환경 내의 자원과 기회를 확인해야 한다(Wright & Lopez, 2002).

### (6) 형식적 사정의 신뢰성

어떤 내담자에게는 상담자의 언어적 멘트보다 형식적 사정 전략이 훨씬 더 많은 영향을 미친다. 사정 결과를 말로 설명해 주는 것보다 컴퓨터 모니터나 출력된 인쇄

용지 형태로 보여 주는 것이 심리검사 결과에 대한 신뢰성을 높이는 한 방법이 될 수 있다. 이런 분야에 대한 연구는 아직 미흡하지만, 형식적 사정 절차가 활용될 때 상담 성과가 향상될 수 있다고 주장하는 연구 결과가 일부 소개되었다(Goodyear, 1990; Sexton, Whiston, Bleuer, & Walz, 1997). 내담자는 자신이 만나고 있는 상담자가 전문가이며, 매력적이고 신뢰감을 준다고 확신할 때 상담자의 피드백을 적극 수용하고 상담자의 전문성을 신뢰하게 된다. 형식적 사정을 실시하는 상담자는 내담자에게 전문적인 임상가로 인식될 수 있다.

### (7) 사정과 책무성

입법가, 행정가, 법인체, 의료보험체계, 내담자, 학부모 등은 상담이 도움이 되며 비용을 절감할 수 있다는 것을 증명할 수 있는 근거 자료를 요구한다. 예산 운용 차원에서 볼 때, 학교상담 프로그램은 예산 편성에서 제외되거나 삭감될 가능성이 매우 높다. 따라서 학교상담자는 학교 장면에서 자신들의 유용성을 입증할 수 있는 책무성에 관련된 자료들을 제시할 준비가 되어 있어야 한다(Dahir & Stone, 2003; Myrick, 2003). 의료보험체계하에 운영되고 있는 정신건강 서비스 분야에서 정신건강 상담자는 단순히 면접상담을 실시하는 것 외에도 치료 성과나 데이터를 수집하는 객관적인 방법을 알고 있어야 한다(Lawless, Ginter, & Kelly, 1999). 내담자를 사정하는 것도 바로 이러한 책무성과 관련된 정보에 포함된다.

## 2) 심리검사 활용 시 고려 사항

사정은 상담의 중요한 한 부분이기 때문에 상담자는 심리검사에 대해 충분히 숙지하고 있어야 한다. 〈표 5-1〉은 올바른 심리검사 활용에 필요한 최소한의 요건을 제시하고 있다. 심리검사를 실시할 때 상담자가 갖추어야 할 두 가지 요건은 다음과 같다.

- 심리검사에 대한 지식과 한계에 대한 인식
- 심리검사 활용과정에서의 책임감

〈표 5-1〉 **심리검사 실시요건**

① 채점과 기록에서의 오류 방지
② 타당도가 결여된 검사점수에 근거하여 피검자에게 인격적인 손상을 가하는 용어(예: 정직하지 못함)를 사용하지 않도록 주의
③ 채점판과 검사도구를 안전한 곳에 보관
④ 피검자가 검사요강 지시문의 내용을 준수하여 검사점수에 오류가 발생하지 않도록 유의
⑤ 최적의 검사환경 조성(예: 적절한 검사실)
⑥ 개인 능력에 대해 잘못된 해석을 내릴 수 있으므로 피검자에게 검사문항에 관한 교육을 실시하지 않도록 유의
⑦ 상담 장면에서 피검자에게 검사 결과를 해석해 주고 상담을 실시하고자 하는 의욕
⑧ 심리검사도구의 저작권을 침해하지 않도록 유의
⑨ 채점판과 일치되지 않는 답안지를 개인적으로 제작하여 활용하지 않도록 유의
⑩ 정확한 검사점수를 획득하기 위해 피검자와 라포 형성
⑪ 검사요강에서 허용하는 정도를 벗어난 피검자의 질문에 너무 상세하게 답변하지 말 것
⑫ 피검자 집단에 적합한 규준 활용

출처: Moreland et al. (1995).

내담자에 대한 다양한 정보를 수집하는 것은 적절한 사정을 위해 매우 중요하다. 복합적인 심리적 요소를 완벽하게 측정해 내는 검사도구는 존재하지 않기 때문에 단 하나의 사정 결과에 근거하여 판단을 내리는 것은 위험하다. 또한 상담자는 올바른 사정에 관련된 기술을 습득할 필요가 있으며, 자신의 한계를 인식하고 있어야 한다. 내담자에게 미치는 피해를 최소화하기 위해 상담자는 검사도구에 관한 지식과 훈련을 갖추지 않은 상태에서는 검사를 실시하지 않아야 한다. 심리검사가 오용되는 가장 중요한 요인은 심리검사의 통계적 요소와 심리검사가 목적으로 하는 행동의 심리적 요소에 관한 부적절한 지식에 기인한다(Anastasi & Urbina, 1997). 따라서 상담자는 측정과 관련된 개념을 이해하고, 특정 검사도구가 측정하고자 하는 심리적 영역에 관한 지식을 갖추어야 한다.

이와 관련하여 상담자는 심리검사를 실시하는 전반적인 과정에서 윤리적 절차를 지켜야 한다. 미국심리학회는 「심리학자 윤리강령」 가운데 심리검사 관련 강령을 다음과 같이 삽입해 놓았다.

심리학자는 평가도구의 개발, 출판 및 활용 시 고객의 복지와 이익을 위해서 최선의 노력을 기울인다. 심리학자는 평가 결과가 잘못 사용되지 않도록 노력해야 한다. 심리학자는 고객이 검사 결과와 해석, 그리고 결론 및 제언의 근거에 대해 알려는 권리를 존중한다. 심리학자는 법률이 정하는 범위 내에서 검사와 다른 평가도구의 기밀을 유지하는 모든 노력을 기울인다. 또한 다른 사람이 평가도구를 적절히 사용하도록 돕는다(「심리학자 윤리강령」 제8조).

이 조항은 다시 다음과 같은 6개의 하부 강령으로 되어 있다(탁진국, 2003).

- 평가기법을 이용할 때 심리학자는 고객이 그 기법의 본질 및 목적에 관해 이해할 수 있는 용어를 사용해 충분히 설명받을 권리가 있음을 존중하며, 이러한 권리에 대한 예외가 있을 경우에는 사전에 고객의 동의를 받아야 한다.
- 심리학자는 심리검사와 다른 평가기법을 개발하고 표준화할 때 기존의 과학적 절차를 따르고 심리학회의 관련 기준을 준수한다.
- 평가 결과를 보고할 때 심리학자는 평가 환경이나 규준의 부적절성 때문에 타당도나 신뢰도에 다소 문제가 있을 수 있음을 지적해야 한다. 또한 심리학자는 다른 사람이 평가 결과와 해석을 잘못 사용하지 않도록 노력한다.
- 심리학자는 평가 결과가 시대에 뒤떨어질 수 있음을 인정해야 한다. 이러한 측정치가 잘못 사용되는 것을 피하는 동시에 막는 노력을 해야 한다.
- 심리학자는 채점과 해석 시 그러한 해석을 내리는 데 사용된 프로그램 및 절차의 타당성에 대한 증빙 자료를 제시할 수 있어야 한다. 또한 일반인에게 결과를 해석해 주는 것은 전문적인 상담으로 간주해야 한다. 심리학자는 결과 보고서가 잘못 사용되지 않도록 노력해야 한다.
- 심리학자는 심리평가 기법을 충분히 훈련받지 않았거나 자격이 없는 사람이 사용하지 않도록 해야 한다.

## 3. 심리검사의 유형

상담 장면에서 심리검사를 효과적으로 활용하기 위해서는 심리검사 유형을 잘 알고 있어야 한다. 심리검사는 상담자가 심리학자, 학교사회사업가, 교사 등 다른 전문가 집단에게 자문을 제공할 때 자주 거론되는 주제다. 최근 심리건강 분야에서는 학제 간 팀치료 형태를 선호하는 추세다. 따라서 상담자가 이러한 팀의 일원으로 활동하기 위해서는 심리검사의 전문용어를 이해하고 있어야 한다. 심리검사를 분류하는 체계는 다양하지만 가장 일반적인 분류 형태는 다음과 같다.

### 1) 표준화 검사 대 비표준화 검사

표준화 검사(standardized test)는 검사 실시와 채점에 관한 명문화된 지침을 갖추고 있으며, 전문적 기준에 부합하는 문항으로 구성되어 있다. 그리고 한 개인의 수행을 다른 개인의 수행과 비교하는 데 목적을 둔 검사라면 검사 개발과정에서 표본집단을 대상으로 규준을 작성하여 포함시킨다. 반면, 비표준화 검사(nonstandardized test)는 명확하고 체계화된 지침이 마련되어 있지 않은 형태의 검사다.

### 2) 개인검사 대 집단검사

개인검사(individual test)와 집단검사(group test) 간의 구분은 검사 실시 방식과 관련이 있다. 집단적으로 검사를 실시하게 되면 한 개인을 대상으로 실시하는 것에 비해 편리하고 시간이 절약되는 장점이 있다. 그러나 집단검사는 검사를 실시하는 과정 동안 모든 피검자의 행동을 면밀히 관찰할 수 없다는 한계가 있다. 개인검사를 하게 되면 피검자의 비언어적 행동에 대한 관찰뿐만 아니라 피검자에 관련된 다양한 정보를 수집할 수 있다.

## 3) 객관적 검사 대 주관적 검사

객관적 검사(objective test)와 주관적 검사(subjective test)의 구분은 채점 방식에 따른 것이다. 대부분의 검사도구는 객관적으로 채점하도록 제작되어 있다. 즉, 채점 방식이 이미 체계화되어 있기 때문에 채점과정에서 채점자의 어떠한 개인적 판단도 허용하지 않는다. 반면에 주관적 검사는 채점 시 채점자의 전문가적 판단이 요구되는 형태다. 예를 들면, 선다형(multiple-choice) 검사는 객관적 검사로서 응답자의 반응이 맞는지 틀리는지를 채점한다. 이에 비해 에세이식 검사는 채점자가 반응 서술문의 내용과 질에 대한 판단을 내려야 하므로 주관적 검사라고 볼 수 있다. 객관적 검사는 채점에서 편견이나 비일관성을 배제하기 위한 의도로 제작된다. 그러나 상담자는 내담자에 관련된 다양한 주제를 탐색하고자 하기에 객관적 검사만으로는 충분하지 않은 경우가 많다.

## 4) 속도검사 대 능력검사

속도검사(speed test)와 능력검사(power test) 간의 구분은 문항의 난이도에 따른 것이다. 능력검사는 난이도가 다양한 문항으로 구성되어 있고 어려운 문항에는 가중치를 부과할 수 있는 형태의 검사다. 반면, 속도검사는 한정된 시간 범위 내에 얼마나 많은 문항에 응답하였는지를 채점한다. 특정 검사가 속도검사인지 능력검사인지는 검사의 목적에 따라 구분된다. 개인이 특정 과제를 얼마나 빨리 수행하는가를 확인하려는 목적이 있다면 속도검사를 활용하는 것이 적합하다. 그러나 수학 교과에 대한 개인의 능력이 어느 정도인지를 확인하려는 목적이 있다면 능력검사가 적합할 것이다.

## 5) 언어검사 대 비언어검사

언어검사(verbal test) 형태의 검사도구가 많이 개발되면서 최근 들어 언어와 문화적 요소가 심리검사에 미치는 영향에 대한 인식이 높아지고 있다. 모국어가 아닌 다른 언어로 제작된 검사는 피검자의 점수에 영향을 미칠 수 있다. 만약 피검자가 검사지에 수록된 지문이나 검사자의 언어적 설명을 잘 이해하지 못하는 경우 검사점수에서 불이익을 받을 수 있기 때문이다. 한편, 수행검사(performance test)라고도 부르는 비언어검사(nonverbal test)는 언어의 영향을 최소화하며, 도구를 활용하여 피검자의 반응 양태를 측정한다. 그러나 실질적으로 이 두 가지 검사 유형을 구분한다는 것은 애매할 때가 많다. 이는 언어적 요소를 전혀 담고 있지 않은 검사도구를 개발한다는 것이 매우 어렵기 때문이다. 따라서 상담자는 내담자에 따라 언어적 기술이 검사 결과에 어떤 영향을 미치는가를 주의 깊게 관찰하여야 한다.

## 6) 인지검사 대 정서검사

인지검사(cognitive test)는 지각, 정보처리, 구체적 · 추상적 사고, 기억 등과 같은 인지적 요인을 측정하는 검사다. 인지검사는 다시 세 가지 유형으로 분류된다.

- 지능검사(intelligence test): 종종 일반능력검사(general ability test)라고도 부르는데, 일반적으로 추상적 사고 능력, 문제해결 능력, 복합적 개념에 대한 이해 능력, 새로운 내용을 학습하는 능력 등을 측정한다. 비록 지능은 복합적인 현상이지만, 우리가 흔히 지능이라고 할 때는 개인이 얼마나 '똑똑한지'에 관련된 개념을 의미한다(Sternberg, 1985).
- 성취도검사(achievement test): 획득된 지식이나 유능성을 측정한다. 즉, 개인이 특정 정보를 획득하고 특정 기술을 습득하는 데서 얼마나 '성취했는지'를 측정한다. 예를 들면, 수업이나 훈련과정을 마친 후 관련 지식과 기술을 얼마나 습득하였는지를 평가받게 되는 경우가 이에 해당된다. 학교 장면에서 실시하는 교과목 시험은 전형적인 성취도검사라고 할 수 있다.
- 적성검사(aptitude test): 개인의 미래 수행 능력을 예측하는 검사다. 성취도검사와 적성검사는 얼핏 유사한 것 같지만 그 목적이 다르다. 적성검사는 과거 경험에 관련된 요소를 측정하지 않는다. 오히려 미래에 개인이 얼마나 잘 수행할 수 있을 것인지, 즉 새로운 내용과 기술을 얼마나 잘 습득할 수 있을 것인지를 측정하는 데 목적이 있다.

정서검사(affective test)는 흥미, 태도, 가치, 동기, 기질 등과 같은 성격의 비인지적 측면을 측정하는 검사다. 정서검사에서는 구조적 검사와 투사법이 가장 많이 활용된다. 구조적 검사(structured instrument)에 속하는 대표적인 예는 '미네소타 다면적 인성검사-2(Minnesota Multiphasic Personality Inventory: MMPI-2)'를 들 수 있다. 피검자는 MMPI-2의 구조화된 설문문항을 읽고 제시된 두 가지 대안적 항목 가운데한 가지를 선택하여 반응하게 된다. 투사법(projective technique)에서는 피검자가 잉크반점, 미완성 문장, 그림 등과 같은 다소 모호한 자극에 대해 반응하도록 되어 있다. 투사법의 이러한 비구조화 특성은 피검자의 다양한 반응을 가능하게 한다. 이론적으로 이러한 비구조화된 반응은 개인의 잠재적 특질을 투사하고 있다. 투사법에서는 피검자가 거짓 반응을 하기 어렵다는 장점이 있다. 그러나 투사법을 잘 활용하기 위해서는 검사자가 이 분야의 많은 훈련과 임상경험이 축적되어 있어야 한다(Whiston, 2005).

## 4. 심리측정의 기본 통계

대상의 어떤 속성을 파악하기 위한 목적으로 표준화된 절차와 방법에 따라 관찰하고 일정한 규칙에 따라 그 속성을 수량화하는 것을 측정이라고 한다. 심리검사 채점과 해석에 관련된 기초 통계를 이해하기 위해 척도, 중앙집중치, 변산도, 상관, 규준에 관해 살펴보기로 한다(김영환, 문수백, 홍상황, 2008; 오윤선, 정순례, 2017; 이종승, 2005).

### 1) 척도

측정할 때는 측정 규칙을 따라야 하며, 측정 규칙은 사용된 척도의 정확성에 의존한다. 척도에는 다음의 네 가지 유형이 있다.

- 명명척도(nominal scale): 대상을 분류하기 위해 사용되는 척도다. 예를 들면, 초등학생=1, 중학생=2, 고등학생=3, 대학생=4 등으로 수치를 부여한다. 그러나

명명척도에 해당되는 측정치는 통계기법을 적용해서 분석할 수 없는 경우가 많다. 앞의 경우처럼 각 학교급별로 부여한 수치 1, 2, 3, 4를 합산하여 평균을 낼 경우 2.5가 되는데, 이때 2.5라는 것은 아무런 의미를 갖지 못하는 수치다.

• 서열척도(ordinal scale): 대상 간의 순위에 관한 정보를 제공하는 척도다. 운동 경기에서 영미는 1등, 철수는 2등, 순희는 3등이라면, 이때 각 개인에게 부여된 수치인 1, 2, 3은 우선 이 세 사람이 서로 다른 사람임을 나타내며, 나아가 영미는 철수보다 더 잘했으며 철수는 순희보다 더 잘했다는 것을 의미한다. 그러나 서열척도는 각 단위 간에 동간(equal interval)을 보장해 주지 못한다. 영미와 철수의 순위 차이도 1이고, 철수와 순희의 순위 차이도 1이다. 이때 수치상으로 보면 같은 1이지만 그 의미는 다를 수 있다. 영미와 철수 간의 차이가 철수와 순희 간의 차이와 실질적으로 동일하지 않을 수 있다.

• 동간척도(interval scale): 명명척도와 서열척도가 제공하는 정보 이외에 각 척도치 사이의 간격이 동일하다는 것을 전제로 하는 척도다. 45와 50 간의 차이인 5는 85와 90 간의 차이인 5와 같은 의미를 지닌다. 상담에서 활용되는 심리검사는 대부분 동간척도로 간주된다. 예를 들어, 지능검사 점수에서 85와 100 간의 차이는 100과 115 간의 차이와 동일하다고 본다.

• 비율척도(ratio scale): 명명척도, 서열척도, 동간척도가 제공하는 정보 이외에 수의 비율에 관한 정보도 제공하는 척도다. 즉, 절대 영의 존재를 전제한다. 길이는 cm라는 동일한 간격 단위를 지니며, 절대 영점(길이가 없는 상태)이 존재하므로 비율척도에 속한다. 6cm는 3cm에 비해 길이가 2배라고 할 수 있다. 비율척도가 갖는 이러한 속성 때문에 사칙연산과 다양한 통계처리가 가능하다.

상이한 수준이나 측정 척도상의 숫자는 상이한 형태의 정보를 전달한다. 따라서 상담자는 정확한 평가를 위해 심리검사를 사용할 경우 척도의 유형을 먼저 결정해야 한다. 척도에 따라 적용되는 통계기법은 달라진다.

## 2) 중앙집중치

한 개인이 획득한 적성검사 점수가 집단 내 다른 사람에 비해 상대적으로 어느 정도인지를 비교하기 위해 흔히 빈도분포(frequency distribution)나 히스토그램 (histogram)을 활용한다. 이러한 방법과 더불어 집단 내 개인의 위치를 확인할 수 있는 또 다른 방법이 바로 중앙집중치를 활용하는 것이다. 집단 내 대부분의 사람이 어느 정도의 점수를 획득하였는지를 알려 주는 대표적인 단일 수치를 계산해 낸다면 한 개인의 상대적 위치에 관한 유용한 정보를 획득할 수 있다. 최빈치, 중앙치, 그리고 평균치가 바로 이러한 중앙집중치에 해당된다.

- 최빈치(mode): 분포상에서 가장 자주 나타난 점수를 의미한다. 〈표 5-2〉에서 최빈치는 가장 많은 인원인 6명이 획득한 점수 50이다. 최빈치를 구하기 위해서는 먼저 각 점수를 획득한 인원수를 헤아린 후, 가장 많은 인원수에 해당되는 점수를 구한다.
- 중앙치(median): 집단 내 모든 점수를 크기 순서대로 배열할 때 가장 중앙에 위치하고 있는 점수를 의미한다. 중앙치는 집단 내 점수 분포를 양분해 주는 지점에 해당되는 점수로서 총 사례 수의 절반은 중앙치 상단에 나머지 절반은 중앙치 하단에 위치한다. 〈표 5-2〉에서 중앙치는 50이다. 전체 25개의 점수를 가장 높은 점수에서 가장 낮은 점수 순으로 나열하였을 때, 위로 12개, 아래로 12개를 각각 나누는 지점에 놓인 13번째 점수가 중앙치에 해당된다. 만약 총 사례 수가 짝수인 경우에는 중간 지점에 놓인 두 개의 점수를 합산하여 평균을 구하면 중앙치를 얻을 수 있다. 예를 들어, 집단 내 점수 분포가 1, 1, 1, 3, 14, 16이라고 하였을 때, 분포의 중간에 위치한 1과 3을 더하여 평균을 구하면 중앙치 2를 구할 수 있다.
- 평균치(mean): 집단 내 모든 점수의 수리적 평균(average)이다. 모든 점수를 합산하여 총 사례 수로 나누면 평균치를 얻게 된다. 〈표 5-2〉에 수록된 적성검사 점수 분포에서 평균치는 49.2이다.

## 3) 변산도

변산도(variability)란 집단 내 점수가 중앙집중치 주변에 흩어져 있는 정도를 의미한다. 중앙집중치를 알게 되면 한 개인이 획득한 60점이라는 점수가 최빈치, 중앙치, 평균치와 비교해서 더 높거나 더 낮다고 판단할 수 있다. 그러나 중앙집중치만으로는 집단 내 다른 사람들과 비교해서 그 개인의 점수가 평균치보다 어느 정도 더 높은지 혹은 낮은지를 알 수 없다. 예를 들면, 집단 내 점수 분포가 1, 3, 6, 9, 11일 때 평균치는 6이다. 그리고 집단 내 점수 분포가 5, 6, 6, 6, 7일 경우에도 평균치가 6이다. 비록 두 집단의 평균치가 동일하지만 두 집단 내에서 각 개인이 획득한 점수 7을 해석하는 데는 의미가 달라진다. 즉, 집단 내 변산도를 참조하여 개인의 점수를 해석할 때 보다 의미 있는 정보를 얻을 수 있다. 변산도의 종류는 다음과 같다.

- 범위(range): 점수의 분산 정도를 측정해 주는 것으로 점수 분포에서 최고 점수와 최저 점수 간의 차이를 계산해서 구한다. 〈표 5-2〉에서 최고 점수는 90점이고 최저 점수는 10점이다. 따라서 범위는 90-10=80이다. 범위는 집단 내 점수 분포가 얼마나 집중되어 있는지 혹은 넓게 퍼져 있는지를 보여 주기는 하지만 매우 불안정한 통계치다. 집단 내 최고 점수와 최저 점수 2개의 점수로만 결정되기 때문에 극단적인 점수가 포함되어 있을 경우에는 범위의 크기에 영향을 미친다.

〈표 5-2〉 **적성검사 원점수 예시**

| 50, | 60, | 40, | 70, | 40, | 60, | 70, | 40, | 90, | 80, | 20, | 50, | 60, |
|-----|-----|-----|-----|-----|-----|-----|-----|-----|-----|-----|-----|-----|
| 40, | 50, | 30, | 30, | 10, | 60, | 50, | 50, | 20, | 40, | 50, | 70  |     |

- 변량(variance)과 표준편차(standard deviation): 내담자에게 심리검사 점수를 해석해 줄 때, 상담자는 그 내담자가 평균에서 어느 정도 이탈되어 있는지를 더 잘 설명해 주기 위해 보다 정확한 측정치를 사용한다. 변량과 표준편차는 이러한 욕구를 충족시켜 준다. 〈표 5-3〉을 활용하여, 각 점수가 평균치에서 평균적으로 어느 정도 떨어져 있는지를 분석해 보자. 둘째 열의 편차점수는 각 점수가 평균치 3에서 각각 어느 정도 이탈되어 있는지를 보여 준다. 평균값에서 평균적으로 이탈되어 있는 정도, 즉 평균편차(average deviation)를 구하고자 할 때는 각 편차점수를 합산하여 총 사례 수로 나눈다. 그러나 이렇게 할 경우 0이 되므로, 이러한 문제를 피하기 위해 편차점수를 자승하여 합산한 후 총 사례수

로 나눈다. 이 수치를 변량 혹은 평균자승편차(mean square deviation)라고 한다. 〈표 5-3〉에 나타난 변량은 2다. 한편, 변량을 구하는 과정에서 편차점수를 제곱하여 구해진 편차자승화 값은 더 이상 원점수와 동일한 측정 단위라고 볼 수 없다. 따라서 변량의 제곱근을 구함으로써 원점수와 동일한 측정 단위로 변환한다. 이렇게 구해진 변량의 제곱근을 표준편차라고 한다. 표준편차는 각 점수가 평균치에서 평균적으로 이탈되어 있는 정도를 의미한다. 〈표 5-3〉에 나타난 변량 2의 제곱근을 구하면 1.41이 되는데, 이 수치가 표준편차다.

〈표 5-3〉 **변량과 표준편차 계산 예시**

| 점수(X) | 편차점수(X−M) | 편차자승화(X−M)² |
|---|---|---|
| 1 | 1−3 = −2 | $(-2)^2 = 4$ |
| 2 | 2−3 = −1 | $(-1)^2 = 1$ |
| 3 | 3−3 = 0 | $0^2 = 0$ |
| 4 | 4−3 = 1 | $1^2 = 1$ |
| 5 | 5−3 = 2 | $2^2 = 4$ |
| $\Sigma X = 15$ | $\Sigma(X - M) = 0$ | $\Sigma(X - M)^2 = 10$ |
| $M = \dfrac{\Sigma X}{N}$ | | $S^2 = \dfrac{\Sigma(X-M)}{N}$ |
| $M = \dfrac{15}{5} = 3$ | | $S^2 = \dfrac{10}{5} = 3$ |

심리검사 해석에서 표준편차는 다음 두 가지 측면에서 유용하다.

- 표준편차는 점수의 변산도를 나타내는 지수가 된다. 즉, 그 집단이 동질적 (homogeneous)인지 이질적(heterogeneous)인지를 나타내 준다. 표준편차가 클수록 집단 내 각 점수가 평균치에서 많이 이탈되어 있음을 의미하며, 표준편차가 적을수록 각 점수가 평균치 가까이 집중되어 있음을 뜻한다.
- 표준편차는 개인의 점수를 해석하는 데 활용된다. 표준편차는 각 점수가 평균보다 하위에 위치하는지, 평균 가까이 위치하는지, 혹은 평균보다 상위에 위치하는지를 보여 준다.

## 4) 상관

　상관계수(correlation coefficient: r)란 두 세트의 점수들 간의 관련 정도를 나타낸다. 학업동기가 높을수록 학업성취도가 높고 반대로 학업동기가 낮을수록 학업성취도가 낮다면, 학업동기와 학업성취도 간에는 어떤 관련성이 있다고 볼 수 있다. 이러한 관련성을 상관이라고 한다. 상관의 정도를 나타내는 상관계수는 두 변인이 모두 연속 변인일 경우 피어슨 적률상관계수(Pearson's product moment correlation coefficient)를 사용하며, 그 범위는 +1.0(정적 완전상관)에서 −1.0(부적 완전상관)까지다. 이때 상관계수가 0인 경우는 두 변인 간의 관련성이 전혀 없다는 것을 의미한다. 두 변인에서 획득한 점수를 산포도(scatter diagram)로 표현하였을 때, [그림 5-1]과 같이 사례 전원이 산포도의 왼쪽 하단 구석에서 오른쪽 상단 구석까지 대각선을 이루며 분포하고 있을 경우 정적 상관에 해당된다. 반면, [그림 5-2]와 같이 사례의

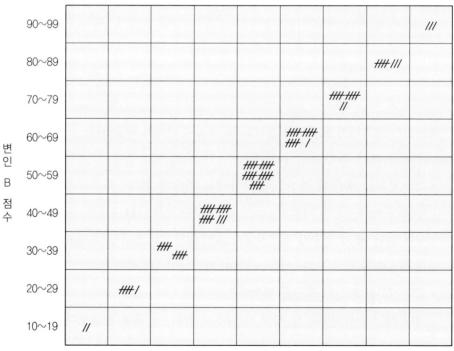

●그림 5-1● **정적 상관 산포도**

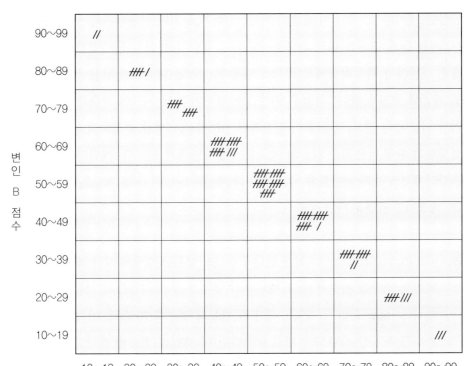

● 그림 5-2 ● **부적 상관 산포도**

분포가 왼쪽 상단 구석에서 오른쪽 하단 구석까지 대각선을 이루며 분포되어 있을 경우는 부적 상관에 해당된다. 상관계수를 해석할 때 유의해야 할 점은 상관성이 밝혀졌다고 해서 두 변인 간에 인과관계가 있음을 의미하는 것은 아니라는 점이다.

## 5) 규준

내담자에게 심리검사 결과를 해석해 줄 때 내담자는 정규분포, 백분위, 스태나인 등과 같은 심리검사 용어에 대한 이해가 부족하기 때문에 심리검사 결과가 전달되는 과정에서 혼란이 야기될 수 있다. 따라서 상담자는 점수를 채점하는 다양한 방법을 알고 있어야 하며 내담자가 이해할 수 있는 방식으로 검사 결과를 설명해 주어야 한다.

가장 간단한 채점방법은 실시요강에 제시된 규칙에 따라 원점수(raw score)를 계산하는 것이다. 그러나 이 방법은 다른 해석 자료 없이는 무의미한 숫자에 불과하다. 예를 들면, 전체 사례의 점수분포도, 중앙집중치, 변산도 등에 관한 정보가 없을 경우 내담자가 적성검사에서 획득한 원점수 60점은 내담자에 관한 정보를 아무것도 제공해 주지 못한다. 원점수 60점을 해석하기 위해서는 이 점수를 해석하는 근거가 되는 추가 정보, 즉 규준이 필요하다. 규준(norm)이란 원점수의 상대적 위치를 설명하기 위해 사용되는 일종의 척도로 규준집단에서 얻는다. 개인의 원점수를 규준집단에서 도출된 규준표와 비교하여 그 개인의 상대적 수행 정도를 확인할 수 있다. 대표적인 규준은 다음과 같다.

- 백분위(percentile rank): 전체 집단구성원의 점수를 서열에 따라 배열하였을 때, 개인의 점수를 집단에서 그 개인보다 점수가 낮은 사람들의 비율로 나타내는 것이다. 예를 들면, 적성검사에서 한 개인의 점수가 70일 때, 이 점수보다 낮은 점수를 획득한 사람이 전체의 80%라면 이 개인의 점수에 해당되는 백분위는 80이 된다. 백분위는 개인의 점수가 규준집단 내의 다른 사람과 비교하였을 때 어느 수준에 있는지를 간편하게 알려 준다는 장점이 있다. 그러나 백분위는 원점수와 반드시 선형관계에 있는 것이 아니다. 즉, 원점수에서는 1점 차이가 있을지라도 백분위에서는 전혀 다른 크기의 차이로 표기될 수 있다. 따라서 백분위는 점수 간의 차이의 정도를 말해 주지 못한다는 단점이 있다. 또한 서열척도에 해당되므로 동간척도 이상의 척도치를 분석하는 데 사용되는 통계적 절차를 적용할 수 없다.

- 표준점수(standard scores): 표준점수는 원점수를 전환하는 방식에 있어서 백분위와 달리 평균과 표준편차를 활용한다. 표준점수는 지능검사, 성격검사, 적성검사 등 거의 모든 종류의 표준화 심리검사도구에 적용되고 있다. 가장 기본이 되는 표준점수는 Z점수(Z-score)다. Z점수는 평균이 0이고 표준편차가 1인 표준점수를 의미한다. 개인의 원점수에서 평균을 뺀 후 표준편차로 나누면 개인의 Z점수를 구할 수 있다.

$$Z = (X - M)/s$$

예를 들면, 1.64라는 Z점수는 원점수가 규준집단의 평균에서 상위 1.64 표준편차 만큼 떨어져 있다는 의미다. 마찬가지로 Z점수가 0이라는 것은 개인의 원점수가 정확하게 평균치에 위치한다는 의미다. 그러나 Z점수는 소수점과 음의 값이 계산되어 나올 수 있기 때문에 통계나 수치에 익숙하지 않은 사람에게는 해석하는 데 어려움이 있을 수 있다. Z점수를 선형변환하여 T점수(T-score)를 구할 수 있다. T점수는 평균이 50이고 표준편차가 10인 표준점수다. Z점수에 10을 곱한 후 50을 더하면 T점수가 계산된다. 심리검사 개발자는 소수점과 음의 부호를 없애 주기 때문에 T점수 방식을 선호하는 경우가 많다.

$$T = 50 + 10Z$$

표준점수의 또 다른 유형으로 스태나인(stanines)이 있다. 'stanines'은 'standard nine'의 약어로서 원점수를 1에서 9까지의 범주로 나누며 평균치가 5다. 가장 낮은 점수는 범주 1에 포함되고 가장 높은 점수는 범주 9에 포함된다. [그림 5-3]에 나타난 것처럼 범주 1에는 하위 4%, 범주 5에는 20%, 범주 9에는 상위 4%가 포함됨을 알 수 있다. 스태나인의 장점은 한 자리의 정수로 표기된다는 점이다. 그러나 한 자리의 정수값은 점수의 범위를 나타내는 것이기 때문에 두 점수 간의 실제 차이를 제대로 반영하지 못하는 단점이 있다.

이 외에도 일반 교육 장면에서 많이 활용되고 있는 표준점수로 연령규준과 학년규준을 들 수 있다. 연령규준(age norms)은 개인의 원점수를 규준집단에 있는 다른 사람들의 연령과 비교해서 몇 세 정도에 해당되는지를 해석하는 방법이다. 학년규준(grade norms)은 개인의 원점수를 연령이 아닌 학년으로 나타내는 방법이다. 국어에서 4.2학년 점수를 획득한 3학년 학생에 대해 교사는 그 학생의 국어 실력이 동일한 시기의 4학년 학생들의 평균수준이라고 쉽게 이해할 수 있다.

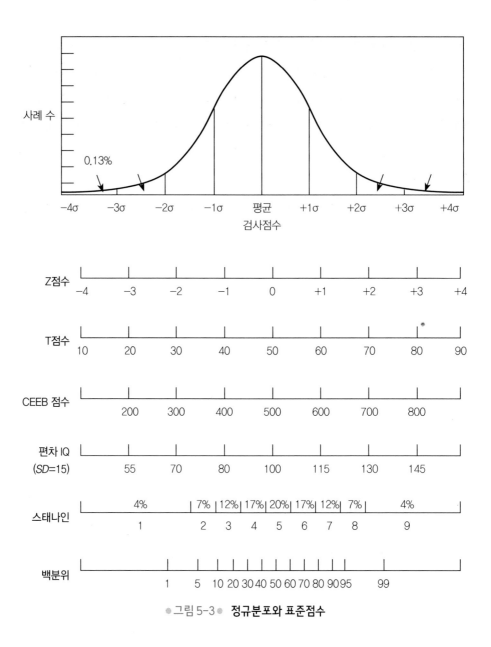

●그림 5-3● **정규분포와 표준점수**

## 5. 심리검사의 타당도

타당도(validity)는 그 검사가 원래 측정하려고 하였던 것을 실제로 잘 측정하는 정도를 의미한다. 지능을 측정하기 위해 개발된 검사가 지능과 관련이 없는 성격 특성을 측정하는 문항으로 만들어졌다면 그 검사는 타당도가 낮다고 볼 수 있다. 검사의 타당도를 추정하는 방법은 다음과 같다(김영환, 문수백, 홍상황, 2008; 류경희, 이수연, 전정화, 2020; 박경, 김혜은, 2017; 박영숙 외, 2019).

## 1) 내용타당도

내용타당도(content validity)란 검사문항이 측정하고자 하는 내용 영역을 얼마나 잘 대표하는지의 정도를 의미한다(Aiken, 1985; Crocker & Algina, 1986). 예를 들면, 초등학교 저학년을 대상으로 개발된 성취도검사에서는 미분과 적분 공식을 적용해야 풀 수 있는 문항보다는 사칙연산에 관한 문항이 더 적합하다. 검사의 내용타당도 분석은 내용 영역에 관해 지식을 갖춘 전문가의 판단에 의존하는 경우가 많다. 이와 관련하여 안면타당도(face validity)가 있는데, 이는 전문가가 아닌 일반인이 검사문항을 검토하고 그 검사가 얼마나 타당한지를 평가하는 방법이다. 내용타당도 분석은 전문가가 문항을 면밀하게 검토하고 평가한 후 판단을 내리는 방법이지만, 안면타당도 분석은 비전문가가 문항을 간단히 살펴본 후 판단을 내리는 방법이다.

## 2) 구인타당도

내향성, 우울증, 직무만족도 등과 같은 심리적 특성은 모두 추상적인 개념인데 이를 구인 혹은 구성개념(construct)이라고 한다. 구인타당도(construct validity)는 인간의 심리적 속성을 분석하여 이에 대한 조작적 정의를 설정한 후 검사점수가 그 심리적 구인을 제대로 측정하고 있는지를 평가하는 방법이다. 예를 들면, 창의력 검사도구의 구인타당도를 평가하고자 할 경우, 창의력이 민감성, 이해성, 도전성, 개방성, 자발성, 자신감 등의 구인으로 이루어져 있다고 설정한 후 그 검사도구가 이러한 구인을 잘 측정하는지를 평가하는 것이다(성태제, 1996). 구인타당도 추정 방법에는 수렴타당도, 변별타당도, 요인분석 등이 있다.

- 수렴타당도(convergent validity): 어떤 검사를 동일하거나 유사한 구인을 측정하는 다른 검사와 비교하여 두 검사 간의 상관계수를 구하는 방법이다. 이미 신뢰도와 타당도가 입증된 다른 검사와의 상관계수가 높게 나타난다면 그 검

사는 구인타당도가 높다고 할 수 있다. 예를 들면, 사회성 검사와 외향성 검사 간에 높은 정적 상관이 나타난다면 사회성 검사의 구인타당도가 높다고 할 수 있다.

- 변별타당도(discriminant validity): 어떤 검사와 다른 속성을 측정하는 검사와의 상관계수를 구하는 방법이다. 사회성 검사와 내향성 검사 간에 높은 부적 상관이 나타난다면 사회성 검사의 구인타당도가 높다고 할 수 있다.
- 요인분석(factor analysis): 검사문항이 이론에서 제시한 다양한 요인과 부합되는지를 분석하는 방법이다. 예를 들면, 지능이라는 추상적 개념이 크게 수리적 능력과 언어적 능력으로 구성된다고 주장한 심리학 이론에 근거하여 지능검사를 개발한 경우, 요인분석 결과 지능검사가 수리력과 어휘력의 두 가지 요인으로 묶여 나타난다면 이 지능검사의 구인타당도가 높다고 할 수 있다.

## 3) 준거타당도

준거타당도(criterion validity)란 심리검사와 어떤 준거 간의 관련성을 분석하는 방법이다. 이때 준거는 미래의 행동이나 다른 검사의 점수가 될 수 있다. 준거타당도 추정 방법에는 예언타당도와 공존타당도가 있다.

- 예언타당도(predictive validity): 어떤 시간 간격에 따라 검사점수가 준거 상황을 예언할 수 있는 정도를 의미한다. 예를 들면, 대학수학능력시험은 고등학생이 대학입학 후 수학할 기본 능력이 갖추어져 있는지를 확인하기 위해 만든 검사이므로 그 시험 점수가 예언타당도를 갖추었는지 여부는 그 학생의 대학 학점을 기준으로 평가할 수 있을 것이다. 예언타당도의 단점은 검사의 타당도를 검증하기 위해 일정한 시간을 기다려야 한다는 점이다.
- 공존타당도(concurrent validity): 예언타당도의 문제를 해결하기 위한 방법으로, 일정 기간 기다릴 필요 없이 이미 준거 자료를 이용할 수 있는 집단에 검사를 실시하여 상관성을 분석하는 것이다.

# 6. 심리검사의 신뢰도

신뢰도(reliability)란 검사점수가 시간의 변화에 따라 얼마나 일관성 있게 측정되는지의 정도를 의미한다(Anastasi & Urbina, 1997; Cronbach, 1990). 만약 어떤 체중계로 몸무게를 측정하는데 측정할 때마다 몸무게가 다르게 표시된다면, 그 체중계는 신뢰하기 어렵다고 볼 수 있다. 그러나 측정할 때마다 항상 동일한 몸무게를 표시해 준다면 그 체중계는 믿을 만한 도구라고 할 수 있다. 물리적 속성보다 더 복잡한 심리적 특성을 측정하는 데 있어서 일관성의 문제는 한층 더 정교함을 요구한다. 신뢰도는 검사 시간, 검사 형식, 검사문항 등의 일관성에 따라 다양한 방법으로 추정될 수 있다. 신뢰도의 정도를 나타내는 신뢰도 계수는 일반적으로 피어슨 적률상관계수를 사용한다. 검사의 신뢰도를 추정하는 방법은 다음과 같다(김영환, 문수백, 홍상황, 2008; 류경희, 이수연, 전정화, 2020; 박경, 김혜은, 2017; 박영숙 외, 2019).

## 1) 검사-재검사 신뢰도

검사-재검사 신뢰도(test-retest reliability)는 시간 경과에 따른 일관성을 추정하는 방법이다. 검사를 한 집단에게 실시하고 그 검사를 일정한 시간이 지난 후 동일한 집단에게 다시 실시한 후, 두 세트의 점수 간의 상관계수를 계산한다. 동일한 검사가 두 번 실시되기 때문에 첫 번째 실시한 검사와 두 번째 실시한 검사가 동형임이 전제가 되므로 두 검사점수 간의 차이는 측정 오차에 기인한다고 가정할 수 있다. 이 방법에서 중요한 고려 사항은 두 검사 실시 간의 시간 간격을 어느 정도로 하였는가 하는 점이다. 만약 시간 간격이 짧다면 기억과 연습의 효과가 작용하여 실제 신뢰도보다 과장되게 추정될 수 있다. 또한 시간 간격이 너무 길다면 성숙의 효과가 작용하여 실제 신뢰도보다 과소 추정될 수 있다.

## 2) 동형검사 신뢰도

동형검사 신뢰도(alternate form reliability)는 시간 경과에 따른 일관성을 추정하는 방법이라는 측면에서는 검사–재검사 신뢰도와 같다고 볼 수 있다. 그러나 검사–재검사 신뢰도와 달리, 첫 번째 실시한 검사와 문항 내용, 반응과정, 통계적 특성 등의 여러 면에서 동일한 형태의 다른 검사를 일정한 시간 간격을 두고 두 번째 실시하여 두 검사점수 간의 상관계수를 구한다. 동형검사 신뢰도에 의해 추정방법은 기억이나 연습에 의한 효과를 배제할 수 있다는 장점이 있지만, 2개의 검사가 과연 어느 정도 동질적인가는 여전히 논란이 된다.

### 3) 반분검사 신뢰도

반분검사 신뢰도(split half reliability)는 검사–재검사 신뢰도나 동형검사 신뢰도와 달리 한 번의 실시로 신뢰도 추정계수를 얻는 방법이다. 먼저, 한 집단에게 검사를 실시하고 전체 검사문항을 절반으로 나누어 하위검사 A, B로 만든 다음, 두 하위검사에서 얻은 검사점수 간의 상관계수를 구한다. 검사를 한 번만 실시하기 때문에 시간과 비용 면에서 경제적이며 기억이나 연습에 의한 효과를 배제할 수 있다는 장점이 있다. 그러나 전체 문항을 절반으로 나누는 방법에 따라 신뢰도 추정치가 각각 달라진다는 단점이 있다. 또한 전체 문항을 전반부 문항 절반과 후반부 문항 절반으로 나누어 상관계수를 구할 경우 문항 곤란도의 차이, 연습 효과, 피로도의 차이 등으로 인해 정확하게 추정하기 어렵다. 이러한 문제를 극복하기 위해 문항 전체를 반분할 때 홀수 번호 문항과 짝수 번호 문항으로 구분하는 기우수 절반법을 많이 사용한다. 한편, 전체 문항의 절반만을 사용하여 검사의 신뢰도를 추정하기 때문에 신뢰도가 실제보다 과소 추정될 수 있으므로 Spearman-Brown 교정 공식을 적용하여 이러한 문제점을 보완한다.

### 4) 내적 합치도

내적 합치도(internal consistency)는 검사의 각 문항을 하나의 검사로 간주하여 사람들이 검사의 각 문항에 대해 얼마나 일관성 있게 응답하였는지를 파악함으로써 검사의 신뢰도를 추정하는 방법이다. 각 문항을 하나의 검사로 간주하여 각 문항의 점수가 일관성이 있는 것으로 나타날 경우, 그 검사의 신뢰도가 높다고 할 수 있다.

내적 합치도를 계산할 때, Likert식 검사나 정답/오답으로 이분 채점화되는 검사는 Cronbach's α 계수를 사용하고, Kuder-Richardson 20(KR-20)은 이분 채점식 검사에 사용한다.

## 5) 채점자 신뢰도

채점자 신뢰도(inter rater reliability)는 피검자의 반응에 대해 둘 또는 그 이상의 채점자들이 채점한 후 그 점수들 간의 상관을 계산하는 방법이다. 일반적으로 검사 채점에 있어서 주관적인 판단이 요구되는 검사도구에 활용된다.

**토 론 주 제**

1. 청소년의 실제적인 문제 사례를 제시하고, 그 청소년의 문제를 이해하고 상담전략을 수립하는 데 도움이 될 수 있는 심리검사를 선정해 보고, 심리검사 선정의 이유 및 근거 등에 대해 토의하시오.
2. 청소년을 대상으로 심리검사를 실시하고, 채점하고, 해석하는 과정에서 상담자가 특히 유의해야 할 사항을 논의하시오.
3. 청소년상담자로서 현재 자신이 실시하고 해석할 수 있는 심리검사를 제시하고, 그러한 심리검사가 청소년상담에 효과적으로 활용될 수 있는 점들을 발표해 보시오.

# 청소년
# 진로상담

제**6**장

이 장에서는 청소년 대상 진로상담에 대한 기본적 이해와 기초 이론들을 소개하고, 진로상담의 과정에 대해 간략하게 안내한다. 진로상담은 과거 한 개인의 특성을 이해하고 직업세계를 이해한 후 이 둘을 조화롭게 결합하는 개념으로 이해하였으나, 근래에 들어서는 발달적 이해로 관점이 변화되었고, 개인과 환경 변인 간의 상호작용이 강조되고 있다. 따라서 이에 기초한 청소년 진로의 이해에 관해 설명한다.

## 1. 진로상담과 진로지도의 기초

인간은 누구나 행복한 삶을 추구하며, 그 삶의 대부분은 일하면서 살아간다. 행복한 개인으로서 사회에 봉사하고, 더 나아가서 자아를 실현하기 위한 생산적인 사회 구성원으로서의 삶을 사는 것은 자신이 하는 일에 만족하고 보람을 찾을 때 가능할 수 있다. 직업과 일은 한 개인이 추구하는 행복한 삶에 절대적인 영향을 미치기 때문에 올바른 진로를 선택하고 결정하는 일이야말로 한 개인의 성장과 발달을 위해서 가장 중요한 과업이라고 할 수 있다. 이는 진로를 선택함으로써 개인이 그 직업이나 진로에 영향을 미치기보다는 오히려 자신이 선택한 직업이나 진로가 개인 자신과 생활을 변화시키기 때문이다. 즉, 자신의 능력발휘의 기회, 거주지, 교우의 유형, 개인의 사회경제적 지위, 가치관과 태도, 정신 및 신체 건강, 가족 간의 관계 등 생활의 모든 측면에 영향을 받게 된다(Tolbert, 1980). 이처럼 올바른 진로선택은 개인의 성장과 발달을 위한 중요한 과정이므로 진로선택을 위한 조력과정인 진로상담과 지도는 아무리 강조하여도 지나치지 않다.

### 1) 진로상담 관련 개념의 이해

#### (1) 진로

Career의 어원은 '수레가 다니는 길을 따라간다(to roll along on wheels)'는 'carro'에서 유래한 것이다(이현림, 김봉환, 김병숙, 최웅용, 2003). Career는 여러 의미로 다양하게 사용되고 있는데, 심리학과 교육학 분야에서는 career를 '진로'로 번역하는 것이 일반적이다. 하지만 경영학에서는 '경력'이라 번역해서 사용하기도 하고, 맥락에 따라서는 '직업'이라 번역하기도 한다.

진로는 한 개인이 생애 동안 일과 관련해서 경험하고 거쳐 가는 모든 체험을 의미한다(김계현, 1997). 또한 『교육학 용어사전』(서울대학교 교육연구소, 2011)을 찾아보면 "개인의 생애 직업발달과 그 과정 내용을 가리키는 포괄적인 용어"라 설명되어 있다. 그런데 진로라는 용어는 매우 복합적이고 종합적인 의미를 지닌다. 즉, 커리어란 일을 통해 무엇인가를 축적해 놓은 직업적 경력을 의미하면서 과거적인 뉘앙스가 녹아 있다. 이에 더하여 커리어는 과거뿐 아니라 앞으로 생애의 모든 단계에서 쌓아 가야 할 '행로'라는 말도 들어 있는 미래 지향적인 용어이기도 하다(진미석, 1999).

### (2) 직업

'직업(vocation)'이란 일반적으로 보수를 받는 것을 전제로 한 일을 의미한다. 『한국직업사전』(한국고용정보원, 2020)에서는 직업을 "개인이 계속해서 수행하는 경제 및 사회활동의 종류"라고 규정한다. 여기에서 계속이란 일시적인 것이 아니고 매일 · 매주 · 매월 주기적으로 행하고 있는 경우, 계절적으로 행하고 있는 경우, 또는 명확한 주기를 갖지 않더라도 계속하고 있으며, 현재 하는 일에 대하여 의사와 능력을 갖추고 행하는 것을 의미한다.

### (3) 진로발달

청소년 진로지도 및 진로상담의 목표 중의 하나로 자주 거론되는 것이 개인의 진로발달을 촉진하는 것이다. 여기에서 '진로발달(career development)'은 각 개인이 자기가 설정한 진로목표에 접근해 가고 그 목표를 달성해 가는 과정을 지칭하는 것으로 사용하고 있으며, 상담적 의미로는 "일련의 발달과업에 직면하여 자신이 되고자 하는 사람이 되는 방식으로 그 발달과정을 이행하는 생애과정으로서, 전 생애를 거쳐 크고 작은 일련의 의사결정과 관련된 발달과정"(김춘경 외, 2016b)이다.

### (4) 진로의식 성숙

진로의식 성숙은 Super(1963)의 진로발달 이론으로부터 나온 개념으로, 탐색기부터 쇠퇴기까지의 발달단계에서 개인이 도달하는 위치라고 정의하고 있다. 또한 Crites(1973)는 진로의식 성숙을 "동일한 연령층의 학생들과의 비교에서 나타나는 상대적인 직업 준비의 정도"라고 정의하고 있다. 따라서 진로의식 성숙이란 특정 개인이 자아와 일의 세계를 기초로 하여 자신에게 알맞은 진로를 인식, 선택, 계획하는 과정에서 동일 연령층이나 발달단계에 있는 집단의 과업 수행과 비교해 볼 때 그 개인이 상대적으로 차지하는 위치를 의미한다.

### (5) 진로교육

최근에 새롭게 강조되고 있는 것이 '진로교육(career education)'인데 이는 개인의 잠재력과 일이나 여가에 대한 여러 가지 정보를 탐색하여 자신에게 적합한 진로선택, 진로적응, 진로발달을 돕기 위한 학교, 가정, 지역사회의 조직적이고 체계적인 활동을 말한다(김춘경 외, 2016a). 또한 각 개인이 자기 자신과 일의 세계를 인식 및 탐색하여 자기 자신에게 적합한 일을 선택하고, 선택한 일을 잘 수행할 수 있도록 취학 전부터 시작하여 일생 동안 학교, 가정, 사회에서 가르치고, 지도하고, 도와주는 활동을 총칭한다(서울대학교 교육연구소, 2011). 여기에서는 항상 교육적 작용이 중시된다.

### (6) 직업교육

'직업교육(vocational education)'이란 개인이 일의 세계를 탐색하여 자기의 적성, 흥미, 능력에 맞는 일을 선택하고, 그 일에서 필요로 하는 지식, 기능, 태도, 이해 및 판단력과 일에 대한 습관 등을 개발하는 형식 또는 비형식 교육을 말한다(서울대학교 교육연구소, 2011). 이와 유사하게 이무근(2016)도 직업교육을 "어떤 직업에 취업하기 위하여 준비하거나 현재의 직무를 유지 · 개선하기 위한 형식 또는 비형식 교육"으로 정의하고 있다.

### (7) 진로상담

진로지도를 위한 수단의 하나인 '진로상담(career counseling)'에 대한 정의를 상담학 사전에서 찾아보면, "진로에 관한 문제를 호소하는 사람이 자신과 직업에 대한 이해를 통해 스스로 진로선택을 하고 결정하며, 이러한 행동에 대한 책임을 지니도록 도움을 주는 전문적 활동"이다(김춘경 외, 2016a). 즉, 진로상담은 진로발달을 촉진하거나 진로계획, 진로·직업의 선택과 결정, 실천, 직업적응, 진로변경 등의 과정을 돕기 위한 활동을 의미한다. 이와 유사하게 사용되는 '직업상담(vocational counseling)'은 선택 가능한 직업의 결정, 각 직업의 조건들, 취업에 필요한 조건, 취업 절차 등 보다 구체적인 수준에서 취업을 돕는 활동을 지칭한다. 우리나라는 직업상담 전문가인 '직업상담사'를 국가자격으로 설정하여 시행에 옮기고 있다. 진로상담의 한 부분으로 학교에서 주로 이루어지고 있는 '진학상담'은 '상급 학교 진학과 관련하여 학교선택, 계열선택, 학과선택 등을 돕는 활동'으로 정의한다.

### (8) 진로지도

더욱 포괄적인 의미를 지닌 것으로 사용되는 '진로지도(career guidance)'란 "개인의 자기이해와 직업이 서로 관련되어 있다는 것을 인식하도록 하고, 진학이나 직업세계에 관한 정보를 주어 진로의식과 진로성숙(career maturity)을 가질 수 있도록 관련된 정보를 주는 모든 활동"(김춘경 외, 2016a)으로 정의한다. 즉, 사람들이 활동하는 생애 동안 그들의 진로발달을 자극하고 촉진하기 위해서 전문 상담자나 교사 등과 같은 전문인이 여러 다양한 장면에서 수행하는 활동들로서 진로계획, 의사결정, 적응 문제 등에 조력하는 것을 의미한다. 따라서 진로지도의 방법에는 진로상담을 비롯하여 여러 가지가 존재한다.

## 2) 진로상담의 필요성

오늘날 우리 사회는 고도로 산업화하고 직업의 세계도 세분화·전문화·다양화되고 있어서, 어떤 직업이 자신에게 적합한가에 대한 혼란과 불확실성으로 고민하는 청소년들에게 자아를 정확히 인식시켜 주고 진로선택 과정에서 요구되는 능력을 신장시켜 주는 일은 대단히 중요한 교육활동이다. 따라서 초등학교 시기부터 의도적이고 체계적인 진로상담의 필요성이 강하게 주목받고 있다. 이처럼 진로상담의 필요성과 목적을 이야기하는 논거는 현재 청소년들이 자신의 진로결정과 선택을 제대로 수행하고 있지 못하다는 데에서 찾을 수 있다. 이와 관련하여 이재창 (2005)은 청소년들이 합리적인 진로결정을 하는 데 어려움을 갖는 주요 원인으로,

① 입시 위주의 진로지도, ② 부모 위주의 진로결정, ③ 자신에 대한 이해 부족, ④ 왜곡된 직업의식, ⑤ 일의 세계에 대한 이해 부족 등을 열거하고 있다.

김계현 등(2009)은 '개인 발달적 측면'에 관련된 진로지도의 필요성과 목적을 ① 적성과 능력을 포함한 자아 특성의 발견과 계발, ② 다양한 일과 직업세계에 대한 이해, ③ 일과 직업에 대한 적극적 가치관 및 태도 육성, ④ 진로선택의 유연성과 다양성 제고, ⑤ 능동적 진로 개척 능력과 태도의 육성 등으로 언급하고 있다.

### (1) 청소년기의 발달적 특징과 진로상담

청소년기는 흔히 아동기로부터 성인기로 이행하는 혼란과 혼동의 시기로 일컬어진다. Erikson(1963)에 따르면, 발달상 이 시기의 핵심적 특징은 개인이 아동기에 이루어 놓은 동일시를 더 이상 중요하게 생각하지 않고, 더욱 복잡한 조건과 상황 속에서 새로운 자아에 이르는 과정에서 자아탐색을 한다는 점이다. 이 시기의 발달과제인 정체감을 성공적으로 달성하지 못할 때 맞게 되는 위기는 역할의 혼미다. 그래서 이 시기는 '자아정체감 대 정체감 혼미'라고 불린다. 그는 이 시기에 형성되는 새로운 자기인식은 어린 시절의 장난기나 치기 어린 도전적 열정에 의한 것이 아니라 청소년들이 일생을 헌신할 만한 선택과 결정을 하게 하는 것이라고 하였다. 여기에서 Erikson은 진로의 선택과 한 직업에의 헌신이 정체감 형성에 큰 영향을 미친다고 보았다.

Piaget(1969)의 인지발달 단계에 따르면, 구체적 조작 단계의 사고에서 형식적 조작 단계의 사고로의 전환은 대략 12세경에 시작된다. 따라서 청소년기 초반에는 문제해결과 계획을 세우는 일 등이 상당히 비체계적이다. 그러나 고등학교를 마칠 때쯤이 되면 청소년들은 문제해결에 있어서 가설 설정은 물론 추상적인 것을 다룰 줄 아는 능력과 더불어 정신적인 조작을 통해 문제를 해결하는 능력을 획득한다. 이 단계가 되면 여러 상황에서 자기를 분석할 수 있으며, 성인들의 직업세계에 자신을 투사할 수 있게 된다는 것이다.

이러한 점들을 고려해 볼 때 청소년기에 객관적인 자기이해를 전제로 한 진로지도는 무엇보다 중요하다고 하겠다. 그리고 청소년기에 올바른 진로지도를 통하여 분명한 진로목표를 설정하고 이를 달성하도록 촉진하는 일은 자아정체감의 형성은 물론 부적응 행동의 예방이라는 차원에서도 매우 중요하게 다루어져야 할 것이다.

### (2) 노동시장 환경의 급속한 변화와 진로상담

현대사회는 여러 방면에서 상상하기조차 힘들 정도로 변화를 거듭하고 있다. 진로지도와 밀접하게 관련된 우리나라 노동시장 역시 급속하게 변화하고 있으며, 직업세계의 변화도 더욱 가속화되고 있다. 한국고용정보원에서 1987년에 발간한 『한국직업사전 통합본 제1판』에 따르면, 1986년 말 국내 직업의 종류는 모두 10,600여개였고, 1996년에 발간한 『통합본 제2판』에서는 12,600여 개로 1판에 비해 2,000여개가 늘어난 것으로 나타났다. 2004년에 개정된 『통합본 제3판』에서는 9,426개의 직업이 수록되어 2판에 비해 약 3,174개가 감소한 것으로 보이나, 이는 『통합본 제2판』에 수록된 직업이 지나치게 세분되었다는 판단에 따라 직업을 통합한 결과다. 이후 2013년에 발간한 『통합본 제4판』에서는 11,655개, 2020년에 발간한 『통합본 제5판』에서는 16,891개의 직업이 수록되었는데, 이는 2004년에 직업을 통합하여 발간한 제3판에 비해 각각 2,229개, 7,465개가 늘어난 수치다.

물론 그중 일부는 직업 분류방식의 변화에 따른 것도 있지만 상당수는 사회의 변화에 따라 새로 생겨난 직업들이다. 예를 들면, 유품정리사, 스포츠심리상담사, 산림치유지도사, 주거복지사, 애완동물행동교정사, 범죄피해자상담원, 블록체인개발

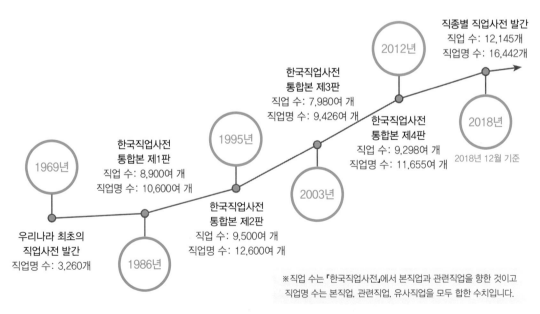

● 그림 6-1 ● 『한국직업사전』으로 본 우리나라 직업 수의 변화

출처: 한국고용정보원(2020).

자, 인공지능엔지니어, 드론조종사, 디지털문화재복원전문가, 사회적경제활동가, 지속가능경영전문가, 창업기획자(엑셀러레이터), 도시재생코디네이터, 농촌관광플래너, 교육농장운영자 등이 새로 생겨난 대표적인 직업들이다. 이처럼 새로운 직업이 시대의 변화에 따라 생겨났지만, 자취를 감춘 직업들도 많다. 예를 들면, 고속버스 안내원, 타자수, 활판인쇄원, 합성고무건조원 등은 이미 오래전에 사라졌고, 플라스마영상패널 관련 직업들과 영화자막제작원, 필름색보정기사, 항공기기관사, 테니스라켓가공원 등도 직업사전에서 자취를 감추었다(한국고용정보원, 2020).

더구나 '노동시장 유연화'라는 기치 아래 우리가 많이 접하는 단어들은 시장경제의 논리, 구조조정, 다운사이징, 아웃소싱 등인데, 이들은 모두 '경쟁력 향상'을 핵심 개념으로 하고 있다. 이러한 대안들을 현실로 옮기는 과정에서 실업자의 수는 날로 증가하고 있고, 거기에서 파생되는 또 다른 여러 가지 문제가 우리를 괴롭히고 있다. 특히 대학 졸업을 앞둔 대부분의 예비 직업인들은 이력서 한 번 제대로 내밀어 보지 못하고 실업자로 전락할 운명에 처해 있다. 노동시장에는 정규직부터 시작하여 임시직, 일용직, 단기간 근로계약자, 파견근로자 등 다양한 형태의 고용 형태가 존재한다. 1997년 IMF 외환위기 이후 우리나라의 고용시장은 비정규직 확대로 빠르게 재편되었으며, 2020년 우리나라 전체 근로자 중 비정규직 근로자는 36.3%에 이르고 있다(통계청, 2020).

이와 같은 급격한 변화의 소용돌이 속에서 우리는 앞으로 몇 년 이후에 노동시장에 진입할 청소년들의 진로를 지도해야 하는 처지에 있다. 따라서 청소년들이 이러한 변화를 정확하게 인식하고 수용하도록 해야 하며, 그러기 위해서는 체계적이고 효과적인 진로지도가 매우 중요함을 알 수 있다.

### (3) 대학입시제도의 변화와 진로상담

우리나라 교육체계에서 대학입시제도는 진로상담에서 매우 중요한 위치를 차지하고 있으며 학교교육의 방향과 내용에 크게 영향을 미치고 있다. 지금까지 대학입시제도는 여러 가지 이유로 수없이 많이 변화해 왔다. 대학입시제도가 변화할 때마다 그 변화의 가장 주된 목적은 '교육의 정상화'에 있었다. 그러나 그 목적이 제대로 달성되었다고 평가하는 사람은 거의 없을 것이다.

교육부는 그간 학교교육 정상화를 위해 대학입시에서 지나친 석차 경쟁으로 비교육적이라는 비판을 받았던 과목별 석차 대신 과목별 석차등급제(9등급)로 변경 (2008학년도 대입 적용, 2004년 발표)하면서 내신 비중을 확대했고, 입학사정관제 확대와 수능 유형별 실시(2009년), 수시 확대와 대입전형 간소화(2013년) 등을 거쳐 2022학년도 대학입시부터는 문 · 이과 통합 진행과 주요 과목을 공통과목과 선택과목으로 나누어 실시하고 정시 비율을 다시 일부 확대하는 등의 개편을 단행하였다.

이러한 빈번한 대입제도의 변화는 청소년들이 자신의 진로를 결정하는 데 많은 어려움을 겪게 하였으며, 진로를 도와주는 부모, 일선 교사, 상담전문가들에게도 혼란을 야기하고 있다. 따라서 청소년 진로지도에 종사하는 전문가들은 청소년들의 특성에 대한 이해와 청소년상담에 대한 전문적 능력뿐만 아니라 복잡하고 다양해진 대입제도에 대해 충분히 숙지해야 하는 부담을 안게 되었다. 새롭게 바뀐 제도에 적합한 진로지도 프로그램을 구성해서 학생에게 체계적으로 지도하지 않으면 이 제도가 지닌 복합적인 성격 때문에 경우에 따라서는 과거보다도 진로준비와 진로선택이 더 어려울지도 모른다. 따라서 중등학교에서는 새 대학입학제도의 내용을 자세히 숙지하고 그에 상응한 진로지도 방법과 프로그램을 개발하여 적용할 필요성이 시급히 요청되고 있다.

## 3) 진로상담의 목표

현대사회의 아동과 청소년들은 4차 산업혁명으로 표현되는 다가올 미래사회의 복잡성과 다양화 속에서 계속 성장하고 발전해 나가야 하는 도전에 직면한다. 이러한 이유로 청소년들은 심리적 · 사회적 · 신체적 요소와 더불어 교육을 포함한 전체적 발달을 촉진하는 진로상담 서비스를 제공받을 필요가 있다. 청소년들을 위한 이러한 진로상담 서비스 제공은 현재는 물론 미래에도 필수적일 것이다. 그렇다면 이처럼 중요한 진로상담의 일반적인 목표는 무엇일까? 여기에 대해서 김충기(1995)는 일반적인 진로상담의 목표를 다음과 같이 말한다.

진로상담은 개인의 객관적인 자기이해의 과정과 각종 진로정보 활동과정을 거쳐 이루어진 토대 위에 전문적이고 뚜렷한 목적을 가진 상담을 통하여 자기의 분수를 확인하고 미래사회에 대응하여 합리적인 진로선택과 의사결정이 이루어져 직업생활에서 잘 적응하고 보람을 찾아 만족하며 행복한 삶을 누릴 수 있도록 종합적인 사리 판단 능력을 길러 주는 데 중요한 목적이 있다.

또한『상담학 사전(전 5권)』(김춘경 외, 2016b)에서도 진로상담은 "진학이나 직업적 선택, 그리고 여가활동을 포함하는 생애 전반의 일 등에 대한 문제를 내담자가 스스로 해결할 능력을 키워 진로나 직업적 발달을 촉진하고 사회적·직업적 자기실현을 이루도록 도움을 주는 데 목적이 있다. 즉, 진로상담은 진로발달을 위한 진로계획, 진로선택, 직업적응, 진로변경을 도와주는 활동으로, 일과 관련하여 전 생애에 걸친 일과 생활방식에 관하여 상담하는 것이라 할 수 있다."라고 설명하고 있다.

다시 말하면, 진로상담의 목적은 자신의 진로를 객관적이고 합리적인 경로를 통하여 정확하게 인식하도록 도와주는 데 있다고 할 수 있는데, 진로상담의 목표를 구체적으로 제시해 보면 다음과 같다.

## (1) 자신에 관한 보다 정확한 이해 증진

Parsons(1909)가 특성요인이론을 제안한 이래로 진로선택을 위한 첫 번째 중요 요인으로 상정되어 온 것이 자기 자신에 관한 올바른 이해다. 여기에서 올바른 이해란 정확하고 객관적인 이해를 의미하는 것이다. 오늘날 학교에서의 진로지도가 제대로 대응하지 못하고 있는 문제점의 하나는 일과 직업세계에 관련된 올바른 자기인식 능력을 길러 주지 못하고 있다는 데 있다.

현대사회는 과학기술의 발전으로 인하여 산업이 고도로 분화되고 발전하게 되었다. 이에 따라 직업의 종류도 수없이 많아지게 되었고, 계속해서 전문화되는 추세를 유지하고 있으며, 일의 내용도 복잡해지고 있다. 이처럼 복잡한 직업세계에서 자기에게 가장 적합한 직업을 선택하고 성공적인 직업생활을 영위한다는 것은 결코 쉬운 일이 아니다. 직업의 종류에 따라 요구되는 능력과 적성, 기능, 역할이 다양하다. 따라서 자기에게 맞는 일과 직업을 선택하기 위해서는 무엇보다도 자기의 가치관, 능력, 성격, 적성, 흥미, 신체적 특성 등에 대해 올바르게 이해하는 일이 필수적이다. 자기이해가 진로지도에서 가장 중요한 목표 중 하나인 것은 너무나 당연한 일이다.

## (2) 직업세계에 대한 이해 증진

개인적 측면에서 진로지도의 또 다른 목적은 현대사회에 존재하는 복잡하고 다양한 일과 직업의 종류 및 본질에 대한 객관적 이해를 돕는 것이다. 산업혁명 이래 세계는 급속하게 산업화하였다. 이에 따라 직업의 전문화·고도화가 급속하게 진전되었으며, 4차 산업혁명이 진행되고 있는 현재 상황은 직업세계를 더욱 복잡다단하게 변화시키고 있다. 이제 선진국의 경우는 2~3만 종류의 직업이 존재하게 되었고, 우리나라도 앞으로 이에 버금가는 직업의 종류가 존재할 것으로 전망되고 있다. 그리고 일부 미래학자들의 예측에 의하면 머지않아 현존하는 직업의 50% 정도는 없어지고, 새로운 직종이 생겨나며, 존속하는 직종도 일의 방법이 많이 바뀔 것으로 전망된다(최진기, 2018; Harari, 2018).

이러한 상황에서 장래성 있는, 그리고 자기에게 맞는 직업을 선택한다는 것은 결코 쉬운 일이 아니다. 일과 직업의 세계에 대한 객관적인 정보와 이에 관한 체계적인 탐구 없이 진로 혹은 직업을 선택한다는 것은 무모한 일이다. 그러나 상담사례를 분석해 보면, 청소년들은 일과 직업세계에 대해서 너무나 모르고 있으며, 설령 알고 있다고 해도 매우 피상적인 수준에서 단편적인 측면만을 숙지하고 있다는 사실을 확인할 수 있다. 따라서 일과 직업세계의 다양한 측면과 변화 양상 등을 올바르게 이해할 수 있도록 하는 일은 진로지도의 매우 중요한 목표가 된다.

## (3) 합리적인 의사결정 능력의 증진

진로지도의 최종 결과는 그것이 크든 작든 어떤 '결정'이라는 형태로 나타난다. 앞서 언급된 자신에 대한 정보, 직업세계에 대한 정보 등을 가지고 최종적으로 진로를 선택하는 의사결정을 해야 한다. 이러한 의사결정을 합리적으로 잘하느냐 그렇지 않느냐에 따라 자기에게 적합한 진로를 선택할 수도 있고 그렇지 못할 수도 있다. 아무리 훌륭한 능력과 정보를 가지고 있어도 이를 적절히 활용해서 최고의 선택을 할 수 있는 의사결정 기술을 갖추고 있지 않으면 올바른 진로를 결정하기가 어렵다.

진로를 결정하는 일은 개인의 일생을 통해서 성취해야 할 가장 중요한 과업 가운데 하나다. 진로선택의 결과에 따라서 우리 생활의 대부분이 영향을 받는다. 즉, 능력발휘의 기회, 거주지, 친구 유형, 사회경제적 지위, 정신 및 신체 건강, 가족 간의 관계 등 생활의 모든 측면에서 영향을 받는다(Tolbert, 1980). 그러나 이렇게 중요한 결정이 매우 불합리한 과정을 거쳐서 내려지는 경우도 많다. 즉, 자신에 대한 이해 없이, 또 일의 세계에 대한 정확한 이해 없이, 편견에 의해서, 부모의 요구 때문에, 친구의 권유로, 또 다른 외적인 욕구를 추구하다가 불합리한 결정을 내리는 경우가 많다. 이렇게 내린 결정의 결과에 대해서는 만족하기보다는 불만을 느끼게 되고, 아울러 많은 부작용을 낳게 된다. 따라서 청소년들에게 올바른 진로결정을 할 수 있도록 의사결정 기술을 증진하는 일은 무척 중요하다.

이와 관련하여 Gelatt(1962)는 진로지도의 중요한 목적 가운데 하나가 학생들이 훌륭한 결정을 내릴 수 있도록 돕는 것이라고 가정하고, 결정은 결과만 가지고 평가할 것이 아니고 결정을 내리게 되는 과정에 의해서 평가되어야 한다고 강조하였다. 따라서 진로지도는 청소년들의 진로에 관한 의사결정 과정에 초점을 두고 의사결정 기술을 증진하도록 조력하는 것을 중요한 목표로 삼아야 한다.

### (4) 정보탐색 및 활용 능력의 함양

현대사회를 일컬어 '지식 및 정보화 시대'라고 한다. 이는 일상생활에서 지식과 정보가 그만큼 중요한 역할을 하고 있으며, 고부가가치를 창출한다는 의미다. 따라서 이미 정보화 시대 속에 살고 있고, 앞으로 더욱 고도화된 정보화 시대를 살아갈 청소년들에게 정보를 탐색하고 활용하는 능력을 길러 주는 일은 필수적이라 할 수 있다. 정보화 시대를 바람직하게 살아가는 모습 중의 하나는 자신에게 필요한 다양한 정보를 신속하게 수집 · 분석 · 가공하여 적절하게 활용하는 능력을 갖추는 것이다(Hartley, 1999).

따라서 진로지도 및 진로상담에서는 '정보제공'이 매우 큰 비중을 차지한다. 그 이유는 내담자들이 직업세계에 대해서 정확히 알고 나서 선택을 하도록 도와주어야 하기 때문이다. 이때 상담자는 단순하게 내담자가 원하는 정보를 알려 주는 서비스를 제공해 주는 일도 해야 하지만, 청소년 내담자 스스로가 필요한 정보를 탐색하고 활용하도록 안내하는 역할을 하는 일도 무척 중요하다. 이는 진로상담자 역할을 하는 교사를 위해서도 도움이 된다. 교사 혼자서 그 많은 직업정보를 수집해서 학생이 원하는 상태로 가공하여 제공해 주는 것은 분명히 한계가 있다. 따라서 청소년들 스스로가 정보를 탐색하는 방법을 알려 주고 실행에 옮겨 보도록 안내하면, 청소년들은 이러한 시도를 해 보는 가운데 자기가 필요한 정보를 스스로 수집해서 활용하는 능력을 체득하게 될 것이다. 이러한 능력은 단지 진로정보 탐색에만 국한되지 않고 결국 삶의 모든 영역에까지 확장될 수 있을 것이다(김영빈 외, 2017).

### (5) 일과 직업에 대한 올바른 가치관 및 태도 형성

진로지도의 중요한 목표 중의 하나는 학생들에게 일과 직업에 대한 올바른 가치관 및 태도를 지니도록 하는 것이다. 이러한 가치관과 태도는 성장하는 동안 이미 어느 정도 형성되어 있지만, 잘못되었거나 왜곡된 내용은 지도와 상담을 통해서 올바르게 수정할 필요가 있다. 현대사회에서 일이란 부를 창조하는 원천이며, 직업은 생계의 수단일 뿐만 아니라 사회봉사와 자아실현의 수단으로서 그 중요성이 더욱 증대되고 있다. 그러나 아직도 우리 사회는 일을 천시하거나 싫어하는 풍조를 추방하지 못하고 있다. 학교의 입시경쟁이 치열하게 된 원인의 하나도 따지고 보면 직업을 자아실현이나 사회봉사의 수단으로 보기보다는 돈과 권력, 혹은 명예를 획득하는 수단으로 보려는 생각에서 비롯되고 있다고 보인다. 특히 전통적인 직업의식 중에서도 우리 사회에 만연된 지위 지향적 직업관, 직업에 대한 전통적 귀천 의식, 블루칼라 직업에 대한 천시 풍조, 화이트칼라 직업에 대한 지나친 선호 경향 등은 고쳐야 할 가치관 또는 태도다.

일을 하는 것이 생계 수단 이상의 의미를 갖는 것은 당연하다. 일이 갖는 본래의 의미를 깨닫고 올바른 직업관과 직업의식을 갖도록 하는 것이 진로지도의 중요한 목표 중의 하나가 되어야 한다. 이와 관련하여 이재창(2005)은 청소년들이 올바른 직업관과 직업의식을 형성하도록 하기 위해서는 다음과 같은 고정관념에서 벗어나도록 해야 한다고 주장한다. 첫째, 일 자체를 목적이 아닌 수단으로 여기는 생각에서 벗어나야 한다. 둘째, 직업 자체에 대한 편견을 버리도록 해야 한다. 셋째, 성역할에 대한 고정관념에서 벗어나도록 해야 한다. 학교에서는 진로지도를 통하여 이상과 같은 직업에 대한 잘못된 편견을 버리고 일과 직업에 대한 올바른 가치관과 태도를 형성하도록 부단히 노력해야 할 것이다.

## 2. 진로상담이론

　진로상담을 효율적으로 전개하기 위해서는 체계적이고 검증된 이론에 근거해야 하는데, 여기에 기여할 수 있는 것이 곧 진로이론이다. 이러한 이론들은 크게 진로발달의 '내용'을 강조하는 이론과 진로발달의 '과정'을 강조하는 이론으로 크게 나눌 수 있다. 그러나 진로에 관련된 여러 이론을 분류하는 방식은 학자들에 따라서 매우 다양한 형태로 나타난다. 예를 들어, Crites(1981)는 진로상담을 특성요인 진로상담, 인간중심 진로상담, 정신역동 진로상담, 발달적 진로상담, 행동주의 진로상담, 포괄적 진로상담 등으로 구분하는 반면, Herr와 Cramer(1996)는 특성요인이론, 의사결정이론, 사회이론, 심리이론 및 발달이론 등으로 나누기도 한다. 여기서는 여러 분류체계에서 공통적으로 다루고 있는 Parsons와 Williamson의 특성요인이론, Roe의 욕구이론, Dawis와 Lofquist의 직업적응이론, Krumboltz의 사회학습이론, Lent 등의 사회인지진로이론, Peterson 등의 인지적 정보처리이론, Holland의 성격이론, Ginzberg의 진로발달이론, Super의 생애주기이론, Gottfredson의 제한-타협이론을 중심으로 살펴보고자 한다. 진로상담과 일반상담은 서로 많은 공통점이 있으나, 진로상담은 주로 진로와 결정에 관한 문제를 중점적으로 다룬다는 점에서 차이가 있다.

### 1) Parsons의 특성요인이론

　특성요인이론은 개인적 흥미나 능력이 바로 직업의 특성과 일치하기 때문에 직업을 선택한다는 이론이다. 이 이론은 개인차 심리학과 응용심리학에 근거를 두고 있으며, 개인이 인생의 어느 특정한 시기에 직업선택과 관련된 의사결정을 하려고 할 때 도움을 줄 수 있는 이론이다. 여기서 특성요인이란 용어는 주로 일반지능, 특수적성, 학업성취도, 작업 능력 등을 포함하는 여러 능력과 직업적 관심, 성격, 포부 등의 요인이 포함되는 개념이다. 대표적인 학자로는 Parsons, Williamson, Hull 등을 꼽을 수 있으며, 직업과 사람을 연결시키려는 직업선택이론에서 유래한 이 접근법은 다음과 같은 세 가지 가정에서 출발한다(Crites, 1969).

- 개인은 각자 독특한 심리학적 특성이 있으므로 각기 자기에게 맞는 특수한 직

업 유형에 잘 적응할 수 있다.
- 여러 가지 다른 직업에 종사하는 근로자들은 각기 다른 심리학적 특성이 있다.
- 개인의 특성과 직업에서 요구하는 것들 사이의 조화 정도에 따라 개인의 직업 적응도가 결정된다. 여기서 인간의 행동이나 성격은 능력, 흥미, 태도, 기질 등의 복잡한 요인이 상호 작용하여 나타난 결과라고 본다. 인간의 성격이나 행동 특성은 여러 가지 차원의 요인으로 분류될 수 있으며, 특히 심리검사 등의 방법 등을 통해서 측정되고 평가될 수 있다고 주장한다.

### (1) 진단

특성요인 진로상담에서 가장 기본이 되는 것은 변별진단(differential diagnosis)이다. Williamson(1939)은 진단의 개념을 다음과 같이 정의하고 있다.

> 진단이란 일련의 관련이 있는, 또는 관련이 없는 사실들로부터 일관된 형식이 갖는 의미를 논리적으로 사고하는 과정이다. 그리고 내담자의 장래의 방향 설정과 적응을 위해 이런 일관된 형식이 갖는 의미를 판단하고 예측해 주며, 내담자의 장점과 경향성을 이해하는 것이다.

또한 그는 진로의사결정 시 나타나는 여러 가지 문제를 진단하는 데 도움을 주기 위해 변별진단을 다음과 같이 분류하고 있다.

- 선택하지 않음: 학교교육과 직업훈련을 마친 후 자신이 갖고자 하는 직업이 어떤 것인지 선택 의사를 표현할 수 없고 자신이 무엇을 원하는지 모르는 경우
- 불확실한 선택: 직업을 선택하지만, 그 결정에 대해서 계속 의문을 지닌 경우
- 현명하지 못한 선택: 자신의 능력과 흥미 간의 불일치 또는 능력과 직업의 요구들과의 불일치로 정의된다. 그러나 일반적으로 현명하지 못한 선택은 내담자의 불충분한 능력에 의한 진로결정을 의미한다.
- 흥미와 적성 간의 모순: 여기에는 세 가지 모순의 유형이 포함된다.
  - 내담자의 적성이 그 직업에서 요구하는 수준보다 낮은 경우
  - 내담자가 능력 이하의 직업에 관심이 있는 경우

-흥미와 능력은 같은 수준이지만 직업 분야는 다른 경우

## (2) 과정

특성요인 진로상담의 과정은 과학적이고 합리적이다. 미국 미네소타 대학교에 재직 중이던 Williamson(1939)은 이 과정을 다음과 같이 6단계로 기술하고 있다.

- 1단계-분석(analysis): 내담자에 관한 각종 자료부터 태도, 흥미, 가족 배경, 지적 능력, 교육적 능력, 적성 등에 관한 자료를 수집한다.
- 2단계-종합(synthesis): 내담자의 특성이나 개별성을 탐색하기 위해 사례연구나 검사목록의 방법에 따라 자료를 수집하고 종합한다.
- 3단계-진단(diagnosis): 내담자의 진로 문제와 특성을 분류하고 학문 · 직업적인 능력과 특성을 비교하여 진로 문제의 원인을 탐색하고 진단한다.
- 4단계-예후(prognosis): 가능한 대안과 조정 가능성을 탐색하고 예측한다.
- 5단계-상담(counseling) 또는 치료(therapy): 미래 또는 현재의 직업적 측면에 바람직하게 적용하기 위해 어떻게 해야 할지 내담자와 협동적으로 상담한다.
- 6단계-추후지도(follow-up): 내담자가 행동계획을 실천하도록 계속 조력하고 지도한다.

이 과정에서 처음 4단계는 상담자가 일방적으로 주도하지만, 나머지 2단계는 내담자도 능동적으로 참여한다. 특성요인상담에서는 내담자에 대한 자료들을 수집하고 분석 · 평가하는 과정이 상담과정 대부분을 차지하기 때문에 상담자의 능력과 능동적인 활동이 요구된다.

## (3) 결과

특성요인 진로상담의 목표는 개인의 특성을 여러 가지 검사를 통해 자세히 밝혀내고 그것을 각 직업의 특성과 연결하는 것이다. 객관적이고 과학적인 방법에 따라 내담자는 자기에 대한 이해를 명확히 할 수 있어서 합리적이고 현실적인 의사결정을 할 수 있으며, 그와 같은 결정이나 해결의 방법도 배울 수 있다. 이를 요약하면, 특성요인 진로상담은 개인의 특성이나 각 직업에서 요구하는 조건이나 직업

특성들을 과학적 · 합리적으로 분석하여 이 둘 사이를 현명하게 연결시켜 합리적이고 현명한 직업선택을 하도록 조력하는 모형이라고 할 수 있다. 앞에서 언급한 Williamson의 미네소타 진로상담모형은 제2차 세계대전 때 미군 병사들의 보직을 배분하는 방식으로 채택되었으며, 미국 내 많은 학교상담의 기본 모형을 구축하는 데에도 많은 영향을 끼쳤다(Chartrand, 1991).

## 2) Roe의 욕구이론

Roe(1956)는 정신역동적 측면에서 접근하여 직업선택 과정이 인생 초기에 부모와의 관계에서 형성된 개인의 욕구위계체계(needs hierarchy)에 의해서 결정된다고 보았다. 욕구위계체계는 Maslow(1943)의 욕구위계체계의 개념을 따온 것으로서 부모로부터 받은 유전적인 특성을 토대로 부모와의 관계에서 경험하는 만족감과 좌절감을 통해 형성된다. 즉, 부모의 양육방식과 부모-자녀의 상호작용이 자녀의 성격과 욕구위계체계를 형성하고, 이는 결국 자녀의 직업선택에까지 결정적인 영향을 미치게 된다.

이처럼 자녀에게 큰 영향을 미치는 부모의 유형은 크게 두 가지로, 다정한 부모와 차가운 부모로 나뉜다. 이는 다시 자녀에 대한 정서적 집중(emotional concentration on the child), 자녀에 대한 회피(avoidance of the child), 그리고 자녀에 대한 수용(acceptance of the child)과 같이 세 가지 정서적 분위로 분류된다. 가정에서의 정서적 분위기 유형은 다시 다음에 제시한 것처럼 여섯 가지 부모의 양육방식으로 나뉜다. 여기서 다정한 부모는 과보호적, 태평한, 애정적 방식으로 자녀를 양육하는 반면, 차가운 부모는 과요구적, 거부적, 무관심한 태도를 보인다. Roe가 분류한 부모의 양육방식이 자녀의 직업선택에 미치는 영향은 다음과 같다.

### (1) 자녀에 대한 정서적 집중

- 과보호적(overprotective): 과보호적 부모는 자녀에게 방임적이고 눈에 띄게 애정을 표현하며 전적인 특권을 부여한다. 가정은 아동 중심적이다. 이런 가정에서 자란 아동은 서비스, 예술, 또는 연예활동 관련 직업에 관심을 갖게 되는 경향이 있다.

- 과요구적(overdemanding): 과요구적 부모는 성취에 대해 높은 기대치를 설정하고 엄격한 규칙과 복종을 요구한다. 이러한 환경에서 자란 아동은 법조인, 교사, 학자, 도서관 사서 등의 직업에 관심이 큰 경향이 있다.

### (2) 자녀에 대한 회피

- 거부적(rejecting): 거부적인 부모는 아동을 아동으로 수용하지 않을 뿐만 아니라 한 개인으로조차 인정하지 않는다. 대체로 냉랭하고, 적대적이며, 경멸적이어서 아동으로 하여금 열등감을 느끼고 비수용적인 사람으로 성장하게 한다. 거부된 아동은 과학 관련 직업을 추구하는 경향이 있다.
- 무관심한(neglecting): 부모는 단지 아동을 무시하기만 한다. 즉, 긍정적이든 부정적이든 아동에 대해 거의 주의를 기울이지 않는다. 생존에 필요한 최저의 신체적 보살핌만 있을 뿐 정서적인 지지는 거의 제공되지 않는다. 무시된 아동은 과학과 옥외에서 활동하는 직업에 흥미를 갖는 경향이 있다.

### (3) 자녀에 대한 수용

- 태평한(casual): 태평한 부모는 아동에게 정서적인 면과 신체적인 면에서 되는 대로 주의를 기울이지만, 우선권은 그들 자신에게 둔다. 이러한 가정에서 자란 아동은 기술직(엔지니어, 항공사, 응용과학자)이나 단체에 속하는 직업(은행원, 회계사, 점원)을 추구하게 된다.
- 애정적(loving): 애정적인 부모는 따스하고 조력적이며 애정이 있다. 그들은 한계를 설정하고, 합리적인 문제해결을 통해 행동을 지도한다. 행동으로 아동을 돕지만 무리하지는 않는다. 부모가 애정적인 아동은 서비스나 비즈니스와 관련된 직업을 추구하는 경향이 있다.

### (4) 부모의 양육방식과 직업선택의 관계

Roe는 욕구와 직업선택 행동의 관계에 초점을 두고 직업을 분류하는 새로운 체계를 개발하였다. 그녀는 각 직업에서 요구하는 곤란도와 책무성을 고려하여 직업을 서비스직, 비지니스직, 단체직, 기술직, 옥외활동직, 과학직, 문화직, 예술직 등 여덟 가지의 직업군으로 분류하였다. 또한 각 직업군의 책임 · 능력 · 기술의 정도

를 기준으로 하여 전문적이며 관리적인 단계 I, 전문적이며 관리적인 단계 II, 준전
문적인 소규모의 사업 단계, 숙련직 단계, 반숙련직 단계, 비숙련직 단계 등의 여섯
가지로 구분하였다.

앞서 지적한 것처럼 직업군의 선택은 부모-자녀의 관계 속에서 형성된 개인의
욕구구조에 의해서 결정된다. 여기에서 욕구구조는 유전적 특성과 함께 어렸을 때
경험하는 좌절과 만족에 의해 형성된다. 예를 들어, 따뜻한 부모-자녀 관계에서 성
장한 사람은 어렸을 때부터 어떤 필요나 욕구가 있을 때 사람들과의 접촉을 통해서
그것을 만족시키는 독특한 욕구 충족방식을 배우게 되는데, 이것이 결국 인간 지향
적인(person-oriented) 성격을 형성하며, 나아가서는 직업선택에 반영된다. 그 결과,
그들은 인간 지향적인 직업(서비스직, 비즈니스직, 단체직, 문화직, 예술직)을 선택한다
는 것이다. 반면에 차가운 부모-자녀 관계에서 성장한 사람은 어렸을 때부터 부모
의 자상한 배려나 관심을 받지 못하고 자랐기 때문에 자신에게 어떤 문제가 있을 때
부모나 주위 사람의 도움을 청하지 않고(청해도 대부분 들어주지 않으므로) 사람과의
접촉이 개재되지 않는 다른 수단을 통해서 해결하는 방법을 터득하게 된다. 그 결
과, 그들은 자연히 비인간 지향적인(nonperson-oriented) 직업(기술직, 옥외활동직, 과
학직)을 선택하게 된다는 것이다.

### 3) Dawis와 Lofquist의 직업적응이론

직업적응이론(Theory of Work Adjustment: TWA)에서는 '직업에서 요구하는 능력
과 그와 관련된 개인의 능력', 그리고 '개인의 욕구와 일이 제공하는 보상과 관련된
직업가치'라는 두 가지 차원에서 개인과 환경의 일치를 설명하고 있으며(Dawis &
Lofquist, 1984), 개인-환경 일치이론으로 부르기도 한다(Lofquist & Dawis, 1991). 개
인과 환경은 보완적으로 상호작용하는데, 환경은 개인에 대해 '그 일을 할 수 있는
능력'이라는 필요조건을 요구하고, 개인은 환경에 대해 '개인의 욕구를 충족해 줄
수 있는 환경'이라는 필요조건을 요구한다.

#### (1) 직업적응이론의 기본 요인
직업적응이론은 개인이 자신의 직업 환경에 얼마나 만족하는가를 나타내는 '개인

의 만족도'와 직업 환경이 개인에게 얼마나 만족하는가를 나타내는 '조직의 만족도'를 모두 강조한다. '개인의 만족도'란 개인의 욕구가 그 업무를 통해 얼마나 충족되는지를 의미하며 '조직의 만족도'란 개인의 능력과 기술이 얼마나 그 업무에 부합하는지, 조직이 그 사람을 필요로 하는지, 즉 개인을 그 일에 고용한 것에 대해 고용주가 얼마나 만족하는지를 의미한다.

- 조직의 만족도: 조직은 일에 필요한 능력과 자격 요건을 갖춘 사람에게 만족하게 된다. 그러한 조직의 만족도에 기초해서 개인은 승진, 전근, 해고, 전직 등을 할 수 있다.
- 개인의 만족도: 개인은 가치와 욕구가 있고 직업은 강화 또는 보상 체제를 가지고 있어서, 환경과 개인이 일치를 이룬다면 개인은 만족한다. 이처럼 스스로 만족하면서 조직도 만족시키는 개인은 그 직업을 계속 유지하게 된다. 만약 개인이 만족하지 못한다면 일을 그만둘 것이고 새로운 일을 찾으려고 할 것이다.

개인의 만족과 조직의 만족은 서로를 예언하는 데 영향을 준다. 개인이 일에 만족하는 것은 역으로 그 일을 지속해서 하는가를 예언하는 데 도움이 된다. 따라서 직업적응이론의 중요한 특성인 조직의 만족과 개인의 만족이라는 두 개념은 직무만족의 예언에 있어 똑같이 중요한 개념이다. 각 부분이 서로의 필요조건을 충족할 때, 즉 일치를 이룰 때 조직과 개인이 함께 만족할 수 있다(Dawis, 1996).

### (2) 직업선택 과정과 직업가치
직업적응이론은 앞으로 직업을 선택할 때 어떤 만족을 예언해 줄 것인가를 근거로 진로를 선택하는 과정을 설명한다. 개인이 능력과 환경에 얼마나 잘 맞는지를 알기 위해 개인의 업무 수행 능력과 직업가치에 대해 객관적으로 측정할 것을 강조한다. 여기서 능력은 '직업기술의 집합체'(Dawis & Lofquist, 1984)라고 본다. 다시 말해, 능력은 습득한 기술의 집합체이며, 가치는 필요의 집합체다. Dawis와 Lofquist(1984)가 정의한 직업선택에서 중요한 여섯 가지 직업가치는 다음과 같다.

- 성취(achievement): 능력을 발휘하고 성취감을 얻는 일을 하려는 욕구다. 하위

개념은 능력(능력 발휘 가능한 일), 성취감(성취감을 줄 수 있는 일) 등이 있다.

- 편안함(comfort): 직무 스트레스가 적고 편안한 근무 상태를 바라는 욕구다. 하위 개념은 활동성, 독립성, 다양성, 보상, 안정성, 근무 환경 등이 있다.
- 지위(status): 자신의 일에 대한 사회적 명성, 즉 타인에 대한 평가나 타인의 자각 정도를 말한다. 하위 개념으로 발전 가능성, 인정, 지휘권, 지위(권한) 등이 있다.
- 이타심(altruism): 타인을 돕고 타인과 함께 일을 도모하고자 하는 가치를 말한다. 하위 개념으로 동료(친밀감), 사회봉사, 도덕성 등이 있다.
- 안전감(security): 안전하지 못한 상태(환경)를 거부하고 안전하고 예측 가능한 상태(환경)에서 일하고 싶은 욕구다. 하위 개념은 공정성(조직의 공정한 대우), 업무지원, 직무교육 등이 있다.
- 자율성(autonomy): 자유롭게 일하고자 하는 욕구다. 하위 개념은 자율성(의사선택권, 창의성, 의사실행권), 재량권(의사결정권) 등이 있다.

## (3) 직업적응 유형

개인과 환경은 서로 그 특성에 따라 만족감을 확인하고 그것을 높이기 위해 노력하는데, 직업적응이론은 그러한 상호작용 특성을 다음과 같이 네 가지로 제안하고 있다.

- 신속성(celerity): 개인이 자신의 욕구를 만족시키기 위해 얼마나 빨리 일에 뛰어드는지와 관련이 있다.
- 속도(pace): 개인과 직업 환경이 각각 만족감을 높이기 위해 노력하는 활동 수준 또는 강도를 나타낸다.
- 지속성(endurance): 개인과 환경이 불만족스러운 직업 또는 그러한 직업 환경을 얼마나 견디면서 오랫동안 유지하는지를 나타낸다.
- 규칙성(rhythm): 개인과 환경이 각각 욕구를 충족하기 위해 노력하는 과정의 어떤 패턴을 의미하는 것으로 '얼마나 꾸준하고 주기적으로 나타나는가 또는 불규칙하게 나타나는가'와 관련된다.

직업적응이론은 개인과 환경 모두에 중점을 두면서도, 개인이 자기 일에 만족하는 경우뿐만 아니라 자신이 업무 환경을 만족시킬 때에도 만족을 경험하며 만족이라는 단어를 사용하게 된다고 분명하게 강조한다. 따라서 정년 보장은 개인의 만족과 더불어 개인이 그 업무를 할 수 있는 능력이 있을 때 고려된다(Dawis, 1996). 즉, 그 직업에 얼마나 머물 것이냐는 개인의 만족과 그 일을 할 수 있는 능력에 따른다고 할 수 있다.

## 4) Krumboltz의 사회학습이론

Krumboltz의 사회학습이론(Krumboltz, Mitchell, & Jones, 1976)은 지속적인 학습경험이 각 개인의 진로 형성에 어떻게 관련되는지를 보여 주는 진로발달이론이다. 이 이론의 주된 개념은 가정, 학교, 지역사회 등의 사회적 요인이 직업 선택 및 발달에 영향을 미친다는 것이다. 이 이론에 따르면, 문화나 인종의 차이는 개인의 직업적 야망에 별로 큰 영향을 미치지 않는 데 반해, 개인이 속해 있는 사회계층은 이에 지대한 영향을 미친다고 한다. 이러한 현상은 사회계층 자체에 의한 것이 아니라 사회계층에 따라 그 속에서 생활하고 있는 대다수 사람의 사회적 반응, 교육받은 정도, 직업적 야망, 일반지능수준 등을 결정하는 독특한 심리적 환경을 조성하게 되는데, 이것이 결과적으로 직업 선택 및 발달에 영향을 준다는 것이다. 그래서 저소득층 가정의 자녀들이 열망하는 직업과 그들이 실제로 가질 수 있으리라고 예상하는 직업 간에는 상당한 차이가 나타나게 된다.

이러한 현상은 그들의 빈약한 교육수준이나 무능력에 기인하기도 하지만, 더 근본적인 이유는 자신이 원하는 직업에 접근하는 것을 주위 환경이 허용하지 않을 것이라는 생각 때문이다. 즉, 환경을 의식해서 자신의 열망을 추구해 보지도 않고 체념해 버리는 것인데, 이러한 경향 때문에 충분히 발전할 수 있는 능력이 있음에도 불구하고 자신의 능력에 비해 보잘것없는 일에 머물러 버리는 사람들이 생긴다. 그렇다고 해서 모든 저소득층 가정의 자녀들이 다 그렇게 된다는 것은 물론 아니다. 부모들이 어떠한 가정 분위기를 조성하느냐에 따라 자녀들의 직업적 야망의 성취 여부는 얼마든지 달라질 수 있다.

### (1) 진로결정 요인

Krumboltz는 진로결정에 영향을 주는 요인을 다음과 같이 네 가지로 분류하였다

(Mitchell & Krumboltz, 1990).

- 유전적 요인과 특별한 능력: 개인의 진로 기회를 제한하는 타고난 특질을 포함하는 요인이다.
- 환경적 조건과 사건: 종종 개인의 통제를 넘어서는 요인으로, 여기서 강조하는 것은 개인 환경에서의 특정한 사건이 기술발달, 활동, 진로 선호 등에 영향을 미친다는 것이다.
- 학습경험: 도구적 학습경험과 연상적 학습경험을 포함한다.
  - 도구적 학습경험: 결과에 대한 개인의 반응행동의 직접적이고 관찰 가능한 결과, 다른 사람의 반응을 통해 학습하는 것이다.
  - 연상적 학습경험: 이전의 중립적 상황에 대한 부정적·긍정적 반응을 포함하며 이러한 연상은 관찰, 출판물, 영화 등을 통해 학습될 수 있다.
- 과제접근 기술(task approach skills): 문제해결 기술, 작업 습관, 정신구조, 정서적 반응, 인지적 반응 등과 같이 개인이 개발해 온 기술 일체를 포함한다.

Krumboltz는 이상에서 언급된 진로결정 요인 중에서 '유전적 요인과 특별한 능력' 및 '환경적 조건과 사건'을 환경적 요인이라 하였고, '학습경험'과 '과제접근 기술'을 심리적 요인이라고 정의하였다. 환경적 요인은 개인에게 영향을 미치나 일반적으로 개인이 통제할 수 있는 영역 밖에 있는 것으로 상담을 통해서 변화시키는 것이 불가능하다. 심리적 요인은 개인의 생각과 감정과 행동을 결정하게 된다. 결국 상담자는 내담자가 이러한 요인들의 영향을 이해하고 변화시키도록 도와주어야 할 것이다.

### (2) 상담자가 고려해야 할 사회적 요인

Krumboltz는 진로지도와 상담을 전개할 때 다음과 같은 사회적 요인들을 고려해야 한다고 제시한다.

- 가정의 사회경제적 지위: 부모의 직업, 수입, 교육 정도, 거주지, 주거 양식 및 윤리적 배경

- 가정의 영향력: 자녀에 대한 부모의 기대, 형제간의 영향, 가족의 가치관 및 개인(내담자)의 태도
- 학교: 학업성취도, 동료 및 교사와의 관계, 학교에 대한 태도
- 지역사회: 개인이 속한 지역사회에서 주로 하는 일, 그 지역사회 집단의 목적 및 가치관, 그 지역사회 내에서 특수한 경험을 할 수 있는 기회 또는 영향력
- 압력집단: 교사, 동료, 친지 등의 특정 개인이나 부모가 내담자에게 어느 한 직업에 가치를 두도록 영향력을 지닌 정도
- 역할지각: 자신의 다양한 역할 수행에 대한 개인의 지각과 이것이 그 사람에 대한 타인의 지각과 일치하는 정도

## 5) 사회인지진로이론

사회인지진로이론(Social Cognitive Career Theory: SCCT)은 이론적으로 Bandura (1986)의 인지적 사회학습이론에 근거하고 있으며, 대표적인 학자로는 Lent, Brown, Hackett 등이 있다.

이 이론은 자아개념과 자아효능감, 흥미, 능력, 욕구 등의 관계가 진로선택과 개인 개발의 결정 요인으로 쓰일 수 있다는 가능성을 제시하였다. 사회인지진로이론의 초점은 신념을 끌어내는 학습과정, 신념이 진로의사결정 과정과 진로준비행동을 끌어내는 데 미치는 영향을 밝히는 데 있다. 사회인지진로이론이 제시하는 진로선택 모형은 타고난 개인적 특징과 환경의 영향을 간파하면서도 그것에 적극적으로 대응할 수 있는 요소를 포함하고 있다.

### (1) 진로 발달과 선택 결정 요인

진로 발달과 선택에 영향을 미치는 요인을 인지적 요인과 환경적 요인으로 구분할 수 있다(Bandura, 1986).

### ① 인지적 요인

- 자기효능감: 계획한 일을 해내기 위해 요구되는 여러 가지 행동을 조직하고 실행하는 능력에 대한 사람들의 신념을 말한다. 특정 영역에 대한 자기효능감이

높으면 그 영역에 계속해서 몰두할 가능성이 커진다.

- 결과기대: 특정한 행동을 수행하는 데서 얻어질 성과에 대한 개인적인 예측을 말한다. 이러한 신념은 다양한 학습경험을 통해서 얻어진다.
- 개인적 목표: 어떤 활동에 몰두하려는 결심 또는 미래의 성과에 영향을 미치려는 결심을 말한다. 목표가 분명하고 확고하게 설정되어 있으면 진로 발달 및 선택과 같은 복합적이고 장기적인 과제에 지속해서 몰입하는 데 큰 도움이 된다.

② 환경적 요인

- 개인적 배경: 성별, 인종, 사회계층, 장애나 건강과 같이 개인이 선택할 수 없는 인구학적 특성을 말한다.
- 환경적 배경: 근접맥락 변인과 배경맥락 변인으로 구성되며, 배경맥락 변인은 거시적이며 역사적인 변인을 말하고, 근접맥락 변인은 좀 더 내담자에게 가까운 곳에서 내담자와 직접 상호작용하는 변인을 말한다. 배경맥락 변인은 근접맥락 변인을 통해서 개인에게 영향력을 행사한다. 예를 들어, 청년 실업률 증가는 배경맥락 변인, 가난한 가정 형편은 근접맥락 변인으로 볼 수 있다.

### (2) 진로선택 과정

Lent, Brown과 Hackett(1994)는 직업흥미, 선택, 그리고 수행을 통합하여 진로발달 모형을 수립한 후, 그것을 '진로선택 과정'으로 명명하였다. 진로선택 과정은 개인적 배경, 환경적 배경, 학습경험, 자기효능감, 결과기대가 흥미발달, 목표의 수립과 선택, 행동 착수 그리고 성패 결과를 포함한다. 진로선택 과정에서 내담자는 각자 특정한 개인적이고 맥락적인 상황에서 성장하고, 그러한 변인들은 내담자의 진로발달 과정에 영향을 미친다. 즉, 내담자의 개인적이고 맥락적인 변인이 그 자신의 진로 관련 학습경험을 결정한다. 이러한 활동을 하는 동안 내담자는 긍정적이거나 부정적인 강화를 받는데, 활동하면서 받는 그러한 강화는 내담자의 자기효능감과 결과기대를 결정한다. 또한 그렇게 결정된 자기효능감과 결과기대는 내담자의 진로흥미를 결정한다. 그리고 흥미는 내담자의 목표에 영향을 미치고, 목표는 내담자에게 행동계획을 하도록 자극하며, 그러한 행동계획을 실행하는 것이 수행경험으로 이어진다. 이들 수행경험은 내담자의 자기효능감, 결과기대, 그리고 목표를 정당화해 준다. 그렇지 않을 경우 이 과정은 학습경험의 단계에서 다시 시작된다.

　사회인지진로이론은 진로선택과 준비행동 과정을 가장 폭넓게 보여 주는 복합적인 진로발달이론이다. 이 이론은 개인이 행동과 그에 따르는 결과에 효능감 기대를 가지고 있으며 효능감 기대는 개인이 그 행동을 얼마나 열심히 하느냐에 영향을 미친다고 제안한다. 즉, 자아개념과 자기효능감, 흥미, 능력, 욕구 등의 관계를 진로선택과 개인 개발의 결정 요인으로 쓰일 수 있다는 가능성을 제시하였다.

## 6) 인지적 정보처리이론

　Peterson, Sampson과 Reardon(1991)에 의해 개발된 인지적 정보처리(Cognitive Information Processing: CIP)이론은 개인이 어떻게 진로를 결정하고 진로 문제 해결과 의사결정을 할 때 어떻게 정보를 이용하는지의 측면에서 정보처리이론을 진로발달에 적용한 것이다. 이 이론에 따르면, 진로의사결정이나 진로 문제 해결이 기본적으로 학습되고 연습될 수 있는 기술이라고 보았다. 즉, 진로상담을 통하여 합리적인 의사결정 방식이나 문제해결 방식이 학습된다면 내담자는 자신의 진로 문제를 스스로 해결해 나갈 수 있게 될 것이라고 보았다.

### (1) 인지적 정보처리이론의 기본 가정
인지적 정보처리이론의 열 가지 기본 가정을 살펴보면 다음과 같다.

- 진로선택은 인지와 정서의 상호작용에 의한 것이다.
- 진로의사결정은 하나의 문제해결 활동이다. 개인이 교과 문제를 푸는 것과 같은 방식으로 개인의 진로 문제를 해결할 수 있다. 단, 차이는 원인의 복잡성, 애매성, 해결책의 정확성 여부에 있다.
- 진로 문제를 해결하는 능력은 지식뿐만 아니라 인지적 조작의 가용성에 달려 있다.
- 진로 문제 해결은 고도의 기억력을 요구하는 과제다. 자기이해와 직업세계에 대한 정보는 복잡하며, 그 관계를 파악하려면 이 두 가지를 동시에 고려해야 하므로 쉬운 일이 아니다.

- 진로 문제를 더 잘 해결하고자 하는 욕구는 곧 자신과 직업세계를 잘 이해함으로써 직업선택에 만족을 얻고자 하는 것이다.
- 진로발달은 자신과 직업에 대한 정보를 가지고 일련의 구조화된 기억구조를 형성함으로써 이루어진다.
- 진로정체성은 자기 자신을 얼마나 아느냐에 달려 있다.
- 진로의식 성숙도는 자신의 진로 문제를 해결하는 개인의 능력과 관련된다.
- 진로상담의 궁극적 목적은 정보처리 기술을 향상하는 것이다. 즉, 내담자의 정보처리 능력을 향상시키기 위해서 인지적 기법과 기억구조를 활성화하는 학습조건을 이용하는 것이다.
- 진로상담의 궁극적인 목표는 내담자가 진로 문제를 잘 해결하고 의사결정을 잘할 수 있도록 하는 것이다.

## (2) 인지적 정보처리 영역 피라미드

진로의사결정이나 진로 문제 해결의 내용을 의미하는 인지적 정보처리 영역 피라미드는 진로의사결정을 하거나 진로 문제를 해결할 때 반드시 생각해 보아야 할 영역을 다음과 같이 네 가지로 분류하였다.

- 자신에 대한 지식: 피라미드의 가장 아랫부분을 구성하는 자신에 대한 지식은 진로의사결정을 할 때 자신에 대한 이해가 필수적인 요소임을 보여 주는 것이다. 이것은 직업선택과 관련하여 자신의 흥미, 기술, 가치 등을 알아야 함을 말하는 것으로, 그것이 자신에게 적합한 직업을 선택하는 데 기초적인 지식임을 설명하고 있다.
- 직업에 대한 지식: 진로의사결정을 하는 데 있어서 자신에 대한 이해뿐 아니라 직업에 대한 구체적인 정보가 있어야 함을 보여 준다. 자신의 흥미나 기술, 가치관 등에 적합한 직업을 선택하기 위해서는 직업에 대한 구체적인 정보가 반드시 있어야 하기 때문이다.
- 진로의사결정 과정: 효과적인 의사결정을 위해 진로의사결정 과정에 대한 지식이 있어야 함을 보여 준다. 즉, 진로를 선택할 때 어떻게 그리고 어떤 과정을 거쳐서 의사결정을 해야 하는지 학습할 수 있다면 계속되는 결정 상황에서 합리

적인 의사결정을 할 수 있게 된다는 것이다.

• 초인지: 합리적 의사결정을 위하여 자신의 진로의사결정 과정 전체를 조망할 수 있는 능력이 필요하다고 하였다. 그러한 능력을 초인지라고 하는데, 예를 들면 진로의사결정을 하는 과정에서 개인이 가지게 되는 정서나 생각 등을 스스로 인식할 수 있어야 한다는 것이다.

### (3) 인지적 정보처리의 과정

진로 문제 해결은 1차적으로 인지적 과정이며 다음과 같이 5단계의 과정을 통해 증진시킬 수 있다.

• 1단계-의사소통 과정: 질문을 받아들여 부호화하며 송출한다. 즉, 진로의사결정 또는 진로준비에 대한 필요성을 인식하는 단계다.
• 2단계-분석과정: 개념적인 틀 안에서 문제를 찾고 분류한다. 즉, 진로를 결정하기 위하여 자신에 대한 이해와 직업에 대한 이해의 폭을 넓혀 가는 단계다.
• 3단계-통합과정: 일련의 행위를 형성한다. 즉, 자신에 대한 이해와 직업에 대한 이해를 바탕으로 자신에게 적합한 직업 대안을 선택하는 단계다.
• 4단계-평가과정: 성공과 실패의 확률에 관해 각각의 행위를 판단하고, 다른 사람에게 미칠 파급효과를 판단한다. 즉, 통합과정에서 선택한 직업 대안의 장단점을 정리해 보거나 자신의 직업가치관을 비교해 보면서 우선순위를 결정한다.
• 5단계-실행과정: 전략을 이용하여 계획을 실행한다. 즉, 평가 단계에서 결정한 우선순위에 따라서 취업 준비를 하는 것이다.

인지적 정보처리이론은 하나의 학습과정으로 간주하며, 개인이 자신의 운명을 결정하고 통제하는 데 있어서 무엇보다도 인지의 역할이 크다는 것을 강조한다.

## 7) Holland의 성격이론

Holland가 진로이론에 관심을 두기 시작한 것은 1940년대 중반에 모병면접자로 있었던 군복무 시절로 추정된다. 그 시기에 Holland는 상대적으로 사람들을 몇몇 소수의 유형으로 분류할 수 있다고 가정하였다. 그 후 학생, 신체장애인, 정신질환 인 등에 대한 상담자로서의 다양한 경험은 그 당시에는 일반적이지 않았던 이러한 생각을 더욱 강화시켜 주었다. Holland는 특히 안정성과 진로변경에 관한 개인·환 경 특성에 흥미가 있었는데, 그의 이론은 "직업적 흥미는 일반적으로 성격이라고 불 리는 것의 일부분이기 때문에 개인적·직업적 흥미에 대한 설명은 곧 개인의 성격 에 대한 설명이다."라는 가정을 기초로 한다(Holland, 1997).

### (1) 성격이론의 기본 가정

성격에 관한 Holland의 연구는 유형론에 초점을 두고 있다. 그는 직업의 선택 을 각 개인의 성격 표현으로 보고, 성격 유형과 진로선택의 관계를 강조하였다. Holland(1997)의 성격이론은 다음 네 가지 기본 가정을 기초로 하고 있다.

- 대부분의 사람은 여섯 가지 유형인 현실적(realistic), 탐구적(investigative), 예술 적(artistic), 사회적(social), 설득적(enterprising), 그리고 관습적(conventional) 유 형 중 하나의 범주에 해당한다.
- 환경에도 '현실적, 탐구적, 예술적, 사회적, 진취적, 관습적'인 여섯 가지 종류가 있으며, 대부분 각 환경에는 그 성격 유형에 일치하는 사람들이 있다.
- 사람들은 자신의 능력과 기술을 발휘하고 태도와 가치를 표현하고 자신에게 맞는 역할을 수행할 수 있는 환경을 찾는다.
- 개인의 행동은 성격과 환경의 상호작용으로 결정된다.

### (2) 여섯 가지 성격 유형

Holland는 여섯 가지 유형 중의 하나가 사람을 우세하게 지배하는 한편, 하위 유 형이 있는데 하위 유형은 개인에게서 발견되는 3개의 우세한 유형, 즉 '3개 코드' 를 기초로 전개된다고 보았다. 따라서 SAE라고 부르는 하위 유형은 순서대로 사회 적·예술적·설득적 특성을 가진 사람을 기술하며, 일명 '3개 코드'라고 불린다.

유형별 집단의 구성원들은 어떤 종류의 활동들은 선호하고 다른 활동들은 회피하 는 경향이 있다. 여섯 가지 유형에 대해 간단히 설명하면 다음과 같다(Holland, 1997).

- 현실적 유형: 현실적 유형은 기계, 도구, 동물에 관한 체계적인 조작활동을 좋아한다. 이 유형의 사람은 사회적 기술이 부족하다. 현실적인 유형에 속하는 전형적인 직업은 기술자다.
- 탐구적 유형: 탐구적 유형은 분석적이고 호기심이 많고 조직적이며 정확하다. 그러나 이들은 흔히 리더십 기술이 부족하다. 대표적인 직업은 과학자다.
- 예술적 유형: 예술적 유형은 표현이 풍부하고 독창적이며 비순응적이다. 이들은 규범적인 기술이 부족하다. 대표적인 직업은 음악가와 미술가다.
- 사회적 유형: 사회적 유형은 다른 사람과 함께 일하거나 다른 사람을 돕는 것을 즐기지만 도구와 기계를 포함하는 질서정연하고 조직적인 활동을 싫어한다. 사회적 유형은 기계적이고 과학적인 능력이 부족하다. 대표적인 직업은 사회복지가, 교육자, 상담자다.
- 설득적 유형: 설득적 유형은 조직의 목표나 경제적 목표를 달성하기 위해 타인을 조작하는 활동을 즐긴다. 그러나 상징적이고 체계적인 활동을 싫어하며 과학적 능력이 부족하다. 대표적인 직업은 기업경영인, 정치가다.
- 관습적 유형: 관습적 유형은 체계적으로 자료를 잘 처리하고 기록을 정리하거나 자료를 재생산하는 것을 좋아한다. 그 대신 심미적 활동은 피한다. 대표적인 직업은 경리사원, 사서다.

## (3) 육각형 모형

Holland는 자신의 이론에 근거한 육각형 모형을 제시하여 앞에서 언급한 유형 간의 심리적인 유사성을 시각적으로 보여 주고 있다([그림 6-2] 참조).

Holland의 모형은 청소년의 성격 유형과 특정한 근무 환경 사이의 일치 정도를 가늠해 볼 수 있다는 점에서 매우 유용한 진로상담의 도구다. 예컨대, 사회적 유형에 속하는 청소년은 사회적 환경에 가장 편안함을 느낄 수 있지만, 현실적 환경에서는 그렇지 않을 것이다. 왜냐하면 사회적 유형과 현실적 유형은 상반된 특성을 띠고 있기 때문이다. 그러므로 상담교사는 청소년들에게 자기의 성격 유형을 발견하고 이해한 후에 자신의 강점을 깨닫고 개발하여 그 성격 유형에 어울리는 환경을 찾아서 진로를 결정하도록 지도하여야 할 것이다. 만일 청소년이 다른 유형에도 관심을 보일 때에는 그의 약점을 보완하도록 도움을 제공할 수도 있다.

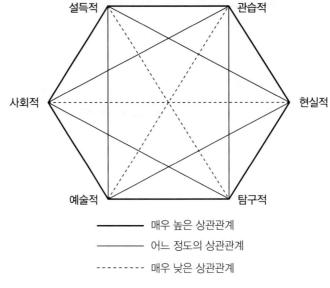

설득적                    관습적

사회적                                        현실적

예술적                    탐구적

───────   매우 높은 상관관계
───────   어느 정도의 상관관계
---------   매우 낮은 상관관계

●그림 6-2● **Holland의 직업흥미 육각형 모형**

출처: Holland (1997).

# 3. 청소년 진로발달이론

## 1) Ginzberg의 진로발달이론

Ginzberg, Ginsburg, Axelrad와 Herma(1951)는 1930년대 이후 등장한 Bühler (1933)의 생애단계이론, Strong(1943)의 직업흥미이론 등의 영향과 그들 자신의 경제학, 정신의학, 사회학, 심리학 등의 여러 학문적 배경을 바탕으로 포괄적인 진로이론을 제시하였다. 특히 이들은 진로선택이 하나의 발달과정이며 이 과정은 단 한 번의 결정이 아니라, 일련의 결정들에 따라 계속해서 이루어진다고 보았다 (Ginzberg, 1972). 각 단계의 결정은 이전 단계의 결정과 다음 단계의 결정 사이에 밀접한 관계를 맺고 있다고 주장하였다. 다시 말하면, 진로선택이란 일회적인 행위, 즉 단일 결정이 아니라 장기간에 걸쳐서 이루어지는 일련의 과정이며, 진로선택과정은 비가역적이라는 것이다. 따라서 나중에 이루어지는 결정은 이전의 결정에 영향을 받게 된다. 이러한 진로선택은 가치관, 정서적 요인, 교육의 수준과 종류, 환경의 영향 등의 상호작용으로 결정되며, 이 네 가지 요인의 상호작용으로 태도가 형성

되고, 태도는 진로선택으로 이어지게 된다. 특히 진로선택 과정은 바람과 가능성 간의 타협으로 볼 수 있다.

### (1) 진로발달이론의 진로발달 단계

Ginzberg(1972)는 진로발달의 단계를 구체적으로 환상기, 잠정기, 현실기의 세 단계로 나누어 제시하고 있다.

### ① 환상기(6~10세)

이 단계에서는 현실 여건, 자신의 능력이나 가능성을 고려하지 않고, 독단적으로 특정 직업을 선택하여 그 직업에서 하는 일을 놀이활동을 통해서 표출하려고 한다. 이 연령층의 아이들은 현실적인 장애를 의식하지 못하기 때문에 자기가 원하는 것은 무엇이든지 다 할 수 있다고 생각한다.

### ② 잠정기(11~17세)

청소년 초기가 이 단계에 속한다. 이때부터는 진로선택 과정에서 흥미, 능력, 가치가 고려된다. 그러나 이 시기에는 현실적 요인들을 고려하지 않기 때문에 잠정기라 할 수 있다. 잠정기는 다음 4개의 하위 단계로 구분된다.

- 흥미기(11~12세): 이 연령층의 아이들은 자신의 흥미를 중심으로 직업을 선택하려는 경향이 있다.
- 능력기(12~14세): 이 시기에 도달하면 자신이 흥미를 느끼는 분야에서 성공을 거둘 수 있는 능력을 지니고 있는지 시험해 보기 시작한다. 그리고 이 세상에는 다양한 직업이 있으며 직업에 따라 보수도 다르고 필요로 하는 교육이나 훈련의 유형도 각기 다르다는 사실을 처음으로 인식하게 된다.
- 가치기(15~16세): 이 시기에 와서는 직업을 선택할 때에 고려해야 하는 다양한 요인을 감안하게 된다. 따라서 특수한 직업 선호와 관련된 모든 요인을 알아보며, 그러한 직업 선호를 자신의 가치관 및 생애목표에 비추어 평가해 본다.
- 전환기(17~18세): 이 시기는 고등학교 3학년인 17~18세 전후가 되는데, 이때부터는 점차 주관적인 요소에서 현실적이고 외적인 요인들로 관심을 옮기게 된다.

### ③ 현실기(18~22세)

늦어도 24세까지의 청소년 중기에 해당되는 이 단계에서는 비로소 현실적인 선택이 이루어지게 된다. 따라서 자신의 흥미, 능력, 가치, 취업 기회뿐만 아니라 직업의 요구조건, 교육 기회, 개인적 요인 등과 같은 현실 요인을 고려하고 타협해서 결정하게 된다. 현실기는 경우에 따라 정서적 불안정, 개인적 문제, 재정적 부족 등의 원인 때문에 늦어지기도 한다. 현실기는 다음 3개의 하위 단계로 구분된다.

- 탐색기: 이 단계는 다시 자신의 진로선택을 위해 필요하다고 판단되는 교육이나 경험을 쌓으려고 노력하는 단계다.
- 정교화기: 직업목표를 정하고 자신의 결정에 관련된 내 · 외적 요소를 종합할 수 있는 단계다.
- 구체화기: 자신이 내린 결정을 보다 구체화하고, 보다 세밀한 계획을 세우는 단계다.

### (2) 진로발달이론의 주요 개정 사항

Ginzberg(1972)는 그의 이론을 제시한 지 약 20년 후에 이론의 일부를 수정하였다. 그는 개인의 진로결정이 생의 어느 한 시기에 이루어지는 일회적인 것이라는 주장을 번복하고 개인의 진로선택은 생애 단계에 따라 변화 · 발달하는 것이라고 하였다. 진로발달이론의 주요 개정 사항은 다음과 같다.

- 직업선택과 발달의 과정은 평생 무한하다.
- 비가역성은 더는 효력이 없다. 가장 적합한 직업을 발견하는 것은 지속적인 과정이다.
- 과거에 자기에게 가까이했던 개인의 기회에 대한 지각의 중요성과 마찬가지로 일의 세계에 대한 기회구조에 더 비중을 둔다.
- 가치 지향에 더 비중을 두고 만족에 대한 개인 탐색에 중요한 역할을 한다고 간주한다.

Ginzberg의 진로발달이론은 진로지도에 필요한 개인의 직업적 성숙도와 규준을 제공함으로써, 직업선택 과정에서 각각 단계별 문제 발견과 지도에 도움을 줄 수 있다는 장점이 있다. 발달단계 초기에 이루어지는 선택과정은 개인의 흥미, 능력, 가치관에 좌우되지만, 나중에는 이 요인들과 외부적인 조건이 함께 타협됨으로써 직업선택이 이루어지는 점이 특징이라 할 수 있다(김충기, 1983).

## 2) Super의 생애주기이론

Super의 생애주기이론은 Ginzberg의 진로발달이론에 대한 비판에서 출발하였다. 그는 당시의 진로선택 및 진로발달에 대한 지식을 충분히 분석하고 종합하여 보다 포괄적이고 발전된 이론을 정립하려고 하였다. Super(1953, 1957, 1963, 1988)의 이론의 기본이자 가장 큰 특징은 발달을 하나의 과정으로 본다는 것이다. 다시 말해, 진로발달을 여러 의사결정의 과정이라고 보는 것인데, 그는 그러한 여러 의사결정의 축적된 결과가 자아개념을 형성하고 진로선택으로 나타난다고 제안한다. 즉, 진로선택을 직업적 자아와 직업세계 간 최적의 조화를 위한 점진적 접근으로 보는 것이다.

### (1) 생애주기이론의 기본 가정

내담자가 자신의 목표를 달성하거나 문제를 해결하고자 한다면, 개인의 생애진로발달에서 이러한 요소들의 영향력에 대해 완전히 이해하고, 이를 보다 직접적인 것으로 생각할 필요가 있다(Gysbers, Heppner, & Johnston, 2014). Super는 진로상담에서 생애진로발달 과정의 중요성을 일찍이 파악하고 1953년 논문에서 생애주기이론의 열 가지 가정을 제시하였고, 1957년에는 여기에 두 가지 가정을 첨가하면서, 마침내 1990년 논문에서는 처음의 열 가지 가정을 열네 가지로 확대하였다. 본래의 열 가지 가정은 1~6, 9~12까지고, 첨가된 것은 7, 8, 13, 14의 네 가지 가정이다. 이를 살펴보면 다음과 같다(Super, 1990).

① 인간은 개개인의 능력, 흥미, 인성에 차이가 있다.
② 인간은 각기 다른 직업적 특성을 갖는다.
③ 인간의 직업적 능력, 선호도 및 자아개념은 계속적인 선택과 적응의 과정을

통해 발달한다.

④ 직업에는 각기 다른 특성들이 있다.

⑤ 이 과정은 일련의 생활 단계로서 성장기, 탐색기, 확립기, 유지기, 쇠퇴기로 구분 지을 수 있다.

⑥ 개인의 진로유형의 본질(직업수준, 시행과 안정된 직업의 기간, 빈도, 순서 등)은 지적 능력, 인성적 특성, 사회경제적 수준, 주어진 기회에 따라 결정된다.

⑦ 환경과 조직의 요구에 상응하는 성공은 어떤 주어진 생활, 즉 진로 단계가 내담자의 진로의식 성숙이라는 요구에 상응하는 개인의 준비도에 의존한다.

⑧ 진로의식 성숙은 하나의 가설적인 구조이며, 그 조작적 정의는 아마 지능을 정의하는 것만큼 어려울 것이다. 그러나 진로의식 성숙의 역사는 훨씬 더 보편화되었으며 그 업적은 한층 더 명백하다.

⑨ 개인의 진로발달은 현실을 평가하는 능력이나 자아개념, 홍미 등을 발달시킴으로써 촉진될 수 있다.

⑩ 진로발달의 과정은 본질적으로 자아개념을 발달시키고 보완해 가는 과정이다. 이는 타고난 적성, 다양한 역할을 수행할 기회, 역할 수행의 결과가 선배나 동료의 승인을 얻는 정도에 따라 평가의 상호작용 결과로 나타난 자아개념 속에서 야기되는 타협의 과정이다.

⑪ 개인과 사회적 요인, 자아개념과 현실성 사이의 타협과정은 역할담당의 하나다. 이러한 역할담당은 환상 속에서나 상담 또는 학급활동, 클럽활동, 시간제 일자리와 같은 실생활 속의 역할수행을 통해 이루어진다.

⑫ 진로, 직업 및 인생의 만족은 자신의 능력, 홍미, 성격 특성 또는 가치가 실현되는 정도에 달려 있다. 이는 자신의 성숙과 탐색의 경험에 따른 일관성을 가지고 있으며, 적합한 역할을 할 수 있는 생활양식, 작업조건, 일의 형태를 수행할 수 있느냐에 따라 좌우될 수 있다.

⑬ 사람들이 일에서 얻을 수 있는 만족의 정도는 그들의 자아개념에 도움이 될 수 있는 정도에 비례한다.

⑭ 일과 직업은 성격 형성을 위한 방법을 제공해 준다. 어떤 이들은 이러한 방법을 다분히 주변적이고 부수적이며, 심지어는 존재하지 않는 것처럼 느낄지도 모른다. 그럴 경우에는 여가활동과 가정관리 같은 또 다른 방법을 제공할 수 있다.

## (2) 생애주기이론의 진로발달 단계

　Super(1951)는 자신의 이론을 보다 발전시키기 위하여 진로유형 연구를 수행하면서 진로발달 단계를 제시하였다. Super는 각 단계에 해당하는 연령과 독특한 행동특성을 분명하게 나타내 주고 있는데, 이를 살펴보면 다음과 같다.

### ① 성장기

　출생에서 14세까지가 해당된다. 이 기간 중에는 가정과 학교에서의 중요 인물과 동일시함으로써 자아개념을 발달시킨다. 이 시기의 초기에는 욕구와 환상이 지배적이나 사회참여와 현실 검증이 증가함에 따라 흥미와 능력을 중요시하게 된다. 이 단계는 세 가지 하위 단계인 환상기, 흥미기, 능력기로 나뉜다.

- 환상기(4~10세): 욕구가 지배적이며 역할수행이 중요시된다.
- 흥미기(11~12세): 개인의 취향이 곧 활동의 목표 및 내용, 진로목표 설정 시 결정 요인이 된다.
- 능력기(13~14세): 자신의 능력을 보다 중요시하며 이를 고려하여 진로를 선택하려 한다. 또한 직업훈련의 요구조건 등을 고려하게 된다.

### ② 탐색기

　15세에서 24세까지가 해당되며, 자신의 욕구, 흥미, 능력, 가치, 취업 기회 등을 고려하며, 자신의 일자리 등을 통해서 자아검증, 역할시행, 직업적 탐색을 행하는 시기다. 탐색기는 다시 잠정기, 전환기, 시행기의 세 가지 하위 단계로 나뉜다.

- 잠정기(15~17세): 흥미, 욕구, 능력, 가치, 직업적 기회 등을 고려하기 시작하며, 잠정적인 진로를 선택하고 그것을 상상을 통해, 또는 토의, 일, 기타 경험을 통해 시행해 본다.
- 전환기(18~21세): 개인이 취업을 하거나 취업에 필요한 훈련, 교육 등을 받고, 직업선택에서 보다 더 현실적인 요인들을 고려하며 자아개념이 직업적 자아개념으로의 전환을 야기하는 시기다.
- 시행기(22~24세): 개인이 직업을 갖게 되면 그 직업이 자신에게 적합한지의 여

부를 시험하게 된다.

### ③ 확립기

25세부터 44세까지가 해당되며, 자신에게 알맞은 분야를 발견하고 거기에서 영구적인 위치를 확보하기 위해 노력하는 것이 특징이다. 즉, 자신의 생활터전을 안정시키기 위해 노력하는 시기다. 이 시기는 다시 시행 및 안정기와 승진기로 나뉜다.

- 시행 및 안정기(25~30세): 자신이 선택한 일의 분야가 적합하지 않을 경우 적합한 일을 발견하게 될 때까지 몇 차례의 변화를 겪게 되며, 영구적인 직업을 확보할 때까지 노력을 계속하는 시기다.
- 승진기(31~44세): 진로유형이 분명해짐에 따라 그 직업을 안정시키고, 직업세계에서 안정과 만족, 소속감, 지위 등을 굳히기 위한 노력을 한다.

### ④ 유지기

이 시기는 45~64세에 해당되며, 이미 정해진 직업에 정착하고, 그 직업을 유지하기 위해 노력한다. 즉, 직업세계에서 자신의 위치를 확고히 하고 유지하려는 시기로 가장 안정된 생활 속에서 지낼 수 있게 된다.

### ⑤ 쇠퇴기

65세 이후의 시기에 해당되며, 이때 정신적으로나 육체적으로 그 기능이나 힘이 약해짐에 따라 직업전선에서 은퇴하게 되며, 새로운 역할이나 활동을 추구하게 된다. 이 시기는 다시 감속기와 은퇴기로 나뉜다.

- 감속기(65~70세): 일의 수행속도가 느려지고, 직무에 변화가 오거나 혹은 일의 능력이 쇠퇴하는 사실에 알맞은 변화를 요구한다. 이 시기의 사람들은 시간제 일을 찾고자 한다.
- 은퇴기(71세 이후): 시간제 일, 자원봉사자 혹은 여가활용 등으로 이직하게 된다.

Super의 생애주기이론은 지나치게 자아개념 지향적이며 지적인 면을 강조하고 직업발달 측면만을 강조한다는 비판을 받고 있다(홍기형, 이승우, 1977). 그러나 개인의 직업발달 과정을 자아실현과 생애발달의 과정으로 본 점과 자아개념의 직업자아개념으로의 전환, 진로유형, 진로성숙, 진로발달 단계에 초점을 맞추면서 진로발달 과정을 체계적으로 기술하고 있다는 점에서 진로발달이론 중에서 가장 역동적이고 포괄적인 이론이라고 할 수 있다(홍기형, 1983). 또한 많은 연구에 의해 일반적으로 지지되었던 발달적 개념들에 타당한 설명을 제공해 준다(Osipow & Fitzgerald, 1996).

## 3) Gottfredson의 제한-타협이론

Gottfredson의 제한-타협이론(Gottfredson, 1981, 1996, 2005)은 Super의 이론처럼 전 생애적 발달단계를 제안한 것이 아니라, 첫 직장에 입사하기까지의 진로발달 과정을 설명한다. 이 이론은 기본적으로 직업과 관련해서 자기가 할 수 있겠다고 생각하는 직업의 수를 '줄여 나가는 과정'을 진로발달의 과정으로 본다. '줄여 나가는 과정'에서 어떻게 줄여 나가는가, 언제 줄이는가, 얼마나 줄이는가 등의 내용이 발달단계이론에 포함되어 있기 때문에 그 과정을 '제한(circumscription)'의 과정이라고 하고, 그 부분에 대한 설명을 제한이론이라고 한다. 그렇게 자신이 '이런 직업을 갖겠다'는 그림을 점점 축소해 가지만, 결국 직업을 선택할 때는 또다시 한 번 더 뭔가를 버리고 하나만을 선택해야 한다. Gottfredson은 그 과정을 '타협(compromise)'이라고 하였다. 또한 '개인이 특정 시점에서 가장 좋은 직업적 대안이라고 생각하는 하나의 희망직업'의 개념인 직업포부는 미래의 직업선택을 예언해 주는 중요한 개념 중의 하나다.

### (1) 제한-타협이론의 진로발달 단계

진로포부의 제한과정을 설명한 진로발달 단계를 살펴보면, 청소년기까지의 진로발달은 총 4단계로 나뉘며, 이때 각 단계에서 성취해야 할 발달과업에 해당하는 것을 각 단계의 이름으로 명명한다. 각 단계의 나이 구분이 엄격하게 적용되는 것은 아니지만 대체로 취학 전, 초등학교, 중학교, 고등학교 시기로 구분할 수 있다. 즉, 각 단계를 거치는 나이보다는 각 단계를 거쳐 가는 순서가 발달적으로 더 의미 있는 정보라는 것이다. 각 단계를 자세히 살펴보면 다음과 같다.

### ① 1단계: 힘과 크기 지향(서열 획득) 단계

학교에 들어가기 이전 단계인 1단계(3~5세)에서 힘과 크기에 의한 서열의 개념을 획득(orientation to size and power)하는 것이 중요하다. 이 시기의 아동들은 사고가 자기중심적이고 일시적인 특징이 있으며, 과거·현재·미래를 구분하지 못하고, 속도·운동·권력을 가진 대상을 선호하는 경향이 있다(Nelson, 1978). 아직 사고가 직관적이어서 표면적으로 드러나는 신체의 크기에 의한 자신과 성인을 구분하며 동성 부모처럼 행동하려고 하고 동성 친구에 더 많은 관심을 가진다. 아동은 성인을 '자원의 통제자'(Gottfredson, 1981)로 인식함에 따라 주변 세계를 '크다-작다, 좋다-나쁘다'는 식으로 인식한다. 그러나 미래에 대한 개념이 아직 형성되지 않아 그들이 가지고 있는 미래의 성인에 대한 개념은 다소 제한적이라는 특징이 있다.

### ② 2단계: 성역할 획득 단계

다음으로 2단계(6~8세)는 성역할 획득 단계(orientation to sex role)다. 이 시기의 아동들은 구체적 조작기에 접어들게 되므로 정신적으로 표상하는 능력이 급속히 증가한다. 외형적인 활동이나 옷과 같은 시각적인 단서를 통해 성역할을 인식해 나가면서 직업을 여성적 직업과 남성적 직업으로 이분화하여 인식한다. 성 항상성이 획득되는 6세 이후가 되면 직업에 대한 성 유형화가 일어난다. 따라서 이 시기의 아동은 자기의 성이 가장 좋다고 생각하며 자신의 성에 알맞은 적절한 직업을 선호하게 된다. 경우에 따라 자신의 성에 대한 정체감을 형성하기 위해 성 구분이 모호한 선택은 기피하고 오히려 성 편견을 조장하는 경향이 나타나기도 한다.

### ③ 3단계: 사회적 가치 획득 단계

다음으로 3단계(9~13세)인 사회적 가치 획득 단계(orientation to social valuation)로 넘어간다. 이 시기의 아동들은 자기중심성에서 벗어나 동료집단의 평가 혹은 일반적인 사회의 기대나 가치에 민감한 경향이 있다. 또한 사회계층의 차이를 비롯하여 개인의 능력과 직업에 대한 사회적 명성의 차이 등을 무의식적으로 인식하게 된다. 이러한 인식은 개인의 사회경제적 수준에 맞는 직업을 선호하는 것으로 나타난다. 또한 직업에는 보상적 측면(권위, 명성, 임금 등)과 필요한 교육수준의 정도가 각기 다름을 인지함으로써 점차 진로의식 성숙이 이루어지며 사회적 가치에 대해서도 성인과 유사한 관점을 가지게 된다.

#### ④ 4단계: 내적 자아 확립 단계

4단계(14세 이상)는 내적 자아 확립 단계(orientation of the internal, unique self)로, 이 시기의 청소년들은 흥미, 성격, 가치, 적성 등 자신에 대한 폭넓은 정체감을 형성하게 되고 아울러 타인에 대한 지각도 증대되기 시작한다. 자신의 내적 · 외적 요인에 대한 인식의 증가로 인해 자신에게 가장 적합한 직업 대안의 선택에 초점을 둔다. 또한 형식적 조작기에 접어들게 되므로 실제 경험하지 않은 영역에 대한 가상적 추론 능력의 발달과 더불어 직업에 대해서도 성인과 거의 동일한 개념을 가지게 되고 자신의 직업포부를 현실적으로 구체화해 나간다.

### (2) 제한-타협이론의 타협과정

자신이 수용할 수 있는 진로 대안 영역에서 원하는 흥미 영역의 직업을 선택할지라도, 그 직업을 선택할 수 있는 현실적 여건이 안 되는 경우에 특정한 부분을 포기할 수밖에 없는데 그러한 포기에 이르는 과정을 말한다. 진로발달 단계에 따라 순차적으로 나타났던 성역할, 사회적 지위, 흥미가 타협의 중요한 측면이다. 이 세 가지 중 어느 하나를 포기할 수밖에 없다면 사람들은 자기 자신과 가장 밀접한 특성을 가장 늦게까지 포기하지 못한다. 다시 말해, '흥미 > 사회적 지위 > 성역할'의 순서로 자신에게 적합한 진로 대안을 포기해 나가는 경향을 보인다는 것이다.

그러나 1990년대 중반에 들어서면서 이런 초기 이론은 보다 정교화된다. 초기 이론에서 제안되었던 순서는 심각하게 타협해야 할 때 적용되는 것이고, 타협해야 하는 정도가 달라지면 그 양상도 달라진다는 것이다. 타협의 정도에 따른 포기 순서는 다음과 같다.

- 타협의 수준이 낮을 때: 성역할 > 사회적 지위 > 흥미
- 타협의 수준이 중간일 때: 성역할 > 흥미 > 사회적 지위
- 타협의 수준이 높을 때: 흥미 > 사회적 지위 > 성역할

## (3) 제한-타협이론의 타협에 대한 적응

Gottfredson은 타협에 대한 심리적 적응과정의 중요성을 강조하고 있다. 자신이 바라던 최고의 선택을 하지 못하고, 현실적으로 가능한 선택을 하면서 포기할 수밖에 없었던 것을 받아들이는 과정이 진로선택 이후의 적응을 좌우한다는 것이다. 특히 타협에 대한 심리적인 적응은 자신이 선택한 진로에서의 만족도와 깊이 관련된다. Gottfredson(1996)은 개인의 흥미의 영역에 대해서는 설령 많은 타협을 했다 하더라도 심리적으로 잘 적응할 수 있지만, 사회적인 위치를 위협하는 사회적 지위에 대한 타협이나 성적 정체감의 실현을 어렵게 하는 성역할 포기에 대해서는 더욱 적응하기 어려워한다고 하면서, 타협에 대한 적응의 준비도가 타협의 측면에 따라 달라질 수 있다고 제안한다.

대부분의 아동은 성인이 되기 전에 자신의 직업포부를 바꾸는 경향이 있지만 직업포부의 연속성과 응집성을 지지하는 연구(Holland & Gottfredson, 1975; Trice & King, 1991)에서 나타난 바와 같이, 아동기에 결정한 자신의 직업포부를 성인이 되어서도 고수하는 경우가 적지 않다. 특히 의학과 과학 분야에 종사하는 사람들의 경우, 다른 분야에 비해 상대적으로 초등학교 시절에 이미 자신의 직업을 결정한 비율이 유의하게 높은 것으로 나타나기도 하였다(Seligman, 1994). 이때 중요한 것은 아동의 직업포부가 성인기까지 계속되느냐 되지 않느냐가 아니라 아동이 자신의 직업포부를 결정해 가는 과정 자체가 미래의 진로발달에 있어서 매우 중요한 역할을 한다는 점을 인식할 필요가 있다는 것이다. Gottfredson에 따르면 대부분의 사람은 최고의 선택보다는 '최선(good enough)'의 선택에 만족하게 된다고 한다(Swanson & Fouad, 1999).

## 4. 진로상담의 과정

진로상담이 전개되는 방식은 일반상담이 전개되는 방식과 전혀 다르지 않다. 이런 이유로 진로상담에도 상담에 일반적인 다섯 가지의 과정을 생각해 볼 수 있다. 즉, 진로상담의 과정은 관계수립 및 문제의 평가, 목표의 설정, 문제해결을 위한 개입, 훈습 그리고 종결 및 추후지도 등의 다섯 가지 요소로 나누어 볼 수 있다. 각 과정에서 중요한 과제들과 유의점들을 살펴보면 다음과 같다.

진로상담의 과정은 두 가지 요인이 동시에 고려되어야 한다. 첫째는 전 생애발달의 측면에서 진로상담의 기본 절차 및 과정을 논의하는 일이고, 둘째는 내담자의 진로결정의 정도에 따른 차별적인 진로상담을 논의하는 일이다.

## 1) 관계 수립 및 문제의 평가

관계 수립 및 문제의 평가는 주로 접수면접에서 이루어진다. 관계의 형성을 위해 제일 먼저 생각할 것은 내담자의 정서 상태를 고려하고 조절하는 일이다. 내담자들이 처음 찾아오면 나름대로 기대와 불안이 있다. 그러한 감정의 종류와 정도는 내담자가 가져오는 문제에 따라 다르다. 그러나 처음 만나는 내담자의 정서 상태를 고려하는 일은 상담자의 기본적인 의무이다. 만약 내담자가 지나치게 긴장하거나 불안해한다면 그러한 감정을 어느 정도 약화시키는 작업이 필요하다. 다음으로 내담자가 왜 찾아왔는지를 파악하는 일이다. 내담자의 문제를 이해하고 평가하기 위해서는 일반상담에서 수행하는 상담의 기본 기술이 충실하게 실천되어야 하고, 앞에서 설명한 이론을 적용하여 문제를 체계적으로 파악하여야 한다. 상담의 기본 기술이란 경청, 무조건적 존중, 수용, 공감적 반영, 탐색, 요약의 기술을 말한다. 이러한 과정에서 내담자가 호소하는 문제를 중심으로 상담의 과제를 설정하는 일은 내담자의 상담동기를 개발하고 유지하는 데 필수적인 과제다.

### (1) 진로 의사결정 수준에 따른 내담자의 분류

평가에서 중요한 과제는 문제 자체를 파악하는 일과 내담자를 진로 의사결정 수준에 따라 분류하는 일이다. 내담자를 이렇게 분류하는 이유는 진로상담을 원하는 내담자마다 다양한 특성과 욕구를 가지고 있기 때문에 효과적인 상담을 위해서는 획일적인 진로상담 모형이나 단순한 진로상담기법을 적용할 수 없기 때문이다. 이와 비슷하게 김봉환(1997)도 차별적인 진단과 처치를 기본 원리로 할 때 개인의 진로 욕구에 적절한 상담 효과를 기대할 수 있다고 말한다. 이와 같은 진로상담에 대한 견해는 이제 거의 보편적으로 주장되고 있다. Peterson 등(1991)은 진로 욕구의 성격에 따라 내담자의 상태를 다음과 같이 세 가지로 분류하였다.

- 진로결정자(the decided)
  - 자신의 선택이 잘된 것이니 명료화하기를 원하는 내담자
  - 자신의 선택을 이행하기 위해 도움이 필요한 내담자
  - 진로의사가 결정된 것처럼 보이나 실제로는 결정을 하지 못하는 내담자
- 진로 미결정자(the undecided)
  - 자신의 모습, 직업, 혹은 의사결정을 위한 지식이 부족한 내담자
  - 다양한 능력으로 지나치게 많은 기회를 갖게 되어 진로결정을 하기 어려운 내담자
  - 진로결정을 하지 못하지만 성격적인 문제를 갖고 있지 않은 내담자
- 우유부단형(the indecisive)
  - 생활에 전반적인 장애를 주는 불안을 동반한 내담자
  - 일반적으로 문제해결 과정에서 부적응적인 성격을 지니고 있는 내담자

여기서 진로 미결정자와 우유부단형을 좀 더 자세하게 이해할 필요가 있다. 미결정자들은 정상적으로 발달하고 있는 사람들로서 비록 진로선택을 구체화할 수 없지만 진로선택의 과업으로 압력이나 스트레스를 받지 않는다(Holland & Holland, 1977; Wanberg & Muchinsky, 1992). 그러나 우유부단형들은 그렇지 않다. 이들은 일반적으로 결정을 쉽게 하지 못하는 성격적인 특징을 가지고 있으며, 높은 수준의 우유부단함, 불안, 좌절, 불분명한 개인적 정체감, 낮은 수준의 자신감이나 자기존중감을 지니고 있다. 또한 이들은 외적 요인에 의해 통제되는 경향과 자신의 상황을 다른 사람의 탓으로 돌리는 경향을 지니고 있다(Salomone, 1982). 이런 특징들을 살펴볼 때 우유부단형들은 진로 문제보다도 성격적인 문제를 가지고 있다고 이해될 수 있다. 그러므로 이들의 진로 문제를 이해할 때는 그들의 성격적 특징을 고려하는 일이 필수적이다.

우유부단형이 성격적인 문제로 진로 의사결정을 할 수 없다면, 미결정자는 자신이나 직업세계 또는 의사결정의 과정에 대해 더 많은 정보를 수집하기 때문에 진로 의사결정이 연기된다(Salomone, 1982). Wanberg와 Muchinsky(1992)는 미결정자들

이 진로결정을 하지 못하는 이유를 보다 구체적으로 설명한다. 그들은 자기명료화의 부족, 직업에 관한 정보의 부족, 결단성의 부족, 진로선택에 대해 주관적으로 느끼는 중요성의 정도를 네 가지 중요한 이유라고 설명한다. 여기서 결단성의 부족은 성격적 요인이기 때문에, 이 문제가 심각하면 우유부단형과 다를 바 없다고 보면, 미결정자와 우유부단형은 질적인 차이라기보다 양적인 차이라는 생각을 할 수도 있을 것 같다. 이것은 차후의 연구에서 보다 자세하게 밝혀져야 할 것이다. 이는 진로 의사결정이 이루어지기 위해서는 자기의 장단점, 흥미, 성격 등에 대한 이해와 충분한 직업정보 그리고 어느 정도 통합된 성격, 현실적인 선택 능력 등을 갖추고 있어야 한다는 것을 시사한다. 관계를 형성하고 유지하는 데 특히 유의해야 할 내담자는 우유부단형들이다. 그들은 종종 성격적인 문제를 가지고 있기 때문에 상담이 진행되지 않고 주로 관계를 형성하는 일 자체가 어려운 사람들이다. 이들은 주로 지나치게 경쟁적이거나 타인을 의식하기 때문에 자발적인 의사결정을 하는 것이 쉽지 않다. 심한 경우에는 자신을 전혀 신뢰할 수 없고 우울증과 실천력이 결여되어 있으며 감정이 자주 바뀌기 때문에 한 가지 결정을 유지하기가 어렵다. 또한 이들은 대체로 사고보다도 감정에 지배되는 행동양식을 지니고 있기 때문에 한번 결정한 것을 유지할 수 없기도 하다.

## (2) 문제의 평가

문제를 평가하기 위해서는 여러 가지 영역의 정보가 필요하다. 진로 문제에 관한 것뿐만 아니라 내담자의 성격, 지능과 학업성적, 사고, 정서, 행동을 포함하는 내담자의 심리 상태, 가정환경, 진로성숙도, 진로를 포함하는 여러 영역에서의 자아정체감, 의사결정 양식, 진로 의사결정의 상태, 자기에 대한 이해 정도 등을 평가해야 한다. 이를 위해 여러 가지 정보를 수집할 필요가 있다. 내담자에 대한 정보에는 일반적인 정보, 진로계획과 관련된 정보, 진로발달에 관한 정보가 있다.

- 일반적인 정보: 내담자가 가지고 있는 진로 문제나 목표를 이해하기 위해 필요한 정보로서, 학업성적, 지능, 적성, 흥미, 직업가치관, 직업정체감 수준, 내담자가 진술하는 직업적·교육적·개인적·사회적 영역의 문제, 불안의 정도, 자신감의 정도, 정서 상태 등에 대한 정보를 말한다.

- 진로계획과 관련된 정보: 진로상담을 필요로 하는 내담자의 유형을 분류하기 위해 필요한 정보로서, 진로 문제 해결 능력, 진로 신화 혹은 편견, 진로결정에 대한 압력, 학업 능력에 대한 자신감 부족, 일의 세계에 대한 지식의 부족, 기타 진로 방해 요소(예: 미성숙한 성격, 가정에서의 심각한 갈등)에 대한 정보를 말한다.
- 진로발달에 관한 정보: 이 범주에 속하는 정보는 내담자의 진로경험이나 의식, 진로 탐색이나 실천을 하는 데 필요한 능력이나 준비도 등을 평가하기 위한 것으로서, 내담자가 가지고 있는 일에 대한 경험, 교육이나 훈련 경험, 그리고 여가 이용방식 등에 대한 정보를 말한다.

## 2) 목표의 설정

일단 문제가 확인되고 규정되면 내담자와 더불어 진로상담의 목표를 설정하는 작업을 하게 된다. 일단 목표가 설정되면 그것을 내담자와 합의하는 과정을 거쳐야 한다. 그렇게 되면 내담자들은 자기가 진로상담을 하는 이유와 방향을 인식하고 상담에 참여하게 된다. 이는 또한 상담 밖에서의 활동에 대해서도 영향을 준다. 상담목표는 종종 그 목표를 달성하기 위해 필요한 과제의 형태로 제시되는 일이 많다. 이러한 예로 김계현(1997)은 다음과 같이 내담자의 의사결정 수준에 따라 상담의 과제가 다르게 규정될 수 있다고 설명한다.

- 진로결정자
  - 진로를 결정하게 된 과정을 탐색하는 일
  - 충분한 진로 정보를 확인하는 일
  - 합리적인 과정으로 명백하게 내린 결정인지 확인하는 일
  - 결정된 진로를 준비시키는 일
  - 내담자의 잠재 가능성을 확인하는 일
- 진로 미결정자
  - 진로에 대한 탐색
  - 구체적 직업 정보의 활용
  - 현재 자신의 능력에 대한 구체적인 파악

- −자기탐색
- −직업 정보의 제공
- −의사결정의 연습
- 우유부단형
- −불안이나 우울의 감소
- −불확실감의 감소
- −동기의 개발
- −기본적 생활습관의 변화
- −긍정적 자아개념의 확립
- −자아정체감의 형성
- −타인의 평가에 대해 지나친 민감성의 극복
- −자존감의 회복
- −열등감 수준의 저하
- −가족의 기대와 내담자 능력 간의 차이 인정
- −가족 갈등의 해소
- −부모나 사회에 대한 수동−공격성의 극복

목표를 다룰 때 유의할 사항은 목표를 구체적이고도 그 결과를 가시적으로 평가할 수 있는 형태로 진술해야 한다는 점이다. 목표가 그렇지 못하면 상담의 효과를 평가할 수 없을 뿐 아니라 내담자가 자기의 노력을 조직할 구심점을 제공하지 못하게 되어 종종 상담의 과정이 방황을 하게 된다. 또한 구체적이고 가시적인 목표는 내담자가 자기의 문제가 해결될 수 있다는 희망을 품게 하는 효과를 가지고 있다.

## 3) 국가직무능력표준(NCS) 기반 진로 상담 및 지도

### (1) NCS의 개념 및 도입배경

국가직무능력표준(National Competency Standards: NCS)은 산업현장에서 직무를 수행하기 위해 요구되는 지식 · 기술 · 소양 등의 내용을 국가가 산업 부문별 · 수준별로 체계화한 것으로, 산업현장의 직무를 성공적으로 수행하는 데 필요한 능력(지식, 기술, 태도)을 국가 차원에서 표준화한 것을 의미한다. 직무능력은 직무수행능력과 직업기초능력으로 구분하며, 직무수행능력은 다시 필수직업능력, 선택직업능력, 산업공통직업능력으로 나뉜다. 그리고 직업기초능력은 직종이나 직위에 상관없이 모든 직업 분야에서 직무를 성공적으로 수행하는 데 공통으로 필요한 능력을 말한다(고용노동부 워크넷 홈페이지, https://www.work.go.kr).

우리 사회는 능력보다 학벌 및 스펙이 중시되고, 개인의 직무능력에 대한 객관적인 정보제공도 부족한 상황이다. 또한 일−교육 · 훈련−자격−학위의 연계체제가 미흡하여 산업현장에서 요구하는 직무수행능력과 괴리되어 실시됨에 따라 인적자원 개발이 비효율적이라는 비판을 해소하고 현장형 · 능력중심 사회 여건을 조성하기 위하여 NCS를 도입하게 되었다. 2002년 개발을 시작한 NCS는 2015년부터 학계, 산업계의 의견을 수용하여 정해진 수정 · 보완체계에 의해 고용노동부에서 예산을 확보하여 수정 · 보완이 이루어지고 있으며, 이는 국가직무능력표준 홈페이지(https://ncs.go.kr)에서 확인할 수 있다. 나아가 NCS를 통해 국가 차원에서 능력을 인정해 줄 수 있는 구조, 즉 교육, 취업준비, 채용에 관한 기준을 제공하는 전체적인 시스템인 국가역량체계(National Qualification Framework: NQF)를 갖추고자 한다.

### (2) NCS의 분류 및 구성

NCS에서는 능력을 직업기초능력과 직무수행능력으로 구분하였다. 직업기초능력은 직종이나 직위에 상관없이 모든 직업인에게 공통적으로 요구되는 기본적인 능력 및 자질, 즉 공통적이고 핵심적인 능력을 의미한다. 의사소통능력, 수리능력, 문제해결능력, 자기개발능력, 자원관리능력, 대인관계능력, 정보능력, 기술능력, 조직이해능력, 직업윤리 등 10개 능력의 34개 하위 영역으로 구성되어 있다. 직무수행능력은 특정 분야의 전문 능력으로 직무를 수행하는 데 필요한 구체적인 능력(지식, 기술, 태도의 합)이라고 할 수 있다. 한국고용직업분류 등을 참고하여 직무의 유형(type)을 중심으로 단계적으로 분류하였으며, '대분류−중분류−소분류−세분류'의 순으로 구성되어 있다.

## (3) NCS 기반 진로상담 및 진로지도

① **직업기초능력**: 직업기초능력의 함양은 일반적으로 초등학교 시기부터 고등학교까지의 교육과정과 연계되어 있다. 이에 따라 직업기초능력 함양을 위해 주어진 교육과정을 충실히 따라갈 수 있도록 지도하는 것이 좋은 방법이 될 수 있다. 7차 국민공통 기본교육과정 교과별 교육목표와 기초직업능력의 관련성을 살펴보면 다음과 같다(정철영 외, 1998).

- 국어과: 의사소통능력, 문제해결능력, 자기개발능력, 정보능력, 대인관계능력
- 도덕과: 문제해결능력, 의사소통능력, 직업윤리, 대인관계능력, 자기개발능력, 자원활용능력
- 사회과: 정보능력, 자원활용능력, 문제해결능력, 조직이해능력, 수리능력, 직업윤리, 대인관계능력, 의사소통능력
- 수학과: 수리능력, 문제해결능력, 정보능력
- 과학과: 문제해결능력, 정보능력, 수리능력, 기술능력
- 기술 · 가정과: 문제해결능력, 자기개발능력, 직업윤리, 자원활용능력, 정보능력, 수리능력, 기술능력, 대인관계능력
- 체육과: 자기개발능력, 의사소통능력, 조직이해능력, 직업윤리
- 음악과: 문제해결능력, 의사소통능력, 자기개발능력
- 미술과: 의사소통능력, 문제해결능력, 자원활용능력
- 외국어(영어)과: 의사소통능력, 조직이해능력

② **직무수행능력**: NCS 학습모듈을 통해 구체적인 직무를 학습할 수 있도록 이론 및 실습과 관련된 내용을 상세하게 제시하였으며, 산업계가 요구하는 직무능력을 교육훈련 현장에서 활용할 수 있도록 학습의 목표와 방향을 명확히 제시하고 있다. 관심 직무에 대해 대분류-중분류-소분류-세분류 순에 따라 직무의 능력단위들을 확인할 수 있다. 각 능력단위에는 능력단위 요소별로 지식 · 기술 · 태도가 제시되어 있으며, 직무기술서 항목에는 직무 기본정보, 직무책임과 역할, 학습경험과 자격증, 직무숙련기간 등 직무수행 요건이 구체적으로 제시되어 있다.

## 4) 문제해결을 위한 개입

상담자의 이론적 배경에 따라 문제의 평가가 달라지듯이 상담의 방법도 달라진다. 만약 상담자가 한 가지 이론을 신봉한다면 더욱 그럴 수밖에 없다. 그러나 어느한 가지 이론으로 모든 문제를 다룰 수 없기 때문에, 내담자들이 제시하는 문제를제대로 다루기 위해서는 절충적 입장을 취한, 다양한 진로상담이론을 적절히 조합해서 적용할 필요가 있다. 한편, 개입은 내담자의 의사결정 수준에 따라 차별적으로이루어져야 한다. 세 유형의 내담자들에게 어떤 개입활동이 유용한지 살펴보기로하자. 모든 진로상담방법을 한 내담자에게 모두 실천할 필요는 없다. 내담자의 문제 상황에 따라 선택적으로 활용할 수 있다.

### (1) 진로결정자

- 자신의 진로결정을 구체적으로 준비할 수 있도록 현장 견학이나 실습의 기회를 가지게 한다.
- 결정한 목표를 향하여 더 치밀하게 정보를 수집하고 구체적인 실천방안을 모색하게 한다.
- 진로결정을 재확인하고 구체적인 직업탐색을 할 수 있도록 한다.
- 진로결정 과정에서 따르는 불안을 줄이고 자신감을 향상시키는 개입이 이루어져야 한다.
- 결정된 진로를 실천하는 과정에서 부딪히는 문제들을 해결하도록 조력한다.
- 잠재된 능력을 개발해 효과적으로 진로에 적응할 수 있도록 조력한다.
- 목표로 하는 직업에 도달할 수 있는 가능한 방법을 알아 오게 하거나 알려 주고 그것들을 실천할 수 있도록 내담자와 함께 계획을 세운다. 때로 그 직업에 종사하고 있는 사람을 만나 보다 구체적이고 자세한 정보를 얻게 하는 것도 유익한 방법이다.

### (2) 진로 미결정자

- 진로를 결정하지 못하는 것이 단순한 정보의 부족 때문인지 심층적인 심리적 문제 때문인지를 확인한다. 경우에 따라 체계적인 개인상담이 수행되어야 하

며, 실제 결정과정을 도와준다.

- 자기이해, 즉 흥미와 적성, 그리고 다른 필요한 정보를 수집하여 결정의 범위를 점점 좁히고 스스로 진로를 결정할 수 있도록 조력한다.
- 진로결정의 필요성을 인식시키고 자신의 능력과 바람을 일깨워 줌으로써 진로 의사결정을 할 수 있도록 준비시킨다.
- 지나치게 많은 관심 분야를 가지고 있을 때(예: 모라토리움의 단계에 있는 청소년) 는 의사결정 기술을 익히게 한다.

## (3) 우유부단형

Larson 등(1988)은 우유부단형을 계획 없는 회피형과 정보를 가지고 있는 우유부 단형으로 나누었다. 이 두 유형 중에 전자가 더 심각한 문제를 가지고 있어서 보다 장기적이고 체계적인 상담이 요구된다고 할 수 있다. 이 두 가지 우유부단형에 대한 개입도 다소간 차별이 생긴다.

먼저, 계획 없는 회피형의 특징은, 첫째, 비적응적인 대처 양식 및 태도를 보이며 진로계획 행위가 부족하다. 둘째, 스스로 자신의 문제해결 능력을 매우 부정적으로 평가하며, 특히 진로와 관련된 문제해결에 큰 어려움을 보인다. 셋째, 진로 정보가 부족하여 문제해결에 더욱 어려움을 가지게 된다. 넷째, 의사결정을 하기 위한 도구 가 부족하다.

이들을 위한 개입방법으로는, 첫째, 단기적 비구조화된 개입보다는 구조화된 개 입으로 도움을 제공한다. 둘째, 문제와 관련된 심리적인 장애, 예를 들어 우울증이 나 낮은 자아개념 등을 다루기 위한 심리상담을 한다. 셋째, 진로계획을 수립하는 일을 조력한다.

다음으로 정보를 가진 우유부단형의 특징은, 첫째, 진로계획 행위에 대해서 충분 한 정보를 가지고 있으나 자신들을 부정적으로 지각하기 때문에 진로 의사결정을 하지 못한다. 둘째, 동기수준이 높고 정보를 많이 가지고 있기 때문에 좌절을 경험 하기도 한다.

이들을 위한 개입방법으로는, 첫째, 추가적인 지각을 중심적으로 다룬다. 둘째, 내담자 자신의 의사결정 과정이나 방법에 초점을 맞춘다.

# 5. 청소년 진로심리검사

올바른 진로상담을 위해서는 내담자의 여러 가지 특성을 정확하게 알아야 할 필요가 있다. 진로상담을 위해 개인의 심리적 특성을 알 수 있는 심리검사들 중 워크넷(https://work.go.kr)을 통해 무료로 시행할 수 있는 검사도구를 살펴보면 다음과 같다.

## 1) 초등학생 진로인식검사(30분)

### (1) 검사의 구성

초등학생 진로인식검사는 초등학교 5~6학년을 대상으로 한다. 자기이해, 직업인식, 진로태도의 3개 영역으로 구성되어 있다. 각 영역별로 자기이해 영역에서는 자기탐색, 의사결정 성향, 대인관계 성향을 측정하고, 직업인식 영역에서는 직업편견, 직업가치관을 측정하며, 진로태도 영역에서는 진로준비성, 자기주도성 영역을 측정한다.

### (2) 검사의 특징 및 장점

- 초등학생 진로인식검사는 초등학교 수업시간(40분) 내에 검사 안내, 검사 실시, 응답표 작성이 가능하도록 간편하게 구성되어 있다.
- 초등학생들은 검사 실시방법이 익숙하지 않거나, 다른 사람의 시선을 의식하여 응답을 왜곡할 가능성이 다소 있다. 이것을 탐지한다면 개개인에 대해 보다 정확한 정보를 제공할 수 있기 때문에 앞에 언급한 진로인식 수준 정보 외에도 사회적 바람직성과 부주의성에 대한 정보를 추가로 제공하고 있다.
- 진로인식검사 결과지는 도형을 이용하여 초등학교 5~6학년 학생들이 쉽게 이해할 수 있도록 구성하였다. 아울러 개개인이 알고 싶어 하는 직업과 학과에 대한 정보가 개별적으로 제공됨으로써 진로탐색을 적극적으로 도울 수 있다.

### (3) 검사의 활용

- 초등학생의 특성을 충분하게 반영한 진로인식과 관련하여 정확한 정보를 제공하고, 앞으로 진로 결정과 선택에 도움을 줄 수 있다.
- 학생들의 진로인식에 관한 정보를 제공함으로써 직업상담원 및 교사들이 보다 합리적이고 효율적으로 진로지도를 할 수 있도록 돕는 길잡이가 될 수 있다.

## 2) 청소년 직업흥미검사(30분)

### (1) 검사의 구성

청소년 직업흥미검사는 중 · 고등학생을 대상으로 한다. 활동, 자신감, 직업의 세 가지 하위 척도로 구성되어 있으며, 세 가지 하위척도를 통해 일반흥미 유형과 개인의 기초흥미 분야를 측정한다.

- 활동 척도: 다양한 직업 및 일상생활 활동을 묘사하는 문항들로 구성되어 있으며, 해당 문항활동을 얼마나 좋아하는지 혹은 싫어하는지의 선호를 측정한다.
- 자신감 척도: 활동 척도와 동일하게 직업 및 일상생활 활동을 묘사하는 문항들로 구성되어 있으며, 다양한 문항의 활동들에 대해서 개인이 얼마나 잘할 수 있다고 느끼는지의 자신감 정도를 측정한다.
- 직업 척도: 다양한 직업명의 문항으로 구성되어 있으며, 각 문항의 직업명에는 해당 직업에서 수행하는 일에 관한 설명이 함께 제시된다.

### (2) 검사의 특징 및 장점

- 청소년 직업흥미검사는 전 세계적으로 진로 및 직업상담 장면에서 가장 많이 활용되고 있는 Holland 흥미이론에 기초하여 제작되었다.
- 이 검사는 개인의 흥미를 보다 넓은 관점에서의 일반흥미 유형과 좁고 구체적인 측면에서의 기초흥미 분야로 나누어 단계적으로 측정하고 있으므로, 이를 연계시켜 해석하면 개인의 흥미에 대한 충분한 탐색과 구체적인 진로설계에 효과적으로 활용될 수 있다.
- 직업흥미를 측정함에 있어서 단순히 특정 활동들에 대한 좋음/싫음이 아닌, 자

신감과 직업선호를 함께 측정함으로써 다양한 관점에서 흥미에 대한 해석이 가능하다.

### (3) 검사의 활용

• 자신의 흥미 분야에 대한 정보를 제공한다. 자신의 진로와 관련된 일반흥미 및 세분화된 기초흥미 분야에 대한 정보를 제공해 주어 진로 및 직업 설계에 도움을 준다.

• 진로 및 직업 상담 시 참고 자료로 활용할 수 있다. 흥미 분야에 대한 정보를 제공해 주고, 이와 관련된 대표직업 및 학과 목록을 추가로 제시해 주어 진학 및 진로 지도를 위한 자료로 활용할 수 있다.

## 3) 고등학생 적성검사(65분)

### (1) 검사의 구성

고등학생 적성검사는 언어능력, 수리능력, 추리능력, 공간능력, 지각속도, 과학원리, 집중능력, 색채능력, 사고유연성의 9개 적성 요인 및 13개 하위검사로 구성되어 있다.

• 언어능력: 상황에 가장 적합한 단어를 파악·사용하고, 글의 핵심적인 내용을 정확하게 이해하며, 언어관계(공통점 등)를 정확히 파악하는 능력

• 수리능력: 간단한 계산 문제 혹은 스스로 계산식을 도출할 수 있는가를 파악하는 능력

• 추리능력: 주어진 정보를 종합해서 이들 간의 관계를 논리적으로 추론해 내는 능력

• 공간능력: 추상적·시각적 이미지를 생성하고, 유지하고, 조작하는 능력

• 지각속도: 시각적 자극을 신속하게 평가하고 식별해 내는 능력

• 과학원리: 과학의 일반적인 원리를 파악하는 능력

• 집중능력: 방해자극이 제시되는 상황에서는 방해자극의 간섭을 배제하면서 과제를 수행하는 능력 또는 방해자극이 제시되지 않는 상황에서는 목표과제에

집중하는 능력
- 색채능력: 백색광이 프리즘을 통과할 때 분산에 의해 나타나는 스펙트럼상에서 색상의 적절한 위치를 파악하는 능력
- 사고유연성: 주어진 정보를 다른 각도나 방식으로 해석하거나 수정할 수 있는 능력

## (2) 검사의 특징 및 장점
- 고등학생의 적성능력을 측정하여 적합한 직업 분야를 추천한다.
- 자신의 희망직업에서 요구하는 적성 요인들과 자신의 검사점수를 비교할 수 있도록 정보를 제공한다.
- 고등학생 적성검사는 고려 가능한 직업들에 대해서 보다 상세한 정보를 제공함으로써 직접적인 직업선택뿐만 아니라 가능한 진로를 탐색하는 데 초점을 둔다.

## (3) 검사의 활용
- 개인의 각 적성 요인에서 나타내는 능력수준을 정확히 측정하고, 이를 근거로 하여 본인에게 가장 적합한 진로선택이 무엇인지 안내한다.
- 적성 요인에 따른 최대 능력수준을 측정하여 개인의 적성 능력 강약점을 파악하는 데 도움을 줄 수 있다.
- 자신의 현재 능력수준뿐 아니라 노력을 통해 앞으로 더 계발될 수 있는 잠재적인 적성 요인 또한 제시한다. 이를 통해 어떠한 진로를 선택할 때, 그 분야에서 필요한 적성 요인들 중 개인이 앞으로 더욱 발전시킬 수 있는 적성 요인이 무엇인지 안내한다.

## 4) 청소년 진로발달검사(40분)

### (1) 검사의 구성
청소년 진로발달검사는 중학교 2학년생~고등학생을 대상으로 한다. 진로에 대한 태도와 성향, 진로와 관련된 지식의 정도, 진로행동의 정도 등을 파악할 수 있는

진로성숙 수준과 성격 요인, 정보 요인, 갈등 요인 등 진로결정 관련 요인들을 알아볼 수 있는 검사로 구성되어 있다.

### ① 진로성숙-진로에 대한 태도와 성향

- 계획성: 자신의 진로방향과 직업결정을 위한 사전의 준비와 계획을 수립하고 있는가를 파악할 수 있다.
- 독립성: 자신의 진로에 대해 탐색, 준비, 선택을 스스로 하는 정도를 파악할 수 있다.
- 태도: 직업의 의미에 대한 올바른 인식과 일에 중요성을 부여하는 정도를 파악할 수 있다.

### ② 진로성숙-진로와 관련된 지식의 정도

- 자신에 대한 지식: 진로선택 시 고려해야 할 자신의 능력, 흥미, 성격, 가치관 등 개인 특성에 대한 이해 정도를 파악할 수 있다.
- 직업에 대한 지식: 직업에 대한 지식의 정도와 개인의 특성에 적합한 직업을 선택할 수 있는 능력의 수준을 파악할 수 있다.
- 학과에 대한 지식: 학과에 대한 지식의 정도와 개인의 특성에 적합한 학과를 선택할 수 있는 능력의 수준을 파악할 수 있다.

### ③ 진로성숙-진로행동의 정도

- 진로행동: 진로계획을 실천하고 확인하는 정도를 파악할 수 있다.

### ④ 진로미결정-성격 요인

- 동기 부족: 진로탐색, 계획하고자 하는 동기의 수준을 파악할 수 있다.
- 결단성 부족: 결정을 잘 내리지 못하는 우유부단한 정도를 파악할 수 있다.

### ⑤ 진로미결정-정보 요인

- 직업에 대한 지식 부족: 직업과 전공에 대한 지식 및 변화에 대한 이해 정도를 파악할 수 있다.

- 자신에 대한 이해 부족: 진로선택 시 고려해야 할 능력, 흥미, 성격, 가치 등 특성에 대한 개인의 주관적 이해 정도를 파악할 수 있다.

### ⑥ 진로미결정-갈등 요인

- 직업과 자신 간의 갈등: 진로선택이나 결정과 관련하여 성역할, 능력 및 신체적 조건(외모, 장애 등)과 선택 가능한 직업 간의 갈등 정도를 파악할 수 있다.
- 외적인 조건들과 자신 간의 갈등: 진로선택이나 결정과 관련하여 성역할, 사회경제적 문제, 실업 문제나 사회 전망과 관련된 문제와의 갈등 정도를 파악할 수 있다.

## (2) 검사의 특징 및 장점

- 청소년의 진로결정 특성에 근거한 검사로, 진로에 대한 태도, 진로와 관련된 지식의 정도, 이에 맞는 진로행동의 정도 등을 포함하는 진로성숙 수준뿐만 아니라 성격 요인, 정보 요인, 갈등 요인 등을 포함하는 진로미결정 정도를 동시에 파악하도록 구성되어 있기 때문에 보다 포괄적인 수준에서 진로발달의 정도를 파악할 수 있다.
- 진로행동의 평가 및 촉진 기능: 진로행동의 정도를 평가하기 때문에 검사 실시 자체가 피검사자들에게 자극이 될 수 있고 행동적 노력을 촉진시키는 계기를 마련할 수 있다.
- 진로 및 직업 상담의 목표와 내용 제시 가능: 청소년 진로발달의 결과는 피검사자가 자신의 진로발달을 위하여 앞으로 좀 더 보완해야 할 부분이 무엇인지를 명확하게 제시해 주고 있다. 이에 상담자나 교사는 그에 적합한 조력방법을 선택하여 전문적인 서비스를 제공해 줄 수 있다.
- 진로상담과 심리상담의 통합적 적용 가능: 성격 요인(동기, 결정성 불안) 및 갈등 요인(직업과 자신 간의 갈등, 타인과 자신 간의 갈등, 외적인 조건들과 자신 간의 갈등)을 파악할 수 있기 때문에 진로 문제에 내재되어 있는 심리적 문제의 근원을 알 수 있으며, 이를 근거로 진로상담과 심리상담의 통합적 적용을 통한 보다 효율적인 문제해결을 도모할 수 있다.

(3) 검사의 활용

• 청소년의 특성을 충분하게 반영한 진로발달과 관련하여 정확한 정보를 제공하고, 향후 진로결정과 선택에 도움을 줄 수 있다.
• 학생들의 진로발달에 관한 정보를 제공함으로써 직업상담원 및 교사들이 보다 합리적이고 효율적으로 진로지도를 할 수 있도록 돕는 길잡이가 될 수 있다.

## 5) 청소년 인성검사(25분)

### (1) 검사의 구성

청소년 인성검사는 중 · 고등학생을 대상으로 하며 세 가지 척도로 구성되어 있다. 첫째, 신경증, 외향성, 개방성, 친화성, 성실성의 5요인 인성을 측정하는 성격기술 척도 300문항, 둘째, 반응의 정직성과 정확성을 측정하는 사회적 바람직성 척도 10문항, 셋째, 반응의 부주의성을 측정하는 부주의 척도 10문항으로 구성되어 있으며 5요인 인성의 하위 요인은 다음과 같다.

• 신경증: 불안, 분노, 우울, 열등감, 충동, 심약
• 외향성: 온정, 군집, 리더십, 활동성, 자극추구, 명랑
• 개방성: 상상, 심미, 감수성, 신기, 지성, 가치
• 친화성: 신뢰, 정직, 이타, 협동, 겸손, 동정
• 성실성: 자기유능감, 정돈, 책임, 성취 지향, 자율, 신중

### (2) 검사의 특징 및 장점

• 직업인성검사는 진단용 검사가 아니라 개개인의 성격 특성을 알아보는 검사다. 따라서 '좋다' '나쁘다'로 이해하기보다 '누구는 이러한 특성이고 누구는 이러한 특성의 성격이구나.'라고 이해하는 검사다. 그리고 검사의 결과를 다른 유용한 정보들과 유기적으로 종합한 후 내담자의 자기이해와 진로탐색에 효과적으로 활용할 수 있다.
• 이 검사의 결과를 가지고 상담할 때 상담자는 5요인 모델에 대한 용어들을 내담자에게 설명해 줌으로써 내담자와 상담자가 분명하고 간결하게 내담자의 인

성에 대해 서로 의사소통할 수 있고, 내담자의 행동에 영향을 미치는 동기에 대해 토론할 수 있다.

- 내담자가 검사 결과를 보고 자신이 생각하는 성격이 아니라든가, 자신의 맘에 들지 않는 성격으로 나와서 싫다든가 등의 이야기를 하는 경우도 있을 수 있다. 이때 검사 결과를 하나의 결론으로 전제하며 내담자가 결과를 받아들이도록 설득하는 방식이 아닌, 내담자의 이야기를 수용하면서 어떻게 차이가 나는지, 자신의 마음에 들지 않는 이유가 무엇인지, 피검자의 검사에 대한 태도, 검사에 대한 선입견 여부 등 검사 결과에 대한 이해를 높일 수 있도록 결과 해석 자료를 구성하였다.
- 다양한 하위 요인의 역동을 고려하여 내담자에게 보다 적절한 상담 접근을 결정할 수 있다. 예컨대, 외향성과 개방성이 높은 내담자의 경우, 상담 접근을 하기가 용이하며 이러한 내담자는 진로가 더욱 성숙될 수 있도록 조력하기가 용이하다. 이와 같이 각 사람에게 적절한 상담 접근법에 따라 진로상담을 할 수 있도록 결과해석 자료를 구성하였다.

## (3) 검사의 활용

- 학교 장면에서 부적응 학생을 발견하기 위해 검사 프로파일을 고려할 수 있다.
- 상담 장면에서 성격을 측정하는 유용한 도구로 사용할 수 있으며, 이를 통해 정상적인 성격 특성을 측정하고 성격의 약점뿐 아니라 강점도 측정할 수 있다.
- 진로상담에서 외향성, 지적개방성과 성실성 요인 점수들은 직업 흥미와 관련지어 해석할 수 있다. 또한 학교 장면에서의 지적개방성 점수는 학생의 창의력과 관련지어 해석할 수 있으며, 성실성 점수는 학생의 학업성취도와 가장 밀접한 관련 요인으로 학업 지도에 유용한 정보를 제공해 줄 수 있다.

## 6) 대학 학과(전공) 흥미검사(30분)

### (1) 검사의 구성

대학 전공(학과) 흥미검사는 고등학생을 대상으로 한다. 활동선호도 171문항, 직업선호도 106문항, 과목선호도 133문항, 총 410문항으로 구성되어 있다.

### (2) 검사의 특징 및 장점

- 대학 전공에서 요구되는 관심과 흥미에 대한 정확하고 체계적인 분석을 토대로 수검자의 흥미와 소질을 최대한 발현할 수 있는 전공계열 및 전공학과(부)를 선택하는 데 도움을 준다.
- 국제표준교육분류(ISCED)의 전공계열 및 전공학과(부) 분류기준을 우리나라 대학의 특성에 맞게 수정·보완하여 제시함으로써 기존의 입시 중심으로 편재된 학과 분류의 한계를 극복해 개개인의 흥미에 맞는 학과를 파악할 수 있다.
- 각 전공학과(부)에서 다루어지는 주요 교과목과 관련 진출 직업 등에 관한 다양한 정보를 한국고용정보원이 개발·운영하고 한국직업정보의 데이터베이스에 기초해 함께 제공함으로써 진로상담 과정에 도움을 준다.
- 수검자 본인의 흥미 요소에 부합된 대학 전공 선택이 가능하도록 인터넷 기반 심리검사를 개발함으로써 해당 검사에 대한 접근성을 높이고 편리하게 검사를 활용할 수 있다.

### (3) 검사의 활용

- 이 검사는 대학 진학 시 자신의 흥미에 부합되는 전공 탐색 및 선택에 도움을 줄 수 있다.
- 대학 당국은 본 검사의 결과를 해당 전공학과(부)에 적합한 흥미를 지닌 학생들을 선발하기 위한 입학사정의 기초 자료로 활용할 수 있다.

## 7) 직업가치관검사(20분)

### (1) 검사의 구성

청소년 직업가치관검사는 만 15세 이상 중·고등학생을 대상으로 한다. 성취, 봉사, 개별활동, 직업안정, 변화 지향, 몸과 마음의 여유, 영향력 발휘, 지식추구, 애국, 자율, 금전적 보상, 인정, 실내활동의 13개 하위 요인으로 구성되어 있다.

- 성취: 스스로 달성하기 어려운 목표를 세우고 이를 달성하여 성취감을 맛보는 것을 중시하는 가치

- 봉사: 자신의 이익보다는 사회의 이익을 고려하여, 어려운 사람을 돕고, 남을 위해 봉사하는 것을 중시하는 가치
- 개별활동: 여러 사람과 어울려 일하기보다 자신만의 시간과 공간을 가지고 혼자 일하는 것을 중시하는 가치
- 직업안정: 해고나 조기퇴직의 걱정 없이 오랫동안 안정적으로 일하며 안정적인 수입을 중시하는 가치
- 변화 지향: 일이 반복적이거나 정형화되어 있지 않으며 다양하고 새로운 것을 경험할 수 있는지를 중시하는 가치
- 몸과 마음의 여유: 건강을 유지할 수 있으며 스트레스를 적게 받고 몸과 마음의 여유를 가질 수 있는 업무나 직업을 중시하는 가치
- 영향력 발휘: 타인에게 영향력을 행사하고 자신의 뜻대로 일을 진행할 수 있는지를 중시하는 가치
- 지식추구: 일에서 새로운 지식과 기술을 얻을 수 있고 새로운 지식을 발견할 수 있는지를 중시하는 가치
- 애국: 국가의 장래나 발전을 위하여 기여하는 것을 중시하는 가치
- 자율: 다른 사람들에게 지시나 통제를 받지 않고 자율적으로 업무를 해 나가는 것을 중시하는 가치
- 금전적 보상: 생활하는 데 경제적인 어려움이 없고 돈을 많이 벌 수 있는지를 중시하는 가치
- 인정: 자신의 일이 다른 사람들로부터 인정받고 존경받을 수 있는지를 중시하는 가치
- 실내활동: 주로 사무실에서 일할 수 있으며 신체활동을 적게 요구하는 업무나 작업을 중시하는 가치

## (2) 검사의 특징 및 장점

- 직업선택 및 경력설계 등의 직업 의사결정에 도움을 준다. 직업가치관검사는 개인이 중요하게 생각하는 직업가치관을 측정하여 개인의 직업가치를 실현하기 위해 가장 적합한 직업을 안내한다.
- 피검사자의 희망직업과 비교가 가능하다. 피검사자가 희망하는 직업에서 요구

하는 가치점수와 자신의 가치점수를 비교할 수 있도록 하여, 자신이 바라는 직업을 선택하기 위해 어떤 가치가 유사하고 어떤 가치가 차이를 나타내는지 세부적으로 정보를 제공한다.

- 196개 직업에 종사하고 있는 재직자들에 대한 조사 실시를 통해 얻은 가치기준 점수를 활용하여 직업을 추천한다.
- 적합 직업에 대한 상세한 직업정보를 탐색할 수 있다. 검사 결과상에서 제시되는 직업정보는 한국고용정보원에서 제공되는 각종 직업정보와 연계되어 있어 자신에게 적합한 직업에 대한 상세한 직업정보를 탐색할 수 있다.

### (3) 검사의 활용

- 진로 및 직업 상담 시 참고 자료로 활용할 수 있다. 검사를 통해 자신이 중요시하는 직업가치에 따른 적합한 직업을 추천해 줌으로써 대학생, 그리고 취업을 희망하는 개인들과 이직 혹은 전직을 원하는 구직자들에게 자신에게 적합한 직업을 갖기 위한 진로선택에 도움을 줄 수 있다.
- 직업탐색 및 직업선택 등의 직업 의사결정에 도움을 줄 수 있다. 개인이 중요시하는 직업가치에 가장 적합한 직업을 안내해 줄 뿐만 아니라 자신이 희망하는 직업의 가치점수와도 비교해 줌으로써 직업 의사결정 시 도움을 줄 수 있다.

## 토론주제

1. 지금까지 자신의 진로발달 과정을 Super의 생애진로발달이론에 적용해 보시오.
2. 자신이 원하는 진로/직업과 진로 심리검사 결과가 다르게 나왔을 경우 어떻게 하는 것이 좋을지 생각해 보시오.
3. 4차 산업혁명이 진행되면서 미래사회의 특징과 직업구조의 변화에 대해 고민해 보고, 자신의 진로에 어떠한 변화들이 있을지 소개해 보시오.
4. 자신의 진로를 결정할 때 영향을 주는 내적 · 외적 요인들에 대해 소개해 보시오.

# 청소년
# 성상담

성에 대한 다양한 가치관이 공존하는 현대사회에서 성장기 청소년은 정체성 혼란에 빠질 가능성이 매우 높다. 청소년에게 성에 대한 올바른 정보를 제공하지 않으면서 성에 대해 폐쇄적인 태도를 가진 기성세대, 우리 사회에 범람하는 성의 상품화 현상, 서구문화의 유입에 따른 성의 개방화 추세 등은 정체감 형성기에 있는 청소년에게 자칫 왜곡된 성 가치관을 심어 주게 된다. 이 장에서는 청소년 발달에 관련된 성 개념을 기술하고, 청소년 성문제의 유형과 이상 성행동에 대한 상담전략을 살펴보고, 나아가 청소년 성문제를 예방하고 조기 개입할 수 있는 지도방안을 살펴보기로 한다.

# 1. 성과 청소년 발달

## 1) 성의 개념과 의미

성(性)의 개념은 그것이 내포하고 있는 함의에 따라 구체적으로 구분된다. 일반적으로, 성을 지칭하는 용어는 선천적으로 결정된 생물학적 성을 의미하는 'sex', 사회문화적으로 남성다움과 여성다움의 성역할을 상징하는 'gender', 이러한 생물학적이고 사회문화적인 개념을 포함하면서 전인적이고 인격적인 개념으로서의 성을 의미하는 'sexuality' 등으로 구분할 수 있다.

먼저, 생물학적인 차원에서 남녀를 구분할 때 사용되는 sex라는 용어는 그 어원이 라틴어의 sexus에서 비롯되었다. sexus의 동사형인 secare는 영어로 'to cut(나누다, 자르다)'의 뜻을 지닌다. 이것은 출생 시 모태에서 탯줄을 자르게 되면서 완전하게 독립된 한 남성과 여성으로 태어난다는 의미를 담고 있다. 생물학적 성은 일반적으로 남녀의 해부학적 구조와 생리적 기능을 비롯하여 성관계와 생식에 관련된 것을 모두 포괄하는 개념이다.

생물학적인 차원의 sex와 달리, 'gender'라는 개념은 개인이 출생한 이후 사회적·문화적·심리적 환경에 의해 후천적으로 학습된 남녀 역할행동의 특성을 의미한다(Bullouth & Bullouth, 1995). 흔히 '남성답다' '여성답다'라는 표현은 이러한 사회문화적 성을 지칭할 때 사용된다. 성적 정체성을 지칭하는 용어도 이러한 의미의 차이에 따라 달리 표기된다. 즉, 해부학적으로 개인이 남성인가 여성인가를 나타내는 경우라면 'sexual identity'라는 용어를 사용하지만, 그 개인이 소속된 사회문화권에서 통용되는 남성다움과 여성다움의 기준에서 표현하는 것이라면 'gender identity'라는 용어를 사용한다.

한편, 전인적 · 인격적 성을 지칭하는 'sexuality'라는 용어는 생물학적 성과 사회문화적 성을 포괄하는 개념으로서 개인의 성격, 감정, 행동뿐만 아니라 성적인 존재 및 성별 등을 나타내는 의미로 사용된다(Spanier, 1979). 동양에서 사용하고 있는 성이라는 용어는 이러한 의미를 잘 반영하고 있다. 한자어의 성(性)은 원래 마음(心)과 몸(生)을 동시에 담고 있으며, 단순히 성행동이나 성적 쾌락만을 의미하는 것이 아니라 전체적인 인간 자체를 뜻한다.

Greenberg, Bruess와 Oswalt(2017)는 성(sexuality)의 차원을 생물학적 차원, 심리적 차원, 사회문화적 차원으로 구분하였다. 성의 생물학적 차원은 신체 외모 특성, 성적 자극에 대한 반응, 생식과 출산, 성장과 발달 등에 관련되며, 심리적 차원은 성과 관련되어 우리 자신과 다른 사람에 대해 학습한 태도와 감정을 포함한다. 성의 사회문화적 차원은 성과 관련된 우리의 사고와 행동에 영향을 미치는 모든 문화적 요소의 총합을 뜻한다. 미국 성정보교육위원회(Sexuality Information and Education Council of the United States: SIECUS)도 인격적 성의 개념을 다음과 같이 제시하고 있다(Bruess & Greenberg, 2009에서 재인용).

성(sexuality)은 여러분이 다른 사람과 성적으로 무엇을 하는 것 이상의 것이다. 즉, 성은 성관계를 갖거나 성행동을 하는 것에 관한 것만은 아니라는 뜻이다. 성은 여러분 자신의 몸이라고 느끼는 인격체에 관한 것이고, 소년이나 소녀, 남성이나 여성, 여러분이 옷을 입고 움직이고 말하는 방식, 여러분이 행동하고 다른 사람에 대해 느끼는 방식이다. 이것은 태어나서부터 죽을 때까지 전 생애에 걸쳐 여러분의 개인적인 모든 것이다. 성은 우리의 자연스럽고 건강한 한 부분이다. 이것은 여러분이 무엇을 하는가에 관한 것이 아니고, 여러분이 누구이며 어떻게 살아가는가에 관한 것이다.

이와 같이 sexuality란 인간의 성행동은 물론이고 개인이 지니고 있는 성에 대한 환상, 꿈, 태도, 사고 감정, 가치관, 신념, 이해심, 개인의 존재 의미 등 모든 것을 지칭하는 표현이다(윤가현, 1990). 오늘날 인간의 성은 이러한 인격적 성의 개념으로 이해되어야 하며, 청소년 성교육과 성상담의 방향도 생물학적·사회문화적·전인적 성의 다양한 측면을 반영하는 것이어야 한다.

## 2) 발달과 성의 심리적 특성

청소년은 아동기로부터 성인기로 성장해 나가는 과도기 단계에 있으며 주변인 혹은 중간인이라고 일컬어진다. 청소년은 급격한 신체 발육이나 인지적 성숙, 사회적 행동양식 등에 있어 아동기와는 다른 양상을 보이지만 완전한 성인으로 인정받기에는 더 많은 성숙과 사회화가 요구된다. Freud에 따르면, 청소년기는 심리성적 발달 단계 가운데에서 마지막 단계인 생식기(genital stage)에 해당되며, 이 시기에는 성적 에너지가 강해지고 오이디푸스 콤플렉스를 경험한다.

청소년기 발달의 주요 특징은 급속한 신체적 성장과 생식 능력의 획득이다. 인간의 경우 일생 동안 가장 급격한 신체적 성장이 나타나는 시기는 출생 후 1~2년 동안이지만, 청소년기에 나타나는 성장 또한 다른 발달단계에 비해 그 정도가 매우 급격하다고 볼 수 있다. 신장과 체중이 급격히 증가하고 생식기관의 성숙과 2차 성징이 출현한다. 신체적 성숙의 속도와 형태는 남자 청소년과 여자 청소년이 서로 다른 양상을 보인다. 여자 청소년은 8~13세에 청소년기의 특징적인 변화가 시작되지만 남자 청소년은 여자 청소년보다 약 2년 정도 늦게 시작된다. 이러한 생리적 발달이 성호르몬 분비와 함께 급격한 신체적 성장으로 나타나는데, 이것이 성장급등(growth spurt) 현상을 유발하여 청소년기의 성적 충동을 강하게 표출하는 원인으로 작용한다. 이러한 신체적 성숙의 정도는 동성집단 내에서도 매우 다양한데, 어떤 남자 청소년은 청소년기의 특징적인 신체적 변화가 모두 나타난 반면, 같은 연령의 다른 남자 청소년은 아직 이러한 변화가 시작되지 않은 경우도 있다. 그러나 변화가 일단 시작되면 동성집단 내의 모든 청소년은 거의 동일한 발달단계를 거친다(손애리, 조원웅, 천성수, 2002).

신장과 근육의 발달에 대한 남자 청소년의 반응은 다양하다(손애리, 조원웅, 천성

수, 2002; Newman & Newman, 1987). 신체적 성장은 대개 운동 능력의 발달을 동반하는데, 이로 인해 부모, 교사, 또래 친구들로부터 인정을 받게 되고, 이러한 주변 사람의 반응은 남자 청소년으로 하여금 자신의 외모 변화에 대해 긍정적인 태도를 갖게 한다. 반면, 또래 친구들에 비해 성숙이 지연된 남자 청소년은 심리적인 부담감을 느끼며 부정적인 자아상을 형성하기도 한다. 또한 급격한 신체발달로 인해 신체의 모든 부분이 동시에 균등하게 발달하지 못하기 때문에 외모가 다소 어색하고 불균형해 보일 수 있다. 신장의 성장과 근육의 발달 간의 시간적 격차가 남자 청소년으로 하여금 어색한 신체 외양을 갖게 하며, 이 때문에 자신의 외모에 대해 부정적인 태도를 갖게 될 수도 있다. 한편, 여자 청소년의 신체적 성숙은 11세 전후에 시작되는 것으로 알려져 있다. 아동의 신체 형태에서 어른의 신체 형태로 변모하면서 전체적으로 부드럽고 완만한 신체 곡선을 갖게 된다. 그러므로 일찍 성숙하는 여자 청소년은 자신의 외모가 또래에 비해 성인에 더 가까우며, 이러한 조숙한 외모 때문에 당황해하는 경우가 있다. 조사연구에 따르면, 조숙한 여자 청소년은 그렇지 않은 여자 청소년에 비해 성적 일탈행동을 비롯하여 문제행동을 유발하는 빈도가 훨씬 더 높은 것으로 나타났다(천성수, 이용욱, 정재훈, 손애리, 2001).

이와 더불어 청소년기의 가장 중요한 발달은 성적 성숙이다. 청소년기는 사춘기가 시작되고 2차 성징이 나타난다. 여자 청소년의 경우 초경을 경험하고, 남자 청소년의 경우에는 정액 생산이 증가하여 성적 충동이 강해진다. 이 시기의 청소년은 또래 친구와 비교하여 자신의 신체 변화에 대해 불안이나 열등감을 느끼기도 하고 우월감을 느끼기도 하며, 정서적 불안으로 인해 초조해하고 우울증에 빠지거나 심한 갈등과 방황을 겪기도 한다.

청소년기 성행동 발달에 있어 또래집단은 성 지식 및 성 정보의 중요한 출처다. 또래집단은 성 지식의 제공과 성역할 모델의 기능을 한다. 물론 또래집단에게서 얻는 성 정보 가운데에는 부정확하거나 왜곡된 내용이 많아 자칫 불필요한 불안과 갈등을 유발하기도 하지만, 부모의 간섭에서 벗어나 성적 관심을 자유롭게 표현하고 공유할 수 있다는 점에서 또래집단은 청소년기 성 발달에 있어 중요한 역할을 담당한다. 따라서 청소년을 대상으로 정확한 성 정보를 전달하는 체계적인 교육이 이루어져야 하며, 성에 대해 자유롭게 토론할 수 있는 분위기를 조성해 주는 것이 매우 중요하다. 한부모 가정의 청소년은 동성의 또래집단에서 성역할 모델을 얻을 수 있다. 예를 들어, 아버지가 없는 가족의 경우 남아는 동성의 또래집단에서 남성의 역할모델을 얻을 수 있고, 여아는 어머니를 통해 획득한 여성의 역할모델을 다른 사람의 성역할과 비교함으로써 다양한 성역할을 학습할 수 있다(손애리, 조원웅, 천성수, 2002).

## 3) 발달과 성충동

2차 성징이 정상적으로 발달한 청소년은 기본적으로 성적 충동을 경험한다. 성적 충동이 유발되었을 때 이를 해결하기 위해 남자 청소년은 주로 성에 관한 잡지나 책 등을 읽고, 여자 청소년은 직접적인 성행위보다는 낭만적인 환상에 빠져드는 경향이 있다. 성충동은 흔히 여성에 비해 남성이 더 강하다고 알려져 있다. 남성의 경우 화장품 냄새나 여성의 체취 같은 후각을 통해서, 혹은 성적인 그림이나 여성의 속옷 등 시각적 자극을 통해 성충동을 강하게 느끼며, 이때 몸 안에 축적된 정액을 방출하고 싶은 사정 욕구와 함께 이성이라는 존재를 의식하고 신체적으로나 정신적으로 가까이 하고 싶은 접촉 욕구가 형성된다. 이에 비해, 여성은 심리적인 분위기에 약하며 단지 이성과 함께 있고 싶고 친밀감을 느끼고 싶어 한다. 이러한 차이 때문에 성행동에 있어서 남성이 여성보다 더 적극적인 역할을 하게 된다(김정옥, 2001). 청소년기의 일반적인 성 욕구 표현은 다음과 같다(김혜원, 이해경, 2003).

- 성에 관한 것이라면 무엇이든지 보고 듣고 알고 싶어 한다.
- 친구끼리 성에 관한 화제에 열중한다.
- 성에 관련된 그림, 사진, 선정적 영화에 강한 호기심을 느낀다.
- 자위행위를 한다.
- 이성에 대한 접촉 욕구, 접근 욕구, 성교 욕구를 느낀다.

## 2. 청소년 성문제와 상담개입

### 1) 자위행위

자위행위는 자신의 신체를 자극하여 성적 흥분을 얻는 행위다. 청소년의 성상담 내용 가운데 자위행위와 관련된 것의 빈도가 높다. 사춘기가 시작되는 시점에 자위를 하게 되는데, 일반적으로 여자 청소년보다 남자 청소년이 자위를 시작하는 시기가 빠르다(Greenberg, Bruess, & Conklin, 2007). 청소년은 신체적 성장에 따른 성욕의 증가, 자극적인 성 매체물의 영향, 과도한 학업 부담과 입시 불안의 도피수단으로 자위행위에 탐닉하기 쉽지만, 또한 자위행위에 대해 후회나 죄책감을 갖고 고민하기도 한다. 예를 들어, '자위행위를 해도 되는가' '일주일에 몇 번 하는 것이 좋은가' '자위행위를 하면 성기가 작아지는가' '자위행위를 하면 머리가 나빠지는가' 등의 고민을 호소한다. 자위행위 자체보다 자위행위를 해서는 안 되는 것으로 인식하다 보니 그것에 대해 부끄러워하고 심지어 죄책감과 불안을 느낀다.

청소년기의 자위행위는 비정상적인 것이라고 할 수는 없으나, 그 정도가 지나칠 경우 신경쇠약, 심신의 피로, 집중력 감소, 음낭 이완, 생식기의 상처로 이어질 수 있으며, 학업이나 다른 활동에 지장을 초래할 수 있다는 점에서 올바른 지도가 필요하다(김정옥, 2001). 상담자는 청소년이 언제, 어떻게 자위행위를 하며, 자위행위를 하는 것에 대해 어떤 심리 상태에 놓여 있는지를 파악하고 이에 대처하는 방법을 탐색하도록 조력한다. 또한 생산적이고 창조적인 활동에 성적 에너지를 활용할 수 있도록 안내하며 적절한 운동이나 취미생활, 원만한 교우관계 등에 관심을 기울이고 자기조절 능력을 증진시킬 수 있도록 도와주어야 한다(김상원, 2000).

### 2) 미혼모

청소년기의 임신은 미혼부모뿐만 아니라 그들의 자녀에게도 의학적·사회적 문제를 초래한다. 10대 미혼모는 학업 중도탈락률이 높으므로 안정된 취업 기회도 제한받게 된다. 이러한 상태는 미혼모 가족의 사회경제적 빈곤을 초래하고, 이로 인해 자녀 양육에 필요한 제반조건이 충족되지 않아 빈곤이 자녀 세대까지 지속될 수 있다(박현미, 최한나, 2016; 윤미현, 이재연, 2002; Furstenberg, Brooks-Gunn, & Morgan, 1987; Stevens-Simon & White, 1991).

신체적으로 미성숙하고 사회적으로 부모가 될 준비를 채 갖추지 않은 청소년의 임신은 개인적으로나 사회적으로 많은 위험 요소와 관련된다. 이는 경제적 빈곤, 부적절한 영양섭취, 임신 전의 비위생적인 건강 상태 등의 사회경제적 요인과 더불어 더 심각한 위험 요인은 흡연, 음주, 약물남용, 성병 감염 등의 의학적 요인을 들 수 있다. 특히 청소년의 임신은 산모의 신체적 미성숙으로 말미암아 산모와 태아에게 미칠 수 있는 위험이 증대되며, 임신중독증에 의한 저체중아 출산 빈도도 성인 산모에 비해 더 높게 나타난다(한국청소년개발원, 2006).

또한 10대 미혼모에게서 태어난 자녀의 경우 의료적·사회적 문제에 노출되는 경우가 많다. 10대 산모에게서 태어난 영아는 성인 산모에게서 태어난 영아에 비해 미숙아거나 저체중아일 확률이 높으며 이로 인한 영아 사망률도 높다(Stevens-Simon & White, 1991). 성인 산모에게서 태어난 영아에 비해 10대 미혼모에게서 태어난 영아는 생후 28일 이내에 갑작스러운 사망이나 다른 원인으로 사망할 가능성이 훨씬 더 높고, 행동상의 문제를 더 많이 나타내고, 지능지수도 더 낮으며, 학교에서 유급하는 비율도 더 높은 것으로 나타났다(Babson & Clarke, 1983; Strobino, Ensminger, Nanda, & Young, 1992; Taylor, Wadsworth, & Butler, 1983).

예기치 않은 임신은 10대 청소년에게 매우 당황스러운 경험이다. 따라서 상담 초기에는 임신을 하게 된 성관계가 언제, 어디에서, 어떻게 이루어진 것인지, 파트너와 합의된 것인지 혹은 데이트 강간처럼 일방적인 성관계인지 등에 대해 객관적으로 확인하는 노력을 기울이면서 동시에 준비되지 않은 임신으로 인한 충격과 불안 등 미혼모의 정서적 고통을 함께 다루어야 한다. 상담실을 내방한 10대 미혼모를 비난하거나 성행동에 대해 훈계하지 않도록 한다. 또한 자녀의 임신 사실을 미처 모르고 있는 보호자와 가족에게 어떻게 알릴 것인지에 대해 해당 청소년과 함께 합의하고 현실적인 개입 방안을 모색한다(김동일 외, 2020).

## 3) 동성애

동성애는 남성 혹은 여성으로서 자신의 성 정체성을 유지하고 사회가 기대하는 방식으로 성역할 행동을 하기는 하지만 성과 애정의 관계에서는 자신과 동일한 성을 선호(preference)하거나 지향(orientation)하는 것을 의미한다(김경호, 2009). 즉, 자신의 생물학적 성을 바탕으로 성 정체성을 갖고 있으면서 자신과 동일한 성의 상대에게 성적 지향(sexual orientation)을 갖는 것이다(윤가현, 2000). 동성애 정체성 발달에 관한 초기 대표적 이론은 Cass(1979)의 6단계 모델이다.

- 1단계–정체성 혼돈(identity confusion): 지배적인 이성애 문화에 속한 다른 사람들과 달리 자신은 동성에 대해 매력을 느끼고 꿈과 환상을 갖고 있음을 인식하게 되면서 불안과 혼란을 느낀다.
- 2단계–정체성 비교(identity comparison): 동성에 대한 매력이나 집착이 강해져 또래집단과의 차이를 지속적으로 느끼고 사회적으로 고립되고 소외감을 느낀다.
- 3단계–정체성 인내(identity tolerance): 자신이 동성애자임을 스스로 인정하고 동성애자 공동체를 적극적으로 찾기 시작하지만, 한편으로는 자신이 동성애자임을 숨기고 이중생활을 한다.
- 4단계–정체성 수용(identity acceptance): 자신을 동성애자로 수용하고 동성애 문화와 동일시함으로써 가정과 사회로부터 낙인찍히고 배척당한다.
- 5단계–정체성 자긍심(identity pride): 자신의 성 정체성에 대해 확고한 인식을 갖게 되면서 적극적으로 커밍아웃하고 동성애에 대한 사회적 편견과 차별에 대해 분노를 표출한다.
- 6단계–정체성 통합(identity synthesis): 이성애와 동성애를 분리하는 태도에서 벗어나 동성애 정체성을 자신의 삶에 완전히 통합하고, 타인의 시각에 대해서도 공감적이고 수용적인 태도를 갖는다.

이후 Cass의 모델을 정교화한 Troiden(1989)은 남자동성애 정체성 발달의 4단계 모델—민감화(sensitization), 정체성 혼돈(identity confusion), 정체성 가정(identity assumption), 공약(commitment)―을, McCarn과 Fassinger(1996)는 여자동성애 정체성 발달의 4단계 모델―인식(awareness), 탐색(exploration), 몰입(deepening) 혹은 공약(commitment), 내면화(internalization) 혹은 통합(synthesis)―을 각각 제시하였다.

청소년기는 성적인 측면이 자기정체성 발달의 중요한 요소가 되며 자신의 성 정체성에 대한 질문을 던지는 시기다. 이성애가 보편적인 준거가 되는 사회에서 청소년 동성애자는 동성애 혐오와 성소수자에 대한 비난과 낙인으로 인해 심리적 고통을 호소하고, 또래집단으로부터 배척을 받고 소외를 당하고, 자신의 감정을 부정하고 무감각해지기 위해 알코올이나 약물을 사용하며, 가족과의 갈등으로 인해 가출과 학교 중도탈락 위험성이 높은 것으로 알려져 있다(강병철, 하경희, 2012; 김경호, 2009; 주재홍, 2017; Kosciw & Daiz, 2006). 이러한 동성애 청소년을 대상으로 하는 상담이 효과적으로 이루어지기 위해 상담자는 먼저 청소년이 호소하는 문제에 초점을 두고, 청소년의 성적 지향을 섣불리 추측하지 않고 정확하게 사정평가하도록 해야 한다. 만약 청소년이 동성애를 자신의 성 정체성으로 수용한 경우에는 커밍아웃에 관련된 실제적인 이슈들을 다루며, 상담자 스스로 자신의 가치와 신념을 지속적으로 평가하고 동성애에 관련된 교육을 받도록 한다(김경호, 2009).

## 4) 성폭력

성폭력의 개념은 법률적·학문적·사회문화적 측면에서 다양하게 규정하고 있으며, 성폭력의 유형이나 범위에 대해서도 여러 관점이 존재한다. 일반적으로 성폭력은 강간뿐만 아니라 원치 않는 신체적 접촉, 음란 전화, 인터넷 등을 통해 접하게 되는 불쾌한 언어와 추근거림 등 성적으로 가해지는 신체적·언어적·정신적 폭력을 의미한다. 성폭력은 성(sexuality)과 폭력(violence)의 결합어인데 개인의 성적 자기결정권의 침해를 가져온다는 점에서 다른 폭력과 마찬가지로 강제성이 포함된 행위라고 할 수 있다. 성폭력의 대상이 미성년자인 경우 '아동·청소년성폭력'으로 분류되며, 19세 미만의 아동·청소년을 대상으로 성적 행위를 하도록 허용하거나 유도하는 것으로, 특정한 성적 행위만을 의미하기보다는 나체 및 성기 노출, 음란물 제공, 언어적 성희롱, 강간, 성기 접촉, 손가락 및 이물질의 성기 삽입, 구강 및 항문에 성기 삽입 등 포괄적으로 규정하고 있다(조은경 외, 2010).

특히 그루밍(grooming)은 청소년 대상 성폭력의 특징적 형태로, 청소년 피해자에 대한 성적 착취를 수월하게 하고 피해자가 성폭력을 제3자에게 누설하지 못하도록 하려는 데 그 목적이 있다. 신뢰와 안정감을 바탕으로 피해자를 길들이고 피해자의 심리를 이용해 성폭력을 행사하는 것을 뜻한다. 잠재적 가해자는 먼저 대인관계나 심리사회적 환경이 취약한 청소년을 대상으로 원하는 관심과 선물 등을 제공하면서 청소년의 신뢰를 얻고, 그 후 두 사람만이 함께 있는 상황을 만들어 피해자를 고립시키고 성적 착취를 지속한다(교육부 2019b; 차주환 외, 2019).

성폭력 피해자의 경우 불안, 두려움, 우울 등의 정신적 문제, 대인관계와 사회활동 기피, 성기능 문제 등의 많은 후유증에 시달린다. 성폭력을 겪은 후 피해자가 호소하는 문제의 발달단계는 다음과 같다(이현림, 김지혜, 2003).

- 1단계-충격과 혼란의 단계: 성폭력의 충격에서 벗어나지 못해 '아무도 믿을 수 없다.'라는 불신감과 '나는 이제 끝장이야.'라는 무력감에 사로잡힌다.
- 2단계-부정의 단계: 성폭력 피해 사실 자체를 부정하고 싶어 한다.
- 3단계-우울과 죄책감의 단계: 수치스러워하거나 자책하며 스스로에게 분노를 표출하고 절망감을 느낀다.
- 4단계-공포와 불안의 단계: 앞으로 건강하게 살아가지 못하게 될까 봐 불안해하며 악몽을 꾸기도 한다. 또한 자신이 큰 약점을 갖고 있다고 생각하여 대인관계를 기피한다.
- 5단계-분노의 단계: 가해자뿐만 아니라 자기 자신, 주변 사람, 심지어 도와주려고 하는 상담자에게도 분노를 표출한다.
- 6단계-자신을 수용하는 단계: 자신의 성폭력 피해경험을 재조명한다. 이 단계에 이르면 성폭력이 자신의 잘못 때문에 발생한 것이 아니라는 것을 수용하고 자신의 노력 여하에 따라 삶이 변화될 수 있음을 생각하며 새로운 삶을 계획하고 다짐한다.

성폭력 상담목표는 피해자가 경험한 외상 사건에 대해 현실적인 관점을 갖게 함으로써 정상적인 생활로 복귀할 수 있도록 조력하는 데 있다. 성폭력 피해자 상담의 원리는 다음과 같다.

- 성폭력 자체는 위기 상황이다. 따라서 위기상담의 전략과 기법을 적용하여 가능한 한 빨리 위기 상황에서 벗어날 수 있도록 한다.
- 심리적 상처와 불안, 죄책감 등의 정서를 적절하게 표현할 수 있도록 도와주고 공감해 주며, 수용과 진지한 관심을 통해 피해자의 내면에 억압되어 있는 분노를 표출하도록 도와준다.
- 성폭력 피해자는 고통스러운 경험을 표현하고 환기하려는 욕구가 강하기 때문에 그 경험을 반복적으로 이야기하더라도 상담자는 인내하고 경청하는 태도가 필요하다.
- 상담자에게 적대감을 나타내거나 저항하고 방어하는 것에 대해 이해하고 공감해 준다.
- 내담자가 원하는 것이 무엇인지 정확하게 파악하여 적절한 지원을 제공한다. 예를 들어, 성폭력 피해에 관련된 의료적 · 법률적 지원을 받기를 원한다면 그에 대한 구체적인 정보를 제공해 준다.

## 5) 성상담의 기본 전략

청소년기는 신체 외모, 인지 능력의 변화와 더불어 성적 행동에 대한 새로운 사회적 의미가 부여되는 시기다. 이러한 현상은 청소년이 성인이 되어 가는 사회적 전환기에 놓여 있다는 의미다. 그러나 아직 신체적 성숙이 완전하게 이루어지지 않은 상태에서 성인의 행동을 모방하고자 하는 과정에서 여러 가지 성적 일탈행동이 유발된다. 성상담은 성과 관련된 인지적 · 행동적 · 정서적 특징의 성장을 조력하는 과정이다. 먼저, 상담자는 내담자의 성과 관련된 문제가 지식이나 정보 부족의 문제인지, 사회적 기술이나 태도상의 문제인지, 심리적 갈등의 문제인지, 혹은 정신질환의 문제인지를 이해하는 것이 중요하다. 만약 청소년이 고민하는 성문제가 지식의 부족에 기인하는 것이라면 정보제공이나 교육을 통해 도와줄 수 있으며, 그 외의 문제는 일반적인 상담을 통해 조력할 수 있다.

성상담의 궁극적인 목적은 신체적 · 심리적 인간 교육을 통한 건강한 성의식을 함양하고 이를 토대로 원만한 인간관계를 형성할 수 있도록 돕는 데 있다. 자기 자신을 이해하고 수용할 수 있도록 도와주는 것이 일반적인 상담이라고 한다면, 성상담은 곧 청소년이 자신의 성을 받아들이고, 성에 대한 가치관을 올바르게 확립하며, 나아가 원만하고 건강한 이성관계를 형성하도록 돕는 데 초점을 둔다. 성문제에 대해 이야기하는 것을 부담스러워하는 우리 사회의 문화적 풍토에 비추어 볼 때, 성에 대해 고민하는 내담자를 자연스럽게 수용하고 문제해결을 조력하기 위해서는 다음과 같은 일반적인 지침을 고려해야 한다(이현림, 김지혜, 2003).

- 상담자는 성에 대한 기본적인 지식을 지니고 있어야 한다. 내담자는 상담자의 전문성을 신뢰하고 성에 대해서도 잘 알고 있으리라고 기대한다. 그러므로 상담자는 생식기관, 성행위, 피임법 등 성에 대한 올바르고 정확한 지식과 정보를 갖추고 있어야 한다.
- 성에 대한 상담자 자신의 태도를 확인해야 한다. 상담자는 내담자를 상담하기 전에 먼저 자신의 성에 대한 관념과 태도를 파악하는 것이 중요하다. 이러한 노력은 내담자의 문제를 편견 없이 객관적으로 볼 수 있도록 해 준다.
- 성에 대한 개방적인 의사소통 자세를 지녀야 한다. 내담자가 지나치게 완곡하게 표현하거나 정확하게 표현하지 않을 때는 상담자가 먼저 직접적인 표현을 사용하여 대화를 이끌어 나가는 것이 효과적이다.
- 기술적이고 전문적인 영역에 관해서는 전문가에게 조언을 구하거나 의뢰해야 한다. 성에 관련된 문제 중에는 상담자의 지식이나 정보의 한계를 넘어서는 경우도 종종 있다. 예를 들어, 임신이나 성병 등과 같은 문제는 의학적인 조언이 필요한 사안이므로 이 분야의 전문가를 통해 정보를 수집하거나 내담자를 직접 의뢰해야 한다.

## 3. 이상 성행동

인간의 성행동은 개인이 속한 사회문화나 시대, 종교 등의 영향에 따라 매우 다양하므로 정상과 비정상을 구분하기 곤란하다. 원래 인간의 성적 호기심은 자연스러운 것이며 성적 반응은 선천적인 것이라고 볼 때 신체적으로 해가 되지 않는 범위 내에서의 모든 행위는 정상적인 것으로 여겨진다. 그러나 개인의 성적 관심이나 대상의 본질이 비정상적이고 친밀감에 근거하지 않은 성적 활동은 사회적으로 수용되기 어렵다(양옥남 외, 2000).

## 1) 관음증

관음증(voyeurism)은 이성이나 동성의 벗은 모습이나 벗는 과정 혹은 성행위를 몰래 봄으로써 성적 흥분과 만족을 얻는 경우다. 실제 성행위를 하기 위해 특정 대상에게 접근하는 경우는 매우 드물다. 오히려 몰래 훔쳐보는 것을 통해 성적 흥분을 충족하거나 혹은 목격한 내용을 나중에 혼자 상상하면서 자위행위를 한다. 관음증 환자는 대체로 미성숙하고 정상적인 이성관계를 맺는 데 문제가 있는 사람으로서 이성을 사귀는 사회적 기술이 부족하고, 자신에 대해 부적절한 태도를 지니며, 열등감이 높다. 관음증은 대개 청소년 시기인 15세 이전에 발병하며 그 원인에 대해서는 다양한 관점이 있다. 정신분석에서는 어린 시기에 자녀가 부모의 성교 장면을 보거나 엿듣게 되면 이러한 외상적 경험이 자녀의 거세불안을 유발하게 되고, 그 자녀가 성인이 되어 수동적으로 경험한 외상을 능동적으로 극복하려는 시도의 일환으로 그 장면을 되풀이해서 재연한다고 설명한다.

## 2) 노출증

노출증(exhibitionism)은 성적 흥분을 얻기 위해 낯선 사람에게 자신의 성기를 노출하는 행위를 뜻한다. 자신의 성기를 노출하면서 자위행위를 하거나 발기를 하지만 정작 낯선 사람과의 직접적인 성행위를 시도하지는 않는다. 이들의 주요 목표는 자신의 노출행위를 통해 상대에게 놀라움과 충격을 주고자 하는 데 있다. 일반적으로 18세 이전에 발생하지만 40대 이후에는 상태가 완화되는 것으로 보고되고 있다. 여성에 의해 모욕당한 이후 발병하는 경우가 많은데, 이는 모르는 여성에게 충격을 줌으로써 자신이 당한 모욕감을 복수하려는 심리적 기전이 작동한 것이다(Stoller, 1985). 혹은 가정 내의 갈등이나 권위자들과의 충돌이 노출증을 유발하는 원인이 되기도 한다(Tollison & Adams, 1979).

### 3) 물품음란증

물품음란증(fetishism)은 성적인 의미가 없는 무생물적 물건이나 인간 신체의 특정 부분에 대해 성적 흥분을 느끼는 경우를 뜻한다. 흔히 여성의 속옷, 구두, 장갑, 머리핀, 손수건, 음모, 머리카락, 손톱, 다리 등을 만지거나 냄새를 맡으면서 자위행위를 하거나 성교 시 상대방에게 그러한 물건을 착용하도록 요구하면서 성적 흥분을 느낀다. 일반적으로 청소년기에 발병하며, 일단 발병하면 만성적으로 지속된다. 보통 정상적인 남성이나 여성도 어느 정도는 물품음란증이 있을 수 있지만 이러한 현상이 과도하여 그러한 물건이 없거나 접촉이 없으면 전혀 오르가슴에 도달하지 못한다면 이는 비정상적이다. 특히 남자 청소년의 경우 물품음란증이 일시적으로 나타날 수 있는데, 이러한 증상이 오랜 기간 지속되거나 이성과의 접촉을 회피하고 거절에 대한 두려움이 강한 사람의 경우에는 병적인 것으로 여겨진다.

### 4) 마찰도착증

마찰도착증(frotteurism)은 동의하지 않는 사람에게 자신의 신체를 접촉하거나 문지르는 행위를 통해 성적 흥분을 느끼는 것을 의미한다. 대부분 혼잡한 지하철이나 버스와 같이 밀집된 장소에서 남성에 의해 행해진다. 여성의 허벅지나 엉덩이에 성기를 문지르거나, 손으로 상대방의 성기나 유방을 건드리면서 상대방과의 비밀스러운 애정관계를 맺는 상상을 한다. 대부분의 경우 청소년기에 해당하는 15~20세 사이에 발병하며, 그 후 연령이 증가할수록 발생 빈도는 점차 줄어든다.

### 5) 의상도착증

의상도착증(transvestism)은 이성의 복장을 착용함으로써 성적 흥분을 느끼는 것을 의미한다. 의상도착증자는 두 집단으로 분류되는데, 신발과 같은 한 가지 물건만을 즐겨 착용하는 집단이 있는 반면, 완전한 복장을 착용하는 집단이 있다. 의상도착증은 남녀 모두에게서 나타난다. 의상도착증자는 성 전환증 환자와는 구분되는데, 성 전환증 환자는 이성의 복장을 통해 성적으로는 흥분하지 않는다. 의상도착증은 소아기나 초기 성인기에 옷 바꿔 입기를 하면서 시작될 수 있는데, 이 경우 부모의 양육 방식이 발병 원인이 되기도 한다. 이들은 아들이 많은 집에서 딸과 같은 역할을 기대받거나 반대로 딸이 많은 집에서 아들의 역할을 기대받으면서 어렸을 때부터 이성의 복장을 착용하도록 강화받았을 것으로 추정된다. 이러한 부모의 잘못된 기대에 부응하여 자신의 생물학적 성을 거부하고 반대의 성을 가졌으면 하는 무의식적 소망을 갖게 되고, 이것이 의상도착증이라는 비정상적인 행동으로 표출될 수도 있다(김종만, 1998).

## 6) 성적 가학증

성적 가학증(sadism)은 성적 흥분을 얻기 위해 상대방에게 정신적 혹은 신체적으로 굴욕감이나 고통을 주는 경우다. 꼬집기, 발로 차기, 물어뜯기, 채찍으로 때리기, 심한 욕설 등을 상상하거나 직접적으로 취하는 행위는 피해자에 대한 가해자의 우월성을 상징하는 행위다. 가학적인 성적 공상은 아동기에 시작되지만, 직접적인 가학적 성행위는 성인기에 접어들어 시작된다. 성적 만족을 얻기 위해 가학적 공상이나 행동을 필요로 하는 것은 과거 신체적 혹은 성적 학대의 희생물이었던 아동기 시절의 장면을 역전시키고자 하는 무의식적인 시도라고 볼 수 있다(Sarason & Sarason, 1996). 이 외에 유전적 소인, 호르몬 이상, 병적 대인관계, 정신장애 등이 원인이 되기도 한다.

## 7) 성적 피학증

성적 피학증(masochism)은 성적 흥분과 만족을 위해 상대방으로부터 정신적 · 신체적 고통을 당하는 것을 필요로 한다. 성교나 자위행위 도중에 다른 사람에 의해 붙들려 있거나 묶여 있어 도망갈 수 없다거나 강간을 당하는 등의 내용을 상상함으로써 성적 흥분이 일어난다. 실제로 상대방에게 결박, 채찍질, 구타 등의 잔인한 행위를 하도록 요구하며, 상대방의 공격에 복종하여 상처를 입거나 학대와 경멸을 당하면서 성적 흥분을 경험한다. 성적 피학적 사상은 아동기부터 존재하며, 상대방과의 직접적인 피학적 성행위는 성인 초기에 시작된다고 알려져 있다. 성적 피학증자들은 아동기의 학대경험을 반복하고 있다고 볼 수 있다. 이들은 학대받는 것을 통해 분리불안에 대해 방어적 태도를 취한다. 또는 학대받는 관계가 유일한 관계이기 때문에 아무런 관계를 맺지 않는 것보다는 더 낫다고 생각한다(Sarason & Sarason, 1996).

## 8) 소아 기호증

소아 기호증(pedophilia)은 사춘기 이전의 아동을 상대로 한 성행위를 통해 성적 흥분을 느끼는 경우다. 소아를 벗기고 바라보며 노출시키거나, 소아 앞에서 자위행위를 하거나, 소아를 만지기도 하고, 소아에게 다양한 폭력을 사용하여 구강성교 및 성교를 하기도 한다. 소아 기호증자는 16세 이상이거나 적어도 상대 아동보다 5년 이상 연령이 많을 때 진단이 내려진다. 일반적으로 소아 기호증자는 특정 연령의 소아에게 마음이 끌린다고 보고한다. 또한 남아만을 선호한다거나, 여아만을 선호한다거나, 혹은 남아와 여아 모두를 선호하는 경우 등 다양한데, 남아를 선호하는 경우 더 심각한 병리현상으로 여겨진다. 이들은 정서적으로 미숙하기 때문에 자기 마음대로 다룰 수 있는 어린 아동을 성적 대상으로 삼는 경우가 많다. 또한 신경증적 성격의 소유자로서 자기도취에 빠져 아동과 동일시하려고 하며, 아동을 대상으로 지배나 힘을 행사하려고 한다.

## 9) 성 불편증

성 불편증(gender dysphoria)은 자신의 생물학적 성과 성역할에 대해 지속적인 불편감을 느끼는 경우를 뜻하는데, 이러한 불편감으로 인해 반대의 성을 동일시하거나 반대의 성이 되기를 원한다. 이러한 장애는 아동기에서부터 성인기에 이르기까지 다양한 연령대에 나타날 수 있다. DSM-5에 의한 청소년이나 성인의 성 불편증 진단기준은 다음 6개 항목 중 2개 이상을 6개월 이상 나타내야 한다. ① 자신에게 부여된 1차적 성과 경험된/표현된 성에 있어서 현저한 불일치, ② 자신의 경험된/표현된 성과의 현저한 불일치로 인해 1차적 성 특성을 제거하려는 강한 욕구, ③ 반대 성의 1차적 성 특성을 얻고자 하는 강한 욕구, ④ 반대 성이 되고자 하는 강한 욕구,

⑤ 반대 성으로 대우받고자 하는 강한 욕구, ⑥ 자신이 반대 성의 전형적 감정과 반응을 지니고 있다는 강한 신념이 그것이다(권석만, 2015).

## 토론주제

1. 오늘날 우리 사회에서 대두되고 있는 다양한 청소년 성문제를 열거하고, 이에 대한 실태 파악과 상담개입 전략을 논의하시오.

2. 청소년기 이상 성행동의 사례를 제시하고, 그러한 이상 성행동 문제의 원인을 토의하고 이에 대한 상담개입 전략을 모색하시오.

3. 청소년 성문제 발생을 예방하기 위해 가정, 학교 및 지역사회 차원에서 어떠한 노력이 필요한지에 대해 토의하시오.

# 청소년
# 비행상담

제**8**장

청소년비행은 오래전부터 사회적으로 많은 관심과 주목을 끌어온 주제다. 시대적·사회적 상황에 따라 청소년비행의 양상은 달라지고 있으며, 문제의 심각성에 대한 사회적 인식의 정도도 상이하다. 최근 청소년비행과 관련하여 「소년법」상 청소년의 비행행위에 대한 법적 책임 연령의 기준을 둘러싸고 연령을 올리자는 의견과 더불어 연령을 내리자는 상반된 의견이 제시되고 있다. 한편, 생물학적 접근, 심리학적 접근, 사회학적 접근 등을 통해 청소년비행의 발생 원인을 설명하고자 하는 시도가 이루어지고 있으며, 이러한 이론적 접근에 기초하여 청소년비행의 발생 원인을 개인적 차원, 가족적 차원, 그리고 사회환경적 차원에서 규명하고자 하는 연구들이 지속적으로 이루어지고 있다. 이 장에서는 청소년비행의 정의와 이론적 접근과 더불어 시대적 흐름에 따른 청소년비행 양상의 변화과정 및 청소년비행의 특징 등에 대해 살펴보고자 한다. 아울러, 비행청소년 대상 상담에 있어 비행의 특성에 따라 어떠한 개입전략을 구사하는 것이 적절한 것인지에 대해 학습하고자 한다.

## 1. 청소년비행의 개념

법률적인 개념으로서 소년범죄와 청소년비행은 명확하게 구분하기가 어렵다. 비행(delinquency)이라는 용어는 우리 사회에서 매우 광범위하게 사용되고 있다. 포괄적으로 보면, 현재 실정법을 위반한 행위뿐만 아니라 여러 가지 사회적 규범을 위반하여 장차 실정법인 「형법」을 위반할 우려가 있는 모든 행위를 비행이라 할 수 있다. 즉, 청소년비행은 절도, 강간, 약물사용 등과 같은 심각한 소년범죄와 더불어 음주 및 흡연과 같은 비교적 가벼운 일탈행동을 모두 포함하는 넓은 개념으로 이해된다. 인간행동 가운데 어느 정도까지를 비행으로 규정할 것인가는 사회의 전통, 도덕, 관습, 교육, 풍토, 법률에 따라 다르며, 한 사회 내에서도 하위집단이나 개인에 따라 제각기 다른 관점을 제시할 수 있다(한국카운슬링연구회, 1987).

먼저, 법률적인 차원의 소년범죄를 살펴보기로 한다. 우리나라 「소년법」 제2조는 소년범죄의 소년을 19세 미만인 자로 규정하고 있지만, 「형법」 제9조는 14세를 형사책임 연령으로 규정하고 있다. 이에 준하여 우리나라 「소년법」 제4조에 따르면, 소년비행이란 10세 이상 19세 미만의 소년에 의한 범죄행위, 촉법행위 및 우범행위를 말하는데, 이러한 행위를 하거나 상태에 놓인 소년을 각각 범죄소년, 촉법소년, 우범소년이라고 한다.

- 범죄소년: 14세 이상 19세 미만의 소년으로서 형벌법령에 위배되는 행위를 한 자로 형사책임이 있다.
- 촉법소년: 10세 이상 14세 미만의 소년으로서 형벌법령에 위배되는 행위를 한 자로 형사책임이 있다.
- 우범소년: 10세 이상 19세 미만의 소년으로서 보호자의 정당한 감독에 복종하지 않는 성벽이 있거나, 정당한 이유 없이 가정에서 이탈하거나, 범죄성이 있는 부도덕한 자와 교제하거나, 금전낭비, 부녀 유혹, 불건전한 오락 등을 하는 자로서 본인의 성격 또는 환경에 비추어서 장래에 형벌법령을 범할 우려가 있는 자를 말한다.

이 외에도 협의의 개념으로는 비행이라고 할 수 없지만 광의의 개념상 비행의 범주에 포함시킬 수 있는 음주, 흡연, 흉기 소지, 유흥업소 출입, 싸움, 부녀 희롱, 기타 자신 혹은 타인의 덕성을 해치는 행위 등을 하는 소년을 불량행위 소년으로 규정하고 있다. 이와 같이 우리나라에서는 청소년의「형법」을 위반한 행위뿐만 아니라 장차 형법을 위반할 가능성이 있는 행위까지 포괄하여 청소년비행으로 보고 있다. 한편, 성인이 했을 때는 범죄로 규정되지 않지만, 청소년이 했을 때는 청소년이라는 사회적 지위 때문에 일탈행동으로 간주될 수 있는 것을 지위비행(status offense)이라고 한다. 심각한 비행청소년은 어느 한 유형의 비행에만 연루되는 것이 아니라 다양한 범죄와 지위비행에 관여되는 경우가 많다(Farrington, 1992; Gottfredson & Hirschi, 1990)는 점에서 사회적 관심이 집중되고 있다.

## 2. 청소년비행 이론

청소년비행의 원인을 설명하는 이론은 다양하지만, 주로 비행을 저지른 개인이나 개인을 둘러싼 주변 환경 안에서 그 원인을 찾고자 한다. 청소년비행의 원인은 크게 세 가지 관점으로 정리할 수 있다.

## 1) 생물학적 접근

생물학적 접근에서는 신체적 특성 및 체격, 질병, 염색체, 생리적 특징 등을 비행의 원인으로 본다. 먼저, 미국의 심리학자인 Sheldon은 신체 유형에 따른 체질을 내배엽형, 중배엽형, 외배엽형으로 분류하였다(Sheldon & Stevens, 1942). 그런데 일반 청소년 집단에 비해 비행청소년 집단에서 근육이 발달되어 있고 활동적이며, 공격적인 중배엽형이 2배 이상 더 많이 발견되었다. 그렇지만 비행청소년은 일반 청소년에 비해 사춘기가 더 늦게 시작되고 체격이 더 작으며 체중이 가벼운 경향이 있는 것으로 나타나거나(Wadsworth, 1979) 비행과 체격 간의 상관성이 없다(West, 1973)는 주장이 제기되면서 비행과 신체적 특징 간의 연관성에 대한 명확한 결론을 내리지 못하고 있다. 한편, 비행청소년은 유아기와 아동기 동안 사고, 부상, 질병 등으로 말미암아 병원에 입원한 경험이 많으며, 일반 청소년에 비해 운동 기능이 더 저하되는 것으로 나타났다(West, 1973). 성장기 동안 사고 때문에 신체적 부상이 뇌의 기능적 손상을 유발하고, 그 결과 뇌의 비정상적인 기능이 공격적인 행동을 유발하는 원인으로 작용하였을 가능성이 있다고 추정된다. 또한 매우 심각한 비행청소년 집단에서 측두엽 뇌전증이 유의미하게 발견되기도 하였다(한국청소년개발원, 1999). 그 밖에도 XYY 염색체가 반사회적 행동과 관련된 유전적 요인으로 추정되기도 한다. 성별은 46번 염색체에 의해 결정되는데, 여성은 XX, 남성은 XY로 구성된다. 그러나 남성의 0.13%는 XY 대신 XYY 염색체를 갖고 태어날 수 있다. 이때 XY를 가진 남성에 비해 XYY를 가진 남성이 더 공격적이고 적극적인 성향을 나타내며, 그 결과 비행행동으로 발전할 가능성이 높다고 본다. 이와 같이 비행을 일으키는 생물학적 요인을 규명하고자 하는 연구는 일치된 결론을 도출하지 못하고 있다. 많은 연구 결과에도 불구하고 생물학적 요인이 비행에 미치는 영향의 범위와 정도를 구체적으로 밝힐 수 있는 명확한 증거가 제시되지 못하고 있다. 또한 생물학적 접근은 비행의 원인을 개인이 자율적으로 통제하기 곤란한 선천적·유전적 요인에서 찾고자 하기 때문에 비행의 근본적 해결책을 모색하는 데 한계가 있다.

## 2) 심리학적 접근

심리학적 접근은 비행의 원인이 행위자에게 있음을 전제로 한다. 비행의 원인을 개인의 욕구불만에 따른 정서불안과 긴장, 부정적 자아개념, 충동성이나 공격성과 같은 성격적 요인, 신경증이나 정신질환과 같은 심리 내적 특성 등에서 찾고자 한다. 먼저, 심리역동적 관점에서는 Freud의 정신분석이론에 근거하여 비행행동을 설명한다. 초자아(superego), 원초아(id), 현실 간의 중재 역할을 하는 자아(ego)의 기능이 약화된 결과, 비행행동이 나타나는 것이다. 비행은 초자아가 덜 발달되었거나 혹은 지나치게 억압된 원초아적 본능이 비정상적이고 위험한 방법으로 한꺼번에 표현되기 때문에 발생한다. 또한, 욕구 좌절—공격 가설에서는 개인의 목표 달성을 위한 노력이 방해받게 되면 욕구 좌절이 나타나고, 이는 공격적인 행동으로 표출된다고 주장한다(Dollard et al., 1939). 행동주의적 관점은 Locke의 'tabula rasa'에 이론적 근거를 두고 있으며, 인간행동은 학습의 결과라고 주장한다. Skinner의 학습이론에서 보면, 청소년의 비행은 이제까지 살아온 환경조건에 전적으로 그 원인이 있으므로 비행청소년이 처한 환경을 처벌과 보상으로 새롭게 조작하게 되면 건강한 행동으로의 변화를 촉진할 수 있다. Bandura(1977)의 사회학습이론에 따르면, 공격적 행동은 본능이나 욕구 좌절에 의해 나타나는 것이 아니라 모방이나 역할모델 학습을 통해 획득되는 것이다. 청소년은 다른 사람의 행동을 관찰하고 필요할 때 그 행동을 직접 반복 실행함으로써 특정한 성격이나 행동 패턴을 획득하게 된다. 만일 청소년의 역할모델이 바람직하지 못한 반사회적 행동이었을 경우에는 그 행동 패턴이 비행적으로 나타나게 된다. 특히 비행행동의 결과로 어떤 지위나 경제적 이익, 또래집단의 인정 등을 얻게 되면 장차 그러한 비행을 반복할 가능성은 높아진다. 한편, 정신병리이론에서는 개인의 특수한 성격이 비행행동과 관련이 있다고 본다. 이는 싸움에 말려들기 쉬우며, 쉽게 화를 내고, 부모나 교사의 꾸중에 반항적인 태도를 취하는 청소년은 후일 비행이나 범죄에 가담하게 될 가능성이 높아진다고 보는 견해다. 특히 반사회성 성격장애(antisocial personality)로 진단된 경우, 자신의 일탈 행동에 대해 그 동기가 불분명하며 뉘우침이 전혀 없고 뻔뻔스러우며 극단적인 사고를 하는 특성을 나타낸다(이춘재 외, 1994).

## 3) 사회학적 접근

사회학적 접근은 보다 거시적인 입장을 취하며 비행의 이론을 한 개인보다는 사회구조적 요인에서 찾는다. 따라서 사회학적 이론은 비행을 사회구조적 문제, 비행하위문화, 상반된 가치관과 이해관계에 의한 갈등, 무규범 상황, 계층 및 빈부 격차, 사회적 통제의 결여, 기회구조의 차이, 범죄행동과의 접촉 등으로 설명하고 있다.

Shaw와 McKay의 문화전달이론은 비행의 토대를 일탈적 하위문화로 본다. 비행이나 범죄 등 일탈행동이 빈번하게 발생하는 빈민가나 우범지대와 같은 사회 해체지역에서는 비행이나 범죄성을 띤 전통과 가치가 사회적으로 허용되어 하나의 보편화된 문화로 존재하고 전달되기 때문에, 그 안에서 성장하는 청소년은 각종 비행을 쉽게 배우고, 또 직접 행동으로 실행하기도 한다.

Merton은 비행행동의 사회구조적 요인을 분석하기 위해 Durkheim의 아노미이론을 사용하였다. '아노미(anomie)'란 현존하는 사회적 규범이 사회구성원의 다양한 욕구를 충족시켜 주지 못하고, 나아가 모순적으로 나타나서 사회구성원이 방향성을 상실하게 되는 혼란한 상태를 의미한다. 소속된 사회문화권이 규정한 성공과 행복의 목표를 성취하기 위해 노력하는 가운데 제도화된 수단에 접근할 수 없거나 갈등을 일으킬 때 일탈행동이 나타난다. 청소년이 자신이 처한 사회적 여건 때문에 다른 사람이 얻을 수 있는 동일한 사회경제적 목표를 사회 내에서 정당한 방법으로 달성할 수 없을 때 비행을 일으키게 된다.

이와 함께 낙인이론은 모든 인간의 행동을 중립적으로 본다. 따라서 비행행동도 개인과 사회 간의 상호 행위과정의 산물로 이해한다. 이 관점에서 보면, 비행은 한 개인이 행한 행동 자체의 질에 관한 것이 아니라 오히려 그 행동에 대한 사회의 규칙이 적용된 결과로 볼 수 있다. 즉, 사회집단은 개인이 어떤 규칙이나 규범을 위반하면 일탈자가 된다는 것을 정해 두고 이를 위반할 경우 일탈자라는 낙인을 찍는다. 가벼운 비행행동을 한 후 일단 비행청소년이라는 낙인이 찍히게 되면, 이 낙인의 꼬리표를 자신이 스스로 수용하면서 동일시하여 이후에는 비행행동을 상습적으로 반복하게 되고, 그 결과 심각한 범죄인이 되는 것이다.

# 3. 청소년비행 현황

청소년비행이 어느 정도로 발생하고 있는지를 정확하게 파악하는 것은 매우 어렵다. 실제 비행청소년 가운데 법률기관에 입건된 청소년은 소수에 불과하며, 이들 중 재판까지 회부되는 수는 극히 일부분에 불과하기 때문이다. 우리나라에서 1963년 이래 공식적으로 집계된 청소년범죄는 전체 범죄 발생 건수의 약 10% 미만으로 다른 선진국에 비해 그리 높지 않은 편이다. 그러나 양적인 측면에서 청소년비행의 비율이 증가하지 않는 것과는 별개로, 질적인 측면에서는 새로운 양상이 목격되고 있다. 청소년범죄 중에서는 각종 지위비행과 환각물질 사용 등의 소년풍기사범이 지속적으로 증가하고 있으며, 저연령화, 상습화, 집단화 문제 또한 뚜렷하게 나타나고 있다. 청소년범죄 가운데 살인, 강도, 강간과 같이 피해자에게 심각한 위해를 가하는 강력범죄가 늘어나고 있으며, 이와 함께 중류가정 출신 소년범의 증가, 학생청소년에 의한 범죄화, 교통사고로 말미암은 과실범죄의 증가 등 청소년비행의 심각성은 사회적 차원에서 긴급한 대응 방안이 모색되어야 함을 시사한다.

2017년 소년범죄자(19세 이하)는 72,700여 명으로 전년(76,000명)보다 4.3% 감소하였으며, 전체 범죄자 중 소년범죄자가 3.9%를 차지한다. 범죄 유형별로 살펴보면 재산범죄가 39.9%로 전년보다 3.6% 감소한 반면, 강력범죄(흉악범죄, 폭력범죄)

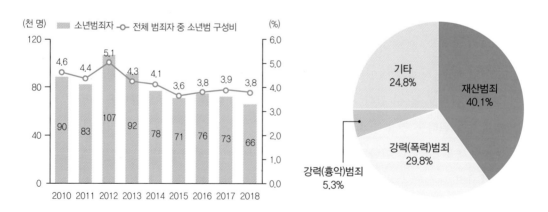

●그림 8-1● **소년범죄 발생 현황 및 소년범죄 유형[1] (2018년)**

출처: 대검찰청(2018).

*주 1) 2018년부터 14세 미만 피의자가 집계에서 제외됨에 따라 연도별 수치 비교 시 주의 필요

는 각각 0.4%, 3.3% 증가하였다. 소년범죄 발생이 가장 높은 범죄군은 재산범죄이고, 그다음은 강력범죄(폭력), 기타(교통범죄 등), 강력범죄(흉악) 순으로 나타났으며, 재산범죄자 구성비는 2014년부터 감소 추세를 보이는 반면, 강력범죄자 구성비는 2016년부터 증가하는 추세를 보이고 있다(여성가족부, 2019a).

〈표 8-1〉 소년범죄

| 연도 | 전체 범죄자 (천 명) | 소년 범죄자[1] (명) | 구성비 (%) | 범죄유형별 구성비(%) | | | |
|---|---|---|---|---|---|---|---|
| | | | | 재산범죄[2] | 강력(폭력) 범죄[3] | 강력(흉악) 범죄[4] | 기타[5] |
| 2010 | 1,954 | 89,776 | 4.6 | 45.1 | 25.9 | 3.5 | 25.5 |
| 2011 | 1,908 | 83,068 | 4.4 | 45.7 | 26.8 | 4.0 | 23.6 |
| 2012 | 2,118 | 107,490 | 5.1 | 44.3 | 30.5 | 2.9 | 22.3 |
| 2013 | 2,147 | 91,633 | 4.3 | 49.9 | 24.1 | 3.0 | 22.9 |
| 2014 | 1,880 | 77,594 | 4.1 | 46.7 | 24.9 | 4.1 | 24.2 |
| 2015 | 1,949 | 71,035 | 3.6 | 45.1 | 24.6 | 3.8 | 26.4 |
| 2016 | 2,020 | 76,000 | 3.8 | 43.5 | 25.6 | 4.4 | 26.4 |
| 2017 | 1,862 | 72,759 | 3.9 | 39.9 | 28.9 | 4.8 | 26.4 |
| 2018 | 1,738 | 66,142 | 3.8 | 40.1 | 29.8 | 5.3 | 24.8 |

출처: 대검찰청(2018).
*주 1) 소년범죄자: 만 14세 이상 만 18세 이하의 범죄소년을 의미. 촉법소년은 제외
*주 2) 절도, 장물, 사기, 횡령 등
*주 3) 공갈, 폭행·상해 등
*주 4) 살인, 강도, 방화, 성폭력
*주 5) 교통사범, 저작권법 위반, 기타

〈표 8-2〉 마약류 사범 연령대별 현황 (단위: 명)

| 연령별 연도별 | 19세 이하 | 20~29세 | 30~39세 | 40~49세 | 50~59세 | 60세 이상 | 연령 미상 | 합계 |
|---|---|---|---|---|---|---|---|---|
| 2015 | 128 | 1,305 | 2,878 | 4,099 | 2,190 | 1,124 | 192 | 11,916 |
| | (1.1) | (10.9) | (24.2) | (34.4) | (18.4) | (9.4) | (1.6) | (100) |
| 2016 | 121 | 1,842 | 3,526 | 4,496 | 2,659 | 1,378 | 192 | 14,214 |
| | (0.9) | (13.0) | (24.8) | (31.6) | (18.7) | (9.7) | (1.3) | (100) |
| 2017 | 119 | 2,112 | 3,676 | 3,919 | 2,589 | 1,491 | 217 | 14,123 |
| | (0.8) | (15.0) | (26.0) | (27.8) | (18.3) | (10.6) | (1.5) | (100) |

| 2018 | 143 | 2,118 | 2,996 | 3,305 | 2,352 | 1,457 | 242 | 12,613 |
|---|---|---|---|---|---|---|---|---|
| | (1.1) | (16.8) | (23.8) | (26.2) | (18.6) | (11.6) | (1.9) | (100) |
| 2019 | 239 | 3,521 | 4,126 | 3,487 | 2,554 | 1,598 | 519 | 16,044 |
| | (1.5) | (21.9) | (25.7) | (21.7) | (15.9) | (10.0) | (3.2) | (100) |

※ ( )는 구성비 %

출처: 대검찰청(2019).

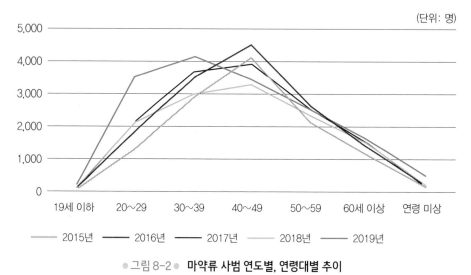

●그림 8-2● **마약류 사범 연도별, 연령대별 추이**

출처: 대검찰청(2019).

    2018년 가출을 경험한 학생은 2.6%로 나타났으며, 2년 전보다 0.1% 감소하였다. 성별로는 남학생(2.7%)이 여학생(2.5%)에 비해 높게 나타났으며, 학교급별로 중학생이 3.4%로 가장 높았고, 고등학생 3.1%, 초등학생 1.3% 순으로 나타났다. 가출의 원인은 '부모님 등 가족과의 갈등'(70.0%)이 가장 많은 것으로 나타났다. 가출의 원인을 '가족과의 갈등'에 있어 초등학생(66.8%)에 비해 고등학생의 비율(74.7%)이 높은 것으로 나타나, 연령이 증가함에 따라 가족 간의 갈등이 증가하고, 이로 인해 청소년들이 가출을 하게 되는 양상을 보이고 있다. 이전에는 또래친구의 동조압력으로 인해 가출을 하는 사례들이 있었으나, 최근에는 그 비율('친구나 선후배의 권유' 0.7%)이 크게 감소한 것으로 나타났다.

**〈표 8-3〉 가출 청소년 현황**    (단위: %)

| 년/구분 | 가출 경험[1] | 가출 원인 | | | | | | | | |
|---|---|---|---|---|---|---|---|---|---|---|
| | | 가출에 대한 호기심 | 가족과의 갈등 | 어려운 가정 형편 | 학교에 다니기 싫어서 | 공부 부담감 | 친구나 선후배의 권유 | 자유롭게 살고 싶어서 | 사회경험을 쌓고 싶어서 | 기타 |
| 2016 | 2.7 | 1.8 | 74.8 | 1.2 | 4.7 | 6.1 | 1.2 | 8.0 | 0.3 | 1.9 |
| 2018 | 2.6 | 2.7 | 70.0 | 0.8 | 3.2 | 3.9 | 0.7 | 7.1 | 0.5 | 11.1 |
| 남자 | 2.7 | 3.9 | 69.1 | 0.9 | 4.2 | 3.9 | 0.7 | 7.0 | 0.9 | 9.3 |
| 여자 | 2.5 | 1.3 | 71.1 | 0.7 | 2.0 | 3.9 | 0.8 | 7.2 | 0.0 | 13.1 |
| 초등학생 | 1.3 | 1.4 | 66.8 | 0.0 | 4.6 | 7.4 | 1.7 | 10.9 | 0.0 | 7.2 |
| 중학생 | 3.4 | 3.8 | 66.1 | 1.2 | 2.8 | 3.5 | 0.9 | 6.3 | 0.0 | 15.4 |
| 고등학생 | 3.1 | 2.1 | 74.7 | 0.7 | 3.1 | 3.2 | 0.3 | 6.5 | 1.0 | 8.4 |

출처: 여성가족부(2018).

*주 1) 최근 1년간 가출경험

　「2021 청소년 통계」(통계청, 여성가족부, 2021)에 따르면, 중·고등학생 100명 가운데 4명(4.4%)이 최근 30일 사이에 흡연한 경험이 있는 것으로 나타났는데, 이는 전년도에 비해 2.3% 감소한 수치다. 그리고 중·고등학생 100명 가운데 11명(10.7%)은 최근 30일 이내에 음주한 경험이 있는 것으로 나타났다. 이는 전년 대비 4.3% 감소한 것이다.

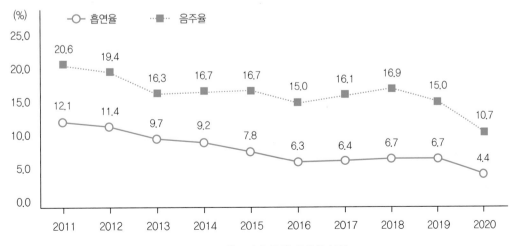

● 그림 8-3 ● **청소년 음주 및 흡연율 현황**

출처: 교육부, 보건복지부, 질병관리본부(2020).

〈표 8-4〉 **청소년 흡연율 및 음주율**                                                          (단위: %)

| 구분 | 2006 | 2007 | 2011 | 2012 | 2013 | 2014 | 2015 | 2016 | 2017 | 2018 | 2019 | 2020 |
|---|---|---|---|---|---|---|---|---|---|---|---|---|
| 흡연율[1] | 12.8 | 13.3 | 12.1 | 11.4 | 9.7 | 9.2 | 7.8 | 6.3 | 6.4 | 6.7 | 6.7 | 4.4 |
| 음주율[2] | 28.6 | 27.8 | 20.6 | 19.4 | 16.3 | 16.7 | 16.7 | 15.0 | 16.1 | 16.9 | 15 | 10.7 |

출처: 교육부, 보건복지부, 질병관리본부(2020).
*주 1) 최근 30일 동안 1일 이상 흡연한 사람의 분율
*주 2) 최근 30일 동안 1잔 이상 술을 마신 적이 있는 사람의 분율

전체 청소년범죄자 대비 학생범죄자의 구성 비율은 2008년 65.7%에서 증감을 반복하고 있으나, 2018년에는 81.9%로 최근 10년간 10.0%p 증가하였다. 2018년에는 전체 범죄자 1,749,459명 가운데 66,142명(3.8%)이 청소년범죄자이고, 이 중 54,205명(81.9%)이 학생범죄자로 구성되어 있다. 과거에는 학교 밖 청소년의 범죄율이 높았으나, 최근 학생 신분을 가진 청소년범죄자가 증가하고 있음을 감안할 때 학교 내에서 청소년범죄 예방을 위한 지속적인 노력이 필요하다(여성가족부, 2019a).

〈표 8-5〉 **연도별 학생범죄 현황**                                                          (단위: 명, %)

| 연도 | 전체 범죄(A) | 청소년범죄 | | 학생범죄 | |
|---|---|---|---|---|---|
| | | 인원(B) | 구성비 (B/A×100) | 인원(C) | 구성비 (C/B×100) |
| 2008 | 2,472,897 | 134,992 | 5.5 | 88,701 | 65.7 |
| 2009 | 2,519,237 | 113,022 | 4.5 | 78,077 | 69.1 |
| 2010 | 1,954,331 | 89,776 | 4.6 | 62,173 | 69.3 |
| 2011 | 1,907,641 | 83,068 | 4.4 | 57,672 | 69.4 |
| 2012 | 2,117,737 | 107,490 | 5.1 | 73,684 | 68.5 |
| 2013 | 2,147,250 | 91,633 | 4.3 | 60,438 | 66.0 |
| 2014 | 1,879,548 | 77,594 | 4.1 | 54,627 | 70.4 |
| 2015 | 1,948,966 | 71,035 | 3.6 | 57,672 | 81.2 |
| 2016 | 2,020,196 | 76,000 | 3.8 | 56,625 | 74.5 |
| 2017 | 1,861,796 | 72,759 | 3.9 | 55,074 | 75.7 |
| 2018 | 1,749,459 | 66,142 | 3.8 | 54,205 | 82.0 |

출처: 대검찰청(2009~2019).
*주) 학생범죄자는 전체 학생범죄자 가운데 2008년까지는 7세 이상 20세 미만 소년범을 대상으로, 2009년 이후부터는 7세 이상 19세 미만 소년범만 그 대상으로 함.

　교육부가 매년 실시하는 「학교폭력 실태조사」 결과에 따르면, 청소년폭력 피해
경험 응답률은 2012년 12.3%에서 2019년 1.6%로 크게 감소한 것으로 나타났다.
최근 조사에서는 피해응답률이 미세하게(0.3%) 증가하는 것으로 나타나고 있으나
(2018년 1.3% → 2019년 1.6%) 전체적으로는 1% 수준을 유지하고 있는 것으로 볼 수
있다.

　학교급별로는 초등학생이 2012년 15.2%에서 2019년 3.6%, 중학생은 13.4%에서
0.8%, 고등학생이 5.8%에서 0.4%로, 모든 학교급별에서 크게 감소하는 경향을 보
이고 있다.

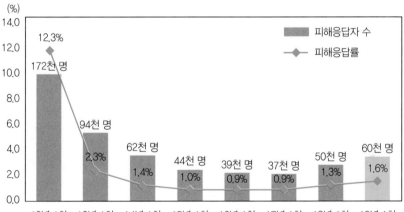

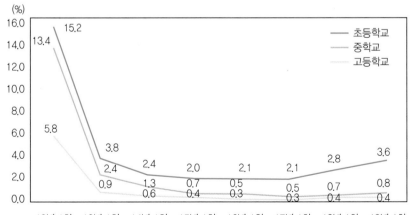

●그림 8-4● **청소년 학교폭력 피해응답률(전체 피해응답률, 학교급별 피해응답률)**
출처: 교육부(2019. 8. 27.).

학교폭력 피해 유형별 현황에 대해 살펴보면, 언어폭력이 전체에서 차지하는 비율(2019년 35.6%)이 가장 높은 것으로 나타났다. 그다음으로 집단따돌림(23.2%), 사이버 괴롭힘(8.9%) 순으로 나타났다. 2013년 이후부터 최근 조사인 2019년 조사까지 나타난 피해 유형의 경향성을 살펴보면, 언어폭력, 집단따돌림, 그리고 사이버 괴롭힘은 피해응답률이 증가하고 있으나, 신체폭행, 금품갈취, 그리고 강제심부름 등은 감소하는 추세를 보이고 있다. 여기서 한 가지 주목할 점은 성추행·성폭행 피해응답률이 지속적으로 증가하고 있다는 점이다. 이러한 점을 통해 볼 때, 청소년들의 성인지 감수성 및 인권에 대한 의식을 제고하기 위한 교육 및 상담적 개입이 필요한 것으로 판단된다.

〈표 8-6〉 **청소년 학교폭력 피해 유형별 현황**　　　　　　　　(단위: %)

| 구분 | 2013년 1차 | 2014년 1차 | 2015년 1차 | 2016년 1차 | 2017년 1차 | 2018년 1차 | 2019년 1차 | 증감 (%p) |
|---|---|---|---|---|---|---|---|---|
| 언어폭력 | 34.0 | 34.6 | 33.3 | 34.0 | 34.1 | 34.7 | 35.6 | 0.9 |
| 집단따돌림 | 16.6 | 17.0 | 17.3 | 18.3 | 16.6 | 17.2 | 23.2 | 6.0 |
| 사이버 괴롭힘 | 9.1 | 9.3 | 9.2 | 9.1 | 9.8 | 10.8 | 8.9 | -1.9 |
| 스토킹 | 9.2 | 11.1 | 12.7 | 10.9 | 12.3 | 11.8 | 8.7 | -3.1 |
| 신체폭행 | 11.7 | 11.5 | 11.9 | 12.1 | 11.7 | 10.0 | 8.6 | -1.4 |
| 금품갈취 | 10.0 | 8.0 | 7.2 | 6.8 | 6.4 | 6.4 | 6.3 | -0.1 |
| 강제심부름 | 6.1 | 4.7 | 4.2 | 4.3 | 4.0 | 3.9 | 4.9 | 1.0 |
| 성추행·성폭행 | 3.3 | 3.8 | 4.2 | 4.5 | 5.1 | 5.2 | 3.9 | -1.3 |

출처: 교육부(2019. 8. 27.).

## 4. 청소년비행의 특징

### 1) 보편화

최근 들어 청소년의 사소한 비행이 상당히 많이 발생하고 그 비율도 증가하고 있다. 대부분의 청소년이 비행을 경험해 보았으며, 비행행동에 근접해 있다. 즉, 돈내기 도박, 음란서적 소지, 커닝 등은 대다수의 청소년이 경험한 바 있으며, 이 외에도 흡연, 음주, 당구장 출입, 만화가게 출입, 음란 비디오 관람 등의 지위비행과 다른 사람의 물건 파괴 등을 경험한 청소년도 매년 증가하고 있다.

## 2) 집단화

청소년은 부모의 보호에서 점차 벗어나 또래집단의 규범과 행동양식을 모방하고 동일시한다. 이러한 청소년기의 또래집단화 현상은 청소년비행의 집단화에도 영향을 미치는 것으로 알려져 있다. 성인범죄에 비해 소년범죄의 공범률은 현저히 높다. 대부분의 비행청소년은 혼자가 아니라 집단을 형성하기도 하고, 많게는 수십 명이 조직적인 비행집단을 형성해서 등·하굣길에 학생들에게서 금품을 갈취하고 패싸움을 벌이며 절도, 강도, 강간, 약물사용 등의 문제를 일으키고 있다. 대검찰청 자료에 따르면, 소년범의 공범률은 매년 꾸준히 증가하는 추세인데, 성인의 공범률은 2% 미만인 반면, 청소년의 공범률은 매년 50%에 가까운 수치를 보이고 있다(청소년위원회, 2006). 또한 공범 성향은 고등학생보다 중학생이 각 비행 영역에 걸쳐 더 높은 것으로 나타났다.

## 3) 누범(累犯)화

최근 10년간 전과가 있는 청소년범죄자의 비율을 살펴보면 증감을 반복하고 있다. 전과를 가진 청소년범죄자의 비율은 2008년 30.8%에서 2013년 46.1%까지 증가한 이후 감소세로 나타나 2018년 33.7%로 기록되었다. 그러나 4범 이상 청소년범죄자의 비율은 계속 증가하고 있는데, 2008년 7.0%에서 2017년 14.1%, 2018년 13.4%로 2배 증가하였다. 이는 청소년범죄의 상습화가 심각한 수준에 있고, 향후 재범률이 높은 청소년범죄자에 대한 체계적인 교정교육과 지속적인 사후관리가 필요함을 시사한다. 또한 소년범죄자 중 성인범죄자로의 발전에 가장 큰 요인은 최초 범죄 연령이 다른 사람에 비해 대체로 낮고, 초범 연령이 어릴수록 범죄 횟수가 많았다는 것이다.

262

⟨표 8-7⟩ **청소년범죄의 전과별 현황**                                          (단위: 건, %)

| 연도 | 계 | 소계<br>(미상 제외) | 전과 없음 | 1범 | 2범 | 3범 | 4범 이상 |
|------|------|------|------|------|------|------|------|
| 2008 | 134,992 | 114,699<br>(100.0) | 79,285<br>(69.1) | 15,476<br>(13.5) | 7,553<br>(6.6) | 4,299<br>(3.7) | 8,086<br>(7.0) |
| 2009 | 113,022 | 102,573<br>(100.0) | 65,990<br>(64.3) | 15,103<br>(14.7) | 7,637<br>(7.4) | 4,799<br>(4.7) | 9,044<br>(8.8) |
| 2010 | 89,776 | 82,368<br>(100.0) | 50,830<br>(61.7) | 12,091<br>(14.7) | 6,546<br>(7.9) | 4,070<br>(4.9) | 8,831<br>(10.7) |
| 2011 | 83,068 | 75,658<br>(100.0) | 45,047<br>(59.5) | 11,391<br>(15.1) | 6,254<br>(8.3) | 3,900<br>(5.2) | 9,066<br>(12.0) |
| 2012 | 107,490 | 96,728<br>(100.0) | 56,527<br>(58.4) | 14,403<br>(14.9) | 7,669<br>(7.9) | 5,001<br>(5.2) | 13,128<br>(13.6) |
| 2013 | 91,633 | 82,548<br>(100.0) | 44,502<br>(53.9) | 12,388<br>(15.0) | 6,782<br>(8.2) | 4,552<br>(5.5) | 14,324<br>(17.4) |
| 2014 | 77,594 | 70,648<br>(100.0) | 40,996<br>(58.0) | 9,853<br>(13.9) | 5,244<br>(7.4) | 3,429<br>(4.9) | 11,126<br>(15.7) |
| 2015 | 71,035 | 62,705<br>(100.0) | 35,650<br>(56.9) | 8,636<br>(13.8) | 4,518<br>(7.2) | 3,110<br>(5.0) | 10,791<br>(17.2) |
| 2016 | 76,000 | 67,433<br>(100.0) | 41,173<br>(61.1) | 8,444<br>(12.5) | 4,493<br>(6.7) | 2,978<br>(4.4) | 10,345<br>(15.3) |
| 2017 | 72,759 | 64,208<br>(100.0) | 40,168<br>(62.6) | 8,039<br>(12.5) | 4,191<br>(6.5) | 2,773<br>(4.3) | 9,037<br>(14.1) |
| 2018 | 66,142 | 66,135<br>(100.0) | 43,827<br>(66.3) | 7,164<br>(10.8) | 3,705<br>(5.6) | 2,554<br>(3.9) | 8,885<br>(13.4) |

출처: 대검찰청(2009~2019).

## 5. 청소년비행 관련 요인

청소년비행에 관한 연구는 비행에 관련된 요인으로 지역사회적 요인, 학교 요인, 가족 요인, 또래집단 요인, 개인적 요인 등을 제시하였다. 먼저, 지역사회적 요인으로는 범법행위를 규정하는 법률과 규범, 무기 소지 가능성과 범죄행위 유발 기회, 사회적 비조직화 등이 있다. 또한 학교 요인으로는 학교 교칙 자체의 불명료성과 교칙 적용의 비일관성이 문제가 된다고 보고되었으며, 이와 관련하여 낮은 학업성취

도, 학교에 대한 애착 결핍, 학교생활에 대한 의욕 상실 등도 보고되었다. 가족 요인
으로는 부모의 범법행위, 지나치게 엄격하거나 느슨한 양육 태도, 일관성이 결여된
양육 태도, 의사소통 부재, 갈등, 학대, 무관심, 애착 결핍 등을 들 수 있다. 또래집단
요인으로는 또래집단의 거부, 비행 또래집단과의 접촉을 들 수 있다. 한편, 비행에
관련된 개인적 요인으로는 아동기의 문제행동, 충동적인 성향, 통제력 결핍, 반항적
태도, 범법을 선호하는 신념체계, 사회적 기술 결핍 등을 들 수 있다.

그러나 이 모든 요인을 비행의 원인이라고 확정 짓는 것은 위험하다. 어떤 요인
은 비행행동의 결과로 나타난 현상일 수도 있으며, 어떤 요인은 잘못 확인된 요인일
수도 있다. 더 효과적인 예방 프로그램을 적용하기 위해서는 이들 많은 요인 가운데
원인에 해당되는 요인, 즉 '위험 요인(risk factors)'을 밝혀내는 것이 필요하다. 이는
단순한 상관관계가 아니라 인과관계까지 규명될 수 있는 요인이어야 한다. 청소년
비행과 관련이 있다고 주장된 많은 요인 가운데 특히 원인에 해당되는 위험 요인을
정리하면 다음과 같다.

## 1) 낮은 자기통제감

낮은 자기통제감(low self-control)은 반항, 충동조절 결핍, 공격성 등의 성격적 특
질을 포함한다. 자기통제감이 낮은 개인은 후일 비행을 포함한 문제행동을 할 가능
성이 높은 것으로 알려져 있다. 특히 유아기나 아동기에 측정된 이러한 특질은 후
일 청소년기 문제행동의 예측 변인으로 확인되고 있다(Block, Block, & Keyes, 1988;
Kellam, Brown, & Fleming, 1981; Shedler & Block, 1990; Smith & Fogg, 1978; Spivack &
Cianci, 1987). 낮은 자기통제감과 관련된 성격 특성은 약물사용, 비행, 학업 중퇴, 낮
은 학업성취도, 정신질환 등과 같은 광범위한 문제행동을 일으킬 가능성이 크다.

또한 이러한 성격 특성은 사회적 유능성 기술을 발달시키는 데에도 저해 요인으
로 작용할 수 있다. 예를 들면, 자기통제감이 낮은 개인은 욕구 충족을 위한 행동을
제어하기가 어렵다. 만일 주변 환경 내에서 욕구 충족을 위한 건전한 수단을 발견할
수 없는 경우에는 사회적으로 수용되기 어려운 방식으로라도 욕구를 충족하고자
한다. 이러한 비효율적인 행동을 반복하다 보면 점차 또래 친구에게서 거부당하게
되고 교사에게서는 능력이 부족한 학생으로 평가받게 된다(Dodge, Pettit, McClaskey,

& Brown, 1986; Rubin & Krasnor, 1986).

## 2) 가족 기능

부모의 양육 태도와 가족구성원 간의 상호작용이 비행행동과 관련 있다는 연구 결과가 일관되게 나타나고 있다. 남자 청소년의 경우 가족 기능이 비행행동의 가장 주요한 예측 요인으로 확인되었다(Loeber & Dishion, 1983). 느슨하거나 무관심하거나 일관성이 없거나 지나치게 엄격한 부모의 양육 태도는 자녀를 비행으로 몰고 갈 수 있다. 또한 가족구성원 간의 친밀하지 못한 관계, 자녀와 함께하는 활동의 부재, 가족구조의 해체, 수동성 방치, 가족 여가시간의 부족, 자녀의 또래 친구에 대한 관심 부족, 자녀의 소재에 대한 무관심, 가정폭력 등은 청소년비행에 관련된 가족 요인이다(Dishion & Kavanagh, 2002; Osofsky, 1997; Snyder & Patterson, 1987). 배우자 간에 발생하는 가정폭력에 지속적으로 노출될 경우 자녀는 공격자와 동일시하게 되고, 도덕성 발달에 부정적 영향을 받으며, 후일 스스로 병리적 공격행동을 표출할 가능성이 높아져 비행행동으로 연결될 수 있다(McWhirter, J. J., McWhirter, B. T., McWhirter, E. H., & McWhirter, R. J., 2004).

## 3) 비행 또래 집단과의 교류

비행에 관여하는 또래 친구와 접촉할 때 개인도 결국 일탈행동에 관여하게 될 가능성이 높다(Elliott, Huizinga, & Ageton, 1985). 사회학습이론에서는 연합 학습 (associative learning) 과정을 통해 주위 또래집단 구성원의 영향을 받게 된다고 설명한다. 비행청소년은 주위 또래집단에게 보상과 처벌을 통해 특정 행동을 모방하도록 강요하고 그 행동을 강화한다(Dishion, McCord, & Poulin, 1999; Patterson, Crosby, & Vuchinich, 1992). 비행청소년은 그들 자신이 과거 또래 친구들에게 따돌림 당한 경험이 있는 것으로 조사되었다(Cowen et al., 1973). 또래에 의한 집단따돌림이 비행청소년의 일탈행동 가능성을 증가시켰는지의 여부는 분명하지 않지만, 청소년이 또래집단을 형성하는 준거로 공격적인 성향을 공유하는지의 여부가 중요하다는 연구 결과가 있다(Cairns et al., 1988; Patterson & Dishion, 1985). 초기 사회화 과정에서

집단따돌림을 당한 청소년은 건강한 적응행동 양식을 배울 수 있는 또래와의 상호
작용 경험을 이미 박탈당한 것이며, 이처럼 사회적 기술이 부족한 청소년은 집단따
돌림을 당한 다른 청소년과의 연합을 통해 부적응적인 행동을 강화해 나가게 된다.

## 4) 환경적 억제 요인

환경 내의 요인이 비행행동을 조장하기도 하고 억제하기도 한다. 특정 행동에 대
한 규범이 분명하고 또 바람직하지 못한 행동에 관여하는 것을 제지하는 환경 안에
서 성장할 때 비행 가능성은 낮아진다. 그러나 자신이 속한 지역사회나 학교환경 안
에서 언제든지 약물을 볼 수 있고 쉽게 구할 수 있다면 개인 또한 약물을 사용할 가
능성이 높아진다. 총기 구입이 용이한 지역 내에서 살인사건 발생률이 높다는 조사
결과(McDowall, 1991)는 이러한 환경적 요인의 중요성을 입증한다.

시·공간적으로 가장 근접한 환경이 청소년 행동에 가장 직접적으로 영향을 미
칠 수 있다. 즉, 학교와 교실 환경(학업성적 강조, 행동규범에 대한 명료성, 예측성, 행동

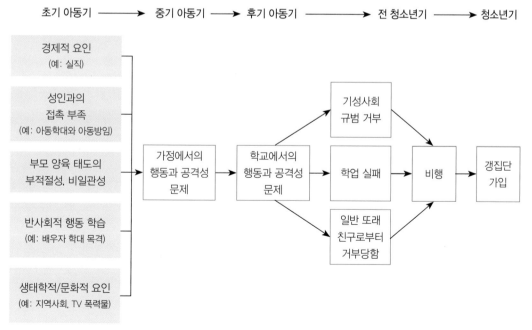

●그림 8-5● **비행행동 및 반사회적 행동의 발달적 · 생태학적 모형**
출처: Patterson, DeBaryshe, & Ramsey (1989).

처벌에 대한 일관성과 공정성, 정서적 지지, 공격적 분위기 등)은 학교 밖 지역사회에서 발생하는 비행행동보다 오히려 교내에서 발생하는 문제행동에 더 직접적인 영향을 미친다(Aber, Jones, Brown, & Chandry, 1998; Kellam et al., 1998). 그러나 이러한 학교와 교실 환경은 다른 요인과 상호작용하여 학교 밖 비행행동에도 간접적인 영향을 미칠 수 있다.

## 6. 비행청소년 개입전략

### 1) 비행청소년 상담모델

청소년비행 대책은 비행을 범할 기회와 소지를 사전에 막는 예방적인 측면과 가벼운 비행을 저지른 청소년의 재범화를 방지하기 위한 교정적인 측면을 동시에 고려할 수 있다. 이러한 관점에서 비행청소년을 위한 상담지원을 체계적이고 효과적

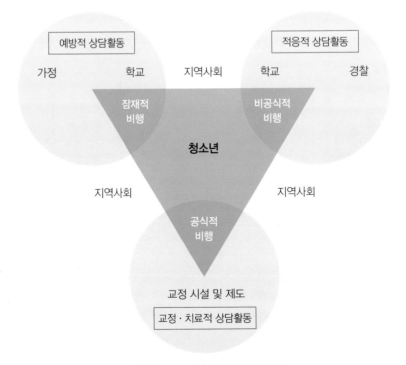

●그림 8-6● **비행청소년 상담모델**

출처: 청소년대화의 광장(1995).

으로 전개할 수 있는 종합적인 모형을 살펴보기로 한다.

청소년의 유형에 따라 비행에 대처하기 위한 상담활동을 크게 세 가지 영역으로 분류해 볼 수 있다. [그림 8-6]에서 보는 바와 같이, 각각의 차원마다 초점이 되는 대상과 활동이 제시되어 있다. 비행청소년을 위한 상담활동은 잠재적 비행청소년을 중심으로 한 예방과 발달, 비공식적 비행청소년을 중심으로 한 중재와 적응, 그리고 공식적 비행청소년을 중심으로 한 교정과 치료의 세 가지 영역으로 나눌 수 있다(청소년대화의 광장, 1995).

먼저, 제1영역에서는 물리적 · 사회적 · 심리적 환경 중에서 비행의 원인이 되기 쉬운 제반 여건을 개선하는 데 초점을 둔다. 예방활동의 목표는 비행행동을 촉진하거나 기회를 제공하는 제반 조건을 변화시키는 것이다. 예방활동의 대상은 아직 구체적인 비행을 하지 않았거나 사소한 일탈행위의 조짐과 비행 가능성이 있는 잠재적 비행청소년과 그를 둘러싼 제반 환경이다.

제2영역은 본격적인 비행세계에 빠져들기 전에 적응력을 향상시켜 재활할 수 있도록 조력하는 데 초점을 둔다. 아직 공식적인 법망에 검거되지 않았거나 경찰의 단속에 적발되었더라도 법원에 소추되지 않고 가벼운 처리과정을 거쳐 훈방 내지 귀가 조치되는 비공식적 비행청소년이 주요 대상이 된다. 본격적인 범죄의 연결고리가 될 수 있는 가벼운 비행을 저질렀을 때 초기에는 적정한 개입을 통해 이들의 비행이 상습화되지 않도록 하며, 자신과 주위 환경을 이해하고 새롭게 적응해 나가는 능력을 함양시키는 것이 상담활동의 주된 목표다.

제3영역은 실제 범죄를 저질러 심각한 장애를 초래한 범죄소년을 대상으로 한다. 이들이 더 이상 재범화하지 않도록 비행 성향을 교정하며, 사회적응력을 향상시키는 데 초점을 둔다. 교정과 치료의 대상은 범죄를 행하여 보호시설에 수용 또는 위탁된 비행청소년으로서 주로 법무행정제도하에서 직접 관리되고 있는 공식적 비행청소년들과 이들을 둘러싼 제반 환경이다. 이들의 비행성을 교정함으로써 재비행과 성인범죄자로의 전이를 예방하는 것을 주요 목표로 한다.

## 2) 청소년 비행 예방 및 개입전략

### (1) 가정에서의 예방 및 개입전략

비행, 폭력, 갱집단에 가담하는 것을 예방하기 위해서는 가정의 협조가 필수적이다. 따라서 부모교육은 효과적인 전략에 속한다(Kosterman et al., 2000; Kumpfar & Tait, 2000). 자녀가 청소년기에 접어들기 전에 부모가 미리 비행의 조짐을 인지하고 대처하는 방법을 알고 있다면 매우 효과적일 것이다. 아동에서 행동수정, 강화기법, 의사소통 기술 등을 가르치는 것도 아동이 장차 비행청소년이 되지 않도록 예방하는 효과가 있다. 만약 자녀가 이미 비행행동에 연루되어 있다면, 부모교육만으로는 자녀의 일탈행동을 감소시키는 데 한계가 있다. 비행행동은 이미 이들 청소년의 생활양식이 되어 버렸고, 이들은 자신을 비행 또래집단과 동일시하고 있으며, 부모에게 벗어나 높은 수준의 자율성을 획득해 버렸기 때문이다(Dishion, Capaldi, & Yoerger, 1999). 최근 연구 결과는 가정뿐만 아니라 학교와 지역사회 환경 내에서도 복합적인 예방 및 개입전략이 필요하다는 점을 강조한다. 수용시설에서 비행청소년을 대상으로 제공되는 행동수정 기법의 효과는 수용되어 있는 동안에 즉각적으로 나타나지만, 청소년이 그들의 일상생활 환경 속으로 복귀한 후에는 지속되지 않는 것으로 알려져 왔다. 그러나 외국의 경우 훈련된 수양부모에 의해 제공되는 MTFC(Multidimensional Treatment Foster Care) 프로그램은 만성적 비행청소년의 일탈행동을 긍정적으로 변화시키는 데 효과가 있다는 것으로 확인되었다(Chamberlain & Reid, 1998). 또한 비행청소년의 학업성취도와 사회적 기술을 향상시킬 수 있는 프로그램, 비행 또래집단과의 접촉을 차단하는 프로그램, 자녀 지도 방법을 가르치는 부모교육 프로그램 등을 동시에 적용하는 복합적인 노력이 비행청소년의 문제를 감소시키는 데 효과가 있는 것으로 나타났다(Patterson, Crosby, & Vuchinich, 1992).

청소년 비행행동 개입전략의 하나로 최근 주목받고 있는 접근은 Multisystemic Therapy(MST)다. 사회생태학적 발달 모형에 근거하고 있는 MST 상담자는 부모에게 자녀를 효율적으로 훈육하면서 가족 응집력을 높일 수 있는 기술을 교육시키며, 비행청소년에게는 비행 또래집단과의 접촉을 끊고 친사회적 성향의 또래와 어울릴 수 있도록 조력한다(Henggeler, 1999; Huey, Henggeler, Brondino, & Pickrel, 2000). 청소년의 행동적 문제에 대처하기 위해 상담자는 다양한 치료체계를 활용해야 하며, 또래집단이 치료과정에 미칠 수 있는 순기능적인 측면과 역기능적인 측면을 모두 고려해야 할 것이다.

### (2) 학교에서의 예방 및 개입전략

학생에게 학교 규칙과 행동 규칙을 잘 숙지시키는 것은 비행행동을 예방하는 데 매우 효과적이다. 이를 통해 학생은 보다 책임 있게 행동하는 법을 배우게 된다. 교내 차원에서 집단따돌림 근절(anti-bullying) 캠페인을 개최하는 것에서 모범적인 행동을 한 학생에게 보상을 주는 것에 이르기까지 다양한 프로그램을 적용할 수 있다. 또한 학생에게 자기통제감 향상, 스트레스 관리, 문제해결 기술, 책임 있는 의사결정 방법 등을 가르치는 것도 일탈과 비행을 예방하는 데 도움이 된다. 이와 함께 협동학습, 갈등해결, 중재 프로그램과 같은 교육적 개입이 효과적이다.

학교에서 학생들의 일탈행동에 대해 일관되고 명료하고 누진적인 결과를 적용하기 위해서는 학생들의 바람직한 행동에 대해 긍정적인 보상을 제공할 필요가 있다. 이러한 바람직한 행동에 대한 적절한 보상의 제공은 학생들의 반사회적 행동이나 행동장애와 같은 문제를 감소시킬 수 있다. 또한 공격적이고 일탈적인 학생만을 별도로 모아서 학교나 지역사회 활동에 참여시키는 것도 도움이 된다. 비행청소년을 친사회적 집단에 참여시키는 프로그램은 비행 또래집단이 형성되고 유지되는 것을 예방하는 데 효과적이다(Poulin, Dishion, & Burraston, 2001; Sugai & Horner, 2000).

학교는 지역사회 갱집단이 재학생에게 미치는 부정적인 영향을 감소시키는 데도 중요한 역할을 할 수 있다. 각 학교행정가 간의 상호 협력 수준이나 반응 신속성 수준에 따라 이러한 노력의 효과가 결정된다. 학교행정가는 평소 서로 긴밀한 의사소통을 통해 연계망을 구축하고, 갱집단의 위험이 가시화되는 위기 상황에 직면할 때는 교직원이 즉각적이고 신속한 조치를 취할 수 있도록 지침을 설정해 두어야 한다(Lal, Lal, & Achilles, 1993). 학교 차원에서 갱집단의 활동을 차단할 수 있는 구체적인 전략을 소개하면 다음과 같다(McWhirter, J. J., McWhirter, B. T., McWhirter, E. H., & McWhirter, R. J., 2004).

- 문제 상황을 인지하는 즉시 경찰서나 지역사회 단체에 도움을 요청한다. 경찰

서와 긴밀한 협조체계를 구축하고 정보를 공유할 수 있는 시스템을 갖춘다.

- 학교 출입자를 철저하게 통제한다. 방문객이나 무단 출입자에 대한 관리를 강화한다. 경비담당 직원을 교육시키고, CCTV를 통해 수상한 방문객의 사진을 찍어 둔다.
- 지역사회 연계망을 구축하고 적극 활용한다. 지역사회 주민과 학부모의 도움을 받아 학교와 인근 지역을 정기적으로 순찰한다.
- 학생과 비형식적인 의사소통 채널을 확립한다.
- 학교 건물 벽면에 그려진 불건전한 벽화를 신속하게 제거한다. 학생이 갱집단의 의복, 색상, 상징물을 사용하는지를 관찰하고, 교내에서 갱집단의 이름을 사용하는 것을 금지한다.

### (3) 지역사회에서의 예방 및 개입전략

학교는 지역사회 조직이나 정부기관과 긴밀한 협조체계를 구축해야 한다. 학교가 주체가 되어 지역사회 단체에 소속된 구성원을 모집하여 교육시킬 경우 지역사회 단체는 청소년의 비행을 감소시키는 데 도움을 줄 수 있다. 지역사회 내 청소년 센터, 레크리에이션 센터, 종교단체 등은 이러한 역할을 담당할 수 있으며 청소년이 비행집단의 유혹을 물리치는 데 도움을 준다. 지역사회 내의 이러한 단체는 거리 순회 방범을 하거나, 사회적 행사활동을 지도하거나, 학교와 지역사회 내의 학생활동을 모니터링할 수 있다. 이들 지역사회 단체가 청소년 비행 예방을 위한 긍정적인 영향을 미치기 위해서는 학교, 종교단체, 청소년기관, 경찰과의 협력관계가 잘 형성되어 있어야 한다.

## 3) 비행청소년 교정상담 전략

소년범죄에 대해서는 일반적인 형사소추 절차에 의한 형사처벌 이외에 비행소년의 교육과 선도에도 중점을 두고 있다. 다시 말해, 형사사건과 보호사건으로 구분하여 처리하고 있다. 이는 성인범죄자의 처리과정과 차이가 있는데, 그 이유는 청소년이 아직 인격적으로 미성숙 단계에 놓여 있어 합리적인 판단 능력이 미숙하고 재활의 가능성이 잠재되어 있다고 보기 때문이다. 따라서 비행청소년의 처리과정은 청소년의 순화 가능성에 초점을 두어 형벌보다는 교육과 치료에 중점을 두고 있다.

비행청소년의 공식적인 처리기관으로는 경찰, 검찰, 법원(가정법원 소년부, 지방법원 소년부) 등이 있고, 비행청소년 교정기관으로는 소년분류심사원, 소년원, 소년교도소 등이 있다. [그림 8-7]에서 보듯이 검찰 단계에서 소년의 행위가 벌금 이하의 형에 해당되는 범죄자를 법원소년부에 송치한다. 또한 기소된 범죄소년에 대해서도 같은 사유가 있다고 인정될 때는 법원이 그 사건을 법원소년부로 이송하도록 하고 있다.

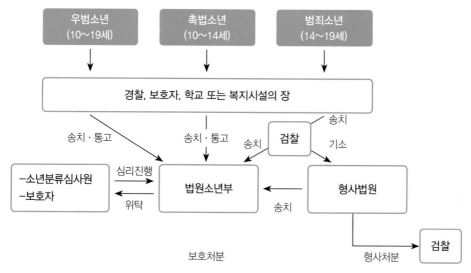

●그림 8-7● **소년범죄자의 사법적 처리과정**
출처: 법무부 범죄예방정책국 홈페이지(https://www.cppb.go.kr).

한편, 경찰서장이 촉법소년이나 우범소년을 발견한 경우에는 이를 직접 법원소년부에 송치하고, 보호자나 학교장 또는 사회복지시설의 장이 우범소년을 발견하면 서면 또는 구두로 법원소년부에 통보할 수 있다. 검사는 경찰에 송치되거나 직접 인지한 소년 피의사건에 대해 보호처분의 필요성이 있다고 판단되면 법원소년부에 송치해야 한다. 보호·촉법·우범 소년을 송치 또는 통보받은 법원소년부는 소년법원에 소속된 조사관에게 조사를 명하거나 소년분류심사원에 위탁하여 심사 분류를 구하도록 하고 있다. 이렇게 조사하고 분류 심사한 다음에 검찰 송치, 형사법원 이송, 심리 불개시, 불처분 등의 결정을 하거나 1호부터 10호까지의 소년보호처분을 하게 된다. 소년보호처분의 세부적인 내용은 〈표 8-8〉과 같다.

〈표 8-8〉 **소년보호처분의 종류 및 세부 내용**

| 구분 | 보호처분의 종류 | 기간 또는 시간 제한 | 대상 연령 |
|---|---|---|---|
| 1 | 보호자 또는 보호자를 대신하여 소년을 보호할 수 있는 사람에게 감호 위탁 | 6개월 (6개월 연장 가능) | 10세 이상 |
| 2 | 수강명령 | 100시간 이내 | 12세 이상 |
| 3 | 사회봉사명령 | 200시간 이내 | 14세 이상 |
| 4 | 보호관찰관의 단기 보호관찰 | 1년 | 10세 이상 |
| 5 | 보호관찰관의 장기 보호관찰 | 2년 (1년 연장 가능) | 10세 이상 |
| 6 | 「아동복지법」에 따른 복지시설이나 그 밖의 소년보호시설에 감호 위탁 | 6개월 (6개월 연장 가능) | 10세 이상 |
| 7 | 병원, 요양소 또는 「보호소년 등의 처우에 관한 법률」에 따른 소년의료보호시설에 위탁 | 6개월 (6개월 연장 가능) | 10세 이상 |
| 8 | 1개월 이내의 소년원 송치 | 1개월 이내 | 10세 이상 |
| 9 | 단기 소년원 송치 | 6개월 이내 | 10세 이상 |
| 10 | 장기 소년원 송치 | 2년 이내 | 12세 이상 |

출처: 대한민국법원 홈페이지(https://help.scourt.go.kr).

그러나 비행 경력이 쌓이게 되면서 경찰서, 소년원, 소년교도소 등을 출입하는 동안 적절한 교정 및 치료 프로그램을 제공받지 못할 경우 비행청소년은 청소년범죄자와 성인범죄자로 전이될 가능성이 높아진다. 수감 중인 성인범죄자를 대상으로 실시하는 교정 및 치료 프로그램의 효과는 아직 명료하게 확인되지 못하고 있다. 이에 반해, 청소년범죄자는 성인범죄자와 달리 아직 범죄적 생활양식에 깊이 개입되어 있지 않으며, 장차 건강한 사회구성원으로 변모할 수 있는 가능성이 잠재되어 있기 때문에 이들을 대상으로 하는 교정 및 치료 프로그램은 효과적일 수 있다는 견해가 지배적이다.

비행청소년을 대상으로 하는 치료적 개입은 일반적으로 교정기관 치료와 지역사회 치료로 구분해 볼 수 있다. 교정기관 내 치료 서비스(institutional treatment service)는 훈련학교, 병원, 구치소, 소년원, 소년교도소 등에서 제공되는 프로그램이 해당된다. 프로그램의 형태는 이론적 근거에 따라 개인 혹은 집단상담, 사회적 기술훈련,

학업 및 직업 교육 등으로 다양하다. 그러나 현재 우리나라 소년원 등에서 실시하고 있는 상담 프로그램은 주로 자원봉사자에 의해 이루어지고 있으며, 일회적이고 한시적인 경우가 대부분이어서 치료적인 효과를 거두기 어려운 실정이다.

　외국의 경우에도 메타분석 결과, 상습적 범죄 성향을 감소시키는 데는 교정기관보다 지역사회 내에서 제공되는 교정치료 프로그램이 보다 효과적임을 보여 주고 있다. 교정시설 내에서 제공되는 치료 프로그램은 지역사회 현장에서 제공되는 치료 프로그램에 비해 긍정적 효과를 감소시키고 오히려 부작용을 초래하는 것으로 확인되었다. 그러나 치료 프로그램을 전혀 제공하지 않는 것보다는 약간의 효과가 있는 것으로 나타났다(Andrews et al., 1990; Izzo & Ross, 1990; Whitehead & Lab, 1989). 따라서 교정 효과를 기대하기 위해서는 교정기관 내에 전문적인 상담자가 투입되어 보다 지속적이고 체계적인 개입 프로그램이 제공되어야 할 것이다. 현재 일부 보호관찰소에서 시범적으로 시행하고 있지만, 전문상담자에 의해 비행청소년에게 적합한 상담 기법과 프로그램이 개발되고 실시되어 그 효과성을 검증해 나가는 것이 필요할 것이다.

　한편, 지역사회에 근거한 치료(community-based treatment)는 지역사회 내에서 제공되는 프로그램이다. 비수용시설에서 제공되는 Day Program이나 지역사회 내의 시설에서 제공되는 프로그램 등이 이에 속한다. 예를 들면, 청소년지원센터, 아동상담소, 지역사회복지관 상담실, 청소년 쉼터 상담실 등에서 상담전문가와 자원봉사자에 의해 이루어지고 있다.

**토론주제**

1. 청소년비행과 관련하여 촉법소년의 연령 조정(상향 조정, 현행 유지, 하향 조정)에 대해 토론해 보시오.
2. 청소년비행 발생 예방에 있어 가정, 학교, 그리고 지역사회에서 수행해야 할 역할에 대해 토의해 보시오.
3. 비행청소년 상담에서 상담자가 주의해야 할 점에 대해 토의해 보시오.

# 청소년
# 대인관계상담

제**9**장

이 장은 청소년 대인관계 문제의 중요성, 특성과 문제 유형, 그리고 청소년 대인관계 상담에 대해 살펴본다.

## 1. 대인관계의 중요성

인간과 인간의 만남이 없는 삶은 존재할 수 없다. 사람은 출생과 더불어 타인과 관계를 맺는 상황의 일부가 되며 일생 동안 사회적 장의 구성원으로서 살아간다 (Sullivan, 1953). Aristoteles가 말한 "인간은 사회적 존재"라는 말처럼, 우리는 원하든 원하지 않든, 그리고 좋아하든 싫어하든 간에 태어나면서부터 다른 사람들과의 관계 속에서 살아가게 되는 것이다. 우리는 살아가는 데 있어 다른 사람의 도움이 필요하며 다른 사람들과의 관계 속에서 여러 가지 사회적 욕구를 충족시켜 나간다. 또한 만족스럽고 효과적인 인간관계의 경험을 통하여 더 풍부하고 완성된 인간으로 성장·발달하게 되는 것이다.

인간은 사회적 존재이므로 태어나면서부터 대인관계가 필요하다(권석만, 2018). 첫째, 인간의 생물학적 조건에서 관계의 필요성을 설명하고 있다. 다른 동물들에 비해 인간은 가장 무력한 상태로 태어나며, 혼자서는 생존할 수 없다는 것이다. 태어나자마자 걷고 뛰는 다른 동물에 비해, 인간은 태어날 때부터 타인의 보호와 도움이 필요한 의존적 존재이며 독립적 생활을 영위하기까지 가장 오랜 양육 기간이 필요하다. 또한 개체로서의 인간은 생물학적으로 매우 나약한 존재로, 환경 속에서 생존하기 위해서는 협동적인 생활방식을 택할 수밖에 없다는 점이다. 따라서 신체적 나약함이라는 인간의 생물학적 조건이 인간을 타인과의 관계 속에서 살아가야 하는 사회적 존재로 만들고 있다고 말한다. 둘째, 공동체의 양육방식과 교육체계가 인간의 사회성을 강화하고 있다는 것이다. 인간은 누구나 태어나면서부터 여러 가지 공동체에 소속되고, 그 공동체의 양육방식과 교육체계를 통해 타인과의 상호의존적 관계를 중요한 가치관으로 습득하게 된다는 것이다. 이러한 후천적 학습을 통해 인간은 삶에 있어서 타인의 존재가 필요하며 타인과의 친밀한 관계가 중요함을 의식적 또는 무의식적으로 내면화하게 되며, 그 결과 고립과 소외를 두려워하고 집단에 대한 안정된 소속감과 타인의 애정을 추구하는 사회적 존재가 된다는 것이다. 셋째, 현대사회의 구조적 특성을 들고 있다. 자급자족이 가능했던 과거 사회와는 달리, 현대사회는 분업화·전문화된 사회로 타인의 도움 없이는 효율적으로 살아가기 힘들며 타인에게 의존할 수밖에 없다는 것이다. 따라서 현대사회에서는 과거 어느 시대보다도 대인관계의 필요성이 증대되고 있다고 할 수 있다. 이렇게 사회적 존재로서 현대사회를 살아가야 하는 우리에게 있어서 대인관계는 중요한 삶의 영역이라 할 수 있다.

또한 대인관계에 관한 여러 연구(권석만, 1995, 2018; 이재창, 1986; 이형득, 1982)도 대인관계에 대해서 공통으로 다음과 같이 설명하고 있다. 첫째, 인간의 삶은 전부 관계로 구성되어 있으며 타인들과의 관계를 떠나서는 잠시도 살아갈 수 없다. 둘째, 대인관계는 한 개인의 삶의 질을 결정하는 중요한 요소로서 원만한 대인관계를 형성할 때 정체감 확립, 건전한 성격발달, 자아성취감, 행복감, 인간의 욕구 만족이 이루어지지만, 대인관계가 충족되지 않으면 불안, 우울, 욕구 좌절, 소외 등 정서적인 어려움을 겪게 되어 심리적 병리로 이어질 수 있다고 하고 있다.

이상의 내용을 토대로 대인관계의 중요성을 정리해 보면, 첫째, 대인관계는 생존의 필요성에 기인한다고 볼 수 있다. 인간은 태어날 때부터 타인의 보호와 도움이 필요한 의존적 존재이며 독립적 생활을 하기까지 가장 오랜 양육 기간이 있어야 한다. 또한 개체로서의 인간은 생물학적으로 매우 나약한 존재로, 환경 속에서 생존해 나가기 위해 타인과의 관계 속에서 살아가야만 하는 것이다(Portmann, 1973). 둘째, 건전한 인격발달과 긍정적인 자아정체감 형성을 위해서 대인관계가 중요하다고 볼 수 있다. 인간의 삶에 있어서 자아실현은 궁극적인 목표로 강조되고 있는데, 이러한 자아실현은 긍정적인 자아정체감을 바탕으로 하고 있다고 할 수 있다. 또한 긍정적인 자아정체감은 자신에 대한 평가를 바탕으로 이루어지는데, 중요한 타인들에 의해 자신이 어떻게 평가받는가와 관련된다. 즉, 다른 사람에게 비친 자기 모습이 긍정적인 자아정체감에 영향을 미치게 되며, 자신이 경험하게 되는 대인관계의 질과 양에 따라 독특한 자아를 형성, 발달시킬 뿐 아니라 개인의 정체성과 건전한 인격발달에도 큰 영향을 받게 된다(Gazda, 1973; Mead, 1934; Rogers, 1951; Sullivan, 1953). 셋째, 건강하고 행복한 삶을 살아가고 삶의 질을 높이기 위해서 대인관계가 중요하다고 볼 수 있다.

삶에 있어서 대부분의 문제는 대인관계에서 파생된다. 인간의 심리적 갈등과 고통 대부분은 관계에서 파생되며 관계가 원만하지 못할 때 우울과 불안, 절망과 같은 부정적인 감정을 경험하게 된다. 다른 한편으로 만족감과 행복감 또한 주로 관계 속에서 얻어진다. 다른 사람과 서로 신뢰하고 사랑과 애정을 주고받을 때 자신을 가치 있는 존재로 느낄 뿐만 아니라 안정감이나 행복감과 같은 긍정적인 감정을 경험할 수 있다. 이처럼 인간은 만족스럽고 효과적인 인간관계의 경험을 통하여 여러 가지 사회적 욕구를 충족시켜 나갈 수 있고 더 풍부하고 완성된 인간으로 성장·발달하게 되며, 건강하고 행복한 삶을 살아갈 수 있게 된다고 볼 수 있다.

## 2. 청소년기 대인관계의 특성

### 1) 청소년 대인관계의 특성

대인관계는 인간 실존에 필연적인 요소로서 발달단계마다 그 중요성이 강조되고 있지만 단계마다 그 양상이 달라질 수 있다. 예를 들면, 유아기의 경우 자신에게 유의미한 양육자와 정서적 유대를 맺는 애착이 형성되는 시기로, 이러한 안정된 애착의 형성은 생존을 위해서뿐만 아니라 이후의 인지·정서·사회성 발달에 큰 영향을 미치게 된다. 아동기는 언어적 능력과 운동 기능의 발달로 사회적 관계가 더욱더 확대되는 시기이지만 부모와의 관계에 많이 의존하는 시기다.

이와는 달리 청소년기는 신체적 성장과 함께 부모로부터 심리적 독립을 추구하는 심리적 이유기로, 대인관계 능력의 확장이 요구되는 시기다. 부모에 대한 정서적인 끈이 느슨해지면서 자신의 관심을 가정 밖으로 전환하여 가족 외의 사람들과 사회적인 관계를 점차 확대해 나간다. 또 대인관계의 폭과 깊이에 있어서 변화가 일어나게 되는데, 1차적 관계인 가족 위주에서 2차적 관계인 친구, 선·후배, 교사 등으로 대인관계의 폭이 확장되고, 외형적인 관계에서 내면적인 관계로 대인관계가 깊어진다(권석만, 2018; 은혁기, 2000). 친구의 범위와 크기가 확대되어 다양한 친구들을 더 넓고 깊게 사귀면서 아동기 때와는 다른 새롭고 친숙한 친구관계를 형성하게 되며, 소수와의 내면적인, 즉 인격적인 관계를 형성하게 되는 것이다.

특히 이 시기에 나타나는 여러 가지 변화는 청소년기 대인관계의 특징을 변화시키는데, 신체적·정서적 성숙과 인지적·언어적 능력의 발달은 청소년들이 세상을 보는 방식과 또래와의 상호작용 관계 역시 변화시킨다. 청소년 초기에 인지적 능력의 향상으로 나타나는 조망 능력(perspective taking)은 대인관계가 정직, 협동, 그리고 감수성과 같은 요인에 의해 영향을 받게 한다(임영식, 한상철, 2000). 청소년 중기에는 통제적인 조직에 복종하는 것을 싫어하며, 자기의 요구를 만족시켜 주는 조직에 열광적으로 참여한다. 또한 자아의식이 강해지며, 주관적으로 생각하는 경향이 심해지고, 비판적 태도가 발달한다. 청소년 후기에는 인생의 의의를 찾으며 내면적으로 풍부해지려는 태도가 발달한다(정여주 외, 2018).

Erikson(1968)은 청소년기를 자아정체감이 형성되는 시기로 설명하고 있는데, 원만한 대인관계를 통해 자아중심성이 사라지면서 자신과 타인을 객관적으로 이해할 줄 알고 긍정적인 자아정체감을 형성하게 된다고 하였다. 이렇게 자아정체감을 확립해 가고 내면세계에 눈을 뜨면서 부모와 사회로부터의 종속적이고 의존적인 관계에서 벗어나 독립적인 자아를 형성하게 된다. 또한 다른 사람들과의 상호작용을 통해 지적·정서적·사회적 발달을 이루어 나갈 수 있으므로 이 시기에 어떠한 대인관계를 맺고 유지하느냐에 따라 개인 삶의 방향과 질이 달라진다고 할 수 있다.

청소년의 대인관계에 있어서, 특히 친구와의 관계는 부모와의 관계처럼 일방적으로 주어지는 수직적인 관계가 아니라 자유로운 선택에 의한 결합이며 대등하고 평등한 입장에서의 수평적인 결합이라는 점에서 청소년들에게 주는 영향이 크다. 한국청소년개발원(1993)은 친구가 일상생활에서 갖는 기능으로 유의성의 충족, 정서적 지지, 자기 삶을 평가하는 비교기준, 소속감과 정체성 확립에의 도움, 정보의 교환 등을 들고 있다. 청소년들에게 있어 친구와의 관계는 사회성 발달과 미래생활에의 적응을 위한 기본적인 과업이며, 인격 형성에 도움을 주고 정서적 해방을 주는 역할을 한다고 볼 수 있다. 이렇게 청소년들에게 있어서 친구와의 관계가 중요하지만, 청소년들은 대인관계에서 많은 어려움을 겪고 있다. 주위에 많은 친구가 있고, 이를 사회적 관계로 결합·통합시킬 수 있는 기회가 있음에도 불구하고 특별한 친밀관계의 구축에 미숙하여 많은 청소년이 대인관계에서 어려움이나 문제를 겪고 있다. 또한 대인 상호 간의 친밀감에 대한 욕구가 충족되지 못해서 실제로 '군중 속의 고독'을 경험하게 되는 것이다(김계현 외, 2009).

특히 우리나라 청소년들의 경우에는 학업에 대한 지나친 압력 및 압박감으로 말미암아 대인관계 능력을 증진할 방법에 관하여 관심을 가지고 학습할 수 있는 기회를 적절하게 받지 못하고 있다(권석만, 2018; 이시형, 1998). 또 다른 나라 청소년들과 비교하면 대인관계에 대한 만족도가 낮으며(정희욱, 전경숙, 권오실, 1997), 대인관계 문제로 많은 스트레스를 받는 것으로 나타났는데, 특히 부모나 친구와 교사들을 중요하게 생각하면서도 오히려 이들과의 관계에서 많은 스트레스를 받는 것으로 나타났다(은혁기, 2000).

대인관계 능력이 부족한 청소년들이 또래 및 성인 집단과 적응하지 못할 때 다양한 문제가 발생할 수 있다. 1차적으로는 청소년들이 자신의 에너지를 건강하고 건전한 자아발달에 집중하기보다 스트레스 해소를 위해 소비하게 된다. 2차적으로는 정신병, 신경증, 비행 및 일탈행동을 일으킨다. 부모와의 관계에서 적절한 사랑과 보호를 받지 못한 청소년들은 부정적 자아개념을 형성하게 되고, 청소년들이 가정에서 부모로부터의 공부, 성취, 생활태도에 대한 압력의 문제를 적절히 해결할 수 없을 때는 부모에 대한 반항, 불순종, 부모의 지시에 대한 태만, 가출 등의 관계 회피 반응을 보여 청소년 비행의 희생양이 되기도 한다(곽금주, 김의철, 박영신, 1998, 1999). 청소년들이 교사와의 관계에서 상호 존중의 상호작용을 하지 못할 때 청소년들은 학교사회에서 부적응하기가 쉽다. 또한 청소년들이 또래관계에서 일정한 수준과 우정의 관계를 형성하지 못하는 경우에는 외로움, 고독, 사회적 위축 등의 대인관계를 보이며, 또래와의 관계에서 발생하는 다양한 스트레스에 적응하지 못할 때에는 등교거부 등의 행동을 보이기도 한다. 이렇듯 청소년의 대인관계 능력의 부족은 많은 부적응 행동을 유발할 수 있으며, 청소년기뿐만 아니라 성인이 되어서도 정신건강상의 문제를 겪게 할 수 있다(박경애, 이재규, 권해수, 1998).

따라서 청소년들이 긍정적이고 효율적인 대인관계를 형성하고 유지하며 부정적 대인관계를 효율적으로 바꾸어 나가는 능력을 개발할 수 있다면, 긍정적인 자아정체감을 형성하고 건전한 인격적 성장 및 자기실현을 이룰 수 있을 뿐 아니라 그 자체로서 청소년들의 삶의 질이 향상되고 풍요로워질 것이다. 또한 부차적으로 청소년의 많은 부적응 행동이나 문제 등을 예방할 수 있게 될 것이다.

## 2) 청소년의 대인관계 문제 유형

청소년기는 신체적으로나 정신적으로 성인이 되어 가는 과도기로서 정서적으로 불안정하고 대인관계에서의 적응도 순조롭지 못하여 많이 고민하게 되는 시기다. 대인관계 문제란 상호작용하여 서로 만족을 추구하는 관계를 형성하지 못하거나 그러한 관계를 유지하고 발전시켜 나가는 데 필요한 지식이나 기술의 부재, 결함 혹은 왜곡을 의미한다. 또한 부정적이고 파괴적인 대인관계로부터 자신을 보호하고 대처하지 못하는 상태에서 겪는 어려움을 지칭한다(Ellenson, 1982).

대인관계 문제를 지칭하는 용어는 매우 다양하다. 그중에서 주로 다루어지는 용어 중에는 사회불안증, 사회공포증, 사회적 고립 및 위축, 친밀한 동료의 부재, 외로움 혹은 고독, 대인갈등, 비주장적 행동, 공격적 행동, 지나치게 의존적인 성격, 지나치게 지배적인 성격 등이 있다. 이들 각각의 용어들은 대인관계문제의 다양한 측면을 기술해 주고 있는데 이와 관련된 개념들을 살펴보면 다음과 같다.

첫째, 대인관계 문제는 대인관계 형성에서의 미숙함이라는 측면에서 다루어졌는데, 이와 관련된 개념으로는 사회불안증이 있다. 사회불안증은 '낯선 사람들에게 노출되거나 다른 사람들이 지켜볼 수 있는 하나 이상의 사회적 또는 수행적 상황에서 현저하고 지속적인 두려움을 보이며, 그런 상황에서 창피하고 당황스럽게 행동할까 봐 두려워하는 현상'을 지칭한다. 사회불안증을 겪는 청소년들은 대인관계에서 겪는 어려움을 조절하는 방식으로 대인관계를 회피하는 경향이 있다.

둘째, 대인관계 문제는 친밀한 동료의 부재로 인한 외로움, 고독을 중심으로 다루어져 왔다. 이때 대인관계 문제는 주로 우정과 사랑의 관계를 발전시키기 위한 기본적인 태도나 기술의 부재, 그리고 우정과 사랑의 관계에 방해되는 태도와 기술이라는 측면에서 논의되었다. 여기에 속하는 것으로는 지나치게 의존적인 성격, 지나치게 지배적인 성격, 지나치게 자기중심적인 성격, 지나치게 타인중심적인 성격 등이다.

셋째, 대인관계는 갈등에 대한 대처방식이라는 측면에서 다루어져 왔다. 대인관계에서는 욕구, 스타일, 의견 등의 차이로 인하여 갈등이 발생하는데, 이런 갈등을 비효율적으로 처리함으로써 대인관계에 문제가 발생한다고 보고, 갈등 상황에서 미숙한 해결양식이 가지는 형태가 연구되었다. 규명된 대표적인 행동으로는 비주장적 행동과 공격적 행동이다. 비주장적 행동은 '자기표현적인 상황, 갈등적인 상황에서 자신의 감정, 권리를 적극적으로 표현하여 자기를 보호하고 자기의 권익을 증진시키지 못하는 것'으로 정의된다. 공격적 행동이란 자신의 입장만을 관철하기 위해서 타인을 모욕하고 무시하고 공격하는 행동을 지칭한다. 비주장적 행동이 자신을 존중하지 않는 타인중심의 사고라면, 공격적 행동은 타인을 존중하지 않는 자기중심적인 행동이다.

넷째, 대인관계 문제는 부정적이고 파괴적인 대인관계에서 자신을 보호하지 못하는 현상을 중심으로 논의되어 왔다. 예컨대, 폭력적인 부모에게서 시달림과 학대를 당하는 아동에 대한 논의, 학교사회에서 청소년들이 겪는 폭력, 따돌림, 놀림에 대한 논의 등이다.

요약하면, 대인관계 문제란 상호 존중으로 작용하여 상호 만족을 추구하는 관계를 형성하지 못하거나 그런 관계를 유지하고 발전시켜 나가는 데 필요한 지식이나 기술의 부재, 결함 혹은 왜곡을 의미한다. 그리고 부정적이고 파괴적인 대인관계에서 자신을 보호하고 대처해 나가지 못하는 것이다(박경애, 이재규, 권해수, 1998).

일반적으로 청소년들이 겪는 대인관계 문제는 다섯 가지로 분류할 수 있다. 첫째, 동성친구들 관계에서 주로 겪는 문제다. 친구를 못 사귀거나 진정한 친구가 없어 느끼는 외로움 등 '관계 형성'의 어려움이 있다. 다음으로 친구 사이의 경쟁 및 적대감이나 불신, 친구들과의 싸움과 다툼 등의 '친구 간의 갈등이나 갈등 대처양식이 없어 대인관계 문제를 겪는 경우'가 있다. 그리고 친구들로부터 소외, 따돌림, 무시당함 등으로 어려움을 겪는 경우 등을 들 수 있다. 둘째, 이성친구 관계에서 발생하는 문제는 짝사랑, 데이트 불안, 그리고 이성에 대한 잘못된 가치관을 가지고 있거나 건전한 이성교제 방법이 미숙하여 겪는 어려움을 들 수 있다. 셋째, 부모님과의 관계에서 겪는 문제들은 부모와의 거리감, 소홀, 무관심 등 '부모와 긍정적인 관계를 형성하지 못하여 겪는 어려움'이 있고, 의사소통이 안 되거나, 지나치게 관심을 주는 것, 개입을 하는 것 또는 차별 및 비교로 인한 갈등 등의 '부모님과의 갈등 및 갈등 해결양식이 없어 겪는 어려움'이 있다. 그리고 체벌, 구타, 학대로 인하여 부모를 무서워해서 생기는 갈등이 있고, 결손가정에서의 부적응, 부모의 능력 부족으로 인한 열등감, 반항, 무시 등으로 갈등을 겪는 경우가 있다. 넷째, 선생님과의 관계에서 겪는 문제가 있다. 선생님이 다른 학생들과 차별 또는 편애하는 경우, 체벌과 폭력으로 반발과 반항심을 가지는 경우 등 선생님과의 관계가 원활하지 못하여 어려움을 겪게 되는 것이다. 다섯째, 기타 관계에서 겪는 문제가 있다. 선후배 관계의 문제로 선배들의 강요와 제재가 가정생활과 학교생활에 부정적인 영향을 미치는 경우다(박경애, 이재규, 권해수, 1998).

### 3) 집단따돌림

청소년들에게 개인적 · 집단적으로 가해지는 집단따돌림과 폭력은 학교와 그 외의 생활환경 곳곳에서 행해지고 있고, 심각한 사회문제로 대두된 지 오래다. 이러한 현상은 조화로운 인간관계를 위협하고 가해자나 피해자 모두에게 심각한 영향을 미칠 수 있다.

#### (1) 정의

집단따돌림은 왕따, 집단괴롭힘, 학교폭력 등의 용어와 혼용되어 사용되고 있고, 다른 나라의 Bulling, Mobbing, 이지메라는 용어와 유사하게 사용되는 개념이다. 최근에는 사이버 괴롭힘 현상도 집단따돌림에 포함되었다(이승현, 노성호, 2014; 이지영 외, 2016). 우리나라에서는 이지메란 용어가 소개되면서 쓰이기 시작했는데, 이는 '집단괴롭힘'을 의미한다. 그러나 괴롭힘이라는 용어에는 공격행위가 부각되어 소외, 무시와 같은 심리적인 따돌림 현상을 나타내기에는 미흡한 점이 있다. 또한 '왕따'라는 표현은 청소년들의 심각한 문제갈등을 표현한 은어이므로 공식적으로 사용하기에 부적절하여 집단따돌림이라는 용어를 많이 사용하고 있다. Olweus(1994)는 집단따돌림은 공격적인 행동이거나 고의적인 괴롭힘이고, 반복적이고 지속적으로 이루어지며, 힘의 불균형으로 특정지어지는 대인관계에서 일어나는 것이라고 정의하고 있다. 그리고 Smith(1991)는 집단따돌림을 다른 학생에게 신체적이거나 심리적인 해를 입히는 것으로 정의하고 있는데, 이때 가해자는 한 학생이거나 집단일 수 있다고 하였다. 또한 집단따돌림의 구체적인 특징을 세 가지로 제시하였는데, 첫째, 가해진 행위는 정당치 않은 것이어야 한다. 둘째, 집단괴롭힘을 반복행동으로 간주하여, 한두 번 일어난 것은 따돌림이라 하지 않는다. 셋째, 가해자는 일반적으로 더 강한 존재로 인식된다.

이 밖에도 구본용(1997)은 집단따돌림이란 두 명 이상이 집단을 이루어 특정인 혹은 특정 집단을 그가 소속되어 있는 집단 속에서 소외시켜 구성원으로서의 역할 수행에 제약을 가하거나 인격적으로 무시 혹은 음해하는 일시적·우발적이 아닌 지속적으로 이루어지는 모든 언어적·신체적 행위라고 정의하였다.

최근에는 몇몇 사건이 언론에 보도되면서 따돌림이 심각한 사회문제로 부각되어 2012년 「학교폭력 예방 및 대책에 관한 법률」이 개정되면서 "학교 내외에서 두 명 이상의 학생이 특정인이나 특정 집단의 학생들을 대상으로 지속적이거나 반복적으로 신체적 또는 심리적 공격을 가하여 상대방이 고통을 느끼도록 하는 일체의 행위"로 규정하였다(이승현, 노성호, 2014).

이상에서의 논의를 종합하면, 집단따돌림이란 특정인을 대상으로 두 명 이상이 집단을 이루어 행하는 고의적이고 공격적인 행동으로, 반복적이고 지속적으로 이루어지는 모든 언어적·신체적 행위라고 정의할 수 있다.

### (2) 집단따돌림의 실태 및 문제점

집단따돌림은 정도의 차이는 있지만, 문화권을 넘어서 학생들 사이에 만연해 있다. 외국에서도 집단따돌림 현상이 심각한 문제로 대두되었고, 특히 일본의 경우에는 '이지메'라는 용어로 우리 사회에 널리 알려져 있다. 일본 이외에 노르웨이나 영국, 호주 등에서도 집단따돌림에 대해서 보고되고 있다(이춘재, 곽금주, 2000).

따돌림의 요인을 사회심리학적 이론으로 본 Thornberg(2010)는 특이성, 사회적 위치 짓기, 부정적 감정 표출, 응징, 재미, 또래압력 등으로 규정하고 집단이라는 구조에서 어떻게, 왜 일어나는지 그 맥락을 제공하였다. 예를 들면, 외향적·행동적 성격은 또래관계에서 '다름'을 수용하지 못하고 이상한 아이로 인식하면 배제하고, 따돌림은 처벌, 복수의 형태로 이루어진다고 하였으며, 집단따돌림에 가담하지 않으면 무리에서 배제될 수 있다는 두려움은 따돌림에 가담하게 한다고 보았다.

우리나라는 집단따돌림이 매년 증가하는 추세이며, 신체적 폭력에서 정서적 혹은 언어적 폭력으로 변화하고 있다(조정실, 차명호, 2012). 이는 신체적 폭력에 대한 정부의 단호한 대처에 따라 법적·사회적 처벌을 받을 수 있다는 인식이 확산되면서 집단따돌림이 증가하고 있는 것으로 보인다(박완성, 차명호, 2013). 「2019년 1차 학교폭력 실태조사」(교육부, 2019a)에 따르면, 조사 참여 학생의 1.6%인 약 6만 명의 학생이 '피해를 본 적이 있다'는 응답을 하였다. 피해 유형은 언어폭력(35.6%), 집단따돌림(23.3%), 사이버 괴롭힘(8.9%) 순으로 나타났는데, 이는 학교폭력에 대한 대책이 1990년 후반부터 지속적으로 나오고 있지만 따돌림의 문제는 더욱 다양해지고 교묘해지는 양상을 보이고 있다는 것을 의미한다(이승현, 노성호, 2014). 곽금주(2008)는 우리나라 '왕따'의 현상적 특성으로 다수의 아동(한 반의 40% 학생까지)이 직접적으로 가담하는 집단성, 일단 피해자가 되면 지속적으로 피해를 당하는 지속성, 일부 비행학생에 의해서 저질러지는 것이 아니라 모든 학생이 가해자가 될 수 있다는 일반성을 정리하고 있다. 이는 반 편성이 이루어지면 1년 동안 한 교실에서 수업을 받는 우리나라의 독특한 학급환경과 집단주의 문화가 작용하기 때문이기도 하다(한규석, 2017).

박완성과 차명호(2013)은 집단따돌림의 유형을 소외(같이 놀지 않기, 상대 안 하기, 같이 급식 안 먹기), 괴롭힘(발 걸기, 말 따라 하며 놀리기, 분필이나 물건 던지기, 급식 반찬 빼앗아 먹기), 경멸(은근히 욕하고 빈정거리며 면박이나 핀잔 주기, 엉뚱한 소문 내기와 같은 모함), 폭력(장난을 빙자하여 때리거나 가혹행위 하기) 등의 다양한 형태로 나누었다. 이러한 따돌림은 발각되더라도 장난이었다거나 폭력의도가 없었다거나, 상대편이 그냥 싫은데 어떡하느냐는 식의 변명으로 대응하기 때문에 따돌림의 폐해를 직접 찾아내기 어려운 실정이다.

특히 사이버 괴롭힘은 카톡 감옥(카카오톡 대화방에 초대한 뒤 무시하고 방을 나가지 못하게 하는 것), 방폭(단체 대화방에서 피해자만 남겨 놓고 다른 참가자들이 한꺼번에 나가는 행위), 데이터 셔틀(피해자 휴대전화를 여러 명이 인터넷 공유기처럼 사용해 데이터를 뺏는 것), 떼카(단체 대화방에서 특정 피해자를 향해 단체로 욕설이나 폭언 등을 퍼붓는 행위) 등으로 날로 심각해지고 있으며(세계일보, 2018. 12. 6.), 항상 온라인에 접속된 미디어의 연결성으로 인해 피해자들은 정서적 환기(cooling off)를 할 수 없어 부정적 정서가 해소되기 어려운 상황이다(이지영 외, 2016). 특히 청소년의 집단따돌림은 면대면 따돌림과 사이버 괴롭힘이 혼합된 형태로 드러나고 있고, 따돌림 현상은 온라인과 오프라인으로 명확하게 구분되지 않아 확장되고 있으며, 지속적으로 이루어지고 있다.

청소년 시기의 집단따돌림 피해자는 극도의 무력감과 공포를 경험하게 되고(홍현미, 정영은, 2018), 불안·우울을 경험하며(박정효, 2007), 점차 심해지는 정서조절의 어려움과 낮은 자기존중감은 우울증으로 이어지게 된다(McLaughlin, Hatzenbuechler, & Hilt, 2009; Turner, Finkelhor, & Ormrod, 2010).

집단따돌림의 가해-피해를 경험한 청소년들은 또래관계에서도 조화로운 관계를 갖지 못하는 것으로 분석되었다. 이춘재와 곽금주(2000)에 따르면, 집단따돌림 피해 집단의 경우 자신을 매우 부정적으로 지각하고 있었으며, 대인관계에서의 만족도가 낮고, 사회적 기술이 부족하여 학교에서 친한 친구를 갖지 못해서 친구의 지지가 낮은 것으로 보고하고 있다. 반면에 가해자의 경우 사회적 기술에 대한 만족도가 높고 자신을 가치 있게 지각하고 있어 자신에 대하여 긍정적으로 생각하고 있다고 보고하였다. 그러나 공격적이고 충동적인 성격으로 인해 남을 괴롭히고 그런 행동에 대해서도 별로 개의치 않으며 죄책감이나 수치심이 없고 자기 행동을 합리화하는 경향이 있다.

## 3. 청소년 대인관계와 상담

### 1) 대인관계의 심리적 과정과 관련 변인

인간관계는 복잡하고 다양한 심리적 특성을 지닌 인간의 상호작용 과정으로 어떤 생각이나 감정으로, 어떠한 방식으로 행동하는가에 따라 인간관계의 질이 결정된다. 이처럼 인간관계에 크게 영향을 미치는 심리적 요인은 크게 세 가지로 구분할 수 있는데, 첫째는 인간관계의 주체인 나의 심리적 특성 요인이고, 둘째는 인간관계의 상대인 너의 심리적 요인이며, 셋째는 나와 너 두 사람 사이에 일어나는 상호작용의 요인이다.

인간은 각기 다른 성장과정에서 형성된 여러 가지 심리적 특성을 성격적 개성으로 지니고 있는데 주로 대인동기, 대인신념, 대인기술이 인간관계에 개입되는 주요한 성격적 특성이다. 인간은 각기 독특한 이 세 가지 성격적 특성을 지닌 상태에서 만나 상호작용을 하게 되는데, 이러한 상호작용은 두 사람이 주고받는 언어적 또는 비언어적 반응으로 구성되는 의사소통 과정이다. 이러한 의사소통 과정에서 사람들은 여러 가지 생각과 느낌을 갖게 되고 그에 따라 행동하게 된다. 인간은 외부세계로부터 들어오는 자극과 정보의 의미를 끊임없이 해석하고 이러한 해석에 기초하여 외부세계에 반응하게 되는데, 인간관계에서도 마찬가지다. 상대방과의 의사소통 과정에서 각자의 대인지각과 대인사고라는 인지적 과정을 통해 상대방에 대한 인상을 형성하고 심리적 특성을 판단하며 나아가 인간관계 상황에서 발생할 수 있는 여러 가지 대인감정을 느끼게 된다. 그리고 이것은 바로 상대방에게 대인행동이라는 외현적인 반응을 나타나게 하고, 이러한 나의 대인행동에 대해서 상대방 또한 나와 마찬가지의 심리적 과정과 반응을 나타내는데, 이러한 반복적인 과정이 인간관계를 구성하는 중요한 상호작용 과정이다(권석만, 2018).

따라서 여기에서는 청소년의 대인관계를 개선하기 위해서 인간관계에 대한 이러한 심리학적 설명모델을 바탕으로 인간관계에 영향을 미치는 심리적 변인을 살펴보고자 한다.

## (1) 대인동기

동기란 어떤 행동을 하게 한 원인을 의미하는데, 심리학에서는 주로 동기를 어떤 행동의 방향과 강도에 영향을 주는 요인이라고 정의하고 있다(Reeve, 2014). 인간의 마음속에는 개인이 특정한 방향으로 행동하게 하는 심리적 작용이 있다고 가정하고 이러한 심리적 작용을 동기라고 지칭한다. 특히 인간의 사회적 행동은 이러한 동기적 변인에 의해 유발되는 것이 많은데, 인간관계를 지향하게 하고 사회적 행동을 유발하는 동기적 요인을 대인동기(interpersonal motivation)라고 한다. 인간은 인간관계에서 충족시키고자 하는 다양한 대인동기를 지니고 있고 사람마다 중요시하는 대인동기의 종류와 강도도 각각 다른데, 이러한 대인동기는 대인행동을 결정하는 주요한 심리적 요인이 된다. 사회적 행동을 유발하는 인간의 보편적인 대인동기를 살펴보면, 인간이 생존을 위해 영양분을 공급받고 환경의 위협으로부터 안전을 유지하고자 하는 여러 가지 생물학적 동기(biological motivation), 다른 사람에게 의지하고 보호받으려는 의존동기, 주변 사람들과 어울리고 친밀해지고자 하는 친애동기(affiliative motivation), 다른 사람을 지배하고자 하는 지배동기, 이성에 대한 관심과 호기심을 나타내게 하고 구애행동을 하게 하는 성적 동기, 타인을 해치고 손상하려는 공격동기, 자기 자신을 가치 있는 존재로 여기고자 하는 자기존중감(self-esteem)의 동기, 또 자신을 타인과 구분되는 개성 있는 독특한 존재로 파악하고자

3. 청소년 대인관계와 상담

하는 자기정체감(self-identity)의 동기 등이 있다(권석만, 2018; Argyle, 1983).

사람들은 인간관계를 맺는 내면적 동기가 다르고, 또한 동기가 지향하는 구체적 목표나 행동화 방식에서도 현저한 개인차를 나타낸다. 원만한 대인관계를 이루기 위해서는 자신의 내면적 욕구에 대한 충분한 자각과 이해를 통해 자신의 대인동기가 현실적 상황과 조화되고 균형을 이룰 수 있도록 적절히 조절하는 것이 무엇보다 중요한 일이라 하겠다(Reeve, 2014).

## (2) 대인신념

인간은 누구나 자기 자신, 타인, 그리고 인간관계에 대해서 나름대로 신념을 지니고 있고, 이러한 신념은 인간관계에 강력한 영향을 미치게 된다. 특히 대인신념(interpersonal beliefs)은 대인관계와 대인행동에 영향을 미치는 개인의 신념을 말하는 것으로, 개인이 인간과 인간관계에 대해 가지고 있는 지적인 이해, 지식, 믿음 등을 의미한다. 이러한 신념은 과거의 대인관계 경험을 체계화한 기억 내용이며 또한 미래의 대인관계에 영향을 미치는 지적인 바탕이 되는데, 대인관계에 주요한 영향을 미치는 대인신념은 세 가지 영역으로 구분된다. 첫째는 인간관계에 대한 신념, 둘째는 타인이나 인간 일반에 대한 신념이며, 셋째는 자기 자신에 대한 신념이다.

이 세 가지 영역은 다시 내용에 따라 여러 가지로 나뉘는데, 이 중 원만하고 효과적인 대인관계를 방해하는 여러 가지 부적응적인 대인신념의 특성을 살펴보면 다음과 같다. 첫째, 부적응적 인간관계를 나타내는 사람 중에는 부적응적 대인신념을 지닌 경우가 많은데, 보통 인간관계의 가치와 의미에 대해서 회의적이고 비판적인 신념을 지닌다. 또한 자기 자신에 대해서도 부정적인 생각, 즉 부정적인 자기개념을 지니게 되며 결국 열등감과 우울감을 느끼게 되어 대인관계에서 위축되고 회피적인 태도를 나타내게 된다. 이러한 신념은 과거의 여러 가지 부정적인 대인관계 경험으로부터 형성된 것이라고 볼 수 있는데 인간의 본성에 대한 비합리적인 신념에는 이분법적 사고, 자기억제, 실수에 대한 불용납, 모험성, 감정적 판단 등이 있다. 둘째, 대인관계의 부적응을 경험하는 사람은 흔히 왜곡된 대인신념을 지니고 있는데, 단정적으로 명명한다거나, 속단하기, 선입견, 이중기준의 적용, 비판에 대한 거부, 당위적인 사고, 자기생각의 강요, 지나친 경계, 자기은폐, 선악설, 개성 존중, 성격의 변화성에 대한 거부, 불완전성에 대한 거부 등으로 나타난다. 셋째, 인간관계의 부적응을 경험하는 사람들은 경직된 대인신념을 지닌 경우가 많다. 대인신념의 경직성이란 당위적이고 절대주의적이며 완벽주의적이고 융통성이 없는 완고함을 의미한다. 이러한 신념을 자신이나 타인에게 강요하는 사람은 실제 대인관계에서 부적응적인 대인관계를 나타낸다(권석만, 2018).

부적응적인 대인신념은 과거의 인간관계에 대한 경험과 지식의 결과로서 내면 깊숙이 자리 잡은 것이기 때문에 자각하기 어렵다. 그러므로 이러한 부적응적 대인신념을 변화시키기 위해서는 대인관계의 문제를 일으키는 대인신념을 탐색하여 자각하는 일이 무엇보다 중요하다. 또한 신념의 사실성, 현실성을 확인하고, 그러한 신념을 갖는 것이 자신의 인간관계에 도움이 되는지 그 유용성을 살펴볼 필요가 있다. 그리하여 더욱 유연하고 적응적인 신념으로 대체해야 한다. 부적응적 대인신념은 새로운 인간관계 속에서 만족스러운 체험을 하게 되면 변화하는 경우도 있고, 간접적인 경험을 통해서 대인신념을 변화시키기도 한다.

대인신념은 대인동기와 매우 밀접한 관계를 지니고 있으며, 대인관계에 심각한 영향을 미치는 주요한 심리적 요인이다(권석만, 2018; Ford, 1992; Schunk, Swartz, & Carl, 1991). 그러므로 긍정적인 사고를 통해 인간관계의 다양성과 유연성을 인식하고 올바른 신념을 가질 때 원만한 대인관계를 형성할 수 있게 된다.

### (3) 대인기술

대인기술(interpersonal skill)은 사람을 사귀는 행동적 기술로, 인간관계를 성공적으로 이끌어 갈 수 있는 언어적 또는 비언어적 사교 능력을 의미하며 사회적 기술(social skill)이라 부르기도 한다. 사람은 각기 자신을 타인에게 표현하고 또 타인의 반응에 대응하는 방식에 있어서 커다란 차이가 있는데, 이러한 대인기술은 대인동기나 대인신념을 실제적인 인간관계에서 행동화하여 나타내는 중요한 요인이다. 대인기술은 크게 언어적 기술과 비언어적 기술로 나누어 볼 수 있다. 비언어적 대인기술은 비언어적 행동을 통해 자신의 의사와 감정을 표현하는 기술을 의미하는 것으로, 얼굴 표정, 눈 마주침, 몸의 움직임이나 신체적 접촉, 외모의 치장, 공간 활용, 음성적 행동 등을 들 수 있다. 인간의 의사소통에 있어서 이러한 비언어적 행동은 중요한 역할을 한다. 그러나 대인관계에 있어서 주된 의사소통의 통로는 언어로, 언어는 인간의 내면적인 상태와 의도를 전달하는 가장 효과적이고 강력한 의사소통이라 할 수 있다. 따라서 대인관계는 언어적 의사소통의 내용과 질에 의해 크게 영향을 받는다고 볼 수 있다. 대인관계를 촉진하는 언어적 대인기술의 요소로는 상대방의 말 경청하기나 질문하기, 공감하기와 반영하기, 설명하기, 상대방 행동 강화하기, 자기공개하기, 자기주장하기, 유머 사용하기 등이 있다. 반면에 대인관계를 어렵게 만드는 여러 가지 상황도 있을 수 있는데, 의사소통에 방해되는 요인으로는 과거의 경험이나 선입견, 고정관념, 잠재적 의도 등이 있다. 대인관계의 유지와 발전을 위해서는 타인의 비판에 유연하게 대처한다거나, 타인에게 도움을 청한다거나, 타인의 요구를 적절하게 거절한다거나, 부정적인 감정을 솔직하면서도 원만하게 표현하고 갈등 상황에 노련하게 대처하는 것 또는 자신의 부정적 감정을 자제하고 조절할 수 있는 능력을 기르는 것은 대단히 중요하다.

또한 대인기술은 대인관계에서 원하는 목표를 실현하기 위한 행동적 수단이라고 할 수 있는데, 그 진실성, 양과 빈도, 다양성, 시기 적절성, 맥락 등에 따라 그 효과가 현저하게 달라질 수 있다(권석만, 2018). 대인기술이 부족한 사람은 대인관계에 있어 부적응까지도 경험하게 된다. 대인관계에 있어 자신을 어떻게 표현하고 또 타인의 반응에 어떻게 대처하는지 사람마다 큰 차이가 있는데, 대인기술은 대인동기나 대인신념을 실제적인 인간관계에서 행동으로 나타내는 중요한 요인이 된다. 대인기술은 다른 심리적 요인과 비교해 꾸준히 노력만 하면 인간관계의 개선을 위해 가장 실질적인 성과를 거둘 수 있는 부분이기도 하다. 인간관계의 향상에 관한 프로그램들의 주된 내용이 대인기술에 초점을 두고 있는 것도 바로 이러한 이유 때문이다.

### (4) 대인사고

대인관계 상황에서 우리는 수많은 사람과 접촉하면서 상대방의 성격, 능력, 의도, 감정 등을 파악하고 이를 근거로 상대방이 어떻게 행동할 것인지를 예상하고 또 자신의 행동을 결정하게 된다. 이렇게 다른 사람들과의 상호작용에서 상대방의 외모나 언행에 근거하여 그에 대한 인상을 형성하고 심리적 특성을 판단하며, 그 행동의 의도나 원인에 대해 추리하는 인지적 과정을 대인지각과 대인사고라 한다. 대인지각은 인상 형성과 같이 타인에 대한 초보적 수준의 인식과정이지만, 대인사고는 타인의 행동에 대한 의도나 원인을 추론하는 보다 고등한 수준의 인식과정을 말하는데, 대인지각에서는 인상 형성이 이후의 대인행동을 결정하는 중요한 심리적 요인으로 강조된다. 대인동기나 대인신념, 대인기술은 구체적인 대인관계 상황에 임하기 전에 개인이 이미 지닌 성격적 특성들이지만, 대인지각과 대인사고는 대인관계 상황에서 다른 사람을 만나면서부터 개인이 내면적으로 경험하게 되는 인지적 활동이다. 대인지각이나 대인사고가 중요한 것은 이러한 인지적 과정에 따라 대인감정이나 대인행동이 달라질 수 있기 때문이다(권석만, 2018).

대인사고는 의미추론 과정과 의미평가 과정, 대처행동의 결정과정으로 이루어진다. 의미추론 과정은 대인관계에서 일어나는 사건의 의미를 추론하는 과정으로, 사건의 원인이나 특정 행동을 하는 사람의 내면적 의도를 파악하는 것이다. 의미추론 과정에서 일어날 수 있는 인지적 오류로는 흑백논리 사고(all or nothing thinking), 과잉일반화(overgeneralization), 정신적 여과(mental filter), 의미확대 혹은 의미축소(magnification or minimization), 개인화(personalization), 감정적 추리(emotional reasoning), 잘못된 명명(mislabeling), 마음 읽기(mind reading), 예언적 사고(fortune telling) 등이 있다(Beck, 1976). 이러한 인지적 오류를 범하게 되면 대인관계 상황이나 사건을 사실과 다르게 왜곡하거나 과장하게 되어 오해가 발생하고, 대인관계에서 갈등을 초래하게 된다. 의미평가 과정은 의미추론 과정에서 파악된 의미의 긍정성과 부정성을 평가하는 과정, 즉 특정한 의미로 해석된 타인의 행동이 자신에게 어떤 영향을 미치는지에 대해서 평가하는 과정을 의미한다. 이 과정에서 그 사람의 대인신념의 내용이 평가기준으로 작용하게 되고, 이 의미평가 과정을 통해서 우리는 사건이나 타인에 대한 대인감정을 느끼게 된다. Beck(1976)이나 Ellis(1962) 같은 인지치료자들은 현실 속에서 실현되기 어려운 당위적이고 절대적이며 완벽주의적인 신념과 기준을 가지고 있으면 정서적 부적응이 일어난다고 설명하고 있다. 예를 들면, '타인은 항상 나에게 ……을 해야 한다.' 또는 '나는 항상 다른 사람들로부터 애정과 존중을 받아야 한다.'와 같은 신념들은 현실 속에서 충족되기 어려운 비현실적인 신념이다. 이런 신념을 가진 사람은 기대와 현실의 괴리 때문에 현실 속에서 일어난 사건을 매우 부정적이고 재난적인 것으로 평가하게 되고 부정적인 감정을 경험하게 되는 것이다. 마지막으로, 대처결정 과정은 대인관계에서 자신이 어떻게 행동하여 대처할 것인가를 판단하고 결정하는 심리적 과정이다. 이러한 결정과정에서 자신이 동원할 수 있는 대처자원을 평가하고 가능한 대처방법을 고려하여 선택하는 판단이 이루어지게 된다. 이러한 판단 내용에 따라서 우리의 대인행동이 결정되는 것이다. 말하자면, 상대방에 대한 인상 형성과 행동의 의미추론 및 평가 내용에 기초하여 어떻게 대응할 것인지 대처행동을 결정하고 판단하는 사고과정이 뒤따르게 되는데, 이러한 대처행동의 결정을 통해 대인행동이 나타나게 되는 것이다.

### (5) 대인감정

대인감정이란 여러 가지 심리적 요인이 작용한 결과로 느껴지는 정서적 산물로 대인관계의 만족도를 결정하는 가장 중요한 심리적 요인이다. 즉, 대인감정은 나와 너의 인간관계 상황에서 느끼게 되는 여러 가지 감정을 말하는데, 사랑과 인정, 행복감, 신뢰와 사랑, 도움받기, 친밀감, 고마움, 기쁨, 안도감 등과 같은 긍정적 감정과 외로움, 미움과 분노, 괴로움과 고민, 증오, 불안과 공포, 질투와 시기, 배신감, 죄책감과 수치심, 슬픔, 혐오감, 당황함과 두려움 등과 같은 부정적 감정이 있다. 대인관계에서 긍정적 감정을 많이 느끼게 되면 그 대인관계는 만족스럽게 느껴져 관계가 지속되거나 심화하지만, 부정적 감정을 많이 느끼게 되면 그 관계는 불만족스럽고 고통스러워지며 갈등이 존재하게 된다. 인간의 감정은 크게 세 가지 요소, 즉 정서적 체험, 신체·생리적 반응, 그리고 행동경향성을 포함한다. 감정은 신체·생리적 반응과 행동적 반응으로 표출되고, 문화에 따라 달라질 수도 있으며, 개인에 따라 차이가 있다. 이처럼 대인감정은 대인지각과 대인사고의 산물로 여러 가지 행동으로 표현되어 상대방에게 전달되는데, 상황과 사건에 대한 인지적 해석 내용에 따라 영향을 받으며 반드시 생리적 반응을 수반하고 대인행동을 촉진한다(권석만, 2018).

### (6) 대인행동

사람을 만나는 동안 마음속에 많은 심리적 과정이 일어나지만, 이는 내면적 현상이므로 표현하지 않으면 겉으로 드러나지 않는다. 인간관계에서 상대방에게 표현되어 직접적인 영향을 주는 것이 대인행동이며 이러한 대인행동은 특정한 상황에 대한 인지적 판단과 감정에 의해 결정된다. 어떤 상황에 대한 의미해석과 의미평가 과정을 거쳐 대인감정이 결정되는데, 이러한 대인감정은 정서체험과 아울러 특정한 행동의 경향성을 수반하고, 아울러 상대방에게 어떻게 대응할 것인지를 판단하는 대처결정 과정을 거쳐 외현적인 대인행동으로 나타나게 되는 것이다.

이러한 대인행동은 매우 다양하게 나타나지만, 이를 몇 가지 유형으로 나누어 살펴보면 다음과 같다. 첫째, 대인행동은 상대방에 대한 호의성 여부에 따라 크게 호의적 행동, 중립적 행동, 적대적 행동으로 나누어 볼 수 있다. 먼저, 행동의 호의성여부는 타인에 대한 행동방식을 결정할 뿐만 아니라 타인의 대인행동을 지각하는 가장 중요한 차원이기도 하다. 호의적 행동은 상대방에 대한 긍정적 평가 시에 나타나는 행동으로서 상대방에 대한 호감, 관심, 배려를 표현하는 다양한 행동을 말한다. 인간은 다양한 행동을 통해 자신의 감정과 태도를 표현하고 또한 상대방은 이러한 행동의 관찰과 그 의미해석을 통해 반응하게 되는데, 이러한 반복적인 과정에서 대인관계의 상호작용이 일어나게 된다. 서로에 대한 호의적 행동이 증대되고 긍정적 감정이 교환되면 그 관계는 지속되고 심화되는 반면, 적대적 행동이 증대되면 그 관계는 종결되거나 갈등적 관계로 악화된다. 둘째, 상대방의 행동에 대한 영향력에 따라 통제적 행동과 비통제적 행동으로 나눌 수 있다. 셋째, 상대방에 대한 감정경험을 표현하는 시기에 따라 즉각적 행동과 유보적 행동으로 나누어 볼 수 있다. 마지막으로, 상대방에 대한 특정한 감정과 의도를 표현하는 강도에 따라 적극적 행동과 소극적 행동으로 나누어 볼 수 있다(권석만, 2018).

## 2) 대인관계 문제해결을 위한 상담전략

이상에서 볼 때 청소년기의 대인관계는 청소년의 현실적인 적응과 함께 미래의 대인관계에 많은 영향을 미칠 뿐만 아니라 생활 전반의 적응과 발달에도 영향을 준다. 따라서 청소년들이 부적응적 대인관계 문제를 해결하고, 긍정적이고 효율적인 대인관계를 형성하고 유지해 갈 수 있도록 적절한 상담개입이 필요하다고 하겠다.

상담개입은 내담자가 어떤 내용의 문제를 경험하고 있는가에 따라 몇 가지 범주로 나누어 볼 수 있다(Hackney & Cormier, 2000). 즉, 내담자가 경험하는 문제를 정서적, 인지적, 행동적, 그리고 상호작용적 내지는 체계적으로 경험되는 문제로 나눌수 있으며, 각각의 문제에 따라 다른 개입을 적용할 수 있다. 첫째, 정서적 개입은 감정과 정서를 주로 다룬다. 또 정서적인 상태는 자주 근육활동과 신체에너지의 사용을 포함하기 때문에, 그 기법들은 또한 문제의 신체적 요소에 초점을 맞춘 신체인식 활동도 포함한다. 둘째, 인지적 개입은 내담자가 자신과 타인에 대해 지닌 사고,

신념, 그리고 태도를 다룬다. 이 개입은 내담자에게 자신이 처한 상황이나 사건, 사람, 감정 등에 대해 지금과 다르게 생각하도록 돕는다. 셋째, 행동적 개입은 내담자가 비생산적인 현재의 행동을 통제하거나 제거하게 함으로써 새로운 행동이나 기술을 개발하도록 돕는다. 이 기법들은 습관, 일상생활 방식이나 다른 사람과의 상호작용 패턴을 수정하도록 한다. 넷째, 상호작용적(체계적) 개입은 다른 사람 또는 상황에 대한 관계 패턴을 다룬다. 개입의 자료로서 내담자의 가족, 직장, 이웃 등 어떤 상호작용 패턴이 일어날 수 있는 사회적 상황 등을 다룬다.

물론 내담자의 문제는 대체로 다차원적(감정, 사고, 행동, 그리고 다른 사람과의 상호작용)이고, 차원에 따라 다양한 종류의 개입이 이루어질 수 있다. 또한 만일 인간을 전체적이고 통합적인 존재로 본다면 네 개의 영역 중 어느 한 영역의 개입을 사용해도 그 효과는 다른 영역에까지 미칠 것이다(김춘경 외, 2016a).

### (1) 대인관계 문제해결을 위한 정서적 상담전략

삶의 대부분 문제는 대인관계에서 파생된다. 인간의 심리적 갈등과 고통 대부분은 다른 사람과의 관계 속에서 파생되며, 관계가 원만하지 못할 때 우울과 불안, 절망과 같은 부정적인 감정을 경험하게 된다. 또한 다른 사람과의 관계 속에서 사랑과 인정, 만족감이나 행복감과 같은 긍정적 감정을 경험하게 되기도 한다. 대인관계에서 긍정적 감정을 많이 느끼게 되면, 그 대인관계는 만족스럽게 느껴져 관계가 지속되거나 심화하지만, 부정적 감정을 많이 느끼게 되면 그 관계는 불만족스럽고 고통스러워지며 갈등이 존재하게 된다.

상담이나 심리치료에서의 감정의 역할은 아직 미해결된 주제이지만, 어떤 경우이든 우리의 사고와 행동에는 감정적인 범주가 있을 수 있고, 그 감정은 사람들이 상담하게 되는 이유 중 하나가 된다. 실제 많은 사람이 감당할 수 없는 감정을 해결하기 위해 상담을 찾고, 상담자는 내담자와 감정을 자각하고 평가하고 통합하는 작업을 하게 된다. 즉, 내담자가 자신의 감정을 확인하고, 받아들이기 힘든 감정을 수용하거나 바꾸도록 도와주게 된다. 정서적 어려움을 표현할 수 있고 삶의 요구에 더 잘 대처할 수 있도록 돕는 것은 상담의 중요한 목적이다. 정서 지향적 이론은 이러한 감정의 자각, 탐색과 통합의 발달에 크게 의존한다. 그러나 사고과정이나 행동 패턴을 과소평가하지는 않으며, 오히려 사고 패턴, 믿음, 행동이 일어나는 정서적 맥락을 강조한다.

감정이나 정서적 개입을 중시하는 접근으로는 인간중심 상담, 게슈탈트 상담, 정신역동적 접근 등이 있다. 이 접근들에 있어서 정서적 개입의 주요 목표는 다음과 같다. 내담자가 감정이나 감정 상태를 표현하도록 돕는 것, 감정이나 감정 상태를 명확히 하거나 구별하는 것, 감정이나 감정 상태를 바꾸거나 수용하는 것, 또 어떤 경우는 감정이나 감정 상태를 견디는 것이다(Hackney & Cormier, 2000).

어떤 내담자는 자신의 삶에 잘못된 부분이 있다는 것을 알고는 있지만, 그 상황을 명확히 하거나 이야기할 수 없어서 상담을 찾는다. 그들에게 문제나 감정을 진술하게 이야기하는 것은 새로운 경험이 된다. 이것은 문제를 공개적으로 토론해 본 적이 없거나, 감정표현이 금지된 가정이나 문화에서 성장한 사람의 경우에 있을 수 있다.

또한 정서적 반응에 압도되어 상담에 올 수도 있다. 이것은 정서적으로 과부하되고 방어 반응으로 인해 정서에 신경 쓰지 않거나 무감동해진 경우다. 이러한 경우는 경험하고 있는 다양한 정서적 경험을 인식하고 가려내고 억제할 수 있도록 도움을 받아야 한다.

정서적 개입의 가장 복잡한 단계에서 상담자와 내담자는 정서 상태의 통합이나 변화에 관여한다. 이 단계는 가치명료화, 지금까지 수용하지 못한 감정의 수용, 과거 감정의 제고, 자기지각의 재정의를 포함한다.

감정의 표현과 검토를 촉진할 수 있는 정서적 개입으로는 감정 체크리스트 작성, 상담자 모델링, 대본과 역할 바꾸기, 대화와 자아 바꾸기 연습, 정서적 장애 확인, 여러 감정의 분리, 역할 바꾸기, 빈 의자 기법, 초점화 기법, 꿈 작업 등이 있다(Hackney & Cormier, 2000). 이러한 정서적 개입 중 대인관계 문제해결에 적용될 수 있는 몇 가지를 살펴보면 다음과 같다.

### ① 감정 체크리스트

상담 초기 가장 적당한 책략은 감정을 표현하고 분류를 촉진하는 활동을 사용하는 것이다. 여기에는 상담자의 인식과 내담자의 감정표현, 언어적인 표현의 반영과 내담자의 정서적 기술에 대한 상담자의 공감이 포함된다. 또 다른 활동은 감정 백분율 도표와 감정 체크리스트가 포함된다. 감정 체크리스트는 내담자가 상담 회기에서 종종 보고하는 넓은 범위의 감정에 대한 체크리스트다. 이것은 첫 상담 회기의 앞 혹은 회기 동안에 작성하게 하는데, 내담자에게 지난 3개월 동안 경험한 감정을 확인하도록 하는 것이다. 여기에서 나타나는 내담자의 반응을 토대로 상담에서의 관심사를 탐색할 수 있다.

〈표 9-1〉 **감정 체크리스트**

| 버림받은 | 방향을 잃은 | 미친 |
|---|---|---|
| 방황하는 | 의심스러운 | 예민한 |
| 두려운 | 공허한 | 감정이 상한 |
| 화난 | 무서운 | 무례한 |
| 놀란 | 좌절한 | 공포의 |
| 불안한 | 격노한 | 비관적인 |
| | 언짢은 | 분개하는 |
| 당황한 | 싸운 | 슬픈 |
| 방어적인 | 비탄에 잠긴 | 겁먹은 |
| 우울한 | 절망적인 | 의심 많은 |
| 자포자기의 | 상한 | |
| | | 지친 |
| 기죽은 | 신경질적인 | 편하지 않은 |
| 환상을 잃은 | 고독한 | 자신 없는 |

② 초점화 기법

초점화 기법은 내담자가 문제를 명확히 하고 개념화하는 방식으로 내성을 격려하고 촉진하는 데 사용한다. 초점화는 사람이나 과거 환경에 대한 감정을 나타내는 것을 강조한다. Iberg(1981)는 초점화 과정을 다음과 같이 기술하고 있다.

…… 매우 낮은 수준으로 주의를 유지하고 느끼라. 느끼는 지각은 문제 전체를 신체적으로 지각하는 것이다. 초점화하는 동안 문제를 생각하거나 분석하지 않고 그것을 즉각적으로 느끼기만 하라. 문제의 복잡성 속에서 문제가 전체를 자극하듯 이 그것의 모든 것을 느끼라.

그리고 Hinterkopf(1998)는 초점화 기법은 "정신건강을 위해 핵심적인 종교적이고 정신적인 문제의 교정, 기존의 정신적 경험의 고양, 영성에 새롭고 활력적인 연결을 촉진하는 데 사용될 수 있다."라고 하면서, 다음과 같이 초점화 기법의 6단계를 기술하였다.

- 공간을 명확히 하기: 내담자가 문제나 논점을 명확히 할 수 있도록 돕고, 이런 것들이 더 이상 존재하지 않는 것처럼 정신적으로 제쳐 놓고 제거한 효과를 관찰한다.
- 느낀 감각 갖기: 내담자를 문제나 주제의 복잡성에 주의를 기울이게 하고 그 결과를 보고하게 한다.
- 단어 찾기: 두 번째 단계에서 느낀 감각을 기술한 단어 찾기. 이러한 단어는 모호하게 느낀 감각을 잡거나 접촉 혹은 지각하지 못한 것을 다시 알게 한다.
- 울리기(공명): 세 번째 단계에서 밝힌 단어를 검토하고, 가능하다면 느낀 감정을 더 명확하게 하는 단어를 찾는다.
- 질문하기: 내담자 자신에게 '자신을 이런 식으로 느끼게 한 것은 이 문제의 어떤 부분인가?'라는 질문을 하게 한다.
- 수용: 초점화 과정의 결과로 생긴 변화, 즉 내담자가 경험한 신체 변화를 포함한 변화를 통합하도록 돕는 것이다.

### ③ 역할 바꾸기

역할 바꾸기는 내담자가 가치나 감정 혹은 자신의 이미지와 갈등하지만, 갈등의 본질을 떼어 내거나 이해할 수 없을 때 유용한 연습이다. 역할 바꾸기의 목적은 관점, 태도 혹은 신념의 모순을 검토한 것을 내담자에게 투사하는 것이다. 이 연습은 내담자 자신의 안전한 역할이나 태도에 도전하도록 하므로 초기에 저항이 있을 수 있다. 그러나 만약 내담자가 문제의 양면을 다 논의할 수 있도록 격려된다면 이 연습은 상당히 효과적일 수 있다. 상담자는 역할 바꾸기에서 적극적인 참여자가 되며, 내담자가 경험하고 있는 분열이나 다른 역할들을 구별할 수 있어야 한다. 『상담학 사전』을 살펴보면 이 기법은 서로가 무관심 혹은 자신이 다른 사람에게 주는 영향에 대해 모를 경우, 또는 어떤 문제에 길이 막혀 있는 것 같은 경우에 효과적이다. 역할 바꾸기에는 상호적 역할 바꾸기와 표상적 역할 바꾸기가 있으며, 서로에 대한 이해, 자기 자신의 행동과 위치가 다른 사람에게 미치는 영향력이 어떠한지 등을 더 깊게 이해하는 기회를 제공한다(김춘경 외, 2016b).

### ④ 자아 바꾸기

자아 바꾸기는 역할 바꾸기와 유사한 새로운 방식으로, 『Webster 사전』(1983)은 자아 바꾸기를 "자신의 다른 면, 다른 자아"로 정의한다. 이 개념은 우리 각각이 자신의 동기, 가치와 숨겨진 문제에 대해 더 잘 알고 있으며, 더 정직하고, 개인적인 동기, 가치와 숨겨진 문제에 대해 더 수용적이라는 것이다. 이 연습에서 내담자는 자신의 자아를 바꾸도록 요청받고 상담자는 내담자의 공적인 자아를 가정한다. 상담자는 내담자의 공적인 자기에 대해 정확한 기술을 해야 하고, 그리고 내담자가 자아를 바꿀 수 있도록 충분한 안전을 느껴야 하므로 상담관계 초기에는 사용되지 않는다. 자아 바꾸기 연습이 효과적일 때 내담자는 자신을 더 정직하게 직면하게 되며, 이런 종류의 자기직면은 상담자가 제공하는 직면보다 더 효과적일 수 있다. 그 결과, 내담자는 문제를 소개할 수 있고, 자기합리화를 반박할 수 있고, 혹은 자신과의 치료적 만남에서의 자기동기에 대한 의문을 제기할 수 있다.

### ⑤ 빈 의자 기법

빈 의자 기법은 사이코드라마의 이론가 Moreno가 창안하고, 게슈탈트 이론가 Perls가 발전시킨 기법으로, 지금은 다양한 접근의 상담자들이 많이 사용하는 대화연습이다. 이 기법은 내담자가 빈 의자를 두고 마치 사람이 그곳에 앉아 있는 것처럼 가정한 다음, 의자들이 놓인 곳 사이에서 둘 이상의 역할을 하면서 내담자의 자기와 다른 중요한 인물들이 토의하는 듯 연출한다(김춘경 외, 2016b). 이 연습은 자신의 기능에 영향을 주는 미묘한 느낌에 대한 인식을 탐색하고 개발하는 것을 돕기 위해 사용된다.

### ⑥ 꿈 작업

정신분석, 게슈탈트, 개인심리학을 포함하는 많은 상담 접근은 치료과정에서 꿈을 사용한다. 어떤 경우 꿈의 내용은 내담자의 영혼과 관련되는 통찰로 간주하고, 또 다른 경우 꿈은 대안적인 사실을 탐색하는 회기에서 사용할 수 있는 은유가 된다.

게슈탈트 상담자들이 강조하듯이 꿈에 나오는 대상들은 사람이나 물질이나 모두 우리 자신의 투사물이므로(김춘경 외, 2016b), 상담자는 내담자가 꿈의 다른 요소를 찾도록 요청하거나, 내담자가 꿈의 서로 다른 부분을 자각하게 함으로써 치료적 효과를 끌어내는 방법이다. 꿈의 다양한 요소가 갖는 의미는 항상 내담자가 제공한다.

꿈 작업을 하는 동안 따라야 하는 몇 가지 지침은 다음과 같다.

- 내담자는 방해 없이 꿈의 시작부터 끝까지 기술해야 한다.
- 꿈의 역할연기 과정에 관해 기술한다.
- 과정에 대해 불확실하면 예를 제시한다.
- 역할연기의 감독이 되어서 내담자에게 꿈의 많은 부분이 되어 보라고 요청한다.
- 꿈에서 나타난 순서대로 꿈의 부분들을 다룬다.
- 꿈의 요소를 해석하지 말고, 내담자에게 관계를 발견할 수 있는지 물어본다.

### (2) 대인관계 문제해결을 위한 인지적 상담전략

인지란 우리 자신들과 타인들, 그리고 주변 세계의 지각에 대한 우리의 사고, 신념 및 태도를 포함하는 개념이다. 대부분의 사람은 인지란 우리가 누구이며, 무엇을 하고, 어떻게 느끼는지를 결정한다고 보는 경향이 있다. 이와 같은 관점은 사고의 오류로 인해 우리가 언짢은 감정 또는 문제행동을 유발하게 될 가능성이 커진다는 것이다. 인지부조화 이론에 따르면, 인간은 합리적인 존재가 아니라 합리화하는 존재다(Festinger, 1957). 따라서 내담자들의 잘못된 신념, 태도, 혹은 사고방식을 보다 생산적이고 명확한 사고로 변화시키는 것은 매우 중요하다.

인지적 과정의 중요성을 강조하는 이론으로는 인지치료(cognitive therapy: CT)와 인지행동치료(cognitive-behavioral therapy: CBT), 합리정서행동치료(rational emotive behavior therapy: REBT), 교류분석(transactional analysis: TA), 현실치료(reality therapy: RT) 등이 있다.

인지적 개입의 전반적인 목적은 사고, 지각 및 신념체계에 있어서 오류를 변화시키거나 교정함으로써 정서적 불쾌감과 이에 따르는 부적응 행동을 감소시키는 데 있다. 행동이나 감정상의 변화는 일단 내담자가 왜곡된 사고를 바꾸기 시작하여 대안적인, 즉 자신과 타인들 또는 삶의 경험들에 관하여 더욱 현실적인 사고방식으로 대체될 때 일어난다(Beck, 1976). 따라서 인지적 개입은 특별한 사건, 사람, 자신 또는 보다 큰 맥락에서 삶에 관한 내담자의 사고방식을 변화시키도록 고안된 것이다.

인지적 오류나 비합리적 신념체계의 변화를 촉진시키는 인지적 개입으로는 A-B-C-D 분석, 재결단 작업, 인지 재구조화 등이 있다.

### ① A-B-C-D 분석

A-B-C-D 분석은 합리정서행동치료(Ellis, 1989, 1991)에 소개된 인지적 상담기법이다. 이 접근은 1950년대 Albert Ellis가 창안한 방법으로 상담자들이 내담자들의 사고 형태를 분석할 때 사용될 수 있고, 내담자가 외적 사건이 아닌 자신의 비합리적 신념이 고통스러운 정서와 행동적 결과를 유발한다는 것을 깨닫도록 하는 데 사용된다. A는 그릇된 사고 형태를 시작하는 활성화 사건(activating event)을 나타낸다. B는 내담자의 신념체계(belief system)로서 모든 삶의 경험이 처리되는 과정이다. C는 A와 B의 상호작용으로 유발되는 정서적 또는 인지적 사고의 결과(consequence)를 나타낸다. 그리고 이러한 과정을 통해 인지적 오류가 발견되면 상담자는 비합리적 신념이나 사고 형태를 논박(disputation)하는 과정을 거치게 된다. Ellis(1984, 1989)는 전형적인 비합리적 신념을 열한 가지로 설명하고 있다(박경애, 1997).

- 나는 모든 사람으로부터 사랑과 인정을 받아야 한다.
- 나는 완벽할 정도로 유능하고 합리적이며 성공해야 하는 가치 있는 사람으로 인식되어야 한다.
- 일부 사람들은 나쁘고 사악하며 악랄하므로 비난과 벌을 받아야 한다.
- 내가 원하는 대로 일이 되지 않을 때 그것은 인생의 대실패나 다름없다.
- 불행은 내가 통제할 수 없는 상황에 의해 발생한다.
- 위험하거나 무서운 일들은 큰 걱정거리를 제공하며, 결국 내게 해를 끼치게 될 것이란 우려가 항상 든다.
- 어떤 난관이나 책무는 직면하기보다 피하는 게 더 쉽다.
- 나는 어느 정도는 다른 사람들에게 의존해야 하며, 나를 돌봐 줄 사람을 주위에 두고 있어야 한다.

- 과거의 경험과 사건들은 현재 나의 행동을 결정한다.
- 나는 다른 사람들의 문제나 고통에 대해 크게 당혹스러워해야 한다.
- 모든 문제에는 정확하거나 완벽한 해결책이 있으므로 그 해결책을 찾아야 한다.

### ② 재결단 작업

재결단(redecision) 작업은 교류분석(TA)에서 Goulding 부부(1979)가 소개한 인지적 개입이다. 이것은 내담자가 어린 시절에 부모로부터 배웠던 지시(instruction)들과 그 지시에 근거해서 내린 결정들을 밝혀내도록 돕고, 이 초기에 내린 결정을 현재의 삶에 비추어 그 적절성을 평가하며, 필요하다면 그 결정을 정정하도록 하는 것을 말한다. 교류분석이론에 따르면, 아이들은 이미 자신들이 인생에 대하여 학습한 지시에 기초하여 초기에 결정을 내린다. 그러나 이렇게 초기에 학습한 내용은 그들이 학습해 온 상황에는 적합하다 할지라도 성인의 역할을 수행하거나 이전과 다른 상황 속에서는 적절하지 않을 수 있다. 따라서 인지적 교류분석 개입은 내담자가 그들이 어렸을 때 받아들였던 이러한 특별한 지시를 인식하도록 돕고, 이제는 사실이 아니거나 타당하지 않은 사고나 신념들을 새로운 신념 및 사고 체계로 대체하도록 한다. 이러한 재결단 작업은 내담자들의 행동이 현재 많은 상황에서 부적절하거나 또 부모 지시형 메시지를 기반으로 행동하고 있는 내담자들에게 특히 유익하다(김춘경 외, 2016a, 2016b; Stewart, 2007).

### ③ 인지 재구조화

인지 재구조화(cognitive restructuring)는 인지 대치(cognitive replacement; Beck, 1995)라고도 하는데, 이는 일반적으로 자동적 사고(automatic thought)로 간주되는 내담자의 비합리적 혹은 부정적 자기진술을 규명하여 변화시키며, 내담자들에게 그러한 진술들을 중립적이고 긍정적인 자기진술로 대체하도록 도와주는 것을 말한다.

인지 재구조화는 문제 상황에서 내담자의 일반적인 사고를 탐색하는 데에서 시작된다. 상담자는 문제 상황에서 내담자에게 문제 상황 이전, 문제가 일어나는 동안, 그리고 문제 상황 이후에 일어나는 특정한 사고를 파악해 보도록 할 수 있다. 문제 상황에서 내담자가 자신의 사고를 규명하도록 도와주는 또 다른 방법은 내담자가 전형적으로 어려움을 겪게 되는 상황을 가시화한 후 내적 대화(inner dialogue)를 묘사하도록 하는 것이다. 그런 다음, 이 과정에서 나타나는 비합리적 혹은 부정적 자기진술을 합리적인 사고, 긍정적인 자기진술로 대체하도록 도와준다. 이러한 인지 재구조화 기법은 내담자의 자기대화(self-talk)가 왜곡되어 있거나 자신감이 부족한 경우에 효과적인 도구로 사용될 수 있다.

### (3) 대인관계 문제해결을 위한 행동적 상담전략

행동이란 우리의 느낌, 생각 및 자신의 존재에 대해서 다른 사람들과 의사소통을 할 수 있도록 하는 인간 존재의 중요한 한 부분이다. 행동은 관찰 가능하므로 타인과 우리를 연결해 주는 대화의 주요 통로가 된다. 또한 행동은 우리의 내부 자아(inner self)를 외적으로 발현한 것이기 때문에 문제해결을 위해 가장 좋은 접근은 내담자의 행동 변화를 강조하는 것이 될 수 있다.

행동적 개입의 주요 목적은 내담자들의 행동이 그들의 목표, 야망 또는 가치를 성취하는 것을 방해할 때 또는 부정적인 결과를 초래할 때, 내담자들이 그들의 행동을 변화시키도록 도와주는 데 있다. 행동 지향적 접근들은 내담자의 행동에 대한 직접적인 수정에 초점을 맞추고 있으며, 행동 변화를 촉진하는 방편으로 학습원리와 과정을 많이 이용하고 있다. 즉, 행동적 개입의 가장 일반적인 전략들은 모델링, 행동시연과 기술훈련, 이완훈련, 체계적 둔감화, 그리고 자기관리 연습에 기초하고 있다. 모델링과 시연 개입들은 자기주장훈련이나 사회적 훈련과 같은 기술훈련 프로그램의 주요 구성요소이며, 이러한 개입들은 주어진 상황에서 내담자가 기술 결핍이나 효과적 기술이 부족할 때 매우 효과적이다. 그리고 이완훈련이나 체계적 둔감화와 같은 불안 감소 전략들은 공포, 걱정 및 불안 등을 다루는 데 효과적이다. 행동적 개입을 강조하는 접근으로는 Skinner의 조작적 조건형성, Bandura의 사회학습, Lazarus의 중다양식치료(multimodal therapy)가 있다. 대인관계 문제해결에 적용할 수 있는 행동적 개입으로는 다음과 같은 것들이 있다.

#### ① 역할연기와 행동시연

역할연기(role play)와 행동시연(behavior rehearsal)은 바람직한 반응의 모의훈련이나 입체시행을 통해 행동 변화를 향상하는 것으로, Moreno(1946)의 사이코드라마 기법과 Kelly(1955)의 고정역할치료로부터 시작되었다. 역할연기는 치료 목적에 따라 역동적 치료에서는 카타르시스를 얻는 방법으로, 통찰치료에서는 태도 변화를 일으키는 수단으로, 게슈탈트 치료에서는 갈등해결과 자기인식을 증진하는 도구로, 그리고 행동치료에서는 행동 변화를 촉진하는 방법으로 사용된다. 행동시연은 역할연기와 실습을 활용하고 있는데, 이 방법은 새로운 기술을 습득할 수 있도록 도와주며 위협적이거나 불안 유발 상황에 효과적으로 사용될 수 있다. 또 행동시연은 연습 효과를 제공하며 내담자가 실제 상황에서 어떻게 행동하는지 중요한 단서를 제공해 준다. 따라서 이 방법은 내담자의 자기보고식 행동기술이 모의적 환경에서 내담자가 묘사하는 행동과 차이를 보이는 경우 더 유용하다.

### ② 기술훈련

기술훈련(skill training)은 점진적 접근법, 모델링, 행동시연, 피드백과 같은 다양한 개입으로 구성되어 있고, 문제해결 기술, 결정기술, 의사소통 기술, 사회적 기술, 자기주장 기술 등의 다양한 형태를 취할 수 있다. 기술훈련은 학습에 필요한 구성요소들을 순서대로 배열한 뒤 각 요소의 모델링을 통해 진행되는데, 내담자가 시범 행동을 모방한 후 평가적 피드백을 받고 적절하다면 그 순서를 반복하게 된다. 대인관계에서의 상호작용을 억제하는 사회적 불안을 극복하기 위해서는 자기주장훈련을 사용할 수 있다(Wolpe, 1990).

### ③ 불안감소법

대인관계 문제에 있어서 큰 부분을 차지하는 것이 불안이다. 대인관계 불안을 감소시키기 위해 다양한 상담전략을 사용할 수 있는데, 이완훈련과 체계적 둔감법이 대표적이다. 행동주의 상담자들이 사용하는 가장 보편적인 이완훈련의 형태는 점진적 이완 또는 근육이완이다. 근육이완은 일반화된 불안과 스트레스, 두통과 정신신체적 통증, 불면증 등 여러 가지 다양한 문제를 치료하기 위해서 이전부터 사용하였으며, 체계적 둔감화의 주요 구성요소이기도 하다. 근육이완을 통하여 불안을 치료한다는 기본 전제는 근육긴장이 불안과 스트레스를 가중한다는 것과 동시에 이완과 불안이 서로 양립할 수 없다는 사실에 근거하고 있다. 따라서 이 과정에는 여러 근육을 수축시킨 다음, 이완시켜 근육에서 느껴지는 감각의 차이를 인식하도록 하고, 근육긴장의 완화와 암시를 통해 더 큰 이완을 가져오는 훈련이 포함된다. 체계적 둔감화(systematic desensitization)는 Wolpe(1958, 1990)에 의해 개발된 불안감소법으로 고전적 조건형성의 학습원리에 기초하고 있다. 둔감화에서는 내담자의 높은 공포나 불안 수준을 둔감화시키기 위해 역조건 형성(counter-conditioning)을 사용한다. 이 방법은 내담자가 상황에 대해 대처하거나 바람직한 반응을 수행할 수 있는 충분한 기술이 있는 경우에 또는 원하는 반응을 수행하지만 그렇게 행동하기를 회피하거나 불안과 그에 따른 각성으로 인해 수행이 훨씬 저조한 경우에 특히 유용하다.

### ④ 자기관리

자기관리(self-management) 상담은 내담자의 영구적인 변화를 증진하기 위한 노력에서 나온 것으로, 주된 특징은 상담자에게서 최소한의 도움을 받으면서 내담자가 직접 전략을 관리하고 변화를 위한 노력을 한다는 점이다. Kanfer와 Gaelick-Buys(1991)는 이러한 전략들이 내담자의 책임감을 강조하는 치료의 참여적 모델에 기초하고 있다고 하고, 조력과정에서 내담자의 참여를 강화하도록 설계된 최상의 상담전략이라고 강조한다. 자기관리에서는 변화를 위한 전략들이 내담자의 참여로 만들어지기 때문에 중간자로서의 상담자의 역할이 사라지며 내담자의 성공 기회가 더 확고해진다. 자기관리 프로그램의 일반적인 구성요소로는 자기감시(self-monitoring), 자기보상(self-reward), 그리고 자기계약(self-contracting)이 있다. 자기관리 개입은 내담자가 더욱 효과적인 대인관계, 인지, 정서, 행동을 습득하도록 도울 때, 문제 상황에 대한 내담자의 지각과 평가적 태도를 변화시키고자 할 때, 스트레스 유발 상황이나 적대 상황을 변화시키거나 그러한 상황은 피할 수 없음을 수용하고 적극적인 대처방법을 학습시키고자 할 때 등에 매우 쉽게 적용할 수 있다.

자기감시는 자기관찰(self-observation)과 자기기록(self-recording)이라는 두 가지 과정으로 되어 있다. 자기관찰에서 내담자는 자신의 양상을 주목하거나 식별하게 되고, 자기기록은 매우 구체적인 절차를 사용하여 자신이 무엇을 하고 있는지 계속 기록하는 방법이다. 결국 자기감시는 내담자가 목표행동(예: 바람직하지 않은 습관, 자기패배적 사고나 감정)을 가늠해 보거나 조절하도록 만든다.

자기보상은 바람직한 반응이나 행동이 일어난 후에 의도적으로 자신에게 보상해 주는 것이다. 자기보상은 외적 강화에 의한 보상과 유사한 방법으로 사용된다. 자기보상의 구체적 유형들에는 언어–상징적 유형, 관념적 유형, 물질적 유형이 포함된다.

　자기계약은 내담자의 협조와 헌신을 얻는 데 유용한 개입으로, 행동주의나 교류분석, 그리고 현실치료 분야의 상담자들이 많이 사용하고 있다. 자기계약은 언제, 어디에서, 어떻게 목표한 행동들을 할 것인가 하는 행동조건들을 내담자가 작성하고 승인하며, 가장 효과적인 계약들은 내담자의 처지에서 완전히 수용될 수 있고, 매우 구체적이며 실행 가능한 단기간의 목표를 반영하는 조건들을 지니고 있다(Kanfer & Gaelick-Buys, 1991). 또한 자기계약은 자기보상과 결합할 때 더 성공적인 경우가 많다. 이러한 자기계약들은 계약조건들이 매우 구체적이기 때문에 아동이나 청소년들을 대상으로 적용할 때 매우 유용하다.

**토론주제**

1. 대인관계에서 성격적 요인이 더 크게 작용하는지, 아니면 능력적 요인이 더 크게 작용하는지 생각해 보시오.
2. 평소 불안을 느끼는 대상이나 상황을 자세히 적고, 가장 두려운 대상이나 상황별로 목록을 작성해 보시오.
3. 자신이 직간접적으로 경험한 집단따돌림을 떠올리고, 가해자와 피해자의 생각이나 느낌을 따라가 보시오.
4. 자신이 최근에 부정적 감정을 경험했던 예를 떠올린 후, 이를 A–B–C–D 분석에 맞춰서 설명해 보시오. 그런 다음, 자신이 경험한 감정을 재평가해 보시오.

# 청소년
# 학업상담

제10장

이 장에서는 청소년들이 가장 고민하는 문제인 학업과 관련한 제반 문제들에 대해 다룬다. 이와 관련하여 우선 학업상담을 위한 기초 이론들을 제시하며, 학업 문제의 올바른 이해와 관련 중요 변인들에 대해 알아본다. 그리고 학업상담을 위한 효율적인 학습전략 프로그램과 상담 절차 등을 소개할 것이다.

## 1. 학업상담의 필요성

학업을 수행하는 일은 중 · 고등학교 시기의 학생들에게 있어 주요한 발달과업 중 하나다. 특히 상급 학교로의 진학이나 취업 등의 진로 문제와 밀접하게 관련되어 있어 학업은 청소년들에게 커다란 영향을 미칠 수 있는 중요한 과제다. 그만큼 학생들의 과중한 학업 수행에 대한 부담감과 함께 학부모들이 가진 자녀의 학업에 대한 지나친 기대가 결부되어 가족갈등과 가족해체, 가족 유지에 위협을 받는 것과 같은 다양한 문제와 가족 간의 갈등을 유발하고 하고 있다.

### 1) 우리나라의 교육환경

지금까지 우리나라의 교육 현실은 입시 위주의 지식 교육에 치중되어 정작 중요하게 다루어져야 하는 학생들의 인성교육이나 진로지도에는 다소 무관심해 온 게 사실이다. 그리고 학습이 이루어지는 교실의 수업 장면에서는 상급 학교 진학을 목표로 한 지식 위주의 수업이 진행되고, 다인수 학급, 일제식 교수방법, 충분하지 못한 교수 학습 자료나 열악한 시설 등과 같은 현재의 학교 실정에서는 학생들의 학습 부진과 같은 학업 문제가 발생할 수밖에 없다.

이러한 현실적인 문제가 있음에도 불구하고 우리나라의 교육 재정상 각급 학교 자체적으로 학업상담 전문가를 배치할 수 있는 상황이 되지는 못한다. 그렇다고 해서 학생들을 위한 중요한 과제인 학업상담 문제를 일선 학교의 교사들에게만 의존할 수도 없는 상황인지라, 학습과 관련된 최신의 전문적 지식과 경험을 겸비하고 있으면서 학생들의 실제적인 학업 향상에 도움을 줄 수 있는 학업상담자의 필요성은 더욱 절실하다 할 수 있다.

학업 문제는 교육이 이루어지는 학교라는 장에서만 한정적으로 다루고 이해할 수는 없다. 학업상담이 제대로 이루어지기 위해서는 학생 개인뿐만 아니라 학교를 벗어나서 학생들에게 가장 큰 영향력을 미치는 부모와 그들의 가정문제를 함께 다루어야 한다. 현대사회의 핵가족화로 인한 개인주의 · 이기주의의 팽배와 맞벌이 부부의 증가, 여성의 사회 진출로 인한 가정에서의 부모 부재 현상과 이혼이나 가족 해체로 인한 결손가정의 발생 등은 가정의 제 기능을 상실하게 하여 자녀들에게 정서 불안과 함께 학습 활동에 대한 동기 결여를 누적되게 하여 필연적인 학업 문제를 일으키게 된다. 또한 부모의 자녀에 대한 지나친 관심과 보호는 자녀의 심리적 부적응 현상과 함께 부모에 대한 의존성이나 탈선, 비행과 같은 부정적인 영향을 미친다.

유엔아동권리위원회가 한국 정부에 전달한 최종견해(보건복지부 아동인권센터, 2019)에 따르면, 한국사회의 학업성취도에 기반한 차별을 지적하면서 교육시스템의 경쟁 완화를 주문하였다. 이는 우리나라 교육의 또 다른 문제인 고학력 지향의 사회 분위기와 관련된 것으로 볼 수 있다. 이러한 사회 분위기는 학생들에게 과도한 경쟁과 학업성취에 대한 관련 스트레스를 누적시켜 여러 가지 학업 문제를 일으킴과 동시에 생존경쟁에서 살아남기 위한 비정상적 부적응 행동들까지도 나타낸다. 이에 교사나 부모는 학생 개개인이 가진 능력이나 잠재력을 제대로 이해하고 그들 수준에 맞는 학업지도를 수행하도록 노력해야 하며, 이러한 수행에 적절한 도움을 줄 수 있는 학업상담자의 역할은 더욱 중요해지고 있다고 할 수 있다.

## 2) 학업상담의 목표

학업상담은 학업과정에서 겪게 되는 여러 가지 어려움에 대하여 전문적인 접근을 통한 심리적 · 정서적 · 기술적 지원을 의미하며, 단순히 성적을 올리는 것을 목표로 하지 않는다. 효율적인 학업상담을 통해 학생들이 자신이 지닌 잠재력을 개발하도록 격려하고, 학업 문제를 가진 학생들의 장애 원인을 탐색하여 이를 극복할 수 있도록 조력하며, 학업 문제로 야기되는 부정적인 자아개념의 형성을 예방함으로써, 학업 문제 해결 및 학업상담의 효율성을 높일 수 있다.

## 2. 학업상담을 위한 기초 이론

여기서는 뇌생리학과 관련된 최근의 연구 결과를 바탕으로 이러한 결과가 학생들의 학업 수행과 어떤 관련성을 가졌는지를 살펴보고자 한다. 이어서 학업 문제를 이해하기 위한 기초적인 인지이론에 대해서도 간단하게 정리하기로 한다.

### 1) 학습 관련 생리적 기초 이론

생리적 요인이 학습에 어느 정도까지 영향을 주는지 정확하게 밝혀지지는 않았지만, 뇌가 학습에 관여하며 구체적으로 학습과 기억에 관련된 인지 기능이 뇌의 어느 부위와 관련이 있는지 등에 관한 연구는 활발하게 이루어져 왔다. 여기서 학습의 생리적 기제를 이해하는 것은 학습문제를 이해하고 해결하는 데 중요한 단서를 제공해 주기 때문에 필수적이라 할 수 있다.

먼저, 학습과 관련된 신경구조에 대해 간단하게 살펴보면, 학습 현상과 관련이 있는 전두엽은 주로 주의 집중이나 구체적인 단서에 의한 주의를 기울이는 능력과 연관이 있고, 두정엽의 경우 자극을 조직화하여 그 자극들의 구체적 차이를 구분하는 능력이나 절차가 있는 기억, 학습과제를 수행하는 능력과 관련이 깊다. 또한 학습과 기억에서 가장 큰 역할을 담당하는 해마는 돌발적 현상에 주의를 집중하게 하는 능력 및 사실과 개념에 관한 지식의 중재자 역할을 한다. 흔히 뇌의 좌반구는 언어와 분석적 기능에, 우반구는 시각적 · 공간적 기능과 연관되어 있다고 알려져 있다. 학습과 관련된 신경생리학적 연구는 그리 쉬운 일은 아니지만, 다양한 연구 결과를 바탕으로 한 다음의 네 가지 개념적 모형을 통해 쉽게 이해할 수 있다.

첫째, 뇌는 고정된 순환을 통해 정상적으로 발달한다. 즉, 정상적인 뇌세포는 태아 임신 후 16주까지의 기간 동안 거의 발생이 완료되나, 가지돌기(수상돌기)의 발달이나 신경세포의 연접부 형성은 일반적으로 출생 후까지 다소 오래 이어진다.

둘째, 뇌는 그 성숙의 결정적 시기가 있다. 뇌는 출생 전뿐만 아니라 출생 후에도 성숙하는데, 8~10세 정도에 완전하게 뇌가 성숙한다고 주장하는 이도 있으며, 일부 연구자들은 청소년기가 되어서야 완전하게 성숙한다고 주장하기도 한다.

셋째, 인간의 뇌는 가소성의 특징을 가지고 있다. 다시 말하자면, 가지돌기와 신경세포의 연접부는 출생 후에도 계속해서 형성되며, 청소년이 처한 환경에 따라 인지발달에 있어 차이가 크다는 연구 결과(Vygotsky, 1962; Vygotsky & Cole, 1978)도 이를 뒷받침해 주고 있다. 이와 유사한 연구로, Rosenzweig(1998)은 풍요한 환경에서 기른 동물의 두뇌가 그 무게나 가지돌기, 신경세포의 연접 면에서 다른 비교 집단의 동물에 비하여 증가함을 보여 주었다.

넷째, 기억을 개념화하는 수단으로서의 뇌의 표준단위성을 들 수 있다. Gardner(1983, 1999)에 따르면, 인간의 인지발달은 자율적인 여덟 가지 영역에서 독립적으로 진행한다. 즉, 인간의 지능은 언어, 논리·수학적 추리, 공간 처리, 음악, 자연, 신체 운동 활동, 대인지식, 자기이해 지식의 여덟 가지 영역이 합해져 각 개인의 지능을 이루는 종합적인 개념이다. 또한 그는 특정 영역의 뇌발달에 있어서는 생물학적 요인과 함께 문화적 요인도 인간의 발달을 활성화한다고 주장하였다. 근래 Gardner(1999)는 자신이 소개한 다중지능이론의 기존 여덟 가지 요인에 실존지능(영성지능)을 추가해서 소개하고 있다(김주환, 2011).

## 2) 학습 관련 인지적 기초 이론

제2차 세계대전 이후 그동안 행동주의에 밀려 관심을 받지 못했던 인지에 관한 연구가 활발해지면서 학습을 능동적인 정신과정으로 인식하게 되었다. 그동안 인지이론가들이 공유하였던 학습의 의미는 세상에서의 가치를 찾고자 하는 시도이며, 모든 정신적 도구를 사용하여 세상을 의미 있는 곳으로 만드는 것으로 보았다(이정모 외, 2009; Goldstein, 2014; Herrmann et al., 2006; Sternberg & Sternberg, 2016).

인지이론가들이 본 학습의 첫 단계는 지각하고 주의를 기울이는 것이다. 자극을 탐지하고 그것에 의미를 부여하는 과정이 지각인데, 정보를 상호 무관한 조각들로 따로 지각하기보다는 의미 있는 전체로서 지각하는 게슈탈트 이론가들의 연구에 바탕을 두고 있다. 주의는 매우 제한되어 있어 어려운 과제를 해결해야 할 경우에는 한 번에 하나의 과제에만 주의를 기울여야 한다. 특히 학생들은 학습 상황의 중요한 특징들에 대해 지속적으로 주의를 집중하고 있어야 한다.

실제로 학습 상황에서 가장 의미 있게 기억해야 할 인지적 개념은 초인지와 개인차다. 사람마다 초인지적 지식과 기술에서 차이가 나기 때문에 개인별 학습량의 정도와 학습 속도에 있어 차이가 나는 것이다. 초인지 지식은, 첫째, 서술적 지식으로 과제 수행 시 무엇을 해야 하는지 아는 것을 말한다. 둘째, 절차적 지식으로 상담의 사용방법을 아는 것이다. 셋째, 상담전략과 절차의 사용 시기와 그 이유에 대해 아는 조건적 지식이다. 즉, 초인지는 이러한 서술적·절차적·조건적 지식을 문제해결과 목표 달성에 전략적으로 적용하는 것을 의미한다. 그러나 초인지를 항상 사용하는 것은 아니다. 자동적으로 이루어지는 행동 같은 경우에는 초인지가 쓸모 없지만 과제를 수행할 때 어려움에 부딪혔거나 그 어려움을 해결할 수 있을 경우에는 유용하게 쓰일 수 있다. 이런 경우에 초인지 과정인 계획·점검·평가의 과정이 유익한 도움을 줄 수 있다.

　이러한 초인지 능력은 부분적으로는 개인의 생물학적인 차이나 학습경험의 차이에서 비롯된다. 많은 학습장애아가 주의력 장애도 함께 가지고 있는 경향이 높은 것은 그들이 주변의 정보들에 대해 선택적으로 주의를 기울이는 능력의 차이가 커지게 되면서 학습장애로 이어진 것이라고 해석해도 무난할 것이다.

　또한 개인차는 새로운 정보가 일시적으로 머무르면서 현재 활성화되어 있는 작업기억과 지속성이 높은 비교적 잘 학습된 정보의 장기기억과도 관련이 있다. 기억의 폭은 나이가 올라갈수록 증가하는 것으로 밝혀졌으나, 그것이 기억 용량의 변화 때문인지 전략의 발달 때문인지 확실하지는 않다. 그리고 작업기억에서의 개인차는 수리 능력 및 언어 능력의 선천적인 재능과의 관련도 부인할 수는 없다. 장기기억의 개인차에 영향을 미치는 지식, 특히 서술적 지식과 절차적 지식을 많이 소유하고 있을수록 해당 영역의 정보를 더 잘 학습하고 기억할 수 있다. 이것은 해당 영역에 대한 기본적인 지식이 있으면 전략의 효과적인 사용과 향상을 꾀할 수 있으며 개인적 흥미가 지식에 더해지면 연속적인 상호작용이 일어나 더 잘 학습할 수 있게 된다. 한편, 학습부진아에 관한 대부분의 연구에서는 학습부진아들이 초인지에 심각한 결함을 가지고 있다고 지적하면서 적절한 초인지 전략을 사용함으로써 이들의 초인지 기능을 촉진할 수 있다고 한다.

## 3. 학업 문제의 이해

### 1) 학업 문제의 중요성

한국청소년정책연구원(2020)이 전국의 초등학교 4학년부터 고등학교 3학년까지의 재학생 8,623명을 대상으로 아동 · 청소년 인권실태조사를 실시한 결과에 따르면, 죽고 싶다는 생각이 든 적이 있는지 여부에 대해 '생각해 본 적이 없다' 73.0%, '가끔 생각한다' 23.1%, '자주 생각한다' 3.9%로 응답하였다. 이는 전체 응답자 중 27.0%가 죽고 싶다는 생각을 한 번이라도 해 본 것으로 볼 수 있다. 이들이 죽고 싶다고 생각을 한 이유를 조사한 결과, 학업 문제(학업부담, 성적 등)가 39.8%로 가장 높게 나타났으며, 다음으로 미래(진로)에 대한 불안 때문이라는 응답이 25.5%로 두 번째로 높게 나타났다. 성적의 경우 '중' '상'보다 '하' 집단으로 갈수록 죽고 싶다는 생각을 많이 하는 것으로 분석되었다. 성적이 낮다는 이유로 죽음을 생각할 것이라는 인과관계는 파악할 수 없지만, 성적이 낮은 이유에 대해 또는 낮은 성적으로 인해 발생할 수 있는 다양한 변화에 대해 관심을 가져야 할 것이다. 또한 행복한 정도와 행복하지 않다면 왜 행복하지 않은지에 대해서는 전체 대상자의 85.8%가 행복하다고 느끼는 것으로 분석되었으며, 성적에 따른 차이를 살펴보면 성적이 상위권이라고 인식할수록 행복감이 높아지는 것으로 나타났다. 반면에 행복하지 않다고 응답한 14.2% 사례를 대상으로 행복하지 않은 이유에 대해 설문한 결과, 학업 문제가 40.6%로 가장 많은 응답자가 답했으며 다음으로 미래(진로)에 대한 불안이 24.0%로 높게 나타났다. 과거 학업성적이 계층사다리를 오르게 하는 가장 확실하고 안전한 투자였던 것에 반해, 학업 이외에 다양한 진로나 활동을 통해 미래를 설계하고, 또한 다양한 영역으로 관심들이 분산되거나 청소년이 갖는 문제 등이 다양해졌지만, 그럼에도 불구하고 실제 청소년들의 개인상담 장면에서는 아직도 그들의 인생에 가장 중요하게 작용하는 것은 학업 문제라는 것을 알 수 있다. 더 나아가 학업성적이 부진하거나 소위 누적된 학습장애가 있는 학습부진아의 경우에는 자신들의 미래에 대한 불안으로 인해 사회적으로 일탈된 행동까지 보이면서 문제를 일으키기도 한다.

학생이 자신의 학업을 성공적으로 수행하지 못할 때 그로 인한 학생의 전반적인 학교생활뿐만 아니라 가족 및 교우 관계에도 부정적 영향을 미치게 되고, 자아개념의 형성과 미래에 대한 방향 설정에도 문제를 일으킨다. 그만큼 학업 문제는 중요한 것이다(이현웅, 곽윤정, 2011).

## 2) 학업 문제의 유형

요즈음은 학업이 초등학생들에게까지도 큰 고민거리로 대두될 만큼 우리나라 학생들에게 가장 심각한 문제가 되었으나, 그러한 고민을 했다 할지라도 교사나 부모와 학업 문제에 대해 진지한 대화를 나누어 본 경험을 가진 학생들은 그리 많지 않을 것이다(이현웅, 곽윤정, 2011). 여기서 학업과 관련된 문제의 유형을 크게 네 가지로 나누어 보면 다음과 같다.

첫째, 성적 저하로 인한 정서적 불안이다. 공부가 잘될 때는 별 문제가 되지 않으나, 시험 때마다 신경을 곤두세우고 그 결과에 집착하게 되며, 특히 성적이 부진하거나 학생이나 학부모의 기대 이하의 결과가 나왔을 때는 심각한 정서적 문제를 겪게 된다. 즉, 심한 좌절감이나 불안을 경험하게 되고, 부모의 질책이 당사자에게 심리적 충격을 더해 줌으로써 학업에 대한 스트레스를 유발하게 된다.

둘째, 시험 자체에 대한 불안이다. 시험 성적에 대한 지나친 집착과 두려움으로 인해, 시험만 다가오면 불안해지면서 주의 집중력이 떨어지고 심지어는 가슴이 뛴다든지 심한 두통이나 소화불량 등의 신체적인 고통을 호소하기도 한다. 시험을 앞두고 적정 수준의 불안은 학생들의 동기를 증진해 줄 수 있으므로 학습 수행에 도움이 될 수도 있지만, 지나친 불안으로 인해 시험 당일 공부한 내용을 기억하지 못하는 경우라면 문제가 된다.

셋째, 학업에 대한 반감이나 동기 부족이다. 이 유형은 공부에 대한 동기가 부족한 학생들로서, 학업 자체를 무의미한 것으로 여겨 학업을 소홀히 하고 다른 활동에 많은 시간을 보냄으로써 학업성적이 저하되는 경우다. 특히 이 경우에는 부모나 교사의 과도한 학업 압력에 대한 반발로 학업에 무관심해질 수도 있고, 공부보다는 자신의 관심 분야와 관련된 활동에 더 큰 가치를 부여함으로써 상대적으로 학업에 소홀해지는 학생들로 구분할 수 있다. 또한 학업에 대한 반감의 경우에는 학업에 대한 근본적인 의문도 별로 없이 공부하는 것 자체에 대한 반감을 갖는 예도 이에 해당한다.

넷째, 학업 능률의 저하다. 이러한 문제를 가진 학생들은 다시 그 원인에 따라 크게 두 가지 유형으로 나눌 수 있다. 먼저, 노력은 했는데 성적이 안 오르는 경우다. 거의 매일 오랜 시간 책을 붙잡고 있기는 하지만, 학업 능력이 부족하고 주의 집중이 되지 않아 학업 능률이 오르지 않는 것이다. 게다가 학업에 대한 심리적 부담감과 학업 이외의 대인관계에 관한 갈등이 생기게 되고, 이로 인해 정서적인 불안정이 동반되면서 심리적인 장애도 겪게 된다. 다음으로, 학업 습관의 부적절성과 비효율적인 학습방법으로 인해 학업 능률이 오르지 않는 경우가 있다. 음악을 들으면서 공부를 한다거나 너무 늦도록 공부하고 난 후 다음 날 학교 수업시간에 졸거나 충분한 주의 집중을 하지 못하는 등의 잘못된 학업 습관을 지닌 학생의 경우에는 당연히 학업 문제가 생길 수 있다. 이 외에도 공부하는 시간은 긴 편이나 그 방법이 조직적이고 체계적이지 못해서 학생의 노력에 비해 학업성적이 그다지 좋지 못한 경우가 있다.

이뿐만 아니라 학업 문제에서 파생되는 여러 문제가 있는데, 학업에 대한 지나친 집착으로 인해 교우들로부터 따돌림을 당하거나, 학업성적이 부진한 학생의 경우 성적 저조의 이유로 다른 학생들에게서 받게 되는 무시, 부모나 가족의 지나친 기대로 인한 심리적 좌절감 등이 학업 문제와 연관되어 다양한 청소년 문제로 이어지게 된다.

## 4. 학업성취 관련 변인과 학습부진

학업 문제의 유형에서 살펴보았듯이 학업 문제는 그 형태도 다양하지만, 학생들의 생활에 미치는 영향력과 의미는 더 크다고 할 수 있다. 학업 문제의 발생은 어떤 원인에 의해서건 학업성취와 관련된 문제일 뿐만 아니라 또 다른 문제를 파생시킬 수 있는 것이다. 따라서 상담자가 학교현장에서 학업 문제를 가진 학생을 정확하게 이해하고 보다 전문적인 도움을 주려면, 그 학생들의 학업성취 수준뿐만 아니라 학업 문제의 원인이 될 만한 요인들을 제대로 파악해야 한다. 학업성취와 관련된 대표적인 요인으로는 크게 인지적 요인, 정서적 요인, 환경적 요인이 있다.

## 1) 학업성취 관련 변인

### (1) 인지적 요인

#### ① 지능

학습과 밀접한 관련이 있는 대표적인 인지적 요인으로 지능을 들 수 있다. 학업 수행에 어려움을 호소하는 경우나 학업성취 정도가 대체로 낮고 학습 속도가 느린 학생들에게는 표준화된 지능검사를 수행함으로써 그 문제의 원인을 밝혀내는 데 도움을 줄 수 있다. 개별 학생들의 경우 집단용 지능검사보다는 개인용 지능검사를 사용하는 것이 정확한 정보를 얻는 데 도움이 될 수 있다. 지능검사 점수가 학업성적의 성취 정도와 상관관계가 있는 것은 맞지만, 학교 성적이 전적으로 지능에 의해 결정되는 것은 물론 아니다.

표준화된 지능검사로는 카우프만 아동용 지능검사(K-ABC), 스탠포드-비네 지능검사(Stanford-Binet Intelligence Scales), 웩슬러 지능검사(WISC)가 있다. 한국에서는 한국 웩슬러 아동 지능검사 5판(K-WISC-V)과 한국 웩슬러 성인지능검사 4판(K-WAIS-IV)을 주로 사용하고 있다. K-WISC-V는 만 7세 4개월~만 15세를 대상으로 하고, K-WAIS-IV는 만 16세 이상~만 69세를 대상으로 한다. 이 검사는 언어이해, 지각추론, 작업기억, 처리속도에 대한 영역으로 나뉜다. 이 검사의 결과는 학업상담이나 학생을 이해하기 위한 기초 자료로서 매우 중요한 수단이 될 수 있지만, 지능검사가 가지는 속성과 그 한계를 충분히 고려하여 사용하여야 한다.

#### ② 기초 · 기본 학습 능력

성공적인 학업성취를 위해서는 학습에 필요한 기초적인 학습 능력이 요구된다. 현재 학교현장에서 실시하고 있는 많은 학업성취도 검사는 그것들이 가진 한계로 인해 학업의 기초가 되는 세부 능력과 그와 관련된 요소들을 정확하게 제시하지 못하고 있다. 현재 초등학교에서는 한국교육개발원에서 개발한 표준화된 기초학습능력검사를 활용해 학생들의 기초적인 읽기, 쓰기, 셈하기 능력을 평가하고 있으며, 학습준비도검사와 기본학습능력검사를 통해 기초학습능력에 관한 객관적인 정보를 제공하여 각 해당 학년의 기본적 학습 수행 능력을 확인하고 있다. 이는 학업성취 정도가 떨어지는 학생들의 부진 요인을 파악하여 그들에게 적합한 수준별 학습 지도를 통해 학습 능률의 효과를 꾀한다.

### ③ 선행학습 수준

앞에서 언급한 기초학습능력에 있어서는 별문제가 없는 학생이 특정 교과에 있어 어려움을 호소하거나 계속해서 교과 성적이 하락할 때는 선행학습의 결손 정도를 확인해 볼 필요가 있다. 특히 성적 하락의 정도가 심하거나 계속되면 더욱 그러하다. 교과별 선행학습의 수준을 확인할 방법으로 해당 교과에 대한 성취도 평가와 함께 각 교과 담당 교사와의 상담을 통해 결손 요인과 정도, 시기를 간접적으로 파악하는 것도 효과적이며, 이는 학업 문제 해결을 위한 계획을 수립하는 데 도움이 될 수 있다.

### ④ 학습 방법 및 전략

상담자는 학업 문제를 가진 학생이 어떤 학습 방법과 전략을 사용하는지와 얼마나 효율적으로 사용하는지를 파악해야 한다. 그런 다음, 그들의 학습 방법과 전략, 습관의 장단점을 활용하거나 개선하도록 도움을 주어야 한다. 학년이 높아질수록, 그리고 학습 시간의 양이 늘어날수록 학습 방법이나 전략은 학업성취에 더욱 큰 영향을 미치게 되는데, 그러한 것들을 어떻게 사용하느냐에 따라 학업성취 정도에는 차이가 날 수밖에 없는 것이다. 따라서 상담자는 학생들이 효율적으로 시간을 활용하고 자신만의 효과적인 학습방법을 사용하는지를 제대로 파악하고자 하는 노력이 필요하다.

## (2) 정서적 요인

### ① 학습동기

동기란 어떤 목표를 지향하는 행동이 시작되고, 방향을 잡아 주고, 유지하게 하도록 하는 힘으로 볼 수 있다(Atkinson, 1964; Lindsley, 1957). 이러한 학습동기는 공부를 시작하게 하고, 나아갈 방향을 잡아 주고 그것을 지속할 수 있도록 돕는 매우 중요한 의미를 지니고 있다고 할 수 있다. 그러므로 학업상담에서는 학생이 가진 동기의 수준을 파악하고, 학업에 대해 동기를 부여할 수 있도록 돕는 것이 매우 중요하다고 할 수 있다.

학업상담에서 동기를 파악하는 데에는 Maslow(1943)의 욕구이론, Deci와 Ryan(1985)의 자기결정성이론을 살펴보는 것이 도움이 된다. Maslow(1943)의 욕구이론은 인간의 욕구를 생리적 욕구 → 안전의 욕구 → 소속감과 사랑의 욕구 → 존중의 욕구 → 자아실현의 욕구로 살펴보았다. 욕구라는 것은 위계가 존재하며, 그것을 충족하기 위해 인간은 어떠한 행동을 실천하게 된다. 학업이 학생의 욕구를 충족시켜 주는 행위일 경우 그것이 어떠한 욕구와 연결되어 있는지 살펴보는 것이 중요하다. 또한 학업이 상위욕구와 연결되어 있을 때 그러한 상위욕구를 충족시키기 위해 하위욕구들이 충분히 충족되고 있는가를 살펴보아야 한다.

자기결정성이론은 외적 동기와 내적 동기가 자기결정성의 정도에 따라 무동기 상태로부터 내적 동기 상태에 이르기까지 연속적으로 존재한다고 설명한다(윤가현 외, 2019). Deci와 Ryan(1985)은 자신의 행동을 스스로 결정하는 자기결정성 혹은 자율성에 따라 동기 유형을 무동기, 외재적 동기, 자율적 외재적 동기, 내재적 동기의 네 가지 유형으로 분류하고 해석하였다. 이후 Ryan과 Deci(2000)가 무동기와 내재적 동기 외에 외재적 동기를 자기결정성 정도에 따라 외적 조절, 주입된 조절, 동일시 조절, 통합된 조절로 더욱 세분화하여 여섯 가지 유형으로 구분하였다.

〈표 10-1〉 **자기결정성에 따른 여섯 가지 학습동기 유형**

| 구분 | 비자기결정적 ← | | | | | → 자기결정적 |
|---|---|---|---|---|---|---|
| 동기 | 무동기 | 외재적 동기 | | | | 내재적 동기 |
| 자율성 조절의 종류 | 무조절 | 외적 조절 | 주입된 조절 | 동일시 조절 | 통합된 조절 | 내재적 조절 |
| 인과 소재 | 없음 | 외적 | 약간 외적 | 약간 내적 | 내적 | 내적 |
| 관련한 조절과정 | • 무의도<br>• 무가치<br>• 무능력<br>• 통제의 결여 | • 외적 제한에 따름<br>• 외적인 보상과 처벌 | • 자기통제<br>• 자아의 개입<br>• 내적인 보상과 처벌 | • 개인이 중요하다고 여겨 가치를 둠 | • 일치<br>• 자각<br>• 자기<br>• 통합 | • 흥미<br>• 즐거움<br>• 고유한 만족 |

출처: Ryan & Deci (2000).

학업성취도와 학습동기와의 관계에 관한 많은 연구가 학습에 대한 학생들의 자율성이 높을수록 학업행동에 적극적으로 임하며, 학업성취의 정도도 높다는 것을 보여 주고 있다(김기정, 2004; 이경희, 김지연, 2014). 흔히 학업 문제로 상담을 원하는 많은 학생이 학습에 대한 동기수준이 낮은 편이며, 부모의 강요를 이기지 못해 오는 경우가 있다. 이때 성공적인 상담을 위해서는 상담자가 학생이 가진 학습동기나 흥미수준을 정확하게 파악할 필요가 있다.

학업성취와 밀접한 관련이 있는 학습동기를 증진하기 위해서는 먼저 학생이 학습에 대한 성공적인 경험을 많이 갖도록 하는 것이 중요하다. 성공적인 경험이 많은 학생일수록 이전의 성공한 일에 대해서는 자신감을 가지고 도전할 수 있는 의욕을 가지게 되며, 이를 위해서는 학생의 능력에 맞는 과제를 부여하는 것이 좋다. 그리고 본질적인 동기인 내재적 동기를 통해 학습에 대한 개인적 상황이나 성공경험 등에 대한 통제를 스스로 할 수 있도록 도와주는 것이다. 또한 자신이 가진 부정적인 정서들을 스스로 극복하고 적응할 수 있도록 돕는 것도 중요하며, 우리의 경험을 통해 알듯이 정신적 건강과 함께 신체적 건강도 중요하다는 것을 일깨워 주는 것이다.

### ② 자아개념

자아개념은 학습동기와 관련이 있는 개인의 내적 특징으로서 인본주의적 견해(Rogers, 1951, 1980)인 인간의 내적 욕구와 개인의 지각을 중요시하는 데 초점을 두면서 그 중요성이 더해졌다. 자아개념이란 개인이 가지고 있는 자신에 관한 생각이나 태도, 느낌 등을 말하는데, 개인이 자신을 어떻게 지각하느냐에 따라 그 사람의 행동은 다르게 나타날 수 있다.

학교현장에서 성공적인 학업을 수행한 학생과 실패를 경험한 학생 간에는 이 자아개념에 있어 현저한 차이를 보인다. 물론 이러한 자아개념이 긍정적이든 부정적이든 한두 번의 성공이나 실패로 형성되는 것은 아니라 연속적인 성공이나 실패의 경험으로 인해 긍정적 · 부정적 자아개념을 형성하게 되는 것이다. 즉, 자신이 능력 있는 사람이라 지각할 때는 자신에게 부여된 과제를 성취하고자 노력할 것이고, 반면에 자신에 대해 부정적 지각을 가진 사람은 학습과제에 대한 실패를 두려워하거나 좋지 못한 결과를 당연한 일로 받아들일 것이다. 아울러 자아개념은 단지 학생의 학업성취에만 영향을 미치는 것이 결코 아니다. 자아개념과 관련된 연구 결과에서 알 수 있듯이, 높은 긍정적 자아개념을 가진 학생일수록 학교생활에 더 잘 적응하여 긍정적인 행동과 원만한 교우관계를 유지한다는 것을 알 수 있다(안도희, 김유리, 2014; 전훈, 조형대, 조현진, 이혜선, 2010).

이러한 자아개념은 학생의 성장과정을 통해 학습되는 것이지, 선천적인 것이 아니다. 그러므로 자신의 자아개념을 긍정적으로 형성시킬 수 있는 반복적인 성공경험의 기회를 개인이 충분히 가질 수 있도록 성공에 대한 적극적인 주변의 관심과 실패에 대한 격려와 함께 다양한 자아개념 개선 프로그램을 적용함으로써, 학습에 대한 학생들의 자신감을 키워 줄 필요가 있다.

### ③ 심리적 불안

학생의 심리적인 안정 또한 학업성취를 위한 중요한 요인 중의 하나다. 심리적 불안은 학생들의 학교생활에 직접적인 영향을 끼치며, 가장 전형적인 학생들의 불안은 주로 시험과 관련된 불안이다(김계현 외, 2009).

학습과정 자체는 원활하게 수행하는데 시험에 대한 불안이 지나쳐 자신의 학업능력을 충분히 발휘하지 못하는 학생이 있을 수 있다. 이럴 때는 상담자가 학생의 시험 불안을 적정한 수준으로 낮출 수 있도록 도와주어야 한다. 학생의 불안수준이 극도로 낮거나 높은 것보다는 적정 수준으로 유지될 때 효과적인 학업성취를 이룰 수 있다. 그러기 위해서는 학생 스스로 자신의 시험 대처 능력을 향상할 방법을 생각하고 노력하도록 하며, 부모나 학교, 주변 전문가들은 그들을 위한 정신적·물질적 지지를 아끼지 않아야 한다. 또한 시험 불안이 학생의 인지적 요인과 관련이 크다는 점에서 합리정서행동치료나 자기통제법, 심상법 등과 같은 인지행동적 기법을 적용한 프로그램을 학생들에게 적용하는 것도 고려해 볼 만하다.

### (3) 환경적 요인

학생이 가진 인지적·정서적 요인 이외에도 학생 주변의 환경적 요인들에 의해서도 학업성취 정도는 영향을 받을 수 있다. 이 환경적 요인들로는 가정과 학교 및 또래, 지역사회 환경을 들 수 있다.

먼저, 가정환경 요인으로는 가정의 경제적·사회적 수준과 부모의 양육방식 등을 들 수 있으며, 학교 및 또래 환경 요인으로는 학교의 시설이나 풍토, 교사와의 관계 형성, 교사의 교육방법, 또래 혹은 선후배 관계 등을 생각할 수 있다. 더 나아가 지역사회 환경 요인은 지역사회의 학업에 대한 가치 이해 정도, 학교 주변 환경의 건전성 등이 있다.

사실 학업에 대한 자신의 의지와 학습동기가 높으면 다소 불리한 환경적 조건을 가졌다 하더라도 자신의 노력으로 원하는 바의 학업을 성취할 수 있을지도 모른다. 그러나 여기에 더해 환경적 요인이 학생의 학업을 건전하고 발전적인 방향으로 나아갈 수 있도록 돕는다면 그들의 학업성취에 강화제로 작용하게 되는 것 또한 사실이다.

그러므로 상담자는 학생의 인지적 · 정서적 요인의 파악과 함께 학생 주변의 환경적 요인들이 학업 향상을 위해 학생이 어떠한 상태에 놓여 있는지를 확인함으로써 학업상담의 기초적 전략을 수립하는 데 도움을 얻을 수 있으며, 또한 두 가지 요인에 동시에 접근함으로써 학생에게 있어 좀 더 긍정적인 변화를 기대할 수도 있다.

## 2) 학습부진

학업상담 촉진을 위해서는 학업 부적응 문제를 다룰 필요가 있으며, 학교현장에서는 특별한 신체적 장애를 가지고 있지 않으면서도 다양한 이유로 인해 학업 수행에 대한 어려움을 호소하는 학생들을 쉽게 발견할 수 있다. 특히 근래에 들어 학업성취가 다른 학생들에 비해 현저히 떨어지는 소위 학습부진 학생들의 출현 빈도가 높고 그에 관한 관심이 커져, 교육청별로 학습부진아 현황을 파악하고 교사들이 학습부진아 일소에 노력하도록 여러 가지 대책을 내세우고 있다. 그러나 실제 학습부진아들에 대한 철저한 지도가 이루어지는지, 그리고 효과적인 지도방법을 적용하고 있는지도 의문스럽다.

학습부진은 학생이 특정 영역에서 제대로 수행하지 못하거나 기대치보다 낮은 결과가 나왔을 때 통상적으로 쓰이는 용어이나 실제로 정확하게 정의 내릴 수 없을 만큼 다양한 의미를 지닌 개념이다. 학습부진 학생을 다루는 교사나 학부모, 교육상담전문가 등의 학습부진에 대한 견해가 조금씩 다른 이유가 바로 이에 기인하는 것이다.

특히 학습부진은 지속 기간이나 심각성 정도, 범위(기초 · 기본 학습부진), 원인 등의 각 차원에 따라 그 특성이 다르므로 학습부진을 좀 더 체계적으로 탐색할 필요가 있다. 그리고 학업 문제를 제대로 이해하기 위해서는 학습부진의 다양한 원인에 대한 정확한 분석이 선행되어야 한다. 덧붙여 용어의 명확한 사용을 위해 학습부진과는 다른 유사 개념들인 학습지진, 학업저성취, 학습장애 등에 대한 이해도 필요하므로 이러한 유사 개념을 정리하여 제시해 보면 다음과 같다.

첫째, 학습지진(slow learner)은 지적지수가 하위 3~25%에 속하는 학생으로 지적 능력이 평균 수준에 미치지 못해 학업성취 정도가 뒤떨어지는 경우를 말한다. 즉, 지능지수의 변화는 거의 없으며, 이러한 학습지진의 문제를 가진 학생들의 경우에는 상담목표 설정에도 세심한 주의를 기울여야 한다.

둘째, 학업저성취(low achievement)는 학업성취 수준의 결과를 중심으로 하는 개념으로서 학생이 가진 개인 내적 요인에 대한 고려 없이 일반적으로 학업성취 결과 기준 하위 5~20%의 성취수준을 보이는 것을 의미한다.

셋째, 학습장애는 일반적으로 인지적 · 정서적 · 사회적 · 환경적 문제는 없으면서 중추신경계의 기능장애로 인해 말하기, 읽기, 쓰기, 셈하기 등 특정 분야에서 한 가지 이상의 장애가 있는 것을 의미한다. DSM-5(American Psychiatric Association, 2013)에 따르면, 학습장애는 신경발달적인 장애에 속하며 읽기 · 산수 · 쓰기 표현 영역에서 생물학적 나이에 비해 학습기술을 습득하는 데 지속적으로 어려움이 있을 때 진단된다.

학습장애는 부모나 교사 면담, 학습에 장애를 줄 만한 신체적 문제, 심리검사 등을 통해 진단할 수 있다. 상담자는 이러한 진단을 통해 얻은 자료를 바탕으로 학생이 학업과 관련된 어떤 문제라도 편하게 이야기할 수 있고 함께 해결해 나갈 조력자로서의 역할을 충실하게 해야 한다. 그러기 위해서는 가족과 주변 친구들에게 협조를 요청하기도 하고, 학습장애 학생의 특성을 고려한 특수교육 서비스 제공과 함께 많은 관심과 철저한 지도가 필수적이다. 또한 진단 시 드러난 신체적 문제들은 그 질환에 맞는 적절한 치료를 통해 효과적인 과제 수행이 가능하도록 도와주어야 한다.

*학교현장에서의 학습부진

　2019년 「기초학력 보장법」과 동법 시행령의 제정으로 기초학력의 법적인 근거가 마련됨으로 인하여 학교현장에서의 학업상담에 중요성이 더욱 강조될 수 있을 것이다. 기초학력이란 문장과 수를 해석하고 일상생활을 해 나갈 수 있는 역량을 중심으로 정립하여 공교육을 통해 실질적으로 보장 가능한 범위로 보았다. 즉, '학교 교육과정을 통하여 갖춰야 하는 읽기 · 쓰기 · 셈하기[3R's: 읽기(Reading), 쓰기(Writing), 셈하기(Arithmetic)]와 이와 관련된 교과(국어 · 수학)의 최소 성취기준을 충족하는 학력'으로 정의할 수 있다.

　기존 학교현장에서 학습부진학생에게 사용하던 기초학습부진학생, 교과학습부진학생이라는 용어는 중3, 고2 학생을 대상으로 실시하는 국가수준 학업성취도 평가에서 목표 성취수준 20%에 해당하지 못하는 경우의 학생을 의미하는 것으로 「기초학력 보장법」의 제정을 통하여 기초학력을 갖추지 못한 학생을 '학습지원대상학생'이라 하여 학습부진에 대한 부정적 인식을 방지하였다.

출처: 교육부(2019. 3. 29.).

〈표 10-2〉 **기초학력 진단-보정 시스템**

| 기초학력 진단-보정 시스템 | |
|---|---|
| 대상 | 초등학교 1학년~고등학교 1학년 |
| 교과 | • 초등1~2: 기초국어, 기초수학<br>• 초3 및 초4~고1: 읽기, 쓰기, 셈하기<br>• 초4~중3: 국어, 수학, 사회, 과학, 영어<br>• 고1: 국어, 수학, 영어 |
| 단계 | 초기진단-보정-향상도 진단 |
| | • 초기진단: 학기 초 기초학력 수준 및 학습부진 가능성 등 판단을 위하여 모든 학생에게 적용<br>• 보정: 기초학력이 부족한 경우 원인을 분석하고 단계적 학습 보정을 통해 학년별 필요한 기초학력 수준을 갖출 수 있도록 지원<br>• 향상도 진단: 학습 보정 후 기초학력 향상 및 도달 정도를 진단하여 학습지도 전략 수립 |
| 시스템<br>흐름도 | <br>※ 초기진단 단계: 이전 학년 교육과정<br>※ 향상도진단 단계: (A형) 이전 학년, (B형) 이전 학년 2학기~현 학년 1학기, (C형) 현 학년 |

출처: 교육부(2019. 3. 29.).

# 5. 학업상담을 위한 학습전략 프로그램

## 1) 학습전략의 정의

학업 문제나 학습부진에 관해 관심을 가지고 지속적인 연구를 해 온 학자들은 이를 극복하기 위한 대안적 방법의 하나로 학습전략에 관한 다양한 연구를 해 왔다. 『상담학 사전』(김춘경 외, 2016b)에서는 학습전략을 "학습을 촉진하기 위하여 학습하는 동안 학습자가 취하는 모든 방법적 사고와 행동"으로 설명하고 있다. Weinstein과 Mayer(1986)는 학습전략을 "학습 내용 부호화 과정에 영향을 주거나 학습하는 동안 학생이 자신의 학습에 관여하는 모든 사고와 행동"으로 정의하였으며, Dansereau(1985)는 정보의 획득, 저장, 그리고 유용화를 촉진할 수 있는 일련의 과정이나 단계를 학습전략이라고 하였다. 김계현(2000)은 효율적인 학습 내용이나 정보를 효율적으로 기억하는 데 필요한 여러 기능과 능력, 방법이 학습전략이라고 보았다. 김동일(2005)은 학습전략을 효율적인 학습 또는 정보를 효율적으로 기억하는 데 필요하거나 도움이 되는 여러 종류의 기능, 능력, 계획 또는 방법 등이라고 하였다. 이는 학습의 결정적 차원뿐만 아니라 학습 실행에 관여하는 모든 차원을 포함하는 것이다.

학자마다 학습전략에 대한 정의를 다르게 보고 있으나, 전체적으로는 개인이 습득한 학습과 관련된 정보를 효과적으로 저장하고 활용할 수 있는 전략과 방법을 의미한다고 볼 수 있다.

## 2) 학습전략의 분류

지금까지 학습전략은 다양한 방식으로 분류됐는데, 『교육학 용어사전』(서울대학교 교육연구소, 2011)에서는 학습전략을 정보처리전략, 공부전략, 지원전략, 상위인지전략으로 구분하고 있다. 또한 Dansereau(1978)는 학습전략을 주 전략과 보조전략으로 구분하여 설명하였는데, 주 전략은 목표 정보에 직접적인 영향을 미치는 정보의 습득과 저장에 직접 관여하는 전략으로 이해전략과 파지전략, 회상전략, 사용

전략이 있다. 보조전략은 학습자의 정보처리에 간접적인 영향을 미치는 학습전략으로서, 목표 계획 및 설계 전략, 주의집중전략, 자기점검 및 진단전략이 있다.

McKeachie, Printrich와 Lin(1986)은 학습전략을 인지적 학습전략, 초인지 전략, 자원관리전략의 세 가지로 나누어 설명하였다. 인지적 학습전략은 시연전략, 정교화 전략, 조직화 전략 등으로 구성되어 있고, 초인지 전략에는 계획전략, 점검전략 등이 있으며, 자원관리전략에는 시간관리전략, 공부환경관리전략, 노력관리전략, 타인의 조력 추구 등이 있다. 여기서 더 높은 정보처리와 관련이 깊은 인지적 학습전략인 시연전략, 정교화 전략, 조직화 전략과 초인지 전략에 대해 더 자세하게 살펴보면 다음과 같다.

## (1) 인지적 학습전략

### ① 시연전략

시연전략(rehearsal strategy)은 학습과정에서 학생이 정보를 습득하고 기억하는 데 도움을 준다. 학습 중에 제시되는 여러 항목을 능동적으로 외우거나 따라 읽기 하는 것으로서, 소리 내어 반복해서 읽기나 그대로 옮겨 쓰기, 중요한 부분에 밑줄 긋기 등이 시연전략의 대표적인 예다.

이러한 시연활동을 통해서 단순 정보의 획득이 더 쉽게 되는데, 이는 학생이 자신의 중요한 부분을 선택적으로 학습하게 되고, 자료들을 장기기억의 상태로 저장할 가능성을 높이도록 도와주는 것이다. 그러나 여러 연구 결과에서 시연전략은 새로운 정보와 사전지식을 연결하여 내적인 통합을 이루거나 창의적 관계 형성에는 그다지 도움을 주지 못하는 것으로 보인다.

### ② 정교화 전략

정교화 전략(elaboration strategy)이란 학생이 학습과정에서 학습하고 있는 정보들을 연결하고 새로운 정보를 더하는 전략을 말한다. 즉, 학습할 정보에서 둘 이상 항목 간의 내적인 통합관계를 형성하고자 심상 형성, 의역하기, 논점 요약하기, 유추하기, 노트하기, 질의응답하기 등의 전략들을 통해 시연전략의 단점인 단기기억과 장기기억의 통합이 가능하게 한다.

### ③ 조직화 전략

조직화 전략(organizational strategy)이란 학습할 사항이나 목록들을 유목화·계열화하여 학습할 개념들을 묶거나 순서화함으로써 그들의 관계성을 밝히는 것이다. 조직화 전략은 정교화 전략과 마찬가지로 시연전략보다 학생의 적극적인 역할이 요구되며, 다양하고 복잡한 학습 내용을 정리하는 전략으로 학습 내용의 개요를 작성하는 것이 조직화 전략에서 가장 많이 쓰이는 방법 중 하나다(Weinstein & Mayer, 1986).

### (2) 초인지 전략

학습을 촉진하는 여러 가지 전략 중에서 최근 많은 관심을 받는 초인지 전략(metacognitive strategy)은 학생이 학습에 대한 계획을 수립하거나 점검하고 평가하고자 할 때 사용하는 실행전략을 말한다. 초인지 전략과 관련된 대표적 개념으로는 계획 수립과 자기점검을 들 수 있다. 계획 수립은 학생이 나름의 분명한 목표를 가지고 시간을 계획하여 학습의 효율성을 높이는 것이다. 여기에는 목표 설정도 포함되며, 적어도 8~9세 정도는 되어야 계획을 효과적으로 수립할 수 있다고 본다. 자기점검은 학습자가 예습과 복습, 자기점검의 과정을 통해 자신이 학습한 내용을 정확하게 이해하고 있는지를 점검하고 평가하는 것으로, 성공적인 문제해결을 위해 스스로 인지적 강화를 해 나가는 과정을 의미한다.

### (3) 자원관리전략

자원관리전략은 학습에 영향을 미치는 자원을 통제하는 전략으로 시간관리전략(시간표 작성, 목표 설정), 공부환경관리전략(장소 정리, 조용한 장소 확보), 노력관리전략(자기효능감을 높이는 노력에 대한 귀인, 자기강화), 타인의 조력 추구(교사, 집단학습, 개인지도) 등이 포함된다(김계현 외, 2009; 황매향, 2008). 성공적인 자원관리전략을 위해서는 학생의 학업에 영향을 미치는 자원에 대하여 위험 요인과 보호 요인을 구분하여 파악한 뒤, 위험 요인은 감소시켜 주고 보호 요인은 강화해서 자원을 좀 더 효과적으로 사용할 수 있도록 해야 한다.

이 외에도 학습전략은 인지적 활동뿐만 아니라 학생의 감정과 관련된 정의적 측면도 중요시한다. 정의적 전략은 학습동기를 활성화하거나 시험 불안을 극복하기 위한 활동, 실패에 관한 생각을 극복하도록 돕는 활동 등 정보의 획득에 직접적으로 작용하지는 않지만, 학생의 내적 상태를 효율적으로 유지해 주는 역할을 할 수 있다.

### 3) 학습전략 프로그램의 구성요소

학습전략은 크게 학습전략 교육과정과 훈련 절차, 학습환경으로 구성된다.

학습전략 교육과정은 세 가지 유형의 전략을 포함하는데, 먼저 자료를 해석하거나 질문하기 전략과 같은 학습 자료를 통해 정보를 효율적으로 습득하게 하는 전략이 그 첫 번째 유형이다. 이는 문장을 해독하거나 읽은 내용을 재진술하고 시각적 심상을 활용하는 것이다. 두 번째 유형은 학생에게 필요한 정보를 기억하도록 하는 전략으로, 정교화나 연상을 이용하며 반복적으로 학습하거나 공책 정리의 효율적인 기술을 이용한 전략이다. 세 번째 유형은 문장의 작성 훈련이나 오류를 점검하는 활동을 통해 내용을 조직화하는 전략으로, 주제가 있는 글쓰기나 효율적인 시험 기술 등을 학생 스스로 조직화할 수 있도록 한다.

학습전략 프로그램의 훈련 절차는 상담자가 학생을 과정에 적극적으로 참여하도록 진행할 때보다 높은 효과를 기대할 수 있다. 우선, 학생의 현재 수행수준을 확인하고 그들이 전략을 배우려고 하는 동기를 갖도록 격려한다. 그런 다음, 전략의 필요성을 인식하도록 학생들의 인지적 변화를 유도하며, 직접적인 교수활동을 통해 전략을 이해하고 확인하도록 한다. 다음 단계로 상담자의 지도하에 학생이 효과적인 전략을 충분하게 연습할 수 있도록 함으로써 오류를 교정하고 개인적인 피드백을 제공해 준다. 또한 효과적인 피드백 제공을 위해 자기평가를 하고, 다른 환경에서도 그 전략을 발전적으로 확대하여 활용할 수 있도록 일반화해 준다.

학습전략 프로그램의 촉진을 위한 전략적 학습환경을 형성하기 위해서는 상담자와 교사, 학생, 학부모가 상호 협력적인 관계를 유지할 수 있도록 해야 한다. 또한 학업 수행 시간이나 학습 자료, 전문가의 도움에 대해 체계적인 관리가 필요하며, 학생에 대한 체계적인 피드백을 제공하기 위한 다양한 평가방법도 적절히 활용해야 한다. 그뿐만 아니라 학생의 다양한 요구를 충족시키기 위한 또 다른 효과적인 전략들도 미리 구상해 둠으로써 학생의 바람직한 발달이 가능하도록 도와주어야 한다(김계현 외, 2009; 황매향, 2008).

## 6. 학업상담의 절차

### 1) 상담 의뢰

학업상담에서 상담 의뢰가 되었을 때 내담자의 유형을 파악하는 것은 이후 상담 진행에 있어 매우 중요한 의미를 가질 수 있다. 학부모의 의뢰로 시작되었다고 하더라도 방문형 학생의 경우에는 자신의 의사와 무관하게 상담을 받으러 온 내담자일 가능성이 크기 때문에 현재 상황에 대해서 문제의식을 전혀 느끼지 않거나 문제해결에 대한 책임감이 없다. 이러한 내담자는 상담자에게서 자신에게 학업을 강조하는 기존의 어른들에게 느끼는 전이를 경험하며 매우 비협조적일 수 있다.

학업 문제에 대해서 학생 스스로 어려움을 호소하여 이를 해결하고자 하는 상담의 경우 변화의 동기가 높고 문제해결을 위해 적극적으로 다양한 시도를 하고자 하므로, 상담 시 상담자와의 라포가 잘 형성되면 매우 긍정적이고 협력적인 관계를 형성할 수 있다. 앞서 타인이나 어른에 의해 의뢰가 된 경우보다 학생 스스로 의지가 있거나 동기가 높은 경우 상담의 과정과 결과가 훨씬 더 효과적이라고 볼 수 있다.

학업상담이 시작될 때 중요한 부분 중 하나는 이 학업상담의 과정을 부모와 공유를 할 것인가 하지 않을 것인가에 대한 논의가 이루어져야 한다는 것이다. 학생의 경우 학업상담을 통해 동기부여가 되고 행동으로 변화되는 과정에서 부모의 지나친 간섭이나 기대가 오히려 학생의 동기를 떨어트리거나 상담자와 학생 간의 비밀유지가 지켜지지 않아 신뢰관계가 깨질 수도 있으므로 학업상담 과정에 대한 정보공유도 함께 다루어야 한다.

### 2) 상담 시작

학업상담은 주로 학생의 학업 문제를 다루기 때문에 학생이 가진 문제와 상담을 받기 위해 찾아온 이유를 파악해야 한다. 또한 학업 문제의 배경이나 관련 요인을 확인한 후 학생이 상담과정에 적극적으로 참여하도록 돕는 것이 중요하다. 그러나 학생의 학업 문제가 본인이 아닌 학습환경에 의한 것일 경우에는 학부모도 그 상담의 대상이 될 수 있다. 이때 학생과 학부모가 함께 상담에 참여하게 되면 훨씬 더 좋은 상담 결과를 기대할 수 있다. 특히 부모의 과도한 기대로 인한 문제가 있는 경우에는 부모의 학업에 대한 기대를 현실적으로 수정하는 것이 학생에 대한 개입보다 더 효과적일 수도 있다. 상담자는 학생의 학업 문제를 이해하기 위해 학생의 진술에 유의하면서 동시에 그의 비언어적 행동 등도 자세히 관찰하는 것이 필요하다.

## 3) 상담 진행

이 단계에서는 상담과정을 통해 해결하고 싶은 문제나 변화하고 싶은 정도 등의 목표를 설정하고, 학습전략을 수립하며, 목표 달성을 위해 노력한다. 대부분의 상담에서와 마찬가지로 상담의 진행과정에서 상담자와 학생 간의 진술하고 신뢰 있는 관계가 필수적이다. 또한 학생이 상담목표를 설정하고 이를 이해함으로써 상담과정에 대한 두려움을 극복할 수 있게 해 준다.

적절한 학습전략은 어떻게 학생을 도울 것인가에 대한 구체적인 전략으로, 상담자는 학습전략에 대한 학생의 실천 가능성 유무와 실천과정, 예상 결과와 장애 요소 등에 대해서도 세심하게 살펴보아야 한다.

학업 문제의 해결은 학생이 자신의 학업 문제를 말하고 그것과 관련된 정서를 표현함으로써 가능해진다. 특히 학업 문제에 관한 학생의 부정적인 정서를 표현할 수 있도록 하는 것과 이에 대한 상담자의 진실한 반응과 공감적 이해 및 무조건적 존중(Rogers, 1980)은 문제해결의 중요한 활동 중의 하나이며, 학업 문제의 특성을 명확히 하고 그 문제에 따르는 해결 방법과 절차를 결정해야 한다.

그러나 너무 무리하게 상담 초기부터 학업 문제를 다루게 되면 문제를 가진 학생의 저항이 생기기 쉽다. 그래서 부모가 상담을 요청하였으면 상담과 관련된 학습전략이나 진행 절차 등에 대한 충분한 부모교육이 먼저 이루어지고 난 후 학생이 가진 문제점을 이야기하는 것이 바람직하다.

최종적으로 문제해결을 위한 상담의 동기화가 충분히 형성되었다고 판단되었을 때 상담자는 학생과 함께 그동안 파악된 문제점과 기본적인 상담 자원들을 활용하여 수립된 계획을 실행하고 개입해야 한다.

## 4) 상담 종결

상담을 진행하면서 학생이 가지고 있던 문제가 어느 정도 해결되었다는 판단이 서면 상담을 종결한다. 이때는 학생의 목표 달성 정도를 신중하게 고려하여 상담자와 학생의 협의로 종결하는 것이 좋다. 그동안의 상담과정에서는 상담자가 주도적인 입장에서 진행되던 것을 종결 단계에 이르게 되면 학생 스스로 문제를 해결할 수 있다는 자신감을 가지게 되어 문제 상황이 발생하면 적절한 해결 방안을 모색하게 되는 것이다.

특히 상담자가 상담의 진행과정에서 파악한 학생의 상황에 대해 구체적으로 설명해 주고 앞으로의 방향과 계획에 대한 서로의 생각이나 감정을 이야기함으로써 학생이 상담의 종결을 자연스럽게 준비할 수 있도록 한다.

아울러 학생에게 문제가 생기면 언제라도 다시 찾아올 수 있다는 추수상담의 가능성도 함께 제시해 주어야 한다.

**토 론 주 제**

1. 자신의 학업 능력을 향상하기 위한 학습전략 프로그램을 구성해 보시오.
2. 학습부진으로 고민하는 청소년을 만났을 때 어떤 조언을 할지 의견을 나눠 보시오.
3. 학업상담에서 동기를 파악하는 데에는 Maslow(1943)의 욕구이론과 Deci와 Ryan(1985)의 자기결정성이론을 살펴보는 것이 도움이 된다. 각 이론에 자신의 학업 상황을 적용해 보시오.

# 청소년
# 중독상담

제**11**장

현대사회의 청소년들은 이전 시대의 청소년들에 비해 중독에 빠질 위험이 높은 사회환경에 놓여 있다고 할 수 있다. 이전 시대의 청소년들은 약물중독, 즉 술, 담배 등과 같은 유해약물로 인해 중독에 빠지는 경우가 많았으나, 최근에는 인터넷, 스마트폰 등과 같은 정보전달 매체의 발달로 인해 중독에 빠지는 경우가 늘어나고 있다. 청소년들이 중독에 빠지게 되는 원인에 대해서는 다양한 연구 결과가 제시되어 있으나, 대체로 개인적 차원, 가정적 차원, 학교 및 사회환경 차원으로 분류하여 그 원인을 설명하고 있다. 한편, 청소년 중독의 유형은 크게 약물중독과 행위중독으로 구분하여 설명할 수 있으며, DSM-5에서는 대표적인 약물중독 유형이라 할 수 있는 알코올중독에 대한 진단기준은 자세하게 제시하고 있으나, 행위중독에 해당하는 인터넷게임중독의 기준만을 제시하고 있을 뿐 스마트폰 및 인터넷 중독에 대한 명확한 진단기준은 검토 중에 있는 실정이다. 최근에는 여성가족부, 보건복지부, 과학기술정보통신부 등을 중심으로 청소년 중독 예방 및 치료를 위한 다양한 프로그램이 운영되고 있다.

이 장에서는 청소년 중독의 의미, 원인 및 특징, 그리고 유형에 대해 알아봄과 동시에 청소년 중독 유형의 현황 및 진단기준에 대해 살펴보고자 한다. 나아가 청소년 중독 유형별 상담전략 및 단계를 제시하고, 각 중독 유형 및 단계별 상담자의 역할, 그리고 상담 시 주의사항 등에 대해 학습하고자 한다.

## 1. 청소년 중독의 의미와 특징

### 1) 중독의 의미

우리나라 인구 약 5,000만 명 중 618만 명이 4대 중독(알코올, 마약, 도박, 인터넷)의 중독자로 추정되고 있으며, 이는 8명 가운데 1명이 적어도 하나 이상의 중독자로 추정된다는 것이다. 중독으로 인한 폐해는 중독자 본인뿐만 아니라 그 가족 및 사회 전반에 심각한 영향을 미친다. 중독은 개인의 건강문제로만 그치는 것이 아니라 가정 및 사회 차원에서도 심각한 영향을 미친다. 예를 들어, 폭행 및 강도, 강간, 살인과 같은 강력범죄의 경우 약 30% 이상이 음주 상태에서 발생하고 있다. 또한 2014년 '중독포럼 창립 2주년 기념 심포지엄'에서 중앙대학교 정슬기 교수는 4대 중독에 따른 사회경제적 비용은 109조 5천억 원에 달하며, 사회문화적 요소가 중독에 영향을 미치는데, 특히 알코올중독의 경우는 우리 사회의 음주에 대한 과도한 허용적 태도가 알코올중독을 부추기는 요인으로 작용하고 있는 것으로 본다(경향비즈, 2014. 7. 9.). 이처럼 4대 중독이 사회적으로 부정적인 영향을 미치고 있음에도 불구하고, 청소년들이 4대 중독의 유혹에서 쉽게 벗어나기 힘든 것도 안타까운 현실이다.

그럼, 중독의 개념에 대해 알아보자. 중독(addiction)이란 원래 의학 용어지만, 지금은 흔히 사용하는 일상용어가 되었다. 명확하게 정의하기 어려운 사회현상이 벌어졌을 때 사용하는 신드롬(syndrome)이라는 용어도 원래 질병(disorder)을 지칭하던 것으로, 정확히 진단하거나 원인을 규명하기 전에 증상, 징후, 다양한 특징을 뭉뚱그려 부르는 의학 용어였다. 이와 함께 쇼핑 중독, 초콜릿 중독, 게임 중독 등 중독이라는 말도 자주 사용한다(한국중독심리학회 홈페이지 https://www.addictpsy. or.kr:6027).

중독의 사전적 정의는 크게 의학적 · 생물학적 관점에서 심리학적 관점으로 구분하여 설명할 수 있다. 먼저, 의학적 · 생물학적 관점에서 살펴볼 중독이란 "생체가 어떤 독물의 작용에 의한 반응으로 생명에 위험을 미칠 수도 있는 일"로, 영어로는 'intoxication'에 해당한다. 다음으로 심리학적 관점에서 중독이란 "좀 더 나은 기분을 위해 무엇인가에 지나치게 의지하는 것"으로, 영어로는 'addiction'에 해당한다(한국학교폭력상담회, 한국전문상담학회 편, 2015).

윤명희(2016)는 중독을 음식물이나 약물 따위의 독성으로 인해 신체에 이상이 생기거나 목숨이 위태롭거나 어떤 약물에 지속적이고 지나치게 의존하여 생활이나 활동을 하지 못하는 상태, 그리고 어떤 사상이나 사물에 젖어 버려 정상적으로 사물을 판단할 수 없는 상태로 정의한다. 다시 말해, 중독은 약물이나 생각, 사물에 습관적으로 몰두하거나 지나치게 빠져들어 상식적이고 일상적인 활동이나 판단을 할 수 없는 상태를 의미한다고 하겠다.

한편, 미국국립약물남용연구소(NIDA)는 중독을 질환의 관점에서 접근하여 설명하고 있는데, "부정적인 결과에도 불구하고 강박적으로 물질을 찾고 사용하는 만성적이며 재발 경향성이 있는 뇌질환"이라고 정의하고 있다. 그리고 여성가족부

(2013: 12-13)의 보고서 「유해약물 중독 청소년 문제행동 진단 및 상담·치료 프로그램 개발 연구」에서는 중독을 "인간의 정상적인 보상물(음식, 돈, 친구와 사귐 등)에 의한 긍정적인 경험이 어려워짐에 따라 중독의 대상물이 개인에게 쾌감을 주는 가장 중요한 보상물로 변화되는 과정이며, 그것을 스스로 통제하거나 갈망이 생길 때 억제할 수 있는 힘이 줄어든 상태"라고 정의하고 있다. 이상과 같이 학자에 따라 중독을 다양하게 정의하고 있는데, 이들의 정의를 종합해 보면, 중독이란 무언가(물질, 행위 등)에 의존하여 쉽게 벗어날 수 없는 상태로, 이러한 상태에 빠져듦으로 인해 정상적인 생활의 영위가 불가능한 상태라고 할 수 있다.

## 2) 중독의 영향 요인

청소년의 중독에는 개인적 차원, 가정적 차원, 그리고 사회적 차원 등에서 존재하는 다양한 요인이 영향을 미친다. 홍서아(2018)는 개인적 차원에서 청소년의 낮은 자아통제감과 가족환경 차원에서 부모와의 관계가 청소년 중독에 영향을 미치는 것으로 보고 있다. 첫째, 낮은 자아통제감을 지닌 청소년들은 그렇지 않은 청소년들보다 음주행위를 더 많이 하며, 음주 또는 도박에 빠질 가능성도 높다는 것이다. 둘째, 부모의 약물사용 경험과 약물에 대한 태도도 청소년들의 약물사용에 영향을 미친다는 것이다. 셋째, 가족 간의 유대도 청소년의 약물사용에 영향을 미치는데, 부모-자녀 간의 관계가 원만할수록 자녀들은 약물사용에 대한 부정적 태도와 사고를 갖게 된다는 것이다. 넷째, 사회환경적 차원에서도 원인을 찾을 수 있다. 특히 대중매체는 청소년들의 중독 또는 과의존에 큰 영향을 미친다. 청소년들에게 선망의 대상이 되는 아이돌·배우가 영화나 드라마에서 약물 섭취나 인터넷게임 등을 통해 심리적 안정을 찾는 장면 등이 청소년에게 자주 노출될수록 청소년들은 약물이나 인터넷게임 등에 대해 친밀감을 느끼게 될 가능성이 높아지게 된다.

한편, 국립부곡병원의 자료에 따르면, 중독이 발생하게 되는 위험 요인을 다음과 같이 정리하여 제시하고 있다(국립부곡병원 홈페이지 http://bgnmh.go.kr).

첫째, 가정에서의 문제로, 가정이 행복하지 않거나 성장기 때 행복하지 않았으면 약물문제가 발생할 가능성이 크다. 부모의 보살핌을 받지 못했거나 가정 내 싸움이 잦았거나 부모가 약물문제가 있다면 중독에 빠질 위험이 증가하게 된다.

둘째, 학교, 직장 및 또래 친구와의 부정적인 문제로, 학교나 직장에서의 실패나 대인관계의 문제는 삶을 힘들게 만들 수 있다. 이러한 문제를 잊기 위해 약물을 사용할 수 있다.

셋째, 약물(마약류)을 사용하는 주변인으로, 주변에 약물을 사용하는 친구나 가족으로 인해 약물문제에 개입될 수 있다.

넷째, 어린 나이에 약물사용을 시작하게 될 경우 중독의 위험성이 높아진다. 신체가 아직 발달 중인 어린 나이에 약물을 사용하기 시작하면 신체, 특히 뇌의 성장 완료에 영향을 미쳐서, 성인이 되었을 때 약물중독이 될 확률이 증가한다.

다섯째, 유전적 요인도 중독의 위험성을 높일 수 있다. 중독에 대한 취약성의 40~60%는 유전적 요인으로 약물에 대한 반응은 사람마다 서로 다르다. 약물을 처음 사용했을 때 느낌이 너무 좋아서 다시 약물을 사용하는 사람이 있는 반면, 어떤 사람은 다시 약물을 사용하지 않기도 한다. 이처럼 중독될 가능성이 없는 사람도 있지만 이를 알 수 있는 방법은 없다.

여섯째, 정신건강의 문제로 인해 중독의 위험성이 좋아지는 경우가 있다. 우울, 불안, 주의력결핍 장애와 같은 정신건강에 문제가 있는 사람이 그렇지 않은 사람에 비해 중독될 가능성이 약 2~4배 정도 더 높다. 이들은 더 나은 기분을 위해 약물을 사용할 수 있다.

## 3) 중독의 특징

한국학교폭력상담협회와 한국전문상담학회(2015)는 한국 중독의 특징을 크게 중독적 사고, 잘못된 지각, 그리고 감정의 혼란으로 구분하여 설명하고 있다.

첫째, 중독적 사고는 중독과정에서 갈망이 커지면 뇌의 기능적 적응작용에 의해 이 갈망을 충족시켜 줄 수 있는 방향으로 사고방식이 변한다. 즉, 술을 찾아 마셔서 충족되는 쪽으로 이유가 닿도록 생각하게 되고, 술을 마시는 것을 합리화하는 자동사고가 지배적이다. 중독자의 '강박성'이 생기는 것도 사실은 이 때문이고 갈망이라는 생물학적 욕구를 충족시키는 쪽으로만 생각의 초점이 맞추어지는 것도 중독적 사고 때문에 생기는 것으로 보고 있다.

둘째, 잘못된 지각은 현실에 대한 왜곡된 지각이라고 할 수 있다. 중독 상태에 빠져 있는 이들은 뭔가 현실이 자기에게만 공평하지 않다는 생각을 가지고 있다는 것이다. 그래서 자기가 부딪힌 작은 장애물이 있으면 이에 대해 과민반응을 보이면서 불만을 크게 터트린다. 매사에 만족을 못하는 이유는 세상이 자기를 부당하게 대우한다는 피해의식이 있기 때문이다. 반면, 중독과정에서는 현실을 보는 눈도 달라져 세상만사에 낙관적이 되기도 한다. 또 '나는 괜찮아.'라는 일종의 예외 의식이 현실의 부담을 덜어 주는 역할을 한다. 그래서 중독자들은 자신의 책임에 대해서 점점 무감각해지고 동시에 자신의 앞날에 대해서도 관심이 없고, 있어도 낙관적인 착각을 한다는 것이다.

셋째, 감정의 혼란이다. 중독자들은 중독 상태에서 회복되는 과정에서 종종 우울 증상을 경험하게 된다. 이때 자존감이 떨어지고 자신이 중독 상태에 있던 과거를 되돌아보면서 여러 가지 상실을 되새기며 우울한 감정을 느끼게 된다. 이러한 우울 증

〈표 11-1〉 **중독의 공통점 및 특성**

| 중독의 공통점 | |
|---|---|
| • 중독이 처음부터 과도하거나 문제가 되는 것은 아님(마약은 제외) | |
| • 중독은 탐닉적이고 쾌락적인 효과를 보임 | |
| • 중독은 고립된 상황이 아닌 다른 사람과 상호작용하는 과정에서 발생함 | |
| • 중독자는 중독물질이나 행동과 애착관계를 형성하고 그 관계는 쉽게 끊어지지 않음 | |
| • 중독은 갑자기 발달하기보다는 학습을 통해서 이루어짐 | |
| • 중독이 되거나 중독에서 벗어나는 데에는 많은 사회적 비용이 필요함 | |
| • 전문적 도움 없이 중독에서 벗어나기는 불가능할 정도로 힘듦 | |
| **중독의 특성** | **중독자의 특성** |
| • 중독을 일으키는 물질은 다양함<br>• 중독이 되면 나타나는 행동이 있음<br>• 중독물질이나 행동의 남용이 나타남<br>• 중독물질이나 행동에 대한 내성이 나타남<br>• 중독물질이나 행동을 멈추면 금단증상이 나타남<br>• 중독은 강화를 통해 지속됨<br>• 중독이 되면 갈망 현상이 나타남<br>• 중독이 되면 교차내성을 경험함<br>• 중독자의 가족에게서는 동반 의존이 나타남<br>• 중독자는 중독 이외에 다른 장애를 함께 가져 이중 진단을 받을 수 있음<br>• 중독은 재발할 수 있음 | • 낮은 자존감<br>• 스트레스 대처 능력 약화<br>• 중독행위를 통한 보상 심리를 지님<br>• 자신이 중독되었다는 것을 부정<br>• 타인의 시선 의식, 수치심이나 죄책감을 느낌 |

상은 자살로 이어질 가능성이 있기 때문에 주위의 세심한 관찰이 필요하다. 중독자들이 보여 주는 보편적 감정의 문제가 주로 '수치심'과 '죄책감'의 처리방식이다. 스스로 중독의 강박성을 조절하지 못하고, 빈번히 자기감정 조절에 실패하게 되는 허약성에 대한 수치감과 자신의 중독행위 때문에 주변의 사랑하는 이들에게 끼친 상처에 대한 죄책감이 가장 큰 보편적인 감정일 것이다.

한편, 채규만 등(2013)은 중독 유형별로 상이한 특징을 보이지만, 그럼에도 불구하고 중독자들에게 보이는 공통적이 특징들이 있는데, 이를 정리하면 앞의 〈표 11-1〉과 같다. 〈표 11-1〉에 제시되어 있는 바와 같이, 중독 유형에 상관없이 중독은 유사한 특징을 보이는데, 가장 대표적인 특징으로는 중독이 단계적·점진적으로 이루어진다는 점, 중독이 인간의 중추신경계를 자극하여 쾌감, 흥분의 느낌을 준다는 점, 그리고 중독이 개인 내적 또는 환경적 요인들 간 상호작용의 결과물이라는 점 등을 들 수 있다.

### 4) 중독의 유형

중독의 유형에 대한 분류는 학자에 따라 다양하지만, 일반적으로 청소년이 빠져들기 쉬운 중독의 유형으로는 도박중독, 마약 및 약물 중독, 인터넷 및 스마트폰 중독, 성중독 등을 들 수 있다.

첫째, 도박중독(gambling addiction)은 그 결과가 불확실한 사건에 돈이나 가치 있는 것을 거는 모든 행위를 말한다. 대부분의 사람은 카지노, 고스톱, 인터넷 도박, 경마, 경륜, 성인오락 등을 도박이라고 생각하지만 복권(로또, 스포츠 토토), 주식거래(선물, 옵션), 그리고 각종 돈 걸기 게임 등도 도박에 속한다(한국마사회 유캔센터 홈페이지 https://www.kra.co.kr/ucan). 그리고 도박에 빠져 사회생활, 가족관계 및 금전적 어려움을 겪는 상태를 도박중독에 빠진 상태라고 볼 수 있다. 심리학계 또는 정신의학계에서는 도박중독을 '병적 도박(pathological gambling)'이라고도 부른다. DSM-5에서는 〈표 11-2〉와 같은 증상들을 병적 도박의 판단기준으로 보고 있다. 최근 청소년들은 이전의 성인들과는 달리 인터넷 등을 통한 사이버 도박에 빠져드는 경우가 많다. 사이버 도박은 청소년들이 스마트폰 등을 통해 접근하기가 용이하며, 콘텐츠가 지루하지 않은데다가 마약이나 알코올 중독처럼 사회적 인식이 그리

〈표 11-2〉 **병적 도박의 판단기준**

| 특징 | 내용 |
|---|---|
| 몰두 | 도박에 집착 |
| 내성 | 도박 베팅액, 도박 시간이 늘어남 |
| 금단증상 | 도박 감소 및 중지 시 심리적 · 신체적 불안, 긴장을 경험함 |
| 도피 | 도박을 무기력, 죄책감, 불안, 우울의 도피수단으로 이용함 |
| 본전회복 시도 | 잃은 돈을 만회하기 위해 추격 매수함 |
| 거짓말 | 도박하는 것을 숨기기 위해 거짓말을 함 |
| 불법행위 | 도박을 하기 위해 범법행위를 함 |
| 중요한 관계 보상 | 도박으로 인해 중요 대인관계의 위기가 초래됨 |
| 경제적 구조 요청 | 도박으로 인해 악화된 경제 상태 탈출을 위해 구제 요청을 함 |
| 통제력 상실 | 도박행위 조절, 감소, 중지하는 것을 실패함 |

출처: 한국마사회 유캔센터 홈페이지(http://www.kra.co.kr/ucan).

나쁘지 않기 때문에 중독에 빠져들 가능성이 매우 높다고 하겠다.

학계에서 밝혀진 도박중독의 원인은 여러 가지가 있다(한국마사회 유캔센터 홈페이지). 먼저, 생물학적인 원인으로는 도박 등 중독행위나 중독물질을 투여할 때 뇌에서 도파민이 분비되는데, 이는 사람에게 시간이 중지된 것 같은 깊은 몰입감과 평온함을 주는 역할을 한다. 이 느낌은 굉장히 강력하여 쉽게 잊히지 않는다. 그래서 대개 다시 이 느낌을 주는 행동을 반복해서 하게 된다. 이는 모든 사람들에게 공통적으로 작동하는 뇌 보상회로로, 학습기전이라고 한다.

그런데 도박이나 다른 중독물질에 깊이 중독된 사람들 중에는 우리 뇌의 전전두엽이 활성화되지 못해서 그 특정 행동을 중단하지 못하는 특성을 보인다. 많은 fMRI(Functional Magnetic Resonance Imaging, 기능적 자기공명영상) 연구에서 전전두엽의 활성화가 잘 되지 않는 증상이 나타난다. 따라서 변화가 쉽지 않은 뇌의 장애라고도 볼 수 있다. 뇌의 특정 부분이 제대로 작동하지 않는 원인은 유전이나 이전 정신장애 등 여러 가지 원인이 복합적으로 작용하기 때문에 파악하기가 쉽지 않다.

둘째, 심리사회적 원인을 들 수 있다. 개인의 심리적 원인과 주변 환경적 원인이 있을 수 있다. 즉, 당사자가 어릴 때 외상경험이 있었는데 그런 경험을 극복하기 위해 도박을 해서 좋은 경험을 하게 되는 경우 도박행동이 지속될 수 있다. 그리고 학창시절에 일찍 도박에 빠지거나 스트레스 대처방식으로 도박을 하는 경우가 있다.

게다가 주변 환경적으로는 불법 도박의 빠른 확산이든지 직장동료나 친구들이 도박을 좋아하는 경우에도 쉽게 영향을 받을 수 있다.

어떤 경우이든 한번 빠지게 되면, 자신의 통제력을 잃으면서 용돈 수준의 베팅에서 벗어나 큰 액수로 베팅을 하게 된다. 그러다가 생활비를 탕진하게 되고 빚을 지면 그 빚을 갚기 위해서 반복적으로 도박행동을 계속하게 된다. 이때 당사자의 마음 한구석에는 도박으로 인해서 빚을 얻었는데 그 빚을 도박으로 갚겠다는 유명한 '도박자의 오류'가 생기게 된다.

마약 및 약물 중독이란 부정적이거나 해로운 결과에 대한 고려 없이 마약 또는 약물을 사용하고자 하는 충동으로 마약 및 약물에 대한 신체적 · 심리적 의존을 의미한다. 이해국 등(2012)은 마약 및 약물 의존이란 지속적인 욕구를 가지고 자신의 심신이 정상적으로 기능하기 위해서는 마약 및 알코올이 필요하다고 느끼는 충동을 통해 복용을 반복하게 되는 것을 의미한다고 본다. 마약 및 약물 가운데 청소년들에게 가장 중독의 위험성을 내포하고 있는 것이 알코올이라고 할 수 있는데, 세계보건기구(WHO, 1955)는 알코올중독을 전통적 음주습관의 영역을 넘거나 또는 사회에서 인정하는 범위보다 지나치게 많은 양의 알코올을 섭취하게 되면 사회와 가정 생활에 지장을 초래하는 경우라고 정의하고 있다. 미국정신의학회(APA)는 알코올의 과다 섭취로 인해 발생하는 장애(Alcohol-Related Disorders)의 범주를 알코올사용장애(Alcohol Use Disorders), 알코올중독(Alcohol Intoxication), 알코올금단(Alcohol Withdrawal)의 세 가지 유형으로 분류하고 있다. 이 가운데 알코올중독은 알코올 섭취 빈도, 알코올 섭취로 인한 신체적 · 정신적 징후를 통해 중독 여부를 판단한다.

인터넷 및 스마트폰 중독의 문제는 1990년대 이후 사회적으로 인터넷 환경이 갖추어짐으로써 발생한 일종의 부작용이라고 할 수 있다. 성인에 비해 아동기 시절부터 컴퓨터와 인터넷, 휴대폰에 친밀성을 가지고 있는 청소년들에게 있어 이러한 환경과 도구는 필수불가결한 것으로 자리 잡았다. 이에 청소년들의 인터넷 및 스마트폰 등의 과도한 사용과 의존 등이 사회적 문제가 되면서 기존의 약물중독 등에서 사용하던 중독의 개념 틀을 적용하여 인터넷 및 스마트폰 중독, 과의존, 과몰입 등을 용어로 중독을 정의하고자 하였다.

먼저, 천예빈(2013)은 스마트폰 중독을 "스마트폰 사용과 관련된 과도한 집착이나 충동적인 행동을 보이고, 이로 인해 사회적 기능에 장애를 일으키며 경우에 따라서는 우울증, 사회적 고립, 충동조절장애와 약물남용 등의 문제를 일으키는 상태"로 정의한다. 그리고 김병년(2013)은 스마트폰 중독을 "스마트폰의 다양한 기능에 대한 지나친 사용과 몰입으로 스스로 통제력을 상실해 일상생활에 장애를 초래하고, 이에 의존성이 높아져 사용하지 못할 때 심각한 심리적 불안함을 느끼는 상태"라고 정의하며, "현실세계보다 가상공간에서의 대인관계 형성을 편안하게 느끼면서 이를 추구하게 되는 상태"로 정의하고 있다.

성중독(sexual addiction)이란 성적 모험을 통해 자신의 존재를 확인하려는 정신적 불안증, 정신병적 증상으로 사회적으로는 성공했으나 개인적으로는 심한 고독감을 느끼는 상태에서 성적 모험을 통해 자기 존재를 확인하려고 애쓰는 증세로서 시간과 장소에 상관없이 성적인 집착을 보이며 성적 모험을 통해 자신의 존재를 확인하려는 정신적 불안증이다(채규만 외, 2013). 채규만(2006)은 성중독의 특징으로 성적인 충동에 대한 통제력 상실, 자신의 삶의 다른 영역에서 통제력 및 자제력 상실, 시간의 경과에 따른 성적 행동 증가 등을 들고 있다.

한국중독심리학회에서는 성중독의 증상으로 다음과 같은 증상을 제시하고 있다(한국중독심리학회 홈페이지).

- 성적 행동으로 인하여 의학적 · 법적 대인관계에서 심각한 부작용이 나타남
- 지속적으로 자기파괴적이거나 위험도가 높은 성적 행동을 추구함
- 조절할 수 없는 행동
- 1차적 적응 기전으로 성적 강박이나 공상을 사용함
- 성적 행위에 대한 욕구 증가
- 성적 행위와 연관된 심각한 기분 변화(우울, 황홀감)
- 성에 관한 시간을 비정상적으로 많이 소비
- 사회적 · 직업적 취미활동을 주로 성적 행동으로 추구
- 성중독의 형태는 비정상적인 성행위를 포함

## 2. 물질중독

### 1) 약물중독

#### (1) 약물중독의 개념 및 정의

약물(물질, substance)이란 식품이 아닌 천연물질이나 인공물질로 생체 기관 내의 구조와 기능을 바꾸는 화학적 작용을 하는 모든 물질을 의미하는 것으로, 특히 정신활성물질(psycho-active substance)로 분류된다. 정신활성물질은 뇌를 변화시키는 물질로서 사람의 기분, 생각 및 행동의 변화를 일으키며, 그 결과 긍정적 혹은 부정적 영향을 초래한다. 이때 약물사용이 문제가 되는 것은 물질로 인한 뇌의 변화가 진행되는 과정에서 여러 가지 심각한 문제가 야기될 수 있기 때문이다(여성가족부, 2013). 최은영(2008: 20-21)은 약물중독을 일이나 인간관계, 취미나 여가생활 등의 삶의 영역에서 만족감을 느끼지 못하고 어려움을 겪는 과정에서 초래되는 고통을 약물을 사용함으로써 회피하고, 약물이 주는 자극을 추구하는 행동이 지나쳐 약물에 의존하고 있는 상태로 정의한다.

한편, DSM-5에서는 물질의 사용으로 인하여 임상적으로 상당한 장애 혹은 곤란을 가져오는 경우를 물질관련장애(substance related disorder)로 진단내리고, 물질에 알코올, 약물 등을 포함시키고 있다(Wilens et al., 1994). DSM-5에서는 뇌의 변화를 유발하는 요소를 물질(substance)이라고 하며, 물질과 관련된 장애를 물질관련장애라고 한다. 이는 약물 외에 환각이나 각성 효과를 갖는 가스, 본드, 휘발성용제 등의 화학약품까지 포함하는 개념으로 볼 수 있다(홍서아, 2018). DSM-5에서는 알코올과 관련된 문제 유형으로 '알코올사용장애(Alcohol Use Disorders)' '알코올중독(Alcohol Intoxication)', 그리고 '알코올금단(Alcohol Withdrawal)'의 세 가지 유형으로 분류하고 있다. 각 유형별 진단기준은 〈표 11-3〉과 같다.

알코올사용장애는 〈표 11-3〉에서 제시하고 있는 11개 진단기준 가운데 임상적으로 현저한 손상이나 고통을 일으키는 알코올 사용 양상이 지난 12개월 사이에 최소한 2개 이상 나타날 경우 진단된다.

알코올중독의 필수적인 특징은 임상적으로 심각한 문제 행동 변화 및 심리적 변화(예: 부적절한 성적 혹은 공격적 행동, 기분 가변성, 판단력 손상)가 알코올을 섭취하는 동안 혹은 직후에 발생한다는 것이다(진단기준 B). 이런 변화들은 기능 손상, 판단력 손상의 증거들과 동반되고, 만약 중독이 심하면 생명을 위협하는 혼수 상태가 될 수도 있다.

　　알코올금단의 필수적인 특징은 많은 양의 알코올을 지속적으로 사용하다가 중단한(혹은 감량한) 후 수 시간 혹은 수일 내에 특징적 금단 증후군이 나타난다는 것이다(진단기준 A와 B). 이러한 금단 증후군은 자율신경계 항진과 불안 등의 진단기준 B에 나와 있는 항목 중 2개 혹은 그 이상을 포함하고, 위장관계 증상을 동반한다.

〈표 11-3〉 **알코올사용장애, 알코올중독, 알코올금단 진단기준(DSM-5)**

| 유형 | 진단기준 |
|---|---|
| 알코올<br>사용장애 | A. 임상적으로 현저한 손상이나 고통을 일으키는 문제적 알코올 사용 양상이 지난 12개월 사이에 다음의 항목 중 최소한 2개 이상 나타난다.<br>1. 알코올을 종종 의도했던 것보다 많은 양 혹은 오랜 기간 동안 사용함<br>2. 알코올 사용을 줄이거나 조절하려는 지속적인 욕구가 있음. 혹은 사용을 줄이거나 조절하려고 노력했지만 실패한 경험들이 있음<br>3. 알코올을 구하거나, 사용하거나, 그 효과에서 벗어나기 위한 활동에 많은 시간을 보냄<br>4. 알코올에 대한 갈망감. 혹은 강한 바람, 혹은 욕구<br>5. 반복적인 알코올 사용으로 인해 직장, 학교 혹은 가정에서의 주요한 역할 책임 수행에 실패함<br>6. 알코올의 영향으로 지속적으로 혹은 반복적으로 사회적 혹은 대인관계 문제가 발생하거나 악화됨에도 불구하고 알코올 사용을 지속함<br>7. 알코올 사용으로 인해 중요한 사회적 · 직업적 혹은 여가 활동을 포기하거나 줄임<br>8. 신체적으로 해가 되는 상황에서도 반복적으로 알코올을 사용함<br>9. 알코올 사용으로 인해 지속적으로 혹은 반복적으로 신체적 · 심리적 문제가 유발되거나 악화될 가능성이 높다는 것을 알면서도 계속 알코올을 사용함<br>10. 내성, 다음 중 하나로 정의됨<br>　　a. 중독이나 원하는 효과를 얻기 위해 알코올 사용량의 뚜렷한 증가가 필요<br>　　b. 동일한 용량의 알코올을 계속 사용할 경우 효과가 현저히 감소<br>11. 금단, 다음 중 하나로 나타남<br>　　a. 알코올의 특징적인 금단 증후군(알코올금단의 진단기준)<br>　　b. 금단 증상을 완화하거나 피하기 위해 알코올(혹은 벤조디아제핀 같은 비슷한 관련 물질)을 사용 |

| 알코올중독 | A. 최근의 알코올 섭취가 있다.<br>B. 알코올을 섭취하는 동안, 또는 그 직후에 임상적으로 심각한 문제적 행동 변화 및 심리적 변화가 발생한다(예: 부적절한 성적 또는 공격적 행동, 기분 가변성, 판단력 손상).<br>C. 알코올을 사용하는 동안 또는 그 직후에 다음 징후 혹은 증상 중 한 가지(혹은 그 이상)가 나타난다.<br>　1. 불분명한 언어　　　　　2. 운동 실조<br>　3. 불안정한 보행　　　　　4. 안구진탕<br>　5. 집중력 또는 기억력 손상　6. 혼미 또는 혼수<br>D. 징후 및 증상은 다른 의학적 상태로 인한 것이 아니며, 다른 물질중독을 포함한 다른 정신질환으로 더 잘 설명되지 않는다. |
|---|---|
| 알코올금단 | A. 알코올을 과도하게 장기적으로 사용하다가 중단(혹은 감량)한다.<br>B. 진단기준 A에서 기술된 것처럼 알코올을 사용하다가 중단(혹은 감량)한 지 수 시간 혹은 수일 이내에 다음 항목 중 두 가지(혹은 그 이상)가 나타난다.<br>　1. 자율신경계 항진(예: 발한 또는 분당 100회 이상의 빈맥)<br>　2. 손 떨림 증가　　　3. 불면<br>　4. 오심 또는 구토　　5. 일시적인 시각적·촉각적·청각적 환각이나 착각<br>　6. 정신운동 초조　　7. 불안<br>　8. 대발작<br>C. 진단기준 B의 징후 및 증상이 사회적·직업적 또는 다른 중요한 기능 영역에서 임상적으로 현저한 고통이나 손상을 초래한다.<br>D. 징후 및 증상은 다른 의학적 상태로 인한 것이 아니며, 다른 물질중독 및 금단을 포함한 다른 정신질환으로 더 잘 설명되지 않는다. |

출처: American Psychiatric Association (2013), pp. 537-547.

### (2) 약물중독의 유형별 특징

청소년들의 약물중독에는 성격적 특성, 사용약물의 종류 등이 영향을 미치는데, 이러한 요인들을 고려했을 때 약물중독의 유형을 크게 7개 정도로 분류할 수 있다(여성가족부, 2013; 한국청소년개발원 편, 2007).

첫째, 모험추구형(adventure-seeking type)이다. 이 유형은 자신이 추구하는 가치, 목표 등이 좌절될 때 약물을 복용하여 내적 욕망을 채우려고 하고, 흥분 상태를 유지하고자 한다. 흔히 모험적 행동을 즐기기 위해 본드 등과 같은 흡입제를 사용하는 경우가 많다.

둘째, 평화추구형(peace-seeking type)이다. 이 유형은 마음의 안정과 평화를 열망하는 경우로, 보통 청소년들은 자신들의 좌절감, 공포 등의 격정적인 감정을 바르게 진정시키는 방법을 모르기 때문에 약물복용을 통해 안정감을 얻고자 한다. 따라서 신경안정제, 수면제 및 마리화나와 같은 환각제를 주로 복용하게 된다.

셋째, 친구관계 추구형(friendship-seeking type)이다. 외로움을 달래기 위해 또는 친구를 사귀기 위해 사용하며, 집단 내 동지애적 감정을 증가시키고, 좋은 느낌에 대한 갈망과 욕구 등을 충족시키는 수단으로 대마초나 술을 가까이 하게 된다.

넷째, 힘 추구형(power-seeking type)이다. 현실적으로 성취하기 어려운 강력한 힘 또는 지위에 대한 욕망을 채우기 위해 사용하는 경우로, 강력한 힘을 가진 것 같은 착각을 제공하는 암페타민이나 코카인을 주로 섭취하게 된다.

다섯째, 미적 감각 추구형(aesthetic-seeking type)이다. 미적 감각을 추구하는 경향이 있고 이를 느끼기 위해 약물을 사용하며, 긍정적인 결과를 얻으면 약물에 지속적으로 의지하려고 하는 경우로 볼 수 있다. 주로 LSD[1]나 메스카린 등과 같은 환각제를 사용한다.

여섯째, 성적 추구형(sex-seeking type)이다. 성적 충동의 욕구를 약물로 해소하려고 하는 경향이 있다. 억압된 성적 욕구뿐만 아니라 공격적 · 자기충동적 · 성취적 욕구의 좌절 등이 일 때 유사한 행동을 취할 수 있으며, 주로 암페타민이나 코카인 같은 약물을 사용한다.

일곱째, 초월명상 추구형(transcendence-seeking type)이다. 모든 것을 초월한 인생의 느낌을 경험해 보고 싶은 열망이 있으며, 약물을 사용함으로써 그 느낌을 경험하게 되고, 그 결과 약물에 지속적으로 의존하게 되는 경우이다.

일반적으로 마약류는 환각이나 의존성을 유발하는 물질로, WHO의 보고에 따르면 마약류는 약물에 대한 욕구가 강제적일 정도로 강하며, 사용약물의 양이 증가하는 경향이 있다. 또한 금단현상 등이 나타나고, 그 피해가 개인에 한정되지 않으며, 사회에도 심각한 부정적인 영향을 미치는 약물이라고 정의하고 있다(한국마약퇴치운동본부 홈페이지 http://antidrug.drugfree.or.kr).

세계보건기구(WHO)의 보고에 따르면, '마약류'는 다음과 같은 특징을 가지고 있다.

---

1) 환각 효과를 유발하는 무색무취의 마약으로, 환각 효과가 마약의 100배에 달하는 것으로 알려져 있다. 애초 의료 목적으로 개발하였으나, 미국을 중심으로 환각제로 사용하게 되었다. LSD를 남용할 경우, 뇌와 염색체가 크게 손상을 입게 된다.

- 약물사용에 대한 욕구가 강제적일 정도로 강하다(의존성).
- 약물사용의 양이 증가하는 경향이 있다(내성).
- 사용을 중지하면 온몸에 견디기 힘든 증상이 나타난다(금단 증상).
- 개인에 한정되지 아니하고 사회에도 해를 끼치는 약물로 정의되고 있다.

한국에는 마약류를 규제하는 법률로 「마약류 관리에 관한 법률」 「마약류 불법거래 방지에 관한 특례법」 「특정범죄 가중처벌 등에 관한 법률」 「형법」 등이 있다. 참고로 「마약류 관리에 관한 법률」 제2조 제2호에는 마약을 마약 원료인 생약에서 추출한 천연마약(양귀비, 아편, 코카 잎)과 추출 알카로이드(모르핀, 코데인, 헤로인, 코카인 등), 화학적으로는 합성마약(페티딘, 메타돈, 펜타닐 등)으로 분류하고 있다.

## 3. 행위중독

### 1) 인터넷중독

#### (1) 인터넷중독의 개념

인터넷중독(인터넷중독장애, Internet Addiction Disorder)이란 용어는 1996년 Ivan Goldberg가 병리적이고 강박적이고 과도한 인터넷 사용을 정신질환의 일종으로 지칭하며 사용하기 시작한 용어다(윤명희, 2016). 그 이후 Young(1998)은 인터넷중독을 "인터넷 사용에 의존하는 사람들이 중독적 행동 양상을 보이는 것으로, 인터넷 사용이 병리적 도박이나 섭식장애, 알코올중독 등의 다른 중독들과 비슷한 양상으로 학문적 · 사회적 · 재정적 · 직업적 생활에 부정적 영향을 미치는 것"으로 정의하고 있다. 최근에는 "지나치게 컴퓨터를 사용하여 일상생활에 심각한 사회적 · 정신적 · 육체적 및 금전적 지장을 받고 있는 상태"를 인터넷중독이라고 본다(삼성서울병원 홈페이지 http://www.samsunghospital.com).

한국적 특성을 고려했을 때, 인터넷중독은 게임중독이라고 불러도 과언이 아닐 정도로 온라인 게임에 집중되어 나타나고 있다(1388 청소년사이버상담센터 홈페이지 https://www.cyber1388.kr). 최근 청소년들 가운데 게임중독에 관련된 극단적인 사례들이 계속 나오면서(예: 게임중독에 빠진 한 중학생이 게임비를 주지 않는다는 이유로 어머니를 살해하고 자살한 사건, 게임에 중독된 부모가 갓 태어난 아기를 굶겨 죽인 사건, 닷새 동안 쉬지 않고 게임을 하다 호흡곤란으로 30대 남성이 사망한 사건 등), 게임중독에 대한 연구와 게임중독 전문 치료센터가 늘어나고 있다.

하지만 의학계나 심리학계에서는 게임을 지나치게 많이 하는 행위에 대해 중독이라는 임상적 진단을 내릴 수 있는가에 대한 논쟁이 뜨겁다. 특히 게임의 금단 증상은 알코올이나 마약과 같은 중독성 물질로 인해 생기는 금단 증상에 비해 덜 병리적이기 때문에 2021년 현재 학계에서는 게임중독이라는 표현을 쓰지 않고, 대신 게임 '과몰입'이라는 표현을 쓴다. 한때 DSM-5에 게임중독이라는 새로운 항목을 추가해야 하는가에 대한 논의가 있었지만, 미국정신의학회(APA)는 게임에 중독될 수 있다는 구체적이고 실증적 자료가 부족해 포함시키지 않는다고 공식 발표하였다. 그래서 현재까지 게임중독에 대한 정확한 진단기준은 제시되지 않고 있다.

## (2) 인터넷중독의 원인 및 특성

청소년이 인터넷중독 또는 과의존 상태에 빠지게 되는 원인에 대해서는 다양한 연구가 제시되고 있다. 한국청소년개발원 편(2007)의 자료에 따르면, 인터넷중독을 인터넷 자체의 특성과 개인심리적 특성으로 분류하여 설명하고 있다. 먼저, 인터넷 자체의 특성으로는 인터넷 환경이 제공하는 '익명성(anonymity)'을 들 수 있다. 청소년들은 인터넷이라고 하는 가상의 공간에서 자신의 이름, 나이, 성별, 직업 등을 드러내지 않고 자유롭게 활동할 수 있다. 현실세계에서는 신분의 노출 등으로 인해 자신의 뜻과 의지대로 행동하지 못하고 자제 및 억제된 감정을 인터넷 공간에서는 익명성이라고 하는 일종의 커튼을 치고 활동을 할 수 있다는 것이다.

다음으로, 개인심리적 특성으로, Gunn(1998)은 내향적 성격을 가진 이들이 인터넷중독에 빠질 확률이 높다는 연구를 발표하였고, Young(1998)은 인터넷중독자의 54%가 우울증 경력을 가지고 있음을 밝혀냈다. 그 밖에도 여러 연구에서 인터넷중독과 우울증 간에 유의한 상관관계가 존재하고 있음이 밝혀지고 있다. 그리고 충동성과 인터넷중독 간에도 밀접한 관련성이 있을 것으로 보인다. 즉, 충동성이 강하거나 절제력이 약한 청소년일수록 인터넷중독 가능성이 높아진다는 것이다.

기존의 연구들을 종합해 볼 때, 청소년의 인터넷 과의존 상태를 유형별로 분류하면, 게임중독, 커뮤니티 중독, 음란물 중독, 정보검색 중독, 그리고 인터넷쇼핑 중독의 다섯 가지 유형으로 분류할 수 있다.

첫째, 게임중독은 인터넷상의 게임에 과도하게 몰입하여 학교, 가정 및 대인관계에 부정적인 영향을 지속적으로 받고 있는 상태를 말한다. 여성보다는 남성에게, 그리고 청소년과 아동에게 많이 나타나며, 인터넷 게임의 경쟁적(인간 vs. 인간)이고, 성취 지향적인 면이 주 원인이 되고 있다.

둘째, 커뮤니티 중독은 과도하게 채팅방, 메신저 사용에 몰입하여 일상생활에 심각한 사회적·정신적·육체적 지장을 지속적으로 받고 있는 상태를 말하며, 인터넷을 통해 타인과 대화를 나눔으로써 친밀감을 나누고 관계 형성의 욕구를 충족시키기 위해 채팅에 몰두하는 것을 말한다. 게임중독과는 달리 남성보다는 여성에게 많이 나타나게 된다.

셋째, 음란물 중독은 인터넷을 통해 음란물 사진, 만화, 동영상, 소설을 보거나 음란 채팅이나 자신의 신체를 노출하는 동영상 채팅 등의 형태에 과도하게 몰두하며 성적인 욕구를 충족시키는 성도착적 행동이다.

넷째, 정보검색 중독은 특별한 목적 없이 여러 사이트를 돌아다니며 다양한 내용의 웹서핑을 하거나 또는 한 가지 관심사만의 웹서핑을 하는 데 몰두하는 행동이다. 서핑중독의 경우 대부분 스스로 중독을 인정하지 않는 경우가 많으나, 시간 통제가 안 되고 할 일을 미루거나 못할 정도로 과도하게 인터넷 검색에 몰두한다면 '웹서핑 중독'이라 볼 수 있다.

다섯째, 인터넷쇼핑 중독은 하루의 대부분을 컴퓨터 앞에서 쇼핑으로 시간을 보내는 것으로, 계속되는 물품 구매의 충동을 이겨 내지 못하고 자신의 금전적 여유의 한계를 넘어서는 수준으로까지 쇼핑을 반복하는 형태를 말한다. 이들은 둘러보고, 충동을 느끼고, 사고, 그리고 후회하기를 반복하는 특징을 보인다.

### (3) 인터넷중독의 증상 및 진단

일반적으로 인터넷 과의존 상태에 빠질 경우 자율적 통제가 불가능할 뿐 아니라 과도한 집착이나 충동적인 행동을 보이고, 이로 인해 사회적 기능에 장애를 일으키게 된다. 경우에 따라서는 우울증, 사회적 고립, 충동조절장애와 약물남용 등의 문제를 일으키는 상태에 빠지기도 한다. 청소년이 인터넷 과의존 상태에 빠지게 될 경

〈표 11-4〉 **청소년 인터넷 과의존 상태의 증상**

- 자꾸 인터넷 생각만 나요
  - 인터넷을 하지 않는 동안에도 인터넷에서 본 장면만 떠오르고 하루 종일 인터넷 생각만 한다.
- 인터넷을 끝내기가 힘들어요
  - 인터넷을 한번 시작하면 인터넷 사용을 끝내지 못하고 시간 조절을 못한다.
- 거짓말이 늘어요
  - 인터넷으로 인하여 가족과 친구에게 거짓말을 하게 된다.
- 인간관계가 소원해져요
  - 친구들과의 관계가 소원해지고 가족 간 소통의 단절이 온다.
- 생활이 불규칙해져요
  - 지각과 결석이 잦아지고, 수면시간이 줄어든다.
- 인터넷을 못하면 불안해요
  - 인터넷을 하지 못하면 우울, 초조, 불안감에 시달린다.
- 인터넷은 만능이에요
  - 인터넷에 대한 과도한 긍정적 기대를 가지게 된다.
- 인터넷에서 새로운 일을 기대해요
  - 인터넷에서 새로운 일이 일어날 것만 같아 컴퓨터를 끌 수가 없다.
- 성적이 떨어져요
  - 학교 및 전반적인 학업 수행 능력이 떨어지게 된다.
- 인터넷 얘기만 하고 싶어요
  - 대부분의 대화는 인터넷과 관련되어 있다.

출처: 국립청소년인터넷드림마을 홈페이지(http://nyit.or.kr).

우 〈표 11-4〉와 같은 증상을 나타내기도 한다.

　인터넷 관련 중독을 측정하기 위한 시도는 1990년대 중반 이후 인터넷이 가장 먼저 대중적으로 보급되기 시작한 미국을 중심으로 이루어졌다고 해도 과언이 아니다. 이 시기에 개발된 대표적인 척도로는 Young(1996, 1998)이 개발한 '인터넷중독 척도', Goldberg(1996)가 개발한 '인터넷중독장애 척도', Suler(1999)가 개발한 '통신중독 자가기준 척도' 등이 있다. 한국에서 이들이 개발한 척도를 사용함에 있어 신뢰도와 타당도 등에 많은 문제가 존재한다는 지적들이 있었다(강만철, 오익수, 2001). 이에 다양한 학자가 한국적 특성을 반영한 인터넷중독 척도를 개발하고자 하는 노력을 기울였으며, 2010년대 이후 한국지능정보사회진흥원을 중심으로 한국의 사회문화적 상황을 고려한 한국형 인터넷중독 척도 개발이 이루어졌다. 현재는 한국지능정보사회진흥원이 개발한 '청소년 인터넷 과의존 자가진단 척도(K-척도)'가 가장 널리 사용되고 있다.

이 척도는 일상생활장애(disturbance of adaptive functions), 긍정적 기대(addictive automatic thought), 금단(withdrawal), 가상적 대인관계 지향성(virtual interpersonal relationship), 일탈행동(deviate behavior), 내성(tolerance) 등 총 6개의 하위 영역으로 구성되어 있다.

〈표 11-5〉 청소년 인터넷 과의존 자가진단 척도(K-척도)

| 문항 | 전혀 그렇지 않다 | 그렇지 않다 | 그렇다 | 매우 그렇다 |
|---|---|---|---|---|
| 1. 인터넷 사용으로 건강이 이전보다 나빠진 것 같다. | 1 | 2 | 3 | 4 |
| 2. 오프라인에서보다 온라인에서 나를 인정해 주는 사람이 더 많다. | 1 | 2 | 3 | 4 |
| 3. 인터넷을 하지 못하면 생활이 지루하고 재미가 없다. | 1 | 2 | 3 | 4 |
| 4. 인터넷을 하다가 그만두면 또 하고 싶다. | 1 | 2 | 3 | 4 |
| 5. 인터넷을 너무 사용해서 머리가 아프다. | 1 | 2 | 3 | 4 |
| 6. 실제에서보다 인터넷에서 만난 사람들을 더 잘 이해하게 된다. | 1 | 2 | 3 | 4 |
| 7. 인터넷을 하지 못하면 안절부절못하고 초조해진다. | 1 | 2 | 3 | 4 |
| 8. 인터넷 사용시간을 줄이려고 해 보았지만 실패한다. | 1 | 2 | 3 | 4 |
| 9. 인터넷을 하다가 계획한 일들을 제대로 못한 적이 있다. | 1 | 2 | 3 | 4 |
| 10. 인터넷을 하지 못해도 불안하지 않다. | 1 | 2 | 3 | 4 |
| 11. 인터넷 사용을 줄여야 한다는 생각이 끊임없이 들곤 한다. | 1 | 2 | 3 | 4 |
| 12. 인터넷 사용시간을 속이려고 한 적이 있다. | 1 | 2 | 3 | 4 |
| 13. 인터넷을 하고 있지 않을 때는 인터넷이 생각나지 않는다. | 1 | 2 | 3 | 4 |
| 14. 주위 사람들이 내가 인터넷을 너무 많이 한다고 지적한다. | 1 | 2 | 3 | 4 |
| 15. 인터넷 때문에 돈을 더 많이 쓰게 된다. | 1 | 2 | 3 | 4 |

〈표 11-6〉 청소년 인터넷 과의존 자가진단 척도(K-척도) 채점

| 채점 방법 | [1단계] 문항별 | | 전혀 그렇지 않다: 1점, 그렇지 않다: 2점, 그렇다: 3점, 매우 그렇다: 4점<br>※ 단, 10번, 13번 문항은 다음과 같이 역채점 실시<br>(전혀 그렇지 않다: 4점, 그렇지 않다: 3점, 그렇다: 2점, 매우 그렇다: 1점) |
|---|---|---|---|
| | [2단계] 총점 및 요인별 | 총점 요인별 | ▶ ① 1~15번 합계<br>▶ ② 1요인(1, 5, 9, 12, 15번) 합계<br>▶ ③ 3요인(3, 7, 10, 13번) 합계<br>▶ ④ 4요인(4, 8, 11, 14번) 합계 |

| | 중·고등학생 | 총점 | ▶ ① 44점 이상 |
| | | 요인별 | ▶ ② 1요인 15점 이상 ③ 3요인 13점 이상 ④ 4요인 14점 이상 |
| | 초등학생 | 총점 | ▶ ① 42점 이상 |
| | | 요인별 | ▶ ② 1요인 14점 이상 ③ 3요인 13점 이상 ④ 4요인 13점 이상 |

판정: ①에 해당하거나, ②~④ 모두 해당되는 경우

**위험 사용자군**

인터넷 사용으로 인하여 일상생활에서 심각한 장애를 보이면서 내성 및 금단현상이 나타난다. 대인관계는 사이버 공간에서 대부분 이루어지며, 오프라인에서의 만남보다는 온라인에서 만남을 더 편하게 여긴다. 인터넷 접속시간은 중·고등학생의 경우 1일 약 4시간 이상, 초등학생의 경우 약 3시간 이상이며, 중·고등학생은 수면시간도 5시간 내외로 줄어든다. 대개 자신이 인터넷 과의존이라고 느끼며, 학업에 곤란을 겪는다. 또한 심리적으로 불안정감 및 우울한 기분을 느끼는 경우가 흔하며, 성격적으로 충동성과 공격성도 높은 편이다. 현실세계에서 대인관계에 문제를 겪거나, 외로움을 느끼는 경우도 많다.
▷ 인터넷 과의존 성향이 매우 높으므로 관련 기관의 전문적인 지원과 도움이 요청된다.

| | 중·고등학생 | 총점 | ▶ ① 41점 이상~43점 이하 |
| | | 요인별 | ▶ ② 1요인 14점 이상 ③ 3요인 12점 이상 ④ 4요인 12점 이상 |
| | 초등학생 | 총점 | ▶ ① 39점 이상~41점 이하 |
| | | 요인별 | ▶ ② 1요인 13점 이상 ③ 3요인 12점 이상 ④ 4요인 12점 이상 |

판정: ①~④ 중 한 가지라도 해당되는 경우

**주의 사용자군**

고위험 사용자에 비해 보다 경미한 수준이지만, 일상생활에서 장애를 보이며, 인터넷 사용시간이 늘어나고 집착을 하게 된다. 학업에 어려움이 나타날 수 있으며, 심리적 불안정감을 보이지만 절반 정도의 학생은 자신이 아무 문제가 없다고 느낀다. 대체로 중·고등학생의 경우 1일 약 3시간 정도, 초등학생의 경우 2시간 정도의 접속시간을 보이며, 다분히 계획적이지 못하고 자기조절에 어려움을 보이며, 자신감도 낮은 경향이 있다.
▷ 인터넷 과다사용의 위험을 깨닫고 스스로 조절하고 계획적으로 사용하도록 노력한다. 인터넷 과의존에 대한 주의가 요망되며, 학교 및 관련 기관에서 제공하는 건전한 인터넷 활용 지침을 따른다.

| | 중·고등학생 | 총점 | ▶ ① 40점 이하 |
| | | 요인별 | ▶ ② 1요인 13점 이하 ③ 3요인 11점 이하 ④ 4요인 11점 이하 |
| | 초등학생 | 총점 | ▶ ① 38점 이하 |
| | | 요인별 | ▶ ② 1요인 12점 이하 ③ 3요인 11점 이하 ④ 4요인 11점 이하 |

**일반 사용자군**

판정: ①~④ 모두 해당되는 경우

중·고등학생의 경우 1일 약 2시간, 초등학생의 경우 약 1시간 정도의 접속시간을 보이며, 대부분 인터넷 과의존 문제가 없다고 느낀다. 심리적 정서문제나 성격적 특성에서도 특이한 문제를 보이지 않으며, 자기행동을 잘 관리한다고 생각한다. 주변 사람들과의 대인관계에서도 충분한 지원을 얻을 수 있다고 느끼며, 심각한 외로움이나 곤란함을 느끼지 않는다.
▷ 인터넷의 건전한 활용에 대하여 자기점검을 지속적으로 수행한다.

## 2) 스마트폰 중독

### (1) 스마트폰 중독의 개념 및 특성

청소년들의 스마트폰 보급률이 급속하게 증가하고 스마트폰의 왜곡된 사용이 확산되면서 중독문제가 사회적 이슈로 부상하고 있다. 학자들에 따라 스마트폰의 과다 사용 또는 의존 상태를 중독, 과의존, 과몰입 등과 같은 용어로 정의하고 있는데, 먼저, 이성식, 강은영과 최수형(2015)은 스마트폰 중독을 스마트폰을 단순히 많은 시간을 사용하는 것이기보다는 과도한 이용에 따르는 병리적 증상이라고 정의하고 있다. 천예빈(2013)은 스마트폰 중독을 스마트폰 사용 및 이와 관련해 과도한 집착이나 충동적인 행동을 보이고 이로 인해 사회적 기능에 장애를 일으키며 경우에 따라서는 우울증, 사회적 고립, 충동조절장애와 약물남용 등의 문제를 일으키는 상태로 정의한다. 강희양과 박창호(2012)는 스마트폰 중독을 스마트폰의 과도한 몰입 때문에 초조, 불안과 같은 일상생활의 장애로 정의하고 있다.

정부의 공식 자료에서는 스마트폰 과의존을 스마트폰 · 인터넷을 과다 사용하여 사용에 대한 금단과 내성을 지니고 있으며, 이로 인해 일상생활의 장애가 유발되는 상태로 정의하고 있다(미래창조과학부, 여성가족부, 문화체육관광부, 2016). 이때 금단(withdrawal)이란 스마트폰, 인터넷 사용 차단 시 불안함과 초조함을 느끼는 상태를 말하며, 내성(tolerance)이란 동일한 만족을 얻기 위해 더 많은 또는 더 강한 사용이 필요한 상태를 말한다. 일상생활장애(disturbances of daily life)란 스마트폰, 인터넷의 과다한 사용으로 가정, 학교, 직장 등 일상생활에 부정적 영향을 미치는 현상을 말한다.

한편, 미래과학부[2]에서는 스마트폰 중독을 스마트폰을 과다하게 사용하여 스마트폰 사용에 대한 금단과 내성을 지니고 있으며, 이로 인해 일상생활장애가 유발되는 상태로 정의하고 있다. 스마트폰 중독은 내성, 금단, 일상생활장애, 가상세계 지향성 등과 같은 특징을 나타내는데, 이들 특성에 대해 설명하면 다음과 같다.

첫째, 내성은 스마트폰을 점점 더 많은 시간 동안 사용하게 되어 많이 사용해도 만족감이 없는 상태를 말한다. 구체적으로는 스마트폰 사용시간을 줄이려고 노력

---

2) 출처: https://www.iapc.or.kr

해도 실패한다거나 스마트폰 사용에 많은 시간을 보내는 것이 습관화(내성화)되어 있으며, 그만두려고 해도 본인의 의지로는 그만둘 수 없는 상태를 말한다.

둘째, 금단 증상이다. 스마트폰 금단이란 스마트폰을 과다하게 사용하여 스마트폰이 없으면 불안하고 초조함을 느끼는 현상을 말한다. 구체적으로는 스마트폰을 사용할 수 없으면 안절부절못하고 초조하여 견디기 힘들다거나 스마트폰이 없으면 공부에 집중하기 어려운 상황을 들 수 있다.

셋째, 일상생활장애는 스마트폰을 과다하게 사용하기 때문에 가정, 학교, 직장 등에서 문제를 일으키는 상태를 말한다. 스마트폰의 지나친 사용으로 학교성적이나 업무능률이 떨어지거나, 스마트폰을 자주 또는 오래한다고 가족이나 친구로부터 지적을 받는 일이 많아지는 상태가 일상생활장애에 해당한다고 하겠다.

넷째, 가상세계 지향성은 직접 현실에서 만나서 관계를 맺기보다는 스마트폰을 활용해서 관계를 맺는 것이 편한 상태를 말한다. 구체적으로는 스마트폰을 사용하지 못하면 온 세상을 잃은 것 같은 생각이 들기도 하고 가족이나 친구들과 함께 있는 것보다 스마트폰을 사용하는 것이 더 즐겁다고 느끼는 상태가 가상세계 지향성을 나타내는 상태라고 할 수 있겠다.

조화(2013)는 특별한 이유가 없어도 스마트폰을 자주 확인하거나 스마트폰이 없어서 불안감을 느끼는 상태를 스마트폰 과몰입으로 정의한다. 청소년들이 과몰입 상태에 빠지게 되면 학습장애, 원활하지 못한 교우관계 등과 같은 문제가 발생하게 된다.

통계청과 여성가족부(2020)의 「2020 청소년 통계」에 따르면, 청소년의 51.1%가 자기 전 또는 잠에서 깨자마자 스마트폰을 이용하고, 34.1%가 스마트폰이 없을 때 불안감을 느끼는 등(조화, 2013: 46) 스마트폰의 과몰입 정도가 심각한 상황이며, 청소년의 8.4%가 중독사용군으로 조사되고 있다. 「청소년 보호법」 제27조에서는 인터넷게임 중독·과몰입(지능정보서비스 과의존)을 "인터넷게임의 지나친 이용으로 인하여 인터넷게임 이용자가 일상생활에서 쉽게 회복할 수 없는 신체적·정신적·사회적 기능 손상을 입은 것"으로 정의하고 있는데, 여기에서 인터넷을 스마트폰으로 대체할 경우, 스마트폰 중독 또한 "스마트폰의 지나친 이용으로 이용자가 일상생활에서 쉽게 회복할 수 없는 신체적·정신적·사회적 기능의 손상을 입은 상태"라고 정의할 수 있을 것이다. 스마트폰 과의존 상태로 빠진 청소년들은 일반적으로 〈표 11-7〉과 같은 증상을 보인다.

〈표 11-7〉 **스마트폰 과의존 상태에 빠진 청소년이 보이는 증상**

- 스마트폰 사용시간이 점점 증가해요
  - 과거에 비해 더 오랜 시간 스마트폰을 사용하고 보다 더 자극적인 내용을 찾게 된다.
  - 특별한 목적이 없는데도 습관적으로 스마트폰을 오래 사용한다.
- 스마트폰이 없으면 불안하고 초조해요
  - 스마트폰을 사용할 수 없으면 안절부절못하고 초조해서 견디기 힘들다.
  - 스마트폰이 없으면 공부에 집중하기가 어렵다.
- 오랜 스마트폰 사용으로 가정, 학교 등에서 문제가 생겨요
  - 오랜 스마트폰 사용으로 학교성적이 떨어진다.
  - 스마트폰을 오래 한다고 가족이나 친구에게 지적을 받는다.
- 직접 만나는 것보다 스마트폰으로 관계하는 것이 편해요
  - 스마트폰을 사용하지 못하면 온 세상을 잃을 것 같다는 생각이 든다.
  - 가족이나 친구들과 함께 있는 것보다 스마트폰을 사용하는 것이 더 즐겁다.

출처: 국립청소년인터넷드림마을 홈페이지.

한편, 과학기술정보통신부, 한국정보화진흥원과 스마트쉼센터(2019)의 자료에 따르면, 스마트폰 과의존이란 "과도한 스마트폰 이용으로 인해 스마트폰에 대한 현저성이 증가하고, 이용 조절력이 감소해 문제적 결과를 경험하는 상태"를 의미한다. 스마트폰 과의존은 세 가지 요인, 즉 '현저성(salience)' '조절 실패(out of control)', 그리고 '문제적 결과(serious consequences)'로 구성된다.

첫째, 현저성이란 개인의 생활에서 스마트폰을 이용하는 생활 패턴이 다른 행태보다 두드러지고 가장 중요한 활동이 되는 것을 의미한다. 구체적으로는 '스마트폰이 옆에 있으면 다른 일에 집중하기 어렵다.' '스마트폰 생각이 머리에서 떠나지 않는다.' '스마트폰을 이용하고 싶은 충동을 강하게 느낀다.' 등의 질문에 긍정적인 답변을 할 경우 현저성이 높은 것으로 판단할 수 있다.

둘째, 조절 실패란 이용자의 주관적 목표 대비 스마트폰 이용에 대한 자율적 조절 능력이 떨어지는 것을 의미한다. 구체적으로는 '스마트폰 이용시간을 줄이려 할 때마다 실패한다.' '스마트폰 이용시간을 조절하는 것이 어렵다.' '적절한 스마트폰 이용시간을 지키는 것이 어렵다.' 등과 같은 질문에 대해 긍정적인 답을 할 경우 조절 실패 경향이 강한 것으로 해석할 수 있다.

셋째, 문제적 결과는 스마트폰 이용으로 인해 신체적·심리적·사회적으로 부정적인 결과를 경험함에도 불구하고 스마트폰을 지속적으로 이용하는 것을 말한다.

구체적으로는 '스마트폰 이용 때문에 건강에 문제가 생긴 적이 있다.' '스마트폰 이용 때문에 가족과 심하게 다툰 적이 있다.' '스마트폰 이용 때문에 친구 혹은 동료, 사회적 관계에서 심한 갈등을 경험한 적이 있다.' '스마트폰 때문에 업무(학업 혹은 직업 등) 수행에 어려움이 있다.' 등에 대해 긍정적인 답을 할 경우 문제적 결과의 상태에 놓여 있다고 할 수 있다.

### (2) 스마트폰 중독의 원인 및 유형

청소년들이 스마트폰 사용 조절이 취약한 이유로는 청소년기의 일반적인 발달특성, 청소년기 뇌의 가지치기, 인지적 발달특성 등을 들 수 있다.

첫째, 청소년기의 일반적인 발달특성과 관련해서 살펴보면, 청소년기는 강한 흥분과 보상을 주는 활동, 높은 강도 · 자극의 활동을 선호하는 시기다. 이러한 청소년의 발달적 특성과 욕구가 스마트폰의 즉시성, 휴대성, 범용성 등의 특징과 맞물려 과도한 사용으로 이어질 가능성이 높다. 또한 청소년기에는 주로 오락과 또래와의 상호작용을 목적으로 스마트폰을 사용하기 때문에 과의존에 취약할 수 있다.

둘째, 청소년기 뇌의 가지치기(synaptic pruning)를 살펴보면, 청소년기에는 뇌발달의 특성상 전전두엽이 왕성한 가지치기를 하면서 필요 없는 신경회로를 제거하는 '시냅스 가지치기'가 이루어진다. 또한 공포, 분노 등의 감정과 감정기억을 관장하는 편도체 중심의 반응을 하게 되어 감정적 자극에 예민해지고, 충동적 · 감정적으로 행동하게 될 수 있다. 더욱이 이러한 시기에 스마트폰을 과도하게 사용하면 자신의 생각과 행동을 조절하는 것 또한 어렵다.

셋째, 청소년기 인지적 발달특성을 살펴보면, 청소년기는 타인의 관심이 자신에게로 향한다고 생각하는 시기다. 이러한 인지적 발달특성으로 인해 청소년기에는 SNS 댓글이나 모바일 메신저로 하는 대화 등을 통해 온라인 활동을 하는 동안 다른 사람의 반응에 더 예민해지고, 스마트폰을 과도하게 사용하게 될 수 있다.

한편, 여성가족부와 을지대학교(2013)의 연구 자료에서는 청소년의 스마트폰 중독의 원인을 뇌신경학적 요인, 발달적 요인, 스마트폰의 매체적 특성 요인, 개인의 심리적 · 성격적 요인, 그리고 환경 · 문화적 요인으로 분류하여 설명하고 있다.

첫째, 뇌신경학적 요인은 스마트폰 사용 조절 문제와 관련된 뇌신경학적 요인에 관한 연구가 충분하지는 않으나, 알코올 등과 같은 약물중독, 인터넷중독과 같은 행위중독에서 뇌신경학적 요인을 추론해 볼 수 있다. 즉, 약물 및 인터넷 중독에 빠진 사람의 경우, 뇌기능의 손상으로 인하여 왜곡된 보상체계가 작동하고 이러한 결과, 충동조절 및 의사결정 능력의 저하, 인지 기능 및 판단 능력의 저하로 발전한다는 연구 결과가 보고되고 있다. 스마트폰 중독도 약물 및 인터넷 중독과 마찬가지로 과도한 스마트폰 사용 및 의존은 뇌의 정상적인 작용방식에 부정적인 영향을 미칠 것으로 여겨진다.

둘째, 청소년들 사이에 스마트폰 사용이 보편화되면서, 스마트폰은 청소년들의 또래관계 형성 및 유지를 위한 중요한 수단이 되었다. 청소년들은 성인에 비해 자아정체감이 확립되지 않은 시기이기 때문에 유행에 민감하고 자기통제력이 부족하기 때문에 타 연령층에 비해 스마트폰을 과도하게 사용할 우려가 있다.

셋째, 스마트폰의 매체적 특성과 관련해서는 사용의 편리성을 들 수 있다. 스마트폰은 컴퓨터와 다르게 터치스크린 방식으로 작동할 수 있고, 자기만의 취향과 감성을 살릴 수 있는 특성을 가지고 있다. 그리고 자신의 원하는 콘텐츠(애플리케이션)를 손쉽게 다운로드할 수 있다는 장점은 청소년들이 스마트폰에 집착하고 과도하게 의존하는 요인으로 작용할 수 있다는 것이다.

넷째, 개인의 심리적·성격적 요인과 관련해서는 Young(1996)이 제시한 인터넷 중독에 빠지기 쉬운 사람의 특성을 참고해 볼 수 있다. Young은 정서적으로 불안정한 상태에 있거나 자존감이 낮은 사람, 자신의 정체감에 불안을 느끼고 있는 사람, 이전에 중독경험이 있는 사람 등이 인터넷중독에 빠질 가능성이 높다고 본다. 인터넷중독과 유사하게, 이전에 실패의 경험으로 인해 자신감이 결핍되어 있거나, 현실도피적 성격을 가지고 있거나, 충동성 및 인정에 대한 욕구가 강한 사람일수록 스마트폰 중독에 빠질 위험성이 높다고 하겠다.

다섯째, 환경·문화적 요인으로는 부모-자녀 간 역기능적 의사소통, 가족 내 여가 및 놀이활동의 부족 등과 같은 가족적 요인과 입시 위주의 교육풍토에서 오는 과중한 스트레스, 또래 간 놀이문화의 결여 등과 같은 환경적 요인들도 스마트폰 중독의 요인으로 작용할 수 있다.

2016년 정부가 발표한 자료에 따르면, 스마트폰 과의존 유형을 SNS, 게임, 음란물, 도박, 검색으로 분류하고 있다(미래창조과학부, 여성가족부, 문화체육관광부, 2016). 먼저, SNS 과의존은 문자, 대화, 게시글에 과도하게 집착하는 것으로, 채팅을 통한

〈표 11-8〉 **스마트폰 과의존 유형**

| 유형 | 개념 | 특징 |
|---|---|---|
| SNS | 문자, 대화, 게시글(댓글)에 과도하게 집착 | • 채팅을 통한 일회성 만남을 즐김<br>• 신분을 조작, 은폐 |
| 게임 | 게임으로 자기통제력을 잃고 집착하여 사용 | • 게임 레벨을 높이는 과정에서 과다 소비(비용, 시간)<br>• 게임 속의 공격성, 폭력성을 현실에서 적용 |
| 음란물 | 음란물을 보는 데 강박적으로 몰입 | • PC, 스마트폰을 몰래 사용하고 주변에 은폐<br>• 왜곡된 성의식 및 성 비행의 원인이 될 수 있음 |
| 도박 | 충동적·지속적·반복적으로 도박에 집착 | • 도박에 빠진 상황을 숨기기 위한 거짓말<br>• 도박자금 마련을 위해 불법행위를 저지름 |
| 검색 | 불필요한 자료수집과 정보검색에 지나치게 몰두 | • 특정한 목적 없이 검색하여 시간 통제 불가<br>• 흥미로운 정보를 검색하려는 집착 증세를 보임 |

출처: 미래창조과학부, 여성가족부, 문화체육관광부(2016).

일회성 만남을 즐기거나 자신의 신분을 조작 및 은폐하는 특징을 나타낸다. 다음으로, 게임 과의존은 과다한 게임 이용으로 인해 자기통제력을 상실하고, 게임에 집착하는 유형으로, 게임 레벨을 높이는 과정에서 과다한 시간과 비용을 소비하는 특징을 보인다. 아울러, 게임 속의 공격성, 폭력성을 현실에 적용하고자 하는 욕구를 강하게 느끼는 특징을 나타내기도 한다. 마지막으로, 최근 주목을 끌고 있는 과의존 유형의 하나가 도박 유형인데, 이러한 유형은 충족적·지속적·반복적으로 도박에 집착하는 경향성을 나타낸다. 도박 과의존에 빠진 청소년들은 본인이 도박에 빠졌다는 것을 숨기기 위해 거짓말을 하기도 하고, 도박자금을 마련하기 위해 절도, 강도 등과 같은 불법행위를 저지르는 등의 특징을 나타낸다(〈표 11-8〉 참조).

### (3) 스마트폰 중독의 진단

스마트폰 중독을 진단하기 위하여 한국지능정보사회진흥원이 개발한 '청소년 스마트폰 과의존 자가진단 척도(S-척도)'가 가장 널리 사용되고 있다. 이 척도에서는 스마트폰 과의존 경향을 크게 고위험 사용자군, 잠재적 위험 사용자군, 그리고 일반 사용자군으로 분류한다. 각 유형별 특징은 다음과 같다.

첫째, 고위험 사용자군은 스마트폰 사용에 대한 통제력을 상실한 상태로 대인관계 갈등이나 일상의 역할문제, 건강문제 등이 심각하게 발생한 상태다. 관련 기관의

| 고위험 사용자군 | 잠재적 위험 사용자군 | 일반 사용자군 |
|---|---|---|
| 스마트폰 사용에 대한 통제력을 상실한 상태로 대인관계 갈등이나 일상의 역할문제, 건강문제 등이 심각하게 발생한 상태입니다. 관련 기관의 전문적인 지원과 도움이 요청됩니다. | 스마트폰 사용에 대한 조절력이 약화된 상태로 대인관계 갈등이나 일상의 역할에 문제가 발생하기 시작한 단계입니다. 스마트폰 과의존에 대한 주의가 필요합니다. | 스마트폰을 조절된 형태로 사용하고 있습니다. 스마트폰을 건전하게 활용하기 위해 지속적으로 자기점검을 하시기 바랍니다. |
| ✓집중치료 요망 | ✓상담개입 요망 | ✓자기관리 및 예방 요망 |

● 그림 11-1 ● **스마트폰 과의존 사용자군 분류**

출처: 스마트쉼센터 홈페이지(https://www.iapc.or.kr).

전문적인 지원과 도움이 필요한 상태라고 할 수 있다.

둘째, 잠재적 위험 사용자군으로, 고위험 사용자군에 비해 문제의 심각성은 덜한 편이나, 스마트폰 사용에 대한 조절 능력이 약화된 상태로 대인관계 갈등이나 일상에서 역할 수행에 문제가 발생하기 시작한 단계다. 주위의 관심이 필요한 상태다.

셋째, 일반 사용자군으로, 현재는 문제가 없지만, 진단 결과 점수가 잠재적 위험 사용자군의 경계에 있는 사용자들은 주의가 필요한 상태라고 할 수 있다.

〈표 11-9〉 **청소년 스마트폰 과의존 자가진단 척도(S-척도)**

| 문항 | 전혀 그렇지 않다 | 그렇지 않다 | 그렇다 | 매우 그렇다 |
|---|---|---|---|---|
| 1. 스마트폰의 지나친 사용으로 학교성적이 떨어졌다. | 1 | 2 | 3 | 4 |
| 2. 가족이나 친구들과 함께 있는 것보다 스마트폰을 사용하고 있는 것이 더 즐겁다. | 1 | 2 | 3 | 4 |
| 3. 스마트폰을 사용할 수 없게 된다면 견디기 힘들 것이다. | 1 | 2 | 3 | 4 |
| 4. 스마트폰 사용시간을 줄이려고 해 보았지만 실패한다. | 1 | 2 | 3 | 4 |
| 5. 스마트폰 사용으로 계획한 일(공부, 숙제 또는 학원수강 등)을 하기 어렵다. | 1 | 2 | 3 | 4 |
| 6. 스마트폰을 사용하지 못하면 온 세상을 잃은 것 같은 생각이 든다. | 1 | 2 | 3 | 4 |
| 7. 스마트폰이 없으면 안절부절못하고 초조해진다. | 1 | 2 | 3 | 4 |
| 8. 스마트폰 사용시간을 스스로 조절할 수 있다. | 1 | 2 | 3 | 4 |
| 9. 수시로 스마트폰을 사용하다가 지적을 받은 적이 있다. | 1 | 2 | 3 | 4 |
| 10. 스마트폰이 없어도 불안하지 않다. | 1 | 2 | 3 | 4 |

| | | | | |
|---|---|---|---|---|
| 11. 스마트폰을 사용할 때 '그만해야지'라고 생각은 하면서도 계속한다. | 1 | 2 | 3 | 4 |
| 12. 스마트폰을 너무 자주 또는 오래 한다고 가족이나 친구들로부터 불평을 들은 적이 있다. | 1 | 2 | 3 | 4 |
| 13. 스마트폰 사용이 지금 하고 있는 공부에 방해가 되지 않는다. | 1 | 2 | 3 | 4 |
| 14. 스마트폰을 사용할 수 없을 때 패닉 상태에 빠진다. | 1 | 2 | 3 | 4 |
| 15. 스마트폰 사용에 많은 시간을 보내는 것이 습관화되었다. | 1 | 2 | 3 | 4 |

〈표 11-10〉 **청소년 스마트폰 과의존 자가진단 척도(S-척도) 채점**

| | | |
|---|---|---|
| 채점<br>방법 | [1단계]<br>문항별 | 전혀 그렇지 않다: 1점, 그렇지 않다: 2점, 그렇다: 3점, 매우 그렇다: 4점<br>※ 단, 문항 8번, 10번, 13번은 다음과 같이 역채점 실시<br>(전혀 그렇지 않다: 4점, 그렇지 않다: 3점, 그렇다: 2점, 매우 그렇다: 1점) |
| | [2단계]<br>총점 및 요인별 | 총점 ▶ ① 1~15번 합계<br>요인별 ▶ ② 1요인(1, 5, 9, 12, 13번) 합계 ③ 3요인(3, 7, 10, 14번) 합계<br>④ 4요인(4, 8, 11, 15번) 합계 |
| 위험<br>사용자군 | 총점 ▶ ① 45점 이상<br>요인별 ▶ ② 1요인 16점 이상 ③ 3요인 13점 이상 ④ 4요인 14점 이상 | |
| | 판정: ①에 해당하거나, ②~④ 모두 해당되는 경우 | |
| | 스마트폰 사용으로 인하여 일상생활에서 심각한 장애를 보이면서 내성 및 금단현상이 나타난다. 스마트폰으로 이루어지는 대인관계가 대부분이며, 비도덕적 행위와 막연한 긍정적 기대가 있고 특정 앱이나 기능에 집착하는 특성을 보이기도 한다. 현실생활에서도 습관적으로 사용하게 되며 스마트폰 없이는 한순간도 견디기 힘들다고 느낀다. 따라서 스마트폰 사용으로 인하여 학업이나 대인관계를 제대로 수행할 수 없으며 자신이 스마트폰 과의존이라고 느낀다. 또한 심리적으로 불안정감 및 대인관계 곤란감, 우울한 기분 등이 흔하고, 성격적으로 자기조절에 심각한 어려움을 보이며, 무계획적인 충동성도 높은 편이다. 현실세계에서 사회적 관계에 문제가 있으며, 외로움을 느끼는 경우도 많다.<br>▷ 스마트폰 과의존 경향성이 매우 높으므로 관련 기관의 전문적 지원과 도움이 요청된다. | |
| 주의<br>사용자군 | 총점 ▶ ① 42점 이상~44점 이하<br>요인별 ▶ ② 1요인 14점 이상 ③ 3요인 12점 이상 ④ 4요인 13점 이상 | |
| | 판정 : ①~④ 중 한 가지라도 해당되는 경우 | |
| | 고위험 사용자군에 비해 경미한 수준이지만 일상생활에서 장애를 보이며, 필요 이상으로 스마트폰 사용시간이 늘어나고 집착을 하게 된다. 학업에 어려움이 나타날 수 있으며, 심리적 불안정감을 보이지만 절반 정도는 자신이 아무 문제가 없다고 느낀다. 다분히 계획적이지 못하고, 자기조절에 어려움을 보이며, 자신감도 낮다.<br>▷ 스마트폰 과다 사용의 위험을 깨닫고 스스로 조절하고 계획적인 사용을 하도록 노력한다.<br>스마트폰 과의존에 대한 주의가 요망된다. | |

| 일반<br>사용자군 | 총점▶ ① 41점 이하<br>요인별▶ ② 1요인 13점 이하 ③ 3요인 11점 이하 ④ 4요인 12점 이하 |
| --- | --- |
| | 판정: ①~④ 모두 해당되는 경우 |
| | 대부분이 스마트폰 과의존 문제가 없다고 느낀다. 심리적 정서문제나 성격적 특성에서도 특이한 문제를 보이지 않으며, 자기행동을 관리한다고 생각한다. 주변 사람들과의 대인관계에서도 자신이 충분한 지원을 얻을 수 있다고 느끼며, 심각한 외로움이나 곤란감을 느끼지 않는다.<br>▷ 때때로 스마트폰의 건전한 활용에 대하여 자기점검을 지속적으로 수행한다. |

## 3) 인터넷게임중독[3]

### (1) 인터넷게임중독의 개념 및 정의

1990년대 후반 이후 한국 사회에서 인터넷은 기본적인 사회인프라가 되었다. 청소년들은 하루 가운데 상당 시간을 인터넷 게임 앱을 이용하여 게임을 하고, 사회관계망(social network service)을 통해 친구와의 관계도 형성하며, 유튜브(Youtube)와 같은 동영상 기반 플랫폼을 통해 여가생활도 즐긴다. 이형초와 안창일(2002)은 청소년들이 주로 인터넷을 이용하여 게임을 하는 데는 사회문화적 특성이 영향을 미치고 있는 것으로 보았다. 이를 구체적으로 살펴보면 다음과 같다.

첫째, 우리나라의 인터넷 사용이나 이용의 편리성은 다른 나라에 비해 매우 높은 편이며, 인터넷 사용에 대해 대다수가 긍정적으로 평가하고 있다는 점이다. 따라서 매우 쉽게 인터넷을 사용할 수 있으나, 인터넷 사용의 유해성 혹은 영향에 대해 부모들은 심각하게 생각하지 못하는 점을 들 수 있다.

둘째, 우리나라 청소년들은 대학입시의 스트레스가 매우 과중하며 이에 따라 사교육 시간이 길고 과다한 입시 위주의 학습을 하면서 시간을 보내게 된다. 따라서 청소년들이 느끼는 스트레스가 매우 크므로, 우울감이나 좌절감을 쉽게 느낄 수 있는 환경이라고 할 수 있다.

셋째, 과도한 스트레스에 비해 이를 적절하게 해소할 수 있는 가족문화나 사회적인 여건은 갖춰지지 않았다는 점이다. 대다수의 부모들 역시 성적 지상주의 관점에서 교육을 하므로 청소년들이 지각하는 좌절감은 매우 크다고 생각된다.

---

3) APA(2013, pp. 877-880)의 '인터넷게임장애' 관련 내용을 토대로 재구성하였다.

넷째, 가정뿐만 아니라 가정 밖에서 인터넷을 쉽게 이용할 수 있는 여건이 형성되어 있다는 것이다.

이러한 주장이 제기된 시점이 2000년대 초반 무렵이다. 20년 가까운 시간이 경과한 2021년 현재 한국의 상황은 어떠한가? 입시 스트레스가 줄었는가? 스트레스를 해소할 사회적 여건은 개선되었는가? 그리고 인터넷을 이용할 수 있는 환경은 어떠한가? 이러한 세 가지 질문에 대한 결론은 이전에 비해 청소년들이 인터넷게임중독에 빠질 수 있는 여건은 더욱 심각해졌다고 해도 과언이 아닐 것이다.

### (2) 인터넷게임중독의 원인 및 특성

인터넷게임 문제는 중국 정부에 의해 '중독(addiction)'으로 정의되었으며, 그 치료체계도 만들어졌다. 인터넷게임 문제에 대해 의학 저널에 실린 치료보고서들은 주로 아시아 국가들과 미국 내 일부 지역에서 발표된 것들이다(APA, 2013, p. 878). 미국정신의학회가 발간하는 DSM-5에서는 인터넷게임에 대해 추가 연구가 필요한 진단적 상태로 보고 있다. 인터넷게임장애 문제는 도박중독 등 물질중독자들에게서 나타나는 의존, 금단, 불안, 내성, 분노 등과 같은 증상들이 나타나지만, 진단을 위한 의학적·치료적 목적의 개념 정의가 없기 때문에 장애로 분류할 수 없는 상황이다. DSM-5(APA, 2013, p. 879)에서는 인터넷게임중독의 원인에 대해 환경적 요인과 유전적·생리적 요인으로 구분하여 설명하고 있다. 첫째, 환경적 요인에서는 인터넷게임장애와 연관이 높은 게임 유형에 접근할 수 있고 인터넷 접속이 되는 컴퓨터를 이용할 수 있는 환경이 가장 많은 연관이 있다. 둘째, 유전적·환경적 요인에서는 남자 청소년들이 인터넷게임장애 발병 위험이 가장 높다는 점이다. 아시아 국가에서 실시된 한 연구에 따르면, 청소년(15~19세)의 인터넷게임장애 유병률이 남성 8.4%, 여성 4.5%로, 남성이 여성에 비해 유병률이 높음을 알 수 있다. 이러한 성별 간 차이에 대해서는 명확한 근거를 찾기 어렵다. 참고로 성별 간 학교 밖 청소년의 게임중독 경향성을 연구한 김춘경, 이미숙, 박남이와 조민규(2019)의 연구에 따르면, 남자 청소년이 여자 청소년에 비해 게임중독 경향성이 높은 것으로 나타났는데, 이는 게임 이용시간이 길수록 중독 경향성이 높아진다는 점과 밀접한 관련이 있다고 볼 수 있다. 통계청과 여성가족부(2019)의 조사 결과에 따르면, 남자 청소년의 인터넷게임 이용 경험률도 남자 청소년이 여자 청소년에 비해 더 높고, 이용 시간도 남자 청소년이 여자 청소년에 비해 더 긴 것으로 나타났다.

DSM-5(APA, 2013, p. 879)에서는 인터넷게임장애의 특징을 다음의 몇 가지로 정리하여 설명하고 있다.

첫째, 인터넷게임장애의 가장 중요한 특징은 지속적이고 반복적으로 컴퓨터 게임을 하는 것이며, 수 시간 동안, 일반적으로 그룹 게임을 한다는 것이다. 이러한 게임들을 하는 동안 사용자가 사회적 상호작용의 특징을 지니는 복잡하게 구조화된 활동에 참여하게 함으로써 사용자 집단 간에 경쟁을 유발한다. 또한 팀이라는 측면이 핵심적인 동기가 되는 것으로 보인다. 인터넷게임에 중독된 이들에게 학업이나 대인관계 활동을 하게 하면 그들은 강한 저항을 보인다. 그러므로 개인적·가족적 또는 직업적 역할 수행은 등한시된다.

둘째, 인터넷 사용에 빠져 있는 이들에게 게임을 하는 주된 이유에 대해 질문을 하면, 의사소통이나 정보검색보다는 '지루함에서 벗어나기 위해'라고 대답할 가능성이 높다.

### (3) 인터넷게임중독의 진단

현재 사용되고 있는 DSM-5에서는 인터넷게임장애(internet gaming disorder)의 진단기준을 〈표 11-11〉과 같이 제시하고 있다(APA, 2013, p. 877).

〈표 11-11〉 **인터넷게임장애의 진단기준**

| 제안된 진단기준 |
| --- |
| 게임을 하기 위해, 그리고 흔히 다른 사용자들과 함께 게임을 하기 위해 지속적이고 반복적으로 인터넷을 사용하는 행동이 임상적으로 현저한 손상이나 고통을 일으키며, 다음 중 다섯 가지(또는 그 이상) 증상이 12개월 동안 나타난다. |
| 1. 인터넷 게임에 대한 몰두(이전 게임 내용을 생각하거나 다음 게임 실행에 대해 미리 예상함. 인터넷 게임이 하루 일과 중 가장 지배적인 활동이 됨)<br> 주의점: 이 장애는 도박장애 범주에 포함되는 인터넷 도박과 구분된다. |
| 2. 인터넷 게임이 제지될 경우에 나타나는 금단 증상(이러한 증상은 전형적으로 과민성, 불안 또는 슬픔으로 나타나지만, 약리학적 금단 증상의 신체적 징후는 없음) |
| 3. 내성: 더 오랜 시간 동안 인터넷 게임을 하려는 욕구 |

4. 인터넷 게임 참여를 통제하려는 시도에 실패함

5. 인터넷 게임을 제외하고 이전의 취미와 오락 활동에 대한 흥미가 감소함

6. 정신사회적 문제에 대해 알고 있음에도 불구하고 과도하게 인터넷 게임을 지속함

7. 가족, 치료자 또는 타인에게 인터넷 게임을 한 시간을 속임

8. 부정적인 기분에서 벗어나거나 이를 완화시키기 위해 인터넷 게임을 함(예: 무력감, 죄책감, 불안)

9. 인터넷 게임 참여로 인해 중요한 대인관계, 직업, 학업 또는 진로 기회를 위태롭게 하거나 상실함

주의점: 이 장애의 진단은 도박이 아닌 인터넷 게임만 포함한다. 업무 및 직업상 요구되는 활동으로서 인터넷 사용은 포함되지 않으며, 그 외의 기분 전환이나 사회적 목적의 인터넷 사용 또한 포함하지 않는다. 마찬가지로, 성적인 인터넷 사이트도 제외한다.

현재의 심각도를 명시할 것:

인터넷게임장애는 일상적 활동의 손상 정도에 따라 경도, 중등도, 고도로 나뉜다. 인터넷게임장애가 덜 심각한 사람은 증상이 더 적고 일상에서의 손상도 더 적을 것이다. 심각한 인터넷게임장애가 있는 사람은 컴퓨터 앞에서 더 많은 시간을 보내며, 대인관계 또는 진로 및 학업 기회에 있어서도 상실이 더 클 것이다.

# 4. 중독상담 전략

청소년 중독상담 전략을 약물중독과 스마트폰 중독으로 구분하여 설명하고자 한다. 먼저, 약물중독의 경우 청소년들이 가장 많이 사용하는 것으로 알려진 알코올과 흡연을 중심으로 상담 및 치료 전략에 대해 살펴보고자 한다. 다음으로, 행위중독의 대표적인 유형이라 할 수 있는 인터넷 및 스마트폰 중독에 대한 상담전략에 대해 살펴보고자 한다.

## 1) 약물중독 상담전략

### (1) 약물중독 상담자의 자질 및 태도

청소년의 중독 문제는 급격한 과학기술의 발달과 맞물리면서 이전까지의 물질 중심의 중독 문제와는 다른, 행위 중심의 중독이 더 큰 비중을 차지하는 양상을 보이고 있어 지속적인 관심을 가지고 예방과 해결을 위해 노력해야 한다. 더불어 사회적으로는 건강한 시민으로 육성되어야 할 청소년이 중독문제가 원인이 되어 건강

한 시민으로 충원되지 못함에 따라 2차적인 손실로 이어질 가능성이 있기 때문에, 성인 중독 못지않게 관심을 가지고 청소년 중독의 예방과 처치를 위해 노력해야 한다. 청소년 중독상담은 청소년을 대상으로 하기 때문에 발달적 특징을 고려해야 하므로 성인 중독상담과는 다른 특징을 가지며, 이를 위해 상담자에게 요구되는 능력과 자격에도 다소 차이가 있다(박승민, 조영민, 김동민, 2011).

최은영(2008), 최은영 등(2014)은 약물중독 문제를 다루는 상담자에게 요구되는 자질을 크게 다음의 여섯 가지로 제시하고 있다.

첫째, 약물사용을 포함한 윤리적·도덕적 문제에 대한 가치판단이 자유로워야 한다. 약물중독자가 어떤 종류의 약물을 사용하더라도 그 사용자에게는 해가 되기 때문에 나쁜 것이지, 그 행동 자체가 사회적·도덕적으로 비난받아야 한다고 생각하는 사람이라면 진심으로 약물중독자를 도울 수 없다.

둘째, 약물중독자들과 깊이 있는 감정 소통이 일어날 수 있을 만큼 충분한 공감 및 감정 소통 능력을 갖추어야 한다. 약물중독자들은 다른 사람이 자신을 대하는 태도에 매우 예민하며, 자신 안에서 일어나는 감정을 있는 그대로 경험하기 때문에, 자신이 겪는 부정적 감정을 극복하기 위해서 약물을 찾는 사람들이다. 따라서 그들만큼 깊이 있는 감정에 대하여 의사소통할 수 있어야 한다.

셋째, 약물중독자의 계속되는 재발에도 흔들림 없이 상담자 자신의 능력과 상담 처치과정에 대한 자신감을 잃지 말아야 한다. 재발하지 않으면 중독자가 아니다. 즉, 재발은 중독의 한 증상이다. 자신이 상담하는 내담자의 재발을 자주 경험하는 것은 상담자에게 큰 고통과 좌절을 가져오지만, 이에 흔들리지 않고 내담자에게 자신이 하는 상담적 처치나 자신의 상담 능력에 대해 확신을 유지할 수 있는 자신감이 필요하다.

넷째, 약물중독자의 재발과 관련하여 재발하는 중독자의 회복을 끝까지 믿고 포기하지 않는 인내심이 필요하다. 약물중독자들이 회복되는 과정은 매우 더디고, 후퇴를 반복한다. 따라서 상담자는 장기간 소요되는 중독자의 회복에 대한 믿음을 놓지 않고 오랜 시간 내담자와 함께 상담 작업을 계속할 수 있는 끈기가 필요하다.

다섯째, 내담자에게 때로는 단호하고 엄격한 태도를 보일 수 있는 용기도 필요하다. 중독자들은 본의 아니게 다른 사람들을 조종하는 데도 능하기 때문에, 자칫 잘못하면 이들 때문에 상담의 방향을 잃고 헤매는 결과를 초래할 수 있다. 상담자는 시의적절하게 내담자에게 핵심 문제를 직면시키는 일, 재발 방지에 대한 계획을 세우고 확실하게 다짐을 받는 일 등에 엄중한 자세를 취할 수 있어야 한다.

여섯째, 약물중독 문제는 의학적 처치도 병행되어야 하며, 치료공동체 생활을 해야 할 경우도 있으므로, 여러 분야에서 일하는 전문가와 마음을 열고 폭넓게 대화하며 협력할 수 있는 개방적 자세가 요구된다.

## (2) 개인상담

청소년 약물중독자를 대상으로 이루어지는 개인상담은 크게 상담 초기, 상담 중기, 그리고 상담 종결기의 3단계로 진행된다(최은영 외, 2014).

상담자에게는 각 단계별로 수행해야 할 과제들이 있다. 우선 상담 초기에는 청소년들의 약물중독 수준이 어느 정도인지 평가하는 것이 중요하다. 그리고 절제와 치료를 위한 동기화, 해독, 절제와 상담계획 세우기 등과 같은 일들이 진행된다. 상담 중기에는 약물중독자의 약물에 대한 사고와 행동 변화를 이끌어 내기 위한 상담이 진행되며, 상담 종결기에는 내담자의 자율성을 높여 주기 위한 상담을 진행하게 된다.

| 단계 | | 상담과제 |
|---|---|---|
| 1단계 | 상담 초기 | • 약물중독 수준 평가<br>• 절제와 치료를 위한 동기화<br>• 해독<br>• 절제와 상담계획 세우기 |
| 2단계 | 상담 중기 | • 사고와 행동 변화 촉진<br>• 재발 방지를 위한 상담 |
| 3단계 | 상담 종결기 | • 친밀성과 자율성 향상을 위한 상담 |

● 그림 11-2 ● **개인상담의 단계와 과제**

### ① 1단계: 상담 초기

상담 초기 단계에서는 약물중독 정도에 대한 평가, 절제와 상담을 위한 동기화, 회복, 절제와 상담계획 세우기 등과 같은 일들이 이루어진다.

이 단계에서 가장 먼저 해야 할 일은 청소년 내담자의 약물남용 수준이 어느 정도인지를 확인하는 일이다. 이때 기존에 개발되어 있는 약물중독 진단도구들을 활용할 수도 있으며, 상담을 통하여 이전에 약물중독 경험이 있는지, 술, 담배, 그리고 흡입제 등을 어느 정도 사용하고 있는지를 파악해야 한다. 그리고 이전에 약물중독과 관련하여 상담이나 치료를 받은 경험이 있는지 여부에 대해서도 파악해야 한다.

청소년들의 약물중독 정도를 파악하기 위하여 사용되는 척도로는 '청소년 약물중독선별검사척도'가 있다. 이 척도는 청소년 본인보다는 부모님이나 교사 등 주변의 어른들이 청소년들의 약물중독 정도 상태를 파악하기 위한 용도로 개발된 척도다. 총 12개 문항 가운데 4개 이상이 해당될 경우 또는 3점 이상이면 중독의 위험이 있다고 판단할 수 있다(김경빈, 1996).

〈표 11-12〉 **청소년 약물중독선별검사**

| 연번 | 문항 | 그렇다 (1점) | 애매하게 그렇다 (1/2점) | 그렇지 않다 (0점) |
|---|---|---|---|---|
| 1 | 약물을 조절해서 사용하려 하지만 잘 안 된다. | | | |
| 2 | 예전보다 약물의 사용량이 많이 늘어났다. | | | |
| 3 | 주변에서 약물을 끊으라고 하지만, 그 말이 마음에 잘 와닿지 않고 반발심만 생기며, 마음과 머릿속에서도 약(술, 담배 등)이 잘 지워지지 않고, 약 생각이 자주 떠오른다. | | | |
| 4 | 약물을 하고 싶은 충동이 일어나면 거의 참을 수 없다. | | | |
| 5 | 약물을 일단 사용하기 시작하면 계속적으로 하게 된다. | | | |
| 6 | 정신적 고통을 잊기 위해 사용한다(예: 화남, 슬픔, 지루함 등). | | | |
| 7 | 최근에 약물사용 중의 일을 기억하지 못하는 경우가 몇 번 있다. | | | |
| 8 | 혼자 사용하는 것을 좋아한다. | | | |
| 9 | 약물사용 전후에 때로 자살 충동을 느낀다(자살충동). | | | |
| 10 | 내가 불쌍하다는 생각이 자주 든다(자기연민). | | | |
| 11 | 약물로 인해 친구가 떨어져 나갔다. | | | |
| 12 | 약물로 인해 가정에 문제가 일어나고 있으며, 가출을 하게 되거나 가족들이 가출을 종용한다(위협이나 내쫓김). | | | |

약물남용 청소년의 평가에서 무엇보다 중요한 것은 약물사용을 어느 정도 수준으로 했으며, 앞으로 그것이 어떤 영향을 미칠 것인지를 파악하는 것이다. 약물사용 수준에 따라 상담과정에서 라포 형성이나 협조 정도가 다를 수 있기 때문에 상담자는 미리 이러한 사실들을 평가하여 상담 전략을 세워야 한다.

다음으로, 이 단계에서 상담자는 청소년들이 약물사용을 절제하고 치료를 받을 수 있도록 동기화시켜 주어야 한다. 이때 상담자는 몇 가지 기법을 활용하여 이러한 절제를 높여 줄 수 있다. 여기에는 점진적인 설득, 직면 등의 기법이 있다. 또한 내담자의 약물 절제 치료에 필요한 동기화를 위해서는 가족, 친구들과 같은 주변 사람들의 도움을 받은 것도 효과적이다. 그리고 해독을 위해서는 의학적인 방법을 연계하여 상담을 진행하는 것이 바람직하다.

마지막으로, 상담자는 평가와 면접을 통해 파악된 내용을 토대로 상담계획을 수립하게 된다. 이때 내담자의 약물남용 상태, 약물 의존도, 주변 환경의 지지 수준 등을 고려하여 상담을 통해 내담자의 문제해결이 가능한지, 경우에 따라서는 의학적 도움이 필요한지 여부를 판단해야 한다. 상담의 진행 방향이 결정된 이후, 내담자와 앞으로의 상담 내용, 방법, 그리고 절차 등 상세한 사항에 대해 계약을 체결한다.

### ② 2단계: 상담 중기

이 단계에서는 초기에 설정된 계획에 따라 청소년들이 약물사용을 절제하며 재발에 대처할 수 있도록 구체적인 사고와 행동의 변화를 촉진한다. 또한 청소년이 약물사용을 중단하고 효과적으로 자신의 삶을 영위해 나갈 수 있도록 건설적인 대안을 제시하고 이에 익숙해질 수 있도록 돕는다.

약물상담에서 약물사용을 절제하기 위한 필수적인 단계는 다음과 같다.

- 약물남용의 재발을 일으키는 요소들에 대해 교육한다.
- 약물을 사용하도록 자극하는 외적 요소와 내적 감정들을 확인한다.
- 약물사용 관련 활동들을 대체할 수 있는 지지체계와 일상 구조들을 확립한다.
- 위기 상황과 약물을 사용하고 싶은 욕망을 다루는 행동계획을 세운다.
- 치료를 받다가 초기에 그만두지 않도록 계획을 세운다.

### ③ 3단계: 상담 종결기

상담의 종결 단계에서는 청소년들의 자율성을 높여 주기 위한 상담을 진행하게 된다. 이 시기에 다루어지는 상담의 주제들은 슬픔과 손실, 초기에 경험한 충격으로 가기, 전이와 역전이, 자아도취적 행동을 탈피하기, 여전히 남아 있는 역기능적 영향들을 고려하기, 건강한 자아개념 형성하기, 친밀성 획득하기 등이다. 이때 상담자는 감정처리 기술, 의사결정 기술, 긍정적 행동을 확립하는 기술, 거절기술 등과 같은 여러 가지 상담기법을 활용하는 것이 좋다. 이러한 상담기법에 대해 자세히 살펴보면 다음과 같다.

첫째, 감정처리 기술이다. 청소년들은 약물을 정서적 동기에서 사용하는 경우가 많기 때문에 감정처리 기술은 상담자가 자주 사용하는 기술이다. 내담자가 자신의 감정을 잘 표현하면 현명하게 결정을 내릴 수 있는 강한 입장에 서게 된다. 감정처리를 돕는 방법으로는 감정에 이름을 붙이거나 감정을 언어적으로 표현하도록 돕는 것 등이 있다. 그리고 상담자는 내담자가 자신의 감정을 솔직하게 표현할 때 지지를 하며, 내담자가 표현한 감정에 대해 결론을 내리지 않는 태도를 취해야 한다.

둘째, 의사결정 기술이다. 의사결정을 돕는 방법으로는 격려를 통해 청소년들이 직접 결정을 내리도록 하거나, 칭찬이나 보상을 통해 용기를 북돋아 주는 것도 내담자가 주체적인 의사결정을 하는 데 도움을 줄 수 있다.

셋째, 긍정적 행동을 확립하는 기술이다. 긍정적 행동 패턴을 확립하는 것은 청소년들을 약물남용으로부터 막는 본질적인 요소다. 긍정적 행동은 약물사용에 대해 자기강화적 기능을 한다. 내담자의 긍정적 행동 확립을 돕는 방법으로는 내담자의 긍정적 행동에 대해 물질적 보상보다는 언어를 통한 정서적 지지와 격려를 통해 내담자가 스스로에게 긍정적인 메시지를 전달할 수 있도록 하는 것이다.

넷째, 거절기술이다. 거절기술은 친구나 주변 사람들이 자신에게 약물을 권유했을 때 '아니요'라고 대답하는 기술이다. 효과적인 거절기술은 타인의 감정을 존중하면서 자신의 의사를 명확하게 전달하는 것을 말한다.

### (3) 집단상담

이장호와 김정희(1992)는 약물중독 상담자를 대상으로 하는 집단상담을 참여 단계, 과도적 단계, 작업 단계, 그리고 종결 단계의 총 4단계로 구분하여 제시하고 있다. 1단계인 참여 단계에서 상담자는 내담자들에게 상담의 목표를 제시하고, 상담에 적극적으로 참여했을 때 문제가 해결될 수 있다는 기대감을 부여한다. 아울러 상담에 참여한 구성원들 간의 자기소개, 구성원들이 참여한 상담계획 수립 등과 같은 작업을 진행하게 된다. 2단계인 과도적 단계에서 상담자는 구성원들의 감정적 저항, 갈등 등에 대해 지지하고 격려함으로써 내담자의 정서적 안정을 돕는다. 3단계인 작업 단계는 집단상담에서 가장 중요한 단계로, 상담자는 집단구성원들이 서로 신뢰할 수 있도록 도와야 하며, 집단에 대한 소속감이 형성될 수 있도록 해야 한다. 4단계인 종결 단계에서 상담자는 내담자들이 자신의 감정을 정리하고, 종결 이후의 실천계획을 세우도록 도와야 한다.

| 단계 | | 상담과제 |
|---|---|---|
| 1단계 | 참여 단계 | • 상담의 목표 제시와 기대감 부여<br>• 집단구성원 소개 및 상담계획 수립 |
| 2단계 | 과도적 단계 | • 집단구성원에 대한 지지 및 격려 |
| 3단계 | 작업 단계 | • 집단구성원 간 신뢰관계 구축 및 소속감 형성 |
| 4단계 | 종결 단계 | • 감정적 정리 및 향후 실천계획 수립 |

● 그림 11-3 ● **집단상담의 단계**

### ① 1단계: 참여 단계

이 단계는 상담의 초기 단계로 집단상담의 성패를 좌우할 수 있는 중요한 시기다. 특히 첫 번째 모임은 다른 어떤 모임보다 중요하다. 첫 시간에 이루어져야 할 일을 정리하면 다음과 같다(최은영 외, 2014).

- 집단상담에 참여한 이들에게 상담의 목표를 명확하게 제시하고, 상담을 통해 문제가 해결될 것이라는 희망을 심어 주는 것이 중요하다.
- 상담의 절차 및 진행 방향에 대해 설명해 줌으로써 청소년들이 집단상담에 관심을 가지고 상담에 적극적으로 참여하고자 하는 동기를 심어 주는 것이 중요

하다.

- 집단상담에 참여한 청소년들 간 자기소개의 시간을 가진다. 이때 소개할 내용은 이름, 나이, 소속 등과 같은 개인 신상에 관한 내용이다. 단, 본인이 개인 신상정보를 공개하고 싶어 하지 않을 경우에는 본인의 원하는 애칭이나 별칭으로 소개하는 것도 좋다. 그 밖에 본인이 약물중독에 빠지게 된 계기, 주로 어떤 약물을 얼마나 사용했는지, 약물중독으로 인해 발생한 문제에는 어떠한 것들이 있는지, 약물중독으로부터 벗어나기 위해 어떠한 노력을 했는지 등에 대해서도 소개하는 시간을 가진다. 그리고 집단상담에 참여하게 된 계기와 상담에 대한 기대감 등에 대해서도 소개하는 시간을 가진다.

참여 단계의 마지막 무렵에는 구성원들 간의 자기소개 등 첫 시간에 참여한 활동을 통해 느낀 점에 대해 물어보고, 구성원 간 소감을 공유하는 시간을 가지는 것도 신뢰관계 구축에 도움이 된다. 아울러 상담자는 구성원들이 자신의 느낌, 생각을 부담 없이 표현할 수 있도록 지지하고 격려하는 태도를 취해야 하며, 내담자들이 집단상담을 통해 해결하고자 하는 목표를 발표하거나 종이에 써 보게 하는 것도 내담자의 자기동기화에 도움이 된다.

### ② 2단계: 과도적 단계

이 단계는 말 그대로 '작업 단계'로 넘어가는 과도적 과정이라고 볼 수 있다. 이 단계의 특징은 집단구성원 각자가 자신의 집단 내에서 자신의 위치를 확보하고자 애쓰며, 집단상담자와 구성원들 사이에, 그리고 집단구성원 상호 간에 갈등이 생기고 상담자에 대한 저항이 늘어난다. 따라서 상담자는 이 시기에 집단구성원들 사이에서 일어나는 망설임이나 저항, 방어 등을 지각하고 집단구성원들이 자신들의 감정을 정리하도록 도와주어야 한다. 이 단계에서는 상담자가 집단구성원들에게 얼마나 공감하고 신뢰감을 부여하느냐가 관건이다. 이때 상담자는 집단구성원들 중에 이미 가족이나 친구 가운데 약물중독자가 있는지, 그리고 부모나 교사와의 관계는 어떠한지 등을 파악하여, 상담과정에서 내담자가 보이는 저항이나 심리적 갈등 등이 이러한 요인들과 관련성은 없는지를 유념하면서 상담을 진행해야 한다.

이 단계에서 내담자들은 자신들이 약물중독에 빠졌다는 것에 대한 죄책감과 후회 등과 같은 부정적인 감정을 표출하기도 하는데, 이때 상담자는 내담자들이 자신들이 느끼는 부정적인 감정을 구성원들에게 솔직하게 표현하도록 하여 심리적 부담을 덜어 낼 수 있도록 도와야 한다.

### ③ 3단계: 작업 단계

이 시기는 집단상담의 가장 핵심적인 부분으로, 구성원들은 집단을 신뢰하고 자기를 솔직하게 공개하게 될 뿐만 아니라 자신의 구체적인 문제를 집단에 가져와 활발한 논의를 벌이며 바람직한 관점과 행동 방안을 모색하게 된다. 집단구성원들이 약물사용을 중지하기 위해 어떻게 집단을 활용하며, 다른 약물사용 청소년들을 돕기 위해 어떻게 자신의 생각과 기술을 활용할 것인가에 대해 분명히 알게 되었다면 작업 단계에 들어섰다고 볼 수 있다.

이 단계에서는 집단구성원들이 높은 사기와 소속감을 갖는 것이 특징이다. 집단모임에 빠지지 않으려 하고 집단에 대한 소속감이 강해지면 집단의 결속력이 강해진다. 이 시기에 상담자는 약물사용을 중단하고자 하는 구성원들 사이에 발생하는 개인차에 주의와 관심을 기울일 필요가 있다. 즉, 약물중독에 어느 정도 성과를 보이는 청소년들이 그렇지 못한 청소년들에 대하여 우월의식을 가진다거나 비난하는 행동을 할 수 있기 때문에, 약물중독 중단에 어려움을 겪는 이들에게 애정과 관심을 가지고 도와주어야 한다. 또한 약물중독을 중지하기 위한 효과적인 대안을 찾지 못하는 구성원들에 대해서는 상담을 통하여 그들이 자신에게 맞는 효과적인 대안을 찾을 수 있도록 적극적으로 지원해야 한다.

### ④ 4단계: 종결 단계

집단상담의 종결 단계는 다른 의미로는 하나의 새로운 '출발'이다. 즉, 약물이 없는 세상에서 새로운 삶을 시작하는 것이다. 이 단계에서 상담자와 구성원들은 집단에서 배운 것을 미래의 약물이 없는 생활 장면에 어떻게 적응할지에 대하여 생각해 보아야 한다. 상담자는 이 단계에서 상담의 진행과정을 되돌아보고 초기의 상담목표 달성 여부를 확인한 후 상담을 종결해도 되는지 여부를 결정해야 한다. 약물중독은 재발의 위험성이 매우 높으므로 추수면접을 통해 재발 여부를 확인해야 한다. 일부 청소년들은 초기에 설정한 상담목표를 달성하지 못했음에도 불구하고 예정된 회기가 종료됨으로 인해 상담을 지속할 수 없는 상황에 놓이게 되기도 한다. 이런 경우에는 개별상담 또는 별도의 집단상담 프로그램을 소개하는 방안에 대해서도 검토해야 한다.

마지막으로, 집단상담을 계획대로 진행했음에도 불구하고 의식 및 행동의 변화가 보이지 않는 청소년들에게는 전문의료기관에 연계하여 보다 전문적인 의료적 조치를 받도록 안내한다.

## 2) 인터넷 및 스마트폰 중독 상담전략

### (1) 인터넷 및 스마트폰 중독 상담전략

과학기술정보통신부, 한국정보화진흥원과 스마트쉼센터(2019)는 스마트폰 중독 예방을 위한 상담 단계를 크게 4단계로 분류하여 설명하고 있다. 1단계는 스마트폰 과의존 문제를 인식하는(problem recognition) 단계, 2단계는 스마트폰 사용 상태 점

| 단계 | | 가이드라인 |
|---|---|---|
| 1단계 | 스마트폰 과의존 문제 인식 (problem recognition) | • 다른 연령대에 비해 청소년의 스마트폰 중독률이 가장 높다. <br> • 스마트폰 과의존은 청소년의 신체, 정신건강 및 사회성 발달, 그리고 안전에도 해롭다. |
| ↓ | | |
| 2단계 | 스마트폰 사용 상태 점검 (state check) | • '스마트폰 과의존 척도'를 이용하여 과의존 수준을 점검한다. |
| ↓ | | |
| 3단계 | 올바른 스마트폰 사용 실천방안 및 대안 제시 (suggest alternatives) | • 자신의 스마트폰 사용 습관에 대해 살펴본다. <br> • 건강한 성장을 위한 바른 사용 습관을 형성한다. <br> • 디지털 활용 역량을 키운다. <br> • 잠시 스마트폰을 내려놓고 '더 중요한 것'을 가꿔 본다. |
| ↓ | | |
| 4단계 | 주변 사람과의 관계 형성 강화 (connect) | • 가족 · 친구들과 소통의 기회를 늘린다. <br> • 온라인 공간에서도 다른 사람과 협력하고, 창의적이고 생산적인 디지털 문화를 만들어 본다. <br> • 주변 사람들과의 건강한 소통을 위해 조심해야 할 것을 챙겨 본다. |

●그림 11-4● **스마트폰 중독 상담 단계별 개입전략**

출처: 과학기술정보통신부, 한국정보화진흥원, 스마트쉼센터(2019)의 내용을 토대로 재구성.

검(state check) 단계, 3단계는 올바른 스마트폰 사용 실천방안 및 대안 제시(suggest alternatives) 단계, 4단계는 주변 사람과의 관계 형성(connect) 강화 단계다. 각 단계별 개입전략에 대해 살펴보면 다음과 같다.

### ① 1단계: 스마트폰 과의존 문제 인식 단계

매년 청소년들의 스마트폰 이용률이 증가함에 따라 스마트폰으로 인한 부작용도 늘어나고 있는 추세다. 청소년들의 스마트폰 이용에 있어 대표적인 부작용 사례로 스마트폰 과의존 증상을 들 수 있다. 한겨레신문 스마트상담실[4](한국지능정보사회진흥원, NIA)에 소개된 청소년 스마트폰 과의존 사례를 소개하면 다음과 같다.

과학기술정보통신부와 한국정보화진흥원(2019)의 '2019 스마트폰 과의존 실태조사'에 따르면, 청소년(만 10~19세)의 스마트폰 과의존 위험군 비율이 30.3%로 전년도(29.3%)에 비해 증가한 것으로 나타났으며, 스마트폰 과의존 위험군으로 분류되는 청소년들은 조절 실패, 건강문제, 학업 수행의 어려움, 가족 또는 친구들과의 갈등 등과 문제적 결과를 경험하고 있었다.

한편, 스마트폰 과의존은 청소년들에게 여러 가지 부정적인 영향을 미친다. 첫째, 수면장애와 같은 문제가 발생한다. 청소년들이 주로 스마트폰을 이용하는 시간대가 심야시간이며, 스마트폰의 청색광(블루라이트)으로 인해 신체는 각성 상태가된다. 이로 인해 정상적인 수면을 취할 수 없게 된다. 또한 스마트폰의 밝은 빛에 오래 노출되면 멜라토닌[5]의 생성과 분비를 방해하고 생체 리듬이 깨지게 되며, 수면장애는 성장 호르몬의 분비와 신체발달에도 부정적인 영향을 미치게 된다.

둘째, 신체적으로도 부정적인 영향을 미친다. 스마트폰 과의존은 청소년들의 건강을 해치는데, 구체적으로는 일명 'VDT(Visual Display Terminal)' 증후군을 유발한다. 이 증후군은 스마트폰이나 컴퓨터 사용으로 인해 안구, 근골격계, 신경계 등에 이상 증상을 유발하는 것으로 보인다. 그 밖에도 스마트폰 과의존 상태는 '거북목증후군' '손목터널 증후군' 등과 같은 문제들도 유발한다.

셋째, 스마트폰 과의존은 청소년의 심리적 · 정서적 측면에도 부정적인 영향을

---

4) 한겨레신문 스마트상담실(http://www.hani.co.kr/arti/SERIES/736).

5) 약학정보원(https://www.health.kr)의 약물백과에 따르면, 멜라토닌은 뇌에서 분비되는 생체 호르몬으로 자연적인 수면을 유도하는 작용을 한다. 멜라토닌 수치가 낮을 경우 불면증에 빠질 가능성이 높다.

〈사례 1〉

"크리에이터가 되고 싶은데 영상만 너무 많이 봐요."

매일 새벽까지 스마트폰을 봐서 고민이에요. 자기 전에 유튜브로 웃기는 영상을 보다 보면 두세 시간이 금방 지나가요. 어렸을 때부터 애니메이션을 많이 봤는데 스마트폰이 생긴 이후로 더 많이 보는 것 같아요. 좋은 대학도 가고 싶고 '크리에이티브 디렉터'라는 꿈도 있는데 공부를 잘하지 못하니까 꿈을 포기해야 할 것 같아요.

부모님은 스마트폰 보는 시간부터 줄이라고 하시는데 어떻게 하면 될까요?

〈사례 2〉

"시험 때도 스마트폰에 손이 가요."

시험이라 공부에 집중해야 하는데, 불안하고 허전해서 자꾸 스마트폰을 보고 싶어져요.

'스마트폰 과의존 검사'를 해 봤는데 '고위험'으로 나왔어요.

최근엔 스마트폰을 쓸 때면 눈이 쓰라려서 찡그리게 돼요. 어떻게든 스마트폰 쓰는 걸 줄이고 싶어서 노력해 봐도 잘 안 돼요.

〈사례 3〉

"모바일게임을 하느라 부모님 카드로 한번에 100만 원을 썼어요."

최근 모바일게임에서 100만 원을 결제했어요. 부모님께 스마트폰과 용돈을 압수당하고 난 후 밥도 먹기 싫고 무기력해져요. 전 게임 할 때 제일 멋져요.

그리고 가장 잘하는 것이 게임이라서 게임을 멈추기가 힘들어요.

〈사례 4〉

"스마트폰을 적당히 쓰면서 공부도 잘할 수 있는 방법 없나요?"

중3인데 스마트폰을 너무 많이 보게 되어서 고민입니다. 밤에 부모님 몰래 스마트폰으로 게임 방송을 보거나 친구들과 SNS를 하고 놀다가 새벽에 자게 돼요. 성적도 많이 떨어졌는데도 스마트폰을 계속 보게 되니까 스트레스를 받는데 그래도 조절을 못하겠어요. 부모님은 스마트폰을 없앤다고 하시는데 그럼 친구들이랑 대화를 못 하니 없앨 수는 없어요. 스마트폰을 적당히 쓰면서, 공부도 잘할 수는 없을까요?

〈사례 5〉

"SNS에 빠져서 성적도 떨어지고 진로 고민이 많아요."

고등학생인데 중학생 때부터 SNS에 빠져서 학업에 지장이 많았어요. 처음에는 부모님 눈치를 보게 되어서 스마트폰을 적당히 쓰려고 노력했는데, 계속 많이 쓰니까 부모님이 폰을 압수했어요. 그래서 어쩔 수 없이 부모님 몰래 스마트폰을 샀는데 그마저도 들켰어요. 저도 공부를 잘하고 싶은데 SNS를 하지 않을 수는 없어요. 성적이 계속 떨어지니까 진로도 걱정되고.. 어떻게 하면 좋을까요?

출처: 과학기술정보통신부, 한국정보화진흥원, 스마트쉼센터(2019), pp. 6-7.

미친다. 특히 심야시간대 과도한 스마트폰 사용은 수면의 질 저하를 일으키고, 수면의 질 저하는 우울증과 인지장애를 불러일으키는 요인으로 작용한다.

　넷째, 청소년의 스마트폰 과의존은 대인관계에도 영향을 미친다. 청소년들이 주로 사용하는 메신저, 사회관계망 서비스(SNS)는 대인관계의 확장과 같은 긍정적인 작용도 하지만, 오히려 대인관계를 악화시키는 요인으로 작용하기도 한다. 특히 온라인상에서 이루어지는 소통에 집중하느라 현실 공간에서 함께 있는 가족, 친구들과의 직접적인 대화에 소홀해지는 현상인 '디지털격리증후군'이 나타나기도 한다. 또한 SNS상에서 자신의 모습을 행복한 것처럼 포장하는 과정에서 오히려 상대방과 자신을 비교하며 우울감과 상대적 박탈감을 느끼게 되는 '카(카카오톡)페(페이스북)인(인스타그램) 우울'을 경험할 수도 있다.

다섯째, 스마트폰 과의존은 안전에도 영향을 미친다. 지하철, 버스, 그리고 길거리에서 스마트폰을 보며 걸어 다니는 청소년들을 자주 접하게 된다. 이들은 스마트폰 화면에 시선을 고정한 채, 게다가 이어폰을 낀 상태로 걸어가다 보면 주변에 대한 주의력이 떨어질 수밖에 없다. 이러한 스마트폰 이용 행태는 안전사고 유발 요인으로 작용할 수도 있으며, 특히 횡단보도상에서의 스마트폰 사용은 통행인과의 충돌, 교통사고로 이어질 확률이 매우 높다고 하겠다.

### ② 2단계: 스마트폰 사용 상태 점검 단계

최근 학교에서도 매년 청소년 대상 스마트폰 과의존 실태조사를 실시하고 있으며, 인터넷 사이트에서도 간편하게 과의존 상태를 확인할 수 있다. 스마트쉼센터 홈페이지에서는 간편하게 스마트폰 과의존 유무를 확인할 수 있는 진단도구를 제공하고 있다(〈표 11-13〉 참조).

〈표 11-13〉 **청소년 스마트폰 과의존 척도**

| 요인 | 항목 | 전혀 그렇지 않다 | 그렇지 않다 | 그렇다 | 매우 그렇다 |
|------|------|------|------|------|------|
| 조절 실패 | 스마트폰 이용시간을 줄이려 할 때마다 실패한다. | | | | |
| | 스마트폰 이용시간을 조절하는 것이 어렵다. | | | | |
| | 적절한 스마트폰 이용시간을 지키는 것이 어렵다. | | | | |
| 현저성 | 스마트폰이 옆에 있으면 다른 일에 집중하기 어렵다. | | | | |
| | 스마트폰 생각이 머리를 떠나지 않는다. | | | | |
| | 스마트폰을 이용하고 싶은 충동을 강하게 느낀다. | | | | |

| | | | | |
|---|---|---|---|---|
| 문제적<br>결과 | 스마트폰 이용 때문에 건강에 문제가 생긴 적이 있다. | | | |
| | 스마트폰 이용 때문에 가족과 심하게 다툰 적이 있다. | | | |
| | 스마트폰 이용 때문에 친구 혹은 동료, 사회적 관계에서 심한 갈등을 경험한 적이 있다. | | | |
| | 스마트폰 때문에 업무(학업 혹은 직업 등) 수행에 어려움이 있다. | | | |

－고위험군(31점 이상): 스마트폰 과의존 경향성이 매우 높으므로 관련 기관의 전문적 지원과 도움이 필요합니다.

－잠재적 위험군(23~30점): 스마트폰 과의존에 대한 주의가 필요합니다. 스마트폰 과의존의 위험성을 깨닫고 스스로 조절하고 계획적인 사용을 하도록 노력해야 합니다.

－일반 사용자군(22점 이하): 스마트폰을 적절히 이용하고 있지만, 앞으로도 지속적인 자기점검이 필요합니다.

출처: 스마트쉼센터 홈페이지.

### ③ 3단계: 올바른 스마트폰 사용 실천방안 및 대안 제시 단계

이 단계에서는 청소년들의 스마트폰 사용 습관에 대해 점검해 본다. 4차 산업혁명 시대의 기술 진보로 인해 스마트폰의 기능이 더욱 편리해짐과 동시에 스마트폰에 대한 의존도는 높아지고 있다. 이에 청소년들이 스마트폰을 생활의 유용한 도구로 활용은 하되, 과도하게 의존하지 않도록 지도하는 것이 중요한데, 이를 위해서는 청소년들의 스마트폰 사용 습관을 이해할 필요가 있다.

과학기술정보통신부와 한국정보화진흥원(2019)의 청소년 스마트폰 이용 실태를 분석한 결과, 생활에 도움이 되는 콘텐츠는 주로 학업 및 교육과 관련된 내용들이며, 부작용이 우려되는 콘텐츠로는 게임과 성인용 콘텐츠 등인 것으로 나타났다. 이에 부모 및 교사들은 청소년들과의 상담을 통해 부정적인 영향을 미칠 우려가 있는 콘텐츠에 대한 사용을 자제하도록 안내해야 한다.

다음으로, 청소년들의 올바른 스마트폰 사용 습관에 대해 살펴보자. 앞에서도 언급한 바와 같이, 청소년들은 오랜 시간 스마트폰을 사용함으로 인해 거북목증후군, 손목터널증후군 등과 같은 신체적 증상을 호소한다. 이에 올바른 스마트폰 사용 자세를 안내할 필요가 있다. 올바른 스마트폰 사용 자세는 대체로 다음과 같다.

• 턱을 숙이지 않고 수평을 유지하며 허리는 곧게 편다.

- 스마트폰을 바닥이나 아래에 놓지 않고 들어 올려서 본다.
- 목을 자연스럽게 똑바로 세우고, 시선은 15도 정도 아래를 향한다.
- 양손을 이용하고 스마트폰의 무게가 한 손 또는 일부 손가락에만 집중되는 부담을 줄인다.

또한 심야시간의 스마트폰 이용은 수면의 질을 저하시키는 요인으로 작용하기 때문에, 가능하면 밤 10시 이후에는 스마트폰 이용을 자제하도록 하며, 부득이하게 스마트폰을 사용해야 한다면 스마트폰 화면의 밝기를 최대한 어둡게 설정하여 눈의 피로도를 낮추도록 한다. 그 밖에도 사용하지 않는 앱은 정리한다거나, 게임의 결제 한도를 설정하여 게임 등에 과도하게 몰입하지 않도록 하는 것도 중요하다. 수업시간에는 스마트폰 전원을 꺼 두며, 이동 시에는 스마트폰을 가방이나 주머니에 넣어 두는 습관을 기르도록 하는 것도 중요하다.

④ 4단계: 주변 사람과의 관계 형성 강화 단계

이 단계에서는 청소년들이 온·오프라인 등 다양한 채널을 통해 관계를 맺고 소통할 수 있도록 안내한다. 최근 청소년들은 SNS를 통해 친구를 사귀고, 관계를 유지하는 경향이 강한데, 이러한 경향은 스마트폰 중독으로 연결될 가능성이 높다. 이에 가족과 함께 식사 또는 대화를 하는 시간에는 스마트폰을 내려놓는 습관을 길러 줄 필요가 있다. 구체적으로는 스마트폰을 무음으로 설정한다거나, 별도의 장소에 스마트폰을 두어 스마트폰이 대화의 장애물이 되지 않도록 하는 것이다.

여러 연구에 따르면, 청소년들이 가족과의 식사 횟수가 많을수록 심리적 안정감 및 삶의 만족도 점수가 높으며, 학교생활 적응도도 높아지는 것으로 나타났다. 이에 청소년이 가족과 함께 지내는 시간에는 오롯이 대화에 집중하는 태도와 습관을 길러 줄 필요가 있다. 청소년들이 디지털 공간에서도 '네티켓'[6]을 지키면서 관계를 형성, 유지해 나갈 수 있도록 지도할 필요가 있다.

한편, 청소년들이 디지털 공간에서 관계를 형성하고 소통할 때 갖추어야 할 기본

---

6) 통신망(network)과 예의범절(etiquette)의 합성어로, 디지털 공간을 사용하는 사용자(네티즌)들이 디지털 공간상에서 지키고 갖추어야 하는 예의범절을 의미한다.

자세는 다음과 같다.

- 다른 사람의 사생활을 침해하지 않는다.
- 비속어나 욕설들을 사용하지 않는다.
- 소셜미디어를 통해 형성된 관계가 자신에게 어떤 의미인지 생각해 본다.
- 다른 사람의 몰이해 또는 부정적인 반응에 너무 상처받지 않도록 한다.
- 서로가 예의를 지키고 존중과 배려의 자세로 자신의 행동을 조심한다.
- 정보 중에서 좋은 것과 나쁜 것을 구분할 줄 아는 능력을 키운다.

## 토론주제

1. 시대적·사회적 환경 변화에 따른 청소년 중독의 양상 및 원인에 대해 토의해 보시오.
2. 청소년 중독 예방 및 치료를 위한 프로그램의 종류 및 특징에 대해 토의해 보시오.
3. 청소년의 스마트폰 중독 예방 및 올바른 스마트폰 사용을 위한 가정의 역할에 대해 토의해 보시오.

# 청소년
# 위기상담

제**12**장

위기란 중요한 삶의 목표에 장애가 나타나서 그것이 일반적인 문제해결 방법으로 해결되지 않을 때 유발되는 것으로, 상황에 대해 생각하고, 계획하고, 효과적으로 대처하는 개인의 능력에 부정적으로 영향을 미치는 심각한 스트레스의 일종이다(Allan & Anderson, 1986). 청소년들은 성적이 떨어지는 것, 친구가 자기를 미워하는 것, 원하지 않는 별명으로 불리는 것, 자신의 신체적 약점을 가지고 친구들이 놀리는 것 등 상담자가 보기에는 별로 심각하지 않은 문제들에도 크게 괴로워하며 위기로 느낀다. 상담자가 보기에는 일상적인 일로 사소하게 생각될 수도 있지만, 청소년들에게는 매우 현실적이고 스트레스적인 사건일 수 있음을 알아야 한다. 이때 상담자는 청소년의 지각을 존중해 주어야 하고 청소년이 느끼는 위기의 심각성을 에누리하지 않아야 한다. 청소년기는 신체적·정신적·사회적 측면에서 볼 때 청소년에서 성인으로 전환하는 과도기적 과정으로 발달상 매우 중요한 시기이며, 자아의식의 발달과 부모로부터 독립, 통제된 환경으로부터 이탈하고자 하는 심리적 특성을 지니고 있다. 이러한 특성은 흔히 청소년들에게 심리적 갈등을 유발하며, 다양한 수준의 심리환경적 스트레스에 노출될 경우 쉽게 해결할 수 있는 상황도 위기로 의식하여 자신에게 커다란 상처를 남기게 될 수 있다. 위기란 개인적이고 주관적이며, 상황을 해석하는 개인의 해석과 그 사람의 불안과 대처 기술 수준에 의해 좌우되기 때문에 청소년의 위기는 성인기 위기에 비해 그 위험의 정도가 더 크다고 볼 수 있다. 이 장에서는 청소년의 위기와 관련된 내용으로 위기 유형, 위기에 처한 청소년의 스트레스 반응, 위기 단계 등의 위기이론과 실제 위기에 처한 자살구상 청소년, 최근 들어 급증하고 있는 자해청소년, 그리고 이혼가정 청소년을 위한 위기상담에 관해 살펴보고자 한다.

## 1. 위기이론

### 1) 위기의 유형

일반적으로 위기는 크게 생물학적 위기, 환경적 위기, 우발적 위기의 세 가지로 분류할 수 있다(Parad & Parad, 1990).

생물학적 위기는 일반적이고 발달적인 것이다. 이 유형의 위기는 학령기나 사춘기에 도달하는 것처럼 발달적 과업이나 생물학적 변화로부터 야기된다(Allan & Anderson, 1986; Parad & Parad, 1990). 모든 청소년이 정상적인 발달적 위기에 직면하게 되고, 이 위기의 극복 여부에 따라 추후 정서적 안녕 상태에 지대한 영향을 미치게 된다. 그러므로 상담자들은 청소년들이 생물학적 위기를 준비하고 대처하는 것을 도울 수 있는 생활지도 활동을 계획하고 실시할 필요가 있다.

환경적 위기는 보편적인 것은 아니지만 빈번하게 발생한다. 이 유형의 대표적인 예는 부모의 사망이나 이혼, 학대, 이사 또는 만성적인 질병과 같은 일반적으로 대인관계의 문제이거나 상황적인 것이다. 상담자들은 여러 가지 방법으로 청소년들이 환경에 관련된 위기를 극복하도록 도울 수 있다. 위기에 대처할 수 있는 적절한 대처전략을 청소년들에게 가르칠 수도 있고, 특정 위기를 겪고 있는 청소년들로 이루어진 집단상담을 제공할 수도 있다. 많은 경우에 위기에 처한 청소년들은 그들이 경험하는 것이 다른 청소년들의 경험과 유사하다는 것을 듣는 것만으로도 위로와 편안을 얻는다. 또 유사한 상황에 직면했던 다른 청소년들로부터 문제를 해결하는 새로운 방법을 배울 수도 있다. 어떤 청소년들은 개인상담 세션의 지지와 도움이 필요할 수도 있다.

우발적 위기들은 미리 예측할 수 없는 홍수, 화재, 폭풍과 같이 일반적으로 자연재해에 관련된 것이다(Parad & Parad, 1990). 이 유형의 위기에 반응하여, 상담자들은 전체 학교나 가장 많이 영향을 받은 청소년 집단을 위해 구체적인 생활지도 경험을 고안하고자 할 것이다. 또한 청소년들이 이러한 유형의 위기에 대처하도록 돕기 위해 개인상담과 집단상담을 제공할 수도 있다.

## 2) 위기에 처한 청소년의 스트레스 반응

Parad와 Parad(1990)는 위기 상황에 대해 전형적인 반응을 다음과 같이 아홉 가지로 제시하였다.

- 당황(bewilderment): 당황함을 보이는 사람은 자신에게 무슨 일이 일어났는지

를 이해하는 데 어려움이 있다. 그들은 이전에 경험했던 스트레스를 기억하지 못하고, 그들의 반응이나 그 상황을 다루는 방법을 모른다.

- 위험(danger): 위기 상황에서 위험을 느끼는 사람은 절박한 운명에 대해 생각한다. 그들은 위기에 의해서 자신이 신체적으로나 정신적으로 만회할 수 없는 상처를 입을 것이라고 확신한다.
- 혼란(confusion): 혼란으로 반응하는 사람은 추론에 어려움이 있고 재난에 기인하는 위기를 해결하기 위한 계획을 세울 수 없다.
- 난국(impasse): 위기에 빠진 사람은 '곤경에 빠졌다'고 느끼고, 대안적인 대처전략을 세울 수가 없다. 이들은 자신이 시도하는 해결책이 모두 시도되었던 것이라고 믿고 있어서 결과적으로 꼼짝달싹 못하게 되었다고 느낀다.
- 절망(desperation): 절망한 사람은 위기를 해결하기 위해 어떤 것이라도 시도하려고 한다. 그래서 심지어 정상적으로 이용할 수 없는 방법이나 논리적으로 상황과 관련이 없는 방법도 사용하려 한다.
- 냉담(apathy): 냉담한 사람은 간단하게 포기한다. 이들은 위기 상황을 해결하거나 변화를 위한 시도를 거부한다. 단지 자신들의 상황이 절망적이라고 믿는다.
- 무기력(helplessness): 위기 상황에서 무력감을 느끼는 사람은 그들이 스스로를 도울 수 없다고 믿고 위기에서 구해 줄 사람도 없다고 믿는다.
- 절박(urgency): 절박한 사람은 문제에 대한 해결책을 원하는데, 그것도 즉각적 해결을 원한다. 이들은 자신의 해결책을 시도할 수 있으며 타인의 도움을 궁극적으로 추구할 수도 있다.
- 불편함(discomfort): 이렇게 반응하는 사람은 자신이 비참하다고 느낀다. 이들은 가능한 해결에 대해 생각하기 위해 안정을 찾는 데 어려움이 있다. 이들의 불안은 명백하게 그 자체로 침착하지 못하게 하고 집중하지 못하게 한다.

청소년은 그들의 인성과 환경에 따라 이러한 반응 중 서로 다른 몇 가지의 혼합된 반응을 보일 것이다. 다양한 가능성을 아는 것이 상담자가 그들의 반응과 신념에 적절하게 반응하도록 돕고 그들의 접근을 계획하도록 도울 것이다.

상담자가 교사와 부모에게 위기에 대한 서로 다른 유형의 반응을 알려 주는 것은 그들에게 도움이 된다. 만약 다양한 반응을 이해한다면, 그들은 개인적인 반응을 조정하기 위해 청소년과의 상호작용을 조절할 수 있게 된다.

## 3) 위기 단계

모든 사람은 위기 단계에 따라 다르게 반응한다. 사람은 대체로 최소한 두 단계를 거치고 종종 세 단계를 거치기도 한다(France, 1990).

위기의 첫 번째 단계는 충격 단계(impact phases)다. 이는 특정 상황이 위기에 도달하였다는 인식을 하는 단계로서 위기에 대해 처음 보이는 반응이다. 자신이 사용하는 일상적인 대처 전략이 불행한 사건에 의해 야기된 문제를 해결하지 못하고 무력함, 불안, 좌절, 분노, 두려움, 우울, 또는 통제를 벗어났다고 느끼기 시작할 것이다.

충격 단계는 어떤 불행한 사건 후에 즉각 일어나기 때문에 대체적으로 짧다. 불행한 사건 직후나 불행한 사건의 충격이 분명해지는 시기의 청소년을 상담하지 않으면, 상담자는 아마 이 단계에 있는 청소년을 만나지 못할 것이다. 많은 경우 이 단계에 있는 청소년은 전혀 반응하지 않을 것이다. 예를 들어, 오랫동안 신체적 학대와 성학대를 당해 왔던 사실을 상담자에게 말하기로 결심한 여자 청소년의 경우, 자신의 학대에 대해 말하는 동안 너무 태연한 자세를 취해 상담자를 놀라게 할 것이다. 이러한 자세는 청소년이 학대에 대처하기 위해 자신이 취할 수 있는 방법일 뿐이다. 이 청소년은 현실에서 자신을 분리하고 전혀 반응하지 않는 것을 배웠을 것이다. 경우에 따라서는 충격 단계 동안 쇼크 상태에 있기 때문에 청소년이 반응하지 않을 수도 있다.

위기 반응의 두 번째 단계는 대처 단계(coping phases)다. 이 단계의 사람은 자신의 상황을 변화시키거나 불행한 사건에 대한 자신의 반응을 변화시키려는 시도를 한다. 이들은 대체로 불안, 절망감, 절박감 또는 곤경에 빠진 느낌을 가진다. 대처 단계에 있는 사람은 문제에 대한 새로운 해결책을 찾고자 더 많이 노력하고, 그들 삶에서 위기가 아닌 때보다 타인의 도움과 조언에 대해서도 더 개방적이다. 어떤 사람은 문제중심 대처방법을 사용하여 위기 상황에 대한 반응으로서 그들이 이미 가지고 있는 대처기술을 사용해 문제를 해결하려고 하거나 새로운 대처기술을 배우려고 한다. 또 어떤 사람은 정서중심 대처방법을 사용하여 그들의 상황에 대해 감정을 변화시키고자 노력한다. 그들은 상황을 인정하는 적응적 전략을 사용할 수도 있는데, 이러한 전략은 불행한 사건에 의해 야기된 압력에서 그들을 편안하게 해 줄 것이다. 또 문제를 부인하려 하고 부정적 감정을 가지거나 약물이나 알코올을 이용하여 고통을 잊으려 하는 부적응적인 전략을 사용할 수도 있다. 이런 사람은 문제에 대한 긍정적 해결로, 또는 강렬한 긴장을 없애는 것으로 위기 반응이 대처 단계에서 끝난다. 대처 단계에 있는 청소년은 문제에 대해 새로운 접근법을 좀 더 잘 시도하고 도움받기를 원하기 때문에 상담자에게는 청소년에게 접근할 수 있는 가장 적절한 시기다. 상담자는 그들이 경험하는 반응의 유형과 그들이 사용하고 있는 대처 전략의 유형에 주의를 기울여야 한다. 만약 청소년이 사용하는 대처 전략 중 어떤 것도 도움이 되지 않는다면, 사람은 위기 반응의 세 번째 단계인 철회로 이동한다(Caplan, 1964; France, 1990).

세 번째 단계인 철회 단계(withdrawal phases)는 사람이 자신이 시도한 어떤 것도 고통을 경감하는 데 도움이 되지 않았다고 느낄 때 도달한다. 대표적인 철회 형태에는 자살이 있다. 자살은 사람이 계속된 위기 상황에 내재하고 있는 고통을 피하기 위해 생을 끝내고자 시도하거나 끝내는 것이다. 일반적으로 사람은 해결이나 어떤 도움 없이 어느 정도의 시간이 지나도 위기가 끝나지 않는다면 철회 단계로 이동한다. 아직 우리나라는 위기에 처해 도움을 필요로 하는 청소년을 적극적으로 도울 수 있는 시스템이 구축되어 있지 않다. 해마다 청소년이 겪는 다양한 위기가 증가하는 현실에서 더 이상 청소년을 위한 위기상담 시스템 구축을 미루어서는 안 될 것이다.

## 4) 위기개입 목적

위기개입의 기본적인 목적은 자기파괴적인 행동과 부적응적인 생각을 효과적인 대처기술과 적응적인 생각과 감정으로 바꾸는 것이다(Steele & Raider, 1991). 이것을 위해 상담자는 청소년과 가족들이 다음의 네 가지 목표를 달성하도록 도와야 한다.

첫 번째 목표는 청소년과 그의 가족들이 위기 상황에 대한 반응을 정상화하도록 돕기 위해, 상담자는 그들에게 위기가 무엇이고 왜 발생하는가를 명확히 알도록 돕는 것이다. 또한 상담자는 청소년과 그 가족들이 이 특별한 상황이 왜 자신들이 현재 갖고 있는 대처기술을 압도하는지를 탐색하도록 도와야 한다. 이 과정은 가족구성원들의 반응을 정상화하도록 돕고 그들의 행동, 사고, 감정이 그 상황하에서 부적절한 것이 아니라는 것을 인식하게 한다.

두 번째 목표는 청소년과 부모들이 위기 상황을 재평가하고 그들의 지각을 전환하여 그들이 '그 이상도 아니고 그 이하도 아닌 있는 그대로의 상황을 보도록' 돕는 것이다. 상담자는 이 목표를 성취하기 위해 청소년과 그 가족에게 새로운 정보를 탐색하게 하고, 그들이 그 문제에 대해 이미 알고 있는 것을 다시 한 번 생각해 보게 한다. 상담자는 부정적이고 왜곡된 해석에 대해 도전할 것이고, 그 상황에 대한 긍정적이거나 중립적인 해석의 대안을 검토할 것이다. 상담자는 촉진적인 사건이 위기를 만든 것이 아니라, 촉진적인 사건의 해석이 위기를 만들었다는 것을 지적할 것이다.

세 번째 목표는 감정을 인식하고 수용하도록 돕는 것이다. 왜곡된 지각 및 인지와 더불어 청소년과 그 가족들은 왜곡된 감정(feelings)을 경험한다. 감정적인 전환을 할 수 있기 전에, 그들은 자신들이 경험하고 있는 감정이 위기의 일부분이고 그들이 그 감정을 표현해야 한다는 것을 인식해야 한다. 이 과정은 위기 상황에 내재하고 있는 어떤 긴장을 사라지게 할 것이고, 청소년과 그 가족들이 그들의 감정을 조사할 기회를 가질 수 있게 하고, 그들의 감정적 상태에서 분명한 왜곡을 바로잡게 한다. 이 과정의 목적은 그들이 위기에 대한 반응으로 경험하는 감정에 대해 통제감을 획득하도록 돕는 것이다.

네 번째 목표는 청소년과 가족들이 더 적응적인 문제해결 전략을 개발하도록 돕는 것이다. 여기에는 그들이 이미 알고 있는 대처기법의 검토와 구체적인 위기 상황에서 그러한 대처기법을 적용하는 방법을 찾도록 돕는 것이 포함된다. 또한 그들에게 새로운 대처기술을 가르치는 것, 그들이 그러한 기술을 연습하도록 돕는 것, 그리고 그들의 현재 상황에 그 기술들을 적용하게 하는 것 등도 포함된다.

이러한 네 가지 목표는 각각 개별적인 것이 아니다. 상담자들이 청소년 및 그 가족들과 이러한 위기개입 과정에서 작업하면서, 그들은 서로 다른 목표들과 그 목표들을 성취하기 위해 사용하는 전략들이 중첩될 것임을 알게 될 것이다. 상담자들은 또한 이 모든 것이 매우 빠르게 발생한다는 것도 알게 될 것이다. 위기 현상은 시간 제한적인 것이기 때문에, 위기개입은 일반적인 상담 상호작용과는 다르게 어느 정도의 단축과 생략이 항상 생긴다. 위기개입에서는 다른 상담 상황에서보다 모든 것이 너무 빠르고 강렬하게 진행된다(Muro & Kottman, 1995).

## 5) 위기개입 단계와 위기개입 전략

위기개입이 일정한 단계를 거쳐 진행된다는 연구가 많다(France, 1990; Steele & Raider, 1991). 여기서는 Muro와 Kottman(1995)이 정리한 것을 기초로 간단히 살펴보자.

첫 번째 단계는 위기 당사자와 위기 문제에 대한 평가다. 첫 단계 동안 상담자는 촉진적인 사건을 유도하는 상황과 촉진적인 사건 이후의 상황에 대해 기술해야 하고, 위기에 대한 청소년의 감정을 이끌어 내고, 특정 상황에 관련된 청소년의 대처 기술을 평가해야 한다. 또한 청소년이 자아나 타인에게 위험이 될 수 있는 가능성도 평가해야 한다. 만약 상담자가 그 청소년이 자살할 가능성이 있거나 위험하다고 결정하면, 청소년의 안정을 확신하기 위한 계획을 만들고 더 직접적으로 개입해야 한다. 이때는 청소년의 부모와 다른 적절한 권위 있는 사람에게 통지할 필요가 있고, 입원이나 다른 의학적 개입을 할 필요도 있다. 이 과정에서 상담자가 우선적으로 해야 할 일은 청소년이 문제에 대한 그의 관점, 감정, 그리고 계획에 대해 상담자에게 말하도록 격려하는 것이다. 이를 위해 상담자가 이용해야 할 기본적인 기술은 반영적 경청기술과 명확화 기술이다(France, 1990). 많은 경우에 위기에 처한 사람은 그들의 사고와 생각을 조직하고 그들 자신을 표현하는 데 어려움이 있다. 그러므로 상담자는 청소년에게 더 구체적인 정보를 제공해 줄 것을 요청하거나 청소년이 문제의 특정 측면에 초점을 맞추도록 도와야 한다.

두 번째 단계는 청소년이 위기 상황에 대한 감정을 이해하고 표현하기 위해 자신의 능력을 증가시키고 문제를 좀 더 긍정적으로 이해할 능력을 발달시키는 것을 목표로 한다. 상담자는 위기 상황에서 청소년이 어떤 역할을 하였다는 것을 인식하게 하고, 그 문제를 해결하기 위해 개인적으로 변해야 된다는 것을 인식하게 함으로써 청소년이 문제에 대해 '책임감'을 갖도록 도와야 한다(France, 1990). 청소년이 위기와 그에 대해 자신이 한 역할을 이해할 수 있도록 돕기 위해 상담자는 의미의 반영, 직면, 그리고 재구조화와 같은 좀 더 적극적인 상담기술을 이용해야 한다. 상담자는 청소년의 말에서 근원적인 의미를 지적해야 한다. 위기로 말미암아 혼란스러워하는 청소년은 분명하게 생각하지 못할 것이므로, 상담자는 청소년에게 대체로 분명한 생각과 정보를 강조해야 한다. 청소년이 상담자에게 말하는 것과 비언어적으로 표현된 것 사이에는, 그리고 상황에 대한 청소년의 지각과 상담자의 지각 사이에는 많은 차이가 있을 것이다. 상담자는 이러한 모순을 지적하기 위해 직면기법을 이용하여 청소년의 문제를 좀 더 분명하게 조사할 수 있다. 또한 청소년은 압도되었다고 느끼고 일상적인 대처기술을 이용할 수 없다고 느끼기 때문에 전체 상황을 부정적이고 절망적인 관점으로 볼 것이다. 상담자는 전적으로 다른 관점을 제안하기 위해 재구조화(reframing)를 사용할 수 있다.

위기개입의 세 번째 단계에서 상담자의 책임은 청소년이 잠재적인 해결책과 그에 따른 가능한 결과를 고려하도록 돕는 것이다. 때때로 문제를 작은 몇 부분으로 쪼개는 것이 도움이 된다. 위기에 처한 많은 사람은 그 문제가 완전하게 해결되어야 한다는 생각을 한다. 만약 상담자가 문제를 관리 가능한 부분으로 체계적으로 나눌 수 있다면, 청소년과 상담자에게 그 문제는 덜 압도적으로 보일 것이고 청소년은 각 요소에 대해 개별적으로 해결책을 찾을 수 있다. 하위 요소로 나뉜 문제에서 상담자는 문제해결을 위해 가장 먼저 변화되어야 할 부분을 선택해야 한다. 이렇게 함으로써 상담자는 청소년에게 성취감을 느끼게 하고 청소년의 용기를 북돋울 수 있게 된다. 청소년이 가장 먼저 다루기를 원하는 문제의 부분을 선택하였다면, 다음의 세 가지 질문이 문제해결을 구조화하는 데 도움이 될 것이다(France, 1990).

- 그 상황을 다루기 위해 청소년이 이미 시도한 것은 무엇인가?
- 시도한 것에 대해 청소년은 어떻게 생각하는가?
- 청소년은 지금 어떤 다른 가능성을 생각하는가?

이런 질문은 문제해결 과정을 조직하고 가능한 대처기제를 탐색하는 데 도움이 된다. 세 번째 질문에서 상담자는 가능한 한 많은 해결책을 찾도록 돕기 위해 브레인스토밍 전략을 사용할 수 있다. 브레인스토밍에서 상담자는 청소년에게 평가나 검열 없이 잠재적인 해결책을 생각하도록 한다. 상담자는 그 해결책이 적절하거나 가능한지에 관계없이 내담자가 말한 것을 모두 적는다. 이것은 그 상황을 바라보는 새로운 방법과 창의적인 사고를 촉진한다. 또 상담자는 청소년에게 과거에 유사한 문제를 어떻게 해결하였는지에 대해서도 물어본다. 이 두 가지 상담기법 모두가 청소년의 자신감과 통제감을 기르는 데 도움이 된다. 이런 기법은 청소년이 그 문제에 대처할 능력을 가지고 있음을 상담자가 믿고 있다는 메시지를 보낸다.

위기개입 과정의 네 번째 단계에서 상담자는 내담자가 잠재적인 대처 대안을 평가하고 문제를 가장 성공적으로 해결할 수 있을 것 같은 한 가지를 선택하도록 돕는다. 브레인스토밍을 하면서 여러 가지 해결책이 제시되었을 수 있지만, 두세 가지 가능한 제안만을 남기고 모두 지운다. 어떤 제안을 남길 것인지를 평가하는 데에서 상담자는 청소년이 각각의 이점과 손실을 고려하도록 도와주어야 한다. 이 과정에서 상담자는 청소년의 감정에 민감해야 하고, 청소년이 분명하게 생각할 수 없을 것이라는 가능성도 알고 있어야 한다. 상담자는 청소년의 감정 이해를 돕기 위해 반영기술을 사용할 수 있고, 청소년이 주의 깊게 생각하는 데 도움이 되도록 명료화 기술을 사용할 수 있다. 또 청소년이 상담자에게 상담자가 문제를 해결해 주어야 한다고 확신시키려 하거나 위기에 대해 비현실적인 해석을 할 때는 직면기법을 사용할 수 있다. 결국 청소년은 잠재적인 해결책 중 하나만 남기고 모두 제거할 것이다. 이때 상담자는 청소년이 선택한 한 가지 해결책이 위기를 해결하는 데 도움이 되고, 잠재적인 부정적 결과를 최소화할 것이라는 것, 그리고 이 특정 해결책의 실행을 청소년이 자발적으로 해야 한다는 것을 청소년이 알고 있는지를 확인해야 한다. 그 후에 상담자는 해결책의 적용 계획과 해결책에 대한 평가를 계획하는 위기개입 과정의 다음 단계로 넘어갈 수 있다.

위기개입 과정의 마지막 단계에서 상담자는 해결책을 적용하기 위한 계획표를 개발해야 하고, 청소년이 알고 있지 않은 대처 전략을 가르쳐야 한다. 또한 문제해결을 위해 필요한 대처 전략을 연습시키고, 문제가 해결되고 위기가 극복된 것을 청소년이 어떻게 알 것인지에 대해서도 논의해야 한다. 이 단계에서는 문제와 제안된 해결책에 대한 청소년의 정서적 이해와 인지적 이해가 깊어지도록 반영기술과 명료화 기술을 다시 사용한다. 또한 청소년이 새로운 대처 전략을 획득하도록 돕기 위해 몇 가지 교수기법을 사용할 수도 있다. 필요하다면 상담자는 모델링, 그림, 장난감이나 다른 매체를 이용한 다양한 교수 접근을 이용해야 한다. 이것은 상담자가 어떤 대처기법에 대해 단순하게 이야기하는 것보다 청소년이 더 빨리 이러한 기술을 숙달할 수 있도록 도울 것이다. 또한 상담자는 청소년을 역할놀이에 참여하게 하여 청소년이 새로운 기술을 연습하게 할 수도 있다.

이상의 위기개입에 사용된 기법과 단계의 기술은 상담자가 관련된 과정에 대한 일반적인 생각을 하게 한다. 그러나 모든 위기는 독특하기 때문에 모든 위기가 동일한 방법으로 진행한다고는 확신할 수 없다. 상담자는 다양한 가능성에 민감해야 하고, 각 개별 내담자와 독특한 위기 상황의 요구에 따라 자신의 상담기술을 적용해야 한다.

## 2. 자살구상 청소년을 위한 위기상담

자기 자신(sui)에 대한 살인행위(cide)인 자살(suicide)은 결코 개인적 사건이 아니다. 자살은 생명경시 풍조를 부추기고 또 다른 자살을 유도하여 공동체를 불안과 공포로 이끄는 것으로, 특히 청소년 자살은 청소년 공동체를 위기로 이끈다. 2018년 초부터 초등학생 사이에서는 '대가리 박고 자살하자'는 내용의 〈자살송〉이 유튜브를 통해 유행하여 충격을 주었다. 외국의 경우 청소년 사망 1위는 교통사고이나, 우리나라 청소년의 사망원인 1위는 자살이다. 최근 급증하고 있는 청소년의 자살시도와 자살성공은 학교상담자, 교사, 부모, 정신건강 전문가들을 긴장하게 한다. 자살요인은 다양하지만 무엇보다 중요한 것은 자살은 사후약방문조차 통하지 않는 매우 심각한 문제로서 예방만이 최선책이다. 상담자는 자살 관념과 행동에 기인하는 문제를 이해해야 하고, 자살예방 프로그램을 실시하고, 자살할 가능성이 있는 청소년에 대해 평가하고 개입해야 한다. 자살을 예방하는 위기상담적 개입은 계속해서 저연령화되어 가고 있는 청소년의 다른 문제, 즉 마약 및 알코올 남용, 예술·문화의 고의적 파괴(vandalism), 가출까지도 함께 다룰 수 있는 예방과 치료의 개입 경로를 찾을 수 있는 실마리를 줄 수 있다.

### 1) 자살구상 청소년의 특징

#### (1) 청소년 자살 예측 변인

통계청과 여성가족부(2020)에서 발간한 『2020 청소년 통계』에서는 청소년 사망원인 1위가 자살이라고 발표하였다. 2011년부터 8년째 고의적 자해(자살)가 청소년 사망원인 1위다(중앙일보, 2020. 4. 27.). 사망원인 1위인 고의적 자해인 자살은 2위인 교통사고의 약 2배 이상 높은 수치다(통계청, 여성가족부, 2019). 학령인구의 감소에도 불구하고 자살하는 학생 수는 증가하고 있고, 중·고등학생 우울감 경험률과 자살구상률이 지속적으로 증가하여 학생 자살 관련 정신건강지표가 지속적으로 악화되고 있다.

자살생각의 촉발 및 심화, 자살시도 등 일련의 연속성을 가진 자살경향성은 청소년기에 활성화되기 쉽다(Miller & Prinstein, 2019). 청소년 자살은 성인들의 자살과는 다른 양상을 보이기 때문에 청소년기 자살 특성에 대한 이해가 필요하다.

정혜경, 안옥희와 김경희(2003)는 청소년의 자살충동에 영향을 미치는 예측 요인을 분석한 결과, 청소년 자살충동의 개인적 특성과 관련된 요인으로 학교성적과 음주 여부를, 가정 관련 요인으로 가정 내의 스트레스와 정서적 지지를, 그리고 심리환경적 요인으로 가출 충동과 우울 성향 및 학교 스트레스를 각각 제시하였다. 일반적으로 자살의 직접적인 원인으로 우울증이 확인되면서 우울증은 자살의 주요 위험 요인으로 주목받고 있다.

중·고등학교 학생의 정신건상 상태 조사 자료를 보면, 남학생의 34.5%와 여학생의 47.5%가 우울 증세를 보이고 있으며, 이들의 약 50%는 심리치료가 필요할 만큼 심각한 수준에 있음을 알 수 있다(조성진 외, 2001). 또한 지속적인 자살충동을 느끼고 있거나 자살을 시도했던 청소년의 40%에서 우울 증상이 발견되었음을 볼 때, 청소년기 우울은 학업성적 부진, 학교폭력, 집단따돌림, 부모 불화 등으로 말미암아 경험하는 스트레스와 밀접하게 관련되어 있음을 알 수 있다(이은주, 이은숙, 2002).

사실 우울은 대부분의 사람에게서 찾아볼 수 있는 보편적인 정서로서 누구나 살아가면서 어느 정도는 경험하게 된다. 우울이라는 것은 일상생활에서 슬픈 감정 상태와 심한 정신병적 상태를 양극으로 하는 하나의 연속선상에서 설명된다(Lazarus, 1976). 우울의 표출 양상으로는 무단결석, 반항, 자기파괴적 행동을 들 수 있으며, 우울한 청소년은 자아정체성에 혼란을 느끼고 분노를 빈번하게 표출한다. 그리고 이들은 알코올 중독, 마약남용, 불안정한 대인관계, 반사회적 행위, 혼란, 사회적 고립 등의 특징이 있다. 우울이 심해지면 일상생활의 큰 곤란을 야기하거나 자살에까지 이를 수 있다는 데 문제의 심각성이 있다(Burns & Patton, 2000; Tennant, 2002).

우울은 재발 가능성이 높을 뿐 아니라 그것이 한 개인의 병리와 불행의 차원을 넘어 가족의 정신건강에도 심각한 영향을 미친다(Goodman, Brown, & Deitz, 1992). 심지어 그 때문에 가정불화 및 이혼 등의 가정파괴 현상까지 몰아갈 수도 있다(Gotlib & Hammen, 1992). 최근 세계보건기구(WHO)와 하버드 대학교 보건대학원, 전 세계 100여 명의 학자는 앞으로 우울증에 의한 사망률이 심장병에 이어 두 번째가 될 것으로 전망하고 있다(이삼연, 1999).

생활 스트레스도 청소년의 자살행동에 빈번하게 기여한다. 특히 우리나라의 경우 청소년에게 주어지는 학업 스트레스는 갈 데까지 갔다고 극단적으로 표현할 만큼 그 위험수준이 높다. 스트레스에 의한 자살 청소년은 그들의 환경에 의해 자신이 조정당한다고 믿고 있으며, 이러한 스트레스와 자기통제 결핍은 불면증과 피로감, 식욕 부진, 집중력 부진 등의 현상을 보인다.

자살 생각과 행동의 가능성을 증진시키는 스트레스 요인으로 가족적 요인을 생각해 볼 수 있다. 그것은 성취 압력, 가족구성원의 자살, 가족구성원의 죽음과 같은 개인적 상실 등에 관련된 문제들이다. 또한 가족 적대감, 그리고(또는) 특정 청소년의 희생양 만들기, 의학적 질병과 정신적 질병, 높은 경제적 스트레스, 높은 갈등, 낮은 응집성 등과 같은 가족체계의 특성도 자살행동의 가능성을 증가시킬 것이다. 효과적인 대처전략을 갖고 있는 청소년은 이러한 문제를 다루는 것을 학습한다. 그러므로 가장 본질적인 위험 요인은 아마 문제해결 기술(problem-solving skills)의 부족일 것이다. 문제해결 기술이 부족한 청소년은 적절한 대처 전략을 가진 청소년보다 부정적인 개인 내적·인지적·환경적 압력에 의해 압도될 여지가 더 많다.

청소년은 자살시도 이전에 사회적 고립감을 느끼는 경험을 하게 되며, 이러한 소외감은 가족, 친구, 의미 있는 타인으로부터 느끼는 고립감이라고 정의할 수 있다. 또한 소외감으로 고통받는 유형의 청소년은 자살의 위험도가 높은 집단으로 규정된다.

이 밖에도 Hawton(1986)은 나이 든 여자 청소년, 이전의 자살시도 경험, 정신의학적 장애, 확대가족, 가족구성원 내의 알코올중독, 가족구성원과의 불안한 관계, 부모의 부재, 알코올/마약 남용, 사회적 고립감, 나쁜 학교기록, 우울한 경향 등의 청소년의 자살 위험을 증가시키는 변인 열한 가지를 목록화하였다. 이 목록을 사회문화적 배경이 다른 우리나라에 그대로 적용할 수는 없지만, 우리나라 청소년의 자살구상 요인을 연구하는 데 참고할 수는 있을 것이다.

## (2) 청소년 자살행동의 5단계 모델

Jacobs(1980)는 자살시도 청소년과의 인터뷰를 통해 자살행동의 5단계 모델을 제시하였다. 구체적인 사례 1, 2, 3은 각각 Vivienne, Bill, Michelle의 경우다(Wellman, 1984에서 재인용).

① **제1단계: 청소년은 유아기부터 다년간에 걸친 문제―부모가 자신을 사랑하지 않거나 거부하는 등의 문제―를 소유하고 있고 무기력과 외로움을 느낀다**
- 사례 1. Vivienne은 3세경에 자신의 어머니에게서 소외감을 느꼈으며, 초등학교 때는 또래에게서 사회적으로 고립되었다.
- 사례 2. Bill은 부모가 항상 심하게 다투는 모습을 목격해 왔고, 특히 그의 아버지는 Bill의 행동을 늘 나무랐으며, 심지어 자신의 누이를 성적으로 학대하였다.
- 사례 3. Michelle의 부모는 그녀가 다섯 살 때 이혼하였다. 2년 후 어머니는 재혼했는데, 계부는 차갑고 권위주의적이었다. 유치원과 초등학교 1학년 때까지 외향적이었던 Michelle은 2학년이 되면서부터 우울하고 의기소침하게 되었다.

② **제2단계: 청소년기 이전에 있었던 문제는 청소년기에도 계속 그들을 괴롭혔고 새로운 문제로 전이되었다**
- 사례 1. Vivienne은 심각한 청소년기 우울증의 징후를 나타내기 시작하여 사회적으로 더욱 침체되었고, 자신을 비만이라고 느껴 신체에 대한 부정적 시각을 가지게 되었다. 또한 마리화나를 피우기 시작했으며, 극도로 낮은 자아존중감을 보였다.
- 사례 2. Bill은 청소년기에 들어 새로운 친구를 사귀지 못하였고, 침체되었으며, 학업에도 충실하지 못하였다.
- 사례 3. Michelle이 청소년기에 접어들면서 어머니는 과음하기 시작했고, 계부는 신체적 폭력을 가하였다. 그녀는 학교에 무단결석했으며, 부모에 대해 적대감을 갖고 있었다.

③ 제3단계: 청소년은 점차적으로 스트레스 요인과 맞서기 힘들어졌고 더욱 심한 사회적 고립감을 나타냈다

• 사례 1. Vivienne은 자신의 교사와 함께 스트레스 요인에 저항하기 위해 노력하였으나 교사가 전근을 가는 바람에 좌절되었으며, 그녀와 유대관계를 맺고 있던 동생마저 전학을 가 버리자 더욱 우울해졌다.

• 사례 2. Bill은 가족과 학교에서 벗어나고 싶어 알코올을 과다섭취하고, 죽음, 자살과 관련된 자료를 읽기 시작하였다.

• 사례 3. Michelle은 친구 집에서 밤을 새는 날이 잦았고, 일시적 성관계와 다양한 마약에 탐닉하였다. 부모는 그녀가 집에서 나가기를 원했고, 학교는 사회복지기관에 그녀를 위탁하여, 결국 청소년보호센터에 머물게 되었다.

④ 제4단계: 청소년은 남아 있던 사회적 관계의 속박마저 풀려는 일련의 사건을 일으키게 되고, 이러한 자살청소년은 아무런 희망이 없음을 느낀다

• 사례 1. Vivienne은 아버지의 직업 변동 등의 상황으로 새로운 지역으로 옮겨 가야 했으며, 가족의 급격한 변화에 혼란을 느끼고는 자신은 아무에게도 필요 없는 존재라고 지각하였다.

• 사례 2. Bill은 몇 차례 차 사고로 뼈가 부러지고 내부적 손상을 입었으나 입원해 있는 동안은 해방감을 느꼈다.

• 사례 3. Michelle은 청소년보호센터에서 탈출하였는데, 몇 주 후 그녀가 임신 상태라는 것이 밝혀졌다.

⑤ 제5단계: 청소년은 자살시도에 앞서 자살에 대한 자기합리화(self-justification) 과정을 거친다

• 사례 1. Vivienne은 "죽음은 아름다운 일이 될 것이다."라는 유서를 남겼다.

• 사례 2와 3. 어떤 일기나 유서도 남기지 않았기 때문에 내적 심경에 대한 어떠한 감지도 할 수 없었다.

이상의 5단계를 살펴보면, 청소년의 문제점과 스트레스 요인은 점차 확대되고, 다양한 저항기제를 시도하며, 점진적으로 고립된다. 행동 유형은 예정된 경로대로

알코올 또는 마약 남용, 난잡한 성행위, 가출로 이어지며 청소년은 확실히 우울감을 느낀다. 이러한 사건과 행동을 인식하고 있는 전문가는 자살위기에 빠져 있는 청소년을 보다 쉽게 알아내고 도울 수 있을 것이다.

### (3) 자살구상 청소년의 평가

청소년은 위기 상황에 직면하면 명백히 도움을 요청하는 신호를 보내게 되는데, 이에 그들을 대면하고 교육하는 모든 이에게 즉각적이고 책임 있는 행위가 요구된다. 자살구상 청소년을 돕기 위한 상담개입에서 제일 먼저 할 것은 자살위험에 처한 청소년을 평가하는 것이다. 그러기 위해 상담자는 다음의 내용에 대해 알고 있어야 한다(Davis & Sandoval, 1991).

- 자살에 대해 생각하고 있다는 가능성을 암시하는 경고 신호
- 잠재적인 치사성(lethality)을 평가하는 방법
- 청소년이 자신을 해치지 않도록 약속(commitment)을 얻는 방법
- 청소년을 보호하는 과정에 가족을 포함시키는 방법

상담자는 부모나 교사, 심지어 상담자마저도 그 학생의 자살구상 행동이 관심을 원하는 것뿐이라고 믿을 때도 자살에 대한 생각과 행동을 신중하게 고려해야 한다(Davis & Sandoval, 1991; Hipple, 1993). 자살구상 내담자를 상담하게 될 상담자는 죽음과 자살에 대한 그들 자신의 생각과 감정을 조사하여 이러한 개인적 반응이 내담자와의 상담과정을 파괴하지 않도록 해야 한다.

청소년, 학교 관계자, 그리고 부모는 모두 자살행동의 전조로서 빈번하게 나타나는 경고 신호를 인식해야 한다. 자살생각을 하고 있는 대부분의 청소년은 이러한 경고 신호 중 하나 이상을 나타내지만, 그중 어느 것도 나타내지 않는 자살구상 청소년도 있다. 경고 신호로는 일반적으로 행동 단서, 언어 단서, 상황 단서, 사고 패턴, 인성 특성과 같은 것이 있다(Capuzzi, 1986; McBrien, 1983).

가장 일반적인 행동 단서는 청소년의 행동 변화다(Capuzzi, 1986). 행동 변화는 갑자기 떨어진 성적, 떨어진 집중력, 친구나 취미 또는 목표에 대한 흥미의 상실 등이 될 수 있다. 그리고 수면 패턴이나 섭식 패턴의 변화를 나타낼 수도 있다. 10대의

경우 약물이나 알코올, 가출을 경험하기 시작하거나 성적으로 난잡해질 수도 있다 (Capuzzi, 1986). 그 외에도 소중하게 여기는 물건을 남에게 주는 것, 총, 약물 또는 그 밖에 잠재적으로 치명적인 물건을 모으는 것, 장래에 대해 질문하는 것, 또래나 가까운 가족구성원에게서 멀어져 고립되어 있는 것, 교회에 갑작스러운 흥미를 보이는 것 등이 포함된다(Hipple, 1993).

종종 자살구상 청소년은 노골적인 언어적 단서를 표현하기도 하고, 가끔 더 미묘한 언어적 단서를 표현하기도 한다(Capuzzi, 1986; Hipple, 1993; McBrien, 1983). 일반적인 분명한 자살 언어적 경고는 다음과 같다.

- 나는 나를 죽일 거야.
- 나는 죽고 싶어.
- 내가 죽은 후에 넌 슬플 거야.
- 나의 길을 찾지 못하면 나는 죽을 거야.
- 인생은 희망이 없어.
- 이 상황에서 유일한 해결책은 죽는 거야.

간접적인 언어적 경고는 일반적으로 다음과 같은 숨겨진 자살을 포함한다.

- 얼마나 많은 아스피린이 사람을 죽일 수 있을까?
- 난 지쳤어.
- 나는 이전의 내가 아니야.
- 네가 여기서 나를 보는 건 이번이 마지막이야.

상담자는 자살구상 청소년의 경고 신호로서 상황 단서도 고려할 수 있다(McBrien, 1983). 가장 일반적인 상황 단서는 분명하거나 감추어진 우울이다. 즉, 현재의 위기에 대처하는 보이는 무능력으로, 특히 어떤 종류의 상실을 포함하는 위기일 때의 대처 무능력과 이전의 자살시도 등이다. 또 다른 상황 단서는 죽음, 이혼, 애완동물의 상실, 또는 그 외에 다른 매우 스트레스적인 상황과 같은 청소년의 생활환경에서의 뜻밖의 변화다. 가끔 청소년은 그러한 돌연한 변화에 대해 자살을 생각하고 행동으로 옮기므로 상담자와 그 외 학교 관계자는 학교와 청소년의 일상생활에서 어떤 유형의 격렬한 변화가 있는지에 대해 민감해야 한다.

많은 경우에 자기파괴적인 행동을 생각하고 있는 청소년은 그들의 사고 패턴에서 어떤 특정 주제에 몰두한다(Capuzzi, 1986). 학교 관계자는 다음과 같은 영속적인 자살사고 패턴을 표현하는 청소년의 행동을 주의 깊게 모니터링해야 한다.

- 복수
- 참을 수 없는 상황이나 해결할 수 없는 갈등에서의 도피
- 처벌에 대해 당연시함
- 처벌 회피
- 특정 원인으로 순교자가 됨
- 누군가 다른 사람을 처벌하고 싶어 함
- 죽은 친척이나 친구를 만나고 싶어 함
- 죽는 시간이나 방법을 통제하고 싶어 함

만약 어떤 청소년이 이러한 주제에 대해 이야기하거나 이야기하기를 원한다면, 상담자는 그 인지적 패턴을 경고 신호로 고려하고 다른 단서에 대해서도 주의를 기울여야 한다.

자살을 시도하거나 자살하는 많은 청소년은 특정 인성 특성을 공유하고 있는 것 같다(Capuzzi, 1986; Hipple, 1993). 좋지 않은 자아개념을 가지고 있고, 의사소통 기술이 약하고, 부적절한 대처기술과 성취에 대한 강한 요구를 가지고 있는 청소년이 자살행동을 할 여지가 있다. 자기파괴적 행동의 경향에 기인할 수 있는 또 다른 인성 특성으로는 높은 스트레스 수준을 다루는 데 어려움이 있거나 사회적 지지체계가 약한 것, 또는 극도의 죄책감이나 책임감을 가지고 있는 것 등이 포함된다. 상담자가 해야 하는 일의 일부분은 이러한 인성 특성을 나타내는 청소년이 다른 경고 표시는 나타내지 않는지 잘 살피는 것이다.

만약 어떤 청소년이 자살 신호를 나타낸다면, 상담자는 현재 그 청소년의 치명성 정도를 평가해야 한다(Capuzzi, 1988; Hipple, 1993). 상담자는 그 청소년이 자신을 해칠 잠재적인 수단을 고려하고 있으며 파괴의 잠재적인 도구에 접근하는지에 대해

질문해야 한다. 또한 언제, 어디서, 얼마나 자주 그 계획에 대해 생각하는지와 같은 구체적인 사항을 포함하여 청소년이 자살을 계획하고 있는지에 대해서도 질문해야 한다. 상담자는 그 청소년이 과거에 자기파괴적인 행동을 시도한 적이 있는지와 어떤 것이 스스로를 해치지 못하게 막을 수 있을지에 대해서도 질문해야 한다. 상담자는 이러한 질문을 하면서, 그 청소년이 가지고 있는 자살의도의 잠재적인 치명성에 대해 평가하게 된다. 이러한 질문에 대해 좀 더 구체적으로 대답할수록 그 청소년은 자살생각을 행동으로 옮길 가능성도 더 크다. 치명성 정도가 높은 청소년의 경우, 상담자는 입원과 같은 의학적 개입을 위해 청소년의 부모와 접촉해야 한다. 이것이 그 청소년을 보호하는 유일한 방법일 것이다.

자살구상 청소년을 신중하게 다루는 것이 본질적이기 때문에 잠재적인 치명성에 관계없이 상담자는 청소년이 자살을 않겠다고 명시한 계약(no-suicide contract)을 하게 해야 한다(McBrien, 1983). 이 계약에서 청소년은 상담자와의 다음 회기까지 특정 시기 동안 어떠한 자기파괴적 행위도 하지 않겠다고 동의한다고 쓰인 계약서에 서명을 한다. Hipple(1993)은 청소년은 개방적인 동의보다는 시간 제한적인 동의를 지킬 가능성이 훨씬 더 크기 때문에 계약서에는 그들이 동의하는 기간에 대한 구체적인 정보가 포함되어야 한다고 제안하였다.

## 2) 자살구상 청소년을 위한 위기개입

Maltsberger(1991)는 일반적으로 자살예방조치는 세 가지 차원에서 수행된다고 소개하고 있다. 1차적 자살방지는 자살의도의 전개 자체를 사전에 억제하는 조치이며, 2차적 자살방지는 일단 자살을 고려하기 시작한 사람을 확인한 후 자살과정에 개입하여 중단시키기 위해 취하는 조치다. 3차적 자살방지는 이미 자살시도의 경험이 있는 만성적인 자살위험에 처해 있는 극소수의 사람을 대상으로 자살 때문에 손상과 자살 확률을 감소시키고자 하는 조치다. 선행연구 결과를 살펴볼 때 자살은 우울 증세와 깊은 관련이 있다. 따라서 사후 대책 마련보다는 자살위험 요인 가운데 가장 예측이 높은 우울증에 대한 개입을 통한 사전 예방이 무엇보다 중요하다.

자살구상 청소년을 위한 상담이나 교육의 목적은 다음과 같이 다섯 가지가 있다.

- 자신과 타협하는 방법을 배움으로써 자기이상을 낮추도록 할 것
- 부정적 경험을 지양하고 긍정적 경험을 통해 자아존중감을 높이도록 할 것
- 민감성 제거 훈련을 시킬 것
- 과거와 현재를 돌아보는 시간을 가지게 함으로써 결국 현재에 초점을 맞추는 훈련을 시킬 것
- 죽음에 대한 감상적 관념을 없애도록 도와줄 것

상담자는 자살이 문제에 대한 유일한 해결책이라고 생각하는 위기 시점에 있는 청소년에게 개입할 준비가 되어 있어야 한다. 다음 목록은 청소년 자살 위기개입을 정리한 것이다(Capuzzi, 1988; Davis & Sandoval, 1991; Hipple, 1993; Orbach, 1988; Muro & Kottman, 1995).

- 조용하고, 비판단적이고, 지지적인 태도를 유지한다.
- 청소년이 자기노출을 하도록, 특히 촉진적인 문제에 대해 노출하도록 격려한다.
- 청소년을 설득하여 그들이 계획을 하지 않도록 하는 것이 아니라 계속적으로 탐색하도록 한다.
- 많은 청소년이 많은 선택 중 하나로 자살을 생각하고 있다는 것을 인식하고, 그들이 대안적 선택과 대처기술을 탐색하도록 격려한다.
- 당신이 청소년을 돌본다는 것과 청소년이 계속해서 안전하기를 희망한다는 것을 전해 준다.
- 청소년의 고통, 절망, 희망 없음의 감정을 감정이입적으로 반영해 준다.
- 자살구상 청소년이 바라는 것의 긍정적인 측면과 부정적인 측면 모두를 탐색한다. 한편으로는 계속 살기를 원하고, 다른 한편으로는 죽기를 원한다. 이 과정에서 당신은 긍정적인 관점을 격려해 주어야 한다.
- 위협이 즉각적인 것이라고 느낀다면, 청소년을 단 1분이라도 혼자 있게 해서는 안 된다.
- 만약 위협이 즉각적인 것이 아니라고 느끼면 문제해결 전략을 탐색하기 시작한다.
- 자신과 타협하는 방법을 배워 자기이상을 낮추도록 한다.

- 부정적 경험을 지양하고 긍정적 경험을 통해 자아존중감을 높이도록 한다.
- 민감성 제거 훈련을 시킨다.
- 과거와 현재를 돌아보는 시간을 가지게 함으로써 결국 현재에 초점을 맞추는 훈련을 시킨다.
- 죽음에 대한 감상적 관념을 없애도록 도와준다.

상담자로서 잠재적인 위험 요인을 인식하기 위해 사용할 최상의 방법 중 하나는 청소년의 명백한 대처기술을 관찰하는 것이다. 문제해결 전략이 부족한 청소년은 다른 위험 요인에 굴복할 가능성도 더 클 것이다. 학교에서 상담자와 교사는 희망 상실, 우울, 인지적 경직, 그리고 심각한 정신병리의 신호를 알기 위해 청소년을 주의 깊게 모니터링 해야 한다. 상담자는 청소년이 경험하고 있는 다양한 생활 스트레스를 교사나 상담자와 논의할 수 있도록 격려하여 모두가 스트레스에 압도당하고 있다고 느끼는 청소년을 인식할 수 있어야 한다. 청소년이나 부모와 이야기할 때, 상담자는 청소년에게 부정적인 영향을 미칠 수 있는 위험 요인을 알기 위해 가족체계를 탐색해야 한다. 상담자는 생활지도 커리큘럼에 이러한 위험 요인 모두에 대한 대응책을 포함할 수 있다. 그래서 상담자가 자살행동의 위험이 큰 청소년을 파악하게 되면 그들을 위해 집단상담이나 개인상담을 실시해야 한다.

교사나 부모, 주변의 친구가 최초로 자살시도의 위험이 있는 청소년을 인식하게 되면 이를 상담자에게 알려야 하고, 상담자는 즉각적으로 이에 개입해야 한다. 상담자는 적극적 경청을 통해 상황의 심각성을 측정하고 청소년을 지지해 주어야 한다.

청소년의 문제는 여러 전문 분야의 입안과 팀 편성에 맡겨져야 하는데, 상담자, 행정가, 부모에게 동시에 자녀의 자살의도를 통보해야 하며, 팀 미팅을 실시해야 한다. 팀 미팅 시 부모의 저항이 있을 수 있으나 심리적 측정의 제시 등을 통해 이를 잘 통제하고, 상담자는 팀의 일원으로서 청소년과 가족을 다른 사회봉사기관에 위탁하는 데 개입해야 한다. 이 과정 동안 청소년이 부모의 압력이나 다양한 전문가의 측정 때문에 불안정감을 느낄 수도 있으므로 학교상담자의 청소년에 대한 지속적인 지지와 상담이 필요하다.

상담자는 담임교사와 함께 청소년의 자살의도에 대한 혼란을 느끼지 않도록 도와야 한다. 팀 구성원의 일원인 상담자는 외부 및 교내 평가기관의 보고서와 정보를

탐색하여 청소년에게 적합한 조치과정을 결정하는 데 일조하고, 청소년과 부모 모
두에게 가능한 병원 수용부터 상담과 지지의 범위까지를 포함하여 제공한다. 상담
자와 교사는 청소년 자살 발생의 단계적 확대를 방지하기 위한 개입에서 그들의 자
살 의지와 계획의 의사전달에 대한 다양한 방법을 인식할 필요가 있다.


# 3. 자해청소년을 위한 위기상담

최근 우리나라에서는 청소년 자해와 관련하여 '이생망(이번 생애는 망했다)'과 '민
모선증후군(아프고 괴롭지만 감정을 표현하지 못하고 참고 살아야 하는 자해청소년을 표
현하는 용어)'이라는 용어가 회자되고 있다. 청소년 자살문제에 이어 최근 들어 청소
년 자해가 심각한 사회적 문제가 되었다. 이미 미국이나 영국에서는 1990년대 말,
2000년대 초반부터 자해청소년이 증가하기 시작한 것으로 보고되었고, 호주에서는
2006년 이후에, 캐나다에서는 2010년 이후에, 가까운 일본에서도 1990년대 말부터
자해가 급증하기 시작했다고 한다(김현수, 2019). 우리나라의 경우는 2018년부터 청
소년 자해문제가 사회적 문제로 대두되면서 최근 몇 년 동안 청소년 자해가 심각한
문제가 되고 있다. 청소년 자해가 급속도로 늘어나고 있지만, 자해청소년들에 대한
잘못된 이해가 자해청소년들이 자해에서 벗어나지 못하고 자해를 더 감행하게 하
여 문제를 더욱 심각하게 만드는 어려움이 있다. 여기에서는 자해청소년의 특징과
그들을 돕는 위기개입에 관해 살펴보고자 한다.


## 1) 자해청소년의 특징

### (1) 자해의 정의

청소년들이 가장 많이 사용하고 있는 자해방법으로는 칼로 신체 일부를 긋는 행
동, 깨물기, 도려내기, 꼬집기, 머리카락 당기기, 자신을 세게 치거나 때리기, 위험
한 물질 삼키기, 날카로운 것으로 찌르기, 화상 입히기 등의 방법이 있다(서미 외,
2020; 이동귀, 함경애, 배병훈, 2016; Nock, 2009). 자해는 자기절단, 준자살, 자기훼손,
의도적 자기훼손, 자기손상 행동, 커팅, 자살시도 등 다양한 행동을 나타내는 용어

로 사용되었다.

　자해행동은 무엇보다 자살시도와 구별할 필요가 있다. 자살의 의도가 없는 자해는 자살과 질적으로 다른 형태와 기능을 가지고 있기 때문에 자살청소년이나 자해청소년을 돕기 위해서는 자해와 자살시도를 구분하는 것이 필요하다. 일반적으로 자살시도와 구분되는 자해를 "자살에 대한 의도 없이 자신의 몸에 고의적으로 반복적으로 상해를 입히는 행위"를 비자살적 자해(non-suicide self injury: NSSI)로 부르고 있다(Nock, 2009). 이는 앞서 자살을 '고의적 자해'라고 부른 것과 대비해 볼 수 있다.

　비자살적 자해행동과 자살시도를 구분하는 기준으로는 죽음의 의도, 자해의 방법의 치명성 또는 심각성, 자해행동의 빈도, 시도된 방법, 인지적 상태, 자해행동의 결과 및 영향 등이 있다. 자살의도를 가진 청소년들이 독극물과 같은 약물을 과다복용하거나 투신하고, 삶을 마감하기 위해 칼로 신체를 깊게 찌르는 등 자살하려는 의도로 하기보다는 자신의 고통을 호소하거나 주변인들의 관심과 도움을 구하기 위해 또는 자신의 자살충동을 감소시키기 위해, 뭔가 자기를 과시하기 위한 방편으로 자해를 하는 경우를 생각해 볼 수 있다. 자해가 자살의 의도가 없다고 하여 가볍게 여겨질 수 있으나, 자해는 반복되는 중독의 가능성이 있어서 자살에 이르게 되는

〈표 12-1〉 비자살성 자해와 자살시도의 차이점

| 특성 | | 자해행동 | 자살시도 |
|---|---|---|---|
| 의도/행동의 목적 | | • 심리적 고통으로부터의 일시적 도피<br>• 자기 자신/상황의 변화 추구 | • 영구적인 의식 단절/삶을 끝내는 것<br>• 참을 수 없는 심리적 고통에서 완전히 벗어남 |
| 방법의 치명성/심각성 | | • 낮음 | • 높음 |
| 행동 빈도 | | • 높음(때로 100회 이상)<br>• 반복적 · 만성적 | • 낮음(일반적으로 1~3회) |
| 시도된 방법 | | • 다양한 방법 | • 단일한 방법 |
| 인지적 상태 | | • 고통스러우나 희망은 있음<br>• 문제해결이 어려움 | • 희망이 없음, 무기력함<br>• 문제해결이 불가능 |
| 결과/영향 | 개인 | • 안도감, 진정<br>• 일시적 고통의 감소 | • 좌절, 실망감<br>• 고통의 증가 |
| | 대인관계 | • 타인의 비난, 거절 | • 타인의 돌봄, 관심 |

출처: Muehlenkamp & Kerr (2009): 김수진(2016)에서 재인용.

치명적인 부분도 있고, 청소년기 자해가 제대로 치료되지 않으면 성인기까지 이어
져 더 심각한 문제로 발전하게 된다.

어른들 또는 자해를 하지 않는 청소년들은 자해를 하는 청소년들을 이해하지 못한
다. '그 아픈 걸 왜 하는 거지?'라고 생각하지만 사실 자해를 하는 청소년들에게 자해
는 심리적 고통에 대한 진통제요, 심리적 둔마에 대한 각성제이기도 하고, 트라우마
로 인한 분노에 대한 안정제, 자기 내부의 가해자에 대한 처벌제 등 다양한 역할을 한
다. 청소년들이 왜 자해를 하는가에 대한 이해 없이는 자해청소년을 도울 수 없다.

### (2) 비자살적 자해를 설명하는 주요 이론

비자살적 자해를 이해하기 위한 다양한 연구가 있다. 그중에서 가장 대표적인 이
론 세 가지를 소개하고자 한다.

첫째, Nock와 Prinstein(2004)이 발전시킨 네 가지 기능모델로, 자해를 통해 얻는
바가 있어 계속해서 자해를 시도한다고 보는 이론이다. 그들은 자해의 기능을 네 가
지로 구분하였다. 개인내적 부적 강화는 부정적인 감정이나 엄습하는 불편한 기억
이나 생각을 제거하거나 줄이기 위하여 자해를 사용한다는 것이고, 개인내적 정적
강화는 자해를 통해 바람직한 상태, 즉 평정심과 통제감을 느끼거나, 감정을 고양하
거나 아무것도 느껴지지 않을 때 뭔가를 느끼기 위한 수단으로 사용한다는 것이다.
사회적 부적 강화는 대인관계나 사회적 상황에서 요구되는 부담이나 충돌을 피하
거나 벗어나기 위해 자해를 사용하는 경우이고, 사회적 정적 강화는 동료, 부모, 또
는 다른 사람들의 관심을 얻으려 하거나 필요한 것을 얻기 위해서 도와달라는 신호
로 자해를 한다는 것이다. 기능모델은 비자살적 자해의 기능이나 목적을 설명하고

〈표 12-2〉 **비자살적 자해의 네 가지 기능모델**

| 구분 | 정적 강화<br>(positive reinforcement) | 부적 강화<br>(negative reinforcement) |
|---|---|---|
| 개인내적<br>(automatic) | 개인이 원하는 자극 추구 | 부정적인 정서 상태의 완화 및 제거 |
| 사회적<br>(social) | 타인의 관심을 얻거나 원하는 것을 얻음 | 원하지 않는 대인관계 및 사회적 상황 및 책임회피 |

출처: Nock & Prinstein (2004).

있지만 자해의 생물학적 요인이나 사회환경적 요인을 설명하지 못하고 있다(김수진, 2016).

둘째, 경험회피 모델이다. 이 모델은 Chapman, Gratz와 Brown(2006)에 의해 개발된 모델이다. 이들은 자해가 정서를 통제 또는 조절하거나 부정적인 정서를 회피하기 위한 수단으로 이용되는 것을 발견하고 이를 바탕으로 이 모델을 고안하였다. 이 모델은 네 가지 기능모델 중에서 '개인내적 부적 강화' 원리에 기초해 있다고 볼수 있다. 기능과 상통하는 맥락이라 할 수 있다. 경험회피 모델은 자해의 개인내적 특성만을 중점적으로 다뤄서 자해의 사회적 요인이 간과되어 있다.

셋째, Nock(2009)이 제시한 비자살적 자해의 통합적 모델이다. 이 모델은 이상의 두 모델이 간과하고 있는 생물학적이고 사회학적인 요인을 반영하여 자해를 전체적으로 종합하여 발전시킨 통합적 모델로 [그림 12-1]에 잘 설명되어 있다. Nock(2009)은 원거리 위험 요인(distal risk factor)으로 인해 개인내적 및 대인관계적 취약 요인을 가진 개인이 스트레스 사건을 경험하게 될 경우에 이로 인해 유발된 정서적 상태나 사회적 상황을 조절하기 위한 시도로 자해를 하게 된다고 설명한다. 비자살적 자해의 원거리 위험 요인으로는 높은 정서적/인지적 반응성에 대한 유전적 성향, 아동기 학대, 가족 내 적대성/비판 등이 있다. 개인내적 취약 요인으로는 높은 수준의 고통스런 정서/인지와 부족한 고통 내성이 있고, 대인관계적 취약 요인으로는 부족한 의사소통 기술과 부족한 사회적 문제해결이 있다.

Nock(2009)은 스트레스 상황에서 다른 방식으로 대처할 수 있음에도 불구하고 자해를 선택하게 되는 요인, 즉 자해 관련 취약 요인을 다음 여섯 가지의 가설로 설명하고 있다(김수진, 2016).

- 사회적 학습 가설: 타인의 자해하는 모습을 보고 따라 하는 경우 자해를 한다.
- 자기처벌 가설: 자신을 못났다고 생각하거나 타인으로부터 학대나 비난이 반복되는 경우, 자신을 스스로 처벌하기 위해 자해를 한다.
- 사회적 신호 가설: 의사소통 기술이 부족한 경우, 자해를 통해 뭔가 자신이 원하는 것을 전달하거나 얻으려 할 때 자해를 한다.
- 실용주의 가설: 부정적인 정서를 조절하는 빠르고 쉬운 방법이 자해이기에 자해를 시도한다.

- 고통상실/진정제 가설: 반복적으로 자해를 하는 경우, 자해를 하는 동안 고통을 거의 느끼지 못하고, 나아가 자해가 진통제 역할을 하여 자해를 하면 부정적 정서가 줄어들고 긍정적 정서를 느끼게 되어 자해를 한다.
- 암묵적 동일시 가설: 자해를 통해 어떤 목적을 달성했거나 자해가 가치 있는 행동이라는 것을 인식하게 되면 이후에도 우선 자해를 지속적으로 하게 된다.

Nock(2009)의 모델은 Jacobson과 Batejan(2014)에 의해 수정·보완되어 수정된 통합모델로 발전되었다. 이 밖에도 생물학적/생물심리사회적 모델, 사회학적 이론, 관계-문화이론, 시스템관점 모델 등 비자살적 자해를 이해하기 위한 다양한 모델이론이 제시되어 있다.

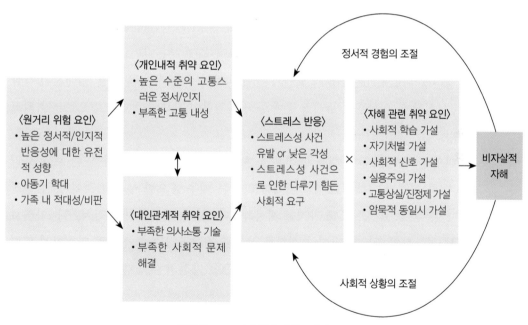

●그림 12-1● **비자살적 자해의 통합적 모델**
출처: Nock (2009): 김수진(2016)에서 재인용.

## (3) 비자살적 자해 요인 및 비자살적 자해동기

자해청소년들의 특성을 이해하기 위해서는 청소년들의 자해와 관련된 다양한 요인에 대한 이해가 필요하다. 청소년들이 자해를 하게 하는 위험 요인을 심리적 요인, 사회환경적 요인, 정신병리적 요인 등으로 나누어 살펴볼 수 있다.

심리적 요인으로는 청소년들의 절망감, 자기비난, 자살사고, 자기파괴적 사고, 부적응적 인지조절, 정서조절곤란 등을 꼽을 수 있다(구훈정, 우성범, 이종선, 2015; 김수진, 2017; 이동훈, 양미진, 김수리, 2010).

사회환경적 요인으로는 가족갈등, 자녀 학대, 부모의 불화 등 가족관계와 대인관계 등을 들 수 있는데, 특히 가족의 자살시도, 가족 간의 소통과 사회적 지지의 부족, 부모의 비난행동(Wedig & Nock, 2007)은 자해행동에 부정적 영향을 미치는 위험 요인이다(김수진, 2017; Hawton et al., 2012). 최근 청소년들을 둘러싼 SNS와 같은 온라인 환경이 청소년들의 자해행동을 유발하고 지속시키는 요인으로 지목되고 있다(손자영, 2020). 청소년들은 온라인을 통해 자해정보를 쉽게 공유하고 소통할 뿐 아니라, 자해의 강렬한 고통을 다른 사람과 공유함으로써 공감대를 형성하고 소속감을 느끼기 위해서 자해를 한다(손자영, 2020). 온라인상에서 이루어지는 자해 관련 행동을 일컫는 용어도 있는데, '셀프 사이버 불링(self-cyberbullying)' '디지털 자해(digital self-harm)' '사이버 자해(cyber self-harm)'라고 부른다(손자영, 2020).

정신병리적 요인은 심리적 요인과 관련된 것일 수 있지만, 우울증, 경계선 성격장애, 섭식장애, 외상후 스트레스 장애 등 정신질환이 자해의 위험 요인으로 지적되고 있다.

다양한 위험 요인에 대한 인식은 물론이고 자해를 감소시킬 수 있는 보호 요인에 대한 이해가 자해청소년을 이해하고 돕는 매우 중요한 부분일 것이다. 김수진(2017)은 보호 요인으로 네 가지를 제시하였다. 첫째, 상처에 대한 인식이다. 자해로 인해 영구적인 흉터가 남거나 심각한 상처를 건강하지 못한 상태로 인식하게 되면 자해를 멈추게 된다고 한다. 둘째, 삶의 목표다. 자신의 삶에 대한 목표가 생기면 보다 적극적으로 삶을 살아가고자 하는 의지가 생겨 자해를 중단한다는 것이다. 셋째, 자기(self)의 회복이다. 자기수용을 통해 자신에 대한 연민과 긍정적인 태도를 갖게 되면 자해를 중단하게 된다. 넷째, 사회적 지지다. 많은 연구에서 사회적 지지 및 연결은 자해 중단의 중요한 요인임을 밝히고 있다.

## (4) 자해의 기능

자해를 하는 청소년들의 자해동기를 아는 것도 그들을 이해하고 맞춤형 상담 및 치료를 하는 데 매우 중요하다. 앞서 자해의 기능이나 자해 관련 위험 요인에서도 설명이 된 것이지만. 일반적으로 자해청소년들이 자해를 하는 동기는 크게 네 가지로 설명할 수 있다(서미 외, 2020; Wester & Trepal, 2017).

첫째, 정서완화를 들 수 있다. 자해청소년들이 자신이 경험하는 마음속 강한 부정적인 정서(분노, 불안, 좌절감 등)와 압박감을 완화하고, 생활에서 받는 극도의 스트레스를 해소하기 위해서 자해를 한다는 것이다. 자해청소년은 자신이 경험하는 강한 분노, 불안, 좌절감 등의 부정적인 정서를 감소시키고 극한 스트레스를 해소하기 위해서 자해를 한다고 보고한다. 자신을 진정시키기 위해서, 마음속 부정적 압박감을 완화하려고, 불안 · 좌절 · 분노 등의 압도적인 정서를 진정시키거나 감소시키려고 자해를 감행한다. 이러한 행동은 스스로 통제할 수 없는 강한 감정을 신체적 고통으로 대신하면서 스스로에 대한 통제감을 갖는 경험을 하는 효과도 보고 있다.

둘째, 분리감 감소를 들 수 있다. 일반적으로는 가족이나 친구들과의 대인관계에서 어려움을 겪고 있는 청소년들이 자해를 시도하는 경우가 많다. 이들은 삶에서 느끼는 무감각, 공허함 또는 대인관계에서 경험하는 소외감, 고립감 또는 공허함에서 벗어나기 위해서 자해를 한다는 것이다.

셋째, 자기처벌적 동기를 들 수 있다. 자신에 대한 분노를 느끼고 자기비난, 자기비하가 심한 부정적 자기개념을 가진 청소년의 경우 자신에 대한 분노를 표출하게 되는데, 그러한 표출방법의 일환으로 자기 스스로를 해하고 처벌하는 자해행동을 하게 되는 것이다.

넷째, 사회적 관심을 받기 위한 동기를 들 수 있다. 자해행동을 통해 보모나 또래로부터 관심과 보살핌을 받게 되고, 이는 자해청소년들의 소속감의 욕구까지 충족시켜 주게 된다. 또는 같은 행동을 하는 친구들과의 유대감을 표시하려는 이유로 자해를 시작하고 지속하기도 한다.

## 2) 자해청소년을 위한 위기개입

일반적으로 자해를 하지 않는 청소년이나 성인들은 '그 아픈 자해를 왜 하는지'에 대해 이해를 잘 못한다. 그러나 자해를 하는 청소년들에게 자해는 심리적 고통에 대한 진통제요, 심리적 둔마에 대한 각성제이기도 하며, 트라우마로 인한 분노에 대한 안정제, 자기 내부의 가해자에 대한 처벌제 등 다양한 역할을 한다(김현수, 2019). 자해를 통해 얻는 효과를 자해가 아닌 대처방식으로 획득할 수 있도록 자해청소년의 위기에 개입해야 할 것이다.

무엇보다 자해청소년의 특징에서 살펴보았듯이, 비자살적 자해를 하는 목적을 이해하면 효과적인 치료계획을 세울 수 있다. 우선, 자신의 내적 고통을 다른 사람에게 표현하기 위해서 자해를 하는 경우는 효과적인 의사소통 기술의 훈련과 대인관계 개선을 돕는 것이 도움이 될 것이고, 감정조절하거나 반추하는 생각을 멈추기 위해서 자해를 한다면 다양한 대처기술과 감정조절 전략을 알려 주고 훈련시키는 것이 도움이 될 것이다. 자기가 완전하게 기능하기 위해서 자해를 하는 청소년은 자해에 대한 행동중독일 가능성이 높은 자해청소년의 경우에는 의사소통의 어려움이 있는 자해청소년과는 다른 상담치료를 해야 할 것이다. 일반적으로 한 가지 이유만으로 자해를 하는 경우가 거의 없지만, 그래도 상담자는 자해를 하는 주요한 이유에 대한 이해를 하고 있어야 한다(Wester & Trepal, 2017).

한국청소년상담복지개발원에서 서미, 김은하, 이태영과 김지혜(2018)가 개발한 개인상담용 프로그램에서는 상담을 초기, 중기, 후기로 나누어 진행하고 있다.

상담 초기에는 자해동기 파악, 자해 증상 및 심각성 정도, 자해 후 감정, 자해 보호 요인, 자살방지 서약 등의 활동을 위주로 하여 내담자의 자해위험 평가 및 자해 관련 안정성을 확보하는 방안 등을 다룬다.

상담 중기에는 자해의 원인이 되는 생활 스트레스를 다루고, 자해 대신 할 수 있는 대안활동을 탐색하는 작업을 한다. 또한 자해와 관련된 부정적 감정과 비합리적 신념과 행동에 대한 인지행동치료적 개입을 한다.

상담 후기에는 일상생활 적응, 긍정적 자기개념 향상, 새로운 스트레스 대처방법을 탐색하는 것으로 진행한다.

이 프로그램에서는 인지행동치료 기법을 사용하였으나, 자해행동치료에 가장 많이 채택되는 치료에는 변증법적 행동치료, 정서조절에 초점, 균형에 초점, 마음챙김, 고통감내 기술, 정서조절 기술, 대인관계 기술, 인지행동치료, 동기강화상담, 집단상담 등의 방법이 있다.

자해학생 평가를 할 때 판단하기가 어렵다면 전문가 의뢰를 통한 심층적인 평가와 개입이 필요하고, 대응 조치 이후 더 이상 자해가 발견되지 않을 때까지 꾸준히 시간을 두고 가끔 확인하여야 하는데, 이때 말로만 확인하는 게 아니라 학생의 동의

하에 이전에 자해했던 신체 부위를 살펴보는 것이 필요하다.

확산되고 있는 청소년 자해를 줄이기 위해서는 학교에서의 노력이 필요하다. 학생정신건강지원센터(2019)에서는 청소년의 자해확산을 예방하기 위해서 학교에서 해야 할 것과 학교에서 하지 말아야 할 것을 제시하고 있다.

우선, 학교에서는 자해에 대한 공개적인 언급, 학생 토론 등에서 자해에 대한 논의, 교사의 자해 상처에 대한 세밀한 설명, 자해학생이 자해 상처를 공개하도록 하는 것, 학교 내에서 자해행동을 주제로 집단상담/치료를 실시하는 것, 자신의 자해행동에 대해 직접 알리지 않는 사람이 그 학생의 자해행동에 대해 이야기하기, 등교정지 등 지나치게 엄격하거나 획일화된 대응을 하는 것을 자제해야 한다.

자해확산을 막기 위해서 학교에서 해야 할 것으로는 전 교사가 자해에 대한 이해 및 자해 학생 발견 시 개입전략을 알고 있어야 하고, 자해학생 인지 후 신속히 학교의 자해 업무담당자가 학생과 면담을 하고, 학생들에게 스트레스 인식과 대응기술 교육을 시켜야 하며, 학생들에게 '자해는 스트레스, 불안, 슬픔, 분노와 같은 강렬하고 괴로운 감정이 있을 때 대응하는 적절한 방법이 아님'을 알려 줘야 한다.

이 밖에 지역에서 도움을 받을 수 있는 기관으로는 교육(지원)청 위(Wee)센터, 한국생명의전화(1588-9191), 사랑의 전화 상담센터 카운셀 24(1566-2525), 청소년전화(1388), 청소년 사이버상담센터(https://www.cyber1388.kr:447), 정신건강상담전화(1577-0199), 소아청소년 정신건강의학과, 정신건강복지센터, 자살예방센터, 청소년상담복지센터, 학생정신건강지원센터 등이 있다.

## 4. 이혼가정 청소년을 위한 위기상담

최근 이혼율이 급격히 증가하면서 더 이상 이혼은 개인적이고 비밀스러운 일로 금기시되어서는 안 될 만큼 많은 문제와 심각성을 내포하고 있어 사회의 관심과 우려의 목소리가 높아지고 있다. 이혼은 부부 둘만의 문제로 그치는 것이 아니라 가족체계 전체에 영향을 미친다. 그중에서도 부모의 이혼을 거의 무방비 상태로 받아들여야 하는 자녀에게 이혼이라는 사건은 그 자체가 커다란 심리적 충격이자 스트레스 요인이다.

부모의 이혼에 따른 가정 해체 현상이 두드러짐에 따라 이혼가정 청소년의 수가 점차 증가하고 있다. 따라서 이들의 위기적응을 돕기 위한 적절한 상담지도 방안과 프로그램 개발이 절실히 요구된다.

## 1) 이혼가정 청소년의 특성

우리나라보다 이혼이 더 보편화되고 사회적 편견이 적은 미국이나 영국에서조차 이혼이 청소년의 발달에 미치는 장기적이고 부정적인 영향이 지적되고 있다. 이혼을 경험한 청소년에 대한 92개의 연구에 대한 메타분석에서는 이혼이 청소년의 학업성취, 품행, 심리적 적응, 자아존중감, 그리고 사회적 관계에서 부정적인 결과를 가져온다는 것을 지적하였다(Amato & Keith, 1991). 또한 Chandler 등(1985)은 부모의 이혼이 자녀에게서 심리적인 불안이 신체적인 증상으로 나타나는 경향이 있고, 특히 청소년 초기에 있는 자녀에게 이혼은 성인 정신병의 기초가 된다고 하였다. 이처럼 부모의 이혼은 청소년에게 심리정서적인 면과 대인관계적인 면에서 부정적인 영향을 줄 뿐만 아니라 성인기까지 영향을 미친다.

이혼 자녀가 겪는 여러 가지 정서적 문제 중에서 가장 흔하게 나타나고 크게 부각되는 것이 청소년의 우울이다. 이혼가정의 청소년이 부모를 상실함으로써 갖게 되는 우울은 성인기에 갖게 되는 우울과 관련성이 높다(Benedek & Benedek, 1979). 우울 증세는 불면증, 불안감, 집중결핍, 공허감, 거식증 등으로, 그들은 종종 여러 종류의 신체적 고통을 호소하기도 하였다.

이혼가정 청소년은 사랑에 대한 상실감을 가지고 이혼에 반응한다. 청소년은 거부되고 버림받았다고 느끼고, 이혼을 그들 자신의 존재를 위협하는 것으로 인식하며, 심각한 경우에는 공포의 반응과 함께 심각한 혼란을 보인다. 이혼가정 청소년이 표현한 핵심적인 문제 중의 하나는 사회적 고립인데, 그것은 그들이 친구 집에 초대받지 못하게 될 때 확실해진다. 수치감, 고립감, 그리고 일탈감은 이혼에 대한 사회의 태도를 반영한다. 이혼이 가족에게 정서적 변화를 거의 일으키지 않고 자연스럽게 이루어졌을 때조차 이혼에 대한 사회 태도를 감지하는 청소년은 그 위기를 심각하게 느낄 수 있다(Smilansky, 1996). 이러한 여러 가지 감정은 부모에 대한 분노로 표출되기도 한다. 청소년의 분노는 공격적으로 표출되어 여러 가지 문제를 나타낸다.

이혼으로 말미암은 부모의 부재는 자녀의 사회적 역할이나 행동에 영향을 준다고 볼 수 있다. 이러한 역할 부재는 역할 혼란을 가져 온다. 그리고 성역할 정체감은 초자아 발달에 영향을 미쳐 비행과 범죄로 발전할 수 있다. Kitson과 Morgan(1990)은 연구에서 이혼가정 청소년이 사망가정 청소년에 비해 공격적·일탈적 행동과 과잉행동이 많다고 지적하였다. 이혼가정 청소년은 학습장애를 가지며, 종종 낮은 수준의 성취도를 보인다. 사회적인 측면에서 보면, 이혼가정 청소년은 동료와의 관계에서 사회성이 부족하고 공격적인 것으로 나타났다.

심리적 독립을 통한 개인화(individuation) 과정에 초점을 두었던 Stolberg, Camplair, Currier와 Wells(1987)의 연구는 양부모가정의 청소년에 비해 이혼가정의 청소년은 일찍이 집안일에 참여하고 책임감을 느끼기 때문에 독립적인 개체로 성숙되어 가는 과정이 오히려 가속화된다고 하였다. 그러나 이와 상반된 견해를 제시한 Wallerstein과 Kelly(1980)는 이혼가정 자녀의 조기 성숙은 그들의 내면적 갈등이 은폐된 일종의 의사성숙(pseudomaturity)으로서 완전한 형태의 심리적 독립으로 볼 수 없다고 주장하였다. 가족갈등 변인을 통제한 Holman과 Woodroffe-Patrick(1988)의 연구 결과에 의하면, 가족구조 변인은 자녀의 자아존중감 발달의 주요 예언 변인으로 확인되었다. 즉, 부모의 이혼에 따른 가족구조의 해체는 그 자체만으로도 성장기 자녀의 자아존중감 발달에 부정적인 영향을 미칠 수 있다는 것이다(Amato & Keith, 1991; Bynum & Durm, 1996; Clifford & Clark, 1995). 이혼가정 청소년 집단과 양부모가정 청소년 집단은 가족구조의 형태에 상관없이 양육적인 부모-자녀 관계가 결핍되었을 경우에 모두 부정적인 자아개념을 발달시키는 것으로 나타났다. 이러한 상관성은 가정의 구조적 환경 변화 자체보다는 기능적 환경, 즉 부모 이혼 후 변화된 부모-자녀 관계, 경제적 상황, 부모 간의 협력, 양육적인 태도, 갈등조절 능력 등과 같은 매개 변인의 작용으로 설명할 수 있다는 주장이 한층 더 설득력을 얻고 있다.

사회구성주의(social constructionism) 관점에 근거한 연구는 과거에 경험한 부모 이혼이라는 사건 자체가 성인이 된 자녀에게 현재 어떻게 인식되고 해석되며, 이러한 인식의 차이가 구체적인 행동과 어떠한 관련성이 있는지에 관심을 둔다. 과거 청소년기에 부모 이혼을 경험한 자녀가 후일 성장하여 성인이 되었을 때 이성교제 및 결혼에 대해 가지게 되는 태도를 조사한 연구는 일치된 결과를 보이지 않는다.

이혼가정 자녀는 후일 성인이 되었을 때 사랑하는 사람과의 관계의 지속성에 대한 믿음이 약하며, 혼전동거와 이혼에 대해 비교적 허용적인 태도를 지닌다. 그리고 결혼에 대한 낮은 기대와 부정적인 태도를 보이며, 결혼 자체에 대해서도 매우 회의적이다(Jennings, Salts, & Smith, 1991; Mulder & Gunnoe, 1990). 또한 이혼가정의 자녀는 양부모가정의 자녀보다 현재의 이성관계에서 느끼는 친밀감의 정도가 낮으며(Westervelt & Vanderberg, 1997), 자신의 이성교제 상대자를 전적으로 신뢰하지 않는 것으로 나타났다(Duran-Aydintug, 1997; Toomey & Nelson, 2001).

이혼가정 자녀는 이러한 의식상의 특징뿐만 아니라 외현적으로도 부적응적인 행동을 보여 주고 있다. Wallerstein(1991)의 연구 결과는 조사대상자인 이혼가정 자녀의 절반이 성인이 되어 결혼했을 때 결혼 초기에 심한 부부갈등을 경험하며, 결국 자신의 부모처럼 이혼한 것으로 나타났다. Sanders, Halford와 Behrens(1999)의 연구에서도 부모 이혼을 경험한 아내가 부모 이혼을 경험한 남편보다 자신의 결혼생활에서 부부갈등이 발생했을 때 한층 더 부정적인 의사소통 양태를 보여 주었다.

부모가 이혼과정 동안 혹은 이혼한 이후에 보여 주는 갈등적인 관계는 자녀가 후일 성인이 되어 이성관계를 맺는 데 부정적인 영향을 미칠 수 있다. 심지어 경우에 따라서는 이혼가정의 자녀가 이성교제 파트너와 동등하고 독립적인 관계를 형성하는 데에도 곤란을 경험할 수 있다. 이에 비해 부모 갈등 정도와 자녀가 현재의 이성관계에서 느끼는 친밀감 정도는 상관성이 없으며, 부모 간의 갈등 정도가 자녀의 성적 행동에 부정적인 영향을 미치지 않는 것으로 나타나기도 한다. 이렇게 상반된 연구 결과가 나타난 것은 연구 가설에 포함된 구성 개념의 조작적 정의가 명확하지 않아서 측정도구 선택의 적절성에 문제가 있기 때문인 것으로 분석된다.

이혼가정 청소년의 적응행동에 관련된 연구는 대인관계의 다양한 측면에도 관심을 두고 있다. 부모 이혼이 자녀의 대인관계 발달에 부정적인 영향을 미친다고 하는 연구 결과가 있는 반면, 이혼가정 자녀와 양부모가정 자녀 간의 대인관계 발달 양상에 유의한 차이점을 발견할 수 없다는 상반된 연구 결과도 있다. Kunz(2001)는 이혼가정 자녀와 양부모가정 자녀 간의 대인관계 발달을 비교한 53편의 연구 결과를 중심으로 또래관계, 형제관계, 이성관계, 그리고 부모-자녀 관계를 분석하였다. 이러한 메타분석 결과, 두 집단 간에 실제적인 차이는 크지 않지만, 이혼가정 자녀는 양부모가정 자녀보다 형제관계 차원을 제외한 전반적인 대인관계 차원에서 부정적인 발달 양상을 나타내는 것으로 분석되었다. 부모 이혼 후 형제관계가 긍정적으로 발달한 것은 부모와의 관계 단절에 대한 보상으로 오히려 형제간의 친밀감이 강화된 것으로 해석할 수 있다.

이혼가정의 청소년은 개인 내적인 발달과업 외에도 가정의 위기적 환경에 새롭게 적응해야 하는 과제를 동시에 가지게 된다. 부모 이혼에 대한 적응력이 낮을 경우 이혼가정의 자녀는 양부모가정의 자녀에 비해 더 공격적이고, 대인관계 갈등이 심하고, 학업성취도가 낮으며, 약물남용 가능성이 높은 것으로 나타났다. 또한 우울, 불안, 소극성, 소외감, 자신감 결여 등과 같은 심리적인 증상으로 심리치료기관에 의뢰되는 경우가 많은 것으로 보고되었다(Holman & Woodroffe-Patrick, 1988; Jeynes, 2001). 부모 이혼이 성장기 자녀에게 미치는 부정적인 영향은 부모의 이혼 직후뿐만 아니라 자녀가 성인이 된 후에도 지속적으로 나타나는 것으로 확인되었다(Ellwood & Stolberg, 1991; Grych & Fincham, 1997). 한편, 이러한 일반적인 인식과 달리, 이혼가정 청소년 집단과 양부모가정 청소년 집단 간에 적응행동상의 차이를 발견할 수 없다는 주장도 있다(김준호, 노성호, 고경임, 최원기, 1990; Dunlop, Burns, & Bermingham, 2001; Silitsky, 1996).

## 2) 이혼가정 청소년을 위한 위기개입

이혼과 관련된 청소년의 사고와 감정은 조심스럽게 평가되어야 하고, 그들이 이혼과 관련된 감정, 사고, 느낌에 대해 정확하게 인지할 수 있도록 도와야 한다. 부모의 이혼으로 청소년 자녀가 갖게 되는 심리적 · 정서적 영향은 성장 이후에도 미래에 대한 두려움이나 자신의 결혼에 대한 부정적인 기대를 갖게 할 수 있다. 그러므로 이러한 부정적인 영향이 최소화되도록 개입을 하여야 한다.

이혼가정 자녀가 이혼에 적응하는 것은 부모의 태도, 청소년의 인지능력 정도, 사회적 지지 요인, 부모의 사회적 지지망에 따라 적응 정도가 다르다. 또한 이혼의 영향은 자녀의 성별, 연령, 부모와의 분리 기간, 양육 부모의 성과 자녀의 성에 따라 다르다. 그러므로 이혼가정 청소년에게 서비스를 제공할 때 개별 상황을 고려하여 적절한 서비스가 제공되어야 한다.

Wallerstein(1985), Wallerstein과 Blakeslee(1989)는 이혼가정 청소년의 심리적 ·

정서적 위기를 극복하기 위한 과제를 다음 여섯 가지로 제시하고 있다.

- 부모의 이혼을 현실적인 것으로 받아들일 수 있도록 하여야 한다. 어린 청소년은 흔히 공포스런 환상을 경험하고 자신이 버려졌다고 느끼며 가족이 처한 상황을 부인하는 경향이 있다. 경청, 반영, 명료화 및 문제해결과 같은 지지적 상담기법과 이완이나 심상 유도와 같은 스트레스 감소기법이 이런 청소년에게 적절하다. Lawther와 Oehmen(1985)은 청소년이 부정적인 감정에 압도되는 것을 막기 위해서는 빠르고 강력하게 상황에 직면하도록 하고, 이혼에 대한 그들의 감정을 표현하고, 대화를 통해 해결의 기회를 제공해야 한다고 주장한다. Wallerstein과 Blakeslee(1989)는 이혼을 경험한 청소년의 상담에서 가장 중대한 요소는 부모의 지원이라고 강조한다. 부모는 더욱 관심을 가지고 자녀가 이혼에 대해 정확하게 인식할 수 있도록 해 주어야 자포자기, 두려움, 퇴행과 같은 위기를 극복할 수 있다.
- 자녀는 부모의 갈등에서 분리되어야 한다. 가족은 상호작용 체계이므로 부모 하위체계의 갈등과 불안은 자녀에게 그대로 전이될 수 있다. 그러므로 자녀는 부모에게서 빨리 분리되어 정상적인 일상생활로 돌아와 학교, 외부활동, 친구관계를 다시 할 수 있도록 해야 한다.
- 자녀는 부모와의 삼각관계에서 벗어나야 한다. 자녀가 부모에게서 분리가 불가능해지면 학업성적이 낮아지고 무단결석, 이상행동을 나타내기도 한다. 한쪽 부모와의 계속적인 밀착은 우울, 우유부단함을 나타내고 다른 한쪽 부모에게는 불복종으로 느껴져서 청소년의 감정을 분산시킨다. 이러한 이중적인 (접근-회피) 갈등 상태는 한쪽 부모의 수용이 다른 한쪽 부모의 거절로 이해하기 쉽고, 그중 한 부모만을 선택해야 하는 자녀는 위험에 빠지게 된다. 불행하게도 대다수의 청소년은 헤어진 부모와 이와 같은 가족관계를 맺지 못하고 다년간 실망감만 느끼게 된다. 그들은 헤어진 부모에게 버림받았다는 생각에 자신이 사랑받지 못하는 무가치한 사람이라고 느끼게 된다. 역할극, 꼭두각시놀이, 글쓰기, 그리기, 느끼기, 동작게임 등의 치료방법이 청소년의 감정을 표현할 수 있게 한다. 자존감을 고취시키는 데 초점을 둔 개인상담 또는 집단상담이 유용하며 장점 검증하기, 또래 교수법 및 인지 재구조화와 같은 기법도 활용할

수 있다.

- 이혼 후 자녀는 자기비난이나 부모에 대한 분노를 해결해야 한다. 자녀가 가지는 부모의 이혼에 대한 느낌은 부모 당사자의 느낌과는 다르다. 언젠가는 부모가 함께 살 것이라는 희망을 가지고 있어 자신은 원가족을 유지하려고 노력하나, 무반응적인 부모에 대해 분노를 느끼고 이혼을 결정한 부모에 대해 분노를 느낀다. 특히 맏아이인 경우는 더욱 민감하고 오래 간다.

- 이혼이 불가변한 것이라고 인식시켜야 한다. Wallerstein(1985)은 가정의 재결합에 관한 환상이 이혼가정의 청소년에게 나타나고, 심지어 부모가 재혼을 한 후에도 지속된다고 지적한다. 부모가 죽은 경우에는 그러한 환상이 빨리 사라지지만 이혼한 양쪽 배우자가 살아 있다는 사실은 이전의 가족으로 되돌아 갈 수도 있다는 환상을 지속시키게 한다. 현실치료는 청소년이 이혼의 불변성을 수용하는 데 도움을 줄 것이다. 현재 가정이 이혼의 상황에 놓여 있거나 이전에 부모의 이혼을 경험하였던 다른 청소년과의 집단상담도 도움이 될 것이다. 이혼 전과 현재의 가족을 그리기, 이혼 후 변화된 가정의 좋은 점과 나쁜 점, 이혼과 다른 가정의 생활방식(혼성가정 혹은 한부모가정)에 대한 영상 슬라이드와 책이 대개 효과적인 토론을 유도하게 된다.

- 자신과 관련된 미래에 대해 현실적인 희망을 성취할 수 있도록 해 주어야 한다. 이혼가정의 청소년은 청소년기에 여러 관계를 둘러싼 문제를 해결해야 한다. 자신이 관계를 맺는 데 실패하거나 성공할 수도 있다는 사실을 알게 되고 관계를 형성하는 법을 배워야 한다. 그러기 위해서 청소년은 자신을 사랑하고 가치 있다고 느낄 수 있어야 한다. 성장 후 대인관계를 두려워하게 되는데, 이는 대인관계의 영원성과 불안, 슬픔, 분노가 잠재되어 있기 때문이다. Wallerstein과 Blakeslee(1989)에 따르면, '사랑을 선택하기'와 같은 마지막 심리적 과제의 효과적인 해결방법은 이혼의 정신적인 충격에서 자유로워질 수 있게 하고, 이러한 가정의 청소년에게 두 번째 기회를 주는 것이라고 한다. 그들은 이혼의 영향이 기존의 생각보다 더 널리 더 오래 영향을 미친다고 결론을 내렸다.

비록 이혼가정의 많은 청소년이 사회적으로나 정서적으로 가중된 위험과 교육적인 어려움을 경험하지만 일부 청소년은 그러한 파탄에도 성공적으로 적응하고, 그러한 경험을 한 후에 나타나는 심각한 증상을 보이지 않는다.

Gately와 Schwebel(1992)은 청소년의 경험이 일부 영역에서 좋은 성과를 가져오는 것을 발견하였다.

그들이 집안일에서 더 큰 책임을 떠맡으려고 하였기 때문에 성숙하게 되고, 그들이 변화된 삶의 환경을 효과적으로 극복하였기 때문에 자존감이 향상되고, 가족구성원에 대한 걱정이 증가되었기 때문에 공감 능력이 향상되고, 확실하게 규정된 성역할을 행하는 모델이 없었기 때문에 양성성을 발달시킬 수 있다. 이러한 특성의 발달에 기여하면서 부모의 이혼으로 말미암아 청소년은 긍정적인 성격, 협력적인 가정환경 및 사회환경 등을 경험하게 된다.

### 토론주제

1. 현재 우리 사회에서 큰 문제로 대두되고 있는 위기청소년의 문제를 모두 열거해 보시오 (이 책에 나오지 않은 문제까지 포함하여; 예: 학교 밖 청소년, 중독청소년 등).
2. 1번에서 제시한 다양한 위기청소년의 문제 중 하나를 선정하여 그 주제의 청소년 위기의 실태와 그 해결 방안에 대해 조별로 토론하시오.
3. 위기청소년을 돕기 위한 종합적 대책을 국가·학교·가족·개인 차원별로 조사하여 조별로 토론하고 정리해서 발표해 보시오.

# 청소년
# 집단상담

청소년의 올바른 발달과 적응을 돕기 위한 활동 중 집단상담은 매우 실질적이고도 중요한 의미를 지닌다. 이 장에서는 청소년들이 겪고 있는 제반 문제들을 해결하기 위해 집단상담 프로그램을 어떻게 구성할 수 있는지를 논의하고, 집단상담의 구조와 절차 등을 소개할 것이다. 특히 청소년 집단상담 프로그램의 구성 또는 개발을 위해 반드시 고려해야 할 기본 인프라에 대한 소개와 이를 평가할 수 있는 시스템에 관해서도 서술할 것이다.


## 1. 집단상담의 기초

여기서는 우선 집단상담의 정의, 청소년을 위한 집단상담의 목표, 청소년 집단상담자의 자질 등에 대해 살펴본다.


### 1) 집단상담의 정의

상담자들이 집단상담에 입문하면서 많이 갖는 의문은 개인상담과 집단상담을 어떤 경우에 선별하여 활용하는 것이 좋은가에 대한 부분일 것이다. 최근 학교, 공공기관 등 기관에서의 상담 요구도가 높아지면서 집단상담의 활용도가 높아졌다. 그러나 어떤 경우에는 집단상담이, 또 다른 때는 개인상담이 최선일 수 있고, 다른 때는 집단상담과 개인상담이 조화를 이룬 경우 최고의 효과를 낼 수 있다(Jacobs, Schimmel, Masson, & Harvill, 2015).

집단상담의 정의를 살펴보면, 이장호와 김정희(1992)는 "집단상담은 생활과정상의 문제를 해결하고 보다 바람직한 성장·발달을 위하여 전문적으로 훈련받은 상담자의 지도와 동료들의 역동적인 상호 교류를 통해서 각자의 감정, 태도, 생각 및 행동양식 등을 탐색하고 이해하여 보다 성숙된 수준으로 향상시키는 과정"이라고 하였다. 즉, 집단상담은 소집단을 구성하여 신뢰롭고 수용적인 분위기 속에서 집단 구성원 간의 상호작용을 통해 개인이 성장해 가는 역동적인 대인관계라고 정의할 수 있다(한국청소년상담복지개발원, 2014).

## 2) 청소년 집단상담의 목표

청소년 집단상담의 목표는 다음과 같다(정원철 외, 2019).

- 청소년이 성장·발달하고 긍정적으로 변화하도록 돕는다.
- 청소년이 각자의 환경을 수용하고 이에 적응하도록 돕는다.
- 청소년이 그들의 발달과정에서 발생하는 다양한 욕구를 충족시키고 느낌과 태도를 점검하는 것을 배우고, 행동 동기의 측면에서 이해하며, 자신의 능력에 자신감을 갖도록 돕는다.
- 청소년이 집단 상호 교류관계를 통하여 다른 사람들을 이해함으로써 새로운 관점으로 자신과 타인을 보며, 일상생활의 문제해결과 의사결정에 도움이 되는 가치체계를 발견하도록 돕는다.
- 청소년이 자신에게 관심 있는 문제를 해결하는 과정에서 새로운 관점을 발달시킨다. 이때 개성 있고 독특한 청소년만의 긍정성을 배양하게 된다.

## 3) 청소년 집단상담자의 자질

청소년 집단상담자의 자질은 다음과 같다(김춘경 외, 2021).

### (1) 청소년발달 및 심리에 대한 이해

청소년 집단상담자는 청소년이라는 대상에 대해 이해를 하고 있어야 한다. 청소년 집단상담자들은 청소년의 발달적 특성을 잘 이해하고 이를 집단상담에 접목할 필요가 있다. 또한 청소년의 신체발달, 인지발달, 정체감 발달, 도덕성 발달, 관계적 특성 등에 대해서도 잘 알고 집단상담에서 활용할 수 있어야 한다. 청소년을 제대로 이해하는 능력은 집단상담자로서의 역량을 높이는 매우 중요한 요인이다.

### (2) 권위적이지 않은 힘

청소년들은 권위적이거나 위에서 내려지는 일방적 지시나 규범에 대한 상당한 반감을 보인다. 많은 경우 청소년 집단구성원들은 집단상담자와 같이 권위적 대상에 대한 전이감정을 가지고 대한다. 따라서 청소년 집단상담자들은 힘이 있으나 권위적이지 않은 힘을 사용하는 모델이 되어야 한다. 이는 집단구성원들로 하여금 집단상담자를 존중할 기회를 제공한다.

### (3) 역할극 및 다양한 매체 활용 능력

청소년들은 언어 중심의 집단상담보다 구조적 활동 중에서도 몸을 활용하거나 다양한 매체, 즉 미술, 음악, 드라마 등을 활용한 집단상담에 더 몰입하는 경향이 있다. 역할극은 높은 관심을 지속시키고, 집단구성원 다수를 참가시키며, '지금-여기'에서 몰입하도록 하는 훌륭한 방식이다. 특히 청소년 집단상담 초기에는 집단상담자의 활발한 개입과 구성이 필요하다. 따라서 청소년 집단상담자들은 역할극이나 다양한 매체를 활용할 수 있는 능력을 적극적으로 개발할 필요가 있다.

### (4) 상담에서의 개방 능력과 자기의 활용

청소년 집단상담자들이 자신의 경험과 생각을 적절히 드러낸다면, 청소년들과 좋은 관계를 맺는 데 도움이 될 수 있다. 정직함과 직접적인 반응으로 집단구성원들에게 개별적 신뢰를 얻고 필요하다면 동등한 위치에서 자신을 개방할 수 있어야 한다.

### (5) 역설적 요구에 대한 이해 및 부응

청소년기는 역설(paradox)의 시기다. 그들은 친밀감을 원하면서도 또한 두려워한다. 통제를 거부하면서 지시나 조직적인 것을 원한다. 그들은 매우 자기중심적이고, 자기의식적이며, 자신의 세계에 몰두해 있으나, 자신의 지평을 넓힘으로써 자기 밖으로 나와 사회의 요구에 직면하기를 요구받는다. 청소년 집단상담자는 역설적인 청소년들의 요구에 대해 이해를 하고 있어야 하고, 이에 대해 적절하게 부응할 수 있어야 한다.

## 2. 집단상담 프로그램 개발

### 1) 집단상담 프로그램 개발의 필요성

상담 관련 종사자들에 따르면, 가장 자주 하게 되는 질문 중의 하나는 '왜'라고 묻는 것이라 한다. '왜'라는 질문을 하지 않는 것은 어쩌면 잘못된 상담을 하는 것처럼 느껴질 수도 있다. 상담자는 수많은 '왜'라는 질문을 하게 되며, 이에 적절한 답을 찾지 못하는 내담자들을 더욱더 좌절시킬 수도 있을 것이다. 상담자가 사용할 수 있는 수많은 질문 중에 '왜'라는 질문은 어떤 의미에서는 가장 보편적이면서도 가장 비평적인 언어가 될 수 있다.

우리는 어린 시절 이러한 질문들을 자주 경험하였으며, 그만큼 좌절을 경험하였을 것이다. 지금 어른이 된 시점에서 또다시 왜라는 질문을 받는다면 좀 더 발전된 대답을 할 수 있는가? 한 개인이 선택하는 대답은 어쩌면 상담자의 전폭적인 지지를 얻지 못할 수도 있다. 하지만 이러한 대답이 집단 안에서 이루어지면 '왜냐하면……'에 대한 이해와 지지가 더 커질 수 있다. 반응하는 내담자가 비록 적절한 응답을 찾지 못하였다 하더라도 이는 다른 집단구성원들의 경우에도 마찬가지일 수가 있고, 따라서 적절한 공감대가 형성될 수 있기 때문이다. 이렇듯 집단상담은 개인상담에서 경험할 수 없는 폭넓은 지지와 공감을 경험할 수 있다는 점에서 감성적으로 매우 예민한 시기에 있는 청소년들을 대상으로 하는 상담에서 매우 효과적이라 할 수 있다(Skudrzyk et al., 2009; VanZandt & Hayslip, 2001).

우리나라에서 청소년들을 대상으로 하는 상담은 대부분 학교를 중심으로 이루어지고 있으며, 상담전문가나 전문성을 지닌 교사가 중심 역할을 하기보다는 담임교사 위주의 상담이 큰 비중을 차지하고 있다. 우리나라에서는 1999년부터 '전문상담교사' 자격증 제도를 두어 일선 교사들에게 상담의 필요성을 알리고 보급하고 있다. 하지만 현재 전국의 Wee센터와 Wee클래스에서 많은 전문상담교사가 활동하고 있음에도 불구하고 학교현장에서의 상담활동은 아직은 부족한 실정이다. 우선은 학생 수가 너무 많고, 교사들의 과다한 업무, 입시 위주의 교육과정 등의 상황에서 상담업무가 제대로 실행되기란 매우 어렵다. 이러한 실정을 고려해 볼 때 1:1의 면담 형식으로 이루어지는 개인상담보다는 집단상담이 청소년들을 위해서 훨씬 더 효율적임을 알 수 있다. 청소년 분야에서 집단상담이 차지하는 비중은 국내외를 막론하고 다른 상담 형태와 비교해 실시되는 범위도 넓고 효과도 크다(정원철 외, 2019; 천성문 외, 2013; George & Dustin, 1988; Yalom & Leszcz, 2020).

　앞에서도 살펴보았지만 먼저 개념을 정확하게 이해하기 위한 정의를 간단하게 다시 살펴보자. 김창대, 박경애, 장미경과 홍경자(2009)는 '집단상담'이 개인의 심리사회적 성숙과 정신적 건강을 촉진하는 목적을 가지고 있다는 점과 '프로그램'이 특정 목적을 달성하기 위해 고안된 활동의 조직된 집합체라는 점을 고려해 볼 때, "집단상담 프로그램이란 개인의 심리사회적 문제의 해결이나 성장이라는 특정한 목적을 달성하기 위해 고안된 하위 활동의 조직된 집합체"라고 하였다. 현재 우리나라에서 청소년들을 위한 집단상담 프로그램으로는 진로탐색 집단상담, 대인관계 능력증진 집단상담, 효율적인 학습방법 집단상담, 인터넷게임중독 예방 집단상담, 성교육 집단상담, 자아성장/탐색 집단상담, 또래상담능력 향상 집단상담 등 그 종류가 매우 다양하다. 이들 프로그램은 아직 전공이나 직업에 대한 진로가 확정되지 않은 청소년들에게 잠정적이나마 자신의 진로를 탐색하고 진로결정을 할 수 있도록 도와주는 내용, 자신을 좀 더 구체적으로 이해하고 탐색하도록 도움을 주는 내용, 또는 청소년들이 처해 있는 지금의 상황에 좀 더 효율적으로 적응할 수 있도록 조력하는 내용 등으로 구성되어 있다. 이 프로그램들은 이미 그 효과성에 있어서 그 가치를 인정받고 있으며, 특히 심성훈련, 감수성훈련, 자아성장훈련 등은 그 효용성의 측면에서 우리나라에 비교적 널리 알려져 있고(권경인, 조수연, 2013; 김춘경, 정여주, 2001; 정원철 외, 2019; 천성문 외, 2013), 또래상담, 청소년 품성계발 프로그램, 인터넷·스마트폰 중독 예방 프로그램은 활용도가 높다(양미진, 방소희, 신인수, 유준호, 2018; 한국청소년상담복지개발원, 2017).

　이와 같은 청소년 집단상담의 필요성에도 불구하고 이를 활용하고자 하는 현장 지도자들은 매우 많은 실질적인 어려움에 직면하고 있다. 무엇보다 청소년들의 다양한 욕구에 부합하는 적절한 프로그램을 찾기가 쉽지 않다. 비록 프로그램은 알려져 있을지라도 이를 어떻게 활용하는지에 대한 구체적인 매뉴얼이 없는 경우가 대부분이다. 따라서 청소년들이 그들의 발달과정에서 경험하게 되는 다양한 욕구를 수용할 수 있는 개별 프로그램들이 개발되어야 하며, 특히 정서적인 측면과 인지적인 측면을 고르게 다루어 주는 효과적인 프로그램들이 아직은 많이 부족한 실정이다.

## 2) 프로그램을 위한 구조

청소년들이 관심을 가지고 흔히 던지는 질문들, 예를 들어 어떻게 하면 인생을 잘 살아갈 수 있는지 등의 질문에 우리 상담자들이 정확한 답변을 해 줄 수 있다면 우리는 고맙다는 말을 자주 들을 수 있을 것이다. 하지만 유감스럽게도 그러한 각각의 질문들에 대한 정답은 없다. 전문상담자들이 집단상담 프로그램들을 개발하고, 실행하고, 수정하면서 직면하게 되는 대부분의 도전적인 질문에는 어떠한 단순한 답변도 허락되지 않는 것이 대부분이다. 그 질문들에 대한 답변은 환경, 개성, 사회적·경제적 필요성, 구조적 한계들, 철학, 이론적 신념, 개인적인 선호, 자원들, 고차원적인 사고, 창조력, 교육과 훈련, 정치학, 경제학 등 단지 조금 다르게 불리는 것들 때문에 다양할지도 모른다. 하지만 명백한 것은 질문들이나 답변 모두 그리 간단한 것들이 아니라는 것이다. 또한 답변이 힘들다고 해서 답변을 피할 수는 없는 것도 사실이다(VanZandt & Hayslip, 2001).

우선은 청소년들의 질문들에 대한 반응을 어느 정도는 일반화하려는 노력이 필요하다. 그러한 반응 목록들을 일반화하고 해답을 찾고 공식화하면서 우리는 프로그램의 목표를 세우게 되는 것이다. 목적이 분명한 행동은 시간을 효과적으로 사용한다. 만약 상담자들이 확실한 책임감을 지니고 임무를 수행해야 하는 이유를 알지 못한다면, 그들의 동기부여는 아마 최소화될 것이다. 더욱이 만약 '왜'라는 질문에 대한 해답을 찾는 과정 중이라면, 상담자들은 그들의 행동을 합리화할 수 없게 될 것이고 그 임무를 단념하게 되는 것이다. 하루의 계획을 메우기 위해 할 수 있는 수많은 것 중에서 명백하게 목적이 없는 임무를 수행할 필요는 없는 것이다.

청소년을 위한 집단상담 프로그램에서 다루어야 할 필요성의 범위를 확인하는 것은 중요한 임무이다. 수년간 전문적인 수련을 받은 상담전문가라 할지라도 프로그램의 우위를 결정하면서 직업적인 판단에만 전적으로 의지하지는 않는다. 다른 이로부터의 정보탐색은 책임감에 있어서 중요한 부분이며 어느 정도의 공정한 논리를 전개할 수 있는 기술을 요구한다. 즉, 창조적 가치의 필요성을 판단하는 과정의 중요성과 복잡성, 그리고 도전들을 올바르게 인식할 수 있는 능력이 요구된다.

2. 집단상담 프로그램 개발

  집단상담 프로그램을 구성할 때 간과할 수 없는 요인 중의 하나가 바로 프로그램
의 성과다. 아무리 좋은 프로그램이 개발되고 실시된다고 할지라도 그 성과가 알려
지지 않는다면 이를 보급·확산시키는 데 한계가 있을 것이다. 유교적 전통이 강한
우리나라의 실정에 비추어 볼 때 자기 자신과 가족에 관한 세세한 일들을 타인 앞에
서 공개하기는 쉽지 않으며, 이에 대한 평가 역시 긍정적이지만은 않은 것이 사실이
다. 하지만 그렇다고 해서 모든 사람이 상담자들이 행하는 유익한 것들을 인식할 수
있도록 기다릴 수는 없다. 우리가 집단상담을 통해 청소년들을 유용하게 도울 수 있
음을 경험했고 그 필요성을 다루는 데 성공했었다는 것을 사람들이 알아야 할 필요
가 있다면, 우리는 겸손하게 자랑하는 것을 배워야 한다. 공공 인식과 지원은 훌륭
한 프로그램이 그 지속성을 유지하는 데 있어서 필수 불가결한 요인이기 때문이다.

  만약 우리가 무수히 많은 날을 프로그램의 필요성과 성과에 대한 정보를 수집하
는 데 보내고 그 정보를 선반 위에 두거나 깊숙한 곳 또는 파일 정리함에 숨겨 둔다
면, 우리는 우리의 시간을 낭비하게 되는 것이다. 우리는 그 정보를 공유하고 그것
을 유용하게 하는 가장 정확한 방법으로 중요한 생각을 제공해서 사람들이 진정으
로 그것을 이해하고 사용할 수 있도록 해야 할 필요가 있다.

  우리는 우리 자신의 프로그램에 대한 책임감을 확실하게 느낄 필요가 있다. 좀 더
포괄적으로 본다면, 학교의 교장들이 그들의 건물 안에서 일어나는 모든 일에 대한
책임을 느끼는 것과 각 교육청의 관리자들이 그들의 구역 내에서 일어나는 모든 상
담 프로그램에 대한 책임을 느끼는 것, 그리고 학교 운영위원회 위원들이 다수 학생
의 최대 관심사를 표현하는 데 대한 책임감을 느끼는 것 역시 중요한 부분이다. 통
합이 잘 된 프로그램이란 학교 담임선생님과 상담교사들, 행정직원들, 그리고 우리
프로그램의 목표에 대해 규칙적으로 공헌하고 있는 다른 사람들과 공통된 책임감
에 대한 의식이 존재할 때만 가능한 것이다. 경우에 따라서는 교육 재정에 관여하는
시민단체의 의견을 들어 볼 필요도 있을 것이다. 책임감을 느끼는 사람들이 학교 집
단상담 프로그램에 대해 좀 더 헌신하고 열중해야 한다는 것을 기억하는 것은 항상
중요한 것이다.

  청소년을 위한 집단상담 프로그램을 통해 도움을 받을 수 있는 사람들을 생각해
보자. 우선, 우리나라 청소년의 대부분을 차지하고 있는 학생들은 우리의 서비스에
1차적인 수익자들이지만, 학부모와 교사들 역시 우리의 다양한 역할을 통해 도움을

얻고자 하는 집단에 포함시킬 필요가 있다. 좀 더 간접적인 방법으로 각 집단은 개별화된 안내 프로그램을 통해 많은 것을 얻게 된다.

집단상담 프로그램에 대한 요구와 성과들에 대한 정보를 찾고 공유하기 위한 탐구의 기회에 있어 우리는 창조적으로 될 필요가 있다. 변화는 대부분 빠르게 일어나지 않는다. 집단상담 프로그램이 실시되면서 일어날 수 있는 변화를 예상하면서 우리는 변화가 일어날 수 있는 많은 방법과 책임성의 일면 모두를 명심해야 할 필요가 있다. 확고한 개선은 우리가 추구하는 변화의 종류가 되는 것이다(VanZandt & Hayslip, 2001).

## 3) 집단작업

여기서는 청소년을 위한 효과적인 집단상담 프로그램의 전반적인 구성에 있어 집단작업(팀워크)의 필요성을 강조하고 그 적용양식들을 소개한다. 청소년을 위한 집단상담 프로그램의 전체적 기능에서 프로그램의 성공에 기여하는 중요한 요인은 인간이며, 그중에서 상담자의 인격이 가장 중요하다. 상담자는 지속적인 자기반성과 끊임없이 변화하는 자기인식을 위해 노력해야 하며, 여기에는 집단작업이 매우 유용하게 작용한다. 또한 상담자는 현재 우리나라 청소년상담에서 가장 널리 사용하고 있는 MBTI나 Strong 흥미검사 등의 도구를 통해 도움을 받을 수 있다. 자신과 다른 가치와 사고양식을 지닌 청소년을 이해하고자 할 때 이를 도전적이라 여기기보다는 유용한 지식을 바탕으로 청소년의 동기를 촉진하고 목표를 달성하도록 동기부여하는 것은 상담자의 중요한 기초 자질에 속한다.

가장 건설적이고 또한 때때로 가장 위협적인 피드백은 함께 일하는 동료들에게서 나온다. 그들은 상담자가 지닌 긍정적인 특성과 행동들에 대한 인식을 공유할 때도 있지만, 반대로 상담자에게 불리하게 작용하는 부정적인 특성과 행동들을 지적하기도 한다. 일부 사람들로부터 유사한 비평을 반복적으로 듣는 것은 상담자의 인식 방법에 대한 정확한 그림을 형성하는 데 도움을 줄 수도 있다. 그럼으로써 상담자는 자신의 강한 면을 최대화하고 약한 부분을 최소화하는 긍정적인 방식으로 이러한 정보를 사용할 수 있게 되는 것이다. 물론 자신에게 주어지는 모든 피드백이 실제로 유용하거나 명백하게 인식되지 않을 수도 있다. 때때로 어떠한 충고들은 매우 위협적으로 들리기도 한다. 하지만 만약 진심으로 집단상담 프로그램의 성공에 대한 인간 요인의 중요성을 믿는다면, 열린 마음이 되어 다른 사람들의 피드백을 받아들일 필요가 있다(Corey, M. S., Corey, G., & Corey, C., 2010).

Senge(1990)는 팀 학습의 원칙은 의견 교환으로 시작해야 하며, 그것은 가정이나 판단을 보류하고 참된 사고를 함께하는 팀 구성원들의 역량에 달려 있다고 설명한다. 그것은 생각보다 간단한 임무가 아니다. 하나의 팀을 구성하고 그 팀이 건설적인 방향으로의 역동성을 지니기까지는 많은 노력과 용기가 필요하다. 한 개인이 아닌 하나의 팀의 발전은 중요한 도전이다. 그러나 어떤 중요한 영향력을 지닐 만큼의 팀워크의 수준을 바꾸는 집단역량은 이러한 구조적 변화를 만들어 내는 인간적 측면의 능력과 직접적인 관련이 있다. Senge(1990)는 학습 팀들이 그들의 집단학습 기술들을 발전시킬 수 있게 하려면 함께 실습할 수 있는 방법을 찾을 필요가 있다고 지적한다. 집단학습에 있어서 실습이 중요하게 취급되지 않는다면 대부분의 팀 관리에 있어서 효과적인 학습 단일체가 되지 못한다.

협동학습은 청소년상담 프로그램에 대한 많은 것을 구체화할 수 있다. 학생들은 소집단에서 그들의 지식과 임무의 이해력, 집단과정에서의 지속적인 논쟁거리들을 적용해 보고 습득하게 된다. 즉, 청소년들은 팀 문제해결 기술을 사용하며, 그들 모두가 동의한 문맥상의 구조에서 찾은 정보를 분석하고 종합하는 것을 배우고, 그들의 창조적인 에너지를 활용하고, 때로는 즐거움을 가져오는 아이디어들을 창출하는 데 협동학습을 사용한다. 협동학습의 경험에서 충분한 이점을 찾은 사람들은 협동학습이 이러한 능력을 부여한다는 것을 알게 된다.

집단 협동학습의 많은 장점 중 일부를 제시해 보면 다음과 같다(VanZandt & Hayslip, 2001).

- 집단구성원들의 힘듦이 겉으로 드러나고 표현된다.
- 다른 구성원들이 그들 자신을 격려하고, 동기를 부여하며, 주장하는 동안 집단의 압력이 구성원들에게 새로운 수행을 강력하게 권한다.
- 문어적이고 말로 하는 의사소통은 다양한 능력을 강화한다.
- 팀 구조와 임무 수행이 촉진되고 발전한다.
- 구성원들이 공유하는 책임감은 모두가 수용할 수 있는 표준이 된다.

- 전체론적인 시각은 더욱 질 높은 결과로 이끌게 된다.

우리나라의 현실을 비추어 볼 때, 청소년을 대상으로 하는 집단상담의 경우 그 대부분은 학교 장면을 중심으로 진행되며, 때로는 방학이나 주말 등을 이용한 마라톤식 집단상담도 고려할 수 있을 것이다. 집단을 모집하는 일련의 과정에서 나타나는 일들 또는 고려해야 할 점은 다음과 같다.

- 집단 구성은 가능하다면 6~7명 정도의 크기를 유지하는 것이 좋다. 하지만 이러한 집단 규모는 대학교에서는 가능하나 초·중·고등학교에서는 현실적으로 매우 어려우므로, 학교를 중심으로 프로그램이 진행된다면 우선은 관할 교육청 단위로 체계적인 계획을 수립하는 것이 중요하다. 학교 규모가 비교적 작고 집단구성원이 15명을 넘지 않는다면 한 집단으로 계속 진행할 수 있지만, 학교 규모가 커서 여러 집단을 구성할 필요가 있을 때는 다양한 임무를 수행할 팀을 구성하고, 과정별로 필요한 인원들을 충원할 수 있다.
- 청소년을 위한 집단상담의 효과성을 극대화하기 위해서는 다양한 분야나 영역에서 대표적인 팀을 구성하는 것이 매우 중요하다. 집단의 각 구성원은 학교나 사회의 다른 구성원들을 대표해야 한다. 예를 들어, 교육장, 교장, 상담자, 담임교사, 사무직원, 부모, 학생 등을 총망라하는 대표적인 집단이어야 한다. 교실 안에서는 역할연습을 통해서 이를 시행하고 체험해 볼 수도 있다. 한 학급에서 집단을 구성할 때도 교실 밖의 다른 사람들과 더 쉽게 의사소통할 수 있는 네트워크를 조직하기를 제안한다.
- 팀을 이루고 있는 각 구성원에게는 자신의 역할을 숙지한 후 다양한 시각을 나누고 조정하는 시간이 필요할 것이다. 타인의 의견을 듣고 수용하기도 하지만 때로는 각자의 관점에서 어느 정도의 전형적인 사고와 주장 등을 관철하고자 하는 노력도 도움이 된다.
- 팀을 진행하는 데 필수적이라 할 수 있는 지도자 선출은 서둘러서는 안 된다. 긍정적인 사고에 초점을 맞추고, 팀 안에서 무엇을 관찰하고 있는지 그리고 집단의 다양한 구성원에 대한 느낌이 어떤지 의식하려고 노력하는 것이 필요하다.

유능하고 생산적인 집단의 구성원들은 두 가지 요구를 모임에 제공해야 한다. 첫째, 집단작업을 수행하는 데 필요한 것, 둘째, 집단의 힘을 기르고 지속하는 데 필요한 것이 바로 그것이다. 구성원들이 집단의 요구를 만족시키는 것은 기능적 역할이라 하고, 반대로 집단을 비능률적이고 약하게 만들기 쉬운 진술들과 행동들은 비기능적 역할이라 부른다. 비기능적 역할을 줄이고 기능적 역할을 확대시키는 과정은 한 집단의 발전과 관련 있는 것으로, 이를 위해 집단구성원들 간의 공동 시너지(synergy) 작용을 적극적으로 활용하여야 한다.

좋은 팀들은 끊임없이 그 구성원들의 능력에 의지한다. Senge(1990)가 지적했듯이, 개인의 능력은 학습 팀의 다양한 능력과 결합할 때만 시너지 작용에 기여할 수 있다. 시너지 작용은 전형적으로 전체가 부분들의 합보다 더 클 때의 상황으로 묘사된다. Covey(1989) 역시 시너지 작용은 각자 가지고 있는 각 부분이 그 자체로서, 그리고 저절로 하나의 부분이 되는 것을 의미한다고 제안하였다. 그것은 하나의 부분뿐만 아니라 최대의 촉매이자 최대의 권한 부여이며, 최대의 통합, 그리고 최대의 흥미 있는 부분이다.

## 4) 프로그램 모형 고찰

1970년대까지 미국에서의 많은 상담자 교육 프로그램은 특정한 집단에 서비스를 제공할 수 있도록 설계된 치료적 혹은 의학적 모형에 그 기반을 두고 있었다. 이후 1980년대부터 이러한 모형은 특정 집단이 아닌 학교 내의 모든 학생에게 실시할 수 있도록 설계된 종합적인 모형 또는 발달적인 모형으로 바뀌기 시작하였다. 이 중 대표적인 예로 Gysbers(1978)는 학교의 전체 교육 프로그램 속에 상담 프로그램을 통합하는 것을 새롭게 강조하는 데 기초가 되었던 프로그램 모형을 기술하였다. 이것은 학생들이 종합적인 학교상담 프로그램의 참여를 통해 개발할 수 있는 능력을 설명하면서, 전체 프로그램에서 어떻게 이러한 능력을 습득할 수 있으며, 학생들이 성인이 될 때까지 이러한 능력을 유지하는 것에 초점을 두고 있다. 그 능력은 프로그램에 맞게 수많은 방식으로 성취될 수 있다. 현재 미국의 대부분 지역에서 성공적으로 이용되고 있는 여러 학교상담 프로그램에 대한 모형들은 Gysbers(1978)가 제공한 Missouri 모형을 본떠서 만든 것이 가장 많다.

Missouri 모형은 프로그램을 네 가지 주요 구성요소, 즉 생활지도 교과과정, 개별 계획하기, 반응적 서비스, 체계지원으로 조직화하였다. 이 중 체계지원은 종종 프로그램 관리로 언급되기도 한다. 일반적으로 많은 학교상담 프로그램은 한 영역을 지나치게 강조하는 반면, 다른 영역에는 거의 서비스가 제공되지 않는다. 상담자들이 단지 '발등에 떨어진 불을 끄는 것'에 초점을 두는 것 이상의 것을 하기 위해서 관심을 가져야 할 문제들이 학교에는 수없이 많이 있다. 기존의 학교상담 프로그램 운영 방식은 대체로 이러한 반응적인 모형에 기초를 두었지만, 발달적 모형은 반응적 서비스를 줄이고 균형을 잘 이룬 프로그램 모형을 통해 예방 영역에 에너지 대부분을 쏟는다.

[그림 13-1]에는 Missouri 모형을 New Hampshire에서 수정 적용한 모델로 네 가지 주요 구성요소를 어떻게 활용할 수 있는지를 보여 주고 있으며, 여기에는 학교상담 프로그램에 대한 미국학교상담자협회(American School Counselor Association: ASCA) 기준을 반영하는 다른 차원도 추가되어 있다. New Hampshire 모형을 개발한 사람들은 '삶의 역할(life roles)' 요소를 추가하였으며, 그림의 중심에는 사람의 역

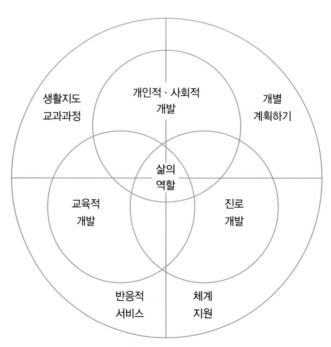

●그림 13-1● **Missouri 모형에서 응용된 New Hampshire의 종합적인 생활지도와 상담 프로그램**
출처: VanZandt & Hayslip (2001).

할을 설정하여 인간이 프로그램의 가장 중요한 부분임을 보여 주고 있다. Missouri 모형의 각 구성요소를 간략히 기술하면 다음과 같다.

### (1) 생활지도 교과과정

모든 측면의 종합적인 발달적 생활지도와 상담 프로그램이 중요하긴 하지만 생활지도 교과과정은 전체 프로그램의 기초를 이룬다고 할 수 있다. 생활지도 교과과정이 없는 경우에 상담자들은 특정한 초점 없이 다양한 서비스를 제공하는 것처럼 보이게 된다. 생활지도 교과과정은 종합적이고 발달적인 프로그램을 전달하기 위한 수단이며 학교 교과과정의 통합적인 부분이다. 학교상담자들은 학생들이 생활지도 교과과정의 학습에서의 상호 관계성과 실제적인 적용을 실행할 수 있도록 생활지도 교과과정을 주제 영역 교과와 통합하는 데 창조적이어야 한다.

### (2) 개별 계획하기

개별 계획하기는 학생들이 자신의 잠재력에 최대한 도달하도록 자기 삶의 계획을 개발할 수 있게 돕는 과정이다. 이를 위해 사용되는 방법들은 개별 평가, 조언 및 배치를 포함한다. 개별 계획하기는 상담자가 학생을 반드시 일대일로 만나는 것을 의미하기보다는 개별 학생에게 맞는 최고의 방법을 이용하는 것을 의미한다. 흔히 이것은 교실 안에서 혹은 또래집단과 함께 이루어진다.

### (3) 반응적 서비스

상담자들은 전통적으로 학생이 위기에 처해 있건 혹은 단순히 정보를 구하건 학생의 욕구에 반응하도록 훈련받는다. 학생상담 프로그램에서 반응적 서비스의 구성요소는 상담자의 전문적인 상담기술보다 상위의 개념이며 중재뿐 아니라 예방에 강조를 둔다. 상담자가 개인, 소집단, 또는 학급 전체와 작업을 하든, 혹은 학생을 대신한 교사나 부모와 자문을 하든, 문제해결과 의사결정 기술은 학생들이 다양한 장면에서 사용할 수 있는 대처기술들을 개발하는 데 초점을 맞추어야 한다.

### (4) 체계지원 또는 프로그램 관리

체계지원 또는 프로그램 관리는 좁게는 생활지도 영역의 일상적인 업무에서부터 연구와 개발, 공적 지원, 전문성 개발, 지역사회 자문위원회나 지역사회 봉사활동을 포함한다. 상담자들은 자신이 제공하는 서비스의 내적 통제를 유지하기 위해 프로그램 관리에 대해 잘 이해할 필요가 있다.

### 5) 프로그램의 개발 절차

지금까지는 학교상담 프로그램을 개발하면서 폭넓은 의미의 절차와 주요점을 논의했지만, 여기서는 미시적 관점에서 집단상담 프로그램을 개발하는 절차를 김봉환 등(2001)을 중심으로 살펴보기로 한다.

#### (1) 프로그램 개발 목표와 대상의 명료화

어떤 대상을 위한 프로그램인지, 참가자들에게 어떤 도움을 주고자 하는지를 명확히 한다. 개발하려는 프로그램이 어떤 나이를 대상으로 하는지, 여학생 또는 남학생을 위한 것인지, 일반학생 또는 특수학급의 학생을 위한 것인지를 분명히 한다.

#### (2) 연구 문헌 및 관련 자료 검토

학교상담 프로그램을 개발하면서 기존에 개발된 프로그램들과 이와 관련된 문헌들을 살펴보는 과정은 필수적이다. 프로그램 개발에 필요한 학교상담 분야의 문헌이나 청소년 발달에 관한 지식을 알려 주는 문헌들을 광범위하게 검토한다. 새로 개발될 프로그램의 목표와 대상에 부합하는 프로그램이 사전에 개발되거나 시행된 적은 없는지 철저히 검토한다. 이를 기반으로 기존 프로그램들의 긍정적인 요소들을 참고하여 풍부한 프로그램을 구성할 수 있게 된다.

#### (3) 학교상담의 주된 호소 내용 및 주요 요인 조사

학교상담 분야에서 잘 알려진 주요 호소 내용들과 이와 관련된 연구들에서 자주 다루어져 왔던 요인들을 종합해 보면 새롭게 구성하거나 개발하고자 하는 학교상담 프로그램의 구체적 목표를 설정하는 데 도움이 된다. 또는 이를 위하여 FGI(Forcus Group Interview) 등과 같은 면담 또는 설문조사를 실시할 수도 있다. 면담 및 설문조사의 내용은 프로그램의 개발 취지에 따라 달라진다. 앞의 목표 설정이나 자료 검토 단계를 통하여 연구자 나름대로 잠정 구성한 프로그램 내용이 과연 현실적으로 필요한 것인지를 확인할 수 있는 단계이기도 하다.

### (4) 전문가 자문회의 개최

연구의 질적 수준을 보장하고, 개발된 프로그램의 효용성을 높이기 위하여 자문위원을 선정하고 필요에 따라 자문회의를 개최한다. 자문위원에는 연구 진행 단계별 해당 전문가를 포함하여야 한다.

### (5) 세미나 개최

연구 방향의 타당성을 확보하고 프로그램 구성요소의 효율성을 증진하기 위하여 문헌 연구와 프로그램에 포함될 내용의 시안이 결정된 후 관련 분야 전문가를 초빙하여 세미나를 개최한다. 주제별로 외부 전문가를 토론자로 위촉하여 피드백을 받고 참석자들과 자유토론을 진행하여 그 결과를 연구 진행에 반영한다.

### (6) 연구진 브레인스토밍

연구가 단독연구가 아닌 공동연구일 경우 연구진은 수시로 만나 정리된 결과를 발표하고 상호 토론을 진행한다. 또한 프로그램의 단계별 내용과 진행방법, 보조자료의 개발 등에 대해 지속해서 의견을 주고받는 것이 중요하다.

### (7) 프로그램 내용 1차 완성

연구 문헌 및 조사 자료 검토, 청소년이 경험하는 진로의 어려움에 대한 조사, 기존의 진로탐색 프로그램 및 진로의사결정훈련 프로그램 분석, 전문가 자문회의, 세미나 개최, 연구진 브레인스토밍 등을 통하여 얻은 자료를 바탕으로 예비 프로그램(진행자 매뉴얼)을 구성한다.

진행자 매뉴얼은 프로그램 진행자가 프로그램을 실행할 때 참고하도록 만든 책이다. 프로그램 실시 절차가 회기별로 빠짐없이 기록되어서, 여러 명의 진행자가 프로그램을 실시해도 프로그램의 핵심 내용이 왜곡 없이 수행되도록 할 필요가 있다. 진행자 매뉴얼에는 프로그램 실시에 필요한 시설, 준비물로부터 회기별 목표, 내용, 활동 내용 및 절차, 진행자가 해야 할 대사, 운영상의 유의 사항 등이 포함된다.

### (8) 진로상담자 및 관련 전문가 대상 프로그램 소개 및 피드백

1차로 완성된 프로그램을 현직 상담교사와 전문가 자문단을 대상으로 자세하게 소개하고, 프로그램 구성의 타당성, 프로그램 내용의 유용성 등에 대해서 피드백을 받고, 그 결과를 종합하여 반영할 사항을 선별한다.

### (9) 프로그램 내용 2차 완성 및 시범 실시

이상의 활동들을 통하여 회기별 내용을 확정하고 이를 진행자 매뉴얼로 구성한다. 확정된 프로그램을 프로그램 실시대상 중 소수에게 시범적으로 실시한다. 프로그램 실시는 연구자가 직접 담당한다.

### (10) 프로그램 내용 수정·보완 및 워크북 제작

시범 실시과정을 통해서 관찰된 참여자들의 반응, 관찰자들의 피드백, 진행자들의 의견 등을 참고하여 완성된 프로그램을 수정·보완하여 최종본을 확정하고 참가자들에게 배부할 워크북을 제작한다.

워크북은 프로그램 참가자들이 갖는 활동집이다. 프로그램 목적 및 내용에 대한 간략한 소개, 프로그램 참가를 위한 준비 사항, 회기별로 각 활동에서 프로그램 참가자들이 그때그때 참고해야 할 사항 등이 수록되어 있고, 프로그램 참가자들이 자신들의 생각이나 의견을 적을 수 있는 칸이 마련되어 있다.

### (11) 진행자 교육 시범 실시

개발된 프로그램의 성공적인 활용을 위한 가장 중요한 요소 중의 하나는 적합한 프로그램 진행자의 선발과 훈련이다. 프로그램 진행자를 담임교사로 할 것인지, 중등학교의 경우 각 학교의 진로상담교사로 할 것인지, 또는 학부모 등의 기타 인사들로 할 것인지 결정하여 진행자를 선별하고 훈련한다.

진행자 교육의 주요 내용은, ① 프로그램에 대한 오리엔테이션, ② 연구진이 진행자의 역할을 하고 선발된 예비 진행자들이 참가자 역할을 하면서 프로그램을 직접 체험해 보는 체험학습, ③ 프로그램 진행과 관련된 세부 진행기술을 습득하는 진행기술훈련, ④ 세부 진행기술을 습득한 후 2명의 팀별로 프로그램 전체 내용을 암기하고 부분적으로 프로그램을 진행해 보는 개별학습, ⑤ 실제 청소년을 대상으로 프로그램을 진행해 보는 리허설(2차 시범 실시) 등이다.

## 6) 프로그램 평가

종종 교육에서 '평가'라는 작업은 환영받지 못한다. 많은 사람이 자신의 업무에 적합한 연구를 수행하고 평가를 해야 한다는 것을 이해하고 있지만, 대부분의 사람은 신뢰도와 타당도에 아직 익숙하지 못한 것이 사실이다. 예를 들어, 프로그램의 책임성에 대해 논의할 때 프로그램의 실행에 대한 의미 있는 정보를 기록하는 것은 아주 중요하다. 프로그램 실행을 기록하는 것은 프로그램 평가의 본질이며 면밀하고 철저한 평가 계획 없이는 프로그램의 책임성이 의미가 없다.

여기서는 앞서 제시한 New Hampshire에서 채택했던 Missouri 모형에 초점을 맞추어 평가를 위한 구조를 설명해 보도록 하자. 우선, 프로그램 모형에서 자신이 실시하고자 하는 모형을 찾아보는 것이 필요하다. 평가는 Missouri 모형의 네 가지 구성요소를 어떻게 통합하는지 보여 주고 있다. 즉, 가능한 평가 전략의 범위를 제시하고, 자신이 평가 계획을 세우는 데 도움이 될 수 있는 몇 가지의 타당한 선택을 고려할 수 있게 도와준다. Missouri 모형과 다른 모형의 프로그램을 사용한다면 자신의 프로그램 구조에 맞는 개념들을 채택할 필요가 있다. Missouri 모형의 네 가지 구성요소는 생활지도 교과과정(guidance curriculum), 개별 계획하기(individual planning), 반응적 서비스(responsive services), 체계지원(program management)이다.

### (1) 생활지도 교과과정

생활지도 교과과정의 평가는 자신이 한 해 동안 수집한 정보를 활용하게 되는데, 이는 교과과정의 내용이나 전달의 질에 대한 교사나 학생들로부터 받은 피드백을 포함할 것이다. 연말에 행해지는 누적 정보는 생활지도 교과과정에 참가하고 있는 교실의 수와 참석한 학생들의 수, 획득한 성과, 학생 평가물의 요약본들에 대한 목록이 포함될 것이다.

예를 들어, 학생 능력에 대해 평가를 해 보고자 할 때는 다음과 같은 질문 목록을 참조할 수 있다.

- 교사, 학생, 지역사회는 어떠한 욕구를 우선으로 나타냈는가?
- 각 욕구에 대한 실천 능력을 얼마나 나타냈는가?
- 욕구를 충족하고자 하는 능력이 생활지도 교과과정 또는 다른 과정에서 어떻게 드러나고 있는가?
- 프로그램 참가자들이 이러한 능력을 학습했는지 어떻게 알 수 있는가? 참가자들이 능력을 학습했는지 알 수 있는 한 가지 방법은 학기 말에 평가지에 익명으로 대답하게 하는 것이다.

## (2) 개별 계획하기

생활지도 교과과정 평가가 양적 정보를 제공한다면 개별 계획하기는 질적 정보를 제공하게 된다. 질적 척도를 위한 좋은 방법은 학생들이 그동안 작성한 포트폴리오(portfolio)를 사용하는 것이다. 포트폴리오는 프로그램 진행자와 참가자들이 개별 혹은 집단으로 어떻게 작업했는지를 보여 준다. 또한 참가자들이 목표에 어떻게 도달했는지, 모든 활동에 어떻게 관련이 되었는지, 자신들의 목표를 이루기 위해서 어떠한 기준점을 정했는지 알 수 있을 것이다. 질적 평가로서 참가자들의 포트폴리오를 사용하는 것은 참가자들 스스로 성공에 대한 책임을 지도록 하는 점에서 좋다.

〈표 13-1〉 **개별 계획하기에 대한 평가 질문지**

과정 이름:_____    날짜:_____

1. 이 활동으로부터 무엇을 배웠는가?


2. 당신이 다르게 지도한다면 어떻게 할 것인가?


3. 새로운 정보를 어떻게 사용할 것인가?

## (3) 반응적 서비스

반응적 서비스를 평가하는 방법은 프로그램 진행자가 참가자 중 더 민감하게 보이는 중재를 구분하는 능력에 있다. 예를 들어, 상담자들은 전형적인 발달적 관심을 제시했던 참가자들과 특정 위기나 문제를 경험했던 참가자들을 구분하여 목록을 작성할 필요가 있다. 이는 상담자가 참가자들이 표현한 심각한 문제나 괴로움에 대해서 정확한 그림을 그릴 수 있어야 함을 의미한다. 예를 들어, 학교 선생님들을 포함한 대부분의 사람은 학생들이 학교에서 야기된 정신적인 어려움을 겪는다는 것을 알지 못한다. 자신의 속마음을 드러내지 않고 그러한 욕구를 발산하는 것은 불가능하다. 그러나 상담자들은 그런 사람들을 위해 '의미 있는 정보'에 민감해야 한다. 전형적이고 예방적인 서비스와 반응적 서비스를 위한 시간이나 과제분석은 상담자 개인의 욕구에 대한 정보를 제공할 뿐 아니라 자신이 투입하고 있는 중재에 대한 시간적 균형을 이룰 수 있는 좋은 기준이 된다.

## (4) 체계지원

평가전략이 제대로 수행된다면 전체 프로그램의 실행 효과성을 높여 줄 수 있다. 그러나 가장 중요한 요인은 프로그램의 구성요소를 평가하는 데 있다. 여기에는 프로그램 진행자의 개방성과 피드백에 대한 수용성이 전제되어야 한다. 예를 들어, 학교 상담자의 수행은 종종 교사들이 사용하는 형식의 체크리스트로 평가한다. 학교상담자의 역할에 가르치는 것도 포함된다고 하더라도, 상담자의 책임감은 다른 평가 도구들과 구별될 필요가 있다. 그러므로 평가 목적을 위해서는 개별 프로그램 관리에 적합한 차별화된 평가 도구가 구성되어야 한다(VanZandt & Hayslip, 2001).

### 토론주제

1. 청소년을 위한 집단상담을 실시할 목적으로 집단구성원을 모집한다고 가정하고, 모집 안내문을 작성해 보시오.
2. 집단상담 첫 회기에 오리엔테이션을 어떻게 진행할지 고민해 보고 소개하시오.
3. 자신이 청소년을 위한 집단상담자가 되고 싶다면, 어떠한 자질을 갖추어야 할지 소개해 보시오.
4. 청소년 대상 개인상담과 집단상담의 장단점을 비교해 보시오.

# 청소년
# 가족상담

제**14**장

청소년상담에서 다루는 청소년 문제의 원인이 청소년 자신일 때도 있지만 청소년보다는 문제를 가진 부모나 역기능적인 가족체계가 청소년 문제의 원인인 경우가 있다. 가출, 섭식장애, 비행, 우울, 자살 등의 문제를 지닌 청소년들을 상담하다 보면 이들의 문제를 심리학적 모델만으로 이해하는 데 한계가 있다. 그럴 때 그런 문제행동을 할 수밖에 없었던 청소년을 둘러싸고 있는 사회문화적 맥락을 살펴보면, 그들을 훨씬 잘 이해할 수 있게 된다. 청소년의 사회문화적 환경 특성과 청소년 간의 상호작용에 의해 설명하려는 맥락중심적 접근은 청소년 문제를 이해하는 데 있어서 우리의 지평을 넓히는 역할을 한다. 그중에서도 생태학적 모형은 가족상담이 표방하는 하나의 모델로서 청소년 문제를 이해하는 분석의 틀을 제공해 준다. 청소년 문제에 접근하는 데 있어서 단편적이고 개인적인 접근만으로는 청소년 문제를 제대로 이해할 수 없음을 시사한다. 미시적 체계 수준에서 청소년 문제는 학교생활이나 가족생활을 다루기 위해서 가족상담의 이론을 빌려서 이해할 수 있다. 메소체계 수준에서 혹은 외적 체계의 수준에서, 그리고 거시적 체계 수준에서도 역시 가족상담의 이론들을 빌려서 청소년 문제들을 조명하고 해결책을 찾을 수 있다. 그러나 가족상담의 이론들을 각각의 수준에만 적용되는 이론으로 한정하기보다는 각각의 수준들을 통합적으로 볼 수 있는 안목을 제공하는 이론으로 인식해야 한다. 가족상담과 청소년 문제는 이러한 관계적 영역을 다루는 방식으로 연관성을 맺고 있다. Goldenberg와 Goldenberg(1988)는 가족수준에서의 개입이 특히 역기능적인 가족에서 청소년의 행동을 변화시키고, 가족이 대처기술을 획득(또는 재획득)하는 것을 돕기 위한 가장 효과적인 방법이 될 것이라고 하였다. 이 장에서는 가족상담의 기본 개념과 청소년기의 부모-자녀 관계, 건강한 가족과 역기능적 가족의 개념, 대표적인 가족상담모델에 관해 살펴보고자 한다.

## 1. 가족상담의 기본 개념

가족상담은 청소년을 가족의 관계 속에서, 그리고 그 가족을 지역사회의 관계 속에서 보면서 청소년 문제의 원인이 될 수 있는 역기능적 가족체계를 건강하게 기능할 수 있도록 돕는 상담 접근방법이다. 가족상담은 가족을 유기적인 관계를 지닌 한 단위로 이해하고 취급하여 정신병, 신경증, 심신증, 비행과 같은 문제행동을 내담자 개인이 지닌 증상이나 문제로서 치료하는 것이 아니라, 가족 전체의 인간관계에 대한 왜곡의 표시로 봄으로써 가족 내의 교류 패턴에 직·간접적으로 개입하여 가족 체계의 문제점을 개선하기 위한 심리적 원조다(송정아, 최규련, 2002).

가족상담의 정의에서 강조된 두 가지 개념은 가족관계와 가족체계다. 청소년상 담자가 가족치료이론을 통해 갖추어야 할 것은 청소년 문제를 진단할 때 청소년과 가족 간의 관계와 가족체계론적 입장에서 청소년 문제를 볼 줄 아는 시각이다.

체계이론에서는 개인을 고정된 성격이나 고정된 특성으로 보지 않고 맥락적 단 서에 따라 작용하고 반작용하는 주체로 본다(McDaniel, 1981). 체계적 사고에 따라 체계의 구성원에게 영향을 미치는 사건과 상황은 전체 체계 속에 반향을 가진다. 개인을 이해하려 할 때 상담자는 항상 가족체계에서 그들의 역할과 기능의 관계를 고려해야 한다(Goldenberg & Goldenberg, 1991; Nichols & Schwartz, 1991; Worden, 1981). 체계의 모든 구성원은 "작용과 반작용의 끊임없이 반복되는 패턴을 가진 순 환적 인과적 체인"에서 상호관계를 가진다(Amatea & Fabrick, 1981).

상담자가 생명력 있는 사회적 체계로서 가족을 개념화한다면 하위체계, 목표, 규 칙의 관계를 조사해야 한다(Goldenberg & Goldenberg, 1991; Worden, 1981). 가족은 부모 하위체계, 형제 하위체계, 배우자 하위체계, 확대가족 하위체계 등의 하위체계 로 구성되어 있다(Steele & Raider, 1991; Worden, 1981). 가족체계는 목표를 공식화하 고, 구조와 목표를 수정하고, 안정성을 보호할 수 있는 능력을 가진다. 항상성의 균 형을 이루기 위해서 체계는 허용할 수 있는 수준에서 스트레스를 제한하기 위하여 피드백을 이용한다(Amatea & Fabrick, 1981; Goldenberg & Goldenberg, 1991). 또한 가 족의 균형과 안정을 보호하기 위해서 공공연하게 또는 은밀하게 가족 규칙을 이용 한다.

가족상담의 목적은 가족 전체가 각자의 역할과 기능을 제대로 수행하도록 함으 로써 각 가족구성원과 가족 전체가 성장하도록 도와주는 것이다. 이를 위해서 상담 자는 청소년을 위해 안전하고 격려해 주는 환경을 제공하여 행복하고 지지적인 가 족이 될 수 있도록 도와줌으로써 가족의 대인적 상호관계와 가족구성원의 행동과 태도를 향상시켜 주어야 한다. 가족상담의 목적을 좀 더 구체적으로 정리하면 다음과 같다.

- 감정과 생각을 자유롭게 표현하도록 하며 원하는 변화를 설명하도록 한다.
- 의사소통 능력을 향상시키며 다른 가족구성원의 문제행동 원인을 좀 더 이해
  하도록 한다.
- 자신과 견해가 다르고 애매모호하고 혼돈된 다른 가족구성원의 욕구를 인정하
  고 존중하며 수용할 수 있는 개인 능력을 향상시킨다.
- 가족 내에서 가족구성원의 역할과 기능을 수행하도록 한다.
- 가족 규칙을 명백히 한다.

## 2. 청소년기의 부모-자녀 관계

### 1) 청소년과 부모의 갈등

청소년은 아동기를 벗어나 성인이 되어 가는 과도기에 있으면서 더 큰 자율성과 증가된 능력감을 발달시키고 자신의 삶에 대해 책임을 져야 하는 부담감에서 어린 시절로 다시 돌아가고 싶은 퇴행의 욕구를 느끼기도 한다. 청소년기의 개인은 부모와 정서적으로 가깝고 따뜻한 관계를 유지하면서 부모로부터 분리될 수 있어야 한다.

일반적으로 자녀가 청소년기에 도달할 때 세대 간의 가족관계에 전체적인 변화가 일어난다. 청소년은 신체적으로 성숙하고, 부모 세대는 중년기에 접어들며, 조부모 세대는 고령화에 의해 여러 가지 문제에 직면한다. 부모는 자신도 정체감 위기를 경험하는 중년기에 처하게 되면서 가족 경계의 융통성을 증가시키고 부모의 권위를 조정함으로써 청소년 자녀가 독립성과 발달적 성숙을 얻을 수 있도록 해야 한다. Sheehy(1976)는 35~45세까지의 시기를 '과도기적 10년(deadline decade)'이라고 명명하고, 이 시기를 중년기의 정체감 위기를 경험하는 시기라고 제안하였다. 이 시기의 부모와 청소년기 자녀 모두는 정체감 문제로 위기에 처하게 된다. 각자 자신의 문제에 사로잡혀 있는 부모와 청소년 양자는 서로 상대편이 자신의 견해를 이해하려고 노력하지 않는다고 불평한다(장휘숙, 1999에서 재인용).

청소년기의 부모-자녀 관계의 질적 변화는 청소년과 부모 사이의 갈등을 초래할 수 있다. 연령 증가와 함께 부모에 대한 의존은 감소하고 독립이 증가하므로 부모-자녀 갈등의 정도도 함께 변화한다. 한때 청년 초기를 질풍노도의 시기라고 명명하고 부모와 청소년 자녀의 갈등이 첨예화되는 시기로 생각하였다. 비록 15세경에 갈등의 강도가 증가되기는 하지만, 생각하는 것만큼 심각한 갈등 없이 비교적 순탄하게 청소년기를 보내고 있는 청소년도 많이 있다.

청소년기의 부모-자녀 갈등은 연령의 증가와 함께 감소하며, 여자보다는 남자가 부모와 더 많은 갈등을 경험한다고 한다. 청소년-부모 갈등의 대부분은 의복 스타일과 머리 모양, 그리고 음악 기호와 같은 사소한 문제에서 발생한다. 때로는 청소년-부모 간의 근본적인 갈등이 이와 같은 사소한 문제에서 전이되어 나타남으로써 가족관계의 파괴를 초래하기도 한다. 이에 청소년과 부모의 갈등의 원인에 대해 살펴보면(장휘숙, 2004), 우선 청소년의 애착 대상의 변화를 들 수 있다. 청소년은 부모에 대한 애착을 약화시키고 동년배 집단에게 의존하기 시작한다. 가족에게서 멀어져 가는 자녀를 바라보면서 부모는 자녀의 성장을 기뻐하는 한편, 자녀에게 거부당한다는 느낌을 떨쳐 버릴 수가 없다. 그 결과, 어떤 부모는 청소년 자녀가 부모에게 의존하도록 강요하거나 그들을 거부함으로써 부정적인 결과를 초래하기도 한다. 이 시기에 부모에게 더 의존적으로 변화되는 청소년은 오히려 적절한 사회적 기술을 학습하지 못하고 스스로 책임을 질 수 있는 개인으로 성장하지 못한다. 반면, 부모에게 거부당하는 청소년은 정서적 지원을 얻기 위해 동년배 집단에게 과도하게 의존한다.

다른 원인은 부모와 자녀 간의 힘 균형의 변화다. 청소년의 신체 성장은 부모의 물리적 처벌이나 통제를 불가능하게 만들고 가정 내에서 청소년의 발언권을 증가시킨다. 이에 따라 부모의 권위는 도전을 받고 부모가 행사해 온 지도방식이나 통제방식을 수정해야 하는 상황이 초래된다. 또한 두 세대 간의 가치관 충돌도 한 가지 원인이 된다. 형식적 조작사고가 가능한 청소년은 부모의 가치관에 대해 논리적 모순을 발견하고 그에 대해 의문을 제기한다.

부모-자녀 간 진로선택에서의 충돌도 원인이 된다. 청소년 자녀를 둔 부모는 연령적으로 자신의 인생을 되돌아보고 젊은 날에 설정한 목표를 성취할 수 있을까 생각하며 주어진 시간이 길지 않음을 절감한다. 마지막으로, 두 세대 간의 신체 조건의 변화 또한 갈등의 원인이 된다. 신체적 및 성적 성숙은 청소년의 신체적 매력과 체력을 증가시킨다. 대조적으로 노후의 증후가 나타나는 부모는 자신이 늙어 감을 지각하게 된다. 이와 관련하여 정신분석학자는 청소년과 부모의 갈등은 청소년 자녀의 젊음과 아름다움에 대해 부모가 무의식적 수준에서 질투를 하거나 화를 내기 때문이라고 제안한다(장휘숙, 1999).

## 2) 부모-자녀 갈등의 심화과정

Gothard(1997)는 청소년의 문제 발생과 부모와의 상호작용이 긴밀하게 연결되어 있음을 파악하고, 부모-자녀 갈등이 발생하고 심화되는 과정을 상호작용하는 순화과정으로 설명하고 있다. 다음은 그 순환적 단계다(금명자, 송미경, 이호준, 이지은, 2005에서 재인용).

- 상처받은 영혼-대화 단절-무시: 자녀가 마음에 상처를 받으면 우선 말수가 줄어든다. 대화가 줄어들고 눈을 마주치는 일이 줄어든다. 그러나 부모는 '그럴 수도 있지.' 하면서 대수롭지 않게 넘긴다. 이런 상태가 지속되면 아이의 마음에서 부모에 대한 애정이 줄어들거나 없어지게 되어 냉랭해지고 아이는 자신을 가족에게서 소외시킨다.

- 애정의 상실-감사의 소실-옛날과의 비교: 이렇게 소외된 감정은 감사하지 않는 행동으로 나타난다. 부모가 애써 마련한 여러 가지 것에 대해 아이는 전혀 감사해하지 않는다. 아이는 '엄마 아빠가 내게 해 주는 이런 것은 내가 받은 상처와 맞먹어. 그러니까 나는 엄마 아빠의 노력으로 먹을 것, 입을 것, 잘 것, 공부할 것 등을 내 마음의 상처로 치렀으므로 그에 대해 전혀 감사할 이유가 없어.' 라고 생각한다. 아이는 부모의 모든 돌봄을 당연한 것으로 여긴다. 그러면 부모는 아이가 감사해하지 않는 행동을 보고 아이에게 '우리가 자랄 때는 이렇게 좋은 음식이 어디 있었는지 아느냐, 우리는 공부할 형편이 못 되어 못했지만…….' 같은 식으로 옛날이야기를 끌어들여 부모 자신이 자랄 때와 지금의 아이를 곧잘 비교하여 나무란다. 그때 아이는 부모의 권위의식에 신물을 느끼고 무시하려 한다.

- **권위의 거부-고집 부림-잔소리**: 부모의 권위를 무시하고 싶으나 노골적으로 드러낼 수 없을 때 아이는 고집을 부린다. '싫어요.' '안 먹어요.' '신경 쓰지 마세요.' 등으로 완곡하게 부모의 속을 건드린다. 주로 사보타주(sabotage) 형태인데, 늦게 일어나거나 집안 모임이나 행사에 참여하지 않고 귀찮아하고 자신의 의무와 역할을 게을리한다. 그러면 부모는 잔소리를 많이 하게 된다. 일어나라는 소리도 여러 번 하게 되고, '왜 안 하느냐'는 소리도 여러 번 하게 된다. 그때 아이는 마음속으로 '나는 나예요. 나도 생각이 있다고요. 내 인생은 내가 사는 거예요.'라며 저항하고 자신의 권위를 주장하기 시작한다.

- **자신의 권위 주장-노골적 반항-규제와 요구**: 자신의 권위에 관심을 갖게 되고 이를 표현하면서 아이는 부모에게 대놓고 자기주장을 하고 따지고 반항한다. '이 문제는 내 문제이니 내 생각대로 할래요.' '상관하지 마세요.' 등으로 자기주장을 한다. 그러면 부모는 자신의 권위 안으로 아이가 들어오지 않으니까 권위를 드러내는 명령과 요구를 더 거세게 하게 된다. '몇 시까지 들어와라.' '아빠 말대로 해!' 등과 같은 식으로 말이다. 이쯤 되면 집안은 시끄러워지고 아이 문제가 부부간의 문제로 번져 나가며 아이는 슬슬 밖으로 겉돌게 된다. 부모에게 반항하는 자신의 모습에 대해 두려워하고 자신을 그렇게 만든 부모를 탓하면서 두려움, 분노의 마음을 가지게 된다.

- **반항의 합리화-나쁜 친구 사귐-조사, 심문**: 자녀는 부모에 대한 두려움과 분노와 같은 무거운 심정을 완화하려고 합리화를 시작한다. 자기와 비슷한 경험을 하고 있는 친구를 만나고 같이 지내면서 '나만 그러느냐, 내 친구 누구도 그러는데…….'라고 하면서 마음을 달랜다. 아이가 집 밖으로 돌면 부모는 사귀는 친구에 대해 관심을 가지면서 '뭐하는 아이냐?' '누구네 집 아이냐?' '공부는 잘하는 아이냐?' 등 마치 수사관처럼 조사하고 심문한다. 이렇게 되면 아이는 더 이상 집에 붙어 있기 싫어하고 밖으로 나가 부모가 싫어하는 일만 골라서 하게 된다. 여기서 일이라는 것은 방종적인 행동과 의무와 책임의 회피다. 그저 감각적이고 쾌락적인 일에만 탐닉하게 된다.

- **감각적인 만족의 추구-방어-저주와 묵인**: 아이는 찰나적 쾌락에 탐닉하고 좀 귀찮고 힘든 일은 하지 않으려 한다. 이때 친구와 노래방에 가서 늦게까지 실컷 놀고 귀가가 늦어지거나 아예 의도하지 않은 가출을 하게 된다. 노래방이나 어

두운 곳에서 술이나 담배를 즐기고 더 진행되면 본드나 가스 등의 약물에 손을 댄다. 남녀가 함께 몰려다니면서 성문제도 발생한다. 그러면서 '뭐가 나빠요? 나를 편하게 해 주는데.' '나만 그러나요? 다른 애들도 다 이래요.'라고 하면서 자신의 감각적 방종을 방어한다. 그러면 부모는 자녀에 대해 '못된 놈'이라며 배신감과 분노를 느끼고 자신의 팔자를 탓한다. 심지어 아주 포기하고 무시해 버리는 지경에 이른다.

- 죄의식-타인 비난-자기방어: 아이는 겉으로는 자신의 행동에 대해 합리화하고 방어하는 모습을 보이지만 마음속으로는 자신이 저지른 일에 대해 죄책감을 심하게 경험한다. 감각적 만족을 위한 행동이 대개는 마약이나 성적 탈선, 비행 등의 심각한 일탈행동이기 때문이다. 마음에 죄책감을 느끼는 사람은 자신에 대해서는 물론 타인의 위선, 비도덕성 등에 대해서도 매우 예민해진다. 부모를 비롯한 주위 사람과 사회를 원망하고 비난하게 되는데, 이러한 비난행위에 대해 부모는 '나는 할 수 있는 만큼 다 했다.' '더 이상 어쩔 수 없다.' 등의 자기방어를 한다.

- 자살충동-우울이나 흥분-절망: 이 정도 되었을 때 아이는 더 이상 버텨 낼 힘이 없고 거의 무기력 상태에 이른다. 모든 것을 잊어버리고 세상에서 없어졌으면 하고 생각하거나 천재지변이나 마술 같은 힘으로 모든 것을 지워 버리고 새롭게 태어나고 싶어 한다. 다시 말해, 자살충동이나 우울을 심하게 경험한다. 때로는 마약에 탐닉하거나 헛된 생각이나 사이비 종교에 몰입하기도 한다. 이러한 자녀의 상태에 대해 부모는 말할 수 없는 비참함을 느끼면서 절망한다.

이상의 과정은 부모와 자녀 사이에 흔히 있는 실망과 노여움의 일상적인 사건이 어떻게 상호작용하면서 심화되어 가는지를 보여 주고 있다.

## 3) 청소년의 행동과 부모의 훈육방식

청소년의 행동은 무엇보다도 아동기와 청소년기 동안의 가족관계의 질, 특히 부모의 훈육방식에 의해 영향을 받는다. 오랜 기간 동안 부모를 관찰하고 부모와 상호작용하며 함께 시간을 보내면 자녀는 부모의 감정적 표현, 의사소통 방식, 인간관계

기술을 모방하게 되고, 부모가 의식적으로나 무의식적으로 교육한 방식에 따라 행동하게 된다.

Baumrind(1978, 1991)는 학령전기 아동을 대상으로 종단 연구하여 독재적 부모 유형, 허용적 부모 유형, 권위적 부모 유형의 세 가지 부모 훈육방식을 제시하였다. 그 후 Maccoby와 Martin(1983)은 Baumrind의 연구를 바탕으로 부모의 양육방식을 온정성의 정도와 통제, 자율성의 정도에 따라 네 가지 양육방식, 즉 독재적(처벌적) · 허용적 · 거부적 · 권위적(민주적) 양육방식으로 구분하였다.

- 독재적 또는 처벌적(authoritarian or punitive) 부모: 자녀에게 요구는 많이 하지만 자녀의 요구나 관점에는 반응하지 않는다. 이들은 질서와 전통에 대한 가치를 존중하고 유지하며 자녀의 독자적인 사고를 장려하지 않는다. 또한 자녀를 아주 면밀히 감시한다. 이들은 자녀의 잘못에 대해 처벌적이고 물리적인 방법을 선호하고 복종을 얻어 내기 위해 강압을 이용한다.
- 허용적(permissive) 부모: 자녀의 요구에 대해 반응하지만 자녀에게 요구는 하지 않는다. 이들은 너그럽고 자녀와의 충돌을 피하고 자녀 스스로의 자율과 규제를 허용한다. 여기에는 두 종류의 허용적 부모가 있다. 유도적 부모는 온건하고 수용적이며 정서적으로 자녀와 과도하게 연결되어 있다. 이들은 자녀의 복종을 얻기 위해 죄의식을 이용한다. 관용적 부모 역시 온건하고 정서적으로 자녀와 연결되어 있지만 자녀에 대한 세심한 간섭은 피한다. 이들은 자녀에게 수행의 기준이나 지켜야 할 기준을 세우지 않는다.
- 거부적 또는 무시하는(rejecting or neglecting) 부모: 이들은 자녀의 생활에 전혀 개입하지 않는다. 또한 자녀를 감시하거나 감독하지 않으며, 자녀의 요구에 대해서도 반응하지 않고, 자녀에게 어떠한 것을 요구하지도 않는다. 사실 이들은 네 가지 양육방식 중 자녀와 가장 정서적으로 덜 연결되어 있다. 즉, 자녀가 어떠한 일을 하든 상관하지 않고 그냥 내버려 두는 경우에 해당된다.
- 권위적 또는 민주적(authoritative or democratic) 부모: 애정적이며 단호하고 자녀의 일에 적극적으로 관여한다. 자녀에게 애정적이고 단호하며 적극적인 관여는 자녀 양육에 매우 중요한 요소다. 이들은 청소년 자녀의 욕구 변화에 민감하고 이성과 설득을 통해 자녀를 복종하게 한다. 또한 자녀에게 규칙을 설명하

고 문제를 토론하고 대화를 통해 문제를 해결하도록 격려한다. 독립적 사고를 고무하고(너는 어떻게 생각하니?), 부모의 의견과 반대되는 의견도 존중한다. 이러한 양육방식은 청소년의 추론 능력을 발달시키는 중요한 요인이 된다(임영식, 한상철, 2000).

## 4) 청소년과 부모 간의 의사소통

가족체계가 변함에 따라 청소년을 가진 가족은 그들의 응집성과 적응성을 변화시켜야 한다. 응집성은 가족구성원 사이의 정서적 유대를 의미하는 반면, 적응성은 가족체계의 상황적 변화나 발달적 변화에 반응하여 가족체계가 변할 수 있는 융통성에 해당한다.

가족체계의 응집성은 가족구성원이 서로 분리되어 있거나 관련되어 있는 정도를 측정해야 하기 때문에 가족이 함께 보내는 시간, 개인의 사적 공간이나 사적 친구의 허용 정도, 의사결정의 유형 등이 그 지표가 된다. 대조적으로 적응성은 가족체계의 유연성이나 변화 가능성을 측정해야 하므로 가족구성원이 자신의 의견을 주장하는 방식, 통제의 유형과 훈육방식 혹은 가족 규칙의 융통성을 측정기준으로 한다.

가족체계의 응집성과 가족체계의 적응성이 지나치게 크거나 적을 때 청소년은 가족체계에서 개별화되기 어렵다. 왜냐하면 지나치게 적은 응집성은 가족구성원에 대한 유대를 경험하지 못하게 하는 반면, 지나치게 많은 응집성은 구성원을 가족 속에 묶어 두어 개별화를 방해하기 때문이다. 또한 적응성이 적은 완고한 가족은 청소년에게 엄격한 상호작용 양식을 내면화하게 하여 청소년의 독립에 지장을 초래한다. 청소년에게 가장 바람직한 가족체계는 중간 수준의 응집성과 적응성을 지녀 균형을 이룬 가족이다. 일반적으로 가족생활 주기에서 청소년이 가족에게서 분화되고 독립하려고 시도하는 시기인 청소년 자녀를 갖는 단계와 그다음의 자녀 진출 단계에서 가족체계의 응집성과 적응성은 가장 낮아진다. 응집성과 적응성의 변화는 곧 부모의 자녀에 대한 부모 역할 양식도 변화한다는 것을 의미한다. 청소년의 자아존중감을 촉진시켜 줄 수 있는 부모 역할 양식이 사용될 때 청소년은 유능하고 창조적이며, 원만한 대인관계를 형성할 수 있다(장휘숙, 1995).

의사소통은 응집성, 적응성과 함께 가족의 역동을 설명하는 중요한 요인이다. 응집성과 적응성이 가족 기능의 중심적인 차원이라면 의사소통은 가족체계의 응집성과 적응성을 촉진하거나 방해하는 역할을 한다. 긍정적 의사소통은 가족구성원이 서로를 이해하고 지원하며 감정이입을 경험하도록 한다. 반면, 비판이나 비난과 같은 부정적 의사소통은 가족구성원 사이의 애착이나 적응 능력을 감소시킨다(장휘숙, 1995).

가족은 의사소통을 통해 규범에 대한 정보를 서로 제공하며, 그것을 이해하고, 교육하고, 학습하고, 즐거움을 주고받으며 설득하고, 서로 합의하면서 삶을 영위한다. 하지만 현대사회는 산업화에 의한 매스컴의 발달, 어머니의 사회 진출, 가족구성원의 분산으로 의사소통의 기회가 부족하여 자녀에 대한 부모의 이해가 원활하게 이루어지지 못하고, 결국 청소년이 정서적 혼란과 불안감에 빠질 우려가 있다(Nichols & Davis, 2016).

부모-자녀 대화의 단절 현상을 가져오는 원인은 앞에서 말한 핵가족화와 어머니의 취업, 그리고 대중 매체뿐만이 아니다. 우리나라의 경우 지나친 교육열과 입시경쟁 때문에 자녀는 공부에 억눌려 있으며, 부모-자녀 대화 또한 학교성적과 관련된 것으로 청소년에게 과중한 압박감을 느끼게 하여 오히려 부모와의 대화를 거부하게 만든다.

또한 도시의 경우 이웃 간의 폐쇄성을 유발하는 주거구조와 편부 · 편모 등의 구조적 결손가정의 증가, 가정불화와 같은 기능적 결손가정이 가족 간의 대화를 단절시키는 요인이 되고 있다. 이 외에도 자신의 자녀만을 위하는 이기적이고 경쟁적인 부모의 감정이 자녀에게 독선적인 성격 형성을 초래하게 하는 위험이 있고, 결국 자녀가 자신만을 주장하고 올바른 대화를 할 수 없도록 만드는 원인이 되기도 한다(권이종, 2007).

부모와 청소년 자녀의 갈등도 의사소통으로 해결할 수 있다. 부모와 청소년이 서로의 느낌을 솔직하게 표현하고 자유롭게 토론하며 상대방을 수용해 줄 때 갈등은 쉽게 해결할 수 있다. 그러나 부모-자녀 의사소통은 양자가 연령 차이와 가치관의 차이를 지니고 있고, 권위관계를 형성하고 있기 때문에 쉽게 이루어지기 어렵다.

청소년의 대화행동과 어머니의 반응을 기초로 부모와 청소년 자녀의 의사소통을 연구한 Buvine은 다음과 같이 네 가지 유형을 제시하였다(Barnes & Olson, 1982).

- 쌍방 차단형: 청소년의 대화행동과 어머니의 반응점수가 모두 낮은 의사소통 유형으로 효과적인 의사소통이 이루어지지 않는다.
- 청소년 차단-어머니 개방형: 청소년의 대화행동 점수가 낮고 어머니의 반응점수가 높은 유형으로 청소년 자녀가 어머니와의 대화를 회피하는 데 기인한다.
- 청소년 개방-어머니 차단형: 청소년의 대화행동 점수가 높고 어머니의 반응점수가 낮은 유형으로 어머니가 청소년 자녀와의 대화를 거부한다.
- 쌍방 개방형: 청소년의 대화행동 점수와 어머니의 반응점수가 모두 높은 유형으로 청소년과 어머니 사이에 효과적인 의사소통이 이루어질 수 있다.

다시 말하면, 부모와 청소년 자녀의 갈등은 의사소통으로 해결될 수 있다. 부모와 청소년이 서로의 느낌을 솔직하게 표현하고 자유롭게 토론하며 상대방을 수용해 줄 때 갈등은 쉽게 해결될 수 있다. 그러나 부모-자녀 의사소통은 양자가 연령 차이와 가치관 차이를 지니고 있고 권위관계를 형성하고 있기 때문에 쉽게 이루어지기 어렵다.

부모에게서 독립하기를 원하는 청소년은 부모와 갈등을 경험하면서도 부모의 애정과 이해를 필요로 한다. 이 시기의 부모는 청소년 자녀가 성공적으로 정체감을 확립하고 사회에 적응할 수 있도록 노력해야 한다. 부모와 청소년 사이의 의사소통은 부모에 대해 양가감정을 갖는 청소년을 돕는 가장 효과적인 방법이다. 부모와 청소년 자녀가 부담 없이 대화를 나눌 때, 청소년의 고민이나 갈등이 해결될 수 있고 서로를 이해할 수 있는 계기를 마련할 수 있다.

## 3. 건강한 가족과 역기능적 가족

가족의 대인적 상호관계와 가족구성원의 행동과 태도를 향상시키는 것을 돕기 위해서 상담자는 건강한 또는 '기능적인'(Golden, 1993) 가족을 지각할 필요가 있다. 건강한 가족에 대한 정의는 매우 다양하다. 각 가족체계이론은 가족과 함께 일하는 대부분의 상담자가 하는 것처럼 기능적인 가족을 특징짓는 그들 자신만의 목록을 가지고 있다. 상담자는 청소년을 위해 안전하고 격려하는 환경을 제공하는 행복하고 지지적인 가족의 특징을 잘 인식하여 그러한 특징을 가족에게 격려해 주어야 한다.

주요 가족체계 치료모델은 이상적 가족과 역기능적 가족에 대한 그들 나름대로의 시각을 가진다. Minuchin의 구조적 모델에서는 경계선, 규칙, 융통성에 주목한다(Colapinto, 1991; Minuchin & Fishman, 1981; Nichols & Schwartz, 1991). Minuchin(1974)은 가족의 하위체계와 경계선을 가족이 기능하는 척도로 이용하였다. 그는 가족의 다른 환경과 생활주기에 따라 변화하는 하위체계 사이에 친밀성을 가지고 적절하면서 융통성 있는 경계선을 가진 것으로 건강한 가족을 묘사하였다(Green & Kolevzon, 1984). 반면, 문제를 가진 가족은 밀착과 지나친 친밀성의 특성을 나타내거나 유리와 결합 부족의 특성을 나타낸다. 건강한 가족은 잘 규정된 권력구조와 명확히 정의된 규칙을 가진다(Colapinto, 1991). 이들은 융통성을 가지고 생활환경과 정상적인 가족발달의 변화에 반응한다. 또한 건강한 가족구성원은 문제해결에 실패하는 문제해결 전략을 그만둘 것이고, 새로운 해결책을 시도한다.

Bowen의 건강한 가족모델에서는 분화와 가족 경계선에 기초를 둔다(Friedman, 1991). 가족구성원이 더욱 분화될수록 가족은 더욱 건강해진다. 기능적인 가족에서는 구성원이 명확한 경계선을 가지고 있고, 다른 사람에 대해 공감하고, 긍정적인 대인관계를 가지며, 논리적이고 합리적이다(Goldenberg & Goldenberg, 1991; Green & Kolevzon, 1984).

Satir의 모델(Green & Kolevzon, 1984; Satir, 1972; Thompson & Rudolph, 1992)에서 "건강한 가족구성원은 다른 가족구성원에 의한 보복, 앙갚음, 거부의 두려움 없이 숨기지 않는 방식으로 그들이 느끼고 생각하는 것을 말할 수 있는" 일치된 의사소통의 특징을 지닌다(Green & Kolevzon, 1984). 그러나 병리적 가족은 진실한 감정을 감추거나 무시하는 불일치된 방식으로 의사소통을 한다. 건강한 가족에서는 상황에 따라 가족 규칙이 융통성을 가지고 변할 수 있다. 규칙은 명료하게 표현된다. 그리고 가족구성원은 어떻게 규칙이 발달되었으며, 왜 그것이 중요한지를 이해한다. 반면, 역기능적인 가족의 규칙은 고칠 수 없고 은밀하다. 가족구성원은 어떻게 또는 왜 규칙이 형성되었는지, 그리고 그들이 필요할 때 어떻게 그것을 바꿀 수 있는지 알지 못한다. Satir(1972)에 따르면, 기능적인 가족구성원은 강하고 다른 사람과 관계에 만족하지만, 역기능적인 가족구성원은 사회에서 혼란되고 불행한 관계를 가진다.

Ponzetti와 Long(1989)은 건강하게 기능하는 가족을 연구한 결과, 건강한 가족의 주된 특징을 부모 사이의 강한 부부관계라고 규정지었다. 그들은 건강한 가족이 일반적으로 서로의 관심을 나누고, 효과적인 의사소통 패턴을 가지고, 변화에 효과적으로 적응할 수 있고, 서로를 존중하고, 문제해결과 의사결정 과정에 참여할 수 있고, 기꺼이 집안일에 대한 책임을 공유하고, 서로 상대의 친구를 좋아하고 함께 즐긴다는 것을 발견하였다.

Curran(1985)은 잘 기능하는 건강한 가족의 열다섯 가지 특징을 다음과 같이 목록화하였다.

- 경청하고 의사소통한다.
- 서로를 지지하고 확신한다.
- 타인을 존중하는 것을 서로에게 가르친다.
- 다른 사람을 신뢰한다.
- 유머 감각을 가지고 놀이를 한다.
- 공유된 책임감을 보인다.
- 옳고 그름을 서로에게 가르친다.
- 전통과 공유된 의식이 중요하다는 강한 가족결속력을 가진다.
- 서로 간의 상호작용에서 균형감을 가진다.
- 종교적 또는 영적 근원을 공유한다.
- 서로의 사생활을 존중한다.
- 타인을 위한 서비스를 높이 평가한다.
- 함께 나누고 대화하기 위해 함께 식사시간을 가진다.
- 여가활동을 공유한다.
- 서로에게서, 그리고 가족 외의 자원에서 도움을 구하고 어려움을 인식하고 인정한다.

## 4. 가족상담모델

일반 상담자만큼 가족상담에서도 상담에 관한 매우 다양한 이론이 있다. 이는 가족체계를 다양한 관점에서 볼 수 있기 때문이다. 가족상담의 분야가 매우 다양하기 때문에 요즈음 유행하는 모든 이론을 이 장에서 다루는 것은 불가능하다. 따라서 여기서는 가족상담이론 중 가장 대표되는 이론, 즉 Minuchin의 구조적 가족치료, Bowen의 다세대적 가족치료, Satir의 의사소통적 가족치료, 그리고 de Shazer와 김인수의 해결중심 가족치료에 대해서만 간략하게 소개한다.

### 1) 구조적 가족치료

Minuchin에 의해 창시된 구조적 가족치료의 네 가지 기본적 구성요소로는 구조, 하위체계, 경계선, 계층조직(hierarchy)을 들 수 있다. 가족구조는 가족구성원이 서로 일관되게 상호작용하는 조직된 방법이다. 이 구조는 가족관계를 구성하는 예측 가능한 패턴을 포함한다. 대부분 상호작용을 지배하는 규칙은 묵시적이며, 가족구성원조차 그 규칙을 알아채지 못한다.

구조적 가족상담자에 따르면, 가족은 무수한 하위체계로 구성되어 있다. 대표적인 하위체계로는 부부 하위체계, 형제 하위체계, 성 하위체계, 공통 관심 하위체계가 있다(Goldenberg & Goldenberg, 1991). 가족의 각 구성원은 몇몇 다른 하위체계에 속한다. 하위체계에 따라 개인은 그들이 하위체계에서 수행해야 하는 어떤 역할과 기능을 가질 것이다. 개인의 행동과 태도는 주로 우세한 하위체계에 따른다. 모든 개인은 하나의 하위체계이며, 둘 또는 그 이상의 집단은 세대, 성 또는 공통된 관심에 의해 결정된 또 다른 하위체계를 구성한다. 모든 가족구성원은 여러 개의 하위체계 안에서 많은 역할을 한다.

부부 하위체계는 성이 다른 두 성인이 가족을 이루기 위해 결합함으로써 형성된다. 이는 가족이 기능을 하는 데 필수적이며, 특정한 과업이나 기능을 갖는다. 과업을 수행하는 데 필요한 주요 기술은 상보성과 상호 적응(complementarity and accommodation)이다. 즉, 부부는 서로 다른 분야에서 상대방의 기능을 지지하는 상보적 유형을 발달시켜야 하다. 부부가 상대방이 가지고 있는 장점이나 잠재력 향상에 중점을 두고 지원하게 되면 부부 하위체계의 기능을 성공적으로 발전시킬 수 있다. 부부 하위체계는 다른 하위체계의 간섭을 방지할 수 있도록 경계선을 만들어야 한다. 부부간의 경계선이 너무 경직되어 있으면 다른 하위체계가 고립되어 스트레스를 받고, 반대로 부부간의 경계선이 너무 느슨하게 되어 있으면 다른 하위체계가 부부 기능을 간섭하여 가족 내의 질서가 산만해진다.

자녀의 출생과 함께 가족구조는 변형된다. 부모-자녀 하위체계 상호작용 패턴은 잘 수행되어야 하며 변화하는 환경에 맞도록 수정되어야 한다.

형제 하위체계는 자녀가 그들 또래집단과의 관계를 배울 수 있는 사회화의 장이다. 형제간에 주고받는 상호작용 안에서 그들은 서로 지지하기도 하고 반대하기도 한다. 형제체계 또는 가족체계의 경계가 너무 경직되어 있거나 밀착되어 있으면 자녀가 다른 사회체계에 들어가는 데 어려움을 느끼게 된다.

상담자는 부모와 자녀가 발달단계에서 성취되어야 할 과업과 욕구를 알아야 서로의 권리를 보호하면서 자녀의 자율성을 지원해 줄 수 있다.

대인관계의 경계선(boundary)은 다양한 하위체계를 분리하고 각 구성원과 전체 가족을 둘러싼다(Goldenberg & Goldenberg, 1991; Nichols & Schwartz, 1991). 경계선은 접촉의 양을 조절하고 개별성과 자율성을 규정한다. 또한 경직된 상태에서 명확, 혼돈의 상태까지 범위의 연속체로 존재한다. 경직된 경계선(rigid boundary)을 가진 가족구성원은 서로 또는 외부체계와 거의 접촉이 없다. 그들은 서로, 그리고 세상의 나머지에서 유리된다. 산만한 경계선(diffuse boundary)은 가족 간의 관계가 밀착되어 있다. 밀착된 하위체계는 서로 높은 상호 지원을 제공해 주지만 독립과 자율성은 부족하다. 부모와 밀착된 아이는 부모와의 경계선이 미분화되어 있고 거리감이 없으며, 강한 소속감으로 부모에게 의존하려는 경향이 있다.

명확한 경계선(clear boundary)을 가진 가족에게서는 대인관계의 접촉과 자율성에 융통성 있는 범위가 있다. 부모는 서로, 그리고 자녀와 지지적인 관계를 가진다. 그러나 전체 가족구성원은 나이에 맞는 독립심을 가진다.

구조적 가족치료는 가족구조를 변형시켜서 가족이 문제를 해결할 수 있도록 방향을 제시한다. 즉, 가족의 궁극적인 목표는 가족구조의 변화다. 증상을 바꾸는 데 가장 효율적인 방법으로는 그들이 지켜 온 가족구조의 패턴을 바꾸어 가족구성원의 효과적인 기능을 지지해 주는 것이다. 여기서 증상 해결은 체계의 성장을 촉진시켜 가족구성원 간의 상호 지지를 유지하는 것이다.

가족에 대한 치료목표는 그들의 구조적 역기능의 특성과 표현된 문제에 의해 규정된다. 모든 가족은 독특하지만 거기에는 공동의 문제가 있고 그들만이 갖는 특수한 구조적 문제가 있는 것이다. 일반적으로 가족의 가장 중요한 목표는 효과적인 위계질서의 창조다.

구조적 가족치료의 과정은 구조, 하위체계, 경계선, 계층조직에 대한 이해에 의존한다. 가족에 기능을 하는 이들 요소를 변화시키기 위해서 먼저 상담자는 가족과 함께 신뢰적 관계를 쌓는다(Thompson & Rudolph, 1992). 두 번째 단계에서는 상담자가 가족구조를 구성하는 패턴과 각 하위체계의 역할을 인식할 때까지, 표출되는 문제와 일상적인 일을 기술하는 것에 가족을 참여시킨다. 상담자는 관계의 역동성을 이해하기 위해 어떤 전형적인 상호작용을 재현하도록 요청할 것이다. 세 번째 단계에서는 경계선, 가족 규칙, 계층조직을 조사한다. 상담자는 관계와 상호작용에 관해 사고할 수 있도록 가족구성원을 격려하는 방법으로 적극적이고 지시적으로 질문을 한다. 상담자는 "왜 당신의 아들이 당신을 쳐다보지 않나요?"라고 묻기보다는 "당신의 아들이 당신을 쳐다볼 수 있는지를 보세요."라고 말한다. 구조적 가족상담자는 가족이 구조, 경계선, 계층조직에서 변화할 수 있도록 돕기 위해, 또 새로운 하위체계를 세우기 위해 가족구성원에게 방에서 다른 위치로 이동하는 것, 권력구조를 변화시키기 위해 의자 위에 서는 것, 가족구성원이 새로운 경계선을 세우도록 어떤 장면을 연출하게끔 요청하는 것과 같은 적극적 개입과 전략을 이용한다.

상담자는 가족구조의 맥락에서 청소년의 문제를 이해하고 가족구조를 재구성하는 것을 촉진하기 위해 구조적 가족치료를 이용할 수 있다(Goldenberg & Goldenberg, 1988). 가족과 함께 작업할 때 이들은 가족에서의 경계선, 하위체계, 계층조직을 조사하고, 어떻게 그 요소가 청소년과 학교에서의 행동에 영향을 미치는지를 조사한다. 상담자는 가족이 가족구조를 인식하고 재배열하는 것을 시작하고, 타인과 상호작용하는 새로운 방법을 배울 수 있도록 도울 것이다.

## 2) 다세대적 가족치료

최초의 가족체계 이론가 중의 한 사람인 Murray Bowen은 '각 가족은 정서적 관계의 체계다.'라는 생각에 기본을 둔 정신역동적 이론을 발달시켰다. 그는 한 명의 가족구성원과 나머지 가족구성원이 어떻게 연결되어 있는지에 중점을 두고 가족에게 접근하였다. Bowen 이론은 다음 여덟 가지의 연결된 개념으로 구성된다 (Friedman, 1991; Goldenberg & Goldenberg, 1991).

- 자기분화
- 삼각관계
- 핵가족 정서체계
- 가족투사 과정
- 정서적 단절
- 다세대 전수과정
- 자녀의 위치
- 사회적 퇴행

모든 개념이 Bowen의 이론을 이해하는 데 중요하지만, 여기서는 Bowen 이론에서 독특한 네 가지 개념, 즉 자아분화, 삼각관계, 핵가족 정서체계, 다세대 전수과정에 대해 설명하기로 한다.

가족상담자의 기본적인 역할은 '미분화된 가족 자아군(가족 내에서 강한 상호의존이나 공생)'에서 분리되는 연속적인 과정에 있는 가족구성원을 돕는 것이다 (Goldenberg & Goldenberg, 1988: 31). 가족구성원은 분화될수록 가족 스트레스에 덜취약하고, 그들의 행동에 대해 더 많은 책임감을 가지며, 또래와 가족의 압력에 더욱 저항할 수 있게 된다(Goldenberg & Goldenberg, 1991; Mullis & Berger, 1981). 이들은 자신에 대해 생각할 수 있고 정서적 반응보다는 오히려 경험적인 증거에 판단의 기본을 둔다(Mullis & Berger, 1981; Worden, 1981).

Bowen은 정신분석적 개념인 '미분화된 가족 자아군'이라는 용어를 체계론적 개념인 '융합과 분화'의 용어로 바꾸어 사용하였다. 자아분화 개념은 그의 이론의 핵심 개념으로 그것이 바로 치료목표이며 성장목표가 된다. 자아분화에는 '정신 내적 수준(intrapsychic level)'과 '상호 대인적 수준(interpersonal level)'의 두 가지 측면이 있다.

- 정신 내적 수준의 자아분화: 정신적 체계와 지적 체계가 구분된 것을 말한다. 즉, 사고에서 감정을 분리할 수 있는 능력이다. 구분된 정도에 따라 개인의 성격, 그의 관계체계, 긴장 상태에 대한 대체 능력을 파악하려는 인간 전체를 인식하려는 데 지침이 된다. 미분화된 사람은 감정에서 사고를 구별하기 어렵고 객관적인 사고를 거의 할 수 없다. 그들의 생활은 주변 사람에 대한 맹목적인 추종이나 분노에 의한 거부 등 고조된 감정에 의해 지배받는다. 한편, 분화된 사람이라고 해서 사고만 하고 정서와 감정이 전혀 없는 냉혈동물 같지는 않다. 대신에 그는 사고와 감정이 균형 잡혀 있으며 풍부한 정서와 자발성을 지닐 뿐 아니라 충동적 감정에 좌우되지 않는 억제 능력과 객관적 사고 기능을 지닌다.
- 상호 대인적 수준의 자아분화: 대인관계적 측면에서 자아분화가 이루어지지 못한 사람은 확고한 자아를 발달시키지 못하고 거짓 자아를 발달시켜, 자신의 신념에 따라 자주적이고 독립적인 행동을 하지 못하고 다른 사람과 융해되려는 경향이 있다.

Bowen에 따르면 모든 살아 있는 창조물, 특히 인간은 장기간의 불안상태에 있다 (Friedman, 1991). 이런 불안은 사람이 단지 두 사람의 관계자가 중요한 관계를 가질 때 증가한다. 두 사람의 관계는 근본적으로 불안정하기 때문에 서로 거리감과 친밀감의 교류적 주기를 경험한다(Goldenberg & Goldenberg, 1991). 그리고 더 안정된 상호작용을 위하여 제3자를 끌어와 삼각관계를 만든다. 사회집단에서 세 사람은 안정적 인간관계를 맺을 수 있는 최소한의 단위다. 삼각관계는 긴장을 완화하기는 하지만 두 사람 간의 문제의 해결을 방해한다. 왜냐하면 사람이 삼각관계의 부분이 될 때는 이성적이라기보다는 감정적으로 기능을 하기 때문이다(Mullis & Berger, 1981).

이러한 전형적인 예로서 부부간에 긴장이 발생하게 되면 자녀에게 초점을 맞춤으로써 부부간의 긴장이 해결된 것은 아니지만 분산되는 것을 들 수 있다. 그래서 서로 싸우기보다는 자녀에게 그들의 에너지와 관심을 쏟게 된다. 그러나 불행하게

도 미해결된 긴장이 클수록 이러한 삼각관계는 부모 중 한 사람의 자녀에 대한 애착을 더 강하게 한다. 그래서 자녀에게서 어떤 증상이 일어날 수도 있다. 가족관계에서 삼각관계가 지속적으로 반복되면 가족구성원은 개인으로 분화되기보다는 서로 간의 상호작용에서 고정적인 역할을 맡게 된다. 부-모-자의 삼각관계는 가족체계에서 가장 흔한 삼각관계 형태다.

가정이나 학교에서 이루어지는 삼각관계는 청소년에게 영향을 미친다. 가정이나 교실에서 삼각관계는 다른 구성원을 포함하면서 끊임없이 바뀐다. 가정에서 청소년은 자주 부부관계에 삼각관계를 만든다. 이것은 청소년을 위태롭게 할 가능성이 높다. 왜냐하면 그것이 청소년의 개별화 과정을 방해하기 때문이다. 또한 삼각관계화된 청소년은 부모의 부부간 긴장의 희생양 역할을 한다. 청소년도 학급에서 친구와의 관계를 안정시키기 위해 삼자를 데려오는 삼각관계를 자주 이용한다. 처음에 삼자인 청소년은 다른 2명의 청소년이 그를 자기편으로 만들기 위해 아첨하는 것을 느낄 것이다. 그러나 원래 2명의 친구관계가 안정되어서 관계의 긴장을 낮추기 위해 삼자를 더 이상 필요로 하지 않을 때 삼자인 청소년은 무시되거나 소외될 수 있다.

Bowen은 사람이 자신의 분화 수준과 비슷한 분화 수준을 가진 개인과 결혼한다고 믿었다(Goldenberg & Goldenberg, 1991; Nichols & Schwartz, 1991). 분화 수준이 낮은 원가족을 가진 사람은 똑같이 원가족의 분화 수준이 낮은 사람에게 매력을 느낄 것이다. 이러한 패턴은 불안정한 핵가족 정서체계를 만든다. 핵가족 정서체계에서 융합이 커질수록 결혼관계나 명백한 결혼 갈등에 정서적 거리감이 생길 가능성은 커지게 된다. 배우자 중의 1명이 신체적 또는 정서적 문제를 발달시키거나 적어도 그들의 자녀 중 1명에게 문제를 투사한다면 신체적 · 정서적 문제를 초래하게 된다(Goldenberg & Goldenberg, 1991; Nichols & Schwartz, 1991).

핵가족 내의 정서적 기능은 과거 세대의 정서적 기능이 반복되는 것이며 차세대에도 반복될 것이다. 다세대를 거치는 동안 가족 내에서 전달되는 정서적 기능은 과거와 같은 과정을 통해서 다음 세대로 전수하게 된다. 그러므로 자녀의 자아 구분 정도는 현재의 세대에서만 형성되는 것이 아니라 과거의 여러 세대를 거치는 동안 전래되어 온 가족 투사과정에 의해 형성되는 것이다.

Bowen은 핵가족의 정서적 과정을 설명하기 위해 '미분화된 가족 자아군'이라는 용어를 사용하였다. 원가족에서 분화가 잘 안 된 경우 부모와 정서적 단절을 하는 반면, 결혼생활에서 배우자에게 융합하는 경향이 있다. 결혼 전에 자아 분화 정도가 낮을수록 부부간의 융합도는 증가한다. 청소년상담자가 핵가족 정서체계에 대한 Bowen의 이론을 적용할 수 있는 방법 중의 하나는 청소년의 부모와 그들의 원가족에서 분화를 조사하는 것이다. 부모와 면담할 때 상담자가 부모에게 쉽게 접근할 수 없다면, 청소년에게 가족에서의 관계를 질문하는 것이 더 효과적이고 유효할 것이다.

다세대 전수과정의 개념은 핵가족 정서체계의 개념과 관련된다. Bowen은 심각한 정신적 문제가 미분화된 개인의 몇 세대 간의 결합의 영향 때문이라고 하였다. 역기능적 개인과 가족의 개념화에 따르면, 가족의 각 세대 구성원이 점점 더 약한 분화를 가질수록 증가된 불안과 융합의 수준을 초래한다(Goldenberg & Goldenberg, 1991).

Bowen에 의하면 대부분의 사람은 괴로운 문제를 가지고 있으며, 많은 경우 문제는 여러 세대를 거쳐 내려오는 것이다. 그러나 대부분의 경우 문제의 기본적인 유형을 알지 못하고 있다. 가족문제 유형을 추적하는 목적은 과정과 구조를 사정하기 위한 것이다. 이것은 Bowen 이론을 이해하는 데 핵심적인 것이다. 과정은 정서적인 반응의 유형에 관한 것이고, 구조는 상호 간에 얽혀 있는 삼각관계의 유형에 관한 것이다.

Bowen의 가족치료 목적은 불안을 감소시키고 분화 수준을 높이는 것이다. 가족체계에서 진정한 변화는 가족구성원의 자율성을 조장하며, 개인의 성장을 촉진하기 위해서 폐쇄적인 가족관계를 개방하고 삼각관계에서 벗어나도록 하는 것을 의미한다. 치료에서는 증상에 초점을 두지 않는다. 문제는 사람에게 있는 것이 아니고 체계에 원래부터 존재해 왔으며, 개인의 변화는 다른 사람과의 관계 변화를 통하여 이루어진다고 본다.

체계를 변화시키고 가족구성원의 분화 수준을 향상시키기 위하여 가장 중요한 것은 부부가 다른 가족을 끌어들이는 삼각관계에서 벗어나는 것이다. 이를 성취하기 위하여 상담자는 부부와 함께 새로운 삼각관계를 만들어 낸다. 이때 상담자가 정서적으로 중립을 지키면서 부부와 접촉을 한다면 배우자는 삼각관계에서 벗어나기 시작하고 분화를 시작할 수 있으며, 가족체계를 기본적이고 항구적으로 변화시키게 될 것이다.

Bowen의 가족치료에서 상담자는 일반적으로 청소년 또는 전체 가족과 함께하는 대신에 부모와 함께 작업한다(Nichols & Schwartz, 1991). 비록 내담청소년이 행동적 또는 정서적 문제를 가졌을지라도 상담자는 부모가 그들 안에 그리고 그들의 관계에 기본적인 어려움이 있다는 생각을 받아들여야 한다는 것을 강하게 주장한다(Goldenberg & Goldenberg, 1991). 상담자는 부부와 함께 연결되며, 세 사람은 치료적 삼각관계를 이루게 된다. 상담자는 객관적이고 침착하게 정서적으로 분리시키고, 삼각관계에서 감정적으로 참여하는 것을 피하면서, 부부가 스스로 그들의 관계에 작용할 수 있도록 한다. 이런 상담관계에서 상담자는 부부 각자가 배우자와 원가족에서 자기 분화를 이룰 수 있도록 돕는 코치 또는 컨설턴트의 역할을 한다(Goldenberg & Goldenberg, 1991; Nochols & Schwartz, 1991).

## 3) 의사소통적 가족치료

Virginia Satir는 가족 의사소통에 초점을 두고 가족과 함께하는 작업 방법을 개척하였다. 그녀는 가족구성원이 더 솔직하고 효과적이게 의사소통하는 것을 배울 수 있다고 믿었다.

가족은 그들의 감정에 접촉하고, 서로를 경청하고, 만약 그들이 이해하지 못한다면 명확화를 요청하고, 일어날 그들의 반응을 고려하면서 서로에게 피드백을 제공하고, 생기게 될 차이점을 협상할 수 있는 것을 배울 수 있다(Goldenberg & Goldenberg, 1988, p. 32).

우선, Satir 모델의 일반적인 신념에 관해 살펴보자. Satir는 가족상담에 관하여 다음과 같은 일반 신념을 가지고 있다.

• 변화는 모든 사람에게 가능하다. 외부적 변화는 한계가 있다 할지라도 내면적 변화는 가능하다고 믿는다. 따라서 우리가 경험한 과거의 사건을 변화시킬 수는 없지만 그들에게서 우리가 받은 영향은 변화시킬 수 있다고 믿는다. 변화는 경험하는 과정에서 일어난다. 과정은 변화의 이정표이고, 내용은 변화가 일어날 수 있는 상황을 만들어 준다.
• 우리 모두는 어떤 문제에 성공적으로 대처하고 성장할 수 있는 내적 자원, 즉

생명력을 가지고 있다. 그러므로 우리는 자신의 가치를 확인하고 보여 줄 수 있는 정체성을 찾아야 한다.

- 우리는 선택권자로 상황에 반응할 수 있는 선택권을 가지고 있다. 대부분의 사람은 과거의 익숙한 것과 친숙한 것을 선택하며, 상황에 반응하는 선택을 하기보다 스트레스에 반응하는 선택을 하게 된다. 그러므로 치료목표는 내담자가 자기 자신의 선택권자가 되도록 도와주는 것이다.

- 우리 모두는 감정을 가지고 있고, 감정은 우리에게 속해 있다. 우리는 자신의 감정에 책임을 져야 한다. 사람은 유사성을 근거로 연합하며 상이성을 근거로 성장한다. 건강한 인간관계는 동등한 가치를 부여한다. 문제는 문제 자체가 아니라 대처방식이다. 대처방식은 자존감 수준의 표현으로 자존감이 높을수록 대처방식은 건전하다. 높은 자존감과 일치는 Satir 모델의 주목표다.

- 과거에 대한 수용과 감사는 현재를 발전시킬 수 있는 능력을 증진시킨다. 전인적 완성을 향한 목표 중의 하나는 부모를 수용하는 것이다. 부모가 그들에게 했어야 할 역할에 초점을 두는 것이 아니라, 부모의 인간적인 모습과 그 수준을 수용하는 것에 초점을 두는 것이다. 인간은 서로 다른 상황과 문화, 환경에 적응할 수 있는 우주적인 인간이기 때문에 치료는 병리보다는 건강성과 가능성에 초점을 둔다.

Satir 모델을 따르는 상담자는 가족 상황에서 다음의 네 가지 구성요소를 조사한다(Goldenberg & Goldenberg, 1991; Seligman, 1981; Thompson & Rudolph, 1992).

- 가족구성원의 가치감
- 가족 의사소통 패턴
- 가족체계의 역학
- 가족 규칙

Satir는 가족이 치료에 오는 근본적인 이유 중의 하나가 구성원의 낮은 자존감 때문이라고 믿었다(Fenell & Weinhold, 1989). 상담자는 특히 가족구성원이 자존감을 세우도록 돕는 회기에서 많은 시간을 보낸다. 자신에 관한 더 긍정적인 시각을 얻을 때, 그들은 더 적절하게 관계를 맺고 솔직하게 의사소통할 수 있게 된다. 자기존중이나 자기가치는 다른 사람이 자기를 보는 것과는 별개의 것으로 자기가 스스로에게 가지는 애착, 사랑, 신뢰, 존중과 같은 것이다. 개인이 가지고 있는 자아존중감(self-esteem)과 자아개념(self-concept)은 자기 자신에 관한 것이다. Satir는 감정 측면을 중요시하며 가족구성원의 자존감을 증가시키는 것을 가족치료에서 중요한 과정으로 다루고 이를 가족치료의 목표로 삼는다. 상담자는 가족구성원이 스스로 신념을 얻는 것을 돕기 위해 다음의 전략을 이용한다(Fenell & Weinhold, 1989).

- 가족구성원에게 상담자가 그들의 개인적 가치를 높게 생각하고 있다는 것을 말로 표현하기
- 가족구성원의 장점 지적하기
- 가족구성원이 가지고 있는 정보 요청하기
- 상담자의 의사소통이 불명확할 때, 가족구성원이 명확화를 요구할 수 있다는 것을 제시하기
- 어떻게 그들이 서로의 행복을 위해 기여할 수 있는지를 가족구성원에게 질문하기
- 가족에게 변화를 일으키는 한 팀으로서 상담자와 가족이 협력한 결과 일어나게 되는 가족의 변화에 대한 생각 보여 주기

Satir의 가족치료모델의 기본적인 목표 중의 하나는 가족 의사소통 패턴의 재구성이다(Fenell & Weinhold, 1989; Goldenberg & Goldenberg, 1991). Satir는 사람이 스트레스 상황에서 자신을 보호하고 생존하기 위해 사용하는 대처방식에 공통적인 방법을 발견하게 되었다. 그는 그것을 역기능적인 의사소통 유형으로 분류하고 회유형, 비난형, 초이성형, 그리고 산만형의 개념을 발전시켰다. 또한 Satir는 역기능적 의사소통 유형을 사용하는 사람의 단어, 정서, 행동만이 아니라 내적 경험, 심리적 영향, 신체적 영향, 자존감 등에 관한 치료적 개념을 체계화하였다. 그녀가 제시한 비효율적 의사소통 형태는 다음과 같다.

- 회유형(placater): 회유형의 사람은 다른 사람과 상호작용하는 상황은 존중하지

만 자신의 가치나 진정한 감정은 무시한다. 그들은 자신의 힘을 다른 사람에게 주며, 다른 사람의 요구를 거의 수용하고 들어준다. 이 유형의 사람은 그들 자신을 부인하며 자신은 별로 중요하지 않다는 메시지를 다른 사람에게 준다. 회유할 때 자신은 편하게 느끼지 못하면서 다른 사람에게는 편하게 대해 준다. 다른 사람을 위해 희생·봉사하며 모든 사람의 만족을 위해 즐겁게 행동하려고 노력한다.

- 비난형(blame): 비난형은 회유형과 정반대 유형이다. 이 유형의 사람은 다른 사람은 무시하고 오로지 자신만을 생각한다. 자신을 방어하기 위해서 다른 사람을 괴롭히고 비난하며 자기 자신과 상황에만 가치를 둔다. 그러나 그들의 내면은 외로움과 긴장감으로 가득 차 있으며, 실패자라는 패배감을 가지고 있다. 거친 비난은 도움을 요청하고 있는 것이다. 자기 자신은 힘이 있고 강한 사람으로 인식되기를 원하는 반면, 그들의 감정은 경직되어 있고 융통성이 없다. 다른 사람을 무시하고 다른 사람의 가치를 격하시키는 이면에는 자기 자신이 가치 없다고 생각하는 낮은 자존감이 깔려 있다.
- 초이성형(super-reasonable): 초이성형은 비인간적인 객관성과 논리성의 소유자이며, 자신과 다른 사람을 과소평가하고 상황만을 중요시한다. 자신과 다른 사람의 감정을 거부하며 어떤 감정도 내보이지 않으며, 매우 정확하고 이성적이고 냉정하고 차분하고 침착하다. 그리고 객관적이고 합리적인 의사소통 패턴을 선택한다. 행동 패턴은 권위적이며 항상 논리적이고 옳아야 하며 경직되어 있고 강박적이다. 인정이 없고 융통성이 없으며 지나치게 합리적이고 강한 자존심과 지나친 책임감으로 남의 장점을 인정하지 않으며 상처받기 쉽고 어떤 감정도 표현할 수 없는 외로움과 고립감을 느낀다. 이들은 자신이 항상 옳다는 것을 증명하기를 원하며 항상 객관적이 되려고 노력하고 감정보다는 상황에 초점을 둔다.
- 산만형(irrelevant): 산만형은 초이성형의 반대 유형으로서 버릇없는 행동에 의해 혼란스럽다. 이 유형은 끊임없이 움직이며 토론하고 있는 주제에서 다른 사람의 관심을 분산시키려고 한다. 이들은 자기 자신, 다른 사람, 상황 모두를 중요하게 생각하지 않는다. 이들은 주제와 관계없는 말, 일관성이 없는 말, 뜻이 통하지 않고 요점이 없는 말을 나열하며, 어느 누구도 자신과 상관이 없고 자신

이 적절하지 못하다고 생각한다. 난처할 때 농담하고 딴전을 피우며 횡설수설하고 적절하게 반응하지 못한다. 이들의 정서는 혼돈스럽고 소속감이 없으며 부적합성을 보인다.

- 일치형(congruent): 솔직한 사고와 감정, 일관된 의사소통으로 구성된 의사소통 형태를 사용하는 일치형은 Satir 모델의 주된 개념이다. 일치형의 사람은 자신, 타인, 상황 모두를 존중하고 신뢰한다. 개인의 특성을 존중하고 자신의 내적·외적 자원을 사용하며 대화가 개방적이다. 자신과 타인을 사랑하고, 변화에 대하여 융통적이고, 상황을 아는 위치에서 반응하기를 원한다. 일치된 말과 일치된 정서를 사용하며, 일반적으로 현재의 메시지를 일관성 있게 정확하게 전해 준다.

상담자는 가족체계의 요소를 이해하기 시작할 때 가족에게 가족구성원 간의 상호 연결성에 관해 가르치게 된다. 즉, 어떻게 전체 가족구성원이 서로 연결되어 있고, 어떻게 한 구성원의 행동이 가족의 다른 구성원에게 영향을 미칠 것인가를 가르치는 것이다. 이 모델을 따르는 상담자는 가족이 그들 자신의 상호작용 패턴을 분석하고 어떤 패턴을 변화시키는 것과 모든 가족구성원이 부정적으로 영향을 미치지 않고 행복하고 만족할 수 있기 위해 개인적 조정을 시도하는 것에 관해 의사결정을 하는 것을 돕는다(Thompson & Rudolph, 1992).

또한 Satir는 가족규칙이 가족 변화를 위한 과정에서 중요한 것이라고 믿었다. 그녀는 문제가 많은 가족은 구성원이 인정하지도 이해하지도 못하는 암묵적인 규칙을 가지고 있다고 주장하였다. 이 은밀한(covert) 규칙은 구성원이 명확하고 직접적으로 의사소통하는 것을 방해한다. 그것은 그들이 사고하고 느끼는 것, 일치하고 불일치하는 것, 명확화를 요구하는 것을 표현할 수 있는 개인 구성원의 자유를 제한한다(Satir, 1972). 이 규칙을 탐색할 때, 상담자는 가족구성원에게 그들이 믿고 있는 가족 규칙이 무엇인지를 기술하도록 요청하여 은밀한 규칙을 분명하게 할 수 있도록 도울 것이다. 그들은 구성원이 가족이 기능하는 것을 방해하는 이전의 묵시적인 규칙을 변화시키겠다고 결정하거나 인식하도록 돕기 위해서 역할놀이, 게임, 가족 조각, 그 밖에 다른 적극적인 상호작용 상담기법을 사용하곤 한다(Thompson & Rudolph, 1992).

Satir 모델의 치료목표는 안정이 아니라 성장이다. 그리고 개인의 경험 확대, 증상 완화와 사회적 적응, 통합력 증진, 외적 행동과 내적 경험의 일치, 폭넓은 선택의 자유, 의존성의 탈피 등을 목표로 한다. 가족이 제시하는 문제를 중요시하면서 정서적으로 약한 측면에 초점을 두는 것이다. 따라서 목적은 각 가족구성원 상호 간의 욕구와 감정에 좀 더 관심을 가지게 하며, 가족 내에서 감정을 나누도록 하는 것이다. 경험적 가족상담자는 가족구성원의 경험에 초점을 두는 경향이 있다. 이들은 정서적으로 건강해지는 방법이 과거 경험을 통하여 우리 내면 깊은 곳에 잠재되어 있는 충족되지 못한 욕구와 기대를 드러내 놓는 것이라고 믿는다. Satir는 이와 같은 신념을 기초로 하는 가족치료의 목표를 제시하였다.

Satir의 경험적 가족치료의 구체적인 목표를 정리하면 다음과 같다.

- 새로운 희망을 가질 수 있도록 하며, 과거의 꿈을 자각하도록 하거나 새로운 꿈을 형성하도록 한다.
- 각 가족구성원에게 새로운 방법으로 상황을 보고 다루도록 가르침으로써 그들이 어려움에 대처하고 극복하려는 능력을 강화하고 발전시키도록 한다.
- 자기가치 및 자기존중 감정을 향상시킨다.
- 각 가족구성원은 자신과 다른 사람의 유일성, 차이점, 유사점을 인정하며 의사소통함으로써 의사결정 과정에서 본인이 탐색과 협상을 통하여 의사결정을 하도록 한다.
- 적합한 의사소통을 할 수 있는 능력과 가족구성원 간의 조화 능력을 향상시킨다. 즉, 다른 사람이 있는 데서 자신과 다른 사람에 대하여 보고 듣고 느끼고 생각하는 것을 적절하고 분명하게 말할 수 있게 한다.
- 가족 규칙을 분명히 한다. 그리고 지나치게 얽매였던 가족 규칙과 부모의 규제를 융통성 있고 독립적으로 받아들이도록 한다.
- 성장가족에서 학습한 역기능적 극복행위 형태에서 벗어나게 한다.
- 의식적으로 의사결정하고 선택함으로써 행동에 책임을 지게 한다. 즉, 반응 대신에 응답하도록 하며, 감정을 통제하고 감정에 대한 감정을 다룰 수 있게 한다.
- 기존의 내·외적 자원을 새로운 차원에서 형성하고 활용하도록 한다.

## 4) 해결중심 가족치료

해결중심 가족치료는 Palo Alto에 있는 MRI에서 초기에 일하였던 de Shazer와 김인수가 중심이 되어 1970년대 초반에 발전시킨 모델이다. MRI의 이론을 기초로 하고 있고, Erikson의 영향을 많이 받았다.

해결중심 가족치료는 인간에 대한 긍정적인 철학을 가지고 있다. 즉, 모든 가족에게는 일상생활에서 성공했던 여러 가지 경험이 있다고 믿는다. 해결중심 가족상담자는 문제보다는 해결중심의 입장을 지지하기 때문에 문제가 어떻게 발생되었는가 하는 원인에 관해서는 거의 관심을 가지지 않고, 문제의 해결 방안과 새로운 행동 유형에 초점을 둔다. 이들은 가족에게 왜 치료에 왔는지에 대한 다양한 정보를 요구하기보다는 가족이 적용할 수 있는 해결 방안을 모색해 보도록 하는 데 초점을 맞춘다. 그러므로 해결중심 가족치료는 가족과 상담자가 함께 해결 방안을 발견하고 구축하는 과정을 중요시한다.

해결중심치료의 기본 원리와 중심 철학은 내담자가 이미 문제해결을 위한 자원을 가지고 있으며, 문제를 해결할 수 있는 능력도 가지고 있다는 것이다. 이러한 원리와 철학은 모든 치료의 전략과 기술의 기초가 된다. 해결중심 가족치료에서 추구하는 해결중심 기본 신념과 철학은 다음과 같다(제석봉 외, 2014).

- 병리적인 것 대신에 건강한 것에 초점을 둔다. 내담자의 성공경험에 초점을 두며 치료에 활용한다. 잘못된 것에 관심과 초점을 두는 대신에 성공한 것과 성공하게 된 구체적인 방법을 발견하는 데 관심을 둔다.
- 내담자의 강점, 자원, 건강한 특성을 발견하여 치료에 활용한다. 내담자가 원하는 결과를 성취하기 위해 내담자가 이미 가지고 있는 자원, 기술, 지식, 믿음, 동기, 행동, 증상, 사회관계망, 환경, 개인적인 특성 등을 활용한다.
- 탈이론적·비규범적 내담자의 견해를 존중한다. 인간행동에 대한 가설적 이론의 틀에 맞추어 내담자를 사정·평가하지 않는다. 그리고 내담자가 표현하는 모든 불평방법을 수용하고 내담자의 견해를 액면 그대로 수용하며 개별성을 최대로 존중한다. 상담자는 어려움, 불만, 문제에 관해 이야기하는 것보다는 달라진 것, 좋아진 것, 차이점, 해결 방안을 구축하는 것에 관하여 질문하고 해

답을 만들도록 돕는다.

- 단순하고 가장 솔직한 의미를 추구한다. 해결중심 모델은 치료 목표를 달성하기 위해 치료방법의 경제성을 추구한다. 경제성은 복잡한 것에서 단순한 것으로 접근하는 것이 아니라 단순한 것에서 복잡한 것으로 치료함으로써 성취된다. 복잡한 것은 필요할 때만 다룬다.
- 변화는 불가피하다. 변화는 누구에게나 삶의 일부이기 때문에 막을 수 없다. 때로 상담자는 자연 발생적인 변화를 발견하고 그 변화를 해결방법으로 활용한다. 어떠한 문제라도 문제가 발생할 때가 있고 발생하지 않을 때가 있다. 그러나 내담자는 문제에만 관심을 두기 때문에 많은 예외적인 것, 즉 문제가 발생하지 않는 상황은 무시한다. 해결중심치료는 예외적인 상황을 탐색하고 문제 상황과의 차이점을 발견함으로써 문제가 발생하지 않는 상황을 증가시키는 것이다.
- 현재와 미래를 지향한다. 해결중심치료는 과거에 관하여 깊이 연구하지 않으며, 현재와 미래에 적응하는 것을 돕는 데 관심을 둔다. 즉, 내담자에게 과거와 문제를 멀리하고, 미래와 해결 방안을 구축하는 데 관심을 집중하도록 한다.
- 내담자의 자율적인 협력을 중요시한다. 전통적인 개입과정에서는 내담자의 문제에 대한 견해, 내담자의 언어로 하는 문제 표현, 상담자와 상호 간에 협의된 치료목표 설정, 내담자의 에너지와 자원 등을 활용하지 않았다. 그러나 해결중심치료에서는 목표 성취를 위해 추진하는 것에 협력하는 것을 중요시하면서, 상담자와 내담자가 함께 해결 방안을 발견하고 구축하는 과정에서 협력을 중요시한다.

해결중심치료는 해결중심 기본 철학을 중요시한다.

- 어떤 것이 기능을 하면 그것을 고치지 않는다.
- 일단 효과가 있는 것을 알면 그것을 좀 더 한다.
- 효과가 없다면 다시는 같은 방법을 사용하지 않고 다른 방법을 사용한다.

해결중심 가족상담자는 한 부분의 변화가 전체 체계의 변화를 가져온다는 체계론적 입장을 지지하였다. 따라서 그들은 살아 있는 생물체로서 인간에게는 항상 변화가 있으며 스스로 새로운 것을 창조할 수 있는 존재라고 믿는다. 또한 가족은 잠재적인 변화의 욕구를 가지고 있으며 진심으로 변화를 원한다고 가정한다. 만약 가족이 저항을 보인다면 그것은 상담자의 개입방법이 자신에게 적합하지 않다고 느끼기 때문이라고 보았다. 따라서 치료과정을 통해 성취할 수 있는 목표를 협상하여 가족에게 긍정적인 변화가 일어나도록 조장하는 것이 상담자의 역할이라고 여긴다. 해결중심 가족상담자는 문제의 해결에서 복잡한 문제라고 해서 해결방법도 반드시 복잡한 것은 아니라고 보았다. 오히려 작고 성취할 수 있는 목표를 세워 가족에게 성취감을 맛볼 수 있게 하는 것이 중요하다고 생각하였다. 한번 작지만 긍정적인 변화를 만들고 경험하면, 사람들은 낙관적 감정을 느끼며 미래의 변화에 대하여 더욱 자신감을 갖게 된다.

이러한 해결중심 가족치료의 목적은 다음과 같이 정리할 수 있다.

- 내담자에게 중요한 것을 목표로 정한다.
- 큰 것이 아닌 작고 간단한 행동을 목표로 정한다.
- 구체적이고 행동적인 것을 목표로 정한다.
- 없는 것보다는 있는 것에 관심을 둔다.
- 목표를 최종 결과가 아닌 처음의 시작이나 신호에 둔다.
- 내담자의 생활에서 현실적이고 성취 가능한 것을 목표로 정한다.
- 목표 수행은 힘든 것이라고 인식한다.

해결중심 가족치료모델의 중요하고 혁신적인 기법 중의 하나는 상담 중 일방경 뒤에 있는 치료 팀의 자문을 받을 수 있고, 휴식시간을 가진 다음에 가족구성원에게 과제를 내주는 것이다. 휴식시간 동안 상담자는 일방경 뒤에 있는 자문 팀과 모여서 치료방법에 대해 검토하고, 가족구성원에게 전할 메시지와 과제에 대해 의논한다. 팀 접근은 일방경과 창문 뒤에서 자문 역할을 하는 치료 팀과 상담자 사이에 연결된 전화를 활용한다. 이 방법은 문제의 다양한 관점, 즉 해결의 다양한 관점을 제공한다.

해결중심 치료모델에서는 면접상담을 내담자와 상담자 간의 치료적 대화라고 본다. 그러므로 치료과정에서 상담자가 내담자에게 어떻게 질문하느냐에 따라 내담자는 문제와 해결에 대한 관점이 달라질 수 있고, 잠재적 해결 능력 개발과 치료목표 달성에 큰 영향을 미친다고 생각한다. 따라서 상담자는 내담자가 해결 방안을 찾아내도록 질문을 하고, 과거의 성공경험을 토대로 자신의 강점과 자원을 확인하게 하며, 치료과정에서 성취하고 성공하고 있는 것을 확인하게 하는 질문을 해야 한다. 해결중심치료에서는 질문을 통하여 내담자가 자신의 힘과 자원을 이용할 수 있도록 돕는 것이 최상의 전략이자 기법이라고 본다.

de Shazer와 김인수는 해결방법을 더 명확하게, 그리고 구체화하는 작업을 하기 위해 유용한 다섯 가지 질문을 만들었고, 이를 치료모델의 핵심적 기법으로 사용하였다. 각 질문은 개인적 질문과 관계적 질문을 포함하고 있으며, 대화를 해결중심으로 이끌고 대화를 풍성하게 한다. 대표적인 질문기법으로는 면접 전 질문(처음 치료 면담 이전의 변화에 관한 질문), 기적 질문, 예외 발견 질문, 척도 질문, 대처 질문 등이 있다.

## 토론주제

1. 청소년 문제를 해결하기 위해서 가족을 함께 상담해야 하는 이유에 대해서 함께 토론해 보시오.
2. 3~5명이 한 조를 이루어 본인들이 알고 있는 청소년 문제를 한 가지 선정하고, 그 문제에서 찾아볼 수 있는 가족구성원들 간의 관계, 가족의 기능, 가족의 역할, 가족체계 등을 체계적으로 함께 분석해 보시오.
3. 2번에서 토론한 사례에 가장 적절하게 적용해 볼 수 있는 가족상담이론은 무엇이며, 왜 그렇게 생각하는지, 어떤 상담 결과를 예상할 수 있는지에 관해 함께 토론해 보고, 전체 집단에서 사례별로 발표해 보시오.

# 청소년 보호 관련 법과 정책

제**15**장

청소년 보호를 위해 다양한 법률이 제정되어 있다. 대표적인 법률로는「청소년 기본법」「청소년 보호법」, 그리고「아동·청소년의 성보호에 관한 법률」등을 들 수 있다.「청소년 기본법」에서는 청소년의 건전한 성장에 부정적인 영향을 미치는 사회환경으로부터 청소년을 지키는 일련의 조치 등을 청소년 보호라고 정의하고 있으며,「청소년 보호법」에서는 구체적인 청소년 유해환경의 판단기준, 유해환경의 종류 및 처벌기준을 제시하고 있다. 최근에는 개인적·가정적, 그리고 학교 요인으로 인해 학업을 중단한 소위 '학교 밖 청소년'을 지원하기 위한 다양한 사업이 추진되고 있다. 이 장에서는 청소년 보호를 위해 제정된 각종 법체계와 각 법률에서 규정하고 있는 청소년 보호 관련 주요 내용 및 실태에 대해 살펴보고자 한다. 나아가 청소년 보호 관련 법률에서 명시하고 있는 청소년 보호를 위한 관련 정책의 주요 내용을 제시하고, 청소년 보호를 위해 지역사회 차원에서 추진하고 있는 각종 프로그램의 역할 및 기능에 대해 다루고자 한다.

## 1. 청소년 보호 관련 법체계

청소년 보호 관련 법체계에서 청소년 보호의 중심적 기능을 수행하고 있는 법이 1991년에 제정된「청소년 기본법」이라 할 수 있다.「청소년 기본법」제3조(정의)에서는 청소년 보호를 "청소년의 건전한 성장에 유해한 물질·물건·장소·행위 등 각종 청소년 유해 환경을 규제하거나 청소년의 접촉 또는 접근을 제한하는 것을 말한다."라고 정의하고 있다. 동법에서는 청소년 보호를 위하여 청소년의 권리와 가정, 사회, 그리고 국가의 책임에 관한 사항을 명확하게 규정하고 있다. 먼저, 권리와 관련해서는 동법 제5조에서 "청소년은 안전하고 쾌적한 환경에서 자기발전을 추구하고 정신적·신체적 건강을 해치거나 해칠 우려가 있는 모든 형태의 환경으로부터 보호받을 권리를 가진다."라고 명시하고 있다. 다음으로, 가정, 사회, 그리고 국가 차원에서의 청소년 보호의 책임을 규정하고 있는데 그 세부적인 내용은 다음과 같다.

먼저, "가정은 정보통신망을 이용한 유해매체물 접촉을 차단하는 등 청소년 유해

환경으로부터 청소년을 보호하기 위하여 필요한 노력을 하여야 한다."(「청소년 기본법」 제6조 제3항)라고 명시하고 있다. 또한 이 법에서는 "가정의 무관심 · 방치 · 억압 또는 폭력 등이 원인이 되어 청소년이 가출하거나 비행(非行)을 저지르는 경우 친권자 또는 친권자를 대신하여 청소년을 보호하는 자는 보호의무의 책임을 진다." (제6조 제4항)라고 명시하고 있다.

둘째, 사회적 책임과 관련해서는 동법 제7조 제3항에서 "모든 국민은 청소년을 대상으로 하거나 청소년이 쉽게 접할 수 있는 장소에서 청소년의 정신적 · 신체적 건강을 해치는 행위를 해서는 아니 되며, 청소년에게 유해한 환경을 정화하고 유익한 환경이 조성되도록 노력해야 한다."라고 명시하고 있다.

셋째, 동법 제8조에서는 국가 및 지방자치단체의 책임에 대해 명시하고 있는데, 세부 내용으로는 "국가 및 지방자치단체는 근로 청소년을 특별히 보고하고 근로가 청소년의 균형 있는 성장과 발전에 도움이 되도록 필요한 시책을 마련하여야 한다."(제2항), "국가 및 지방자치단체는 청소년에 대한 가정과 사회의 책임 수행에 필요한 여건을 조성하여야 한다."(제3항), "국가 및 지방자치단체는 이 법에 따른 업무 수행에 필요한 재원을 안정적으로 확보하기 위한 시책을 수립 · 실시하여야 한다." (제4항)라는 등의 내용이 명시되어 있다.

청소년 보호와 관련된 법령으로는 청소년을 유해환경으로부터 보호할 목적으로 제정된 「청소년 보호법」을 비롯하여, 「아동 · 청소년의 성보호에 관한 법률」 「학교 밖 청소년 지원에 관한 법률」 「학교폭력예방 및 대책에 관한 법률」, 그리고 「소년법」 등을 들 수 있다. 이 장에서는 「청소년 보호법」 「아동 · 청소년의 성보호에 관한 법률」 「학교 밖 청소년 지원에 관한 법률」을 중심으로 각 법령의 주요 내용들에 대해 살펴보고자 한다.

〈표 15-1〉 **청소년 보호 관련 법체계**

| 법률명 | 제정일 | 주요 내용 |
|---|---|---|
| 「청소년 보호법」 | 1997년 | 청소년에게 유해한 매체물과 약물 등이 청소년에게 유통되는 것과 청소년이 유해한 업소에 출입하는 것 등을 규제하고, 청소년을 청소년 폭력 · 학대 등 청소년유해행위를 포함한 각종 유해한 환경으로부터 보호 · 구제함으로써 청소년이 건전한 인격체로 성장할 수 있도록 한 지원사항을 규정 |

| 「아동·청소년의 성보호에 관한 법률」 | 2000년 | 아동 및 청소년 대상 성범죄의 처벌 및 절차에 관한 사항을 규정하고 피해 아동 및 청소년을 위한 구제 및 지원 절차를 마련하여 아동 및 청소년 대상 성범죄자를 체계적으로 관리하기 위한 사항을 규정 |
|---|---|---|
| 「학교 밖 청소년 지원에 관한 법률」 | 2014년 | 학교 밖 청소년 지원을 위한 국가와 지방자치단체의 책무를 명시, 학교 밖 청소년의 특성과 수요를 반영한 상담·교육·자립·직업체험 및 취업지원 체계, '학교밖청소년지원센터' 설치·지정 및 학교장의 동 센터 연계 의무에 관한 사항을 규정 |
| 「학교폭력예방 및 대책에 관한 법률」 | 2004년 | 학교폭력의 예방과 대책에 필요한 사항을 규정함으로써 피해학생의 보호, 가해학생의 선도·교육 및 피해학생과 가해학생 간의 분쟁조정을 통해 학생의 인권을 보호하는 데 필요한 사항을 규정 |
| 「소년법」 | 1958년 | 반(反)사회성이 있는 소년의 환경 조정과 품행 교정을 위한 보호처분 등의 필요한 조치 사항을 규정 |
| 「근로기준법」 | 1997년 | 청소년의 근로권을 보호하기 위하여 최저 연령 설정, 사용 금지, 근로계약, 근로 시간 등에 관한 사항을 규정 |

출처: 여성가족부(2019a)의 내용을 바탕으로 재구성.

# 2. 청소년 보호법

## 1) 제정 의의

「청소년 보호법」은 1997년에 제정되어 현재까지 40여 차례의 개정 작업을 거쳐 왔다. 이 법을 제정할 당시 제정 목적을 "우리 사회의 자율화와 물질만능주의 경향에 따라 날로 심각해지고 있는 음란·폭력성의 청소년 유해매체물과 유해약물 등의 청소년에 대한 유통과 유해한 업소의 청소년출입 등을 규제함으로써, 성장과정에 있는 청소년을 각종 유해한 사회환경으로부터 보호·구제하고 나아가 건전한 인격체로 성장할 수 있도록 하려는 것"이라고 명시하고 있다(국가법령정보센터 홈페이지 '청소년 보호법', https://www.law.go.kr/법령/청소년 보호법).

이 법의 제정 목적은 "청소년들에게 유해한 매체물과 약물 등이 청소년에게 유통되는 것과 청소년이 유해한 업소에 출입하는 것 등을 규제함으로써 청소년을 유해한 환경으로부터 보호·구제함으로써 청소년이 건전한 인격체로 성장할 수 있도록 함"에 있었다. 이 법의 목적을 간략하게 정리하면, '유해(有害)한' 환경으로부터 청소년을 보호하자는 것이다. 여기에서 말하는 유해함이란 청소년들의 신체적·정신적 성장에 있어 부정적인 영향을 미치는 제반 요소를 말한다고 할 수 있다.

〈표 15-2〉 「청소년 보호법」 위반사범 단속실적　　　　　　　　　　　　　(단위: 건)

| 연도 | 위반 내용 | | | | | 조치 | |
|---|---|---|---|---|---|---|---|
| | 총계 | 유해업소 출입·고용 | 유해약물 등 판매 | 청소년이용 유해행위 | 유해 매체물 | 구속 | 불구속 |
| 2013 | 13,438 | 1707 | 9,980 | 464 | 1,287 | 8 | 13,430 |
| 2014 | 8,393 | 870 | 6,933 | 401 | 189 | 5 | 8,388 |
| 2015 | 9,268 | 327 | 8,364 | 392 | 185 | 0 | 9,268 |
| 2016 | 9,313 | 412 | 8,444 | 371 | 86 | 1 | 9,312 |
| 2017 | 9,750 | 360 | 8,927 | 393 | 70 | 2 | 9,748 |
| 2018 | 9,567 | 276 | 8,800 | 420 | 71 | 3 | 9,564 |
| 2019 | 8,399 | 299 | 7,617 | 463 | 20 | 21 | 8,378 |

출처: 경찰청(2019), p. 306.

## 2) 주요 용어

이 법에서 사용하고 있는 주요 용어들은 다음과 같다(제2조).

○ "청소년"이란 만 19세 미만인 사람을 말한다. 다만, 만 19세가 되는 해의 1월 1일을 맞이한 사람은 제외한다.
○ "매체물"이란 다음의 어느 하나에 해당하는 것을 말한다.
　가. 「영화 및 비디오물의 진흥에 관한 법률」에 따른 영화 및 비디오물
　나. 「게임산업진흥에 관한 법률」에 따른 게임물
　다. 「음악산업진흥에 관한 법률」에 따른 음반, 음악파일, 음악영상물 및 음악영상파일
　라. 「공연법」에 따른 공연(국악공연은 제외한다)
　마. 「전기통신사업법」에 따른 전기통신을 통한 부호·문언·음향 또는 영상

정보

바. 「방송법」에 따른 방송 프로그램(보도 방송 프로그램은 제외한다)

사. 「신문 등의 진흥에 관한 법률」에 따른 일반일간신문(주로 정치·경제·사회에 관한 보도·논평 및 여론을 전파하는 신문은 제외한다), 특수일간신문(경제·산업·과학·종교 분야는 제외한다), 일반주간신문(정치·경제 분야는 제외한다), 특수주간신문(경제·산업·과학·시사·종교 분야는 제외한다), 인터넷신문(주로 보도·논평 및 여론을 전파하는 기사는 제외한다) 및 인터넷뉴스서비스

아. 「잡지 등 정기간행물의 진흥에 관한 법률」에 따른 잡지(정치·경제·사회·시사·산업·과학·종교 분야는 제외한다), 정보간행물, 전자간행물 및 그 밖의 간행물

자. 「출판문화산업 진흥법」에 따른 간행물, 전자출판물 및 외국간행물(사목 및 아목에 해당하는 매체물은 제외한다)

차. 「옥외광고물 등의 관리와 옥외광고산업 진흥에 관한 법률」에 따른 옥외광고물과 가목부터 자목까지의 매체물에 수록·게재·전시되거나 그 밖의 방법으로 포함된 상업적 광고선전물

카. 그 밖에 청소년의 정신적·신체적 건강을 해칠 우려가 있어 대통령령으로 정하는 매체물

○ "청소년유해매체물"이란 다음의 어느 하나에 해당하는 것을 말한다.

가. 청소년 보호위원회가 청소년에게 유해한 것으로 결정하거나 확인하여 여성가족부장관이 고시한 매체물

나. 각 심의기관이 청소년에게 유해한 것으로 심의하거나 확인하여 여성가족부장관이 고시한 매체물

○ "청소년유해약물등"이란 청소년에게 유해한 것으로 인정되는 다음의 약물(이하 "청소년유해약물"이라 한다)과 청소년에게 유해한 것으로 인정되는 다음의 물건(이하 "청소년유해물건"이라 한다)을 말한다.

가. 청소년유해약물

　　－「주세법」에 따른 주류

　　－「담배사업법」에 따른 담배

- 「마약류 관리에 관한 법률」에 따른 마약류
- 「화학물질관리법」에 따른 환각물질
- 그 밖에 중추신경에 작용하여 습관성, 중독성, 내성 등을 유발하여 인체에 유해하게 작용할 수 있는 약물 등 청소년의 사용을 제한하지 아니하면 청소년의 심신을 심각하게 손상시킬 우려가 있는 약물로서 대통령령으로 정하는 기준에 따라 관계 기관의 의견을 들어 제36조에 따른 청소년 보호위원회가 결정하고 여성가족부장관이 고시한 것

나. 청소년유해물건
- 청소년에게 음란한 행위를 조장하는 성기구 등 청소년의 사용을 제한하지 아니하면 청소년의 심신을 심각하게 손상시킬 우려가 있는 성 관련 물건으로서 대통령령으로 정하는 기준에 따라 청소년 보호위원회가 결정하고 여성가족부장관이 고시한 것
- 청소년에게 음란성 · 포악성 · 잔인성 · 사행성 등을 조장하는 완구류 등 청소년의 사용을 제한하지 아니하면 청소년의 심신을 심각하게 손상시킬 우려가 있는 물건으로서 대통령령으로 정하는 기준에 따라 청소년 보호위원회가 결정하고 여성가족부장관이 고시한 것
- 청소년유해약물과 유사한 형태의 제품으로 청소년의 사용을 제한하지 아니하면 청소년의 청소년유해약물 이용습관을 심각하게 조장할 우려가 있는 물건으로서 대통령령으로 정하는 기준에 따라 청소년 보호위원회가 결정하고 여성가족부장관이 고시한 것

○ "청소년유해업소"란 청소년의 출입과 고용이 청소년에게 유해한 것으로 인정되는 업소(이하 "청소년 출입 · 고용금지업소"라 한다)와 청소년의 출입은 가능하나 고용이 청소년에게 유해한 것으로 인정되는 업소(이하 "청소년고용금지업소"라 한다)를 말한다. 이 경우 업소의 구분은 그 업소가 영업을 할 때 다른 법령에 따라 요구되는 허가 · 인가 · 등록 · 신고 등의 여부와 관계없이 실제로 이루어지고 있는 영업행위를 기준으로 한다.

가. 청소년 출입 · 고용금지업소
- 「게임산업진흥에 관한 법률」에 따른 일반게임제공업 및 복합유통게임제공업 중 대통령령으로 정하는 것

- 「사행행위 등 규제 및 처벌 특례법」에 따른 사행행위영업
- 「식품위생법」에 따른 식품접객업 중 대통령령으로 정하는 것
- 「영화 및 비디오물의 진흥에 관한 법률」제2조 제16호에 따른 비디오물 감상실업·제한관람가비디오물소극장업 및 복합영상물제공업
- 「음악산업진흥에 관한 법률」에 따른 노래연습장업 중 대통령령으로 정하는 것
- 「체육시설의 설치·이용에 관한 법률」에 따른 무도학원업 및 무도장업
- 전기통신설비를 갖추고 불특정한 사람들 사이의 음성대화 또는 화상대화를 매개하는 것을 주된 목적으로 하는 영업. 다만,「전기통신사업법」등 다른 법률에 따라 통신을 매개하는 영업은 제외한다.
- 불특정한 사람 사이의 신체적인 접촉 또는 은밀한 부분의 노출 등 성적 행위가 이루어지거나 이와 유사한 행위가 이루어질 우려가 있는 서비스를 제공하는 영업으로서 청소년 보호위원회가 결정하고 여성가족부장관이 고시한 것
- 청소년유해매체물 및 청소년유해약물 등을 제작·생산·유통하는 영업 등 청소년의 출입과 고용이 청소년에게 유해하다고 인정되는 영업으로서 대통령령으로 정하는 기준에 따라 청소년 보호위원회가 결정하고 여성가족부장관이 고시한 것
- 「한국마사회법」제6조 제2항에 따른 장외발매소
- 「경륜·경정법」제9조 제2항에 따른 장외매장

나. 청소년고용금지업소
- 「게임산업진흥에 관한 법률」에 따른 청소년게임제공업 및 인터넷컴퓨터게임시설제공업
- 「공중위생관리법」에 따른 숙박업, 목욕장업, 이용업 중 대통령령으로 정하는 것
- 「식품위생법」에 따른 식품접객업 중 대통령령으로 정하는 것
- 「영화 및 비디오물의 진흥에 관한 법률」에 따른 비디오물소극장업
- 「화학물질관리법」에 따른 유해화학물질 영업. 다만, 유해화학물질 사용과 직접 관련이 없는 영업으로서 대통령령으로 정하는 영업은 제외한다.

- 회비 등을 받거나 유료로 만화를 빌려 주는 만화대여업
- 청소년유해매체물 및 청소년유해약물 등을 제작·생산·유통하는 영업 등 청소년의 고용이 청소년에게 유해하다고 인정되는 영업으로서 대통령령으로 정하는 기준에 따라 청소년 보호위원회가 결정하고 여성가족부장관이 고시한 것

○ "유통"이란 매체물 또는 약물 등을 판매·대여·배포·방송·공연·상영·전시·진열·광고하거나 시청 또는 이용하도록 제공하는 행위와 이러한 목적으로 매체물 또는 약물 등을 인쇄·복제 또는 수입하는 행위를 말한다.

○ "청소년폭력·학대"란 폭력이나 학대를 통하여 청소년에게 신체적·정신적 피해를 발생하게 하는 행위를 말한다.

○ "청소년유해환경"이란 청소년유해매체물, 청소년유해약물 등, 청소년유해업소 및 청소년폭력·학대를 말한다.

청소년유해환경의 유형을 정리하면 〈표 15-3〉과 같다.

〈표 15-3〉 **청소년유해환경의 종류 및 내용**

| 구분 | 내용 |
| --- | --- |
| 청소년유해매체물 | ① 청소년 보호위원회가 청소년에게 유해한 것으로 결정하거나 확인하여 여성가족부장관이 고시한 매체물 또는 ② 각 심의기관이 청소년에게 유해한 것으로 심의하거나 확인하여 여성가족부장관이 고시한 매체물 |
| 청소년유해약물 | 주류, 담배, 마약류, 환각물질, 그 밖에 중추신경에 작용함으로써 습관성, 중독성, 내성 등을 유발하여 인체에 유해하게 작용할 수 있는 약물 등 청소년의 사용을 제한하지 않으면 청소년의 심신을 심각하게 손상시킬 우려가 있는 약물 |
| 청소년유해물건 | ① 청소년에게 음란한 행위를 조장하는 성기구 등 청소년의 사용을 제한하지 않으면 청소년의 심신을 심각하게 손상시킬 우려가 있는 성 관련 물건 및 ② 청소년에게 음란성·포악성·잔인성·사행성 등을 조장하는 완구류 등 청소년의 사용을 제한하지 않으면 청소년의 심신을 심각하게 손상시킬 우려가 있는 물건 ③ 청소년유해약물과 유사한 형태의 제품으로 청소년의 사용을 제한하지 아니하면 청소년의 청소년유해약물 이용습관을 심각하게 조장할 우려가 있는 물건 |

| 청소년유해업소 | ① 청소년의 출입과 고용이 청소년에게 유해한 것으로 인정되는 '청소년 출입·고용금지업소' 및 ② 청소년의 출입은 가능하나 고용이 청소년에게 유해한 것으로 인정되는 '청소년고용금지업소' |
|---|---|
| 청소년폭력·학대<br>(청소년유해행위) | 폭력이나 학대를 통해 청소년에게 신체적·정신적 피해를 발생하게 하는 행위 |

출처: 법제처 찾기쉬운 생활법령정보 홈페이지(https://www.easylaw.go.kr).

## 3) 청소년유해매체물에 대한 규제

청소년유해매체물이란 청소년 보호위원회 등이 청소년에게 유해한 것으로 결정하고, 여성가족부가 고시한 매체물로 청소년 대상 유통이 제한되는 매체물을 말한다(「청소년 보호법」 제2조 제3호). 청소년 유해매체물의 범위에는 비디오물, 게임물, 음반, 관람물(영화, 음악, 무용 등), 정보통신물, 방송 프로그램, 정기간행물, 인터넷 뉴스 서비스, 도서류, 전자출판물, 외국에서 제작 및 수입된 간행물, 광고선전물(간판, 벽보 전단 등) 등이 포함된다.

이 가운데 청소년 유해매체물로 고시된 광고선전물의 유형에는 간판, 입간판, 전단지, 벽보, 현수막 등을 통한 광고·암시 전화번호 등 광고, 폰팅, 전화방, 화상대화방, 키스방, 안마방, 유리방 등과 이와 유사한 정보의 서비스 이용을 안내하는 전화번호, 인터넷 정보 위치, 장소 정보 등의 광고, 성매매 알선 또는 암시의 목적으로 특정한 광고 내용 없이 남녀 사진 또는 그림과 함께 전화번호, 인터넷 정보 위치, 장소 정보 등을 게재한 광고 등이 포함된다.

청소년유해매체물은 종류에 따라 유해표시와 포장을 하여야 하며, 청소년을 대상으로 판매, 대여, 전시, 배포 등을 하여서는 안 된다. 또한 판매 또는 제공 시에는 반드시 상대방의 나이와 본인 여부를 확인하여 청소년이 구입하거나 구독, 관람, 이용하지 않도록 해야 한다. 이를 위반하였을 경우, 판매·대여·배포 등의 경우는 3년 이하의 징역 또는 3천만 원 이하의 벌금을 물게 된다. 또한 청소년유해매체물 미표시, 미포장 등의 경우 2년 이하의 징역 또는 2천만 원 이하의 벌금을 물게 된다.

〈표 15-4〉 **매체물 심의기관 현황**

| 구분 | 담당 매체 | 소관부처 및 법률 | 심의형태 |
|---|---|---|---|
| 청소년 보호<br>위원회 | 음반 | 여성가족부, 「청소년 보호법」 | 사후심의 |
| 간행물윤리<br>위원회 | 간행물 | 문화체육관광부, 「출판문화산업 진흥법」 | 사후심의 |
| 영상물등급<br>위원회 | 영화 · 비디오 | 문화체육관광부, 「영화 및 비디오물의 진흥에 관한 법률」 | 사전등급분류 |
| 게임물관리<br>위원회 | 게임물 | 문화체육관광부, 「게임산업진흥에 관한 법률」 | 사전등급분류 |
| 방송통신심의<br>위원회 | 정보통신물 | 방송통신위원회, 「정보통신망 이용촉진 및 정보보호 등에 관한 법률」 | 사후심의 |
| | 방송 프로그램 | 방송통신위원회, 「방송법」 | 사전자율/<br>사후심의 병행 |

출처: 여성가족부(2019a).

　청소년 보호위원회와 각 심의기관에서는 「청소년 보호법」 제9조 청소년유해매체물의 심의기준에 따라 소관 매체물의 청소년 유해성 여부를 심의 · 결정하고 있으며, 여성가족부장관은 「청소년 보호법」 제21조에 따라 각 심의기관에서 제출한 청소년유해매체물의 목록표를 작성하여 관보 고시에 의뢰하고 있다(통계청, 여성가족부, 2020). 세부적인 심의기준은 〈표 15-5〉와 같다.

〈표 15-5〉 **청소년유해매체물 심의기준(「청소년 보호법 시행령」 별표2)**

| 구분 | 내용 |
|---|---|
| 일반<br>심의기준 | 가. 매체물에 관한 심의는 해당 매체물의 전체 또는 부분에 관하여 평가하되, 부분에 대하여 평가하는 경우에는 전반적 맥락을 함께 고려할 것<br>나. 매체물 중 연속물에 대한 심의는 개별 회분을 대상으로 할 것. 다만, 법 제7조 제5항에 해당하는 매체물에 대한 심의는 그러하지 아니하다.<br>다. 심의위원 중 최소한 2명 이상이 해당 매체물의 전체 내용을 파악한 후 심의할 것<br>라. 법 제7조 제5항에 따라 실제로 제작 · 발행 또는 수입이 되지 아니한 매체물에 대하여 심의할 때에는 구체적 · 개별적 매체물을 대상으로 하지 않고 사회통념상 매체물의 종류, 제목, 내용 등을 특정할 수 있는 포괄적인 명칭 등을 사용하여 심의할 것 |

| | |
|---|---|
| 개별<br>심의기준 | 가. 음란한 자태를 지나치게 묘사한 것<br>나. 성행위와 관련하여 그 방법·감정·음성 등을 지나치게 묘사한 것<br>다. 동물과의 성행위를 묘사하거나 집단 성행위, 근친상간, 가학·피학성 음란증 등 변태 성행위, 성매매, 그 밖에 사회 통념상 허용되지 아니한 성관계를 조장하는 것<br>라. 청소년을 대상으로 하는 성행위를 조장하거나 여성을 성적 대상으로만 기술하는 등 성윤리를 왜곡시키는 것<br>마. 존속에 대한 상해·폭행·살인 등 전통적인 가족 윤리를 훼손할 우려가 있는 것<br>바. 잔인한 살인·폭행·고문 등의 장면을 자극적으로 묘사하거나 조장하는 것<br>사. 성폭력·자살·자학행위, 그 밖에 육체적·정신적 학대를 미화하거나 조장하는 것<br>아. 범죄를 미화하거나 범죄방법을 상세히 묘사하여 범죄를 조장하는 것<br>자. 역사적 사실을 왜곡하거나 국가와 사회 존립의 기본 체제를 훼손할 우려가 있는 것<br>차. 저속한 언어나 대사를 지나치게 남용하는 것<br>카. 도박과 사행심 조장 등 건전한 생활 태도를 현저하게 해칠 우려가 있는 것<br>타. 청소년유해약물 등의 효능 및 제조방법 등을 구체적으로 기술하여 그 복용·제조 및 사용을 조장하거나 이를 매개하는 것<br>파. 청소년유해업소에의 청소년 고용과 청소년 출입을 조장하거나 이를 매개하는 것<br>하. 청소년에게 불건전한 교제를 조장 또는 매개할 우려가 있는 것 |

| | |
|---|---|
| 청소년유해매체물 심의·결정 | −청소년 보호위원회, 간행물윤리위원회, 방송통신위원회, 영상물등급위원회, 게임물관리위원회 등 매체별 심의기구 |
| ⇓ 청소년유해매체물 목록 통보 | −각 심의기관에서 여성가족부장관에게 청소년유해매체물 목록 통보 및 고시 의뢰 |
| ⇓ 청소년유해매체물 목록표 작성 | −여성가족부는 각 심의기관에서 통보받은 심의·결정 사항에 대한 목록표 작성 |
| ⇓ 청소년유해매체물 고시 의뢰 | −여성가족부장관은 행정안전부장관에게 고시 의뢰 |
| ⇓ 청소년유해매체물 관보 고시 | −행정안전부 |
| ⇓ 고시 효력 발생 | −고시일 즉시 또는 고시일로부터 7일 후 효력 발생(표시의무 등 준수기간 부여 목적)<br>− 청소년유해매체물 판매금지 등 의무 부과 |

●그림 15-1● **청소년유해매체물 결정 및 고시 절차**

출처: 여성가족부(2019a).

○ 매체물의 등급구분 형태

「청소년 보호법」상 등급구분

> 9세 이상가: 9세 이상 청소년이 이용할 수 있는 매체물
> 12세 이상가: 12세 이상 청소년이 이용할 수 있는 매체물
> 15세 이상가: 15세 이상 청소년이 이용할 수 있는 매체물

※ 청소년유해매체물: 청소년에게 유해한 매체물로서 19세 미만은 이용할 수 없습니다.

방송물 등급구분

| 모든<br>연령<br>시청가 | 7세 이상<br>시청가<br>7 | 12세 이상<br>시청가<br>12 | 15세 이상<br>시청가<br>15 | 19세 이상<br>시청가<br>19 |
| --- | --- | --- | --- | --- |

게임물 등급구분

| 전체이용가 | 12세이용가 | 15세이용가 | 청소년이용불가 |
| --- | --- | --- | --- |

영상물(영화 · 비디오) 등급구분

| 전체<br>관람가 | 12세 이상<br>관람가<br>12 | 15세 이상<br>관람가<br>15 | 청소년<br>관람불가 |
| --- | --- | --- | --- |

정보통신물 등급구분             간행물 등급구분

| 19세 미만<br>이용불가<br>19 | 19세 미만<br>구독불가<br>19 |
| --- | --- |

● 그림 15-2 ● **매체물의 등급구분 형태**

출처: 법제처 찾기쉬운 생활법령정보 홈페이지.

## 4) 청소년 유해약물, 유해행위, 유해업소 출입 및 고용에 관한 규제

### (1) 청소년 유해약물 및 물건에 관한 규제

청소년 유해약물 및 물건이란 술, 담배와 같이 청소년에게 유해한 것으로 규정된 약물과 물건을 말한다(「청소년 보호법」 제2조 제4호). 청소년에게 판매가 금지된 유해약물에는 주류, 담배, 부탄가스, 본드, 신나, 니스, 아산화질소, 칼라풍선 등이 있으며, 청소년에게 판매가 금지된 유해물건의 종류에는 성기구류, 레이저 포인터류, 전자담배 기기장치류, 담배 형태의 흡입제류(비타민 흡입제, 흡연욕구 저하제) 등이 포함된다.

사업주는 청소년들에게 유해약물 등을 판매하기 전에 반드시 구매자의 나이를 확인하여 청소년에게 판매 또는 제공되지 않도록 하여야 하며, 청소년에게 대가 없이 물건을 주거나 구입하여 주는 것도 금지된다. 이를 위반하였을 경우, 주류 및 담배의 경우는 2년 이하의 징역 또는 2천만 원 이하의 벌금을 물게 되며, 위반 횟수마다

각각 100만 원의 과징금이 부과된다. 기타 약물의 경우에는 3년 이하의 징역 또는 3천만 원 이하의 벌금이 부과되며, 위반 횟수마다 100만 원의 과징금이 부과된다.

주류 및 담배 등의 표시문구, 표시장소 및 표시방법은 〈표 15-6〉과 같다.

〈표 15-6〉 주류, 담배 판매 금지 표시방법

| 표시문구 | 표시장소 | 표시방법 |
|---|---|---|
| 19세 미만 청소년에게 술 · 담배 판매 금지 | 영업장 안의 잘 보이는 곳 | 최소 400mm×100mm의 직사각형 안에 충분히 알아볼 수 있게 표시 |

출처: 「청소년 보호법 시행령」 제13조(청소년유해표시의 종류 · 방법).

청소년 흡연 및 음주 경험 실태는 다음과 같다. 먼저, 흡연의 경우 2019년 현재 흡연율은 6.7%로 2015년 7.8%에서 2016년 6%대로 떨어진 이후 지속적으로 6%대를 유지하고 있는 것으로 나타났다. 성별로는 여성에 비해 남성의 흡연 경험률이 약 2.5배 이상 높은 것으로 나타났다. 평생 흡연 경험률은 대체로 현재 흡연율의 2배에 해당하는 12%대를 나타내고 있으며, 처음으로 흡연을 경험하는 연령은 12~13세경이었다(〈표 15-7〉 참조).

〈표 15-7〉 청소년 현재 흡연율, 평생 흡연 경험률 및 최초 흡연 경험률　(단위: %, 세)

| 구분 | | 현재 흡연율 | 평생 흡연 경험률 | 처음 흡연 연령 |
|---|---|---|---|---|
| 2015년 | | 7.8 | 17.4 | 12.7 |
| 2016년 | | 6.3 | 14.8 | 12.7 |
| 2017년 | | 6.4 | 13.7 | 12.9 |
| 2018년 | | 6.7 | 14.9 | 13.0 |
| 2019년 | | 6.7 | 12.7 | 13.2 |
| 성별 | 남성 | 9.3 | 17.5 | 13.1 |
| | 여성 | 3.8 | 12.3 | 13.6 |

*주 1) 현재 흡연율: 최근 30일 동안 1일 이상 흡연한 사람의 분율
*주 2) 평생 흡연 경험율: 평생 동안 담배를 한두 모금이라도 피운 경험이 있는 사람의 분율
출처: 교육부, 보건복지부, 질병관리본부(각 연도).

청소년 음주의 경우, 2019년도 현재 음주율은 15.0%로 매년 소폭 감소하는 경향을 보이고 있으며, 평생 음주 경험률은 40% 전후를 유지하고 있는 것으로 나타났

다. 처음으로 음주를 경험하는 연령은 초등학교 6학년 또는 중학교 1학년에 해당하는 13세경인 것으로 나타났다(〈표 15-8〉 참조).

**〈표 15-8〉 청소년 현재 음주율, 평생 음주 경험률 및 최초 음주 연령**　　　　(단위: %, 세)

| 구분 | | 현재 음주율 | 평생 음주 경험률 | 처음 음주 연령 |
|---|---|---|---|---|
| 2015년 | | 16.7 | 40.8 | 13.1 |
| 2016년 | | 15.0 | 38.8 | 13.2 |
| 2017년 | | 16.1 | 40.2 | 13.2 |
| 2018년 | | 16.9 | 42.3 | 13.3 |
| 2019년 | | 15.0 | 39.4 | 13.2 |
| 성별 | 남성 | 16.9 | 43.0 | 12.9 |
| | 여성 | 13.0 | 35.5 | 13.5 |

*주 1) 현재 음주율: 최근 30일 동안 1잔 이상 술을 마셔 본 적이 있는 사람의 분율
*주 2) 평생 음주율: 평생 동안 1잔 이상 술을 마셔 본 적이 있는 사람의 분율
출처: 교육부, 보건복지부, 질병관리본부(각 연도).

### (2) 청소년유해업소 출입 및 고용에 관한 규제

「청소년 보호법」 제2조 제5호에 따르면, 청소년유해업소란 청소년의 출입과 고용이 청소년에게 유해한 것으로 인정되는 업소를 말한다. 청소년의 출입과 고용 모두가 금지되는 업소(청소년 출입·고용금지업소)에는 일반게임제공업소(청소년이용불가 및 전체이용불가 게임물 설치 및 제공), 일반마사지 업소, 멀티방, 유흥주점, 단란주점, 가요주점, 비디오방, DVD방, 노래연습장(청소년실은 출입 가능), 전화방, 성인용품점, 키스방, 안마방 등 신·변종 퇴폐업소, 경마장외발매소, 경륜 및 경정 장외매장 등이 있다.

청소년의 출입은 가능하나 고용이 금지되는 업소(청소년고용금지업소)로는 청소년게임제공업소(전체이용가 게임물 설치 및 제공), PC방, 숙박업소, 만화대여점, 호프집 및 소주방, 티켓다방, 주로 주류의 조리 및 판매를 목적으로 하는 일반음식점 등이 있다.

청소년의 출입·고용이 금지된 업소의 업주 및 종사자는 반드시 출입자 및 피고용자의 연령을 사전에 확인하여야 한다. 그 밖에 「청소년 보호법」 이외에 다른 법령의 규정에 따라 시간대별로 출입시간이 제한되는 업소는 〈표 15-9〉와 같다.

〈표 15-9〉 **기타 법규에 의한 청소년 출입시간이 제한된 업소**

| 관련 법규 | 청소년 출입 제한 시간 | 청소년 출입시간 제한 업소 |
|---|---|---|
| 「음악산업진흥에 관한 법률」<br>「게임산업진흥에 관한 법률」 | 22시~다음 날 09시 | 청소년실이 있는 노래연습장,<br>청소년게임 제공업소, PC방 |
| 「공중위생관리법」 | 22시~다음 날 05시 | 찜질시설이 있는 목욕장(찜질방) |

출처: 통계청, 여성가족부(2020).

〈표 15-10〉 **청소년 출입 및 고용 제한 표시방법**

| 표시문구 | 표시장소 | 표시방법 |
|---|---|---|
| 19세 미만 출입·고용<br>금지업소 | 출입구 중 가장<br>잘 보이는 곳 | 최소 400mm×100mm의 직사각형 안에 충분<br>히 알아볼 수 있게 표시 |

출처: 「청소년 보호법 시행령」 제28조.

## (3) 청소년유해행위에 관한 규제

「청소년 보호법」 제30조에 따르면, 누구든 청소년에게 다음과 같은 행위를 해서
는 안 되며, 위반 시 처벌 내용은 〈표 15-11〉과 같다.

〈표 15-11〉 **청소년유해행위 및 처벌 내용**

| 금지행위 | 벌칙 및 근거규정 | |
|---|---|---|
| | 형사처벌 | 행정처분(과징금) |
| 성적 접대행위 금지 | 1년 이상 10년 이하의 징역 | - |
| 유흥 접객행위 금지 | 10년 이하의 징역 | - |
| 음란행위 금지 | | |
| 장애, 기형 등의 모습을<br>관람시키는 행위 금지 | 5년 이하의 징역 | - |
| 구걸행위 금지 | | |
| 학대행위 금지 | | |
| 호객행위 금지 | 3년 이하의 징역 또는<br>3천만 원 이하의 벌금 | |
| 풍기문란 영업행위 및 이를<br>목적으로 한 장소제공 행위 금지 | | 위반 횟수마다 300만 원 |
| 차 종류를 배달하게 하는 행위 금지 | | 위반 횟수마다 1천만 원 |

출처: 법제처 찾기쉬운 생활법령정보 홈페이지.

## 5) 청소년 인터넷게임중독 예방

여성가족부는 2011년부터 「청소년 보호법」의 개정을 통하여 청소년들의 수면권 · 건강권 · 학습권 보장 등의 차원에서 '청소년 인터넷게임 건전이용제도(일명, 게임셧다운제)'를 도입하여 운영하다가 2021년 「청소년 보호법」의 개정으로 기존의 게임셧다운제를 폐지하고 '게임시간 선택제도'를 적용하기로 하였다. 참고로, 게임시간 선택제도는 청소년들의 게임 문화가 PC 중심에서 모바일 중심으로 변화하고 있다는 점과 선진국의 경우 게임 이용을 개인과 가정의 자율적 판단에 맡기고 있다는 점, 그리고 이전에 비해 학부모의 게임 지도 역량이 높아진 점을 들어 기존의 16세 미만 청소년들에게 심야시간대 온라인 게임 제공 시간 제한 및 위반 시 벌칙 규정을 없애고, 청소년 본인 또는 법정대리인이 원하는 시간대(요일별 설정 가능, 24시간 대상)로 게임 이용시간을 설정할 수 있는 제도다. 「청소년 보호법」제24조에서 제27조까지는 청소년을 인터넷중독으로부터 보호하기 위한 규정이 명시되어 있다. 구체적으로는 인터넷 및 스마트폰 과의존 예방 및 대책, 청소년의 인터넷게임중독 예방 및 대책에 관한 내용이 명시되어 있다.

먼저, 동법 제24조에서는 정보통신망을 통하여 실시간으로 제공되는 게임물(이하 인터넷게임)을 제공하는 자는 회원으로 가입하려는 자가 16세 미만의 청소년일 경우에는 친권자 등의 동의를 받도록 명시하고 있다. 제25조에는 인터넷게임을 제공하는 자는 16세 미만의 청소년 회원가입자의 친권자 등에게 해당 청소년과 관련된 다음의 사항을 알려야 한다.

- 제공되는 게임의 특성 및 등급, 유료화정책 등에 관한 기본적인 사항
- 인터넷게임 이용 등에 따른 결제정보

동법에서는 인터넷게임중독 등으로 인해 피해를 입은 청소년들에 대한 지원사업의 필요성을 명시하고 있다(동법 제27조). 구체적인 사업 내용은 다음과 같다.

첫째, 청소년 인터넷 · 스마트폰 과의존 대응체계의 구축이다. 여성가족부는 한국청소년상담복지개발원을 중심으로 전국의 시 · 군 · 구 단위로 설치된 청소년상담복지센터와 연계하여 청소년 인터넷 · 스마트폰 과의존 상담체계를 구축하고 있다. 이

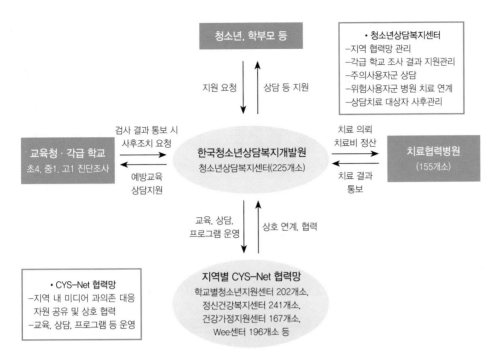

●그림 15-3● **여성가족부 인터넷 · 스마트폰 과의존 예방 및 해소 정책 추진 체계도**
출처: 여성가족부(2019a).

러한 협력체는 시 · 도단위의 청소년상담복지센터를 중심으로 지자체, 교육청, 정신건강증진센터, 청소년 단체, 학부모 단체 등이 참여하는 형태로 운영되고 있으며, 청소년상담복지센터는 지역 내 인터넷 · 스마트폰 과의존 청소년을 대상으로 진단조사를 실시하고 있고, 조기 발굴 및 상담치료 등과 같은 서비스를 제공하고 있다.

둘째, 인터넷 · 스마트폰 과의존 청소년 상담 · 치유 지원사업이다. 여성가족부는 2009년부터 '학령전환기 청소년 인터넷 이용습관 실태조사'를 실시하고 있으며, 2013년부터는 '스마트폰 이용습관 진단조사'를 실시하고 있다. 이러한 실태 및 진단조사 결과 과의존군 및 고위험군으로 분류된 청소년에 대하여 상담 및 치료 등을 지원하고 있다. 청소년 인터넷 · 스마트폰 과의존 치유를 위한 다양한 프로그램이 시행되고 있으나, 대표적인 프로그램으로 11박 12일 동안 진행되는 인터넷치유캠프를 들 수 있다. 이 캠프는 2007년 시범사업을 시작하여 현재까지 추진되고 있으며, 상담지원(개인상담, 집단상담, 가족/부모교육, 심리검사), 활동지원(체험, 대안활동, 자치활동, 봉사활동, 가족캠프), 생활지원(멘토링, 숙식 제공) 등과 같은 프로그램으로 구성되어 있다.

2011년부터는 인터넷과 스마트폰 사용 문제로 어려움을 겪고 있는 4~6학년 초

●그림 15-4● **국립청소년인터넷드림마을 홈페이지(http://nyit.or.kr).**

등학생과 그 보호자를 대상으로 2박 3일 동안 실시되는 '청소년 인터넷 · 스마트폰 과의존 가족치유캠프'를 운영하고 있는데, 이 캠프는 상담지원(집단상담, 가족/부모교육, 심리검사), 활동지원(체험활동, 대안활동), 생활지원(멘토링, 숙식제공), 사후관리지원(사후모임) 등 다양한 프로그램으로 구성되어 있다.

셋째, 청소년 인터넷 · 스마트폰 과의존 상설치유기관인 '국립청소년인터넷드림마을(이하 드림마을)'의 설립 및 운영이다. 드림마을은 전라북도 무주에 설치 · 운영되고 있으며, 「청소년 보호법」 제27조(인터넷게임 중독 등의 피해 청소년 지원) 및 제35조(청소년 보호 · 재활센터의 설치 · 운영) 등에 법적 근거를 두고 있다. 드림마을은 인터넷 및 스마트폰 과의존 청소년을 대상으로 치료 및 상담 등 특화된 프로그램을 제공하기 위한 '상설 치유학교'의 성격을 띤다.

## 3. 아동 · 청소년의 성보호에 관한 법률

### 1) 제정 의의

「아동 · 청소년의 성보호에 관한 법률」(이하 「청소년성보호법」)은 2000년 7월에 제정되었다. 제정 배경은 청소년의 성을 사는 행위, 성매매를 조장하는 온갖 형태의 중간매개행위 및 청소년에 대한 성폭력 행위를 하는 자들을 강력하게 처벌하고, 성매매와 성폭력행위의 대상이 된 청소년을 보호·구제하는 장치를 마련함으로써 청소년의 인권을 보장하고 그들이 건전한 사회구성원으로 성장할 수 있도록 하는 한편, 청소년을 대상으로 하는 성매매 및 성폭력 행위자의 신상을 공개함으로써 범죄예방효과를 극대화하려는 것이다(「청소년성보호법」 제1조). 제정 당시 법의 주요 골자로는 ① 청소년 본인, 청소년을 알선한 자 또는 청소년을 실질적으로 보호·감독하는 자에게 금품, 기타 재산상 이익이나, 직무·편의제공 등 대가를 제공하거나 이를 약속하고 성교행위 또는 유사성교행위를 하는 청소년의 성을 사는 행위를 처벌, ② 폭행·채무·고용관계 등을 이용하여 청소년의 성을 사는 행위의 상대방이 되도록 강요한 자와 청소년의 성을 사는 행위를 알선하거나 장소·자금·토지·건물 등을 제공한 자를 처벌, ③ 청소년이 등장하는 청소년 이용 음란물을 제작·수입·수출한 자, 영리를 목적으로 판매·대여·배포하거나 공연히 전시 또는 상영한 자 및 청소년 이용 음란물 제작자에게 청소년을 알선한 자 등을 처벌, ④ 청소년에 대하여 강간, 강제추행 등 성폭력을 가하거나 위계 또는 위력으로 청소년을 간음 또는 추행한 자를 가중처벌함(동법 제10조), ⑤ 청소년의 성을 사는 행위를 한 자 등 동법에서 정한 범죄행위를 범하고 형이 확정된 자에 대하여는 청소년 보호위원회가 당해 범죄자의 신상을 공개함 등이다.

2020년 1월 현재까지 40여 차례의 개정과정을 거치면서, 아동 및 청소년 대상 성범죄자에 대한 취업제한(2006년 6월 30일 법 개정을 통해 도입), 아동·청소년 대상 성범죄자에 대한 신고의무제도(2006년 6월 30일 법 개정을 통해 도입) 등이 도입되었다.

동법의 제정 목적은 아동·청소년 대상 성범죄의 처벌과 절차에 관한 특례를 규정하고 피해아동·청소년을 위한 구제 및 지원 절차를 마련하며 아동·청소년 대상 성범죄자를 체계적으로 관리함으로써 아동·청소년을 성범죄로부터 보호하고 아동·청소년이 건강한 사회구성원으로 성장할 수 있도록 함에 있다(동법 제1조).

## 2) 주요 용어

이 법에서 사용하는 주요 용어들은 다음과 같다.

○ 이 법에서 말하는 "아동‧청소년"이란 19세 미만의 자를 말한다. 다만, 19세에 도달하는 연도의 1월 1일을 맞이한 자는 제외한다.

○ "아동‧청소년 대상 성범죄"란 다음의 어느 하나에 해당하는 죄를 말한다.

 – 아동‧청소년에 대한 강간, 강제추행 등

 – 아동‧청소년에 대한 유사강간 등

 – 장애인인 아동‧청소년에 대한 간음 등

 – 아동‧청소년에 대한 상해 및 치상

 – 아동‧청소년에 대한 강간 등 살인, 치사

 – 아동‧청소년 이용 음란물의 제작 및 배포 등

 – 아동‧청소년 매매행위

 – 아동‧청소년의 성을 사는 행위 등

 – 아동‧청소년에 대한 강요행위 등

 – 아동‧청소년에 대한 「성폭력범죄의 처벌 등에 관한 특례법」(이하 「성폭력 처벌법」) 제3조 특수강도강간 등

 – 친족관계에 의한 강간 등

 – 장애인에 대한 강간, 강제추행 등

 – 13세 미만의 미성년자에 대한 강간, 강제추행 등

 – 업무상 위력 등에 의한 추행

 – 공중밀집 장소에서의 추행

 – 성적 목적을 위한 공공장소 침입행위

 – 통신매체를 이용한 음란행위

 – 카메라 등을 이용한 촬영

 – 아동에게 음란한 행위를 시키거나 이를 매개하는 행위 또는 아동에게 성적 수치심을 주는 성희롱 등의 성적 학대행위의 죄(「아동복지법」 제7조 제2호) 등

○ "아동‧청소년 대상 성폭력범죄"란 다음의 어느 하나에 해당하는 죄를 말한다.

 – 아동‧청소년 이용 음란물의 제작‧배포 등

 – 아동‧청소년 매매행위

 – 아동‧청소년의 성을 사는 행위 등

 – 아동‧청소년에 대한 강요행위 등

- 알선영업행위 등
- 공중밀집 장소에서의 추행(「성폭력처벌법」 제11조)
- 성적 목적을 위한 공공장소 침입행위(「성폭력처벌법」 제12조)
- 통신매체를 이용한 음란행위(「성폭력처벌법」 제13조)
- 카메라 등을 이용한 촬영(「성폭력처벌법」 제14조)
- 기타 아동 · 청소년 대상 강간, 유사강간 및 강제추행 등이 아동 · 청소년 대상 성폭력범죄에 해당한다고 할 수 있다.

○ "아동 · 청소년의 성을 사는 행위"란 아동 · 청소년, 아동 · 청소년의 성(性)을 사는 행위를 알선한 자 또는 아동 · 청소년을 실질적으로 보호 · 감독하는 자 등에게 금품이나 그 밖의 재산상 이익, 직무 · 편의제공 등 대가를 제공하거나 약속하고 성교행위, 구강 · 항문 등 신체의 일부나 도구를 이용한 유사성교행위, 신체의 전부 또는 일부를 접촉 · 노출하는 행위로서 일반인의 성적 수치심이나 혐오감을 일으키는 행위, 자위행위 등의 행위를 아동 · 청소년을 대상으로 하거나 아동 · 청소년으로 하여금 하게 하는 것을 말한다.

○ "아동 · 청소년 성착취물"이란 아동 · 청소년 또는 아동 · 청소년으로 명백하게 인식될 수 있는 사람이나 표현물이 등장하여 성매매, 구강성교행위, 유사성교행위 등에 해당하는 행위를 하거나 그 밖의 성적 행위를 하는 내용을 표현하는 것으로서 필름 · 비디오물 · 게임물 또는 컴퓨터나 그 밖의 통신매체를 통한 화상 · 영상 등의 형태로 된 것을 말한다.

## 3) 아동 · 청소년 대상 성범죄 실태

2017년도 아동 · 청소년 대상 성범죄로 신상정보등록대상자가 된 가해자는 3,195명이고, 피해 아동 · 청소년은 4,201명으로 집계된다(〈표 15-12〉 참조). 피해자 수가 가해자 수보다 많은 것은 한 명의 가해자가 다수의 아동 · 청소년을 대상으로 성범죄를 저질렀기 때문인 것으로 볼 수 있다(여성가족부, 2018).

아동 · 청소년 피해자 연령별 범죄 유형 분포를 보면, 16세 이상이 전체의 45.0%로 가장 높게 나타났으며, 다음으로 13~15세가 32.3%, 7~12세가 18.3%의 순으로 나타났다(여성가족부, 2018). 성범죄 피해 아동 · 청소년의 평균연령은 14.57세로,

〈표 15-12〉 아동·청소년 대상 성범죄 유형별 분포    [단위: 명(%)]

| 죄명 | 강간 | 유사 강간 | 강제 추행 | 음란물 제작 등 | 성매수 | 성매매 강요 | 성매매 알선 | 「아동 복지법」 위반 | 계 |
|---|---|---|---|---|---|---|---|---|---|
| 가해자 기준 | 659 (20.6) | 90 (2.8) | 1,674 (52.4) | 76 (2.4) | 344 (10.8) | 83 (2.6) | 172 (5.4) | 97 (3.0) | 3,195 (100.0) |
| 피해자 기준 | 700 (16.7) | 100 (2.4) | 2,260 (53.8) | 118 (2.8) | 430 (10.2) | 126 (3.0) | 298 (7.1) | 169 (4.0) | 4,201 (100.0) |

출처: 여성가족부(2018).

2017년의 14.56세와 비슷한 수준을 나타내고 있다. 범죄 유형별로 살펴보면, 강간, 유사강간, 강제추행, 성매수, 음란물 제작(미상 제외 시) 등의 경우 16세 이상의 집단에서, 성매매 강요, 성매매 알선은 13~15세에서, 「아동복지법」 위반은 7~12세에서 가장 많이 발생한 것으로 나타났다. 음란물 제작 등의 경우는 16세 이상(미상 제외)이 상대적으로 가장 많았으며, 특히 전체 피해자 중 7~12세가 16.1%로 나타나 아동들이 음란물에 무방비한 상태로 노출되어 있음을 알 수 있다.

피해 아동·청소년과 범죄자와의 관계 조사 결과, 가족 및 친척 이외에 아는 사람

〈표 15-13〉 범죄 유형별 피해 아동·청소년의 연령구분    [단위: 명(%)]

| 피해자 연령 | 범죄 유형 | | | | | | | | 계 |
|---|---|---|---|---|---|---|---|---|---|
| | 강간 | 유사 강간 | 강제 추행 | 음란물 제작 등 | 성매수 | 성매매 강요 | 성매매 알선 | 「아동 복지법」 위반 | |
| 6세 이하 | 1 (0.1) | 3 (3.0) | 58 (2.6) | 0 (0.0) | 0 (0.0) | 0 (0.0) | 0 (0.0) | 5 (3.0) | 67 (1.6) |
| 7~12세 | 120 (17.1) | 25 (25.0) | 526 (23.3) | 19 (16.1) | 9 (2.1) | 2 (1.6) | 4 (1.3) | 63 (37.3) | 768 (18.3) |
| 13~15세 | 253 (36.1) | 24 (24.0) | 590 (26.1) | 20 (16.9) | 192 (44.7) | 71 (56.3) | 146 (49.0) | 62 (36.7) | 1,358 (32.3) |
| 16세 이상 | 325 (46.4) | 48 (48.0) | 1,070 (47.3) | 30 (25.4) | 194 (45.1) | 53 (42.1) | 136 (45.6) | 36 (21.3) | 1,892 (45.0) |
| 미상 | 1 (0.1) | 0 (0.0) | 16 (0.7) | 49 (41.5) | 35 (8.1) | 0 (0.0) | 12 (4.0) | 3 (1.8) | 116 (2.8) |
| 계 | 700 (100.0) | 100 (100.0) | 2,260 (100.0) | 118 (100.0) | 430 (100.0) | 430 (100.0) | 298 (100.0) | 169 (100.0) | 4,201 (100.0) |

출처: 여성가족부(2018).

이 46.9%, 전혀 모르는 사람이 36.1%, 가족 및 친척이 8.4%의 순으로 나타났다. 그리고 강간범죄의 경우 아는 사람 58.0%, 전혀 모르는 사람의 비율이 15.1%, 가족 및 친척 19.4%의 순으로 나타났다. 다음으로, 유사강간의 경우 아는 사람 67.0%, 가족 및 친척 16.0%, 전혀 모르는 사람 14.0%의 순이었다. 마지막으로, 강제추행의 경우 전혀 모르는 사람의 비율이 51.2%, 아는 사람 37.8%(선생님 15.4%, 이웃 및 잘 알고 지내는 사람 2.3%, 직장상사 및 고용주 3.5%, 인터넷 채팅을 통해 알게 된 사람 3.1% 등), 가족 및 친척 8.1%의 순으로 나타났다.

〈표 15-14〉 **범죄 유형별 피해자와 가해자의 관계**　　　　　　　　　　　[단위: 명(%)]

| 피해자와 범죄자의 관계 | 범죄 유형 | | | | | | | | 계 |
|---|---|---|---|---|---|---|---|---|---|
| | 강간 | 유사 강간 | 강제 추행 | 음란물 제작 등 | 성매수 | 성매매 강요 | 성매매 알선 | 「아동 복지법」 위반 | |
| 전혀 모르는 사람 | 106 (15.1) | 14 (14.0) | 1,157 (51.2) | 91 (21.2) | 6 (4.8) | 41 (13.8) | 2 (1.7) | 100 (59.2) | 1,517 (36.1) |
| 가족 및 친척 이외 아는 사람 | 406 (58.0) | 67 (67.0) | 854 (37.8) | 311 (72.3) | 69 (54.8) | 157 (52.7) | 63 (53.4) | 43 (25.4) | 1,970 (46.9) |
| 가족 및 친척 | 136 (19.4) | 16 (16.0) | 182 (8.1) | 0 (0.0) | 0 (0.0) | 1 (0.3) | 1 (0.8) | 15 (8.9) | 351 (8.4) |

출처: 여성가족부(2018).

## 4) 성범죄자 신상정보 공개 및 고지 제도[1]

### (1) 신상정보 공개제도

신상정보 공개 제도는 아동 및 청소년 대상 성범죄를 예방하기 위한 대책의 일환으로 도입된 제도로, 2000년 2월 3일 「청소년의성보호에관한법률」이 제정된 후 7월 1일부터 시행되었다. 2006년 6월 30일에 개정된 법률에 따라 '아동·청소년 대상 성범죄자 신상정보 등록·열람제도'가 도입되었고, 2010년 1월 1일부터는 아동·청소년 대상 성범죄자의 신상정보를 경찰서에서 열람하는 방식에서 인터넷에 공개하는 방식으로 바뀌었다. 신상정보 공개대상자는 법원에서 결정하도록 되어

---

1) 여성가족부(2019a)가 발간한 『2019 청소년백서』 321~334쪽의 내용을 토대로 작성하였음.

있다. 법원은 아동과 성인 대상 성범죄 사건의 판결과 동시에 공개정보를 등록기간 동안 정보통신망을 이용하여 공개하도록 하는 명령을 선고하여야 하며, 공개대상자는 다음과 같다.

○ 아동 · 청소년 대상 성폭력범죄를 저지른 자
○ 「성폭력처벌법」 제2조 제1항 제3호, 제4호, 같은 조 제2항(제1항, 제3항, 제4항에 한정한다), 제3조부터 제15조까지의 범죄를 저지른 자
○ 13세 미만 아동 · 청소년을 대상으로 아동 · 청소년 대상 성범죄를 다시 범할 위험성이 있다고 인정되는 자
○ 제1호 또는 제2호의 죄를 범하였으나 「형법」 제10조 제1항에 따라 처벌할 수 없는 자로서 제1호 또는 제2호의 죄를 다시 범할 위험성이 있다고 인정되는 자. 다만, 피고인이 아동 · 청소년인 경우, 그 밖에 신상정보를 공개하여서는 아니 될 특별한 사정이 있다고 판단하는 경우에는 공개하지 않는다.

공개기간은 징역 · 금고 3년 초과의 경우 10년, 징역 · 금고 3년 이하의 경우 5년이다. 공개 정보의 내용은 성명, 나이, 사진, 주소 및 실제 주거지(도로명 및 건물번호까지로 한다), 신체정보(키와 몸무게), 성범죄 요지, 성폭력 범죄 전과 사실(전과 및 횟수, 전자장치 부착 여부) 등이다. 신상정보는 '성범죄자 알림e'에서 공개된다.

● 그림 15-5 ● '성범죄자 알림e' 홈페이지(https://www.sexoffender.go.kr).

## (2) 신상정보 우편고지제도

신상정보 우편고지제도는 2011년 1월 1일부터 법원으로부터 우편고지명령을 선고받은 성범죄자의 신상정보를 성범죄자가 거주하고 있는 동일 지역(읍 · 면 · 동)의 세대주(19세 미만의 아동 · 청소년 자녀를 보호하고 있는 자) 등에게 우편으로 송부한다. 법원은 아동 · 청소년 대상 성범죄 사건의 판결과 동시에 고지정보를 공개명령기간 동안 고지대상자가 거주하는 읍 · 면 · 동의 지역주민, 어린이집, 유치원의 원장, 초 · 중 · 고등학교의 장에게 고지하도록 하는 명령(이하 고지명령)을 선고하여야 한다. 공개대상자는 다음과 같다.

○ 아동 · 청소년 대상 성폭력범죄를 저지른 자
○ 「성폭력처벌법」 제2조 제1항 제3호, 제4호, 같은 조 제2항(제1항, 제3항, 제4항에 한정한다), 제3조부터 제15조까지의 범죄를 저지른 자
○ 13세 미만 아동 · 청소년을 대상으로 아동 · 청소년 대상 성범죄를 다시 범할 위험성이 있다고 인정되는 자
○ 제1호 또는 제2호의 죄를 범하였으나 「형법」 제10조 제1항에 따라 처벌할 수 없는 자로서 제1호 또는 제2호의 죄를 다시 범할 위험성이 있다고 인정되는 자. 다만, 피고인이 아동 · 청소년인 경우, 그 밖에 신상정보를 공개하여서는 아니 될 특별한 사정이 있다고 판단하는 경우에는 공개하지 않는다.

고지기간은 공개명령기간 동안이며, 고지정보의 내용은 성명, 나이, 사진, 주소 및 실제 거주지(상세주소 포함), 신체정보(키와 몸무게), 성범죄 요지, 성폭력범죄 전과 사실(전과 및 횟수), 전자장치 부착 여부 등이다. 2021년 1월 말 기준으로 '성범죄자 알림e' 홈페이지에 공개되어 있는 사람은 총 3,619명이다.

〈표 15-15〉 **지역별 성범죄자 신상공개현황**

| 특별시 · 광역시/도 | 성범죄자 수 |
|---|---|
| 총계 | 3,619명 |
| 서울특별시 | 517명 |
| 부산광역시 | 194명 |

| 대구광역시 | 177명 |
| 인천광역시 | 235명 |
| 광주광역시 | 116명 |
| 대전광역시 | 96명 |
| 울산광역시 | 62명 |
| 경기도 | 860명 |
| 강원도 | 129명 |
| 충청북도 | 133명 |
| 충청남도 | 191명 |
| 전라북도 | 191명 |
| 전라남도 | 187명 |
| 경상북도 | 216명 |
| 경상남도 | 258명 |
| 제주특별자치도 | 49명 |
| 세종특별자치시 | 8명 |

출처: '성범죄자 알림e' 홈페이지.

### 5) 아동·청소년 대상 성범죄 신고의무제도

아동·청소년 대상 성범죄 신고의무 제도는 「성폭력처벌법」 제34조, 제35조에 법적 근거를 두고 있으며, 2006년 6월 30일부터 시행되었다. 신고의무 시설은 〈표 15-16〉과 같다. 신고의무 대상 시설의 운영자 및 종사자는 반드시 성범죄 신고의무 대상자다(동법 제34조 제2항).

신고 절차 및 방법과 관련해서는 신고의무자가 직무상 아동·청소년 대상 성범죄를 알게 된 즉시 수사기관(112, 경찰서 등)에 신고해야 하며, 상담 또는 지원 등이 필요한 경우에는 전국청소년성문화센터, 성폭력상담소, 해바라기아동센터, 아동보호전문기관 등과 연계해야 한다.

신고의무 기관 및 시설 또는 단체의 장과 그 종사자가 직무상 아동·청소년 대상 성범죄 사실을 알고 수사기관에 신고하지 아니하거나 거짓으로 신고한 경우에는 300만 원 이하의 과태료가 부과된다(동법 제67조 제4항).

〈표 15-16〉 **신고의무 대상시설**

| 신고의무 대상시설 | 근거 법률 |
|---|---|
| 유치원 | 「유아교육법」 제2조 제2호 |
| 학교 | 「초·중등교육법」 제2조, 「고등교육법」 제2조 |
| 의료기관 | 「의료법」 제3조 |
| 아동복지시설 | 「아동복지법」 제3조 제10호 |
| 장애인복지시설 | 「장애인복지법」 제58조 |
| 어린이집 | 「영유아보육법」 제2조 제3호 |
| 학원 및 교습소 | 「학원의 설립·운영 및 과외교습에 관한 법률」 제2조 제1호 및 제2호 |
| 성매매피해자 등을 위한 지원시설 및 성매매피해상담소 | 「성매매방지 및 피해자보호 등에 관한 법률」 제9조 및 제17조 |
| 한부모가족복지시설 | 「한부모가족지원법」 제19조 |
| 가정폭력 관련 상담소 및 가정폭력피해자 보호시설 | 「가정폭력방지 및 피해자보호 등에 관한 법률」 제5조 및 제7조 |
| 성폭력피해상담소 및 성폭력피해자보호시설 | 「성폭력방지 및 피해자보호 등에 관한 법률」 제10조 및 제12조 |
| 청소년활동시설 | 「청소년활동 진흥법」 제2조 제2호 |
| 청소년상담복지센터 및 청소년쉼터 | 「청소년복지 지원법」 제29조 제1항 및 제31조 제1호 |
| 학교밖청소년지원센터 | 「학교 밖 청소년 지원에 관한 법률」 제12조 |
| 청소년 보호·재활센터 | 「청소년 보호법」 제35조 |
| 체육단체 | 「국민체육진흥법」 제2조 제9호 가목 및 나목의 체육단체 |
| 대중문화예술기획업소 | 「대중문화예술산업발전법」 제2조 제7호 |

출처: 「청소년성보호법」 제34조 제1항의 내용을 토대로 작성.

## 6) 성범죄자 취업제한제도

성범죄자 취업제한제도는 2006년부터 6월 30일부터 시행되었으며, 성범죄자로부터 아동 및 청소년을 보호하기 위하여 도입된 제도다. 「청소년성보호법」 제56조에 따르면, 아동·청소년 대상 성범죄 또는 성인 대상 성범죄로 형 또는 치료감호를 선고받아 형이 확정된 자는 징역형(또는 치료감호)이 종료되거나 집행이 유예된 날, 벌금형이 확정된 날부터 일정기간 동안 아동·청소년 관련기관 등을 운영하거나 아동ㆍ청소년 관련기관 등에 취업이 제한된다. 동법 56조에서는 취업이 제한되는 대상기관을 〈표 15-17〉과 같이 규정하고 있다.

〈표 15-17〉 **성범죄자 취업제한 대상기관**

| 유치원 | 인터넷컴퓨터게임시설제공업, 복합유통게임제공업(멀티방) 등 |
|---|---|
| 학교(초ㆍ중등학교, 위탁교육기관) | 경비업 법인(경비업무 종사자만 해당) |
| 학원, 교습소, 개인과외교습자 | 청소년활동기획업소, 대중문화예술기획업소 |
| 청소년 보호ㆍ재활센터 | 청소년 고용 또는 출입이 허용되는 시설로서 대통령령으로 정하는 시설[청소년게임제공업(PC방), 청소년실을 갖춘 노래연습장의 사업장] |
| 청소년활동시설 (청소년수련관, 청소년수련원, 청소년문화의 집, 유스호스텔, 공연시설, 전시시설, 도서관, 문화체육센터, 문화보급 전수시설, 과학관, 휴양림, 수목원, 사회복지관 등) | 가정방문 등 학습교사 사업장(직접교육 서비스를 제공하는 자만 해당) |
| 청소년상담복지센터 및 청소년 쉼터, 학교 밖 청소년지원센터 | 대학(2018년 7월 17일 신규 추가) |
| 어린이집 | 학생상담지원시설, 위탁교육시설(2018년 7월 17일 신규 추가) |
| 아동복지시설 및 아동복지 통합 서비스 수행 기관 | 취약계층아동대상 통합 서비스 수행기관(2018년 7월 17일 신규 추가) |
| 성매매피해상담소 및 청소년지원시설 | 장애인 특수교육지원센터, 특수교육 관련 서비스 제공 기관 및 단체(2018년 7월 17일 신규 추가) |
| 공동주택 관리사무소 (경비업무 종사자만 해당) | 「지방자치법」 제144조 공공시설 중 행정안전부장관 지정 아동ㆍ청소년 이용시설(2018년 9월 14일 신규 추가) |
| 체육시설 | 「지방교육자치법」 제32조 교육기관 중 아동ㆍ청소년 대상기관(유아교육진흥원, 어린이회관, 과학교육원 등)(2018년 9월 14일 신규 추가) |
| 의료기관(「의료법」 제2조의 의료인만 해당) | 「지방교육자치법」 제32조 교육기관 중 아동ㆍ청소년 대상기관(유아교육진흥원, 어린이회관, 과학교육원 등)(2018년 9월 14일 신규 추가) |
| 어린이급식관리지원센터 | 「어린이 식생활안전관리 특별법」 제21조 제1항 |

출처: 여성가족부, 탁틴내일(2019).

# 4. 학교 밖 청소년 지원에 관한 법률

## 1) 제정 의의

「학교 밖 청소년 지원에 관한 법률」은 2014년 5월 28일에 제정되었으며, 학교 밖 청소년이 건강한 사회구성원으로 성장할 수 있도록 하는 데 그 목적이 있다. 이러한 법의 제정 목적은 「청소년 기본법」 제49조 제4항의 내용인 '청소년복지의 향상'을 실현하는 데 법적 근거를 두고 있다고 할 수 있다. 「청소년 기본법」 제49조 제1항, 제2항, 그리고 제3항의 내용은 다음과 같다.

○ 제1항. 국가는 청소년의 의식 · 태도 · 생활 등에 관한 사항을 정기적으로 조사하고, 이를 개선하기 위하여 청소년의 복지향상 정책을 수립 · 시행하여야 한다.
○ 제2항. 국가 및 지방자치단체는 기초생활 보장, 직업재활훈련, 청소년활동 등의 실책을 추진할 때에는 정신적 · 신체적 · 경제적 · 사회적으로 특별한 지원이 필요한 청소년을 우선적으로 배려하여야 한다.
○ 제3항. 국가 및 지방자치단체는 청소년의 삶의 질을 향상하기 위하여 구체적인 시책을 마련하여야 한다.

## 2) 주요 용어

이 법에서 사용하는 주요 용어들은 다음과 같다(동법 제2조).

○ "청소년"이란 9세 이상 24세 이하인 자를 말한다.
○ "학교 밖 청소년"이라 함은 다음에 해당하는 자를 말한다.
  − 입학 후 3개월 이상 결석하거나 취학의무를 유예한 청소년
  − 제적 · 퇴학처분을 받거나 자퇴한 청소년
  − 상급 학교에 진학하지 아니한 청소년(고등학교 또는 이와 동일한 과정을 교육하는 학교에 진학하지 아니한 청소년)

○ "학교 밖 청소년 지원 프로그램"이란 학교 밖 청소년의 개인적 특성과 수요를 고려한 상담지원, 교육지원, 직업체험 및 취업지원, 자립지원 등의 프로그램을 말한다.

## 3) 학교 밖 청소년 실태

통계청과 여성가족부(2020)의 『2020 청소년 통계』에 따르면, 여러 가지 이유로 인해 학업을 중도에 포기하는 청소년이 초·중·고등학생 100명 가운데 1명인 것으로 나타났다. 2019년 8월 기준, 초·중·고등학생의 수는 약 540만 명인데(한국교육개발원, 교육부, 2019. 8. 29.), 이 가운데 약 0.9%에 해당하는 5만 명 이상의 청소년이 매년 학업을 중단하고 있다는 것이다. 학교급별로는 초등학생 0.7%, 중학생 0.7%, 고등학생 1.6%로, 고등학생이 초등학생과 중학생에 비해 2배 이상 높은 비율을 나타내고 있다.

●그림 15-6● **청소년 학업중단율**

출처: 한국교육개발원, 교육부(2019. 8. 29.).

〈표 15-18〉 **청소년 학업중단율**    (단위: %)

| 연도 | 전체 | 초등학교[1] | 중학교[2] | 고등학교[3] |
|---|---|---|---|---|
| 2010 | 1.1 | 0.6 | 1.0 | 2.0 |
| 2011 | 1.1 | 0.6 | 0.9 | 1.9 |

| 2012 | 1.0 | 0.6 | 0.9 | 1.8 |
| 2013 | 0.9 | 0.6 | 0.8 | 1.6 |
| 2014 | 0.8 | 0.5 | 0.7 | 1.4 |
| 2015 | 0.8 | 0.5 | 0.6 | 1.3 |
| 2016 | 0.8 | 0.6 | 0.6 | 1.4 |
| 2017 | 0.9 | 0.6 | 0.7 | 1.5 |
| 2018 | 0.9 | 0.7 | 0.7 | 1.6 |

*주 1) 학업중단자 수/학생 수
*주 2) 초등학교와 중학교는 유예 및 면제자를 학업중단자로 봄
*주 3) 고등학교의 학업중단 사유는 자퇴, 퇴학, 유예, 면제, 제적임
출처: 한국교육개발원, 교육부(2019. 8. 29.).

다음으로, 「학교 밖 청소년 지원에 관한 법률」 제6조에 따르면, "여성가족부장관은 학교 밖 청소년의 현황과 실태 파악과 학교 밖 청소년 지원 정책수립을 위한 기초자료를 활용하기 위하여 2년마다 학교 밖 청소년에 대한 실태조사를 실시하고, 그 결과를 공표하여야 한다."라고 명시하고 있다. 이러한 법적 근거에 입각하여 여성가족부는 2015년 '학교 밖 청소년 실태조사'를 실시하였으며, 가장 최근에는 2018년에 '학교 밖 청소년 실태조사'를 실시하였다.

여기에서는 여성가족부가 2018년에 실시한 '학교 밖 청소년 실태조사' 결과를 살펴보고자 한다(여성가족부, 2018. 12. 27.). 조사 대상은 학교밖청소년지원센터, 내일이룸학교, 단기 및 중장기쉼터, 소년원, 보호관찰소, 미인가 대안학교에 속해 있는 청소년과 검정고시를 접수한 32,134명으로, 설문 및 심층면담 방식으로 진행되었다.

조사 결과에 따르면, 학교 밖 청소년이 학업을 중단하는 시기는 중학교가 61%로 가장 많았으며, 학업중단 이후 대부분의 청소년은 검정고시를 준비한 경험을 가지고 있었다. 또한 학교 밖 청소년 2명 중 1명은 진로상담을 받은 경험이 있으나, 향후 진로를 결정하지 못한 청소년이 35%에 달하는 것으로 나타났다. 근로실태와 관련해서는 조사 대상자의 50% 이상이 근로 경험을 가지고 있으며, 근로 중 부당한 대우를 받았으나 대부분이 참고 일하거나, 별다른 대처 없이 일을 그만두었다고 응답하였다. 마지막으로, 심리 상태와 관련해서는 남자 청소년에 비해 여자 청소년이, 비행청소년에 비해 일반청소년이 우울과 불안을 더 많이 느끼고 있는 것으로 나타났다.

〈표 15-19〉 **학업중단 시기(복수응답)**                                        (단위: %)

| 구분 | | 초등학교 때 | 중학교 때 | 고등학교 때 | 합계 |
|---|---|---|---|---|---|
| 연도별 | 2015년 | 11.3 | 38.2 | 50.3 | 100.0 |
| | 2018년 | 12.4 | 26.9 | 60.5 | 100.0 |
| 응답자 유형별 | 일반 | 15.3 | 28.2 | 56.2 | 100.0 |
| | 비행 | 0.3 | 21.4 | 78.3 | 100.0 |

출처: 여성가족부(2018. 12. 27.).

〈표 15-20〉 **학업중단 사유(복수응답)**                                        (단위: %)

| 구분 | | 학교 다니는 게 의미 없어서 | 공부하기 싫어서 | 원하는 것을 배우려고 | 학교 분위기와 맞지 않아서 | 심리 · 정신 적 문제 | 검정고시 준비 |
|---|---|---|---|---|---|---|---|
| 전체 | | 39.4 | 23.8 | 23.4 | 19.3 | 17.8 | 15.5 |
| 성별 | 남자 | 38.7 | 27.8 | 19.5 | 15.9 | 13.4 | 15.7 |
| | 여자 | 40.2 | 19.6 | 27.5 | 22.9 | 22.3 | 15.4 |

출처: 여성가족부(2018. 12. 27.).

〈표 15-21〉 **학업중단 시 의논 상대(복수응답)**                                  (단위: %)

| 구분 | | 부모님 | 친구 | 학교 선생님 (담임+교과) | 학교 상담선생님 | 형제자매 | 상담기관 |
|---|---|---|---|---|---|---|---|
| 전체 | | 77.4 | 39.1 | 28.7 | 18.1 | 13.6 | 10.5 |
| 성별 | 남자 | 76.7 | 33.1 | 25.8 | 15.4 | 10.3 | 7.6 |
| | 여자 | 78.1 | 45.3 | 31.7 | 21.0 | 17.0 | 13.5 |

출처: 여성가족부(2018. 12. 27.).

〈표 15-22〉 **학업중단 시 겪고 있는 어려움(복수응답)**                           (단위: %)

| 구분 | 선입견, 편견, 무시 | 진로 찾기 어려움 | 없음 | 의욕 없음 (무기력) | 부모와의 갈등 | 일을 구하기 어려움 | 학교 친구와의 관계 단절 |
|---|---|---|---|---|---|---|---|
| 2015년 | 42.9 | 28.8 | 25.8 | 19.7 | 26.3 | 19.9 | 14.4 |
| 2018년 | 39.6 | 28.0 | 26.9 | 24.0 | 23.9 | 18.1 | 15.6 |

출처: 여성가족부(2018. 12. 27.).

## 4) 학교밖청소년지원센터(이하 꿈드림센터)

앞에서도 언급한 바와 같이, 매년 약 5만 명 가까운 청소년이 학업을 중단하고 있는 상황에서 이들은 스스로 진로를 찾고 직업을 구하는 과정에서 많은 시행착오와 좌절을 경험하고 있다. 이와 더불어 여러 가지 형태의 사회적 기회에서 소외되고 있다. 이에 따라 이들에게 학업을 지속할 수 있는 여건을 마련하고, 자립을 위한 체계적인 준비가 이루어질 수 있도록 지원이 필요하다(여성가족부, 2019b).

이를 위해 2007년부터 취약청소년을 대상으로 자립동기 강화, 기초적인 자립기술 습득 등을 목적으로 하는 자립지원 프로그램(두드림)이 운영되었고, 특히 검정고시 지원 및 학습클리닉 프로그램 등을 통해 학업을 지속할 수 있도록 지원하는 프로그램(해밀)을 2009년부터 운영하였다. 또한 2014년 5월 28일에는「학교 밖 청소년 지원에 관한 법률」이 제정되어 학교 밖 청소년 지원에 대한 법적 근거가 마련되었으며, 2015년 5월 29일 법률 시행에 따라 전국에 214개의 '학교밖청소년지원센터(이하 꿈드림센터)'가 지정·설치되어 운영되고 있다(여성가족부, 2019b).

꿈드림센터는 9~24세 청소년 가운데, 동법 제2조에서 명시하고 있는 '학교 밖 청

●그림 15-7● **학교 밖 청소년 지원체계**

출처: 1388 청소년사이버상담센터 홈페이지(https://www.cyber1388.kr).

소년'이면 이용이 가능하다. 이들에 대한 지원체계는 크게 발견과 통합지원의 두 단계로 구성된다. 첫째, 발견 단계에서는 학교, '지역사회청소년통합지원체계(CYS-Net)', 청소년상담복지센터, 아웃리치 등을 통해 학교 밖 청소년을 발견·발굴하여 '꿈드림센터'에 연계한다. 둘째, 통합지원 단계에서는 초기상담을 통해 본인의 욕구를 파악하게 된다. 예를 들어, 심리적으로 힘들어하는 청소년들에게는 상담지원을 제공하고, 검정고시 등을 준비하고 싶어 하는 청소년들에게는 교육지원을, 그리고 취업 또는 직업훈련을 희망하는 청소년들에게는 직업지원 프로그램을 제공한다. 꿈드림센터는 이러한 맞춤형 지원을 통해 이들이 학교로 복귀할 수 있도록 도와주며, 학교 복귀보다는 취업이나 자격증 취득을 통해 사회로 진출할 수 있도록 도와주는 역할을 하게 된다.

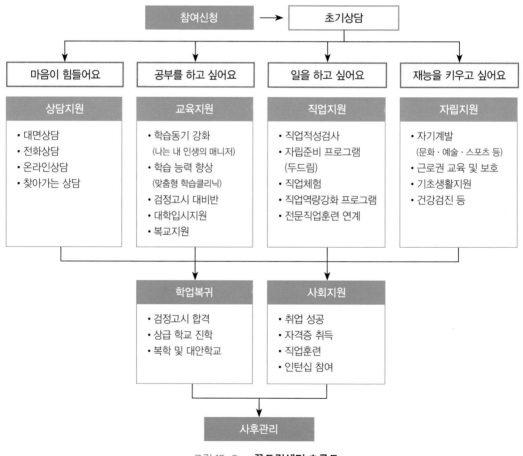

● 그림 15-8 ● **꿈드림센터 흐름도**

출처: 꿈드림센터 홈페이지(https://www.kdream.or.kr).

  꿈드림센터에서 제공하는 서비스는 크게 상담지원, 교육지원, 직업체험 및 직업교육훈련 지원, 자립지원, 건강검진 등이 있다. 세부적인 내용은 〈표 15-23〉과 같다.

〈표 15-23〉 **꿈드림센터 주요 서비스 내용**

| 상담지원 | • 청소년 심리, 진로, 가족관계, 친구관계 등<br>• 학업동기 강화 및 학업 능력 증진 프로그램 진행 |
|---|---|
| 교육지원 | • 검정고시를 통한 학력취득 지원<br>• 대학입시 지원<br>• 학업중단 숙려상담, 취학관리 전담기구 사례관리<br>• 복교지원 |
| 직업체험 및 직업교육훈련 지원 | • 직업 탐색 및 체험 프로그램 제공<br>• 직업역량강화 프로그램 제공<br>• 취업훈련 연계지원(내일이룸학교, 취업성공패키지, 비즈쿨 등) |
| 자립지원 | • 자기계발 프로그램 지원<br>• 청소년 근로권익보호<br>• 경제적으로 어려운 학교 밖 청소년 지원<br>• 기초 소양교육 제공 |
| 건강검진 | • 10대 특성에 맞춘 건강검진 서비스 제공(본인부담 없음)<br>• 건강생활관리 지원<br>• 체력관리 지원 |
| 기타 서비스 | • 지역특성화 프로그램 등 |

출처: 꿈드림센터 홈페이지.

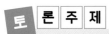 **토 론 주 제**

1. 청소년 유해환경의 선정기준과 유해환경에 대한 청소년의 인식에 대해 토의해 보시오.
2. 학교 밖 청소년 지원 프로그램의 문제점 및 향후 보완 사항에 대해 토의해 보시오.
3. 지역사회 차원에서 청소년 보호를 위해 어떠한 노력들이 필요한지에 대해 토의해 보시오.

참고문헌

1388 청소년사이버상담센터 홈페이지 https://www.cyber1388.kr

강만철, 오익수(2001). 인터넷중독 척도 개발을 위한 기초 연구. 청소년상담연구, 9, 114-135.

강문희, 손승아, 안경숙, 김승경(2007). 아동상담. 경기: 교문사.

강병철, 하경희(2012). 청소년 성소수자의 긍정적 성정체성 형성과정에 관한 질적 연구. 청소년학
　　연구, 19(2), 99-128.

강봉규(2014). 새로운 심리검사법. 서울: 태영출판사.

강진령(2013). 상담과 심리치료. 경기: 양서원.

강희양, 박창호(2012). 스마트폰 중독 척도의 개발. 한국심리학회지: 일반, 31(2), 563-580.

경찰청(2019). 경찰백서.

경향비즈(2014. 7. 9.). 4대 중독 사회비용 109조 원 … 8명 중 1명 중독자 추정.

고용노동부 워크넷 홈페이지 https://www.work.go.kr

과학기술정보통신부, 한국정보화진흥원(2019). 2019 스마트폰 과의존 실태조사.

과학기술정보통신부, 한국정보화진흥원, 스마트쉼센터(2019). 스마트폰 과의존 예방 가이드라인 매
　　뉴얼(청소년용).

곽금주(2008). 한국의 왕따와 예방 프로그램. 한국심리학회지: 사회문제, 14(1), 255-272.

곽금주, 김의철, 박영신(1998). 한국 청소년의 생활만족도와 스트레스 형성 요인. 한국심리학회지:
　　건강, 3(1), 79-101.

곽금주, 김의철, 박영신(1999). 한국 청소년 문화의 형성요인 탐색: 비행과 우울 중심으로. 한국심
　　리학회지: 문화 및 사회문제, 5(1), 111-121.

교육부(2005). 교육통계분석자료.

교육부(2019a). 2019년 1차 학교폭력 실태조사.

교육부(2019b). 학교내 성희롱 · 성폭력 대응 매뉴얼.

교육부(2019. 3. 29.). 2019 행복한 출발을 위한 기초학력 지원 내실화 방안. 교육부 보도자료.

교육부(2019. 8. 27.). 2019년 1차 학교폭력 실태조사 결과 발표. 교육부 보도자료.

교육부, 보건복지부, 질병관리본부(2020). 청소년건강행태조사.

교육부, 보건복지부, 질병관리본부(각 연도). 청소년건강행태조사.

구본용(1997). 따돌리는 아이들, 따돌림 당하는 아이들. 서울: 청소년 대화의 광장.

구훈정, 우성범, 이종선(2015). 외상적 사건과 자해의 관계에서 부적응적 인지조절의 매개효과와 적응적 인지 조절의 조절효과: 성차를 중심으로. 한국심리학회지, 34(1), 173-198.

국가법령정보센터 홈페이지 '청소년 보호법' https://www.law.go.kr/법령/청소년 보호법

국립부곡병원 홈페이지 http://bgnmh.go.kr

국립청소년인터넷드림마을 홈페이지 http://nyit.or.kr

국민건강증진연구소, 한국금연운동협의회(2005). 전국 중·고등학교 학생흡연 실태조사.

권경인, 조수연(2013). 청소년 스트레스 감소 및 대처 집단상담 프로그램의 효과에 관한 메타분석. 한국심리학회지: 상담 및 심리치료, 25(1), 41-62.

권석만(1995). 대학생의 대인관계 부적응에 대한 인지행동적 설명 모형. 서울대학교 학생연구, 30, 38-63.

권석만(2012). 현대 심리치료와 상담이론. 서울: 학지사.

권석만(2015). 현대 이상심리학(2판). 서울: 학지사.

권석만(2017). 인간 이해를 위한 성격심리학. 서울: 학지사.

권석만(2018). 젊은이를 위한 인간관계의 심리학(3판). 서울: 학지사.

권이종(2007). 청소년이해론. 경기: 교육과학사.

금명자, 송미경, 이호준, 이지은(2005). 청소년 부모상담. 서울: 한국청소년상담원.

김경빈(1996). 한국형 청소년 약물중독 선별검사표 연구. 청소년 약물남용 실태와 예방대책연구. 서울: 문화체육부.

김경호(2009). 청소년 동성애와 상담방안에 관한 연구: 개별, 집단, 가족, 학교 상담을 중심으로. 아시아교육연구, 10(2), 135-168.

김계현(1997). 상담심리학. 서울: 학지사.

김계현(2000). 상담심리학연구: 주제론과 방법론. 서울: 학지사.

김계현(2002). 카운슬링의 실제. 서울: 학지사.

김계현, 김동일, 김봉환, 김창대, 김혜숙, 남상인, 천성문(2009). 학교상담과 생활지도(2판). 서울: 학지사.

김기정(2004). 학습기술 활용도·학습동기 수준과 학업성취도와의 관계: 중·고·대의 학교급별 비교를 중심으로. 한국교원교육연구, 21(1), 199-222.

김동구, 송향주(2014). 수용전념치료 핵심과 적용. 서울: 연세대학교 대학출판문화원.

김동일(2005). 학업상담을 위한 학습전략 프로그램. 서울: 학지사.

김동일, 김은향, 김지연, 김형수, 박승민, 이명경, 이원이, 이은아, 이제경, 이주영, 정여주, 최수미, 최은영(2020). 청소년 상담학 개론(2판). 서울: 학지사.

김병년(2013). 청소년의 스마트폰 중독이 사회성 발달에 미치는 영향. 한국콘텐츠학회논문지,

13(4), 208-217.

김봉환(1997). 대학생의 진로결정수준과 진로준비행동의 발달 및 이차원적 유형화. 서울대학교 대학원 박사학위논문.

김봉환, 남상인, 김동일, 유성경, 임은미(2001). **청년층 취업지원 프로그램**. 서울: 중앙고용정보원.

김상원(2000). **성교육/성상담의 이론과 실제**. 서울: 교육출판사.

김성회(2013). 상담이론에 대한 이해. 양명숙 외 편저, 상담이론과 실제(pp. 15-50). 서울: 학지사.

김수진(2016). 비자살적 자해의 시작과 중단에 대한 내러티브 탐구. 숙명여자대학교 대학원 박사 학위논문.

김수진(2017). 비자살적 자해의 위험요인과 보호요인 개관. 청소년학연구, 24(9), 31-53.

김영빈, 김동규, 김소현, 박기열, 오민홍(2017). **직업세계와 직업정보 탐색 지도**. 서울: 사회평론아카 데미.

김영환, 문수백, 홍상황(2008). 심리검사의 이론과 실제. 서울: 학지사.

김유숙(2014). **가족치료(3판)**. 서울: 학지사.

김정규(1995). **게슈탈트 심리**. 서울: 학지사.

김정옥(2001). **청년 성교육**. 서울: 양서원.

김종만(1998). **나**. 서울: 한림미디어.

김주환(2011). **회복탄력성**. 서울: 위즈덤하우스.

김준호, 노성호, 고경임, 최원기(1990). 청소년비행의 원인에 관한 연구: 공부압력을 중심으로. 서울: 한국형사정책원구원.

김지선, 김민영, 한민경, 조병철(2019). 아동청소년 대상 성범죄 동향 및 추세 분석. 세종: 여성가족부.

김창대, 박경애, 장미경, 홍경자(2009). **청소년 집단상담**. 서울: 한국청소년상담원.

김춘경(2004). **아동상담: 이론과 실제**. 서울: 학지사.

김춘경, 김숙희, 박지현, 배선윤, 손은희, 유지영, 전은주, 조민규, 진이주, 한은수(2021). **청소년 집 단상담 프로그램(2판)**. 서울: 학지사.

김춘경, 김숙희, 최은주, 류미향, 조민규, 장효은(2018). **활동을 통한 성격심리학의 이해**. 서울: 학지사.

김춘경, 김숙희, 최은주, 조민규, 성정혜(2021). **아동상담의 이해**. 서울: 학지사.

김춘경, 이미숙, 박남이, 조민규(2019). 성별에 따른 학교 밖 청소년의 우울, 적응유연성, 게임 중 독 경향 간 구조분석. 정서행동장애연구, 35(4), 245-263.

김춘경, 이수연, 이윤주, 정종진, 최웅용(2016a). **상담의 이론과 실제(2판)**. 서울: 학지사.

김춘경, 이수연, 이윤주, 정종진, 최웅용(2016b). **상담학 사전(전 5권)**. 서울: 학지사.

김춘경, 이수연, 최웅용(2006). **청소년 상담**. 서울: 학지사.

김춘경, 정여주(2001). **상호작용놀이를 통한 집단상담: 이론과 실제**. 서울: 학지사.

김충기(1983). **진로교육의 본질**. 서울: 평민사.

김충기(1995). **미래를 위한 진로교육: 자기성장을 위한 합리적 접근**. 서울: 양서원.

김헌수, 김태호(2006). **상담의 이론과 실제**. 서울: 태영출판사.

김현수(2019). '이생망'과 '민모션', 청소년의 자해 실태와 심리, 비자살자해질환의 확산. 학생정신건강지원센터 청소년자해관련 심화연수 자료집, 43-64.

김혜숙(2016). 가족치료 이론과 기법(3판). 서울: 학지사.

김혜원, 이해경(2003). 청소년을 위한 성교육활동 자료집: 함께 배우는 성. 서울: 학지사.

꿈드림센터 홈페이지 https://www.kdream.or.kr

남재봉(2011). 청소년 비행의 유형별 관련변인. 사회과학연구, 28(2), 1-23.

노성덕(2018). 지역사회기반 청소년상담의 실제. 서울: 학지사.

노안영(2003). 성격심리학. 서울: 학지사.

노안영(2013). 게슈탈트의 이해와 적용. 서울: 학지사.

대검찰청(2005). 범죄분석.

대검찰청(2009~2019). 범죄분석.

대검찰청(2018). 범죄분석.

대검찰청(2019). 마약류범죄백서.

대한민국법원 홈페이지 https://help.scourt.go.kr

도은영, 장복례, 도복늠(2001). 중독(Addiction)에 대한 개념분석. 지역사회간호학회지, 12(1), 261-268.

류경희, 이수연, 전정화(2020). 심리검사. 경기: 양서원.

미래창조과학부, 여성가족부, 문화체육관광부(2016). 스마트폰 · 인터넷 바른 사용 지원 종합계획(안)(2016~2018).

박경, 김혜은(2017). 심리평가의 이해와 활용. 서울: 학지사.

박경, 최순영(2002). 심리검사의 이론과 활용. 서울: 학지사.

박경애(1997). 인지 · 정서 · 행동치료. 서울: 학지사.

박경애(1998). 대인관계 향상 프로그램 개발연구. 서울: 청소년 대화의 광장.

박경애, 이재규, 권해수(1998). 대인관계 향상 프로그램 개발 연구. 청소년상담연구, 63, 1-24.

박성수(1998). 생활지도. 서울: 정민사.

박성수, 김혜숙, 이숙영, 김창대, 유성경(1997). 청소년상담원리. 서울: 한국청소년상담원.

박성수, 박재황, 황순길, 오익수(1993). 청소년상담정책연구. 서울: 청소년 대화의 광장.

박성희(2014). 초등학교 생활지도와 상담의 기초 개념. 한국초등상담교육학회 편저, 한국형 초등학교 생활지도와 상담(2판). 서울: 학지사.

박세란, 설순호, 황석현, 신민섭(2006). 변증법적 행동치료. 서울: 시그마프레스.

박승민, 조영미, 김동민(2011). 청소년 인터넷 중독의 이해와 상담. 서울: 학지사.

박영숙, 박기환, 오현숙, 하은혜, 최윤경, 이순묵, 김은주(2019). 현대 심리평가의 이해와 활용. 서울: 학지사.

박완성, 차명호(2013). 따돌림(사이버 따돌림) 실태 분석 및 예방 방안 연구. 교육과학기술부 연구보고서.

박재황, 남상인, 김창대, 김택호(1993). 청소년상담교육과정개발연구. 서울: 청소년대화의 광장.

박정효(2007). 집단따돌림(왕따)에 대한 이해: 발달경향과 정신건강의 관련성. 한국청소년연구, 18(1), 247-272.

박종수(2019). 분석심리학과 상담. 양명숙, 김동일, 김명권, 김성회, 김춘경, 김형태, 문일경, 박경애, 박성희, 박재황, 박종수, 이영이, 전지경, 제석봉, 천성문, 한재희, 홍종관 공저, 상담이론과 실제(2판). 서울: 학지사.

박현미, 최한나(2016). 청소년미혼모가 지각하는 학업복위의 장애요인. 청소년학연구, 23(4), 1-24.

법무부 범죄예방정책국 홈페이지 https://www.cppb.go.kr

법제처 국가법령정보센터 홈페이지 https://www.law.go.kr

법제처 찾기쉬운 생활법령정보 홈페이지 https://www.easylaw.go.kr

변학수(2005). 문학치료. 서울: 학지사.

보건복지부 아동인권센터(2019). 대한민국 제5-6차 국가보고서에 대한 아동권리위원회 최종견해.

삼성서울병원 홈페이지 http://www.samsunghospital.com

서미, 김은하, 이태영, 김지혜(2018). 고위기 청소년 정신건강 상담개입 매뉴얼: 자살·자해편. 서울: 한국청소년상담복지개발원.

서미, 김지혜, 소수연, 이자영, 이태영(2020). 청소년 자해상담: 이론과 실제. 서울: 학지사.

서울대학교 교육연구소(2011). 교육학 용어사전(전정판). 서울: 학지사.

성범죄자 알림e 홈페이지 https://www.sexoffender.go.kr

성태제(1996). 문항제작 및 분석의 이론과 실제. 서울: 학지사.

세계일보(2018. 12. 6.). "차라리 그냥 때렸으면"… 따돌림에 멍 드는 아이들 [청소년 氣 살리자].

손애리, 조원웅, 천성수(2002). 아름다운 인간의 성. 서울: 삼영출판사.

손자영(2020). 여자 청소년들의 비자살적 자해에 대한 의미. 청소년학 연구, 27(1), 55-83.

손정락(2015). 수용 전념 치료(ACT)에서 관계 틀 관점으로 은유를 이해하고, 활용하고, 창조하기. 한국심리학회지: 건강, 20(2), 371-389.

송길연, 장유경, 이지연, 정윤경(2012). 발달심리학(제8판). 서울: 센게이지러닝코리아.

송명자(1995). 발달심리학. 서울: 학지사.

송정아, 최규련(2002). 가족치료 이론과 기법(개정판). 서울: 하우.

스마트쉼센터 홈페이지 https://www.iapc.or.kr

안도희, 김유리(2014). 청소년들의 자기주도학습, 관계성, 자아개념 및 학업성취 간의 관계. 교육학연구, 52(1), 1-25.

안희영(2010). MBSR 프로그램의 불교명상적 기반. 불교학연구, 26, 359-408.

양미진, 방소희, 신인수, 유준호(2018). 청소년상담 프로그램의 효과에 대한 메타분석. 청소년상담연구, 26(2), 291-316.

양옥남, 이승주, 이상화, 고향자, 지광준(2000). 현대사회의 성·사랑. 경기: 강남대학교출판부.

여성가족부(2004). 청소년 음주실태 특성조사.

여성가족부(2005). 청소년백서.

여성가족부(2013). 유해약물 중독 청소년 문제행동 진단 및 상담·치료 프로그램 개발 연구. 연구보고 2013-41.

여성가족부(2018). 연도별 청소년 매체이용 및 유해환경 실태조사.

여성가족부(2018. 12. 27.). 2018 학교밖청소년 실태조사 결과 발표. 여성가족부 보도자료.

여성가족부(2019a). 2019 청소년백서.

여성가족부(2019b). 2019년 청소년사업 안내.

여성가족부, 을지대학교(2013). 스마트폰 중독 청소년 치료 매뉴얼-스마트폰 중독 청소년에 대한 임상 개입 안내서.

여성가족부, 탁틴내일(2019). 아동·청소년 대상 성범죄 신고의무 및 성범죄자 취업제한제도 안내.

여성가족부 홈페이지 http://www.mogef.go.kr

오윤선, 정순례(2017). 심리검사의 이해와 활용. 경기: 양서원.

윤가현(1990). 성심리학. 서울: 성원사.

윤가현(2000). 동성애의 심리학. 서울: 학지사.

윤가현, 권석만, 김경일, 김신우, 남종호, 서수연, 송현주, 신민섭, 유승엽, 이영순, 이현진, 전우영, 천성문, 최준식, 최해연(2019). 심리학의 이해. 서울: 학지사.

윤명희(2016). 중독은 없다: 섣부른 편견으로 외면해온 디지털 아이들의 일상과 문화. 서울: 율리시즈.

윤명희, 서희정, 김경희, 구경희(2019). 심리검사: 개발부터 활용까지. 서울: 학지사.

윤미현, 이재연(2002). 한국 10대 미혼모의 특성에 관한 연구. 아동학회지, 23(3), 149-169.

윤진, 김정민(1991). 인간발달과 기질과의 관계: "조화의 적합성" 모델의 이론적 기초와 그 유용성. 한국심리학회지: 일반, 10(1), 43-60.

은혁기(2000). 대인관계 능력향상을 위한 자기조절 집단 상담이 청소년의 자기인식, 타인인식, 대인기술 및 대인관계 만족도에 미치는 효과. 성균관대학교 대학원 박사학위논문.

이경희, 김지연(2014). 대학생의 학업적 자기효능감, 학습동기, 수업만족도와 학업성취도 간의 관계에 관한 연구. Andragogy Today, 17(4), 33-57.

이동귀, 함경애, 배병훈(2016). 청소년 자해행동: 여중생의 자살적 자해와 비자살적 자해. 한국심리학회지: 상담 및 심리치료, 28(4), 1171-1192.

이동훈, 양미진, 김수리(2010). 청소년 자해의 이해 및 특성에 대한 고찰. 청소년상담연구, 18(1), 1-24.

이무근(2016). 직업교육학 원론(3판). 경기: 교육과학사.

이미리, 김춘경, 여종일(2019). 청소년 심리 및 상담. 서울: 학지사.

이미식(2000). 정의와 배려의 윤리적 논쟁과 도덕교육에 대한 함의. 부산대학교 대학원 박사학위논문.

이민희(2001). 청소년 성매매의 원인에 관한 고찰. 한국청소년연구, 12(2), 99-130.

이부영(2021). 그림자: 우리 마음속의 어두운 반려자. 경기: 한길사.

이삼연(1999). 인지-행동치료의 우울증 사정과 개입전략. 한국가족복지학, 4, 189-218.

이성식, 강은영, 최수형(2015). 청소년의 스마트폰중독이 사이버비행에 미치는 영향. 한국범죄학, 9(2), 69-102.

이성진(1996). 청소년상담 발전의 방향과 과제. 제3회 청소년상담학세미나 자료집.

이승현, 노성호(2014). 청소년따돌림에 대한 형사정책적 대응방안. 한국형사정책연구원 연구보고서.

이시형(1998). 공포성 불안장애. 의약정보, 5, 10-13.

이신동, 최병연, 고영남(2011). 최신교육심리학. 서울: 학지사.

이영선, 박정민, 최한나(2001). 사이버상담 지침서 II: 사이버상담의 기법과 윤리. 부산: 한국청소년상담복지개발원.

이우경, 이원혜(2012). 심리 평가의 최신 흐름(2판). 서울: 학지사.

이은주(2012). 비행청소년의 발달적 궤적: 비행여부와 비행수준을 구분한 이원 잠재성장모델의 적용. 한국청소년연구, 23(2), 185-215.

이은주, 이은숙(2002). 고등학생의 소외와 우울, 자살사고, 비행과의 관계 연구. 기본간호학회지, 9(1), 56-65.

이장호(1998). 상담심리학. 서울: 박영사.

이장호, 김정희(1992). 집단상담의 원리와 실제. 서울: 법문사.

이장호, 정남운, 조성호(2005). 상담심리학의 기초. 서울: 학지사.

이재창(1986). 자기 성장과 인간관계. 서울: 한국가이던스.

이재창(1994). 생활지도. 서울: 민음사.

이재창(2005). 생활지도와 상담(개정판). 경기: 문음사.

이재현, 신용갑, 오장용(2008). 모바일 문자메시지(SMS)를 활용한 청소년상담의 가능성과 활성화 모색: 위기청소년 문자 상담을 중심으로. 청소년복지연구, 10(2), 133-157.

이정모, 강은주, 김민식, 감기택, 김정오, 박태진, 신현정, 이광오, 김영진, 도경수, 이영애, 박주용, 곽호완, 박창호, 이재식(2009). 인지심리학(3판). 서울: 학지사.

이종승(2005). 표준화 심리검사. 경기: 교육과학사.

이지영, 권예지, 고예나, 김은미, 나은영, 박소라(2016). 한국청소년의 집단따돌림에 대한 심층인터뷰연구. 언론정보연구, 53(1), 267-309.

이춘재, 곽금주(2000). 학교에서의 집단 따돌림: 실태와 특성. 서울: 집문당.

이춘재, 이옥경, 서봉연, 윤진, 이재창, 김충기, 오경자, 심응철, 이명숙(1994). 청년심리학. 서울: 중앙적성출판사.

이해국 외(2012). 국가 중독예방관리 정책 및 서비스 전달체계 개발. 서울: 보건복지부.

이현림, 김봉환, 김병숙, 최웅용(2003). 현대진로상담. 서울: 학지사.

이현림, 김지혜(2003). 성인학습과 상담. 서울: 학지사.

이현웅, 곽윤정(2011). 초기 청소년의 학교생활 및 삶에 대한 만족도에 미치는 영향 변인 연구. 청소년학연구, 18(7), 59-83.

이형득(1982). 인간관계 훈련의 실제. 서울: 중앙적성출판사.

이형득(1987). 상담의 이론적 접근. 서울: 형설출판사.

이형득(1993). 한국상담의 전문화와 대중화. 생활과 지도, 28, 9-22.

이형초, 안창일(2002). 인터넷게임 중독의 진단척도 개발. 한국심리학회지: 건강, 7(2), 211-239.

이화여자대학교(1996). 가족치료 총론. 서울: 이화여자대학교출판부.

임영식, 한상철(2000). 청소년 심리의 이해. 서울: 학문사.

임은미(2006). 사이버상담의 이론과 실제. 서울: 학지사.

장문선(2014). 심리학 용어사전. 서울: 한국심리학회. http://www.koreanpsychology.or.kr

장현갑, 김교헌, 장주영(2005). 마음챙김 명상과 자기치유. 서울: 학지사.

장휘숙(1995). 가족심리학. 서울: 박영사.

장휘숙(1999). 청년심리학. 서울: 학지사.

장휘숙(2004). 청년심리학(제4판). 서울: 박영사.

전훈, 조형대, 조현진, 이혜선(2010). 자아개념과 학업성취도 관계에서 진로계획 매개효과 검증. 청소년학연구, 17(12), 235-257.

정순례, 양미진, 손재환(2015). 청소년 상담: 이론과 실제. 서울: 학지사.

정여주, 선혜연, 신윤정, 이지연, 오정희, 김한별, 김옥미, 윤서연(2018). 학교폭력 예방 및 학생의 이해. 서울: 학지사.

정원식, 박성수, 김창대(1999). 상담의 원리. 서울: 교육과학사.

정원철, 이명희, 박선희, 전예숙, 고영희, 김하영, 박소현, 이혜영, 곽연희, 하나연, 전미숙(2019). (이론과 대상별) 알기 쉬운 집단상담. 서울: 학지사.

정익중(2009). 청소년비행 발달궤적의 다양한 유형. 한국청소년연구, 20(3), 253-280.

정진욱, 윤시몬, 채수미, 최지희(2004). 약물 및 알코올 중독 현황과 대응방안. 한국보건사회연구원 연구보고서, 2014-24-1.

정철영, 나승일, 서우석, 송병국, 이종성(1998). 직업기초능력에 관한 국민공통 기본교육과정 분석. 서울: 한국직업능력개발원.

정혜경, 안옥희, 김경희(2003). 청소년의 자살충동에 영향을 미치는 예측요인. 청소년학연구, 10(2), 107-126.

정희욱, 전경숙, 권오실(1997). 한·중·일 청소년 의식 비교 연구. 한국청소년개발원: 연구보고서, 97-109.

제석봉, 김춘경, 천성문, 이영순, 김미애, 이지민(2014). 가족치료. 경기: 정민사.

조남옥, 조규락(2017). 장애인과 가족의 자발적 문제해결증진을 위한 모바일 상담 프로그램 개발. 컴퓨터교육학회 논문지, 20(3), 47-57.

조성진, 전홍진, 김무진, 김장규, 김선욱, 류인균, 조명제(2001). 한국 도시지역 청소년의 우울증상 유병률과 관련요인에 대한 연구. 신경정신의학, 40(4), 627-639.

조은경, 심용출, 이현숙, 안준범, 이종은, 강선희(2010). 청소년 성폭력! 지피지기면 백전백승. 서울: 한국청소년상담원.

조정실, 차명호(2012). 교사와 학부모를 위한 학교폭력상담. 서울: 학지사.

조화(2013). 스마트폰 이용자의 성별·연령별 이용현황에 대한 연구. Internet & security focus, 2013년 11월호, 35-51.

주재홍(2017). 한국의 청소년 성소수자들로부터 알게 된 그들의 삶의 이야기들: 질적 사례 연구. 교육문화연구, 3(1), 175-215.

중앙일보(2020. 4. 27.). 8년째 청소년 사망원인 1위 자살.. 27%는 '우울감' 경험.

진미석(1999). 새로운 대학입시제도에 따른 고등학교 진로지도의 방향. 고등학교 진로 교육의 문제점과 개선방안, 109-122. 서울: 서울특별시 교육과학연구원.

차주환, 소수연, 최지영, 이태영, 이지은, 장혜미(2019). 성폭력 피해 청소년 상담개입 프로그램 개발. 부산: 한국청소년상담복지개발원.

채규만(2006). 성중독과 심리치료. 한국기독교상담심리치료학회 2006 추계학술대회 자료집.

채규만, 김민녀, 김민동, 김용희, 김유정, 김주현, 류명은, 위지희, 이혜정, 임자성, 장미자, 정기명(2013). 채박사의 중독 따라잡기. 서울: 학지사.

천성문, 박명숙, 박순득, 박원모, 이영순, 전은주, 정봉희(2009). 상담심리학의 이론과 실제(2판). 서울: 학지사.

천성문, 배정우(2004). 고등학생을 위한 대인관계능력 증진 집단상담 프로그램의 개발 및 효과. 동서정신과학, 7(1), 125-137.

천성문, 함경애, 차명정, 송부옥, 이형미, 최희숙, 노진숙, 김세일, 강경란, 윤영숙(2013). 학교집단상담의 실제: 행복한 학교를 위한(2판). 서울: 학지사.

천성수, 이용욱, 정재훈, 손애리(2001). 청소년 금주교육. 서울: 시조사.

천예빈(2013). 청소년들의 스마트폰 중독과 예방에 관한 연구. 인터넷비즈니스연구, 14(1), 125-139.

청소년대화의 광장(1995). 비행청소년 상담지원정책.

청소년사이버상담센터 홈페이지 https://www.cyber1388.kr

청소년위원회(2006). 2005년도 청소년 유해환경 접촉 종합실태조사.

최윤미(1999). 심리극. 서울: 중앙적성출판사.

최은영(2008). 약물중독. 서울: 학지사.

최은영, 양종국, 김영근, 이윤희, 김현민(2014). 청소년 비행과 약물중독 상담(2판). 서울 :학지사.

최정윤(2016). 심리검사의 이해(3판). 서울: 시그마프레스.

최진기(2018). 한 권으로 정리하는 4차산업혁명. 서울: 이지퍼블리싱.

탁진국(2003). 심리검사: 개발과 평가방법의 이해. 서울: 학지사.

통계청(2020). 경제활동인구조사.

통계청, 여성가족부(2019). 2019 청소년 통계.

통계청, 여성가족부(2020). 2020 청소년 통계.

통계청, 여성가족부(2021). 2021 청소년 통계.

학생정신건강지원센터(2019). 학생자해대응: 교사용 안내서.

한겨레신문 스마트상담실 홈페이지 http://www.hani.co.kr/arti/SERIES/736

한국고용정보원(1986). 한국직업사전(1판). 서울: 고용노동부.

한국고용정보원(1996). 한국직업사전(2판). 서울: 고용노동부.

한국고용정보원(2003). 한국직업사전(통합본 3판). 서울: 고용노동부.

한국고용정보원(2012). 한국직업사전(통합본 4판). 서울: 고용노동부.

한국고용정보원(2014). 청소년 직업심리검사 사용자 가이드. 세종: 고용노동부.

한국고용정보원(2020). 한국직업사전(통합본 5판). 세종: 고용노동부.

한국교육개발원(2021). Wee프로젝트 홍보리플릿. https://www.wee.go.kr/home/main.php(2021. 6. 24.).

한국교육개발원, 교육부(2019. 8. 29.). 2019년 교육기본통계.

한국마사회 유캔센터 홈페이지 https://www.kra.co.kr/ucan

한국마약퇴치운동본부 홈페이지 http://antidrug.drugfree.or.kr

한국중독심리학회 홈페이지 https://www.addictpsy.or.kr:6027

한국청소년개발원(1993). 프로그램 개발과 운영. 서울: 한국청소년개발원.

한국청소년개발원(1999). 청소년문제론. 서울: 서원.

한국청소년개발원(2004). 청소년상담론. 경기: 교육과학사.

한국청소년개발원(2006). 청소년문제론. 경기: 교육과학사.

한국청소년개발원 편(2007). 청소년문제론. 경기: 교육과학사.

한국청소년상담복지개발원(2014). 청소년 집단상담. 부산: 한국청소년상담복지개발원.

한국청소년상담복지개발원(2017). 경영실적보고서. 부산: 한국청소년상담복지개발원.

한국청소년정책연구원(2020). 아동 · 청소년 권리에 관한 국제협약 이행 연구-한국 아동 · 청소년 인권 실태 2020. 세종: 한국청소년정책연구원.

한국카운슬링연구회(1987). 비행청소년의 이해와 지도. 서울: 성화사.

한국학교폭력상담협회, 한국전문상담학회 편(2015). 중독의 이해와 치료. 경기: 양서원.

한규석(2017). 사회심리학의 이해(4판). 서울: 학지사.

홍경자(2001). 상담의 과정. 서울: 학지사.

홍기형(1983). 현행학교 진로교육의 문제점. 학습과 일의 세계. 서울: 한국교육개발원.

홍기형, 이승우(1977). 진로지도. 서울: 교육출판사.

홍서아(2018). 청소년의 약물중독 실태와 심리지원 방안. 한국중독범죄학회보, 8(2), 93-115.

홍현미, 정영은(2018). 청소년에서 집단따돌림과 우울증. 우울조울병, 16(2), 51-56.

황매향(2008). 학업상담. 서울: 학지사.

황서현, 이강훈(2013). 청소년비행의 원인에 관한 사회학습, 사회유대, 일반긴장이론적 접근. 한국 청소년연구, 24(3), 127-145.

히로나카 나오유키(2013). 依存症のすべて 「やめられない氣持ち」はどこから來る? 황세정 역 (2016). 중독의 모든 것: 중독의 개념에서부터 진단, 증상, 치료, 재활까지. 서울: 큰북소리.


Aber, J. L., Jones, S. M., Brown, J. L., & Chandry, F. (1998). Resolving conflict creatively: Evaluating the developmental effects of a school-based violence prevention program in neighborhood and classroom context. *Development and psychopathology, 10*, 187-213.

Achenbach, T. M. (1982). *Developmental Psychopathology*. New York: Wiley and Sons.

Adler, A. (1973a). *Der Sinn des Lebens*. Frankfurt/M.

Adler, A. (1973b). *Individualpsychologie in der Schule. Vorlesungen für Lehrer und Schüler*.

Frankfurt/M.

Adler, A., Furtmueller, C., & Wexberg, E. (1973). *Heilen und Bilden*. Frankfurt/M.

Aiken, L. R., Jr. (1979). *Psychological testing and assessment* (3rd ed.). Boston, MA: Allyn & Bacon.

Aiken, L. R., Jr. (1985). *Psychological testing and assessment* (4th ed.). Boston, MA: Allyn & Bacon.

Ainsworth, M. D., Blehar, M., Waters, E., & Wall, S. (1978). *Patterns of attachment*. London: Routledge.

Allan, J., & Anderson, E. (1986). Children and crises: A classroom guidance approach. *Elementary School Guidance and Counseling, 21*, 143-149.

Amatea, E., & Fabrick, F. (1981). Family systems counseling: A positive alternative to traditional counseling. *Elementary School Guidance and Counseling, 15*, 223-236.

Amato, P., & Keith, B. (1991). Parental divorce and the well-being of children: A meta-analysis. *Psychological Bulletin, 110*(1), 26-46.

American Psychiatric Association (APA) (2013). *Diagnostic and Statistical Manual of Mental Disorders* (5th ed.). 권준수, 김재진, 남궁기, 박원명, 신민섭, 유범희, 윤진상, 이상익, 이승환, 이영식, 이헌정, 임효덕 공역(2015). DSM-5 정신질환의 진단 및 통계 편람(제5판). 서울: 학지사.

Anastasi, A. (1993). A century of psychological testing: Origins, problems and progress. In T. K. Fagen & G. R. VandenBos (Eds.), *Exploring applied psychology: Origins and critical analyses* (pp. 3-36). Washington, DC: American Psychological Association.

Anastasi, A., & Urbina, S. (1997). *Psychological testing* (7th ed.). 김완석, 전진수 공역(2003). 심리검사. 서울: 율곡출판사.

Ansbacher, H. L., & Ansbacher, R. R. (Hg.). (1972). *Alfred Adler's individual psychologie*. Reinhardt München/Basel.

Andrews, D. A., Zinger, I., Hoge, R. D., Bonta, J., Gendrea, P., & Cullen, F. T. (1990). Does correctional treatment work? A clinically relevant and psycho-logically informed meta-analysis, *Criminology, 28*, 369-404.

Argyle, M. (1983). *The psychology of interpersonal behavior* (4th ed.). Harmondsworth, UK: Penguin Books.

Atkinson, J. W. (1964). A theory of achievement motivation. In J. W. Atkinson (Ed.), *An introduction to motivation* (pp. 240-268). New York: Van Nostrand.

Babson, S. G., & Clarke, N. G. (1983). Relationship between infant death and maternal age: Comparison of sudden infant death incidence with other causes of infant mortality. *Journal of Pediatrics, 103*, 391-393.

Baltes, P. B., & Resse, H. W. (1984). The life-span perspective in developmental psychology.

In M. H. Bornstein, & M. E. Lamb (Eds.), *Developmental psychology: An advanced textbook*. Hillsdale, NJ: Erlbaum.

Bandura, A. (1977). *Social learning theory*. Englewood Cliffs, NJ: Prentice-Hall.

Bandura, A. (1986). *Social foundations of thought and action: A social cognitive theory*. Englewood Cliffs, NJ: Prentice-Hall.

Barnes, H. L., & Olson, D. L. (1982). Parent-adolescent communication scale. In D. H. Olson et al. (Eds.), *Family inventories: Inventories used in a national survey of families across the family life cycle* (pp. 33-48). St Paul: Family Social Science, University of Minnesota.

Bartholomew, K., & Horowitz, L. M. (1991). Attachment styles among young adults: A test of a four-category model. *Journal of Personality and Social Psychology, 61*(2), 226-244.

Baumrind, D. (1978). Parental disciplinary patterns and social competence in children. *Youth & Society, 9*, 239-276.

Baumrind, D. (1991). The influence of parenting style on adolescent competence and substance use. *Journal of Early Adolescence, 11*, 56-95.

Beck, A. T. (1976). *Cognitive therapy and emotional disorders*. New York: International Universities Press.

Beck, J. S. (1995). *Cognitive therapy: Basics and beyond*. New York: Guilford Press.

Benedek, R. S., & Benedek, E. P. (1979). Children of divorce: Can we meet their needs? *Journal of Social Issues, 35*, 155-169.

Benjamin, A. (1987). *The helping interview* (4th ed.). Boston, MA: Houghton Mifflin.

Berenson, B. G., & Mitchell, K. M. (1974). *Confrontation: For better or worse*. Amherst, MA: Human Resource Development Press.

Bernard, J. M., & Goodyear, R. K. (1992). *Fundamentals of clinical supervision*. Boston, MA: Allyn & Bacon.

Berne, E. (1964). *Games people play*. New York: Grove.

Blocher, D. (1987). On the uses and misuses of the term theory. *Journal of Counseling and Development, 66*, 67-68.

Block, J., Block, J. H., & Keyes, S. (1988). Longitudinally foretelling drug usage in adolescence: Early childhood personality and environmental precursors. *Child Development, 59*, 336-355.

Blos, P. (1979). *The adolescent passage*. New York: International Universities Press.

Boas, F. (1950). *Foreword to coming of age in Samoa*. New York: New American Library.

Bowman, M. L. (1989). Testing individual differences in ancient China. *American Psychologist, 41*, 1059-1068.

Brammer, L. M. (1993). *The helping relationship* (5th ed.). Boston, MA: Allyn & Bacon.

Brammer, L. M., Abrego, P. L., & Shostrom, E. L. (1993). *Therapeutic psychology:*

*Fundamentals of counseling and psychotherapy* (6th ed.). Englewood Cliffs, NJ: Prentice-Hall.

Brammer, L. M., & MacDonald, G. (2003). *The helping relationship: Process and skills* (8th ed.). Neeham Heights, MA: Allyn & Bacon.

Bronfenbrenner, U. (1977). *The ecology of human development: Experiments by nature and design*. New York: Cambridge University Press.

Bruess, C. E., & Greenberg, J. S. (2009). *Sexuality education: Theory and practices* (5th ed.). 조아미, 박선영, 유우경, 이정민, 진영선, 박은혁, 정재민, 선필호, 김소희 공역(2011). 성교육의 이론과 실제: 성교육 어떻게 할 것인가. 서울: 학지사.

Bühler, C. (1933). *Der menschliche Lebenslauf als psychologisches Problem.* [*Human life as a psychological problem*]. Oxford, England: Hirzel.

Bullouth, V., & Bullouth, B. (1995). *Sexual attitudes: Myths and realities*. Amherst, NY: Prometheus Books.

Burns, J. M., & Patton, G. C. (2000). Preventive interventions for youth suicide: A risk factor-based approach. *Australian and New Zealand Journal of Psychiatry, 34*(3), 388-407.

Bynum, M. K., & Durm, M. W. (1996). Children of divorce and its effect on their self-esteem. *Psychological Reports, 79*(2), 447-450.

Cairns, R. B., Cairns, B. D., Neckerman, H. J., Gest, S. D., & Gariepy, J. L. (1988). Social networks and aggressive behavior: Peer support or peer rejection? *Developmental Psychology, 24,* 815-823.

Campbell, V. L. (2000). A framework for using tests in counseling. In C. E. Watkins & V. L. Campbell (Eds.), *Testing and assessment in counseling practice* (2nd ed., pp. 3-11). Mahwah, NJ: Erlbaum.

Caplan, G. (1964). *Principles of preventive psychiatry*. New York: Basic Books.

Capuzzi, D. (1986). Adolescent suicide: Prevention and intervention. *Counseling and Human Development, 19,* 1-9.

Capuzzi, D. (1988). *Counseling and intervention strategies for adolescent suicide prevention*. Ann Arbor, MI: ERIC/CAPS.

Carkhuff, R. R. (1969). *Helping and human relations: Selection and training (Vol. 1)*. New York: Holt, Rinehart, & Winston.

Cass, V. C. (1979). Homosexual identity formation: A theoretical models. *Journal of Homosexuality, 4*(3), 219-235.

Catalano, R. F., & Hawkings, J. D. (1996). The social development model: A theory of antisocial behavior. In J. D. Hawkings (Ed.), *Delinquency and crime: Current theories* (pp. 140-197). New York: Cambridge University Press.

Cavanagh, M. E. (1982). *The counseling experience*. Monterey, CA: Brooks/Cole.

Chamberlain, P., & Reid, J. B. (1998). Comparison of two community alternative for incarceration for chronic juvenile offenders. *Journal of Consulting and Clinical Psychology*, *66*, 624-633.

Chandler, L. A., Million, M. E., & Shermis, M. D. (1985). The incidence of stressful life events of elementary school-aged children. *American Journal of Community Psychology, 13*(6), 743-746.

Chapman, A. L., Gratz, K. L., & Brown, M. Z. (2006). Solving the puzzle of deliberate self-harm: The experiential avoidance model. *Behaviour Research and Therapy, 44*, 371-394.

Chartrand, J. M. (1991). The evolution of trait-and-factor career counseling: A person X environment fit approach. *Journal of Counseling and Development, 69*, 518-524.

Clifford, T., & Clark, R. (1995). Family climate, family structure and self esteem inn college females: The physical- vs. psychological-wholeness divorce debate revisited. *Journal of Divorce & Remarriage, 23*(3/4), 97-112.

Colapinto, J. (1991). Structural family therapy. In A. Gurman & D. Kniskern (Eds.), *Handbook of family therapy* (Vol. 2, pp. 417-443). New York: Brunner/Mazel.

Combs, G., & Freedman, J. (2012). Narrative, poststructuralism, and social justice: Current practices in narrative therapy. *The Counseling Psychologist, 40*(7), 1033-1060.

Corey, G. (2012). *Art of integrative counseling* (3rd ed.). 현명호, 유제민 공역(2017). 상담 및 심리치료의 통합적 접근(3판). 서울: 센게이지러닝코리아.

Corey, G. (2013). *Theory and practice of counseling and psychotherapy* (9th ed.). Belmont, CA: Brooks/Cole Publishing Company.

Corey, G., Corey, M. S., & Callanan, P. (1993). *Issues and ethics in the helping professions* (4th ed.). Monterey, CA: Brooks/Cole.

Corey, G., Corey, M. S., Callanan, P. J., & Russell, J. M. (1992). *Group techniques* (2nd ed.). Pacific Grove, CA: Brooks/Cole.

Corey, G., Corey, M. S., Callanan, P., & Russell, J. M. (2003). *Group techniques* (3rd ed.). 김춘경, 최웅용 공역(2005). 집단상담 기법(3판). 서울: 시그마프레스.

Corey, M. S., Corey, G., & Corey, C. (2010). *Groups: Process and practice* (8th ed.). 김진숙, 박창대, 박애선, 유동수, 전종국, 천성문 공역(2013). 집단상담 과정과 실제(8판). 서울: 센게이지러닝코리아.

Cormier, S., Nurius, P. S., & Osborn, C. J. (2009). *Interviewing and change strategies for helpers: Fundamental skills and cognitive behavioral interventions* (6th ed.). Belmont, CA: Brooks/Cole.

Cormier, W. H. & Cormier, L. S. (1985). *Interviewing strategies for helpers* (2nd ed.). Monterey, CA: Brooks/Cole.

Cormier, W. H., & Cormier, L. S. (1991). *Interviewing strategies for helpers* (3rd ed.). Pacific

Grove, CA: Brooks/Cole.

Corsini, R. J. (2001). *Handbook of innovative psychotherapies* (2nd ed.). New York: Wiley.

Covey, S. R. (1989). *The seven habits of highly effective people: Restoring the character ethic.* New York: Simon and Schuster.

Cowen, E. L., Pederson, A., Babigian, H., Izzo, L. D., & Trost, M. A. (1973). Long-term follow-up of early detected vulnerable children. *Journal of Consulting and Clinical Psychology, 41*(3), 438-446.

Crites, J. O. (1969). *Vocational psychology: The study of vocational behavior and development.* New York: McGraw-Hill Book.

Crites, J. O. (1973). Theory and research handbook for the career maturity inventory. Montery, Calif: CBT/McGraw-Hill.

Crites, J. O. (1981). *Career counseling: Model, methods, and materials.* New York: McGraw-Hill.

Crocker, L., & Algina, J. (1986) *Introduction to classical and modern test theory.* New York: Holt, Rinehart, & Winston.

Cronbach, L. J. (1990). *Essentials of psychological testing* (5th ed.). New York: Harper Collins.

Curran, D. (1985). *Stress and the healthy family: How heathy families control the ten most common stresses.* Minneapolis, MN: Winston.

Curtis, J. M. (1981). Indications and contraindications in the use of therapist's self disclosure. *Psychological Reports, 49*(2), 499-507.

Dahir, C. A., & Stone, C. B. (2003). Accountability: A MEASURE of impact school counselors have on student achievement. *Professional School Counseling, 6*(3), 214-221.

Dansereau, D. F. (1978). The development of a learning strategy curriculum. In H. F. O'neil. Jr. (Ed.), *Learning strategy* (pp. 1-29). New York: Academic Press.

Dansereau, D. F. (1985). Learning strategy research. In J. W. Segal, S. F. Chipman, & R. Glasser (Eds.), *Thinking and learning skills (Vol. 1).* Hilladale, NJ: Erlbaum.

Davidson, R. J., & Kabat-Zinn, J. (2004). Alterations in brain and immune function produced by mindfulness meditation: Three caveats: Response. *Journal of Biobehavioral Medicine, 66*(1), 149-152.

Davis, J., & Sandoval, J. (1991). *Suicidal youth.* San Francisco, CA: Jossey-Bass.

Dawis. R. V. (1996). The theory of work adjustment and person-environment-correspondence counseling. In D. Brown, L. Brooks, & Associates (Eds.), *Career choice and development* (3rd ed., pp. 75-120). San Francisco, CA: Jossey-Bass.

Dawis, R. V., & Lofquist, L. H. (1984). *A psychological theory of work adjustment.* Minneapolis, MN: University of Minnesota Press.

Day, R. W., & Sparacio, R. T. (1980). Structuring the counseling process. *Personnel and*

*Guidance Journal, 59*(4), 246-249.

Deci, E. L., & Ryan, R. M. (1985). *Intrinsic motivation and self-determination in human behavior.* Berlin: Springer Science & Business Media.

Dermer, S. B., & Hutchings, J. B. (2000). Utilizing movies in family therapy: Applications for individuals, couples, and families. *The American Journal Of Family Therapy, 28*(2), 163-180.

Dinkmeyer, D. (1973). *Developing understanding of self and others (DUSO II).* Circle Pines, MN: American Guidance service.

Dishion, T., Capaldi, D., & Yoerger, K. (1999). Middle childhood antecedents to progression in male adolescent substance use: An ecological analysis of risk and protection. *Journal of Adolescent Research, 14,* 175-206.

Dishion, T. J., & Kavanagh, K. (2002). The adolescent transitions program: A family-centered approach. In J. B. Reid, J. J. Snyder, & G. R. Patterson (Eds.), *Antisocial behavior in children and adolescents: A developmental analysis and the Oregon Model for intervention* (pp. 257-272). Washington, DC: American Psychological Association.

Dishion, T. J., McCord, J., & Poulin, F. (1999). When intervention harm: Peer groups and problem behavior. *American Psychologist, 54,* 755-764.

Dixon, D. N., & Glover, J. A. (1984). *Counseling: A problem-solving approach.* New York: Wiley.

Dodge, K. A., Pettit, G. S., McClaskey, C. L., & Brown, M. M. (1986). Social competence in children. *Monographs of the Society for Research in child Development, 51*(2, Serial No. 213).

Dollard, J., Doob, L., Miller, N. E., Mowrer, O. H., & Sears, R. (1939). *Frustration and aggression.* New Haven, CT: Yale University Press.

Douglas, C. (2008). Analytical psychotherapy. In R. J. Corsini & D. Wedding (Eds.), *Current psychotherapies* (pp. 107-140). Belmont, CA: Thomson Brooks/Cole.

Doyle, R. E. (1992). *Essential skills & strategies in the helping process.* Pacific Grove, CA: Brooks/Cole.

Duckworth, J. (1990). The counseling approach to the use of testing. *The Counseling Psychologist, 18*(2), 198-204.

Dunlop, R., Burns, A., & Bermingham, S. (2001). Parent-child relationship and adolescent self-image following divorce: A 10 year study. *Journal of Youth and Adolescence, 30*(2), 11-134.

Duran-Aydintug, C. (1997). Adult children of divorce revisited: When they speak up. *Journal of Divorce & Remarriage, 27,* 71-83.

Dyer, W. W., & Vriend, J. (1977). A goal-setting checklist for counselors. *Personnel and*

Guidance Journal, 55(8), 469-471.

Eagan, G. (1990). *The skilled helper* (4th ed.). Pacific Grove, CA: Brooks/Cole.

Eagan, G. (2010). *The skilled helper: A problem management and opportunity development approach to helping* (9th ed.). Pacific Grove, CA: Brooks/Cole.

Elkind, D. (1967). Egocentrism in adolescence. *Child Development, 38*, 1025-1034.

Elkind, D. (1978). Understanding the young adolescent. *Adolescence, 13*, 126-135.

Elkind, D., & Bowen, R. (1979). Imaginary audience behavior in children and adolescents. *Developmental Psychology, 15*, 38-44.

Ellenson, A. (1982). *Human relations*. New York: Prentice-Hall.

Elliott, D. S., Huizinga, D., & Ageton, S. S. (1985). *Explaining delinquency and drug use*. Beverly Hills, CA: Sage.

Ellis, A. (1962). *Reason and emotion in psychotherapy*. New York: Lyle Stuart.

Ellis, A. (1984). The essence of REBT-1984. *Journal of Rational-Emotive Therapy, 2*(1), 19-25.

Ellis, A. (1989). Rational emotive therapy. In R. J. Corsini & D. Wedding (Eds.), *Current psychotherapies* (4th ed.). Itasca, IL: F. E. Peacock.

Ellis, A. (1991). The revised ABC's of rational-emotive-therapy(RET). *Journal of Rational-Emotive Cognitive-Behavior Therapy, 9*(3), 139-172.

Ellwood, M. S., & Stolberg, A. L. (1991). A preliminary investigation of family systems' influences on individual divorce adjustment. *Journal of Divorce & Remarriage, 15*(1-2), 157-174.

Elmore, P. B., Ekstrom, R. B., Diamond, E. E., & Whittaker, S. (1993). School counselors' test use patterns and practices. *School Counselor, 41*(2), 73-80.

Engen, H. B., Lamb, R. R., & Prediger, D. J. (1982). Are secondary schools still using standardized tests? *Personnel and Guidance Journal, 60*(5), 287-290.

Epperson, D. L., Bushway, D. J., & Warman, R. E. (1983). Client self-termination after one session: Effects of problem recognition, counselor gender, and counselor experience. *Journal of Counseling Psychology, 30*(3), 307-315.

Erikson, E. H. (1963). *Youth: Change and challenge*. New York: Basic Books

Erikson, E. H. (1968). *Identity: Youth and crisis*. New York. Norton.

Eysenck, H. J. (1967). Intelligence assessment: A theoretical and experimental approach. *British Journal of Educational Psychology, 37*(1), 81-98.

Farrington, D. P. (1992). Explaining the beginning, progress, and ending of antisocial behavior from birth to adulthood. In J. McCord (Ed.), *Advances in criminological theory: Vol. 3. Facts, frameworks, and forecasts*. New Brunswick, CANADA: Transaction Publishers.

Fenell, D., & Weinhold, B. (1989). *Counseling families*. Denver, CO: Love.

Festinger, L. (1957). *A theory of cognitive dissonance*. Evanston, IL: Row & Peterson.

Fisher, C. F., & King, R. M. (1995). *Authentic assessment: A guide to implementation.* Thousand Oaks, CA: Corwin.

Ford, M. E. (1992). *Motivating humans: Goals, emotions, and personal agency beliefs.* Newbury Park, CA: Sage Publications.

France, K. (1990). *Crisis intervention: A handbook of immediate person-to-person help* (2nd ed.). Springfield, IL: Charles C. Thomas.

Fredman, N., & Sherman, R. (1987). *Handbook of measurements for marriage and family therapy.* New York: Brunner/Mazel.

Friedman, E. (1991). Bowen theory and therapy. In A. Gurman & D. Kinskern (Eds.), *Handbook of family therapy* (Vol. 2, pp. 134-170). New York: Brunner/Mazel.

Furstenberg, F. F., Brooks-Gunn, J., & Morgan, S. P. (1987). Adolescent mothers and their children in later life. *Family Planning Perspectives, 19*(4), 142-151.

Galvin, M., & Ivey, A. E. (1981). Researching one's own interviewing style: Does your theory of choice match your actual practice? *Personnel and Guidance Journal, 59*, 536-542.

Gardner, H. (1983). *Frames of mind: The theory of multiple intelligence.* New York: Basic Books.

Gardner, H. (1999). *The disciplined mind: Beyond facts and standardized tests, the K-12 education that every child deserves.* 류숙희 역(2015). 인간은 어떻게 배우는가? 인지과학이 발견한 배움의 심리학. 서울: 사회평론.

Gately, D., & Schwebel, A. L. (1992). Favourable outcomes in children after divorce. *Journal of Divorce and Remarriage, 18*, 3-4.

Gazda, G. M. (1973). *Human relations development: A manual for educators.* Boston, MA: Allyn & Bacon.

Gelatt, H. B. (1962). Decision making: A conceptual frame of reference for counseling. *Journal of Counseling Psychology, 9*, 240-245.

Gelso, C., & Fretz, B. (1992). *Counseling psychology* (2nd ed.). Orlando, FL: Harcourt.

George, R. L., & Dustin, D. (1988). *Group counseling: Theory, methods and practice.* Englewood Cliffs, NJ: Prentice-Hall.

Germer, C. K.(2005). Mindfulness: What is it? What does it matter? In C. K. Germer, R. D. Siegel, & P. R. Fulton (Eds.), *Mindfulness and psychotherapy.* New York: The Guilford Press.

Ginzberg, E. (1972). *Occupational Choice: An approach to a general theory.* New York: Columbia University Press.

Ginzberg, E., Ginsburg, S. W., Axelrad, S., & Herma, J. (1951). *Occupational choice: An approach to a general theory.* New York: Columbia University Press.

Gladding, S. T. (1990). Coming full cycle: Reentry after the group. *Journal for Specialists in*

*Group Work, 15*(3), 130-131.

Gladding, S. T. (1995). *Family therapy: History, theory, and practice.* Englewood Cliffs, NJ: Prentice Hall.

Gladding, S. T. (2005). *Counseling theories: Essential concepts and applications.* Upper Saddle River, NJ: Pearson Education.

Goldberg, I. (1996). Internet addiction. *Electronic Message Posted Research Discussion List.* http://www.rider.edu/users/suler/psycyber/supportgp.html.

Golden, L. (1993). Counseling with families. In A. Vernon (Ed.), *Counseling children and adolescents* (pp. 271-290). Denver, CO: Love.

Goldenberg, I., & Goldenberg, H. (1988). Family systems and the school counselor. In W. Walsh, & N. Giblin (Eds.), *Family counseling in school settings* (pp. 26-38). Springfield, IL: Charles C. Thomas.

Goldenberg, I., & Goldenberg, H. (1991). *Family therapy: An overview* (3rd ed.). Monterey, CA: Brooks/Cole.

Gladstein, G. A. (1983). Understanding empathy: Integrating counseling, developmental, and social psychology perspective. *Journal of Counseling Psychology, 30*(4), 467-482.

Goldman, L. (1994). The marriage between tests and counseling redux: Summary of the 1972 article. *Measurement and Evaluation in Counseling and Development, 26*(4), 214-216.

Goldstein, E. B. (2014). *Cognitive psychology: Connecting mind, research, and everyday experience* (4th ed.). 도경수, 박태진, 조양석 공역(2016). 인지심리학: 마음, 연구, 일상경험 연결(4판). 서울: 센게이지러닝코리아.

Goodman, M., Brown, J., & Deitz, P. (1992). *Managing managed care: A mental health practitioner's survival guide.* Washington, DC: American Psychiatric Association.

Goodyear, R. K. (1981). Termination as a loss experience for the counselor. *Personnel and Guidance Journal, 59*(6), 347-350.

Goodyear, R. K. (1990). Research on the effects of test interpretation: A review. *The Counseling Psychologist, 18*(2), 240-257.

Gotlib, I. H., & Hammen, C. L. (1992). *Psychological aspects of depression: Toward a cognitive-interpersonal integration.* New York: John Wiley & Sons.

Gottfredson, L. S. (1981). Circumscription and compromise: A developmental theory of occupational aspirations. *Journal of Counseling Psychology, 28*, 545-580.

Gottfredson, L. S. (1996). Gottfredson's theory of circumscription and compromise. In D. Brown, L. Brooks, & Associates (Eds.), *Career choice and development* (3rd ed., pp. 179-232). San Francisco, CA: Jossey-Bass.

Gottfredson, L. S. (2005). Applying Gottfredson's theory of circumscription and compromise in career guidance and counselling. In S. D. Brown & R. W. Lent (Eds.), *Career development and counselling: Putting theory and research to work* (pp. 71-100). New York: John Wiley & Sons.

Gottfredson, M. R., & Hirschi, T. (1990). *A general theory of crime*. Stanford, CA: Stanford University Press.

Goulding, M., & Goulding, R. (1979). *Changing lives through redecision therapy*. New York: Brunner/Mazel.

Green, R., & Kolevzon, M. (1984). Characteristics of healthy families. *Elementary School Guidance and Counseling, 19*, 9-18.

Greenberg, J. S., Bruess, C. E., & Conklin, S. C. (2007). *Exploring the dimensions of human sexuality* (3rd ed.). Sudbury, MA: Jones and Bartlett.

Greenberg, J. S., Bruess, C. E., & Oswalt, S. B. (2017). *Exploring the dimensions of human sexuality* (6th ed.). Burlington, MA: Jones and Bartlett.

Grych, J. J., & Fincham, F. D. (1997). Children's adaptation to divorce: From description to explanation. In S. A. Wolchik & I. N. Sandler (Eds.), *Handbook of children's coping: Linking theory and intervention* (pp. 159-193). New York: Plenum.

Guilford, J. P. (1954). *Psychometric methods* (2nd ed.). New York: McGraw-Hill.

Gunn, P. H. (1998). *Internet addiction: The effects of sex, age, depression and introversion*. Paper presented at the British Psychological Society London Conference, London.

Gumaer, J. (1984). *Counseling and therapy for children*. 이재연, 서영숙, 이명조 공역(1997). 아동상담과 치료. 서울: 양서원.

Guy, J. D. (1987). *The personal life of the psychotherapist*. New York: Wiley.

Gysbers, N. C. (1978). Remodeling your guidance program while living in it. *TPGA Journal, 6*(2), 53-61.

Gysbers, N. C., Heppner, M. J., & Johnston, J. A. (2014). *Career counseling: Holism, diversity, and strengths* (4th ed.). 김봉환 역(2017). 진로상담의 실제. 서울: 학지사.

Haase, R. F. (1970). The relationship of sex and instructional set to the regulation of interpersonal interaction distance in a counseling analogue. *Journal of Counseling Psychology, 17*(3), 233-236.

Hackney, H. (1978). The evolution of empathy. *Personnel and Guidance Journal, 57*(1), 35-38.

Hackney, H., & Cormier, L. S. (1994). *Counseling strategies and interventions* (4th ed.). Englewood Cliffs, NJ: Prentice Hall.

Hackney, H. L., & Cormier, L. S. (2000). *The professional counselor: A process guide to helping* (4th ed.). 임성문, 이주성, 최국환, 김윤주, 이누미야 요시유키, 안형근, 육성필 공역(2004). 심리상담의 과정과 기법(4판). 서울: 시그마프레스.

Harari, Y. N. (2018). *21 lessons for the 21st century*. 전병근 역(2018). 21세기를 위한 21가지 제언: 더 나은 오늘은 어떻게 가능한가. 경기: 김영사.

Hartley, D. E. (1999). *Job analysis at the speed of reality.* 윤관식 역(2003). 정보화시대의 직무분석. 서울: 학지사.

Havighurst, R. J. (1952). *Developmental tasks and education* (2nd ed.). New York: Longmanas Green.

Hawton, K. (1986). *Suicide and attempted suicide among children and adolescents.* Beverly Hills, CA: Sage.

Hawton, K., Saunders, K. E. A., & O'Connor, R. C. (2012). Self-harm and suicide in adolescents. *The Lancet, 379*(9834), 2373-2382.

Hayes, R. L. (1993). Life, death, and reconstructive self. *Journal of Humanistic Education and Development, 32*(2), 85-88.

Hayes, S. C. (2005). Stability and change in cognitive behavior therapy: Considering the implications of ACT and RFT. *Journal of Rational-Emotive and Cognitive-Behavior Therapy, 23*(2), 131-151.

Hayes, S. C., Follette, V. M., & Linehan, M. (Eds.). (2004). *Mindfulness and acceptance: Expanding the cognitive-behavioral tradition.* New York: Guilford Press.

Hayes, S. C., Strosahl, K., & Wilson, K. G. (1999). *Acceptance and commitment therapy: Understanding and treating human suffering.* New York: Guilford Press.

Hayles, N. K. (2008). *How we became posthuman: Virtual bodies in cybernetics, literature, and informatics.* IL: University of Chicago Press.

Hazan, C., & Shaver, P. R. (1987). Romantic love conceptualized as an attachment process. *Journal of Personality and Social Psychology, 52,* 511-524.

Henggeler, S. W. (1999). Multi-systemic treatment of serious clinical problems in children and adolescents. *Clinician's Research Digest, 21,* 1-2.

Henggeler, S. W., & Borduin, C. M. (1990). *Family therapy and beyond: A multisystemic approach to treating the behavior problems of children and adolescents.* Pacific Grove, CA: Brooks/Cole.

Henggeler, S. W., Melton, G. B., & Smith, L. A. (1992). Family preservation using multisystemic therapy: An effective alternative to incarcerating serious juvenile offenders. *Journal of Consulting and Clinical Psychology, 60,* 953-961.

Henggeler, S. W., Schoenwald, S. K., & Pickrel, S. G. (1995). Multisystemic therapy: Bridging the gap between university-and community-based treatment. *Journal of Consulting and Clinical Psychology, 63*(5), 709-717.

Herrmann, D. J., Yoder, C. Y., Gruneberg, M., & Payne, D. G. (2006). *Applied cognitive psychology: A textbook.* 이재식 역(2009). 응용 인지심리학. 서울: 박학사.

Herr, E. L., & Cramer, S. H. (1996). *Career guidance and counseling through the life span: Systematic approaches.* New York: HarperCollins College Publishers.

Hesley, J. W., & Hesley, J. G. (1998). *Rent two film and let's talk in the morning: Using popular movies in psychotherapy*. New York: Wiley.

Hill, C. (1975). A process approach for establishing counseling goals and outcomes. *Personnel and Guidance Journal, 53*(8), 571-576.

Hilsman, R., & Garber, J. (1995). A test of the cognitive diathesisstress model of depression in children: Academic stressors, attributional style, perceived competence, and control. *Journal of Personality and Social Psychology, 69*, 370-380.

Hinterkopf, E. (1998). *Integrating spirituality in counseling*. Alexandria, VA: American Counseling Association Press.

Hipple, J. (1993). *Suicide: The preventable tragedy*. Paper presented at the meeting of the Texas counseling Association, San Antonio, TX.

Hodgkinson, H. L. (1992). *A demographic look at tomorrow*. Washington, DC: Institute for Educational Leadership.

Holland, J. L. (1997). *Making vocational choices: A theory of vocational personalities and work environments* (3rd ed.). Odessa, FL: Psychological Assessment Resources.

Holland, J. L., & Gottfredson, G. D. (1975). Predictive value and psychological meaning of vocational aspirations. *Journal of Vocational Behavior, 6*(3), 349-363.

Holland, J. L., & Holland, J. E. (1977). Vocational indecision: More evidence and speculation. *Journal of Counseling Psychology, 24*, 404-464.

Holman, T. B., & Woodroffe-Patrick, M. (1988). Family structure, conflict, and children's self-esteem in Trinidad and Tobago. *Journal of Family Issues, 9*(2), 214-223.

Huey, S. J., Jr., Henggeler, S. W., Brondino, M. J., & Pickrel, S. G. (2000). Mechanisms of change in multi systemic therapy: Reducing delinquent behavior through therapist adherence and improved family and peer functioning. *Journal of Consulting and Clinical Psychology, 68*, 451-467.

Hulse-Killacky, D. (1993). Personal and professional endings. *Journal of Humanistic Educational Development, 32*(2), 92-94.

Hutchins, D. E., & Cole, C. G. (1986). *Helping relationships and strategies*. Pacific Grove, CA: Brooks/Cole.

Iberg, J. R. (1981). Focusing. In R. J. Corsini (Ed.), *Handbook of innovative psychotherapy* (pp. 344-361). New York: Wiley.

Ivey, A. E. (1988). *Intentional interviewing and counseling* (2nd ed.). Pacific Grove, CA: Brooks/Cole.

Izzo, R. L., & Ross, R. R. (1990). Meta-analysis of rehabilitation programs for juvenile delinquents. *Criminal Justice and Behavior, 17*, 134-142.

Jacobs, E. E., Schimmel, C. J., Masson, R. L., & Harvill, R. L. (2015). *Group counseling:*

*Strategies and skills* (8th ed.). 김춘경 역(2016). 집단상담: 전략과 기술(8판). 서울: 시그마프레스.

Jacobs, J. (1980). *Adolescent Suicide*. New York: Irvington.

Jacobson, C. M., & Batejan, K. (2014). Comprehensive theoretical models of nonsuicidal self-injury. In M. K. Nock (Ed.), *The Oxford handbook of suicide and self-injury* (pp. 308-320). Oxford, UK: Oxford University Press.

Jennings, A. M., Salts, C. J., & Smith, T. A. (1991). Attitudes toward marriage: Effects of parental conflicts, family structure, and gender. *Journal of Divorce & Remarriage, 17*, 67-79.

Jeynes, W. H. (2001). The effects of recent parental divorce on their children's consumption of alcohol. *Journal of Youth and Adolescence, 30*(3), 305-319.

Johnson, J. H., Rasbury, W. C., & Siegel, L. J. (1986). *Approaches to child treatment*. New York: Pergamon.

Jourard, S. M. (1968). *Disclosing man to himself*. Princeton, NJ: Van Nostrand.

Kabat-Zinn, J. (1982). An outpatient program in behavioral medicine for chronic pain patients based on the practice of mindfulness meditation: Theoretical considerations and preliminary results. *General Hospital Psychiatry, 4*(1), 33-47.

Kanfer, F. H., & Gaelick-Buys, L. (1991). Self-management methods. In F. H. Kanfer & A. P. Goldstein (Eds.), *Helping people change: A textbook of methods* (4th ed., pp. 305-360). New York: Pergamon Press.

Karp, M., Holmes, P., & Kauvon, K. B. (1998). *The handbook of psychodrama*. 김광운, 박희석, 김경자, 전은희, 강명옥, 임수진 공역(2005). 심리극의 세계. 서울: 학지사.

Kellam, S. G., Brown, C. H., & Fleming, J. P. (1981). The prevention of teenage substance use: Longitudinal research and strategy. In T. J. Coates, A. C. Peterson, & C. Perry (Eds.), *Promoting adolescent health: A dialogue on research and practices*. New York: Academic Press.

Kellam, S. G., Ling, X., Mersca, R., Brown, C. H., & Lalongo, J. (1998). The effect of the level of aggression in the first grade classroom on the course and malleability of aggressive behavior into middle school. *Development and Psychopathology, 10*, 165-185.

Kelly, G. (1955). *The psychology of personal constructs (Vol. I and II)*. New York: W. W. Norton.

Kelly, K. R., & Stone, G. L. (1982). Effects of time limits on the interview behavior of type A and B persons within a brief counseling analog. *Journal of Counseling Psychology, 29*(5), 454-459.

Kendall, P. C. (1991). Guiding theory for therapy with children and psychopathology and a critique of related interventions. *Journal of Abnormal Child Psychology, 13*, 357-375.

King, N., Hamilton, D., & Ollendick, T. (1988). *Children's phobias: A behavioral perspective*.

New York: Wiley.

Kitson, G. C., & Morgan, L. A. (1990). The multiple consequences of divorces. In A. Booth (Ed.), *Contemporary families: Looking forward, looking back.* Minneapolis, MN: National Council on Family Relations.

Kline, W. B. (1986). The risks of client self-disclosure. *AMHCA Journal, 8,* 94-99.

Kohlberg, L. (1981). *Essays on moral development (Vol. 1): The philosophy of moral development.* San Francisco, CA: Harper & Row.

Kosciw, J. G., & Daiz, E. M. (2006). *The 2005 national school climate survey: The experiences of lesbian, gay, bisexual and transgender youth in our nation's school.* New York: Gay, Lesbian, and Straight Education New York.

Kosterman, R., Hawkings, J. D., Guo, J., Catalano, R. F., Abbott, R. D., Russell, S., & Joyner, K. (2000). Adolescent sexual orientation and suicide risk: Evidence from a natural study. *American Journal of Public Health, 91,* 1276-1282.

Kottler, J. A., Sexton, T. L., & Whiston, S. C. (1994). *The heart of healing.* San Francisco, CA: Jossey-Bass.

Krumboltz, J. D., Mitchell, A. M., & Jones, B. (1976). A social learning theory of career selection. *The Counseling Psychologist, 6*(1), 71-81.

Kübler-Ross, E. (1969). *On death and dying.* New York: Macmillan.

Kumpfar, K. L., & Tait, C. M. (2000). Family skills training for parents and children. *Bulletin of the office of Justice Programs, Office of Juvenile and Delinquency Prevention,* 1-11. Washington, DC: U. S. Department of Justice.

Kunz, J. (2001). Parental divorce and children's interpersonal relationships: A meta-analysis. *Journal of Divorce & Remarriage, 34*(3/4), 19-47.

Lal, S. R., Lal, D., & Achilles, C. M. (1993). *Handbook on gangs in schools: Strategies to reduce gang-related activities.* Thousand Oaks, CA: Corwin Press.

Landreth, G. L. (1991). *Play therapy: The Art of the relationship.* London: Routledge.

Lapsley, D. K. (1991). Egocentrism theory and "new look" at the imaginary audience and personal fable in adolescence. In R. M. Lerner, A. C. Peterson, & J. Brooks-Gunn (Eds.), *The Encyclopedia of adolescence.* New York: Garland.

Larson, L. M., & Heppner, P. P. (1985). The Relationship of Problem-Solving Appraisal to Career Decision and Indecision. *Journal of Vocational Behavior, 26*(1), 55-65.

Larson, L. M., Heppner, P. P., Ham, T., & Dugan, K. (1988). Investigating multiple subtypes of career indecision through cluster analysis. *Journal of Counseling Psychology, 35*(4), 439-446.

Lawless, L. L., Ginter, E. J., & Kelly, K. R. (1999). Managed care: What mental health counselors need to know. *Journal of Mental Health Counseling, 21*(1), 50-65.

Lawther, J., & Oehmen, S. (1985). Middle and junior high school counselors' column. *Elementary School Guidance & Counseling, 19*(4), 314-317.

Lazarus, A. A. (1976). *Multimodal behavior therapy: I*. New York: Springer Publishing Company.

Lent, R. W., Brown, S. D., & Hackett, G. (1994). Toward a unifying social cognitive theory of career and academic interest, choice, and performance. *Journal of Vocational Behavior, 45*, 79-122.

Lerner, R. M. (1991). Changing organism context relations as the basic process of development: A developmental contextual perspective. *Developmental Psychology, 27*, 27-32.

Lerner, R. M., Skinner, E. A., & Sorrell, G. T. (1980). Methodological implications of contextual/dialectic theories of development. *Human Development, 23*, 225-235.

Liebert, R. M., & Liebert, L. L. (1998). *Personality: Strategies & issues*. 조현춘, 조현재, 문지혜 공역(2002). 성격심리학. 서울: 시그마프레스.

Lindsley, D. B. (1957). Psychophysiology and motivation. In M. R. Jones (Ed.), *Nebraska symposium on motivation*. Lincoln, NE: University of Nebraska Press.

Linehan, M. (1993). *Skills training manual for treating borderline personality disorder (Vol. 29)*. New York: Guilford Press.

Loeber, R., & Dishion, T. J. (1983). Early predictors of male delinquency: A review. *Psychological Bulletin, 93*, 68-99.

Loesch, L. (1977). Guest editorial. *Elementary School Guidance and Counseling, 12*, 74-75.

Lofquist, L. H., & Dawis, R. V. (1991). *Essentials of person-environment correspondence counseling*. Minneapolis, MN: University of Minnesota Press.

Lopez, S. J., Snyder, C. R., & Rasmussen, H. N. (2003). Striking a vital balance: Developing a complementary focus on human weakness and strength through positive psychological assessment. In S. J. Lopez & C. R. Snyder (Eds.), *Positive psychological assessment: A handbook of models and measures* (pp. 3-20). Washington, DC: American Psychological Association.

Ludwig, D. S., & Kabat-Zinn, J. (2008). Mindfulness in medicine. *Jama, 300*(11), 1350-1352.

Maccoby, E. E., & Martin, J. A. (1983). Socialization in the context of the family: Parent-child interaction. In P. H. Mussen & E. M. Hetherington (Eds.), *Handbook of child psychology: Vol. 4. Socialization, personality, and social development* (pp. 1-101). New York: Wiley.

Maholick, L. T., & Turner, D. W. (1979). Termination: The difficult farewell. *American Journal of Psychotherapy, 33*(4), 583-591.

Maltsberger, J. T. (1991). Psychotherapy with older suicidal patients. *Journal of Gerontological Psychiatry, 24*, 217-234.

Marlatt, G., & Kristeller, J. (1999). Mindfulness and meditation. In W. R. Miller (Ed.), *Integrating spirituality into treatment: Resources for practitioners* (pp. 67-84). Washington, DC: American Psychological Association.

Marra, T. (2005). *Dialectical behavior therapy in private practice: A Practical and comprehensive guide*. Oakland, CA: New Harbinger Publications.

Maslow, A. H. (1943). A theory of human motivation. *Psychological Review, 50*(4), 370-396.

Maslow, A. H. (1968). *Toward a psychology of being*. New York: Van Nostrand.

Mason, O. M., & Hargreaves, I. (2001). A qualitative study of mindfulness-based cognitive therapy for depression. *British Journal of Medical Psychology, 74*, 197-212.

McBrien, R. (1983). Are you thinking of killing yourself: Confronting suicidal thoughts. *The School Counselor, 31*, 75-82.

McCarn, S. R., & Fassinger, R. E. (1996). Revisioning sexual minority identity formation: A new model of lesbian identity and its implications for counseling and research. *The Counseling Psychologist, 24*(3), 508-534.

McDaniel, S. (1981). Treating school problems in family therapy. *Elementary School Guidance and Counseling, 15*, 214-222.

McDowall, D. (1991). Firearm availability and homicide rates in Detroit, 1951-1986. *Social Forces, 69*(4), 1085-1101.

Macfarlane, J., Allen, L., & Honzik, M. (1954). *A developmental study of the behavior problems of normal children between twenty-one months and fourteen years*. Berkeley, CA: University of California Press.

McGoldrick, M., & Gerson, R. (1985). *Genograms in family assessment*. 이영분, 김유숙 공역 (1992). 가족분석가계도. 서울: 홍익재.

McKeachie, W. J., Printrich, P. R., & Lin, Y. C. (1986). Teaching learning strategies. *Educational Psychologist, 20*(3), 153-160.

McLaughlin, K., Hatzenbuechler, M., & Hilt, L. (2009). Emotion dysregulation as a mechanism linking peer victimization to internalizing symptoms in adolescents. *Journal of Consulting and Clinical Psychology, 77*(5), 894-904.

McWhirter, J. J., McWhirter, B. T., McWhirter, E. H., & McWhirter, R. J. (2004). *At risk youth: A comprehensive response* (3rd ed.). Pacific Grove, CA: Brooks/Cole.

Mead, G. H. (1934). Mind, self and society. Chicago, IL: The University of Chicago Press.

Miller, A. B., & Prinstein, M. J. (2019), Adolescent suicide as a failure of acute stress-response systems. *Annual Review of Clinical Psychology, 7*(15), 425-450.

Minuchin, S. (1974). *Families and family therapy*. 김종옥 역(1988). 가족과 가족치료. 서울: 법문사.

Minuchin, S. (1988). *Family kaleidoscope*. 김종옥, 김유숙 공역(1988). 구조적 가족치료의 실제: 실제를 중심으로. 서울: 법문사.

Minuchin, S., & Fishman, H. (1981). *Family therapy techniques*. Cambridge, MA: Harvard

University.

Mitchell, L. K., & Krumboltz, J. D. (1990). Social learning approach to career decision making: Krumboltz's theory. In D. Brown, L., Brooks, & Associates (Eds.), *Career choice and development* (2nd ed., pp. 145-196). San Francisco, CA: Jossey-Bass.

Mohr, D. C. (1995). Negative outcome in psychotherapy: A critical review. *Clinical Psychology: Science and Practice, 2*(1), 1-27.

Moreland, K. L., Eyde, L. D., Robertson, G. J., Primoff, E. S., & Most, R. B. (1995). Assessment of test user qualifications: A research-based measurement procedure. *American Psychologist, 50*(1), 14-23.

Moreno, J. L. (1946). *Psychodrama (Vol. 1)*. New York: Beacon House.

Morrill, W. H., Oetting, E. R., & Hurst, J. C. (1974). Dimensions of counselor functioning. *Journal of Personnel and Guidance, 52*, 354-359.

Mulder, C., & Gunnoe, M. L. (1990). *Journal of the American Academy of Child and Adolescent Psychiatry, 30*, 349-360.

Mullis, F., & Berger, M. (1981). The utility of Bowen's theory of family therapy for school counselors. *The School Counselor, 28*, 195-201.

Muro, J. J., & Kottman, T. (1995). *Guidance and counseling in the elementary and middle schools*. WI: Brown & Benchmark.

Myrick, R. D. (2003). Accountability: Counselors count. *Professional School Counseling, 6*(3), 174-179.

Nelson, K. (1978). How children represent knowledge of their world in and out of language: A preliminary report. In R. S. Siegler (Ed.), *Children's thinking: What develops?* (pp. 255-273). NJ: Lawrence Erlbaum Associates, Inc.

Ness, M. E. (1989). The use of humorous journal articles in counselor training. *Counselor Education and Supervision, 29*, 35-43.

Neukrug, E. (2007). *The world of the counselor: An introduction to the counseling profession* (3rd ed.). Belmont, CA: Thomson/Brooks/Cole.

Newman, B. M., & Newman, P. R. (1987). *Development through life: A psychosocial approach* (4th ed.). Chicago, IL: Dorsey Press.

Nichols, M. P., & Davis, S. D. (2016). *Family therapy: Concepts and methods*. 김영애 역(2017). 가족치료: 개념과 방법. 서울: 시그마프레스.

Nichols, M., & Schwartz, R. (1991). *Family therapy: Concepts and methods* (2nd ed.). Boston, MA: Allyn & Bacon.

Nock, M. K. (2009). Why do people hurt themselves? New insights into the nature and functions of self-injury. *Current Directions in Psychological Science, 18*, 78-83.

Nock, M. K., & Prinstein, M. J. (2004). A functional approach to the assessment of self-mutilative behavior. *Journal of Consulting and Clinical Psychology, 72*(5), 885-890.

Norcross, J., & Newman, C. (1982). Psychotherapy integration: Setting the context. In J. Norcross & M. Goldfried (Eds.), *Handbook of psychotherapy integration* (pp. 3-46). New York: Basic Books.

O'Connor, T. J., Davis, A., Meakes, E., Pickering, R., & Schuman, M. (2004). Narrative therapy using a reflecting team: An ethnographic study of therapists' experiences. *Contemporary Family Therapy, 26*(1), 23-39.

Okun, B. F., & Kantrowitz, R. E. (2015). *Effective helping: Interviewing and counseling techniques* (8th ed.). 이윤희, 김지연, 전호정, 박민지 공역(2019). 상담기본기술 A to Z: 일반인 · 준전문가 · 전문가를 위한 조력의 이해와 실제(8판). 서울: 학지사.

Olweus, D. (1994). Annotation: Bullying at school: Basic facts and effects of a school based intervention program. *Child Psychology & Psychiatry & Allied Disciplines, 35*(7), 1171-1190.

Orbach, I. (1988). *Children who don't want to live.* San Francisco, CA: Jossey-Bass.

Osipow, S. H., & Fitzgerald, L. F. (1996). *Theories of career development* (4th ed.). Boston, MA: Allyn & Bacon.

Osofsky, J. D. (1997). *Children in a violent social.* New York: Guilford Press.

Otani, A. (1989). Client resistance in counseling: Its theoretical rationale and taxonomic classification. *Journal of Counseling and Development, 67*(8), 458-461.

Parad, H., & Parad, L. (1990). Crisis intervention: An introductory overview. In H. Parad & L. Parad (Eds.), *Crisis intervention. Book 2: The practitioner's sourcebook for brief therapy* (pp. 3-66). Milwaukee, WI: Family Service America.

Paradise, L. V., & Wilder, D. H. (1979). The relationship between client reluctance and counseling effectiveness. *Counselor Education and Supervision, 19,* 35-41.

Parloff, M. (1976). Shopping for the right therapy. *Saturday Review, 21,* 14-16.

Parsons, F. (1909). *Choosing a vocation.* Boston, MA: Houghton Mifflin.

Passons, W. R. (1975). *Gestalt approaches to counseling.* New York: Holt, Rinehart, & Winston.

Pate, R. H., Jr. (1983). Assessment and information giving. In J. A. Brown, & R. H. Pate, Jr. (Eds.), *Being a counselor* (pp. 147-172). Monterey, CA: Brooks/Cole.

Patterson, G. R., Crosby, L., & Vuchinich, S. (1992). Predicting risk for early police arrest. *Journal of Quantitative Criminology, 8*(4), 335-355.

Patterson, G. R., DeBaryshe, B. D., & Ramsey, E. (1989). A developmental perspective on antisocial behavior. *American Psychologist, 44*(2), 329-335.

Patterson, G. R., & Dishion, T. J. (1985). Contributions of families and peers to delinquency. *Criminology, 23*(1), 63-79.

Patterson, L. E., & Eisenberg, S. (1983). *The counseling process* (3rd ed.). Boston, MA:

Houghton Mifflin.

Pavlov, I. P. (1927). *Conditioned reflexes*. London: Oxford University Press.

Perls, F. S. (1969). *Gestalt therapy verbatim*. Lafayette, CA: Real People Press.

Perls, F. S. (1976). *Gestalt therapy verbatim*. New York: Bantam Books.

Perls, F. S., Hefferlin, R. F., & Goodman, P. (1951). *Gestalt therapy, excitement and growth in the human personality*. New York: The Julian-Verlag.

Peterson, G. W., Sampson, I. P., & Reardon, C. (1991). *Career development and services: A cognitive approach*. Pacific Grove, CA: Brooks/Cole.

Piaget, J. (1969). *The psychology of the child*. New York: Basic Books.

Polster, M. (1987). Gestalt therapy: Evolution and application. In J. K. Zeig (Ed.), *The evolution of Psychotherapy: The 1st conference* (pp. 312-325). New York: Brunner/Mazel.

Ponzetti, J., & Long, E. (1989). Healthy family functioning: A review and critique. *Family Therapy, 14*, 43-49.

Portmann, A. (1973). *Biologie und Geist*. Frankfurt: Suhrkamp.

Poulin, F., Dishion, T. J., & Burraston, B. (2001). 3-year iatrogenic effects associated with aggregating high-risk adolescents in cognitive-behavioral preventive interventions. *Applied Developmental Science, 5*(4), 214-224.

Preston, J. (1998). *Integrative brief therapy: Cognitive, psychodynamic, humanistic and neurobehavioral approaches*. San Luis Obispo, CA: Impact Publishers.

Prochaska, J. O., & Norcross, J. C. (2003). *Systems of psychotherapy: A transtheoretical analysis* (5th ed.). Pacific Grove, CA: Brooks/Cole.

Reeve, J. (2014). *Understanding motivation and emotion* (6th ed.). 김아영, 도승이, 신태섭, 이우걸, 이은주, 장형심 공역(2018). 동기와 정서의 이해(6판). 서울: 박학사.

Ritchie, M. H. (1986). Counseling the involuntary client. *Journal of Counseling and Development, 64*(8), 516-518.

Roe, A. (1956). *The psychology of occupations*. New York: Wiley.

Rogers, C. R. (1951). *Client-centered therapy*. Boston, MA: Houghton Mifflin.

Rogers, C. R. (1957). The necessary and sufficient conditions for psychotherapeutic personality change. *Journal of Consulting Psychology, 21*, 95-103.

Rogers, C. R. (1961). *On becoming a person*. Boston, MA: Houghton Mifflin.

Rogers, C. R. (1980). *A way of being*. 오제은 역(2007). 칼 로저스의 사람 중심 상담. 서울: 학지사.

Rogers, C. R. (1987). The underlying theory: Drawn from experience with individuals and groups. *Counseling and Values, 32*(1), 38-46.

Roloff, M. E., & Miller, G. R. (Eds.) (1980). *Persuasion: New directions in theory and research*. Beverly Hills, CA: Safe Publications.

Rosen, S., & Tesser, A. (1970). On the reluctance to communicate undesirable information: The

MUM effect. *Sociometry, 33*(3), 253-263.

Rosenzweig, M. R. (1998). Historical perspectives on the development of the biology of learning and memory. In J. L. Martinez, Jr. & R. P. Kesner (Eds.), *Neurobiology of learning and memory* (pp. 1-53). San Diego, CA: Academic Press.

Ross, A. O. (1976). *Psychological Aspects of Learning Disabilities & Reading Disorders.* New York: McGraw-Hill Book Company.

Rothbaum, F., & Weisz, J. R. (1989). *Child psychopathology and the quest for control.* Newbury Park, CA: Sage Publications.

Rubin, K. H., & Krasnor, L. R. (1986). Social cognitive and social behavioral perspectives on problem solving. In M. Perlmutter (Ed.), *Minnesota symposium on child psychology* (Vol. 18, pp. 1-68). Psychology Press.

Rule, W. R. (1982). Pursuing the horizon: Striving for elusive goals. *Personnel and Guidance Journal, 61*(4), 195-197.

Ryan, R. M., & Deci, E. L. (2000). Self-determination theory and the facilitation of intrinsic motivation, social development, and well-being. *American Psychologist, 55*(1), 68-78.

Sack, R. T. (1988). Counseling responses when clients say 'I don't know'. *Journal of Mental Health Counseling, 10*(3), 179-187.

Salomone, P. R. (1982). Difficult cases in career counseling: II. The indecisive client. *Personnel & Guidance Journal, 60*(8), 496-500.

Sanders, M. R., Halford, W. K., & Behrens, B. C. (1999). Parental divorce and premarital couple communication. *Journal of Family Psychology, 13,* 60-74.

Sarason, I. G., & Sarason, B. R. (1996). *Abnormal psychology.* 김은정, 김향구, 황순택 공역 (2003). 이상심리학. 서울: 학지사.

Satir, V. (1972). *People making.* Palo Alto, CA: Science and Behavior Books.

Satir, V. (1983). *Conjoint family therapy.* 홍성화, 안향림 공역(1991). 가족의 전 구성원을 함께 치료하는 가족치료. 서울: 성원사.

Schunk, D., Swartz, H., & Carl, W. (1991). Process goals and progress feedback: Effects on children's self-efficacy and skills. Presented at the annual convention of the *American Education Research Association*, Chicago, IL.

Segal, Z. V., Teasdale, J. D., & Williams, J. M. G. (2004). Mindfulness-Based Cognitive Therapy: Theoretical Rationale and Empirical Status. In S. C. Hayes, V. M. Follette, & M. M. Linehan (Eds.), *Mindfulness and acceptance: Expanding the cognitive-behavioral tradition* (pp. 45-65). New York: Guilford Press.

Seligman, L. (1981). An application of Satir's model to family counseling. *The School Counselor, 29,* 133-139.

Seligman, L. (1994). *Developmental career counseling and assessment.* CA: Sage Publications.

Senge, P. M. (1990). *The fifth discipline: The art and practice of the learning organization.* New York: Doubleday/Currency.

Sexton, T. L., Whiston, S. C., Bleuer, J. C., & Walz, G. R. (1997). *Integrating outcome research into counseling practice and training.* Alexandria, VA: American Counseling Association.

Shapiro, S., McCormick, M. C., Starfield, B. H., Krischer, J. P., & Bross, D. (1980). Relevance of correlates of infant death for significant morbidity at 1 year of age. *American Journal of Obstetrics and Gynecology, 136*(3), 363-373.

Shedler, J., & Block, J. (1990). Adolescent drug use and psychological health: A longitudinal inquiry. *American Psychologist, 45,* 617-630.

Sheehy, G. (1976). *Passages: Predictable crises of adult life.* New York: Bantam.

Sheldon, W. H., & Stevens, S. S. (1942). *The varieties of temperament.* New York: Happer & Row.

Shertzer, B., & Linden, J. D. (1982). Persistent issues in counselor assessment and appraisal. *Measurement and Evaluation in Guidance, 15*(1), 9-14.

Shertzer, B., & Stone, S. C. (1980). *Fundamentals of counseling* (3rd ed.). Boston, MA: Houghton Mifflin.

Shulman, L. (1979). *The skills of helping individuals and groups.* Itasca, IL: Peacock.

Silitsky, D. (1996). Correlates of psychosocial adjustment in adolescents from divorced families. *Journal of Divorce & Remarriage, 26*(1/2), 151-169.

Skinner, B. F. (1976). *About behaviorism.* New York: Random House.

Skudrzyk, B., Zera, D. A., McMahon, G., Schmidt, R., Boyne, J., & Spannaus, R. L. (2009). Learning to relate: Interweaving creative approaches in group counseling with adolescents. *Journal of Creativity in Mental Health, 4*(3), 249-261.

Smilansky, S. (1996). *Children of divorce: The roles of family and school.* 오은순 역(2002). 이혼 가정 아동. 서울: 학지사.

Smith, G. W., & Fogg, C. P. (1978). Psychological predictors of early use, late use and non-use of marijuana among teenage students. In D. Kandel (Ed.), *Longitudinal research on drug use: Empirical findings and methodological issues* (pp. 101-113). Washington, DC: Hemisphere-Wiley.

Smith, P. (1991). The silent nightmare: Bullying and victimization in school peer groups. *The Psychologist, 4,* 243-248.

Snyder, J., & Patterson, G. (1987). Family interaction and delinquent behavior. In H. C. Quay (Ed.), *Handbook of delinquency* (pp. 216-243). New York: Wiley.

Sommers-Flanagan, J., & Sommers-Flanagan, R. (1993). *Foundations of therapeutic interviewing.* Boston, MA: Allyn & Bacon.

Spanier, G. (1979). *Human sexuality in a changing society.* Minneapolis, MN: Burgess

Publishing Co.

Spengler, P. M., Strohmer, D. C., Dixon, D. N., & Shivy, V. A. (1995). A scientist-practitioner model of psychological assessment: Implications for training, practice, research. *The Counseling Psychologist, 23*(3), 506-534.

Spivack, G., & Cianci, N. (1987). High-risk early behavior pattern and later delinquency. In J. D. Burchard & S. N. Burchard (Eds.), *Prevention of delinquent behavior* (pp. 44-47). Beverly Hills, CA: Sage.

Sroufe, L. A. (1991). Considering normal and abnormal together: The essence of developmental psychopathology. *Development and Psychopathology, 2*, 335-347.

Stahl, B., & Goldstein, E. (2010). *A Mindfulness-Based Stress Reduction Workbook.* 안희영, 이재석 공역(2014). MBSR 워크북. 서울: 학지사.

Steele, W., & Raider, M. (1991). *Working with families in crisis: School-based intervention.* New York: Guilford.

Sternberg, R. J. (1985). *Beyond IQ: A triarchic theory of human intelligence.* New York: Cambridge University Press.

Sternberg, R. J., & Sternberg, K. (2016). *Cognitive psychology.* 신현정 역(2016). 인지심리학(7판). 서울: 박학사.

Stevens-Simon, C., & White, M. (1991). Adolescent pregnancy. *Pediatric Annals, 20*(6), 322-331.

Stewart, I. (2007). *Transactional analysis counselling in action* (3rd ed.). 최외선, 최웅용, 김갑숙, 제석봉 공역(2013). TA 상담의 실제. 서울: 학지사.

Stolberg, A. L., Camplair, C., Currier, K., & Wells, M. J. (1987). Individual, familiar, and environmental determinants of children's post-divorce adjustment and maladjustment. *Journal of Divorce, 11*, 51-70.

Stoller, R. J. (1985). *Observing the erotic imagination.* New Haven, CT: Yale University Press.

Stormshak, E. A., Bierman, K. L., Coie, J. D., Dodge, K. A., Greenberg, M. T., Lachman, J. E., & Mahon, R. J. (1998). The implications of different developmental patterns of disruptive behavior problems for school adjustment. *Development and Psychopathology, 10*(3), 451-467.

Strobino, D. M., Ensminger, M. E., Nanda, J., & Young, J. K. (1992). Young motherhood and infant hospitalization during the first year of life. *Journal of Adolescent Health, 13*(7), 553-560.

Strong, E. K. (1943). *Vocational interests of men and women.* Stanford, CA: Stanford University Press.

Sugai, G., & Horner, R. H. (2000). Features of an effective behavior support at the school district level. *Beyond Behavior, 11*(1), 6-19.

Suler, J. (1999). Internet addiction in a nutshell. *Electronic Message Posted Research Discussion*

*List.* http://www.rider.edu/users/suler/psycyber/nutshell.html.

Sullivan, H. S. (1953). *The interpersonal theory of psychiatry.* New York: Norton.

Super, D. E. (1951). Vocational adjustment: Implementing a self-concept. *Occupations, 30*(2), 88-92.

Super, D. E. (1953). A theory of vocational development. *American Psychologist, 8*(5), 185-190.

Super, D. E. (1957). *The psychology of career.* New York: Harper & Row.

Super, D. E. (1963). Career development: self-concept theory: Essays in vocational development. New York: College Entrance Examination Board.

Super, D. E. (1988). Vocational adjustment: Implementing a self-concept. *The Career Development Quarterly, 36*(4), 351-357.

Super, D. E. (1990). A life-span, life-space approach to career development. In D. Brown, L. Brooks, & Associates (Eds.), *Career choice and development* (pp. 197-261). San Francisco, CA: Jossey-Bass.

Swanson, J. L., & Fouad, N. A. (1999). *Career theory and practice: Learning through case studies.* 황매향 역(2005). 사례로 배우는 진로 및 직업상담. 서울: 학지사.

Tamminen, A. W., & Smaby, M. H. (1981). Helping counselors learn to confront. *Personnel and Guidance Journal, 60*(1), 41-45.

Taylor, B., Wadsworth, J., & Butler, N. R. (1983). Teenage mothering, admission to hospital, and accidents during the first 5 years. *Archives of Disease in Childhood, 58*(1), 6-11.

Tennant, C. (2002). Life events, stress and depression: A review of recent findings. *Australian and New Zealand Journal of Psychiatry, 36*(2), 173-182.

Thompson, C. T., & Rudolph, L. B. (1992). *Counseling children* (3rd ed.). 김영숙, 이재연 공역 (1993). 아동을 위한 상담이론과 방법. 서울: 교육과학사.

Thompson, C., & Rudolph, L. (2000). *Counseling children* (5th ed.). Pacific Grove, CA: Brooks/Cole.

Thornberg, R. (2010). Schoolchildren's social representations on bullying causes. *Psychology in the Schools, 47*(4), 311-327.

Tolbert, E. L. (1980). *Counseling for career development* (2nd ed.). Boston, MA: Houghton Mifflin.

Tollison, C., & Adams, H. (1979). *Sexual disorder: Treatment, theory, and research.* New York: Gardner.

Toomey, E. T., & Nelson, E. S. (2001). Family conflict and young adults' attitudes toward intimacy. *Journal of Divorce & Remarriages, 34*(3/4), 49-69.

Trice, A. D., & King, R. (1991). Stability of kindergarten children's career aspiration. *Psychological Reports, 68*, 1378.

Troiden, R. R. (1989). The formation of homosexual identities. *Journal of Homosexuality*, *17*(1-2), 43-73.

Turner, H., Finkelhor, D., & Ormrod, R. (2010). The effects of adolescent victimization on self-concept and depressive symptoms. *Child Maltreatment*, *15*(1), 76-90.

Turock, A. (1980). Immediacy in counseling: Recognizing clients' unspoken messages. *Personnel and Guidance Journal*, *59*(3), 168-172.

VanZandt, Z., & Hayslip, J. (2001). *Developing your school counseling program: A handbook for systemic planning*. Belmont, CA: Brooks/Cole.

Vickio, C. J. (1990). The goodbye brochure: Helping students to dope with transition and loss. *Journal of Counseling and Development*, *68*(5), 575-577.

Vygotsky, L. S. (1962). *Thought and language*. 윤초희 역(2011). 사고와 언어. 경기: 교육과학사.

Vygotsky, L. S., & Cole, M. (1978). *Mind in society: The development of higher psychological processes*. 조희숙, 황해익 허정선, 김선옥 공역(2000). (비고츠키의) 사회 속의 정신: 고등심리과정의 발달. 경기: 양서원.

Wadsworth, M. (1979). *Roots of delinquency: Infancy, adolescence and crime*. Oxford, London: Martin Robertson.

Wallerstein, J. S. (1985). Children of divorce: Preliminary report of a ten-year follow-up of older children and adolescents. *Journal of the American Academy of Child Psychiatry*, *24*, 545-553.

Wallerstein, J. S. (1991). The long-term effects of divorce on children: A review. *Journal of the American Academy of Child and Adolescent Psychiatry*, *30*, 349-360.

Wallerstein, J. S., & Blakeslee, S. (1989). *Second chances: Men, women & children a decade after divorce*. New York: Ticknor & Fields.

Wallerstein, J. S., & Kelly, J. B. (1980). *Surviving the break-up*. New York: Basic Books.

Wallis, J., Burns, J., & Capdevila, R. (2011). What is narrative therapy and what is it not? The usefulness of Q methodology to explore accounts of White and Epston's (1990) approach to narrative therapy. *Clinical Psychology & Psychotherapy*, *18*(6), 486-497.

Wanberg, C. R., & Muchinsky, P. M. (1992). A typology of career decision status: Validity extension of the vocational decision status model. *Journal of Counseling Psychology*, *39*(1), 71-80.

Ward, D. E. (1984). Termination of individual counseling: Concepts and strategies. *Journal of Counseling and Development*, *63*(1), 21-25.

Watkins, C. E., Jr. (1985). Countertransference: Its impact on the counseling situation. *Journal of Counseling and Development*, *63*(6), 356-364.

Watkins, C. E., Jr. (1990). The effects of counselor self-disclosure: A research review. *Counseling Psychologist*, *18*(3), 477-500.

Webster (1983). *New Webster's English-Korean dictionary*. 웹스터 신영한대사전. 서울: 종로서적 공사.

Wedig, M. M., & Nock, M. K. (2007). Parental expressed emotion and adolescent self-injury. *Journal of the American Academy of Child and Adolescent Psychiatry, 46*, 1171-1178.

Weinstein, C. E., & Mayer, R. E. (1986). The teaching of learning strategies. In M. C. Wittrock (Ed.), *Handbook of research on teaching* (3rd ed., pp. 315-327). New York: Macmillan.

Wellman, M. M. (1984). The school counselor's role in the communication of suicidal ideation by adolescents. *The School Counselor, November*, 104-109.

West, D. J. (1973). *Who becomes delinquent?* London: Heinemann Educational.

Wester, K. L., & Trepal, H. C. (2017). *Non-suicidal self-injury*. 함경애, 임현우 공역(2020). 비자 살적 자해: 진단 및 개입. 서울: 학지사.

Westervelt, K., & Vanderberg, B. (1997). Parental divorce and intimate relationships of young adults. *Psychological Reports, 80*, 923-926.

Whiston, S. C. (2005). *Principles and applications of assessment in counseling* (2nd ed.). Belmont, CA: Thomson Brooks/Cole.

White, M., & Epston, D. (1990). *Narrative means to therapeutic ends*. New York: Norton.

Whitehead, J. T., & Lab, S. P. (1989). A meta-analysis of juvenile correctional treatment. *Journal of Research in Crime and Delinquency, 26*(3), 276-295.

WHO (1955). Alcohol and alcoholism: Report of an Expert Committee. *World Health Organization technical report series, 94*.

Wilens, T. E., Biederman, J., Spencer, T. J., & Frances, R. J. (1994). Comorbidity of attention-deficit hyperactivity and psychoactive substance use disorders. *Hosp Community Psychiatry, 45*(5), 421-423, 435.

Williamson, E. G. (1939). *How to counsel students: A manual of techniques for clinical counselors*. New York: McGraw-Hill.

Wittmer, J., & Remley, T. P. (1994). A counselor-client contract. *NBCC News Notes, 2*, 12-13.

Wolpe, J. (1958). *Psychotherapy by reciprocal inhibition*. Stanford, CA: Stanford University Press.

Wolpe, J. (1990). *The Practice of Behavior therapy*. (4th ed.). New York: Pergamon Press.

Wolz, B. (2005). *E-motion picture magic: A movie lover's guide to healing and transformation*. Centennial, CO: Glenbridge Pub.

Worden, M. (1981). Classroom behavior as a function of the family system. *The School Counselor, 28*, 178-188.

Wright, B. A., & Lopez, S. J. (2002). Widening the diagnostic focus: A case for including human strengths and environmental resources. In C. R. Snyder & S. J. Lopez (Eds.), *Handbook of positive psychology* (pp. 26-44). New York: Oxford University Press.

Yalom, I. D. (1985). *The theory and practice of group psychotherapy* (3rd ed.). New York: Basic Books.

Yalom, I. D., & Leszcz, M. (2020). *The theory and practice of group psychotherapy* (6th ed.). New York: Basic Books.

Young, K. S. (1996). *Internet addiction: The emergence of a new clinical disorder.* Paper presented at the 104th American Psychological Association, Toronto, Canada.

Young, K. S. (1998). *Caught in the net: How to recognize the signs of internet addiction and a winning strategy for recovery.* New York: John Wiley & Sons.

Young, M. E. (1992). *Counseling methods and techniques.* New York: Macmillan.

Zelený, M., & Hufford, K. D. (1992). The application of autopoiesis in systems analysis: Are autopoietic systems also social systems? *International Journal Of General System, 21*(2), 145-160.

Zinker, J. (1997). *Creative process in Gestalt therapy.* New York: Vintage Books, Random House.

찾아보기

---------------------------------•  내용  •---------------------------------

# 저자 소개

**김춘경**(Kim, Choon-Kyung) [제2, 3, 12, 14장]
독일 Aachen 대학교 철학박사(교육상담)
현 경북대학교 아동학부 교수

〈주요 저서 및 역서〉
『아동상담의 실제』(공저, 학지사, 2021), 『아동상담의 이해』(공저, 학지사, 2021), 『청소년 심리 및 상담』(공저, 학지사, 2019), 『상담의 이론과 실제』(2판, 공저, 학지사, 2016), 『상담학 사전』(공저, 학지사, 2016), 『가족치료』(공저, 정민사, 2014)
『집단상담 전략과 기술』(역, Cengage Learning, 2016), 『집단상담 기법』(공역, 시그마프레스, 2005) 등


**이수연**(Lee, Soo-Yeon) [제1, 4, 5, 7장]
미국 Florida 대학교 철학박사(상담자교육)
현 대구한의대학교 청소년교육상담학과 교수

〈주요 저서 및 역서〉
『상담심리학』(2판, 공저, 양성원, 2021), 『삶과 배려』(공저, 학지사, 2017), 『상담학총서: 성격의 이해와 상담』(2판, 공저, 학지사, 2017), 『상담의 이론과 실제』(2판, 공저, 학지사, 2016), 『상담학 사전』(공저, 학지사, 2016), 『청소년심리와 상담』(공저, 정민사, 2012), 『아동상담』(저, 양서원, 2008)
『상담 및 심리치료의 이해』(공역, 학지사, 2004) 등

**최웅용**(Choi, Woong-Yong) [제6, 9, 10, 13장]
독일 Bamberg 대학교 철학박사(심리학)
현 대구대학교 청소년상담복지학과 교수

〈주요 저서 및 역서〉
『상담의 이론과 실제』(2판, 공저, 학지사, 2016), 『상담학 사전』(공저, 학지사, 2016), 『현대진로상
담』(공저, 학지사, 2003)
『TA 상담의 실제』(공역, 학지사, 2013), 『집단상담 기법』(공역, 시그마프레스, 2005), 『치료의 선물』
(공역, 시그마프레스, 2005), 『상담 및 심리치료의 이해』(공역, 학지사, 2004) 등


**강영배**(Kang, Young-Bae) [제8, 11, 15장]
일본 도호쿠(東北) 대학 교육학박사(종합교육과학)
현 대구한의대학교 청소년교육상담학과 부교수

〈주요 저서 및 역서〉
『청소년을 위한 진로상담의 이론과 실제』(저, 공동체, 2020), 『청소년과 사회』(공저, 성안당, 2006)
『청소년 정책과 사회통합』(공역, 양서원, 2010) 등

# 청소년상담 <sup>2판</sup>
## Counseling with Adolescents (2nd ed.)

2006년  9월 20일 1판  1쇄 발행
2018년  2월 20일 1판 14쇄 발행
2022년  2월 25일 2판  1쇄 발행

지은이 • 김춘경 · 이수연 · 최웅용 · 강영배
펴낸이 • 김진환
펴낸곳 • ㈜ 학지사

    04031 서울특별시 마포구 양화로 15길 20 마인드월드빌딩
대표전화 • 02-330-5114    팩스 • 02-324-2345
등록번호 • 제313-2006-000265호

홈페이지 • http://www.hakjisa.co.kr
페이스북 • https://www.facebook.com/hakjisabook

ISBN 978-89-997-2590-6  93180

정가 23,000원

### 출판 · 교육 · 미디어기업 학지사

간호보건의학출판 **학지사메디컬** www.hakjisamd.co.kr
심리검사연구소 **인싸이트** www.inpsyt.co.kr
학술논문서비스 **뉴논문** www.newnonmun.com
교육연수원 **카운피아** www.counpia.com